The Changes of the Legal System
in the Forty Years of
Reform and Opening-up

国家出版基金项目
NATIONAL PUBLICATION FOUNDATION

GZC 高校主题出版
GAOXIAO ZHUTI CHUBAN

改革开放 *40* 年
法律制度变迁

总 主 编　张文显
执行主编　柳经纬

刑事诉讼法卷
Criminal Procedure Law

卞建林 等◎著

厦门大学出版社
XIAMEN UNIVERSITY PRESS
国家一级出版社
全国百佳图书出版单位

图书在版编目(CIP)数据

改革开放 40 年法律制度变迁.刑事诉讼法卷/卞建林等著.—厦门:厦门大学出版社,
2019.5
ISBN 978-7-5615-7148-4

Ⅰ.①改… Ⅱ.①卞… Ⅲ.①刑事诉讼法—法制史—研究—中国—现代 Ⅳ.①D929.7

中国版本图书馆 CIP 数据核字(2018)第 232744 号

出 版 人	郑文礼
策 划	施高翔
责任编辑	李 宁
装帧设计	李夏凌
技术编辑	许克华

出版发行 **厦门大学出版社**

社　　址　厦门市软件园二期望海路 39 号
邮政编码　361008
总 编 办　0592-2182177　0592-2181406(传真)
营销中心　0592-2184458　0592-2181365
网　　址　http://www.xmupress.com
邮　　箱　xmupress@126.com
印　　刷　厦门集大印刷厂

开本　787 mm×1 092 mm　1/16
印张　27
字数　542 千字
印数　1~1 000 册
版次　2019 年 5 月第 1 版
印次　2019 年 5 月第 1 次印刷
定价　146.00 元

本书如有印装质量问题请直接寄承印厂调换

厦门大学出版社
微信二维码

厦门大学出版社
微博二维码

The Changes of the Legal System
in the Forty Years of
Reform and Opening-up

《改革开放40年法律制度变迁》丛书编委会

总　序

改革开放 40 年
中国法治的历程、轨迹和经验

今年是中国改革开放 40 年,也是中国厉行法治 40 年。厦门大学出版社立意高远地策划了"改革开放 40 年法律制度变迁"这一重大选题,旨在通过聚合我国当今知名法学家,全面回顾总结改革开放 40 年来我国法律制度变迁和依法治国事业取得的伟大成就,系统梳理改革开放 40 年来中国特色社会主义法律体系在中国特色社会主义事业波澜壮阔的发展进程中的变迁逻辑、生成规律和实现路径,启迪、展望和探索新时代我国法律制度的建构与发展,以唱响我国法学界献礼改革开放 40 周年主旋律和最强音,为庆祝改革开放 40 周年营造良好社会舆论环境,为我国学术界和实务界在新时代更好推动中国特色社会主义法律体系发展完善,推进全面依法治国、建设法治中国新征程,开创法治发展新时代贡献力量。

值此本套丛书出版之际,我以"改革开放 40 年中国法治的历程、轨迹和经验"为主题作序,与各位作者和编辑一道,豪情满怀地纪念改革开放 40 年,抒发中国特色社会主义法治的理论自信、制度自信和实践自信。

一、中国法治 40 年的历程

1978 年,中国共产党召开了十一届三中全会,结束了长达十年的"文化大革命"。这次全会做出了"加强社会主义法制"的决定并提出了"有法可依、有法必依、执法必严、违法必究"的法制工作方针。以十一届三中全会为起点,中国特色社会主义法治经历了三大历史阶段,实现了三次历史性飞跃。

(一)法制创建新时期(1978—1997)

这一时期,我国的法制建设以恢复重建、全面修宪和大规模立法为引领,主要有以下重要历史节点和重大事件:

1."一日七法"。中共十一届三中全会召开时,虽然"文化大革命"从形式上已经结束,但中国仍处于"无法可依"的状态,国家法律几乎是空白。因此,当务之急是制定一批法律,迅速恢复法律秩序和以法律秩序为支撑的社会秩序。在党中央的领导下,1979 年 7 月 1 日,五届全国人大二次会议一天之内通过了 7 部法律,即《刑法》《刑事诉讼法》《地方各级人民代表大会和地方各级人民政府组织法》《全国人民代表大会和地方各级人民代表大会选举法》《人民法院组织法》《人民检察院组织法》《中外合资经营企业法》,被法学界称为中国法治史上著名的"一日七法"。以"一日七法"为先导,我国陆续制定了《民法通则》《行政诉讼法》等一大批重要法律,形成了中国特色社会主义法律体系框架。

2."九九指示"。有了刑法、刑事诉讼法等法律,能否确保法律实施,在当时的情况下却是一个大大的问号。为此,中共中央于 1979 年 9 月 9 日发出了《关于坚决保证刑法、刑事诉讼法切实实施的指示》。该《指示》要求各级党委要保证法律的切实实施,充分发挥司法机关的作用,切实保证人民检察院独立行使检察权,人民法院独立行使审判权,使之不受其他行政机关、团体和个人的干涉。这是改革开放初期,我们党着手清除法律虚无主义,纠正以党代政、以言代法、有法不依等错误习惯的重要文献,意志坚定、观点鲜明、有的放矢、意义重大。

3.世纪审判。在社会主义法制恢复重建初期,发生了中国现代历史上最重大的法律事件,即对林彪、江青反革命集团的大审判。1980 年 11 月 22 日,《人民日报》发表特约评论员文章,指出:"对林彪、江青反革命集团的审判,是我国民主和法制发展道路上的一个引人注目的里程碑,它充分体现了以法治国的精神,坚决维护了法律的权威,认真贯彻了社会主义民主和法制的各项原则。"

4.全面修宪。新中国成立之初,党中央和中央人民政府就启动了制定宪法的程序。1954 年 9 月 20 日,第一届全国人民代表大会通过《中华人民共和国宪法》。这部《宪法》以"根本法""总章程"的定位,以人民民主原则和社会主义原则为支点,构建了中国历史新纪元的宪法框架,构筑了中国社会主义制度的"四梁八柱"。在"文化大革命"中制定的 1975 年《宪法》和 1978 年《宪法》是带有严重错误和缺点的宪法。1980 年,中共中央决定全面修改"七八宪法"。经过 29 个月的艰苦努力,1982 年 12 月 4 日,五届全国人大五次会议通过了全面修订后的《中华人民共和国宪法》。30 多年来的发展历程充分证明,现行宪法及其修正案有力地坚持了中国共产党领导,有力地保障了人民当家做主,有力地促进了改革开放和社会主义现代化建设,有力地推动了社会主义法治国家建设进程,有力地维护了国家统一、民族团结、社会稳定,具有显著优势、坚实基础、强大生命力。

5.全民普法。在法制恢复重建之初,党和政府启动了全民法制宣传教育活动。1985年11月22日,六届全国人大常委会第四次会议通过《全国人民代表大会常务委员会关于在公民中基本普及法律常识的决议》。至今,我国已经先后制定和实施了七个"五年普法规划"。中国的全民普法运动既是中国历史上、也是人类历史上规模空前和影响深远的法治启蒙运动,是一场先进的思想观念和文明的生活方式的宣传教育运动。

(二)依法治国新阶段(1997—2012)

在中国法治的历史上,1997年是一个难忘的国家记忆。1997年召开的中共十五大划时代地提出"依法治国,建设社会主义法治国家",开启了依法治国新阶段。在这个阶段,主要有以下历史节点和重大事件。

1.确立依法治国基本方略。1997年9月,中共十五大召开。江泽民同志在十五大报告中明确提出,要"进一步扩大社会主义民主,健全社会主义法制,依法治国,建设社会主义法治国家"。这是中共首次将依法治国作为治国理政的基本方略。1999年3月15日,九届全国人大二次会议通过《中华人民共和国宪法》修正案,将"依法治国,建设社会主义法治国家"纳入宪法,使依法治国成为党领导人民治理国家的基本方略,建设社会主义法治国家成为国家建设和发展的重要目标之一。这标志着我国迈向了法治建设新阶段。

2.确立依法执政基本方式。2002年10月,中共十六大召开。江泽民同志在十六大报告正式提出"依法执政"概念。2004年9月19日,党的十六届四中全会通过了《中共中央关于加强党的执政能力建设的决定》,把加强依法执政的能力作为加强党的执政能力建设的总体目标之一,并就依法执政的内涵作出科学规定。依法执政基本方式的确立,表明我们党开启了依法治国基本方略与依法执政基本方式有机结合的治国理政的新境界。

3.形成中国特色社会主义法律体系。2011年3月10日,在十一届全国人大四次会议上,全国人大常委会工作报告庄严宣布:一个立足中国国情和实际、适应改革开放和社会主义现代化建设需要、集中体现党和人民意志的,以宪法为统帅,以宪法相关法、民商法等多个法律部门的法律为主干,由法律、行政法规、地方性法规等多个层次的法律规范构成的中国特色社会主义法律体系已经形成,国家经济建设、政治建设、文化建设、社会建设以及生态文明建设的各个方面均实现有法可依。中国特色社会主义法律体系的形成,是我国依法治国、建设社会主义法治国家历史进程的重要里程碑,也是世界现代法制史上最具标志性事件,其意义重大而深远，其影响广泛而深刻。

（三）全面依法治国新时代（2012 一）

以中共十八大为历史节点，中国特色社会主义进入新时代，中国法治也跨入新时代。党的十八大以来，以习近平同志为核心的党中央在全面推进依法治国、加快建设中国特色社会主义法治体系和社会主义法治国家的伟大实践中，创造性地发展了中国特色社会主义法治理论，提出了全面依法治国新理念新思想新战略为坚持和开拓中国特色社会主义法治道路奠定了思想基础，为推进法治中国建设提供了理论指引。

1. 明确定位"法治小康"。中共十八大提出全面建成小康社会。十八届三中全会、四中全会、五中全会、六中全会不断明晰和丰富全面建成小康社会的目标和各项要求。全面建成小康社会，在法治领域就是要达到依法治国基本方略全面落实，中国特色社会主义法律体系更加完善，法治政府基本建成，司法公信力明显提高，人权得到切实保障，产权得到有效保护，国家各项工作法治化。这是对我国法治建设目标的首次精准而全面的定位。

2. 提出法治新十六字方针。2012 年，由习近平同志主持起草的中共十八大报告提出："加快建设社会主义法治国家，必须全面推进科学立法、严格执法、公正司法、全民守法进程。"法学界称之为"新十六字方针"。"新十六字方针"体现依法治国新布局，为全面依法治国基本方略的形成奠定了理论和实践基础。

3. 建设法治中国。"建设法治中国"是习近平总书记在十八大之后不久发出的伟大号召。2013 年，中共十八届三中全会通过的《中共中央关于全面深化改革若干重大问题的决定》提出要推进法治中国建设。2014 年，十八届四中全会进一步向全党和全国各族人民发出"向着建设法治中国不断前进""为建设法治中国而奋斗"的号召。"法治中国"概念是我们党在法治理论上的重大创新，也是对新时代中国法治建设的科学定位。在实践上，"建设法治中国"，其要义是依法治国、依法执政、依法行政共同推进，法治国家、法治政府、法治社会一体建设。

4. 全面依法治国。十八大之后，以习近平同志为核心的党中央在完善"五位一体"总体布局之后提出了"四个全面"的战略布局，并把全面依法治国放在总体战略布局之中统筹安排。在这个布局中，全面建成小康社会是战略目标，全面深化改革、全面依法治国、全面从严治党是三大战略举措，对实现全面建成小康社会战略目标一个都不能缺，要努力做到"四个全面"相辅相成、相互促进、相得益彰。根据习近平总书记的这一战略思想，2014 年 10 月，中共十八届四中全会通过了《中共中央关于全面推进依法治国若干重大问题的决定》，标志着我国法治建设站在了新的历史起点上。

5. 建设中国特色社会主义法治体系。中共十八届四中全会是中国共产党执政历史上首次以法治为主题的中央全会,全会通过的《决定》原创性地提出全面依法治国的总目标是建设中国特色社会主义法治体系,建设社会主义法治国家。提出这个总目标,既明确了全面推进依法治国的性质和方向,又突出了全面推进依法治国的工作重点和总抓手。全面依法治国各项工作都要围绕这个总抓手来谋划、来推进。

6.开启全面依法治国新征程。中国共产党第十九次全国代表大会是中国特色社会主义进入新时代之后中国共产党召开的最为重要的会议。十九大明确了从现在到 2020 年、从 2020 年到 2035 年、从 2035 年到 21 世纪中叶一个时段、两个阶段的法治建设目标,为依法治国和法治中国建设指明了前进方向、基本任务、实践路径。十九大把坚持全面依法治国上升为新时代坚持和发展中国特色社会主义的基本方略,凸显了法治在"五位一体"总体布局和"四个全面"战略布局中的地位,提升了法治在推进国家治理现代化和建设社会主义现代化强国中的基础性、支撑性、引领性作用。

二、中国法治 40 年的轨迹

以中共十一届三中全会做出的"加强社会主义法制"历史性决策为起点,在 40 年发展历程中,中国法治留下了辉煌的历史轨迹,显现出中国特色社会主义法治发展的鲜明特征和规律。

(一)从"法制"到"法治"

"法制",望文思义,就是国家的法律和制度。改革开放初期,面对法律几乎"荡然无存"的局面,法制建设的重心是加快立法,健全法制,做到有法可依。之后,在法律体系基本形成的情况下,法治建设经历了从法制到法治的发展。主要体现为:

从"法制"概念到"法治"概念。一一届三中全会之后,在法制领域和法学体系中,最正式最流行的概念就是"法制""法制建设"。中共十五大之后,最正式最流行的概念演进为"法治""依法治国""全面依法治国"等。虽然"法治"与"法制"这两个概念表面上只有一字之差,其内涵和意义却大不相同:第一,"法治"突出了实行法治、摒弃人治的坚强意志和决心,针对性、目标性更强。第二,"法治""法治国家"意味着法律至上,依法而治、依法治权。第三,与"法制"比较,"法治"意味着不仅要有完备的法律体系和制度,而且要树立法律的权威,保证认真实施法律,切实依照法律治理国家和社会。第四,法治包容了法制,涵盖面更广泛,更丰富。

从"方针"到"方略"。改革开放初期,中共十一届三中全会把社会主义法制建设作为党和国家坚定不移的基本方针。中共十五大在社会主义法制基本方针的基础上提出依法治国基本方略。从建设法制的方针到依法治国的方略,显现出中国法治理论和实践发生了深刻变化。

从"法制国家"到"法治国家"。1996 年 2 月 8 日,在中共中央第三次法制讲座上,江泽民同志在总结讲话中明确提出要依法治国,建设社会主义"法制国家",并对依法治国和建设法制国家的重大意义进行了阐述。1997 年 9 月,党的十五大报告根据各方面的建议,特别是依法治国的实践逻辑,把此前的提法修改为"依法治国,建设社会主义法治国家。"用"法治国家"代替"法制国家",是一次新的思想解放,标志着中央领导集体和全党认识上的飞跃。

从"健全社会主义法制"到"健全社会主义法治"。改革开放初期,面对无法可依、制度残缺的局面,党中央作出"健全社会主义法制"的决策,1982 年宪法沿用了"健全社会主义法制"的提法。2018 年,现行宪法第五次修改将原序言中的"发扬社会主义民主,健全社会主义法制"修改为"发扬社会主义民主,健全社会主义法治"。这一字"千金"的修改,从宪法上完成了从法制到法治的根本转型,反映出我国社会主义法治建设历史性的跨越和进步。

(二)从"依法治国"到"全面依法治国"

党的十五大将"依法治国"作为党领导人民治理国家的基本方略。十八大提出"全面推进依法治国"。十八届四中全会后,习近平总书记提出了内涵更为丰富、表述更为精致的"全面依法治国"概念。从"依法治国"到"全面推进依法治国"再到"全面依法治国",提法的变化表明我们党依法治国的思路越来越清晰、越来越精准。

(三)从建设"法治国家"到建设"法治中国"

十八大以后,习近平总书记明确提出"法治中国"的科学命题和建设法治中国的重大历史任务。"法治中国"比"法治国家"的内涵更加丰富,思想更加深刻,形态更加生动,意义更具时代性。从"法治国家"到"法治中国"的转型,意味着我国法治建设的拓展、深化和跨越。

(四)从建设"法律体系"到建设"法治体系"

在全国人大常委会宣布中国特色社会主义法律体系已经形成之后,法治建设如何推进?这是摆在全党和全国人民面前的重大课题。习近平总书记经过深入调研和科学论证,提出"建设中国特色社会主义法治体系"。十八届四中全会正式将"建设中国特色社会主义法治体系"作为全面推进依法治国的总目标、总抓手、牛鼻子。从建设"法律体系"到建设"法治体系",体现了我们党对法治建设规律认识的重大突破。

（五）从"以经济为中心"到"以人民为中心"

中共十一届三中全会果断地、历史性地把党和国家的工作重心从以阶级斗争为纲转向以经济建设为中心，与此同步，中国的法制建设也转向了以经济建设为中心，为经济发展"保驾护航"成为法制的核心价值。中共十八大之后，党中央明确地提出"以人民为中心"的思想，这是统揽全局、指导全面的思想。在法治领域，树立"以人民为中心"的思想，就是要倍加关注人民对民主法治、公平正义、人权保障、产权保护、安定有序、环境良好的美好向往，以满足人民对美好法治生活的向往为宗旨；坚持法治为了人民、依靠人民、造福人民、保护人民，把体现人民利益、反映人民意愿、维护人民权益、增进人民福祉、促进人的全面发展作为法治建设的出发点和落脚点，落实到依法治国全过程各方面。

（六）从"法律之治"到"良法善治"

从1978年至1997年间，我国法制建设的基本方针是"有法可依、有法必依、执法必严、违法必究"，总体而言，这是一种形式法治意义的"法律之治"。十八大提出"科学立法、严格执法、公正司法、全民守法"，从理论和实践上都向形式法治与实质法治的结合前进一大步。十八大以后，我们党明确提出"法律是治国之重器，良法是善治之前提"。十九大报告进一步提出"以良法促进发展、保障善治"。这是对新时代中国特色社会主义法治作为形式法治与实质法治相统一的法治模式的精辟定型。从"法律之治"到"良法善治"是法治理念的根本性飞跃。

（七）从"法制建设"到"法治改革"

从1978年到21世纪第一个十年，在法治领域，总的提法是法制建设，而且总体上也是按照"建设"来规划部署的。中共十八大以来，习近平总书记多次指出，"全面依法治国是国家治理的一场深刻革命"，并以革命的勇气和革命的思维，大刀阔斧地推进法治领域的改革，出台了数百项重大法治改革举措，大力解决立法不良、有法不依、执法不严、司法不公、监督疲软、权力腐败、人权保障不力等突出问题。实践充分证明，法治改革是加快推进法治中国建设的强大动力和必由之路。

（八）从常规建设到加快推进

改革开放以来，我国法制建设有序推进，取得了很大成就。但是，常规的、按部就班的法制建设难以适应全面深化改革、全面依法治国、全面从严治党的迫切要求，难以适应人民群众日益增长的多样化、高质量法治需要，难以跟进国家治理现代化的前进步伐。为此，党中央以时不我待、只争朝夕的姿态加快推进法治改革和法治建设，提出一系列"加快"各领域法治建设和改革的重大措施。

(九)法学教育从恢复重建到繁荣发展

中国的法学教育历史悠久,源远流长。但从 20 世纪 50 年代末,我国的法学教育随着法治的衰败而全面衰败。改革开放 40 年来,伴随着中国法治和中国高等教育前进的步伐,我国法学教育历经恢复重建、快速发展、改革创新,已经形成了具有一定规模、结构比较合理、整体质量稳步提高的教育体系。中国的法学教育已经跻身世界法学教育之林,法学教育的中国模式与法学教育的美国模式、欧洲模式呈三足鼎立态势。一个基本适应我国法治人才需要和法治中国建设需要、具有中国特色的法学体系初步形成。

(十)从人治到法治

40 年的中国法治轨迹,总括而言,就是从人治到法治。法治与人治是两种互相对立的治国方略。在这个问题上,我们有经验也有教训。改革开放初期,邓小平同志针对"要人治不要法治"的错误观念以及人治导致"文革"悲剧的沉痛教训,强调指出:"要通过改革,处理好法治和人治的关系"。后来,他又尖锐地指出:要保持党和国家长治久安,避免"文化大革命"那样的历史悲剧重演,必须从法制上解决问题。中共十八大以来,习近平总书记深刻地阐述了厉行法治、摒弃人治的历史规律和深远意义。他指出:"法治和人治问题是人类政治文明史上的一个基本问题,也是各国在实现现代化过程中必须面对和解决的一个重大问题。综观世界近现代史,凡是顺利实现现代化的国家,没有一个不是较好解决了法治和人治问题的。""经验和教训使我们党深刻认识到,法治是治国理政不可或缺的重要手段。法治兴则国家兴,法治衰则国家乱。什么时候重视法治、法治昌明,什么时候就国泰民安;什么时候忽视法治、法治松弛,什么时候就国乱民怨。"基于对人治教训的深刻分析和对治国理政规律的深刻把握,以习近平同志为核心的党中央采取一系列重大举措,推动党、国家和社会告别人治传统而步入法治的光明大道。

三、中国法治 40 年的基本经验

40 年的法治建设不仅取得了历史性成就,而且积累了一系列宝贵经验,形成了一整套科学理论。

(一)坚持和拓展中国特色社会主义法治道路

习近平总书记指出:"中国特色社会主义法治道路,是社会主义法治建设成就和经验的集中体现,是建设社会主义法治国家的唯一正确道路。""具体讲我国法治建设的成就,大大小小可以列举出十几条、几十条,但归结起来就是开辟了中国特色社会主义法治道路这一条。"坚持中国特色社会主义法治道路,"核心要义"是坚持党的领导,把党的领导贯彻到依法治国各方面和全过程,坚持中国特色社会主义制度,贯彻中国特色社会主义法治理论。改革开放40年来,我国的法治建设、法治改革和全面依法治国之所以能够取得历史性成就,根本原因在于我们坚定不移地走中国特色社会主义法治道路。

(二)坚持依法治国与以德治国相结合

法治与德治的关系问题,历来是治国理政的基本问题,是法学和政治学的基本论题。中共十五大以来,党中央总结古今中外治国理政的成功经验,明确提出了坚持依法治国与以德治国相结合的思想。中共十八届四中全会《决定》和习近平总书记在十八届四中全会上的讲话进一步明确提出依法治国与以德治国相结合是中国特色社会主义法治的基本原则,强调"必须坚持一手抓法治、一手抓德治";既重视发挥法律的规范作用,又重视发挥道德的教化作用,实现法律和道德相辅相成、法治和德治相得益彰。党中央关于依法治国与以德治国相结合的深刻论述,突破了法治、德治水火不容的僵化思维定式,阐明了一种现代法治和新型德治相结合的治国理政新思路。正是遵循了依法治国与以德治国相结合的思想路线和决策部署,我国的法治建设和道德建设才能呈现出相得益彰的良好局面。

(三)坚持依法治国与依规治党有机统一

坚持依法治国与依规治党有机统一,是以习近平同志为核心的党中央在治国理政新实践中探索出来的新经验、概括出来的新理论。依法治国与依规治党有着内在联系,治党与治国相辅相成,依法执政与依规执政高度契合,缺一不可。基于对依法治国与依规治党有机统一关系的深刻认识,我们党采取了一系列措施统筹推进依法治国和依规治党。一是把党内法规制度体系纳入到中国特色社会主义法治体系之中,加快形成完善的党内法规制度体系。二是注重党内法规同国家法律的衔接和协调,共同发挥在治党治国中相辅相成的作用。三是提出思想建党和制度治党紧密结合、同向发力。四是同步推进国家治理体系现代化和中国共产党治理体系现代化,提高党科学执政、民主执政和依法执政的本领。五是探索职能相近的党政机关合并设立或合署办公,推进党和国家治理体制改革,推进国家治理体系和治理能力现代化。

(四)坚持法治与自治良性互动

在一个现代化国家,国家法治与社会自治始终是国家治理的根基所在。依法自治为公民、社会组织等各类社会主体通过自我协商、平等对话、参与社会治理、依法解决社会问题留出了广阔空间。中共十八届三中全会《决定》提出,正确处理政府和社会关系,加快实施政社分开,推进社会组织明确权责、依法自治、发挥作用,并要求放宽社会组织准入门槛,实现依法自治管理。四中全会《决定》进一步提出鼓励和支持基层组织和部门、行业依法治理,支持各类社会主体自我约束、自我管理。两个《决定》开辟了社会依法自治的崭新局面。中共十九大报告进一步提出"打造共建共治共享的社会治理格局";发挥社会组织作用,实现政府治理和社会调节、居民自治良性互动;健全自治、法治、德治相结合的乡村治理体系。这些思想和方略,必将使法治、德治、自治更为有效衔接,推动国家治理和社会治理、国家法治与社会自治良性互动。

(五)坚持以依宪执政和依宪治国统领依法治国和法治中国建设

宪法是国家的根本法、总章程,是"治国理政的总依据""全面依法治国的总依据""国家各种制度和法律法规的总依据"。所以,依法治国首先要坚持依宪治国,依法执政首先要坚持依宪执政。1982 年宪法即现行宪法公布施行后,根据我国改革开放和社会主义现代化建设的实践和发展,在党中央领导下,全国人大先后 5 次对其个别条款和部分内容作出必要的、也是十分重要的修正,共通过了 52 条宪法修正案。现行宪法及其历次修改,为法的立改废释提供了宪法依据,使我国宪法以其科学理论、制度优势和强大权威,统领和引领着全面依法治国和法治中国建设的航程。

(六)坚持法治与改革双轮驱动

1978 年以来,中国特色社会主义事业有两大主题,一是改革开放,一是法治建设。两大主题有着内在的、相辅相成的必然联系。改革与法治如"鸟之两翼、车之双轮",共同推动小康社会建设,是小康社会必不可少的动力支持与保障力量。同时,坚持在法治下推进改革,在改革中完善法治,使改革因法治而得到有效推进,使法治因改革而得到不断完善。

(七)坚持统筹推进国内法治与国际法治

统筹国内国际两个大局是我们党治国理政的基本理念和基本经验。十八大以来,以习近平同志为核心的党中央审时度势,统筹推进"两个法治",使国内法治和国际法治相得益彰。我国以构建人类命运共同体为目标,以推动全球治理体系和治理规则变革为动力,秉持共商共建共享的全球治理观,建设国际法治,推进国际关系法治化,积极开展法律外交,主动参与国际立法,参与和支持国际执法、国际司法、国际仲裁,使国内法治与国际法治的契合达到前所未有的程度。

（八）坚持全面推进与重点突破相协调

全面推进依法治国是一项庞大的系统工程，必须统筹兼顾、把握重点、整体谋划，在共同推进上着力，在一体建设上用劲。在全面推进依法治国过程中，以习近平同志为核心的党中央注重统筹推进、协调发展。同时，善于牵住"牛鼻子"形成"纲举目张"的态势，如强调以中国特色社会主义法治体系为总目标、总抓手、"牛鼻子"；始终把"关键少数"作为依法治国的重中之重；注重重点突破瓶颈问题，如倾力推进司法体制改革、破解制约司法公正和司法公信的瓶颈问题，仅中央全面深化改革领导小组就先后42次审议司法改革方案，出台涉及司法体制改革的文件多达53件。。

（九）坚持顶层设计、科学布局与试点探索、先行先试相结合

改革开放初期，无论是经济改革，还是法制建设，几乎都是"摸着石头过河"。十八大以来，以习近平同志为核心的党中央加强了对法治改革和法治建设的统一领导和顶层设计，提出全面推进依法治国的总目标、法治中国建设的总路径。把依法治国纳入"四个全面"战略布局，并与"两个一百年"的奋斗目标对接，把中国特色社会主义法治体系建设与国家治理体系和治理能力现代化紧密连接，彰显出顶层设计的政治引领、理论导航、行动指南作用。在加强统一领导和顶层设计的同时，注重调动地方、部门改革积极性，激励和支持地方、行业先行先试。各地在先行先试中创造了经验，积累了可复制可推广的经验。这些经验又为党中央顶层设计和推进全面改革提供了实践基础和科学依据。

（十）坚持遵循法治规律与秉持中国法理相一致

改革开放40年来，中国法治建设和法治改革的一个十分鲜明的特点就是既重视规律又重视法理，遵循法治规律，秉持法理精神。中共十八大以来，在全面推进依法治国的整个过程中，习近平总书记反复要求解放思想，实事求是，不断深化对法治规律的认识，按照依法治国、依法执政、依法行政、依法自治的客观规律办事，充分发挥法治在治国理政中的基本方式作用。正是由于注重探索法治规律、总结法治经验、凝练法治理论，保证了中国特色社会主义法治始终沿着法治规律科学发展，从胜利走向胜利。

在尊重和遵循规律的同时，也秉持了法理精神。十八大以来，习近平总书记不仅反复强调要学会运用法治思维和法治方式治国理政，而且善于运用法理思维和法理话语提升中国特色社会主义法治理论的解释力、感召力，夯实全面依法治国重大部署和改革方案的法理基础。在他关于法治的讲话和论著中，可以说各篇都有法理金句，通卷闪耀法理珠玑。如法治兴则国泰民安，法治衰则国乱民怨；法安天

下，德润民心；法律的权威源自人民的内心拥护和真诚信仰；自由是秩序的目的，秩序是自由的保障；发展是安全的基础，安全是发展的条件；党的政策是国家法律的先导和指引；依法设定权力、规范权力、制约权力、监督权力，把权力关进制度的笼子；和平、发展、公平、正义、民主、自由，是全人类的共同价值；等等。习近平总书记提炼出来的一系列法理命题为法律体系和法治体系注入了强大生命力，对全党和全国人民保持法治定力、拓展法治道路、深化法治改革、建设社会主义现代化法治强国产生了强大的感染力和推动力。

张文显

2018 年 11 月 10 日

目　录

第
一
章

我国刑事诉讼制度的诞生和发展

1978 年 12 月,党的十一届三中全会胜利召开,这不仅标志着开启了改革开放的新篇章,也标志着我国社会主义法制建设迈入新征程。首部中国《刑事诉讼法》得以在次年颁布,并于 1996 年、2012 年经历两次大修。尽管已取得显著进步,但面对刑事法治现代化的时代目标,我国的刑事程序法治程度仍有待提高,当前推进以审判为中心的诉讼制度改革以及完善认罪认罚从宽制度,即是改革的两大重点方向。

第一节   1979 年《刑事诉讼法》立法

一、立法背景及过程

1949 年以后,在全国范围内废除了民国时期的六法全书,包括刑事诉讼法以及整个旧的司法制度,开始创建人民司法制度。但在这个过程里,刑事诉讼法典并没有马上制定。这个阶段的标志性成果,是 1954 年《宪法》的制定,以及同时制定的《人民法院组织法》和《人民检察院组织法》。一部根本法,两部重要法律,其中规定了进行刑事诉讼的国家专门机关以及最基本的一些原则和制度,例如,审判公开、中国式的司法独立、公民适用法律平等、被告人有辩护权、使用本民族语言文字、陪审制、两审终审制等,为我国刑事诉讼法的规范奠定了初步基础。这一时期,中央立法机关也着手为刑事诉讼法起草做一些准备。例如,刑事诉讼法的条例草案,特别是 1955 年最高人民法院总结了民刑事案件的程序,这一总结为中国进一步制定刑事诉讼法创造了条件。① 1957 年《中华人民共和国刑事诉讼法草案(草稿)》开始接受讨论,但正值反右派斗争,1960 年以后到 1963 年春,才有过一个短期的回暖时期,经过修改的《中华人民共和国刑事诉讼法草案(初稿)》也正是在1962 年方得以重新开始征求意见,1963 年 3 月至 4 月《中华人民共和国刑事诉讼法草案》的三、四、五、六稿相继形成,其中关于无罪推定原则、陪审制、审判委员会职权范围、审判组织成员不更易原则、审判人员回避由谁决定、可否免除被告人近亲属作证义务、人民检察院和公安机关的侦查分工、公诉案件中被害人的诉讼地位、免于起诉、侦查监督、自诉案件范围、第二审审理程序、被告人的近亲属及辩护人为被告人利益上诉、第二审是否可以加重处罚、死刑复核审查等相关争议问题,均作了讨论。② 遗憾的是,1963 年后期就开始转向以阶级斗争为纲,"阶级斗争年年讲、月月讲、天天讲",1963 年下半年的"左"倾思潮一直发展到 1966 年"文化大革命"爆发,"十年浩劫",更是中华人民共和国法制发展不堪回首的一页,直到1978 年 12 月,十一届三中全会的召开才算是终结了这一摧残法制的低潮时期。

1979 年 2 月成立的全国人大常委会法制委员会在 1963 年初稿的基础上起草了新的《刑事诉讼法草案》(修正一稿、修正二稿),1979 年 7 月 1 日《刑事诉讼法草案》经第五届全国人民代表大会第二次会议通过,同年 7 月 7 日由全国人民代表大会常务委员会委员长令第 6 号公布,自 1980 年 1 月 1 日起施行。作为中华人民共和国第一部专门的刑事诉讼法典,1979 年《刑事诉讼法》继承了此前法律起草已经取得的成果,并在总结正反两方面经验的基础上加以完善,体例上分为"总则""立案、侦查和提起公诉""审判""执行"四编,共 164 条。在法典公布后、实施前,1979年 9 月 9 日,中共中央发布了 64 号文件,即《中共中央关于坚决保证刑法、刑事诉讼法切实实施的指示》,这一指示明确要求各级党委要坚决保证"两法"的实施,并

---

① 陈光中:《刑事诉讼立法的回顾与展望》,载《法学家》2009 年第 5 期。

② 《最高法院党组关于刑事诉讼法制定情况的汇报(1957 年)》《关于〈刑事诉讼法草案(初稿)〉的修改情况和几个主要问题的报告(1963 年 4 月 12 日)》《关于刑诉法修改情况的说明(1963 年 4 月13 日)》《关于 1963 年刑事诉讼法草案讨论制定经过的汇报》《关于讨论刑诉法草案意见的汇集(1963 年 11 月 16 日)》,参见吴宏耀、种松志主编:《中国刑事诉讼法典百年(中册)1906 年—2012年》,中国政法大学出版社 2012 年版,第 724 页以下。

明确宣布废除党委审批案件,表明了党中央对重建刑事法治的重大决心。① 为了强化 1979 年《刑事诉讼法》的可操作性,确保贯彻落实,1979 年《刑事诉讼法》制定后,全国人大常委会陆续颁布了一系列单行法律,对陪审制度、审判组织、审判程序、办案期限、死刑复核权等作了补充规定。② 影响较大的是 1983 年 9 月 2 日颁布的《关于迅速审判严重危害社会治安的犯罪分子的程序的决定》和 1984 年 7 月 7 日颁布的《关于刑事案件办案期限的补充规定》。

二、立法的主要特点

此次《刑事诉讼法》立法,根据中华人民共和国成立以来,特别是“十年动乱”期间的经验教训,对 1963 年的草案初稿着重在以下几方面进行了修改和补充:其一,在第一章明确规定了刑诉法的指导思想、任务和基本原则。其二,强调刑诉法的任务既要保证准确、及时查明犯罪事实,正确应用法律,惩罚犯罪分子,又要保障无罪的人不受刑事追究。其三,肯定了人民法院、人民检察院和公安机关在刑事诉讼活动中实行同群众相结合的原则。必须依靠群众,便利群众,接受群众监督。其四,强调了公、检、法三机关必须在刑事诉讼中实行分工负责、互相配合和互相制约的原则,特别是对如何发挥检察机关在诉讼活动中法律监督作用作出许多新的规定。其五,强调司法机关必须保障当事人和其他诉讼参与人依法享有的诉讼权利,特别是对如何保证被告人及其辩护人充分行使辩护权作出更加具体明确的规定。其六,为了贯彻“以事实为根据,以法律为准绳”的原则,对如何保证司法人员客观、全面地收集、审查和判断证据,如何保证诉讼参与人真实地提供证据、证言,特别是对严禁刑讯逼供,防止诬告、伪证等方面作了许多有针对性的新规定;突出了公、检、法三机关必须严格依法办事,按照法定程序进行诉讼活动的原则并就此作了许多具体的规定。其七,明确规定了对被告人在侦查中的羁押期限和审查起诉,一审、二审的期限。其八,根据原则性和灵活性相结合与法律条文应力求简明扼要、通俗易懂的原则,简化了属于公、检、法三机关内部办事手续的一些条款。

三、立法后的实施情况

我国《刑事诉讼法》在最初 16 年的施行中,对于保证刑事诉讼任务的实现,发挥了重要作用。但是,毋庸讳言,早在改革开放初期制定的这部法典,不可避免地留有计划经济时代的陈迹。反映在刑事司法制度上,重实体,轻程序;重配合,轻制约;重公诉权,轻保护权。诉讼活动的运作过程处于半封闭状态,导致超期羁押、不

---

① 陈光中:《刑事诉讼立法的回顾与展望》,载《法学家》2009 年第 5 期。
② 宋英辉、刘广三、何挺等:《刑事诉讼法修改的历史梳理与阐释》,北京大学出版社 2014 年版,第 1～2 页。

经审判就定罪、审判流于形式,当事人和其他诉讼参与人一些应有的权利得不到充分的保护,司法的民主性、公正性也就难以充分体现。更重要的是,1983 年 8 月 25 日,中央政治局作出《关于严厉打击刑事犯罪活动的决定》,"从重从快严厉打击刑事犯罪活动"的"严打"拉开序幕。同年 9 月,全国人大常委会颁布了《关于严惩严重危害社会治安的犯罪分子的决定》和《关于迅速审判严重危害社会治安的犯罪分子的程序的决定》,其中部分规定突破了刚刚开始实施的刑事诉讼法,从重从宽的刑事政策,进一步冲击着法律的贯彻实施。

随着改革开放的深化,特别是社会主义市场经济体制的建立与民主法制的不断发展,对刑事诉讼制度的建设提出了新的要求,诸如统一开放的市场经济需要法制的统一,诉讼活动透明度的强化;经济主体的地位平等和等价交换、平等竞争要求司法的民主与公正,商品经济追求的效益原则要求诉讼经济以较少的司法投入获取更大的社会效益,等等。同时,刑事犯罪也出现了新的情况,犯罪类型多样化,特别是经济犯罪的新类型案件不断增加,渎职犯罪形式变换,错综复杂,一些传统犯罪也有了很大变化,流窜作案上升,境外犯罪和外来人口犯罪增加,办案任务日趋繁重,查证难度加大,管辖分工也有待进一步调整;社会人口大量流动,相当一些基层组织管理松弛,执法环境发生了变化,强制措施也亟待完善;拜金主义对一些司法人员的影响和冲击,关系案、人情案一时风行,更需进一步加强诉讼中的廉洁措施,以保证司法的公正。①

第二节　1996 年《刑事诉讼法》修改

一、修法背景及过程

1979 年《刑事诉讼法》受其制定时的历史条件的限制,本身就存在一些不足,这些不足所产生的弊端在司法实践中逐渐显露出来。特别是随着改革开放的全面深入发展,中国社会生活的各个领域发生了深刻的变化,社会主义市场经济正在逐步形成,1979 年《刑事诉讼法》中的一些内容已不能适应形势的变化。与此同时,刑事犯罪呈现出新的特点和趋势,公安司法机关依照刑事诉讼程序在追究犯罪上面临许多新情况新问题。②

1991 年 1 月,全国人大法工委刑法室在中国政法大学召开教授座谈会,探讨

---

① 晓晨:《我国刑事诉讼制度发展的里程碑——就刑诉法修改访最高法院刑诉法修改小组负责人张泗汉》,载《法律适用》1996 年第 5 期。

② 陈光中:《论刑事诉讼法修改的指导思想》,载《法制与社会发展》1995 年第 4 期。

修改刑事诉讼法问题，与会代表纷纷呼吁加紧修改刑事诉讼法。1991年8月，中国法学会诉讼法学研究会银川年会将"刑事诉讼法修改与完善"作为大会主题，会后编辑出版了专题论文集《刑事诉讼法的修改与完善》。其后，1992年、1993年的全国诉讼法学研讨会继续就刑事诉讼法的修改与完善进行探讨。特别需要指出的是，1993年10月，中国政法大学陈光中教授受全国人大法工委委托，组织该校刑事诉讼法的教授专家对刑事诉讼法的修改进行研究，并于1994年7月提出《中华人民共和国刑事诉讼法（修改建议稿）》具体方案。该修改建议稿经修改、补充并加以论证，于1995年7月正式出版。这标志着修改刑事诉讼法的理论准备已经成熟。[①]

与此同时，根据八届全国人大常委会的五年立法规划，法制工作委员会从1993年开始，就修改刑事诉讼法问题进行了广泛的调查和研究，多次征求了公、检、法、司机关和法律专家的意见，并到有些地方进行专题调查研究，又将修改刑事诉讼法的主要问题和初步意见发到全国各省、自治区、直辖市征求意见。在调查研究、总结经验和广泛听取各方面意见、借鉴对我有益的国外有关刑事诉讼的规定的基础上，起草了关于修改中华人民共和国刑事诉讼法的决定草案。1995年12月，全国人大常委会第十七次会议对刑事诉讼法修改草案进行了初步审议。1996年1月15日到19日，法律委员会、内务司法委员会和法制工作委员会召开了有部分地方人大、公、检、法、司、国家安全等有关部门和一些法律专家、律师参加的座谈会，进一步就修正案进行讨论、研究修改。根据全国人大常委会委员的审议意见和各方面的意见，法制工作委员会对草案又作了一些修改。1996年2月，全国人大常委会第十八次会议听取了修改情况的汇报，再次进行审议，决定提请八届全国人民代表大会第四次会议审议。1996年3月17日，第八届全国人民代表大会第四次会议通过了《全国人民代表大会关于修改〈中华人民共和国刑事诉讼法〉的决定》。[②]

二、修法的主要亮点

1996年，中国《刑事诉讼法》完成了诞生以来的首次大修，在体例上增加了"附则"，并将条文数从164条增加至225条。此次修改标志着中国刑事诉讼制度向着科学化、民主化方向迈进了坚实的一步，对刑事诉讼的任务和基本原则、具体程序设计均有不同程度的修改。例如，吸收无罪推定精神、确立未经法院判决不得确定

---

① 卞建林等：《中国诉讼法学三十年（1978—2008）》，载《中国法学三十年（1978—2008）》，中国人民大学出版2008年版，第290~291页。

② 李寿伟：《我国刑事诉讼制度的重大改革——谈八届人大四次会议关于〈中华人民共和国刑事诉讼法〉的修改》，载《中国行政管理》1996年第5期。

任何人有罪;改革辩护制度、完善强制措施、细化逮捕条件、实行"复印件移送主义"、增强庭审对抗性,等等。① 此次对《刑事诉讼法》的修改完善了我国刑事诉讼的部分制度和程序,解决了一些司法实践中突出存在的问题,体现出现代诉讼法治观念的影响。主要表现在以下几个方面:

其一,诉讼原则的完善。首先,确立了司法机关独立行使职权的原则。我国《刑事诉讼法》原来没有规定人民法院、人民检察院独立行使职权的原则。1996 年修改《刑事诉讼法》时,根据 1982 年《宪法》的规定,增加规定了"人民法院依照法律独立行使审判权,人民检察院依照法律规定独立行使检察权,不受行政机关、社会团体和个人的干涉"。这是我国刑事诉讼迈向法治化的重要举措。其次,吸收了无罪推定原则的精神。无罪推定是现代刑事诉讼一个根本性的原则,是诉讼中的犯罪嫌疑人、被告人获得充分的权利保障的观念基础。修改后的《刑事诉讼法》第 12 条明确规定了未经人民法院依法判决任何人均不得被视为有罪。有论者认为中国由此确立了无罪推定原则,也有论者认为此条只不过具有为法院统一定罪权的意义。虽然人们对此条的评价存在分歧,但是上述规定吸收了无罪推定原则的进步精神则是毋庸置疑的。与此条规定相联系,《刑事诉讼法》中还对审判前程序中"犯罪嫌疑人"与正式起诉后"被告人"的称谓作了区分,反映出诉讼人权保障的精神在此次法律修正中的影响。此外,新《刑事诉讼法》取消了免予起诉制度,将免予起诉的内容纳入了不起诉的范围,既避免了原来免予起诉制度下检察官有权认定犯罪的弊端,又保留了检察机关对轻微犯罪起诉的自由裁量权。再次,明确了检察机关对刑事诉讼的法律监督。我国《宪法》第 129 条规定,"中华人民共和国人民检察院是国家的法律监督机关"。民事诉讼法和行政诉讼法也据此明确了人民检察院的法律监督职责。与此相应,修正后的《刑事诉讼法》第 8 条,增加规定了"人民检察院依法对刑事诉讼实行法律监督"。在此原则之下,刑事诉讼法还在分则中增加了立案监督、执行监督的有关规定。这体现了立法者对加强刑事诉讼中监督制约、防止国家权力滥用的重视。也与宪法以及民事诉讼法、行政诉讼法的有关规定相辅相成,体现了法制的统一。

其二,诉讼模式的改进。我国传统的刑事诉讼模式存在片面强调国家公检法机关权力和职责的倾向,学者将其概括为强职权主义的诉讼模式。这种诉讼模式的不足之处有两方面:一方面是忽视了有关诉讼参与人特别是被追诉方在案件中的地位和作用;另一方面是国家专门机关权力过于集中和膨胀,而且不同机关之间的职能分工含混不清。修改后的《刑事诉讼法》借鉴了世界范围内的刑事诉讼改革

---

① 宋英辉、刘广三、何挺等:《刑事诉讼法修改的历史梳理与阐释》,北京大学出版社 2014 年版,第 3 页。

经验,赋予了当事人更多的程序参与权,强化了公检法之间的职能分工,也对不同程序的功能作了更明晰的划分。概括来说,改革的趋势是更多地借鉴当事人主义诉讼模式的优点,使诉讼成为由控辩双方共同推进的程序,而不是国家专门机关一手包办的犯罪追究程序。这一点在立法中的体现,可以从允许律师在侦查阶段"提前介入"、公诉案件庭前审查的弱化、取消法院退回补充侦查等制度上看出来。这样的改革思路,是与全球性的刑事诉讼发展趋势相吻合的。

其三,诉讼制度的调整。我国 1996 年修改《刑事诉讼法》时,为了适应刑事诉讼科学化、民主化的趋势,加强人权保障,改革原有制度中的一些痼疾,作出许多制度上的调整和改革,主要有以下几点:第一,扩大拘留的范围,吸收了实践中适用收容审查措施的有关情形,将之纳入拘留范围之内。同时适当降低了逮捕的事实条件,以便这些法定的强制措施能够满足侦查的需要,杜绝侦查机关运用法外拘禁手段侦破案件的不正常现象。第二,加强对犯罪嫌疑人的权利保障。在侦查程序中就允许其聘请律师,提前介入,与其通信、会见,为其提供相应的法律帮助,这是我国《刑事诉讼法》顺应国际性人权保障趋势、确保犯罪嫌疑人诉讼主体地位的重要改革。第三,指定辩护制度的设立。这为保障犯罪嫌疑人、被告人权利创设了新途径。对于符合法定条件的犯罪嫌疑人、被告人,国家为其指定承担法律援助义务的律师进行辩护。为落实指定辩护制度而不断发展壮大的法律援助制度,则成为刑事诉讼中的新生事物。第四,弱化公诉案件的庭前审查。公诉案件庭前审查的弱化,反映了立法者医治"暗箱操作""先定后审"顽症的决心。《刑事诉讼法》修改后,公诉案件在向法院提出起诉时不再移送全部案卷材料,而是改为随起诉书只移送证据目录、证人名单、主要证据复印件或照片。通过这样的改革,立法者力图使法官在开庭前无从对全案事实产生预断,促使法官注重庭审的作用,改变庭审"走过场"的状况,使之真正实质化。第五,建立了简易程序,为案件的繁简分流开辟了重要途径。以前我国的刑事诉讼程序"一刀切"地运用普通程序审理,既不符合诉讼经济,也不能保证对重大、复杂案件配置充分的诉讼资源。因此,新《刑事诉讼法》中设立了简易程序,这为迅速审结轻微刑事案件、节省诉讼资源开创了新的途径。第六,明确了对疑案的处理。我国以前对疑案的处理方式在法律上不明确,导致许多案件久拖不决,长期悬疑。修改后的《刑事诉讼法》,规定人民检察院对证据不足的案件可作不起诉处分,人民法院对证据不足的案件应当作出证据不足、指控罪名不能成立的无罪判决。这样就明确了"疑罪从无"的原则,有助于体现无罪推定的精神。①

---

① 卞建林:《刑事程序法治化的期待——写在〈刑事诉讼法〉再修改之际》,载《中国司法》2008年第 1 期。

三、修法后的实施情况

我国 1996 年修正《刑事诉讼法》的举动引起了国内外的广泛关注,修正后的《刑事诉讼法》也获得了各界的普遍认同。但在修法之后的很长时间里,困扰我国刑事诉讼制度的诸多问题并未消除,有的依然如故,有的改头换面,难以治本。

第一,刑讯逼供现象依然存在。刑讯逼供是我国刑事诉讼中长期存在的顽症。其实我国的《刑事诉讼法》,无论是 1979 年制定的,还是 1996 年修正的,均明确规定"严禁刑讯逼供",但是在实践中刑讯逼供现象却远未根除,有的甚至愈演愈烈。不仅严重侵犯了犯罪嫌疑人的人权,而且是冤假错案的直接祸源。虽然,我国刑事诉讼立法上明令禁止刑讯逼供,司法实践中也有一些防治刑讯逼供的监督制约措施,但法律的规定没有得到切实的遵守,监督制约机制没有发挥切实的效用,刑讯逼供现象依然存在,并未得到根本的遏制,这是不争的事实。

第二,强制措施滥用现象严重。强制措施的运用是否规范、合法,可以说是衡量我国刑事诉讼程序民主与文明最重要标志之一。为了有效控制强制措施的适用,防止强制措施的滥用,《刑事诉讼法》修改时在此方面做了许多努力。但是在实践中,强制措施的滥用现象却未能改变,甚至"旧疾未除,又添新病"。首先是超期羁押现象的久治不愈。有些侦查机关在法定侦查羁押期限届满后无法将案件处理完毕,就毫无根据也毫无节制地将犯罪嫌疑人长期羁押,在许多地方这甚至成了一种通行的做法,引起了法学界和社会公众的严重关切。其次是违法运用监视居住进行变相拘禁。再次是少数人曲解《刑事诉讼法》第 69 条第 2 款对于"流窜作案、多次作案、结伙作案"的重大嫌疑分子、提起批捕时间可以延至 30 天的规定,任意扩大此规定的适用范围。

第三,律师辩护的难度增大。《刑事诉讼法》修正时借鉴当事人主义的诉讼模式,增加了对抗制的因素。但是事实证明,缺乏"平等武装"的对抗最终是难以维持的。立法本身对辩护方诉讼权利保障的措施就不够充分,缺乏切实的可操作性,加上实践中侦控方手执国家公权,经常对辩护方的权利重重设卡,进行刁难,导致了修法之后辩护方的权利不增反降,有的辩护律师认为,修法之后其执业环境反而恶化了。[①] 具体来说,存在以下问题:会见难,即律师会见在押犯罪嫌疑人难,实践中许多地方看守所对律师会见犯罪嫌疑人不合理地规定了一些"土政策",人为地制造障碍,对会见时间、会见的批准手续等做了超越立法的不合理规定,侦查人员在会见时的在场、监控也非常普遍,许多都超出了《刑事诉讼法》授权的范围;取证难,

---

① 在此需要指出,辩护律师执业环境恶化也有实体法上的原因,如 1997 年《刑法》修订时在第 306 条规定了"辩护人、诉讼代理人毁灭证据、伪造证据、妨害作证罪"在实践中被不当适用。

实践中辩护律师调查取证阻力很大。修正后的《刑事诉讼法》虽然肯定了律师的调查取证权,但同时作出了非常严格的限制性规定,导致在实务中律师想调查取证,尤其是向被害方收集证据总是困难重重,修法后的规定在保障辩护权方面尚不及已废止的《律师暂行条例》第 7 条的规定[①],律师感觉立法不进反而退了;阅卷难,修法虽然允许律师提前介入案件,但是由于会见难和调查取证难的客观存在,律师在庭前的辩护准备工作仍然主要依靠阅卷,然而伴随着案卷移送方式的改革,检察机关不再全案移送,现在已送到法院的只是起诉书和"证据目录、证人名单和主要证据复印件或者照片",因此律师的阅卷权事实上反而比修法前受到了更多限制;辩护意见采纳难,在庭审过程中,受法官传统思维和各方面因素影响,律师即使提出了很好的辩护意见,也很难被法庭采纳,法官在心理上天然地倾向于控诉一方,这也是人们深感无奈的现实。综合上述各方面因素,修改之后的律师辩护状况,的确不容乐观,值得人们深思。

第四,证人出庭作证难以落实。证人出庭作证,是现代法庭审判实质化的重要支撑。学理上对证人作广义理解时,还包括鉴定人、警察等诉讼参与人在内。在现代刑事庭审中,直接、言辞原则得到了普遍的认同。不论是被告人、被害人,还是证人,都应该出席法庭审理,使庭审中的事实调查得以顺利开展。而相对于与案件存有利害关系的被告人、被害人双方,证人的立场相对来说是超脱的,其证言在一般情况下具有更高的可信性,因而证人出庭之于审判也无疑具有更重大的意义。正因为证人出庭如此重要,所以在当今主要法治国家中,证人出庭作证是天经地义的普遍现象。倘若有什么因素对证人出庭作证形成了妨碍,则国家会采取必要的措施消除这些因素。而在我国情况则恰恰相反,在审判实践中证人出庭的比率很小,大多数案件都是以书面证言代替了出庭作证。这一现象由来已久,事实上成为制约我国刑事审判程序改革的"瓶颈"。1996 年修法时,针对这一因素,除继续强调证人的作证义务外,又改革了案卷的移送方式,力图避免法官"先入为主",实现庭审的真正对抗。但实现这一庭审改革的必要基础就是证人出庭作证并接受质证。然而时至今日,证人出庭难的问题仍然没有解决,我国的刑事庭审改革也仍然举步维艰。有学者充分认识到这一问题的严重程度,尖锐地指出,"新的庭审制度在推行中最突出最难以解决的矛盾,可以说是证人出庭作证问题。刑事案件审理中,大部分甚至绝大部分证人没有出庭"。[②] 证人不出庭,使得法官无法通过庭审调查查明事实的真伪,因而不得不求助于在庭下阅读案卷,这又形成了所谓的"庭下默读审判",使得庭审流于形式。证人出庭作证是一个多种原因导致的复杂现象,改变

[①] 该条尚有律师有权"向有关单位、个人调查","有关单位、个人有责任给予支持"的规定。

[②] 陈光中主编:《〈刑事诉讼法〉实施问题研究》,中国法制出版社 2000 年版,第 210 页。

这一状况的确不是一日之功。但是作为刑事审判制度改革的重要环节,这方面存在的问题确实不可忽视。

上述几个方面,是修正后《刑事诉讼法》实施以来较为突出的问题,或是原就存在但在修法之后未能获得实质性解决的问题。由于这些问题的存在,客观地说,我国 1996 年修正后的《刑事诉讼法》实施的情况整体上是不尽如人意的,立法取得的进步未能在司法实践中得到不折不扣的贯彻落实。

第三节　2012 年《刑事诉讼法》修改

一、修法背景及过程

由于 1996 年修法中部分制度在之前并未试点,因而出现了司法实践难以有效实施,进而架空程序设计的情况,有必要进一步予以完善。并且此后 10 余年间,国家的政治、经济和社会形势也发生了深刻的变化。首先,我国《宪法》于 1999 年和 2004 年进行了两次重要的修正,"依法治国,建立社会主义法治国家"成为国家的基本治国方略,"国家尊重和保障人权"和"公民合法的私有财产不受侵犯"被载入《宪法》中。其次,我国签署和批准了一系列国际公约,需要实现《刑事诉讼法》与国际刑事司法准则的接轨。再次,贯彻落实科学发展观、构建和谐社会等执政新理念,与刑事司法领域中宽严相济的刑事政策相辅相成,对刑事立法与司法产生指导作用。加之司法改革理论研究不断深入,司法改革实践不乏成功经验和有益启示,《刑事诉讼法》再修改因此提上议程。2012 年《刑事诉讼法》修改正是在这样的背景下进行的。

全国人大常委会法制工作委员会从 2009 年初开始着手刑事诉讼法修改方案的研究起草工作。经反复与最高人民法院、最高人民检察院、公安部、国家安全部、司法部等部门进行研究,多次听取全国人大代表、基层办案部门、律师和专家学者的意见,并专门征求部分地方人大常委会的意见,在充分论证并取得基本共识的基础上,形成了《刑事诉讼法修正案(草案)》稿。2011 年 8 月 24 日,十一届全国人大常委会第二十二次会议对《刑事诉讼法修正案(草案)》(以下简称《草案》)进行了初次审议。会后,将《草案》印发中央有关部门、各地和有关方面征求意见,中国人大网站公布《草案》全文向社会征求意见。2011 年 12 月 26 日,十一届全国人大常委会第二十四次会议对《草案》进行了再次审议,决定将修正案草案提请十一届全国人大五次会议审议。全国人大常委会办公厅按照法定程序,于 2012 年 1 月 11 日将《草案》发送全国人大代表进行阅读讨论,根据常委会组成人员的审议意见和代表们在讨论中提出的意见,修正案草案被进一步修改完善。2012 年 3 月 8 日,《草案》提交十一届全国人大五次会议审议，王兆国副委员长作了《关于〈中华人民共和国刑事诉讼法修正案（草案）〉的说明》。此后，各代表团全体会议、小组会议审议了《草案》，并吸收代表们的审议意见，对《草案》作出多处修改。3 月 14 日，第十一届全国人民代表大会第五次会议顺利通过《修改决定》。国家主席胡锦涛签署第 55 号主席令予以公布，自 2013 年 1 月 1 日起施行。此次《刑事诉讼法》修改幅度较大，修改内容涉及 110 多处，修改比例超过总条文的 50％，修正后的条文总数已达 290 条，并且增加了新的编、章、节。[①]

二、修法的主要亮点

2012 年《刑事诉讼法》修改进步明显，其中亮点包括：

第一，贯彻"尊重和保障人权"宪法原则。将"尊重和保障人权"写入《刑事诉讼法》总则第 2 条，既有利于彰显我国司法制度的社会主义性质，又有利于公安司法机关在刑事诉讼程序中更好地遵循和贯彻这一宪法原则。并且，在诸多具体诉讼制度和程序规定中都注意体现尊重和保障人权的原则。

第二，改革侦查程序，健全强制措施。根据侦查取证工作的实际需要，增加规定了口头传唤犯罪嫌疑人的程序，适当延长了特别重大复杂案件传唤、拘传的时间，增加规定了询问证人的地点，完善人身检查的程序，在查询、冻结的范围中增加规定债券、股票、基金份额等财产，并根据侦查犯罪的实际需要，增加了严格规范技术侦查措施的规定。完善了逮捕、监视居住的条件和程序，以及采取强制措施后通知家属的规定；并将监视居住定位于减少羁押的替代措施，规定了与取保候审不同的适用条件，增加了指定居所监视居住的执行方式，并明确检察机关对指定居所监视居住的决定和执行实行监督。

第三，规范司法行为，遏制刑讯逼供。关于讯问犯罪嫌疑人的程序，在坚持"严禁刑讯逼供和以威胁、引诱、欺骗以及其他非法的方法收集证据"规定不动摇之外，又增加规定"不得强迫任何人证实自己有罪"；规定在拘留、逮捕后应当立即将被拘留、逮捕人送看守所羁押，增加规定犯罪嫌疑人被送交看守所羁押后，侦查人员对其进行讯问，应当在看守所内进行，二规定对讯问过程实行录音录像的制度；正式确立了非法证据排除规则，规定对采取刑讯逼供等非法方法获取的犯罪嫌疑人、被告人供述，应当予以排除，不得作为起诉意见、起诉决定和判决的依据。

第四，完善辩护制度，扩大法律援助。首先，明确了律师在侦查阶段介入诉讼的辩护人身份，将现行立法关于犯罪嫌疑人在侦查阶段只能聘请律师提供法律帮助的规定修改为犯罪嫌疑人自被侦查机关第一次讯问或者采取强制措施起有权委

---

① 卞建林：《中国特色刑事诉讼制度的重大发展》，载《法学杂志》2012 年第 5 期。

托律师作为辩护人。其次,保障了律师会见在押犯罪嫌疑人的权利。再次,保障了律师阅卷的权利。另赋予辩护人申请回避的权利,增设了辩护人对阻碍其依法行使诉讼权利的申诉控告及处理机制。此外,进一步完善了法律援助制度,扩大了法律援助的适用对象、提前了法律援助的适用时间。

第五,完善证据制度,保证办案质量。包括修改了证据的定义、补充完善了证据的种类、明确了刑事案件的举证责任、增加"不得强迫任何人证实自己有罪"的规定、增加行政机关依法收集的证据可以在刑事诉讼中使用的规定、完善了刑事案件的证明标准、在立法上确认了非法证据排除规则、完善了证人和鉴定人出庭作证的相关制度等。

第六,健全审判程序,提高诉讼效率。一是对现有程序加以改革完善,包括庭前审查和准备程序、一审普通程序、一审简易程序、二审程序、审判监督程序、死刑复核程序和附带民事诉讼程序等。二是增设特别程序,例如犯罪嫌疑人、被告人逃匿、死亡案件违法所得的没收程序,依法不负刑事责任的精神病人的强制医疗程序。此外,未成年人犯罪案件诉讼程序和特定范围公诉案件的和解程序,与审判程序有关,但又不限于审判程序。

第七,增设特别程序,回应实践需求。增设了四种特别程序,分别是未成年人刑事案件诉讼程序;当事人和解的公诉案件诉讼程序;犯罪嫌疑人、被告人逃匿、死亡案件违法所得的没收程序;依法不负刑事责任的精神病人的强制医疗程序。针对特殊情况规定不同于一般程序的特别程序,反映了我国刑事诉讼制度和诉讼理念的发展与完善。

第八,强化诉讼监督,维护公平正义。包括增添了诉讼监督的内容,扩展了诉讼监督的范围;丰富了诉讼监督的手段,明确了诉讼监督的效力;强化了诉讼监督的责任,健全了诉讼监督的程序。[1]

三、修法后的实施情况

2012 年刑事诉讼法修改,是 1996 年以来我国刑事诉讼立法的又一次重大修改,是中国特色社会主义刑事司法制度和诉讼程序又一次重大发展与健全完善。其实施效果总体良好,立法进步显著,但仍存在一些实践问题,有待进一步解决。其中,庭前会议制度、辩护制度、强制措施制度、非法证据排除规则、简易程序、二审程序、诉讼监督制度以及刑事特别程序等八项诉讼制度与程序的实施状况和存在问题具有典型意义。[2]

---

[1] 卞建林:《中国特色刑事诉讼制度的重大发展》,载《法学杂志》2012 年第 5 期。
[2] 详细调研报告可参见卞建林、陈卫东等:《新刑事诉讼法实施问题研究》,中国法制出版社2018 年版。

1. 关于庭前会议制度。从总体上看,各地司法实务部门都在不同程度地探索适用庭前会议制度,不少地区专门出台了庭前会议制度的相关实施细则或暂行规定。但通过调研发现,庭前会议制度在实施过程中存在适用率偏低,制度认同度不高的现实情况。2013 年新《刑事诉讼法》实施以来,北京、无锡、盐城三地部分人民法院和检察机关刑事案件审判中庭前会议的总体适用比率较低,例如江苏省盐城市两级法院 2013 年刑事案件召开庭前会议数仅占全年刑事案件总数的 0.40%,2014 年略有上升,为 0.42%;2013 年、2014 年两年中,无锡市两级法院共召开庭前会议 26 次,主要涉及的问题为非法证据排除、证据开示、证人出庭名单、管辖、回避等。从法官和检察官个体对庭前会议的参与程度来看,北京、盐城、无锡三个地区的受访检察官中均有接近半数没有参加过庭前会议,参加过 4 次以上庭前会议的检察官均只有个位数。与检察官的情形相同,大多数受访法官在两年中也只参加过 1 至 3 次庭前会议。从立法目的上来看,庭前会议有利于审判人员在开庭审理前更好地了解控辩双方对与审判相关问题的意见,尽量避免可能导致庭审延滞的问题。但由于刑诉法和相关司法解释对庭前会议的规定过于概括,导致实践中对庭前会议适用问题存在较大争议,影响了庭前会议制度的实施效果。

2. 关于辩护制度。总体而言,2012 年刑事诉讼法施行后辩护制度的运行有一定的改善,例如"三难"问题有较大改观,特别是阅卷权的实际运行情况总体良好,律师阅卷已经基本不成问题。但是也存在着一些问题,例如职务犯罪的会见问题,等等。具体而言:第一,办案机关存在曲解"特别重大贿赂犯罪案件"、故意扩大会见许可权的范围问题。许多贿赂案件的涉案金额并没有达到 50 万元,但是检察机关却或以报案数额为准,或以初查线索为准,或以共犯共同涉案数额为准认定案件为"特别重大贿赂犯罪案件",从而要求律师会见必须经办案机关批准,还有的甚至要求与侦查贿赂案件相关的其他所有案件的会见都须经办案机关批准。第二,对于律师会见的申请,一般很难予以批准。调研数据显示,对于职务犯罪案件,律师会见犯罪嫌疑人的情形是非常少的,基本上很难获得批准会见。有的地方对"特别重大贿赂案件"的评断只看数额不看情节,只要涉嫌犯罪数额在 50 万元以上,无论是否"情节恶劣",都不许可会见。此外,调研发现,尽管法援机构的统计数据显示法律援助效果较好,但实际上法律援助律师的援助往往流于形式,援助质量并不高。法律援助律师在接受指派后,多数仅仅是会见并告知犯罪嫌疑人、被告人为其提供辩护,一般很少阅卷;审判中,法律援助律师往往仅象征性地提供一页或者两页的辩护词。

3. 关于强制措施制度。2012 年刑事诉讼法施行后,取保候审存在的主要问题有:取保候审的使用率仍然低下,对犯罪嫌疑人大都采用逮捕措施,超期羁押现象相当普遍;取保候审的决定程序,缺乏公开性和透明度;司法机关不同意取保候审决定的理由,缺少说理性;取保候审的期限管理不规范,存在超过法定期限现象。

监视居住存在的主要问题有:公、检、法缺少衔接措施,检察机关不能及时掌握有关信息,监督滞后;缺乏专门场所,被监视居住对象的权利难以保障;公安机关执法活动不够规范,存在执行过程无记录、无监控,不能有效防范事故发生,适用条件随意性大等问题。在拘留的适用上,司法实践中存在的主要问题有:错误理解刑事拘留条件,滥用刑事拘留强制措施;以刑事拘留代替行政拘留、行政强制措施和用刑事拘留追逼债务;存在刑侦、经侦、治安、派出所等办理刑事案件的单位多头签发刑事拘留强制措施的问题;存在违法延长刑事拘留期限的现象。逮捕存在的主要问题有:公安机关提请批捕时,基本上不提供社会危险性的相关证据材料;依然存在重打击轻保护、重配合轻制约倾向,依然存在"够罪即捕"的做法,以捕促罚,以捕代罚;受上访压力、看守所收押条件限制等,也存在人为放宽逮捕条件,使应当逮捕的人没有实际执行逮捕的情况;在羁押必要性审查中,对于从哪些方面审查、达到何种标准后变更措施,缺乏明确、统一标准;法、检两家对是否应继续羁押的认识存在分歧,法院对羁押必要性审查工作不配合,羁押必要性审查信息来源不畅通,相关人员不配合,影响结论的及时作出。

4.关于非法证据排除规则。2012 年刑事诉讼法的生效实施,在立法层面确立了非法证据排除规则。这数年中,我国非法证据排除规则实施情况并不理想,主要体现在:第一,非法证据排除的案例很少。中国确立非法证据排除规则以来,全国范围内各法院、检察院提出非法证据排除的数据,已经排除的数据,排除非法证据的各类,等等,没有专门的统计。第二,非法证据的范围不明确。我国 2012 年修改的《刑事诉讼法》第 54 条将非法证据的范围设定在"采用刑讯逼供等非法方法取得的犯罪嫌疑人、被告人供述和采用暴力、威胁等非法方法取得的证人证言、被害人陈述",另外还包括不符合法定程序,可能严重影响司法公正的物证、书证。根据我们对新刑事诉讼法实施以来非法证据排除的考察发现,我国司法实务中排除主要集中在非法言词证据,特别是瑕疵证据。这表明我国非法证据排除规则保障人权的功能很有限。第三,非法证据排除的程序不明确。根据我国的非法证据排除规则,侦查部门、检察部门和审判部门都有义务排除非法证据。但是各部门排除非法证据的程序不明确,缺乏具体的操作程序,致使该规则不能得到有效的实施。第四,非法排除案例主要发生在基层法院,上级司法机关,特别是最高人民法院应当充分发挥作用。至今未发现我国最高人民法院直接处理过非法证据排除规则的案件。虽然这种现象与我国的审级制度有关,但最高人民法院没有处理非法证据案件不能在该规则的实施中充分发挥作用。

5.关于简易程序。作为 2012 年刑事诉讼法修改的亮点之一,刑事简易程序的拓展适用在出现运行状况与立法初衷不相符合的情形,主要问题有以下几个方面:第一,程序简易性不足,制约了人民法院主动适用的积极性,包括庭审程序的简化性不足、可能判处有期徒刑三年以上、被告人认罪案件的简易程序适用性不强。第二,公诉人出庭及审查起诉对审判结构的均衡效果未达预期,体现在三个方面:公诉机关工作量显著增加、刑事简易程序的简化思维在刑事侦查和审查起诉环节存在制度空白、控辩审三方格局在刑事简易程序实务中趋于形式化。第三,审限较短,不完全符合刑事简易程序的司法规律,表现为审限较短,刑事附带民事调解、犯罪形态、量刑情节等问题难以解决;审限较短,难以改善基层司法机关案多人少的现状。第四,辩护人参与度低,对被告人的权利保障不力,一方面是由于案件本身比较轻微,当事人本人和家属对此都不够重视;另一方面是案件审理期限较为短暂,有时还没有来得及聘请律师,还有其他因素比如经济能力方面、对律师作用的认知方面等。

6.关于二审程序。总体而言,较之于2012年刑事诉讼法适用之前的二审开庭率,2013年至今,二审开庭率已经有一定的增长,并取得较好的实施效果。例如,W市的二审开庭率基本维持在30%以上。二审开庭案件主要属于事实、证据异议型,即"被告人、自诉人及其法定代理人对第一审认定的事实、证据提出异议,可能影响定罪量刑的上诉案件"。实践中还存在为了实现"留所服刑"而进行无诉求的上诉。由于2012年刑事诉讼法将看守所代为执行的有期徒刑由原先的1年改为3个月以下,使得部分被告人为了可以在看守所服刑,选择利用上诉程序进行无诉求的上诉以期延长羁押期限进而抵减服刑时间使余刑在3个月以下。对此类案件,法院不会开庭审理。此外,由于法律规定的模糊,在二审阶段办案机关尤其是法院是否负有告知被告人享有申请非法证据排除的权利仍存有疑问,主要是此种情形,即一审阶段被告人及其辩护人没有提出排除非法证据的申请,到了二审阶段法院是否有必要再向其告知享有该项权利。对于二审案件的处理,以W市为例,由于该市所在省仍旧对无罪判决持有零容忍态度,且受考核指标的制约,导致该市近5年来并无改判无罪的案件,部分案件以撤诉等其他方式处理或者以通过认定某些准确犯罪事实进而轻判化解掉。在该市,发回改判率一般在25%左右,更多的裁判结果是裁定维持原判。

7.关于诉讼监督制度。2012年刑事诉讼法强化了诉讼监督,但仍存在一些问题。例如,对指定居所监视居住的监督效果并不理想。一方面,指定居所监视居住条件不好把握、操作难,适用程度低,检察机关监督的对象可能并不存在。另一方面,就适用指定居所监视居住的情形来看,由于侦查程序不透明,缺乏及时、有效的信息,检察机关很难进行监督。此外,监督人员的配备不足也是一个重要因素。又如,检察机关通过审查批准逮捕对侦查进行监督的作用有限。某些地方逮捕率有所下降,这显示出积极的一面。但与此同时,检察院的批捕率(指检察机关批准逮捕的案件数与侦查机关提请逮捕的案件数的比例)并未降低,反而是一直在攀升。这或许只能说明侦查机关提请逮捕时更为谨慎,但能否说明检察院的监督发挥了效果还要进一步观察。对于羁押必要性审查制度,缺乏具体操作程序和标准,对哪些案件可以进行捕后羁押必要性审查、捕后羁押必要性要审查哪些内容、社会危险性的具体判断标准等方面的规定并不明确。而且,由监所、侦监、公诉三部门共同负责羁押必要性审查工作存在着弊端,考核标准不一致、风险评估不统一的冲突时有发生。此外,侦查监督的实施效果并不理想,特别是辩护律师对侦查监督存有不同意见。辩护律师反映检察机关在侦查监督方面存在欠缺,特别是在涉及财产返还案件中,侦查监督几乎发挥不了作用。而且,检察机关自身也存在相关的违法行为。被追诉人及其辩护律师也不知道该由谁负责财产返还,由何种途径予以救济。

8. 对于刑事特别程序。首先,2012 年刑事诉讼法实施以来,未成年人刑事司法工作取得了长足进步,但在理念、制度和机制层面,仍有需要改进的空间。具体表现为:"教育、感化、挽救"的未成年人刑事司法理念没有完全树立,导致实践中各地贯彻落实刑事诉讼程序的规定极不平衡;立法和司法解释的规定不完善。如在社会调查制度中,承担社会调查的主体、调查启动的时间、调查报告的属性、社会调查员出庭的地位和权利义务等问题;在合适成年人到场制度中,合适成年人的资格、职责定位,未到场情况下取得供述的效力等问题;在附条件不起诉制度中,不起诉适用的范围、监督考察和法律效果等问题;在犯罪记录封存制度中,封存的范围、查询和解除等问题;办案机制不健全。多数地方缺乏辅助检察机关不捕不诉等司法工作的社会支持体系,社会化专业人员不足,解决大量未成年犯罪嫌疑人适用特殊制度难题的异地协助机制尚未建立,提高特殊制度适用率和效果的社会观护体系仍处于摸索阶段。其次,公诉案件刑事和解程序在实践中存在的问题主要表现在:刑事和解案件数量总体规模偏小,未能充分发挥出刑事和解化解社会矛盾的应有优势;适用刑事和解的案件范围过窄,局限于刑事附带民事赔偿案件;达成和解方式单一,经济赔偿在达成和解中分量过重;和解内容流于形式,加害人与受害人真诚交流的平台尚未建立;从宽处罚的力度较小,将和解作为从轻处罚情节适用;和解程序启动难,尤其非赔偿型刑事和解难以启动。之所以出现以上问题,究其原因主要在于规范层面存在和解范围不明确、对加害方参与和解的主体限定过严、与刑事附带民事调解存在功能性重叠、和解从宽处罚缺少量化标准等问题;在司法实践层面则存在和解意识不强、习惯性做法的影响、法官对适用刑事和解大幅度从轻或减轻处罚有顾虑等问题。再次,犯罪嫌疑人、被告人逃匿、死亡案件违法所得的没收程序在实践中存在的问题表现在:该程序适用数量少,发挥作用的空间有限;对适用该程序的案件类型存在不同认识,即对于犯罪嫌疑人、被告人死亡情形下适用该程序是否受案件类型限制的问题存有较大争议;贪污贿赂犯罪的案件具体包括罪名的范围不明确,对于是否包括《刑法》第八章中规定的挪用公款罪、巨额财产来源不明罪、私分国有资产罪、私分罚没财物罪等罪名实践中存在较大争议;对于违法所得没收程序的证明标准在司法实践中认识不一,具体操作上存在多种不同做法;级别管辖的规定不尽合理,且对于处于不同诉讼阶段的犯罪嫌疑人逃匿、死亡案件应如何启动该程序缺乏明确规定;关于行为人在纪检监阶段逃匿、死亡,尚未立案的案件,能否适用该程序处理其违法所得缺乏相应规定。最后,依法不负刑事责任的精神病人强制医疗程序在实践中存在的问题表现在:继续危害社会可能的判断标准不明,导致法院审查形同走过场;强制医疗接收机构、执行机关规定不明确,导致精神病人救治难;强制医疗经费的支付规定不明确,导致执行难;审判人员缺乏专业医学知识,对鉴定人提交的鉴定报告无法有效审核;立法规定的审理期限较短,导致审理过于仓促;被申请人法定代理人缺位,导致被申请人的权利难以得到充分保障;被害人的损失难以得到赔偿;强制医疗程序难以解除;强制医疗监督存在盲区。

当然,2012 年《刑事诉讼法》修改本就存有缺憾:首先,一些应当规定可以规定的内容尚没有规定,例如无罪推定原则;其次,有些内容虽然作出规定,但由于规定得不够到位而使其含金量降低,大打折扣,例如不得强迫自证其罪原则;再次,当立法着力完善一项制度时,立法的宗旨与其具体的制度设计显现矛盾,可能产生南辕北辙的效果,例如关于监视居住强制措施的改革。事实上,《刑事诉讼法》贯彻实施过程中,一系列问题也的确逐步显现,甚至架空程序设计。对此,在总结司法实践经验的基础上,2014 年 10 月 23 日,中国共产党第十八届中央委员会第四次全体会议通过《中共中央关于全面推进依法治国若干重大问题的决定》,提出"推进以审判为中心的诉讼制度改革",以此为方向指引中国刑事诉讼制度的新一轮变革,进而完善司法管理体制、健全司法权力运行机制、规范司法行为、加强对司法活动的监督。

第四节　推进以审判为中心的诉讼制度改革

一、改革之背景与意义

过往,我国"以侦查为中心"的刑事诉讼实践造成庭审过分依赖侦查卷宗笔录等书面材料,庭审流于形式,使得刑事诉讼通过法庭审理发现事实真相和保障人权的价值大打折扣,既不利于有效追究犯罪,也容易导致冤假错案的发生。近年来陆续平反纠正的一系列冤假错案,暴露了我国刑事司法制度和诉讼程序存在的问题:一是有罪推定的思维定式贯穿诉讼始终,未能实现疑罪从无;二是在证明标准上打折扣、降要求,作出留有余地的判决;三是轻信口供、依赖口供,以口供为认定有罪的主要依据甚至唯一依据;四是缺乏必要的实物证据,或忽视对实物证据的审查和运用;五是存在以刑讯逼供等非法方法收集证据的情形;六是庭审虚化,以案卷笔录代替证人出庭,被告人质证权难以落实;七是阻碍律师依法履行职责,忽视律师辩护意见,律师作用无法有效发挥;八是法外因素影响程序运作,领导意志、社会舆论干预司法。但上述种种仅为直观的表层缘由,究其深层根源,在刑事司法职权配置和诉讼程序设计上存在以下弊端:

其一,公安机关"一家独大"的权力配置。公安机关是国家治安保卫机关,是武装性质的行政执法机关。在刑事诉讼中,公安机关既是主要的侦查机关,大部分刑事案件的侦查活动都由公安机关进行;也是刑罚的执行机关之一,担负着对判处管制、剥夺政治权利、宣告缓刑、假释、暂予监外执行罪犯的执行、监督和考察职责。为使公安机关有效侦查犯罪,法律赋予其广泛的职权。一是决定和执行除逮捕以外刑事强制措施的权力,包括拘留、取保候审、监视居住和传唤;二是实行强制性侦查行为的权力,包括搜查、扣押、查封、冻结、人身检查、检查邮件、通缉等;三是实行技术性侦查措施的权力,包括监听、窃听等;四是为侦查犯罪或保障诉讼活动顺利进行的其他权力,如边境控制等。此种权力配置,使得公安机关权力集中,检察机关和法院对侦查权力实际缺乏充分的制约能力和监督手段。

其二,公检法三机关"分工负责、互相配合、互相制约"的司法权运行机制。《宪法》第 135 条和《刑事诉讼法》第 7 条均有关于公检法三机关分工负责、互相配合、互相制约的规定,这是指导和处理人民法院、人民检察院和公安机关相互关系的基本原则,由此确立独具特色的刑事司法体制和办案机制。从司法规律和诉讼原理来看,此司法体制和办案机制,无论在制度设计还是实际运行方面都存在不足。在制度设计方面,这一机制的主要不足首先在于强调法院与侦控一方的配合从而损害法院在诉讼中的中立地位,造成控审不分,形成侦控审三位一体的追究犯罪机制;其次由于缺乏司法审查制度,使侦查机关权力集中,难以制约。在实际运行方面,法律确立的分工配合制约原则未能得到切实履行,制度设计者所期待的规制公权力行使和防错纠错功能,未能充分显现。主要存在以下问题:一是公检法三机关不能严格依照法定分工开展诉讼活动,各自行使职权,时而出现公检法三机关"联合办案"的情况。二是公检法三机关之间片面重视配合,淡化互相制约。这种重配合、轻制约的关系,往往使后一个司法机关、后一道诉讼环节放松对前一个机关、前一道环节可能存在错误的防范,不能及时发现问题,即使发现了问题也不能及时纠正。三是法院受制于侦查机关和起诉机关,不能依据事实和证据独立作出判决,做无罪判决难,排除非法证据难,严重影响审判功能和法院权威。

其三,"司法流水线"的程序设置。与公检法三机关分工负责、互相配合、互相制约的权力运行机制相匹配,我国的刑事程序采用以诉讼阶段论为理论基础的程序设置,即将诉讼过程主要分作立案侦查、提起公诉、审判和执行几大阶段,公安、检察、法院分别为侦查、公诉、审判阶段的主导机关,既"铁路警察,各管一段",又互相配合,同心协力,从而形成侦诉审不分主次、相互接力、流水作业的纵向线形诉讼结构,类似"一个工厂、三个车间、三道工序"的追究犯罪生产线。

其四,审判权的行政化运作。在我国的刑事审判实践中,存在着严重的审判权行政化运作倾向,即以行政方式行使司法权,或者以行政管理权影响、干扰刑事审判权的行使。各级法院普遍存在主管院长、业务庭庭长审批案件的内部制度,具体从事审判工作的承审法官不能独立地对案件作出处理决定,出现"审者不判、判者不审"的错误做法。[①] 另外,在上下级法院之间实际存在"内部请示报告"制度,即下级法院对于比较重大、疑难、复杂的案件,在作出裁判前先行向上级法院请示如何处理,以便裁判能够获得上级法院的支持和认可。这一司法潜规则使法律规定的上下级法院之间的审判监督关系异化为领导和服从的关系,使法律规定的二审终审制度形同虚设。

正是"以侦查为中心"造成法官不中立、控审不分离、控辩不平等,侦查权"一家独大"、过于膨胀,检察机关对侦查监督不力,法院对审前程序无所作为。检察机关的审查起诉和法院的法庭审判,主要依据侦查收集的证据和形成的卷宗,实际成为对侦查结论的确认和维护,既造成庭审走过场,流于形式,也难以防范和纠正冤错案件,出现"起点错、跟着错、错到底"的奇特现象。鉴于司法实践此怪现象,方凸显以审判为中心的诉讼制度改革之重要性与必要性。推进以审判为中心的刑事诉讼制度改革,作为健全刑事司法权力运行机制、规范刑事司法行为而作出的重要部署,强调庭审在审判中的核心地位,要求充分发挥庭审在事实认定和保障人权、实体公正和程序公正、有效防范冤假错案等方面的决定性作用,是一项事关全局、决定我国刑事诉讼制度今后发展方向的重大改革。

二、改革之内容

"以审判为中心",含义丰富,内容博大,其核心要义体现在以下方面:强调法官在定罪科刑方面的唯一性和权威性,法治国家唯有法官有权对被告人定罪并科以刑罚;强调审判特别是庭审在刑事诉讼中的核心地位,通过建立公开、理性、对抗的平台,贯彻证据裁判原则,在证据审查的基础上对指控进行判定,实现追究犯罪的正当性和合法性;强调法庭审理的实质意义,一切与定罪量刑有关的证据都要在审判中提交和质证,所有与判决有关的事项都要经过法庭辩论,法官判决必须建立在法庭审理基础之上;强调对被告人辩护权的保障,特别是被告人对不利自己证人当庭对质的权利;强调重视律师的辩护作用,切实保障辩护律师合法权利,认真听取律师辩护意见;强调发挥审判对审前诉讼行为的指引作用,规范侦查取证工作及审查起诉工作;强调推进案件繁简分流,优化司法资源配置,实现公正与效率的

① 陈光中、严端主编:《中华人民共和国刑事诉讼法释义与应用》,吉林人民出版社1996年版,第197页。

统一。[①]

对此,在推进以审判为中心的刑事诉讼制度的改革思路上,明确了以下几点:首先,"以审判为中心"的前提是优化司法职权配置、规范司法权力运行,重在理顺侦查权、检察权和审判权分工配合制约的关系,突出审判在刑事诉讼中的中心地位和法官在审判中的独立地位,保障其依法独立行使审判权。应当强调负责个案审理的法官或合议庭在审判中的独立属性,落实法官和其他司法人员分类管理制度,改革审判委员会制度,完善主审法官、合议庭责任制,真正做到让审理者裁判、由裁判者负责。其次,"以审判为中心"的核心在于"以庭审为中心",重在实现庭审的实质化,关键在于实现控辩有效对抗和当庭质证。其中包括五点要求:一是严格贯彻直接言词原则和集中审理原则;二是完善庭前会议制度,明确主持庭前会议的法官与庭审法官的关系,明确庭前会议的效力,规范庭前会议程序等;三是全面贯彻证据裁判原则;四是庭审以有效质证为中心;五是完善裁判文书说理制度。再次,"以审判为中心"在诉讼程序上强调发挥第一审程序在事实认定和适用法律上的重要作用,使案件尽量在第一审程序得以解决,减少第二审和再审程序的诉累。同时,也要注意保障当事人对不服一审裁判的救济权利,发挥审后程序对一审程序的监督制约作用。最后,"以审判为中心"需要全面贯彻证据裁判原则,严格依法收集、固定、保存、审查、运用证据,完善证人、鉴定人出庭制度。裁判所依据的必须是具有证据能力且经过法庭调查的证据。而证据裁判原则的彰显有赖于实质的法庭审理,法庭审理若是无法通过法庭调查检验证据并评价证明力,其实质性即存在疑问。因而,庭审应当以举证质证为中心,以实质化的庭审贯彻证据裁判原则的同时,通过证据裁判原则检验庭审效果。

为贯彻落实《决定》的有关要求,最高人民法院、最高人民检察院、公安部、国家安全部、司法部联合印发了《关于推进以审判为中心的刑事诉讼制度改革的意见》(以下简称《意见》),结合我国刑事司法的现实问题,对下一阶段的改革任务作出明确部署。在有效澄清理论研究误区、指导司法实践工作的同时,对于我国刑事诉讼制度的完善乃至达成刑事程序法治现代化的目标,具有重大的现实意义,[②]其改革的主要内容如下:

其一,所有定罪的事实证据都要经得起法律检验。要坚持以审判为中心,突出审判程序在刑事诉讼中的中心地位,所有定罪的事实证据都要经过法庭质证,确保侦查、起诉、审判的案件事实证据经得起法律检验。犯罪嫌疑人、被告人有罪无罪,不是由侦查机关、人民检察院决定,而是由人民法院审判决定,靠证据说了算。侦

[①] 卞建林、谢澍:《"以审判为中心"视野下的诉讼关系》,载《国家检察官学院学报》2016 年第 1 期。

[②] 卞建林:《扎实推进以审判为中心的刑事诉讼制度改革》,载《人民法院报》2016 年 10 月 11 日第 3 版。

查、起诉阶段要向审判阶段看齐，适习统一的法定证明标准。

其二，严格落实疑罪从无。疑罪从无是现代刑事司法的重要原则，对保障司法人权、防范冤假错案具有积极作用。审判阶段要严格落实疑罪从无，对定罪证据不足的案件，要依法作出无罪判决。起诉阶段，对经过两次补充侦查后，证据仍然不足的，应当作出不起诉决定。侦查阶段，要全面客观及时地收集各种证据，尽可能查明案件事实真相。

其三，推进庭审实质化。庭审实质化是以审判为中心的诉讼制度改革的关键环节。要贯彻证据裁判原则，确保庭审在查明事实、认定证据、保护诉权、公正裁判上发挥决定性作用。[①] 对此，《意见》作出一系列指引，包括"规范法庭调查程序，确保诉讼证据出示在法庭、案件事实查明在法庭"，"完善对证人、鉴定人的法庭质证规则"，"完善法庭辩论规则，确保控辩意见发表在法庭"，"完善当庭宣判制度，确保裁判结果形成在法庭"，"严格依法裁判"，等等。确保通过庭审的方式认定案件事实，并在此基础上决定被告人的定罪量刑，即"事实证据调查在法庭、定罪量刑辩论在法庭、裁判结果形成于法庭"。

其四，健全当事人和其他诉讼参与人权利保障制度。依法保障当事人和其他诉讼参与人的知情权、陈述权、辩论辩护权、申请权、申诉权。犯罪嫌疑人、被告人有权获得辩护，人民法院、人民检察院、公安机关、国家安全机关有义务保证犯罪嫌疑人、被告人获得辩护。依法保障辩护人会见、阅卷、收集证据和发问、质证、辩论辩护等权利，完善便利辩护人参与诉讼的工作机制。充分发挥辩护人依法维护当事人权益、实现司法公正的作用，依法保障辩护人在庭审中的合法诉讼权利，认真听取辩护意见。

其五，推进案件繁简分流。完善刑事案件速裁程序和认罪认罚从宽制度，对案件事实清楚、证据充分的轻微刑事案件，或者犯罪嫌疑人、被告人自愿认罪认罚的，可以适用速裁程序、简易程序或者普通程序简化审理。过去两年的刑事案件速裁程序试点取得一定效果。在此基础之上，2016 年 9 月 3 日，全国人大常委会通过《关于授权最高人民法院、最高人民检察院在部分地区开展刑事案件认罪认罚从宽制度试点工作的决定》，授权在北京等 18 个地区开展刑事案件认罪认罚从宽制度试点工作。对犯罪嫌疑人、刑事被告人自愿如实供述自己的罪行，对指控的犯罪事实没有异议，同意人民检察院量刑建议并签署具结书的案件，可以依法从宽处理。

三、改革之实效

自党的十八届四中全会提出"推进以审判为中心的诉讼制度改革"以来，各级

---

① 关于"庭审实质化"请参见卞建林·曾澍：《庭审实质化与鉴定意见的有效质证》，载《中国司法鉴定》2016 年第 6 期。

司法机关认真贯彻执行,其中以成都市中级人民法院和温州市中级人民法院的试点工作最为典型。以成都法院系统为例,2015 年 2 月,成都在全国率先探索开展以审判为中心的刑事庭审实质化改革试点工作。截至 2018 年 3 月,成都法院系统共开展实质化的庭审 1353 件。其中,律师参与辩护率达 100%;召开庭前会议 921件,占庭审总数的 68.07%;证人出庭作证 766 件,占庭审总数的 56.61%;共计1290 名证人出庭,其中一般证人 759 人,鉴定人 100 人,侦查人员 374 人,有专门知识的人 15 人,被害人 42 人;当庭认证 1025 件,占庭审总数的 75.76%;当庭宣判702 件,占比为 51.88%。接到非法证据排除申请 142 件,启动"排非"程序 60 件,占申请数的 42.25%;排除非法证据 13 件,占启动数的 21.67%;上诉(抗诉)118件。通过反复实践,庭审操作日益规范,各项规则更趋完善,倒逼效应正在显现,审判质效持续向好,实质化庭审案件的服判率达到 91.28%,被二审法院改发的仅有9 件。正如有学者所观察到,庭审实质化的基本模式由三部分组成,即庭前准备程序、实质化庭审程序和当庭裁判机制。其中,庭前准备程序以庭前会议为载体,试点改革将庭前会议从非正式的"听取意见"机制塑造成规范化的庭前准备程序,以争点整理(法律争点、事实争点和证据争点)、排非程序的审查和启动与证据方法(调取证据、证人出庭、证据调查的顺序与方式)的确定为核心内容,为正式的庭审做好充分的程序准备。实质化庭审程序也有三个主要环节,一是繁简结合的法庭调查程序,对没有争议的事实、证据简化调查,对存在争议的事实、证据采用直接、言辞方式进行调查,当简则简,当繁则繁;二是直接式的物证(客观性证据)调查方式,即对存在争议的物证采用原物、原件展示、识别的方式进行调查,以更有效地判断其真实性、证明力;三是混合式的人证调查方式,包括控辩询问与法官职权补充询问的混合、交叉询问机制与传统质证方式的混合。当庭裁判机制则要求法官对事实认定的结论应当来源于当庭调查的证据,而非来源于庭外的材料;合议庭对案件的裁判结果来源于法庭调查和辩论基础上的独立判断,而非来源于案件审批、请示汇报等途径的"领导意志"。①

当然,以审判为中心的诉讼制度改革不仅包括庭审实质化,还包括审前程序中检察机关诉前主导、审前分流等,事关刑事诉讼制度全局。同样,以审判为中心的诉讼制度改革也不仅仅是成都、温州试点那般乐观,在其他一些地区,改革推进效果并不十分理想,还需要进一步观察和完善相关制度。

① 马静华:《庭审实质化:一种证据调查方式的逻辑转变》,载《中国刑事法杂志》2017 年第5 期。

第五节 完善认罪认罚从宽制度

一、改革之背景与意义

党的十八届四中全会提出"推进以审判为中心的诉讼制度改革"以及"完善刑事诉讼中认罪认罚从宽制度",二者相辅相成。以审判为中心的诉讼制度,必然要求落实庭审实质化,而实质化的庭审需要投入更多的司法资源。在现有司法资源不变的前提下,需要通过认罪认罚从宽制度对刑事案件进行繁简分流,节约司法资源。当前,部分司法机关对于以审判为中心的诉讼制度改革感到负担较重,案多人少的状况仍然较为突出,影响改革进程。此前的刑事速裁程序试点已取得一定效果,部分实务部门也认为可以进一步扩大适用范围,在此节点上试点认罪认罚从宽制度显然符合现实需要;有利于推动刑事诉讼程序制度的层次化改造,推进以审判为中心的诉讼制度改革,为完善刑事诉讼程序制度提供实践基础。

2014 年 6 月,全国人大常委会授权在北京、天津、上海、重庆等 18 个城市开展刑事案件速裁程序试点工作。经过 2 年的试点,作为认罪认罚从宽制度的先行探索,这 18 个城市已积累了一定的经验。因此,在刑事案件速裁程序试点的基础上,进一步试点刑事案件认罪认罚从宽制度,可以充分发挥"试点"的优势,由点到面、循序渐进、积极稳妥地推行制度改革。2016 年,全国人大常委会以及最高人民法院、最高人民检察院、公安部、国家安全部、司法部先后通过和印发了《关于授权最高人民法院、最高人民检察院在部分地区开展刑事案件认罪认罚从宽制度试点工作的决定》《关于在部分地区开展刑事案件认罪认罚从宽制度试点工作的办法》(以下简称《办法》)。其中,《办法》对认罪认罚从宽制度的案件适用范围、基本原则、法律援助、强制措施以及侦查程序、审查起诉程序、审判程序中的实施方式和具体问题加以初步规范,在注重激励机制的同时,较为充分地考虑到风险防范问题,①业已形成制度雏形,为试点之有序展开奠定基础。

---

① 包括确立基本原则、以辩护权防范制度偏差以及以法律责任为威慑等三方面风险防范措施,关于《办法》的深入解读可参见魏晓娜:《〈认罪认罚从宽制度试点工作办法〉评析》,载《人民法治》2017 年第 1 期。

10 余年前,我国理论界曾有过一次关于辩诉交易的集中讨论,[①]而此番推行之认罪认罚从宽制度也明显有别于当时受到部分学者批判的美国式辩诉交易,即不得对罪名、罪数进行"交易"。在美国联邦及各州的犯罪案件中,均有超过 90% 以上的案件通过辩诉交易解决,部分州这一比例甚至超过 95%。相比之下,域外"辩诉交易"适用范围更广、检察官权力更大,其目的主要是从司法机关角度出发,减轻案件数量的压力、降低胜诉难度和提高有罪判决率。而我国的刑事案件认罪认罚从宽制度,限于犯罪嫌疑人、刑事被告人自愿如实供述自己罪行,对指控的犯罪事实没有异议,同意人民检察院量刑建议并签署具结书的案件。其制度推行的初衷,是从社会需求与人权保障出发:一方面,提高司法效率、及时有效惩罚犯罪、维护社会稳定;另一方面,落实宽严相济刑事政策、加强人权司法保障的需要,有利于贯彻罪责刑相适应原则,充分保障刑事被告人的各项诉讼权利和实体权利。

需要强调的是,刑事案件认罪认罚从宽制度不是随意地"从宽",在试点中对于犯罪嫌疑人的处罚应当与其认罪认罚的程度相适应。刑罚的目的在于通过对已经犯罪的人的惩罚、教育、改造,使其不再犯罪,而"认罪认罚从宽"本身即是符合这一目的的。并且,认罪认罚程序上从简和实体上从宽的同时,也强化了监督制约。例如,试点方案指出,认罪认罚案件,有重大立功或者案件涉及国家重大利益的,侦查阶段撤销案件和审查起诉阶段不起诉,都设置了需经公安部或者最高人民检察院批准的严格监督程序。为确保认罪认罚从宽制度公正执行,试点方案明确规定对"权权交易、权钱交易"等司法腐败问题严格依法追究刑事责任、行政责任。

二、改革之内容

关于我国认罪认罚从宽制度的适用条件,《办法》第 1 条规定:"犯罪嫌疑人、被告人自愿如实供述自己的罪行,对指控的犯罪事实没有异议,同意量刑建议,签署具结书的,可以依法从宽处理。"同时,第 2 条明确了四种不适用认罪认罚从宽制度的情形,即犯罪嫌疑人、被告人是尚未完全丧失辨认或者控制自己行为能力的精神病人的;未成年犯罪嫌疑人、被告人的法定代理人、辩护人对未成年人认罪认罚有异议的;犯罪嫌疑人、被告人行为不构成犯罪的;以及其他不宜适用的情形。这意

---

① 主要相关探讨可参见卞建林:《如何看待被告人有罪答辩——辩诉交易的一点启示》,载《政法论坛》2002 年第 6 期;陈卫东:《从建立被告人有罪答辩制度到引入辩诉交易——论美国辩诉交易制度的借鉴意义》,载《政法论坛》2002 年第 6 期;龙宗智:《正义是有代价的——论我国刑事司法中的辩诉交易兼论一种新的诉讼观》,载《政法论坛》2002 年第 6 期;汪建成:《辩诉交易的理论基础》,载《政法论坛》2002 年第 6 期;刘根菊:《确立中国式辩诉交易程序之研讨》,载《政法论坛》2000 年第 4 期;谢佑平、万毅:《中国引入辩诉交易制度的三重障碍》,载《政治与法律》2003 年第 4 期;宋英辉:《全面认识辩诉交易》,载《人民检察》2002 年第 7 期;以及陈光中主编:《辩诉交易在中国》,中国检察出版社 2003 年版。

味着,除了上述情形以外,只要符合《办法》第 1 条之规定的刑事案件均可以适用认罪认罚从宽制度。此外,我国《刑法》确立了罪行法定和罪责刑相适应原则,在定罪量刑上也确立了严格的犯罪构成要件和量刑种类及幅度,认罪认罚从宽制度中的控辩协商不得以罪名、罪数为协商筹码,量刑减让的幅度通常也不得超过三成。

对于认罪认罚从宽制度中的当事人权利保障,《办法》第 3 条即予以明确,[①] 这与我国《刑法》《刑事诉讼法》之基本原则相适应,强调"以事实为根据,以法律为准绳"。具体而言,在被害人权利保障问题上,一方面,重视听取被害人及其代理人意见;另一方面,将被追诉人是否与被害人达成和解协议或赔偿被害人损失,并取得被害人谅解,视为量刑的重要考虑因素。同时,《办法》还规定,经确认后,原属被告人的涉案财物及其孳息,应依法返还被害人,并且被告人与被害人或其代理人没有就附带民事赔偿等事项达成调解或者和解协议的,不得适用速裁程序审理。在被告人权利保障问题上,首先,《办法》规定,应当保障被追诉人获得有效法律帮助,确保其了解认罪认罚的性质和法律后果,自愿认罪认罚。值班律师和法律援助律师分别可以提供法律帮助和辩护,办案机关应当就相关事项听取被追诉人及其辩护人或值班律师的意见;其次,在强制措施的选择上,对于没有社会危险性的被追诉人,应当取保候审、监视居住;最后,要求在侦查程序、审查起诉程序、审判程序中,办案机关均应当告知被追诉人享有的诉讼权利和认罪认罚可能导致的法律后果。并且,庭审时应当着重审查认罪认罚的自愿性以及具结书内容的真实性、合法性;被告人不服第一审判决的可以提起上诉。

根据《办法》相关规定,认罪认罚从宽制度在侦查、审查起诉和审判阶段普遍适用,而其程序启动于侦查或审查起诉阶段,在告知犯罪嫌疑人享有的诉讼权利和认罪认罚可能导致的法律后果,并就相关事项听取犯罪嫌疑人及其辩护人或者值班律师的意见后,犯罪嫌疑人表示愿意认罪认罚的,即可启动认罪认罚从宽制度。但侦查机关不得作出实质处理,仅有应当在起诉意见中写明犯罪嫌疑人自愿认罪认罚之情况,唯有按照《办法》第 9 条之规定,犯罪嫌疑人不仅自愿如实供述涉嫌犯罪事实,而且有重大立功或者案件涉及国家重大利益,需要撤销案件的,方为例外。根据《办法》第 11 条、第 13 条规定,在审查起诉阶段,检察机关可以作出三种处理:其一,提起公诉,检察机关应当在起诉书中写明被告人认罪认罚情况,提出量刑建议,并同时移送被告人的认罪认罚具结书等材料;其二,犯罪嫌疑人自愿如实供述涉嫌犯罪的事实,有重大立功或者案件涉及国家重大利益的,经最高人民检察院批准,既可以作出不起诉决定,也可以对涉嫌数罪中的一项或者多项提起公诉;其三,

---

① "办理认罪认罚案件,应当遵循刑法、刑事诉讼法的基本原则,以事实为根据,以法律为准绳,保障犯罪嫌疑人、被告人依法享有的辩护权和其他诉讼权利,保障被害人的合法权益,维护社会公共利益,强化监督制约,确保无罪的人不受刑事追究,有罪的人受到公正惩罚,确保司法公正。"

具有法律规定不起诉情形的,依照法律规定办理。而根据《办法》第 15 条规定,在审判阶段,应当着重审查认罪认罚的自愿性以及具结书内容的真实性、合法性。并且,大陆刑事诉讼现有的三种审判方式,即速裁程序、简易程序、普通程序,在认罪认罚案件中均可适用。① 此外,《办法》还对涉案财物处理和第二审程序作出规定。

此外,认罪认罚从宽制度是由一系列具体诉讼程序组成的集合性法律制度。认罪认罚从宽制度与宽严相济的刑事政策紧密相连,并将后者的政策内涵具化为法律制度进而贯彻适用,试图在程序向度彰显刑事政策之实践效果。易言之,认罪认罚从宽制度需要速裁程序、简易程序乃至普通程序加以具体兑现。《办法》第 16 条规定:"对于基层人民法院管辖的可能判处三年有期徒刑以下刑罚的案件,事实清楚、证据充分,当事人对适用法律没有争议,被告人认罪认罚并同意适用速裁程序的,可以适用速裁程序……"第 18 条规定:"对于基层人民法院管辖的可能判处三年有期徒刑以上刑罚的案件,被告人认罪认罚的,可以依法适用简易程序审判……"《办法》第 17 条规定不适用速裁程序或第 19 条规定应当转为普通程序的情形除外。而对于不属于基层人民法院管辖的案件,适用普通程序审理。

三、改革之实效

2017 年 11 月 1 日,在第十二届全国人民代表大会常务委员会第三十次会议上,最高人民法院院长周强、最高人民检察院检察长曹建明分别作了《关于人民法院全面深化司法改革情况的报告》《关于人民检察院全面深化司法改革情况的报告》。在报告中,周强透露,截至 2017 年 9 月,251 个试点法院审结认罪认罚案件6.9 万件 7.8 万人,占同期全部刑事案件的 42.7%。其中,适用速裁程序审结的占69.7%,非监禁刑适用率达 41.4%。而曹建明指出,截至 2017 年 9 月,276 个试点检察院共对 6.36 万件案件适用认罪认罚从宽制度,占同期办结刑事案件总数的34.7%。此外,速裁程序试点过程中,审查起诉周期由过去平均 20 天缩短至 5 天。

而《最高人民法院、最高人民检察院关于在部分地区开展刑事案件认罪认罚从宽制度试点工作情况的中期报告》显示,截至 2017 年 11 月底,18 个试点地区共确定试点法院、检察院各 281 个,适用认罪认罚从宽制度审结刑事案件 91121 件103496 人,占试点法院同期审结刑事案件的 45%。其中检察机关建议适用的占

---

① 具体而言,《办法》第 16 条规定:"对于基层人民法院管辖的可能判处三年有期徒刑以下刑罚的案件,事实清楚、证据充分,当事人对适用法律没有争议,被告人认罪认罚并同意适用速裁程序的,可以适用速裁程序……"第 18 条规定:"对于基层人民法院管辖的可能判处三年有期徒刑以上刑罚的案件,被告人认罪认罚的,可以依法适用简易程序审判……"《办法》第 17 条规定不适用速裁程序或第 19 条规定应当转为普通程序的情形除外。而对于不属于基层人民法院管辖的案件,适用普通程序审理。

98.4％。试点地区法律援助机构在看守所、法院、检察院设立法律援助工作站630个，其中设在看守所、法院的法律援助工作站覆盖率分别为97％和82％。对于符合条件的犯罪嫌疑人、被告人，依法通知法律援助机构指派律师为其提供辩护。2017年10月，中国政法大学课题组对试点情况进行第三方评估，共有1516名律师、被告人、办案人员参加问卷调查，对试点效果总体评价较高，其中律师满意度为97.3％，被告人满意度为94.3％。实践充分证明，探索完善认罪认罚从宽制度，完善相关诉讼程序和处罚原则，构建宽严相济、区别对待、繁简分流的多层次刑事诉讼模式，符合我国国情，符合司法规律，有利于在更高层次上实现公正与效率的统一。试点中，检察机关对认罪认罚案件依法提出从宽量刑建议，其中建议量刑幅度的占70.6％，建议确定刑期的占29.4％，法院对量刑建议的采纳率为92.1％。认罪认罚案件犯罪嫌疑人、被告人被取保候审、监视居住的占42.2％，不起诉处理的占4.5％；免予刑事处罚的占0.3％，判处3年有期徒刑以下刑罚的占96.2％，其中判处有期徒刑缓刑、拘役缓刑的占33.6％，判处管制、单处附加刑的占2.7％，非羁押强制措施和非监禁刑适用比例进一步提高。检察机关审查起诉平均用时26天，人民法院15日内审结的占83.5％。适用速裁程序审结的占68.5％，适用简易程序审结的占24.9％，适用普通程序审结的占6.6％；当庭宣判率为79.8％，其中速裁案件当庭宣判率达93.8％。试点法院审结的侵犯公民人身权利案件中，达成和解谅解的占39.6％。检察机关抗诉率、附带民事诉讼原告人上诉率均不到0.1％，被告人上诉率仅为3.6％。①

当然，试点中也凸显出一些问题，一是有的试点地区思想认识不够到位，对改革的意义、改革的内容、改革的要求认识不清、领会不透，如将"认罚"与赔偿被害人经济损失简单等同起来，或将"从宽"绝对化、简单化，对案件具体情节区分不够。二是试点工作整体推进不够平衡，有的地区试点案件数量偏少、比例偏低，试点案件类型和适用程序过于集中，对普通程序中的适用问题探索不够。三是一些环节协调配合还不够顺畅，办案规程、工作机制尚需进一步完善，等等。②

---

① 周强：《最高人民法院、最高人民检察院关于在部分地区开展刑事案件认罪认罚从宽制度试点工作情况的中期报告——2017年12月23日在第十二届全国人民代表大会常务委员会第三十一次会议上》。

② 周强：《最高人民法院、最高人民检察院关于在部分地区开展刑事案件认罪认罚从宽制度试点工作情况的中期报告——2017年12月23日在第十二届全国人民代表大会常务委员会第三十一次会议上》。

第二章

刑事诉讼法基本原则

第一节　改革开放 40 年来刑事诉讼基本原则的变迁

刑事诉讼基本原则是指刑事诉讼法所规定的贯穿于整个刑事诉讼过程中或主要诉讼阶段,对刑事诉讼的进行具有普遍指导意义,为国家专门机关和诉讼参与人进行或参加刑事诉讼所必须遵循的基本行为准则。[①] 合理定位刑事诉讼基本原则有利于促进科学立法,指导刑事诉讼活动有序展开,是实现刑事诉讼惩罚犯罪、保障人权任务的有力保证。改革开放 40 年来刑事诉讼基本原则的变迁有三个重要的历史节点:一是 1979 年制定《刑事诉讼法》;二是 1996 年修改《刑事诉讼法》;三是 2012 年修改《刑事诉讼法》。经过法律的多次修改完善,具有中国特色的刑事诉讼基本原则体系已经形成,这为刑事诉讼法治文明奠定了坚实的基础。当然,对于现行《刑事诉讼法》规定的基本原则,立法与司法部门依然需要吸纳最新理论成果,总结司法经验教训,对刑事诉讼基本原则体系继续进行丰富和完善。

[①] 　陈光中、徐静村主编:《刑事诉讼法学》,中国政法大学出版社 1999 年版,第 82 页。

一、刑事诉讼基本原则的确立：1979 年《刑事诉讼法》制定

在改革开放的背景下，结合打击敌人、保护人民的实际需要，修复在"文化大革命"期间遭到严重破坏的刑事诉讼制度，使打击犯罪的活动更加有序化、法治化，1979 年 7 月 1 日第五届全国人民代表大会第二次会议通过了中华人民共和国第一部《刑事诉讼法》。1979 年《刑事诉讼法》确立了刑事诉讼基本原则的体系框架，为保证完成刑事诉讼任务提供了基础性保障，可总结为以下 11 项基本原则：[①]

第一，侦查权、检察权、审判权由专门机关依法行使。理解此原则应当注意两方面内容：一是侦查权、检察权和审判权的专属性。《刑事诉讼法》第 3 条第 1 款规定："对刑事案件的侦查、拘留、预审，由公安机关负责。批准逮捕和检察（包括侦查）、提起公诉，由人民检察院负责。审判由人民法院负责。其他任何机关、团体和个人都无权行使这些权力。"公安机关、人民检察院和人民法院是法律规定的专门机关，仅有这三个机关具有法律赋予的刑事诉讼职权。这一规定正是回应了"文化大革命"时期"四人帮"以个人意志践踏刑事诉讼法治，滥行逮捕拘留侵犯公民合法权益的现象，确立了刑事诉讼职权的专属性。二是依法行使职权。《刑事诉讼法》第 3 条第 2 款规定："人民法院、人民检察院和公安机关进行刑事诉讼，必须严格遵守本法和其他法律的有关规定。"司法实践中很长时期内普遍存在诉讼办案只不过是"走走形式"、按照规定是"束手束脚"的思想，对刑事诉讼相关程序性规定的重视程度严重不足。依法行使职权是刑事诉讼法治化的基本保障，这要求专门机关在刑事诉讼过程中必须严格依照法律规定，不得违反。

第二，依靠群众。《刑事诉讼法》第 4 条规定："人民法院、人民检察院和公安机关进行刑事诉讼，必须依靠群众。"这是重申 1978 年《宪法》第 15 条"国家机关必须经常保持同人民群众的密切联系，依靠人民群众，倾听群众意见……"的规定。一方面，打击违法犯罪、维护社会和平稳定符合人民群众根本需要，群众自身也能积极配合专门机关追诉犯罪的活动，群众的检举、揭发是获取犯罪线索的重要来源。另一方面，依靠群众能减少冤假错案的发生。"文化大革命"期间"四人帮"打着"群众立案""群众判案"的形式主义招牌，制造了许多冤假错案，其实质是个人意志肆意、严重脱离群众的结果。如果能在诉讼的每个环节上认真有效地听取相关群众的意见，全面细致地分析问题能有效减少冤假错案的发生。

[①] 刑事诉讼基本原则规定在 1979 年《刑事诉讼法》第 3 条至第 12 条，其中第 7 条规定的"人民法院审判案件，实行两审终审制"以及第 9 条规定的"人民法院审判案件，依照本法实行人民陪审员陪审的制度"不符合刑事诉讼基本原则的特征，不能直接在刑事诉讼的过程中发挥原则性的指导作用，其应是刑事诉讼的基本制度，不应纳入刑事诉讼基本原则体系。参见陈光中主编：《刑事诉讼法》，北京大学出版社、高等教育出版社 2016 年第 6 版，第 96 页。

第三，以事实为依据，以法律为准绳。《刑事诉讼法》第 4 条规定："人民法院、人民检察院和公安机关进行刑事诉讼……必须以事实为依据，以法律为准绳。""以事实为依据"是马克思唯物主义认识论、中国共产党"实事求是"思想路线在刑事诉讼中的具体体现，意在坚决抵制在刑事诉讼办案过程中先入为主、主观臆断的不良作风。这要求公安司法机关在刑事诉讼过程中重调查研究，不轻信口供，既要收集对被告人不利的证据，也要收集对其有利的证据，做到对客观事实的追求和尊重。"以法律为准绳"是专门机关依法履行职责的延伸，强调在尊重客观事实的基础上正确适用法律。

第四，对一切公民在适用法律上一律平等。《刑事诉讼法》第 4 条规定："对于一切公民，在适用法律上一律平等，在法律面前，不允许有任何特权。"我国《刑事诉讼法》同等适用于全体公民，没有特权和歧视，也没有任何例外。公安司法机关在刑事诉讼活动中，对于所有公民都应当采取相同的法定措施，适用相同的实体法律规定，对于任何违法犯罪行为都应该依法进行追究，不得因人而异、肆意放纵。

第五，分工负责、互相配合、互相制约。《刑事诉讼法》第 5 条规定："人民法院、人民检察院和公安机关进行刑事诉讼，应当分工负责，互相配合，互相制约，以保证准确有效地执行法律。"这一原则意在协调公检法三机关的关系，使其共同顺利完成打击犯罪、保护公民合法权益的刑事诉讼任务。这种分工负责、互相配合、互相制约的基本原则是针对当时司法实践中经常采取的"联合办案""一员代三员"的刑事办案机制所提出的，目的正是纠正公检法三机关职责不分、职权混淆的错误做法。这一原则的具体含义，包括以下三个方面："分工负责"要求公检法三机关依照法律分工各司其职，不可互相替代；"互相配合"要求公检法三机关应当协调一致共同完成刑事诉讼任务，不应各自为战、互不联系，更不应推诿扯皮，互相掣肘；"互相制约"要求各机关对于其他机关发生的错误和偏差予以纠正，对重要的刑事诉讼活动应由其他机关把关以达到相互约束的目的，防止权力滥用导致司法腐败。①

第六，各民族公民有权使用本民族语言文字进行诉讼。《刑事诉讼法》第 6 条规定："各民族公民都有用本民族语言文字进行诉讼的权利。人民法院、人民检察院和公安机关对于不通晓当地通用的语言文字的诉讼参与人，应当为他们翻译。在少数民族聚居或者多民族杂居的地区，应当用当地通用的语言进行审讯，用当地通用的文字发布判决书、布告和其他文件。"在当时的司法实践中，有一些司法人员存在大汉族主义思想而忽视少数民族公民的权利，致使诉讼过程中因语言不通、沟通不畅产生误解，最终酿成冤假错案，这严重危害民族团结，损害司法公信力。有权使用本民族语言文字进行诉讼的原则体现了全国各族人民在参与刑事诉讼方面

---

① 陈光中主编：《刑事诉讼法》，北京大学出版社、高等教育出版社 2016 年第 6 版，第 103～104 页。

的实质平等性,实现了各民族政治地位、法律地位的平等,保证了少数民族公民顺利参加诉讼,特别是实质上保障了少数民族被告的辩护权。

第七,审判公开。《刑事诉讼法》第 8 条规定:"人民法院审判案件,除本法另有规定的以外,一律公开进行。"在 1979 年以前,由于机构不健全、司法人员水平不高等因素困扰,审判形式化、封闭化现象十分严重,审判公开性严重不足。《刑事诉讼法》明确审判公开原则回应司法现实,是保障刑事诉讼民主、公正的关键手段,让刑事案件的审理在阳光下的法庭接受全社会的监督。

第八,被告人有权获得辩护原则。1978 年《宪法》第 41 条第 3 款明确:"被告人有权获得辩护。"《刑事诉讼法》在制定时对此进行重申,其第 8 条规定:"被告人有权获得辩护,人民法院有义务保证被告人获得辩护。"1979 年《刑事诉讼法》并未将刑事被追诉人按照不同诉讼阶段区分为犯罪嫌疑人、被告人,而是统称为"被告人"。因此,被告人有权获得辩护实际上是赋予了被告人在整个刑事诉讼过程中的辩护权。保证被告人辩护权充分行使,保障其对案件相关事实充分发表意见,这既能推动公检法机关查明案件事实,严格依法进行诉讼行为,也能避免被告人权益受到不合理的侵害。

第九,保障诉讼参与人的诉讼权利。《刑事诉讼法》第 10 条规定:"人民法院、人民检察院和公安机关应当保障诉讼参与人依法享有的诉讼权利。对于不满十八岁的未成年人犯罪的案件,在讯问和审判时,可以通知被告人的法定代理人到场。诉讼参与人对于审判人员、检察人员和侦查人员侵犯公民诉讼权利和人身侮辱的行为,有权提出控告。"只有充分切实保障诉讼参与人依法享有的诉讼权利,才能确保其受到有尊严地对待,其参加诉讼才能排除障碍、获得必要条件,而且诉讼参与人通过参加诉讼才能积极维护自己的合法权益,从而形成良性循环。

第十,依照法定情形不予追究刑事责任。此原则确立在 1979 年《刑事诉讼法》第 11 条:"有下列情形之一的,不追究刑事责任,已经追究的,应当撤销案件,或者不起诉,或者宣告无罪:(一)情节显著轻微、危害不大,不认为是犯罪的;(二)犯罪已过追诉时效期限的;(三)经特赦令免除刑罚的;(四)依照刑法告诉才处理的犯罪,没有告诉或者撤回告诉的;(五)被告人死亡的;(六)其他法律、法令规定免予追究刑事责任的。"这是公检法机关不追究刑事责任的法定情形的规定,但在不同阶段不予追究刑事责任的处理方式并不相同。至 2012 年《刑事诉讼法》修改,此原则只是做了一些微调,整体并未改动,一直保留至今。

第十一,追究外国人刑事责任适用我国《刑事诉讼法》。《刑事诉讼法》第 12 条规定:"对于外国人犯罪应当追究刑事责任的,适用本法的规定。对于享有外交特权和豁免权的外国人犯罪应当追究刑事责任的,通过外交途径解决。"这一原则主要包含两层含义:一是原则。对于根据我国《刑法》应当追究刑事责任的外国人,应当直接适用《刑事诉讼法》。二是例外,对于享有外交特权和豁免权的外国人犯罪不能适用《刑事诉讼法》,只能通过外交途径解决。上述原则与例外既能体现和维护我国的司法主权,保护国家和人民利益,又可以妥善处理国际关系,防止因对刑事案件处理不当而影响我国与其他国家之间平等正常的交往。[①]

二、刑事诉讼基本原则的发展:1996 年《刑事诉讼法》修改

1979 年《刑事诉讼法》确定的 11 项刑事诉讼基本原则对于实现刑事诉讼目的,促进刑事诉讼顺利进行,推动改革开放深入发展,维护社会和平稳定发挥了关键性作用。然而,由于《刑事诉讼法》制定时的历史背景和思想观念的束缚,当时我国刑事诉讼基本原则与国际通行标准之间存在较大差距,人权保障理念不足。为了适应司法实践的需要,1996 年 3 月 17 日第八届全国人民代表大会第四次会议对《刑事诉讼法》进行修改,对原《刑事诉讼法》已经规定的基本原则几乎未做修改,保留了原 11 项基本原则,另外增加了 3 项基本原则,发展了刑事诉讼基本原则体系。[②] 增加的 3 项基本原则如下:

第一,人民法院、人民检察院依法独立行使职权。《刑事诉讼法》第 5 条规定:"人民法院依照法律规定独立行使审判权,人民检察院依照法律规定独立行使检察权,不受行政机关、社会团体和个人的干涉。"这一原则可以归纳为"审判独立"和"检察独立"两部分,并且审判权、检察权的行使只独立于行政机关、社会团体和公民个人,不独立于中国共产党以及国家权力机关。这是我国政治制度所决定的,坚持中国共产党的领导是审判权、检察权独立行使的根本保证。

1996 年修改《刑事诉讼法》增加这一原则,主要基于以下几方面原因:其一,重申《宪法》规定,弥补原《刑事诉讼法》的缺憾。1979 年《刑事诉讼法》未规定"人民法院、人民检察院依法独立行使职权"原则,但 1982 年《宪法》中对此作了明确规定。这一原则作为一项保障刑事诉讼不受外界干扰而顺利进行的重大原则,其应当在《刑事诉讼法》中明确。其二,吸收《中共中央关于坚决保证刑法、刑事诉讼法切实实施的指示》的相关精神,将其吸纳进《刑事诉讼法》。该文件指出:"切实保证人民检察院独立行使检察权,人民法院独立行使审判权,使之不受其他行政机关、团体和个人的干涉。……党委与司法机关各有专责,不能互相代替,不应互相混淆。为此,中央决定取消各级党委审批案件的制度。……党对司法工作的领导,主要是方针、政策的领导。"坚持中国共产党对司法事业的领导是我国的优势,但是这种领导是宏观方针、政策的领导,不应当是具体个案的干预。基于此,《刑事诉讼

---

① 陈光中主编:《刑事诉讼法》,北京大学出版社、高等教育出版社 2016 年第 6 版,第 114 页。

② 对于 1996 年《刑事诉讼法》在基本原则部分新增的第 17 条关于"司法协助"的内容,其与"两审终审""人民陪审员陪审"一致,不符合基本原则的特征,是刑事诉讼的基本制度,在此不纳入刑事诉讼基本原则的体系。

法》增加了这一原则,一方面强调审判权独立、检察权独立,另一方面也肯定了中国共产党的领导。其三,契合国际趋势,符合国际潮流。"司法独立"是现代法治国家普遍承认和确立的基本法律原则,它能防止法院在审判过程中受到行政机关等权力的强加干涉,使法院成为抵制专制权力、维护人权的重要保障。《刑事诉讼法》所增加的内容虽然由于政治体制的原因与西方"司法独立"不尽相同,但其基本精神是一脉相承的。

第二,人民检察院依法对刑事诉讼实行法律监督。《宪法》第 129 条规定:"中华人民共和国人民检察院是国家的法律监督机关。"1979 年《刑事诉讼法》先于《宪法》颁布,其在颁布后的 17 年一直未对检察机关的监督权予以明确,只是通过规定三机关"分工负责、互相配合、互相制约"折射出检察机关所具有的监督职能,且"所谓相互制约,也就是相互监督,即相互监察与相互督促",[①]是一种双向的监督,这样的规定导致在刑事诉讼过程中检察院的监督无力,阻力较大,其根本在于理念和制度上的欠缺。因此,为使《宪法》规定在刑事诉讼中落到实处,为检察机关对整个刑事诉讼实行监督提供更为明确的法律基础,完善检察机关在刑事诉讼中的职权,以充分发挥检察机关的法律监督职能,1996 年《刑事诉讼法》在基本原则层面增加规定人民检察院对刑事诉讼实行法律监督的原则,其第 8 条规定"人民检察院依法对刑事诉讼实行法律监督",并在此基础上完善了具体的配套监督机制,加强检察机关对刑事诉讼各个阶段诉讼活动的监督。

第三,未经人民法院依法判决,不得确定有罪。这一原则规定在《刑事诉讼法》第 12 条:"未经人民法院依法判决,对任何人都不得确定有罪。"1979 年《刑事诉讼法》曾规定:"不需要判处刑罚或者免除刑罚的,人民检察院可以免予起诉。"免予起诉,是检察机关对依照刑法规定不需要判处刑罚或者免除刑罚的犯罪分子,定罪但不予起诉的一项制度。免于起诉不经法院审判程序就定有罪,对有些无罪的人决定免予起诉,侵害了被告人的合法权利。[②] 1996 年修改《刑事诉讼法》废除免于起诉制度,确立了未经人民法院依法判决不得确定有罪的基本原则,这顺应了人权保障的国际趋势,体现了我国法治的重大进步。这一基本原则的含义包括以下两方面:其一,确定被告有罪的权力统一由人民法院行使,其他机关无权行使。未经人民法院依法审判不得确定被追诉人有罪。其二,人民法院的刑事定罪权必须通过法定程序行使,在查明事实正确适用法律的基础上进行宣判。人民法院如果未经

---

① 中国法学会诉讼法研究会《刑事诉讼法的修改与完善》,中国政法大学出版社 1992 年版,第 220 页。

② 顾昂然:《关于〈中华人民共和国刑事诉讼法修正案(草案)〉的说明——1996 年 3 月 12 日在第八届全国人民代表大会第四次会议上》,http://www.npc.gov.cn/wxzl/gongbao/2000-12/06/content_5003520.htm,下载日期:2018 年 3 月 6 日。

法定程序进行宣判,也不得确定被告人有罪。

三、刑事诉讼基本原则的丰富:2012 年刑事诉讼法修改

1996 年修改刑事诉讼法后,刑事诉讼基本原则体系已经基本形成,1979 年立法时基本原则的缺憾也基本予以弥补,做到了与《宪法》等相关法律的协调对接。随着人权领域研究的逐渐深入,刑事司法实践中轻视人权保障的负面影响愈加突出,给司法权威带来了较大损害,到 2012 年修改《刑事诉讼法》时理论界对完善人权保障的各项制度的呼声十分强烈。因此,总体来说 2012 年刑事诉讼法的修改是在确立"尊重和保障人权"基本原则的基础上,通过创设、完善人权保障的各项制度的方式,丰富和完善了多项刑事诉讼基本原则。具体来说,包括以下几方面:

第一,确立了"尊重和保障人权"原则。2004 年宪法修正案将"国家尊重和保障人权"载入《宪法》,使其成为宪法的一项重要原则,这是我国社会主义民主法治的重要进步。2012 年修改《刑事诉讼法》时,回应《宪法》规定,在《刑事诉讼法》第 2 条增加规定"尊重和保障人权",正式在刑事诉讼中确立"尊重和保障人权"原则。之所以必须在《刑事诉讼法》中确立这一原则,是因为具有刑事诉讼职权的国家专门机关在追究刑事犯罪的过程中,经常运用手中的公权力超越法律权限,甚至滥用权力,对诉讼参与人的权利进行侵犯,给司法权威造成了不良影响。刑事诉讼中的人权保障,主要可以从两方面进行理解:一是保障犯罪嫌疑人、被告人的人权,此为刑事诉讼中人权极易被侵犯的薄弱环节,是人权保障的重点;二是保障包括被害人在内的所有诉讼参与人的各项权利,尊重被害人的权利主张。我们可以看到,随着 2012 年《刑事诉讼法》的修改,"尊重和保障人权"理念以及相关制度保障进一步加强,"以人为本"的中国民主法治建设更加深入人心。

第二,以"尊重和保障人权"为指引,加强检察机关对刑事诉讼的监督,丰富了"人民检察院依法对刑事诉讼实行法律监督"的具体内涵。加强人民检察院对刑事诉讼各阶段的监督的根本目的是保障各诉讼参与人的合法权益,体现的是人权保障的基本要求。2012 年修改刑事诉讼法,正是秉承人权保障的基本理念,多措并举使"人民检察院依法对刑事诉讼实行法律监督"这一基本原则更有力地贯彻于刑事诉讼的多项制度之中。2012 年的修法在检察机关对刑事诉讼的监督问题上,通过扩大监督范围、丰富监督手段、明确监督效力、强化监督责任等方式,在立案、侦查、审判、执行等程序的多个环节上细化了检察机关的监督职责,大大提升了可操作性。这有利于加强对刑事诉讼中国家专门机关职权行使的监督制约,促使其依法履行职权,实质上也是加强了刑事诉讼中公民合法权益的保障。

第三,以"尊重和保障人权"为指引,完善辩护制度,丰富了犯罪嫌疑人、被告人有权获得辩护的基本原则的内涵,更为有效地保障了刑事诉讼中有效辩护的实现。辩护制度的修改完善是 2012 年刑事诉讼法修改的一大亮点,此次完善辩护制度主

要包括以下内容:确认了侦查阶段律师的辩护人地位;完善辩护人责任范围,强调实体辩护与程序辩护并重;完善制度以保障律师会见权、阅卷权等诉讼权利;将法律援助延伸至侦查、审查起诉阶段,进一步扩大法律援助范围等。辩护制度是保障犯罪嫌疑人、被告人利益的关键性制度,对于防止刑事冤假错案具有十分重大的意义。获得律师辩护的犯罪嫌疑人、被告人才更有可能获得有效辩护、更加充分保证其依法享有的各项权利。正是 2012 年修法使辩护制度不断完善,"犯罪嫌疑人、被告人有权获得辩护"不再是一句抽象的基本原则,其内涵才能更加丰富,内容才能更加落地。

第四,以"尊重和保障人权"为指引,丰富了"保障诉讼参与人的诉讼权利"原则。司法实践中刑讯逼供屡禁不止,刑事冤假错案时有发生,切实保障犯罪嫌疑人、被告人的各项诉讼权利是《刑事诉讼法》所要解决的突出问题。为此,修改后的《刑事诉讼法》第 14 条规定:"人民法院、人民检察院和公安机关应当保障犯罪嫌疑人、被告人和其他诉讼参与人依法享有的辩护权和其他诉讼权利。诉讼参与人对于审判人员、检察人员和侦查人员侵犯公民诉讼权利和人身侮辱的行为,有权提出控告。"相比修改前,修改后的《刑事诉讼法》一方面突出保障犯罪嫌疑人、被告人的诉讼权利,明确刑事诉讼的重点是对犯罪嫌疑人、被告人的权利保障;另一方面着重突出对犯罪嫌疑人、被告人辩护权的保障,公检法三机关均对此负有保障义务,包括及时告知权利、履行必要协助义务等。当然,除了突出犯罪嫌疑人、被告人的权利保障,其他诉讼参与人的各项诉讼权利也必须予以保障。

四、刑事诉讼基本原则变迁述评

从 1979 年制定《刑事诉讼法》开始,历经两次修改,刑事诉讼基本原则体系已经基本完备,在司法实践中发挥了重要的指导性作用。1979 年确立了 11 项基本原则,1996 年增加 3 项并对 3 项进行非实质性修正,2012 年增加 1 项并对 1 项进行完善。刑事诉讼基本原则的变迁过程趋于平稳,坚持"稳中求进",不断发展完善。回顾近 40 年刑事诉讼基本原则的变迁,展现出以下几点特征:

第一,刑事诉讼基本原则体系趋于完善。1979 年《刑事诉讼法》制定时只确立了 11 项基本原则,体现出框架性和抽象性的特点,许多国际上普遍承认的基本原则缺失。但经过理论研究和司法实践的不断深入,经过两次修法的不断完善,至 2012 年已经发展成为由 15 项基本原则构成的完整体系。这些原则内部彼此相辅相成、互相联系,在各个层面上促进刑事诉讼活动合法、有序、及时地开展。

第二,立法技术逐渐提高。一方面,立法机关在两次修法时及时回应《宪法》《人民法院组织法》《人民检察院组织法》等法律和党中央政策文件的相关规定,使得《刑事诉讼法》与《宪法》等法律、政策保持一致,确保了我国法律体系内部与外部的统一与稳定。《刑事诉讼法》经过两次修改将一些适宜成为刑事诉讼基本原则的内容及时规定在《刑事诉讼法》之中,用以更好地指导刑事司法实践;另一方面,在两次修法的过程中,注重将已经抽象规定的刑事诉讼基本原则通过制度的不断创设和完善,使得各项基本原则不再只是一条条抽象的法律条文,更加有力地体现在刑事诉讼各项制度中。

第三,以中国现实环境为依据,合理吸收借鉴国际通行原则。法律移植必须考虑到欲移植内容的运行环境,与我国相关制度的情况、运行环境相比较,分析是否具有移植的可行性进而确定移植方案。从刑事诉讼基本原则不断发展完善的变迁过程来看,其符合法律移植的基本要求,在移植过程中做到了尊重中国本土政治制度、法治环境等因素从而进行合理移植。例如,1996 年确立的"人民法院、人民检察院依法独立行使职权"原则正是合理移植西方"司法独立"的产物。西方司法独立的本质是建立在三权分立政治基础之上,这与我国人民代表大会制度的根本制度和中国共产党领导的基本政治制度完全不同,司法机关在我国由立法机关产生,必须对同级人民代表大会负责,接受中国共产党的领导。西方式的司法独立在我国没有生存的土壤。正因为如此,《刑事诉讼法》在修改时保留了司法独立的核心内涵,将符合中国实际的"司法独立"原则写入其中。

第四,进一步彰显人权保障理念,强调惩罚犯罪与保障人权并重,以此不断完善刑事诉讼基本原则。如前第三部分所述,刑事诉讼基本原则的变迁过程可以看作是人权保障理念在《刑事诉讼法》中不断贯彻的过程。从立法到两次修法,其中都展现了惩罚犯罪与保障人权并重的立法理念。只不过在 1979 年制定法律之时人权保障停留在理念层面,在具体贯彻时稍显不足,但经过两次修法,人权保障的理念得到深入贯彻,不仅体现在丰富各项刑事诉讼基本原则,也体现于各项具体制度之中。

2012 年《刑事诉讼法》修改之后,刑事诉讼基本原则仍然存在着一些问题需要进一步完善。一方面,由于受到经济条件、政治制度、文化传统、司法水平等综合因素的影响,与国际条约、国外立法相比,我国的刑事诉讼基本原则与国际通行的刑事诉讼原则之间还存在一定差距。例如,控辩平等原则缺失,控辩双方实质上存在不平等。检察机关具有法律明确的法律监督地位,这就有可能不利于控辩平等的实现,不符合国际通行的控辩平等原则,如何解决检察机关实行监督与实现控辩平等之间的困局是今后修法需要着重考虑的问题。再例如,尚未明确彻底的无罪推定原则。虽然我国 1996 年已经明确了"未经人民法院依法判决不得确定有罪"原则,但与真正的无罪推定原则相比还存在着一定差距,这导致人权保障的力度还有所不足。另一方面,我国刑事司法实践中出现的许多问题,折射出基本原则层面的缺陷。例如,刑事审判过程中证人出庭率低的问题与《刑事诉讼法》并未明确直接言辞原则息息相关,证人并不要求必须出庭而是法官可以自由裁量是否让证人出庭。当下,我国刑事诉讼正推进"以审判为中心"的诉讼制度改革,如果审判过程中的相关基本原则未确立,就不能指导刑事诉讼实践,无法有效实现庭审实质化。

我国刑事诉讼基本原则体系已经基本完备,但是不能故步自封,还应当结合我国的具体刑事司法实践,衡量我国与国际通行刑事诉讼原则之间的差异,合理吸收借鉴国际有益经验;同时应当以解决具体实践问题为出发点,实践反馈理论,从理论源头解决实践问题,力争刑事诉讼基本原则体系更趋完善。

第二节　人民法院、人民检察院独立行使职权

人民法院、人民检察院依法独立行使职权被视为中国本土化的"司法独立",但因"司法独立等于反对党的领导"误区的长期存在,此被视作禁区中的禁区。然而,随着改革开放拂面而来的春风,"人民法院、人民检察院依法独立行使职权"神秘已久的面纱逐渐被揭开,在党的十一届三中全会公报中已经明确指出"检察机关和司法机关要保持应有的独立性"。随后,《人民法院组织法》、《人民检察院组织法》和1982年《宪法》也均明文规定了这一原则。终于,于1996年修改《刑事诉讼法》时,正式将"人民法院、人民检察院依法独立行使职权"的原则写入。因司法独立是实现司法公正的必要前提,当排除了一切法外因素对司法的侵扰时,司法公正才有实现之可能,即司法独立不但是为独立而独立,更是为公正而独立。所以,我国本土化司法独立原则的确立,为司法机关公正行使司法权,防止司法人员在诉讼过程中受到其他政府权力或外界力量的干涉和影响树立起了一道坚实的屏障,意义十分重大。

一、确立:1996 年《刑事诉讼法》

相较1978年《宪法》而言,1982年《宪法》第126条和第131条分别对人民法院依法独立行使审判权、人民检察院依法独立行使检察权的原则做了规定。1983年《人民法院组织法》在1979年《人民法院组织法》第4条:"人民法院独立审判,只服从法律"的基础上进行修改,确立了"人民法院依照法律独立行使审判权,不受行政机关、社会团体和个人的干涉"。《人民检察院组织法》第9条也作出类似的规定:"人民检察院依照法律规定独立行使检察权,不受其他行政机关、团体和个人的干涉。"有"小宪法"之称的《刑事诉讼法》为促进法与法之间的协调,在1996年修改之际作出呼应,其第5条规定:"人民法院依照法律规定独立行使审判权,人民检察院依照法律规定独立行使检察权,不受行政机关、社会团体和个人的干涉。"此条的增设标志着人民法院、人民检察院独立行使职权的原则在刑事诉讼法中的正式确立,实现了从无到有的突破。

具体而言,该时期人民法院、人民检察院独立行使职权的主要含义有四:一是

除法律特别规定的以外,刑事诉讼的检察权、审判权只能由检、法两机关行使,其他任何机关、团体和个人都无权行使。二是人民检察院和人民法院分别依法行使检察、审判职权,不受当事人及其他诉讼参与人意志的约束,任何公民、企业事业单位和社会团体不得拒绝司法机关对案件的调查,不得妨碍和阻拦诉讼的进行,否则,要依法受到相应的制裁。三是人民法院、人民检察院作为一个机关,集体对审判权、检察权的行使负责。四是人民检察院和人民法院必须依法行使职权,严格遵守法定程序。[①] 从其基本含义中不难看出,该原则是在总结中国司法实践特色的基础上提出的,不仅对保证人民法院正确裁判、人民检察院充分行使检察权意义重大,而且有利于保障司法行为的纯洁性、公正性和权威性,是实现社会主义法治的前提和基础。

二、承袭:2012 年《刑事诉讼法》

2012 年《刑事诉讼法》在 1996 年《刑事诉讼法》的基础上作出大幅度的修改,但第 5 条的表述和位置均延续了 1996 年《刑事诉讼法》的规定,未进行调整和修改。虽然该原则在形式和内涵上均未呈现变动,但其内容却被进一步地科学解读,其主要缺陷被进一步地明晰认识。可见,该原则正在经历一个由粗到细的转变。

具体而言,对该原则解读的进一步深化主要体现在人民法院依法行使审判职权上,认识到我国实行的是与西方语境下相异且存有差距的司法独立,具体体现如下:第一,中西方对"司法"的界定不同,西方司法是与审判阶段对应的概念;而我国则囊括审判权和检察权两个方面。第二,中西方司法独立存在的政治语境不同,西方司法独立原则与三权分立的政治体制相对应,是权力分离和制衡理念的产物;而我国的司法独立则是建立在民主集中制上的,规定司法权由法院和检察院行使,需接受党的领导并对权力机关负责。第三,中西方司法独立的内涵不同,西方的司法独立包括司法机关独立和司法人员独立两个方面;而我国则主要强调的是法院的整体独立。[②]

概言之,1996 年《刑事诉讼法》的修改标志着人民法院、人民检察院独立行使职权原则的正式确立,对统一正确实施法律、保障裁判公正、维护司法权威意义重大。2012 年《刑事诉讼法》的继续承袭预示着其重要意义已经深入人心并切实具有存在之必要,是实现依法治国与社会主义法治的一个重要支点。但是,已取得的这番进步还远不足以抵消审判独立与检察独立存在的一系列问题。无疑,改革的开展肇始于问题意识的产生,对两机关依法独立行使职权存在问题的洞悉预示着

---

① 徐静村主编:《刑事诉讼法》,法律出版社 1999 年版,第 57 页。

② 江海燕:《刑事诉讼法律移植研究》,中国政法大学出版社 2015 年版,第 136~138 页。

一场有的放矢的改革即将开始。

三、发展：司法体制改革

自改革开放 40 周年以来，经济发展如火如荼，司法环境也日新月异，实践中新情况与新问题不断地涌现要求司法体制改革与之相伴。具体来说，基本可以将我国所开展的司法改革划分为如下四个阶段：第一阶段是 1980 年至 1999 年自发式的司法改革；第二阶段是 1999 年至 2008 年以党的十五大报告为动因开展的司法改革；[①] 第三阶段是 2009 年至 2012 年根据党的十七大精神部署的司法改革；第四阶段是 2013 年至今以十八大报告为指导开展的新一轮的司法改革。除第一阶段的司法改革外，第二阶段（十五大、十六大报告）、第三阶段（十七大报告）和第四阶段（十八大报告）皆提出了保障审判机关、检察机关依法独立公正地行使审判权、检察权的要求。

可见，自改革开放以来，对保障两机关独立行使职权的探索从未中断过。其主要围绕着两机关与党领导的关系，两机关与行政机关的关系，两机关与权力机关的关系，上下级法院关系，内部合议庭与院长、庭长的关系，司法独立与司法人员职业稳定性的关系这六个方面来探讨，只是各个阶段对以上六个方面强调的重点不同、部署的详略不一。如，十五大，首次在党的代表大会上提出通过司法改革来保障两机关独立行使审判权与检察权，但因为尚处于司法改革的初探阶段，需摸着石头过河，对于如何改革和怎样保障都无具体部署，虽审判机关与检察机关积极作为，但因缺乏体制支持，改革步伐进展缓慢。在十六大精神的指导下，开始着手探索上下级法院关系以及内部合议庭与院长、庭长之间的关系，如 2002 年 7 月通过的《最高人民法院关于人民法院合议庭工作的若干规定》第 16 条规定："院长、庭长可以对合议庭的评议意见和制作的裁判文书进行审核，但是不得改变合议庭的评议结论。"后续的《人民法院第二个五年改革纲要（2004—2008）》继续强调要"加强合议庭和主审法官的职责"[②]。从而赋予办案法官更大的独立自主性。相较来说，第四阶段的司法改革部署则详尽得多，基本可以统筹以上六个方面的关系处理，下文主要以第四阶段为切入点，对具体的改革措施做以介绍。

（一）探索与尝试：十八届三中全会

中共十八届三中全会审议通过了《中共中央关于全面深化改革若干重大问题的决定》，再次重申了确保依法独立公正行使审判权、检察权的要求。为切实促进该要求落地，从人财物多个方面作上设计与部署，以调整两机关与权力机关、行政

---

① 孙万胜：《司法改革的实践之悟》，人民法院出版社 2013 年版，第 167～168 页。
② 陈光中：《比较法视野下的中国特色司法独立原则》，载《比较法研究》2013 年第 2 期。

机关之间的关系,上下级法院之间的关系以及合议庭与庭长、院长之间的关系。具体如下,于财政来源与司法管辖而言,改革司法管理体制,推动省以下地方法院、检察院人财物统一管理,探索建立与行政区划适当分离的司法管辖制度,保证国家法律统一正确实施;于人员遴选与管理机制而言,建立符合职业特点的司法人员管理制度,健全法官、检察官、人民警察统一录用、有效交流、逐级遴选机制,完善司法人员分离管理制度,健全法官、检察官、任命警察职业保障制度;于审判委员会以及上下级法院的关系而言,改革审判委员会制度,完善主审法官、合议庭办案责任制,让审理者裁判、由裁判者负责,明确各级法院职能定位,规范上下级法院审级监督关系。

毋庸置疑,前者的设计有利于帮助两机关在经济捆绑和备受行政权力压制的态势之中抽离出来,超越地方主义,无须再因物质基础或权力干扰等外界因素而踱手踱脚或忧虑不断,只需专注于执法办案的第一要务。而且,遴选制度的探索,有利于从源头上保障司法从业人员的专业素质,当司法人员的专业素质提升时,其对案件事实和法律适用作出判断的独立性与准确性也随之提升。同时,职业保障制度的进一步发展,相应地弱化了司法人员对职业风险的后顾之忧,使法官、检察官可以全身心地投入维护社会公平正义的事业之中来。除此,后者的表述让人们捕捉到对司法中存在的行政化弊端的清醒体察,不仅向合议庭独立乃至法官独立靠近了一大步,而且驱隔了四级法院的职能,有利于纠正宪法体制在实践中的扭曲现象。[①]

（二）补充与细化:十八届四中全会

中共十八届四中全会审议通过了《中共中央关于全面依法治国若干重大问题的决定》,在十八届三中全会部署的基础上对"完善确保依法独立公正行使审判权和检察权的制度"作出进一步的规划和补充,增加了如何处理司法机关与党的领导、司法独立与法官职业稳定性之关系的部署,具体部署如下:(1)各级党政机关和领导干部要支持法院、检察院依法独立公正行使职权。建立领导干部干预司法活动、插手具体案件处理的记录、通报和责任追究制度。任何党政机关都不得执行党政机关和领导干部违法干预司法活动的要求。对干预司法机关办案的,给予党纪政纪处分;造成冤假错案或其他严重后果的,依法追究刑事责任。(2)健全行政机关依法出庭应诉、支持法院受理行政案件、尊重并执行法院生效判决的制度。完善惩戒妨碍司法机关依法行使职权、拒不执行生效裁判和决定、藐视法庭权威等违法犯罪行为的法律规定。(3)建立健全司法人员履行法庭职责保护机制。非因法定事由,非经法定程序,不得将法官、检察官调离、辞退或者作出免职、降级等处分。

---

① 张建伟:《论检察》,中国检察出版社 2014 年版,第 91 页。

该三个具体措施的提出意义无疑是重大的:其一,一直以来,地方党政权力的插手干预不断消解着两机关独立行使职权的可能性,但记录、通报和追究制度的建立,有利于促使领导干部在心中树立司法活动不可干预的"红线",增加其插手具体案件办理的顾虑。[1] 以此来推动司法独立去"地方化"的发展,从外部为两机关独立行使职权营造纯净的空间。其二,完善的司法人员保护机制是相关人员严格司法的重要保障,因其不需要继续顶着"免职""调职"的压力而唯唯诺诺、顾虑不断,从而于内部为司法人员独立行使职权输送源源不断的底气和果断。其三,为保障两机关依法独立行使职权,除内外环境的清理,对干扰独立行使职权行为的惩戒与阻吓也是必不可少的。通过完善惩戒拒不执行规定、藐视法庭权威等方面的法律规定,使惩戒与阻吓成为司法机关维护独立性的强力武器,让蔑视司法独立的行为望而却步。

(三)落地与实施:保障性措施的相继出台

在上述顶层设计的指导下,两机关依法独立公正行使审判权和检察权的改革成效显著,具体表现为一系列保障性措施的出台。首先,使其他人员过问案件的记录、通报和责任追究制度有规可依。如中办、国办印发了《领导干部干预司法活动、插手具体案件处理的记录和责任追究规定》,中央政法委印发了《司法机关内部人员过问案件的记录和责任追究规定》等。[2] 同时,中央政法委还首次公开通报了5起干预司法的典型案例,以引起社会各界对新制度的高度重视。其次,为推动法官、检察官队伍专业化、职业化建设,出台了法官、检察官单独职务序列与工作制度的改革试点方案。再次,最高人民法院和最高人民检察院分别通过印发《关于完善人民法院司法责任制的若干意见》和《关于完善人民检察院司法责任制的若干意见》来强化审判人员和检察人员的司法责任,以通过牵住"司法责任制"这个"牛鼻子"来保障司法机关依法独立行使职权。最后,省以下地方法院、检察院人财物省级统一管理的改革路径被明确提出,即对人的统一管理,主要是建立法官、检察官统一由省提名、管理并按法定程序任免的机制;对财物的统一管理,主要是建立省以下地方法院、检察院经费由省级政府财政部门统一管理的机制。[3]

四、存在的问题与展望

人民法院、人民检察院独立行使职权作为历次司法改革的重点,遵循着由总到分、由浅入深的进路,采用顶层设计与基层创新相结合的形式,循序渐进、有条不紊

[1] 江海燕:《切实保证司法机关依法独立行使职权》,载《光明日报》2014年11月2日第02版。
[2] 卞建林主编:《中国诉讼法治发展报告(2015)》,中国政法大学出版社2016年版,第6页。
[3] 卞建林主编:《中国诉讼法治发展报告(2015)》,中国政法大学出版社2016年版,第12页。

地逐步推进。在扫除司法独立的外部干扰因素、建立司法独立的内部保障制度等方面取得了一系列的实质性进展。虽然,对两机关独立行使职权的改革总体趋势是乐观的,但仍有一些抑或是耳熟能详的旧难题、抑或是随之产生的新困惑,依旧未被彻底解决。当下正处于司法改革的深水区,亟待我们审视和解决。

（一）补足审判人员去行政化的有效措施

归根结底,审判人员身兼"司法行政管理者"与"司法裁判者"两重身份是妨碍审判独立实现之重要原因,一旦院长、庭长等行政管理者披着司法裁判者的外衣介入到案件审理中来,审判人员并不会冒着得罪上司的危险,以放弃行政职位的升迁为代价而去追求那种虚无缥缈的"独立审判",隐形的行政光环仍旧会影响案件结果的直接走向,所以去行政化成为当前司法改革的主要目标之一。加之,司法权主要被定性为司法判断活动,忽视了司法行政管理活动同样应作为司法权的重要组成部分。在以上目标和定性的影响之下,司法改革方案的部署如司法人员遴选制度、司法责任制的提出也只是相应地聚焦于如何保障审判权行使的独立性、中立性以及专业性,而衍生出了司法行政管理权如何运作以及两者分离缺乏理论支撑的罅隙。如何实现法院行政管理系统的高效运作成了无本之木。

实际上,司法行政管理活动与普通的行政管理活动的理论基础并无区别,它们仍然要体现服务和保障的理念,在组织架构上则可以实行垂直领导、上行下效的原则,以实现高效快捷的最终目标。[1] 只有明晰了司法行政管理活动如何运行的理论基础,才能量体裁衣,为其打造最合身的改革方案,让"司法裁判的归司法裁判的,行政管理的归行政管理的",防止司法裁判活动与司法行政管理活动相互涉足、互为影响。在笔者看来,一方面,应当推动司法行政管理实务的专职化,由一名专职的人员（如副院长）专职负责院内的各项司法行政实务,而不需入额进行审判工作,在本源上切断司法行政事务与司法裁判事务混同的可能性。另一方面,"中国司法机关的行政化问题与其存在的制度环境也有着密切关系"[2]。为改变制度环境,应当彻底废弃"克隆"行政级别划分科、处、厅、部的司法人员管理制度,配套独立的法官、检察官管理制度,为行政管理与司法裁判两套系统的相互独立提供制度保障。

（二）细化省级统管人财物的配套保障

显而易见,十八届三中全会、十八届四中全会已经全面勾勒出了改革两机关依法独立实行职权的方向和框架,但其目前只是一个粗胚,仍需要更多的细节去刻镂、更多的装饰去点缀。其中一个重要表现便是,省级统管人财物,但配套措施尚

---

① 陈瑞华:《司法改革的理论反思》,载《苏州大学学报（哲学社会科学版）》2016 年第 1 期。
② 王广辉:《司法机关人财物"省级统管"改革的法律反思》,载《法商研究》2016 年第 5 期。

待就位。省级统管人财物对于解决检察机关、审判机关的地方化和行政化意义重大，但需要我们明确的是，省级统管只是降低了两机关地方化和行政化的程度，而没有在根本上解决此问题。然而，我国目前尚不具备完全由中央统管的成熟条件，当下的重中之重仍应是如何完善省级统管人财物措施。

笔者认为，应紧抓以下三个重点：其一，需逐步明确如何由省一级统管法官、检察官。目前，通过设立省级法官、检察官遴选委员会来实现，遴选委员会设立于政法委之下，由其对遴选委员会进行直接领导，以体现党对人事组织的直接领导。虽然，这在一定程度上有利于保障独立性，但毕竟检察官、法官的遴选作为法院、检察院内部的重大司法实务，将该委员会设立于政法委之下并不是长久之策，仍待进一步探讨。其二，需妥善处理与各级人民代表大会的关系。虽然省级统一行使人财物管理权，但地方法院院长、地方检察院检察长仍需要向同级人民代表大会负责并报告工作，这仍无法避免地方权力机关对两机关依法独立行使职权的侵扰和干预。故，可做如下调整，继续保留地方法院院长、地方检察院检察长向同级人大报告的制度，但是同级人大对于该报告只评议、不表决，评议意见可以作为法院、检察院改进司法工作的参考，如果对法院、检察院的工作确有强烈不满的，应当提请省级人大进行审查、评议和作出表决。[①]　其三，需科学规划和保障财政预算。无疑，物质保障的到位与否直接决定了该项改革的成败，所以不仅要立足于整体的财政保障问题，还要顾及各地区的预算平衡问题。对于前者，孟建柱书记指出："地方各级人民法院、人民检察院和专门人民法院、人民检察院的经费由省级财政统筹，中央财政保障部分经费。"[②]这一要求一旦落实，经费问题也将迎刃而解。对于后者，经济发达地区因省级统一管理措施的出台而引发了经费将运转不足的担忧，为消除此担忧，应秉持"就高不就低"的理念，将经济欠发达地区的经费保障和司法人员待遇借此提升，使之与经济发达地区持平。

（三）明确司法责任制的应有内涵

司法责任制被视作司法改革的"牛鼻子"，是权责统一原则的具体体现和落实，即通过给司法人员设立惩戒的责任后果，来倒逼司法人员正确行使司法权力，使其不触犯责任的底线。但是，司法权作为一种具有判断权属性的权力，在贯彻权责一致原则时，应尊重司法权的特殊属性，以具体的保障措施来制衡惩戒的威慑作用，防止惩戒的射程过度覆盖司法独立的领地。反观十八届四中全会提出的"实现办案质量终身负责制和错案责任倒追机制"，即让人质疑司法责任制的改革是否过于

①　张建伟：《超越地方主义和去行政化——司法体制改革的两大目标和实现途径》，载《法学杂志》2014年第3期。

②　《中共中央关于全面深化改革若干重大问题的决定》，转自张建伟：《论检察》，中国检察出版社2014年版，第86页。

关注其惩戒作用而忽视了司法责任制对司法独立产生牵制和侵扰的可能性。因此,为解决上述质疑和困惑,需进一步明确和丰富司法责任制的内涵。

首先,需正确解读终身负责制"终身"一词的含义。应明确的是,"终身"只是相对意义上的,并不意味着对司法人员的追责不受时效规定的限制。如,法官、检察官在司法活动中涉嫌犯罪的,过了追诉时效同样不应该继续追究其责任。[①] 其次,应当明确错案责任倒查机制"错案"一词的适用条件,"法官对自己的审判行为和案件质量负责,裁判出现错误倒查法官是否有责任是无可厚非的"[②]。但是,"错案"始终不是个框,法律适用或事实认定错误等一般情形都可以往里装。所以,当下的关键应当明确何为"错案",在笔者看来,应当从客观行为和主观过错两方面来界定,只有司法人员在客观上存在违法行为,在主观上存有故意或有重大过失时,才能启动错案倒查程序。最后,为了消解司法人员害怕承担责任的过度忧虑,完善司法从业人员的职业保障制度也是必不可少的。笔者认为,除了现下已经着手开展的改善司法人员物质待遇的改革,司法豁免制度的完善也是同样必要的,即需在严守"法无明文规定不处罚"原则基础上,明确哪些行为需要司法人员负责,哪些行为不需要司法人员负责,为司法责任划清底线。[③]

(四)推动改革成果与刑事诉讼法的衔接

改革行至当下,部分措施卓有成效,遗憾的是,与刑事诉讼法衔接的启动工作却迟迟未被提上议程。法律的特点无疑决定了它是实现政策的最有效手段,所以,为了使改革措施更具普遍性和成效性,应将通过试点获取的正确经验上升到法律层面。也即,实现改革措施与刑事诉讼法的衔接。具体而言,结合当下的司法环境,我国刑事诉讼法可以从以下几方面进行修改:其一,删除《刑事诉讼法》第5条后半部分"不受行政机关、社会团体和个人干涉"的规定,将党的机关、政法委或其他权力机关企图利用此排除范围不周全的漏洞来干预司法的念想彻底扼杀。其二,于刑事诉讼法管辖一章中增设对巡回法庭、跨行政区法院管辖的规定,明确其分别所应管辖的案件范围,为实现审判辖区与行政辖区的彻底分离铺设道路。其三,应对《刑事诉讼法》第180条的规定"对于疑难、复杂、重大的案件,合议庭难以作出决定的,确有必要时,由合议庭提请审判委员会讨论决定"进行修改,使修改后条文的表述能够直接体现"审理者裁判、裁判者负责"的原则,阻断审判委员会未参与案件审理即可对案件事实问题发表意见的"合法"路径,将审判委员会讨论事项

---

① 陈光中、王迎龙:《司法责任制若干问题之探讨》,载《中国政法大学学报》2016年第2期。

② 胡仕浩:《人民法院"全面推开司法责任制改革"的几个问题》,载《法律适用》2016年第11期。

③ 王迎龙:《司法责任制是依法独立行使审判权之保障》,载《人民法院报》2015年11月3日第002版。

仅限定于法律适用问题,并可考虑更名为"审判事务管理委员会"①。

第三节　人民检察院依法对刑事诉讼实行法律监督

　　作为公权力与私权利较量最为激烈的刑事诉讼程序,权力是否正当合法行使,权利是否充分有效保障,这是检察机关诉讼监督的正当性之所在。② 自新中国建立检察制度起,列宁的法律监督思想就成为建立和发展检察机关的理论基础。③ 法律监督思想最初是基于维护法制的统一而不是为了专事刑事诉讼而产生的。④ 但法律监督权的行使离不开诉讼,或者说主要是在诉讼(刑事诉讼)领域中行使。刑事诉讼中代表国家权威的侦查机关、审判机关处于绝对优势地位,侦查权、审判权极易滥用,极易侵犯公民权益,因此,必须对刑事诉讼实施监督。综观肇始于欧陆的检察制度发展史,检察机关早已不单单是片面追求打击犯罪的控告方,更是承担客观义务的法律守护人,毋宁说在我国作为法律监督机关的检察机关,其理应监督法官裁判以免法官恣意,控制警察活动以免警察滥权。⑤ 简言之,在我国检察机关对刑事诉讼实行法律监督不仅必要,而且具备正当性。

　　新中国成立之初,法制较不完善,检察机关仅体现在宪法中,1954 年第一部《宪法》规定了检察机关的职权,赋予检察机关一般监督权。⑥ 正式确立了我国检察制度。"文革"期间,社会动乱,检察制度受到了严重挫折,检察机关一度被取消。⑦ 1978 年,检察机关得以重建,1979 年全国人民代表大会审议通过了《人民检察院组织法》,并且颁布了《刑法》《刑事诉讼法》,其中《组织法》明确提出检察院是国家的法律监督机关,这一规定在 1982 年《宪法》中得以延续。⑧ 自此,我国确立了检察机关是法律监督机关的宪法定位。

　　需要注意的是,1979 年刑事诉讼法中并未明确规定检察机关依法对刑事诉讼

---

① 　汪海燕:《刑事诉讼法律移植研究》,中国政法大学出版社 2015 年版,第 144 页。

② 　林钰雄:《检察官论》,法律出版社 2008 年版,第 9 页。

③ 　徐美君:《侦查权的运行与控制》,法律出版社 2009 年版,第 51 页。

④ 　韩大元、刘松山:《论我国检察机关的宪法地位》,载《中国人民大学学报》2002 年第 5 期。

⑤ 　林钰雄:《刑事诉讼法》(上),中国人民大学出版社 2005 年版,第 115 页。

⑥ 　1954 年《宪法》第 25 条规定:"中华人民共和国最高人民检察院对于国务院所属各部门、地方各级国家机关、国家机关工作人员和公民是否遵守法律,行使检察权。地方各级人民检察院和专门人民检察院,依照法律规定的范围行使检察权。"

⑦ 　1975 年《宪法》第 25 条第 2 款规定:"检察机关的职权由各级公安机关行使。"

⑧ 　1982 年《宪法》第 129 条。

实行法律监督(以下简称检察监督)的原则,这一方面是由于笼罩在人们心中的"文革"阴霾仍未彻底消散,很多人对检察机关被批判和撤销的教训仍心有余悸,一定程度上回避"监督"的提法而代之以"检察"①。司法实践中,检察职能也以参与诉讼活动为主,侦查、起诉成为检察机关的核心和强势业务,诉讼监督沦为短板。监督职能的萎缩产生了实践中侦查、审判机关违法行为得不到有效遏制,被追诉人权利得不到有效保障,国家法令得不到统一实施等一系列问题。

1978 年改革开放后,我国法制建设进入快轨,刑事诉讼制度日趋完善,纵观改革开放 40 年,检察监督原则②经历了确立(1996 年刑事诉讼法),到完善(2012 年刑事诉讼法),再到党的十八大后,特别是十八届三中全会、四中全会包括十九大以来全面推进依法治国、司法改革、监察改革进程中的新发展。

一、检察监督原则的确立:1996 年《刑事诉讼法》

为了防止或减少诉讼中的违法行为,正确适用法律,惩罚犯罪,保障无罪的人不受追究,保护诉讼当事人的诉讼权利,1996 年《刑事诉讼法》明确了人民检察院依法对刑事诉讼实行法律监督的原则。③ 并在立案、侦查、审判、执行程序中有针对性地做了规定,加强对各环节的监督。第一,立案监督,1996 年《刑事诉讼法》第 87 条明确了检察机关的立案监督权,并且规定了公安机关接到立案通知后应当立案,明确了立案监督的刚性效力。④ 第二,侦查监督,第 76 条:"人民检察院在审查批准逮捕工作中,如果发现公安机关的侦查活动有违法情况,应当通知公安机关纠正。"第三,审判监督,第 205 条明确了检察机关的审判监督(再审抗诉)权,另第 187 条明确了二审抗诉应当开庭审理。⑤ 严格意义上,二审抗诉职能实质上是检察机关行使诉权,以诉权制约法院审判权,并非诉讼监督。但由于诉讼职能、监督职能经常彼此交叉、难言割裂,检察机关的定位又为法律监督机关,也有将诉讼职能划归为广义的法律监督的观点。⑥ 第四,执行监督,第 224 条规定:"人民检察院对执行刑罚的活动是否合法实行监督,如果发现有违法的情况,应当通知执行机关纠正。"这确立了人民检察院对执行刑罚活动实行监督;第 222 条规定:"人民检察院认为人民法院减刑、假释裁定不当的,应当向人民法院提出纠正意见。"这明确了人

---

① 1979 年《检察院组织法》中将检察业务规定为刑事检察、法纪检察等,以"检察"取代"监督"。

② 本文中,检察监督特指人民检察院依法对刑事诉讼实行法律监督。

③ 1996 年《刑事诉讼法》第 8 条。

④ 1996 年《刑事诉讼法》第 87 条。

⑤ 1996 年《刑事诉讼法》第 187 条、第 205 条。

⑥ 时任全国人大法工委主任的顾昂然于 1996 年 3 月 12 日在第八届全国人民代表大会第四次会议上作的关于《中华人民共和国刑事诉讼法修正案(草案)》的说明中,将二审抗诉就列在加强对刑事诉讼各个环节的监督之中。

民检察院对减刑、假释裁定的监督；此外，还有对死刑执行、暂予监外执行的监督。[①]

1996 年《刑事诉讼法》的修改，顺应时代发展和法治需要，明确了人民检察院依法对刑事诉讼实行法律监督的原则，并覆盖了立案、侦查、审判、执行各环节。但司法实践中仍然存在着监督手段单一、监督效果有限的问题。其部分缘由是西方法治国家长期的繁荣、富强对我国具有强大的吸引力，我国对西方法律制度、法治理念青睐有加，热衷于法律移植。[②] 1996 年刑事诉讼法大量吸收了以对抗制诉讼为核心的一系列西方诉讼理念。[③] 如强化被追诉人主体地位、扩充辩护权、改革检察机关全卷移送制度、弱化法庭追诉职能等，我国的诉讼结构发生了较大变化，初步构建了法庭居中裁判、控辩对抗的三角形诉讼构造。这一改变对检察机关的批捕、起诉质量设立了更高的标准，客观上需要检察机关加强诉讼职能部门建设，重视诉讼职能的发挥，与此同时工作量、工作强度的增加和案多人少矛盾愈发突出，使得检察人员难以具备足够的精力履行监督职能，重视程度也远远不足，影响了检察监督的效用。甚至有学者认为，以诉讼为主的职能定位，动摇了检察机关行使监督职权的正当性基础，减损了检察工作公信力，不利于检察职能的全面实现。[④]

二、检察监督原则的发展：2012 年《刑事诉讼法》修改

我国刑事诉讼法自 1996 年修正以来，国情世情发生了深刻的变化，随着改革开放的不断深入，我国经济持续繁荣，社会长期稳定，人民生活水平大幅提升。受益于经济的快速发展，包括检察机关在内的司法机关的办案条件极大改善，司法人员的数量、素质大幅提升，与此同步，人民群众的权利意识不断觉醒，2004 年"国家尊重和保障人权"入宪，标志着保障人权已经成为广泛共识。但需要正视的是，1996 年刑事诉讼法实施以来，实践中大量存在着刑讯逼供、辩护权得不到保障、律师执业受阻等弊端，严重侵犯了当事人人权，甚至造成一些冤假错案，如湖北的佘祥林案、云南的杜培武案、河南的赵作海案等，引起人民群众强烈不满，严重影响了司法公信力，作为法律监督机关的检察机关在遏制违法侦查、纠正错误判决方面并没有很好地发挥作用，甚至一定程度上参与其中，助长了司法的不公。

---

① 1996 年《刑事诉讼法》第 212 条、第 215 条。

② 法律移植的内涵是：法律移植的受体和供体包括国家、地方以及有关国际组织，其行为方式包括鉴别、借鉴和吸纳，其对象包括法律制度、规则及理念。参见江海燕：《刑事诉讼法律移植研究》，中国政法大学出版社 2015 年版，第 14 页。

③ 此次修改刑事诉讼法，对国外的刑事诉讼制度的吸收达到 60% 以上，具体参见陈光中、严端主编：《中华人民共和国刑事诉讼法修改建议稿与论证》，中国方正出版社 1999 年版。

④ 王一鸣：《检察机关职能定位演变的反思与展望》，载《兰州大学学报（社会科学版）》2017 年第 2 期。

1996 年刑事诉讼法已经越来越难以适应社会发展和司法实践的需要,刑事诉讼法迫切需要再修改。正如美国法社会学家庞德所言:"一般安全中的社会利益……社会生活情势的不断变化却要求法律根据其他社会利益的压力和种种危及安全的新形式不断作出新的调整。"①基于此,2012 年 3 月 14 日第十一届全国人民代表大会第五次审议通过了《关于修改〈中华人民共和国刑事诉讼法〉的决定》,自此,《中华人民共和国刑事诉讼法》(以下简称 2012 年《刑事诉讼法》)公布并于 2013 年 1 月 1 日起施行。

2012 年《刑事诉讼法》首次将尊重和保障人权列为刑事诉讼法的任务,并规定各机关均应保障诉讼参与方依法享有的权利。② 在刑事诉讼中保障人权的因子得以持续发展,检察监督也在此背景下得到了扩充、强化:第一,确立了检察机关对其他机关侵权行为的审查权。新增当事人认为公安司法机关阻碍其依法行使诉讼权利的,有权向检察机关申诉或者控告,人民检察院对申诉或者控告应当及时进行审查,情况属实的,通知有关机关予以纠正。并细化了对公安司法机关违法采用强制措施、违法搜查、扣押等行为的审查权。③ 第二,建立非法证据排除规则,明确人民检察院对非法取证行为的监督权和针对非法取证的调查权。④ 第三,明确死刑复核程序中检察机关的介入。最高人民检察院可以向最高人民法院提出意见,最高人民法院应当将死刑复核结果通报最高人民检察院。⑤ 第四,规定了人民检察院对暂予监外执行及减刑、假释实施同步监督。明确羁押机构提出暂予监外执行和减刑、假释书面意见的,应当将书面意见的副本抄送人民检察院,人民检察院可以提出书面意见。⑥ 第五,明确人民检察院对强制医疗程序的决定和执行实行监督。⑦ 第六,新增人民检察院对指定居所监视居住实行监督。⑧

2012 年《刑事诉讼法》的修改虽然在很大程度上完善、强化了人民检察院对刑事诉讼的法律监督权,有助于促进刑事诉讼中公权力行使的规范化和强化对当事人特别是被追诉人人权的保障,但仍然有一些不足,例如辩护人、诉讼代理人认为有关机关阻碍其依法行使诉讼权利的,有权向检察机关申诉、控告,人民检察院应及时审查,情况属实的,通知有关机关纠正,其增加法律监督的内容,其立法初衷是好的,但由于立法上缺乏不接受法律监督后果的规定,使得法律监督条款刚性不

---

① [美]罗斯科·庞德:《法制史解释》,邓正来译,中国法制出版社 2002 年版,第 2 页。

② 《刑事诉讼法》第 2 条、第 14 条。

③ 《刑事诉讼法》第 47 条、第 115 条。

④ 《刑事诉讼法》第 54 条、第 55 条。

⑤ 《刑事诉讼法》第 240 条。

⑥ 《刑事诉讼法》第 255 条、第 262 条。

⑦ 《刑事诉讼法》第 289 条。

⑧ 《刑事诉讼法》第 73 条。

足,难以收取预期的效果。① 再如立案监督,对公安机关不应当立案而立案的案件,仍未规定检察机关的监督权。虽然在 2012 年最高人民检察院颁布的《人民检察院刑事诉讼规则(试行)》(以下简称最高人民检察院《规则》)对公安机关不应当立案而立案,如运用刑事手段插手民事、经济纠纷等违法立案的情形,应当要求公安机关书面说明立案理由。② 但最高人民检察院《规则》并非法律,其效力层级相对较低,且其中赋予公安机关书面说明立案理由的义务有越权解释之嫌。涉及公安机关职责的内容显然不能由检察机关单独决定。③

三、存在问题与展望

我国检察机关作为法律监督机关已逾半个多世纪,由此形成了独具我国特色的检察制度及刑事诉讼制度。自党的十八大以来,党和国家更加重视依法治国,十八届四中全会首次专题讨论依法治国问题,并通过了《中共中央关于全面推进依法治国若干重大问题的决定》,法治在我国的重要地位可见一斑,党的十九大更是提出了人民对包括民主、法制、公平、正义等方面的美好生活的需要日益增长的新论断。近年来,以习近平为核心的党中央全面推进各项改革,其中以司法责任制为核心,包括司法人员分类管理、司法职业保障、司法机关人财物省级统管等内容的司法体制改革也稳步推进,同时以审判为中心的诉讼制度、认罪认罚从宽制度等一系列诉讼制度改革驶入了快车道。在此背景下,怎样认识检察机关在刑事诉讼中的法律监督权及如何更好地实行法律监督进而维护法制统一、保证公正司法、规范权力行使、保障诉讼权利是检察监督的重要课题。

(一)实践中存在的问题

1. 立法的缺失与解释的龃龉

法律监督权作为国家公权力,其行使应当秉承法律保留原则,但立法中关于检察监督的条款却付之阙如,立法较为粗疏。以法律规则应当具备的完整三要件——假定条件、行为模式、法律后果为标准来审视刑事诉讼中的检察监督规则,我国刑事诉讼法中完整的检察监督规则几乎只有立案监督和再审抗诉监督。其他诸多条款则过于原则,如《刑事诉讼法》第 203 条规定:"人民检察院发现人民法院审理案件违反法律规定的程序,有权提出纠正意见。"此条仅规定了检察机关有权针对审理程序进行监督,但既没有明确检察机关纠正意见的效力,也没有明确审判机关不接受法律监督的后果。

---

① 陈光中主编:《〈中华人民共和国刑事诉讼法〉修改条文释义与点评》,人民法院出版社 2012 年版,第 19 页。

② 最高人民检察院《人民检察院刑事诉讼规则(试行)》第 554 条、第 555 条。

③ 汪海燕:《"立法式"解释:我国刑事诉讼法解释的困局》,载《政法论坛》2013 年第 6 期。

检察机关为了丰富监督手段、扩充监督效能,在最高人民检察院《规则》中专门规定了一章检察监督的内容,从立案、侦查、审判,到执行的条款达 124 条。[①] 与此形成鲜明对比的是,公安部关于《公安机关办理刑事案件程序规定》(以下简称公安部《规定》)中关于人民检察院法律监督的内容只有寥寥数条;《最高人民法院关于适用〈中华人民共和国刑事诉讼法〉的解释》(以下简称最高人民法院《解释》)中关于检察监督的规定基本限于抗诉程序。遍历三机关的相应规定,其中不相融洽之处甚多。以侦查监督为例,《刑事诉讼法》中将侦查监督限定为审查批捕程序中发现的[②],公安部《规定》也与此一致,然而,最高人民检察院《规则》中,却未将侦查监督限定于审查批捕程序中。再以对审判活动监督为例,最高检《规则》规定对人民法院审判活动的监督可参照对侦查机关的监督。[③] 而最高人民法院《解释》第 258 条:"人民检察院认为人民法院审理案件违反法定程序,在庭审后提出书面纠正意见,人民法院认为正确的,应当采纳。"直接规定了人民检察院的纠正意见仍然要受到人民法院的审查,换言之,人民法院认为检察院纠正意见不正确的,可以不予以采纳。

综观立法与三机关的规范性文件,不难看出,检察监督更像是检察机关的自说自话、一厢情愿,侦查机关、审判机关对此冷眼旁观、消极对待,而立法部门则对此不置可否。

2.方式的混乱与效力的疲软

立法的缺失和解释的龃龉已经一定程度上说明立法机关、侦查机关、审判机关对检察监督的态度,实践中监督方式的混乱和效力的疲软也就是必然的结果。

不同地区不同检察机关监督方式不一,除了法律规定的发出立案通知书、提出违法纠正意见、检察建议、(再审)刑事抗诉,还有实践中的通报制度。[④] 检察建议书在实践中有泛化之势,检察官顾虑于警察的反感与抵制,有时会以检察建议替代纠正违法通知书,实施一种降格监督。[⑤] 囿于立法技术的不足及现实情况的复杂性,诉讼监督方式确实可能存在无法满足实践需要的情形,但各地因此而随意创设监督方式也不应得到鼓励,监督方式作为检察机关行使法律监督职权的载体,是公权力行使的手段,公权力的行使应当严格依据法律授权并采用法定的程序,不应随意创设。

[①] 最高人民检察院《人民检察院刑事诉讼规则(试行)》第 552 条至第 675 条。
[②] 《刑事诉讼法》第 98 条:"人民检察院在审查批准逮捕工作中,发现侦查违法情况,应当通知公安机关纠正。"
[③] 最高人民检察院《人民检察院刑事诉讼规则(试行)》第 581 条。
[④] 庞涛:《"通报制"让监督多了一条路》,载《检察日报》2012 年 5 月 10 日第 2 版。
[⑤] 李翔:《公诉环节侦查取证活动法律监督的问题及措施完善》,载《中国检察官》2012 年第 1 期。

与监督方式混乱相比,监督缺少刚性、效力不足则是更为严重的问题。监督不力,流于形式,检察官空有监督之名,却无监督之实。[①] 在侦查监督中,虽然法律规定了公安机关应当将纠正情况回复检察机关,但未规定不回复的后果。[②] 最高人民检察院《规则》中规定对公安机关未回复的,应当督促其回复,并且公安机关还可就此要求复查并接受上一级检察院审查。[③] 可见侦查监督中检察机关纠正意见生效之艰难,甚至连检察机关自身都对纠正意见"底气不足"。对侦查活动的监督尚且如此,更遑论对审判活动的监督了。实践中大量存在着对检察机关提出的检察建议、纠正违法通知书,有的侦查机关、审判机关不回复甚至简单地回复"收到了""知道了"的情况。[④] 可见检察监督效力所处的尴尬境地。

此外,基于维护法院判决的权威性、稳定性,对检察机关监督审判机关存在着不同观点,有学者提出:"法院是最终认定案件事实并适用法律进行裁决的裁判机关,诉公以审判为中心,是诉讼规律的必然要求,因此,任何一个科学化法治化的司法体制,都必须维护审判的权威。"[⑤]这一认识在"以审判为中心"的改革下得到进一步强化,这也一定程度上影响了检察机关对审判机关的监督。其实,检察监督的根本目的在于确保办案质量,实现司法公正。[⑥] 在我国目前审判未完全独立、法官素质理念未能充分保障的司法现状下,强化检察监督无疑有助于此目的的实现。

规范和实践两方面的问题直接影响了检察机关法律监督职能的发挥,最高人民检察院也认识到了这一点,在近几年的工作报告中均提到"法律监督职能发挥得还不够充分、有效"[⑦]。

(二)检察监督的发展面向

"如果根本不知道道路会导向何方,我们就不可能智慧地选择路径。"[⑧]检察机关与其以部门利益为中心,自我扩权,片面追求全面又完善的监督,倒不如在享有法律监督权的前提下,从实际出发,顺应时代和改革,有针对性地提升法律监督效果,有的放矢,重点落在以下几个面向。

① 樊崇义:《检察制度原理》,法律出版社 2009 年版,第 366 页。
② 《刑事诉讼法》第 98 条。
③ 最高人民检察院《人民检察院刑事诉讼规则(试行)》第 570 条、第 571 条。
④ 王成、邵本武:《基层检察机关刑事诉讼监督问题研究——以大连 A 区人民检察院为例》,载《辽宁警察学院学报》2017 年第 6 期。
⑤ 陈光中、龙宗智:《关于深化司法改革若干问题的思考》,载《中国法学》2013 年第 4 期。
⑥ 2014 年,十八届四中全会通过的《中共中央关于全面推进依法治国若干重大问题的决定》提出"健全事实认定符合客观真相、办案结果符合实体公正、办案过程符合程序公正的法律制度"。
⑦ 最高人民检察院 2010 年至 2018 年工作报告,http://www. spp. gov. cn/spp/gzbg/index. shtml,下载日期:2018 年 4 月 30 日。
⑧ [美]卡多佐:《司法过程的性质》,苏力译,商务印书馆 1997 年版,第 61 页。

1. 主导审前程序

随着以审判为中心的诉讼制度改革的推进,我国刑事诉讼程序越来越明显地区分为审判程序和审前程序,在"审判中心主义"的理念下,法院在审判程序中主导作用已无疑义。

审前程序包括侦查和审查起诉,侦查程序中,由于侦查的封闭性、秘密性、强制性对被追诉人基本权的干预最为严重,也最可能产生违法行为。"一方面,我们的社会希望犯罪应被抑制;另一方面,我们社会不希望警察傲慢地轻视法律。"[①]侦查程序便是这两方面角力的集中场域。审前程序中立案监督、审查逮捕、审查起诉等职权均由检察机关行使,审判程序中检察机关承担着出庭指控犯罪的任务,证据是否充分、取证手段是否合法直接影响到出庭指控的效果。基于此,检察机关主导审前程序不失为一种在现阶段和可预期的一段时间内的合理选择。

2. 再审抗诉中重视有利于被告的抗诉

审判监督的目的是纠错,我国目前的审判监督程序的直接启动主体包括人民法院和人民检察院,由人民法院提起再审虽然起到了一定的效用,但其违背了"不能自以为非的诉讼规律",司法实践中冤错案件纠正之艰难正表明此点。[②] 人民检察院作为再审启动程序的另一直接主体,其再审抗诉能直接启动再审程序,在司法实践中检察机关的再审抗诉也一般能够得到法院的认可,在纠错中起到了较为明显的积极作用。[③] 另外,相对人民法院来说,人民检察院与判决结果的利害关系较远,由人民检察院提起再审也符合控审分离的诉讼原则。因此,考虑到我国检察机关是法律监督机关的宪法定位,一方面保留检察机关有利于原审被告的再审抗诉权;另一方面,应当吸收禁止双重危险的合理内涵,对不利于被告人的再审抗诉权加以严格限制。[④] 同时,将接受权利人申诉的主体限定为检察院更为合理。

3. 用好刑事执行检察

在执行环节,检察监督不仅具有正当性,而且具备可行性。在执行机关申请减刑、假释或监外执行的场合,法院所作的生效裁判要么变更了刑罚内容(如减刑),要么变更了刑罚执行方式(如假释、监外执行),而这些变更都无一例外地使被执行刑罚的犯罪人获得了程度不同的利益,却同时损害了国家利益或社会公共利益,尤

① 郭晶:《论程序性监督之嬗变——从违法性宣告到渐进式制裁》,载《现代法学》2014 年第 1 期。

② 聂树斌案中,聂树斌于 1995 年被执行死刑后,其母张焕枝自 2005 年就开始漫漫申诉路,直到 2016 年 12 月,聂树斌终被再审宣告无罪,可见其再审启动、纠正之艰难程度。

③ 如张氏叔侄强奸杀人案、沈六斤故意杀人案等案件,及时提出抗诉或再审检察建议,人民法院均改判无罪。见最高人民检察院 2018 年工作报告,http://www.spp.gov.cn/spp/gzbg/201803/t20180325_372171.shtml,下载日期:2018 年 4 月 30 日。

④ 汪海燕:《刑事冤错案件的制度防范与纠正——基于聂树斌案的思考》,载《比较法研究》2017 年第 3 期。

其是会使国家刑罚权的统一行使受到威胁和挑战。[①] 检察机关长期以来一直行使着刑事执行检察的职权,在羁押场所(看守所)和刑罚执行场所(监狱)都有派驻机构,检察机关应当充分利用便利条件,强化执行监督。

4.注重权利保障

我们在讨论法律监督时更多的是在讨论对公权力的监督。不规范的公权力极易侵犯私权利,规范公权与保障私权是法律监督目的的一体两面。"法律按其真正的含义而言,与其说是限制,还不如说是指导一个自由而智慧的人追求他的正当利益。"[②]"如果一个人认为自己是一个自由的人,那么他必然会有这样的愿望。掌握权力的人必须受到法律的制约。"[③]以往我们在讨论优化司法职权配置,完善公检法之间关系的时候,关注的往往是有关职能部门之间的权力关系,包括职权机关的内部关系;但讨论这些关系的时候我们应关注职权之外的着眼点——当事人,尤其是刑事诉讼中的被追诉人,强化对其权利的保障。[④]

值得注意的是,在最新的刑事诉讼法草案中,检察机关保留了部分侦查权,即检察院在诉讼活动法律监督中发现司法工作人员利用职权实施的非法拘禁、刑讯逼供、非法搜查等侵犯公民权利、损害司法公正的犯罪的侦查权。[⑤] 这一方面强化了检察机关的法律监督,另一方面也表明了法律监督应以权利为中心的立场。

(三)目前强化法律监督的几个切入点

在明确法律监督的发展面向后,应当以以下几个方面为切入点,强化检察监督。

1.增强法律监督刚性

贝卡利亚指出:"对于犯罪最强有力的约束力不是刑罚的严酷性,而是刑罚的必定性","惩罚犯罪越是迅速和及时,就越是公正和有益"。[⑥] 虽然贝卡利亚关于惩罚的必然性、及时性的洞见是针对惩罚犯罪,但其中的逻辑同样适用于对公权力的制裁。检察机关的法律监督越是及时,效果越是明显,法律监督越是必然,效果越是确切。因此,检察机关针对公安司法机关的违法行为应当及时进行监督,同时应明确检察监督的效力,如果监督没有效力,无异于空中楼阁。

---

① 陈瑞华:《检察机关法律职能的重新定位》,载《中国法律评论》2017年第5期。

② 〔英〕约翰·洛克:《政府论》,世界图书出版公司2014年版,第122页。

③ 〔英〕彼得·斯坦、〔英〕约翰·香德:《西方社会的法律价值》,王献平译,中国法制出版社2004年版,第3页。

④ 王敏远:《司法改革背景下的三机关相互关系问题探讨》,载《法制与社会发展》2016年第2期。

⑤ 中华人民共和国刑事诉讼法(修正草案)征求意见,http://www.npc.gov.cn/COBRS_LFYJNEW/user/UserIndex.jsp? ID=9085689,下载日期:2018年5月10日。

⑥ 〔意〕贝卡利亚:《论犯罪与刑罚》,黄风译,北京大学出版社2008年版,第47、62页。

以非法证据排除规则为例,非法证据排除作为最有力的监督手段已经得到了充分重视,自 2010 年两个证据规定确立了非法证据排除规则以来,这一规则就在不断丰富、细化,2017 年 6 月 27 日两高三部通过的《关于办理刑事案件严格排除非法证据若干问题的规定》中规定:"探索建立重大刑事案件侦查终结前检察讯问的制度"。检察机关基于其审前程序的主导地位和具备的便利条件(如在看守所有检察办公室),在排除非法证据中理应发挥更大作用,这是当务之急,也为力所能及。

2. 完善立法和司法解释

检察监督是对其他机关的监督,离开了立法机关的支持和公安机关、审判机关的配合,必定难以发挥应有的作用,如"建议侦查机关更换承办人"内容的曲折命运。① 再如学界提出的检察官对警察的直接纠正权和处分权,对警察的惩戒建议权等主张均未得到立法机关采纳。② 实践中检察监督效力的疲软也就沦为必然。

检察监督的方式和效力特别是被监督机关的配合义务,不能由也不应由检察机关自行规定,立法部门应统筹协调,并予以规定或立法解释,至少应该由涉及的机关共同规定。

3. 增强对强制性措施的监督

强制与自由从来都是一对相对却密不可分的概念,自由在法律上表现为人的基本权利的充分享有及其实现,其中最重要的是"保障我们可以安全地使用某些东西的权利,或保护我们行动不受其他人干涉的权利"。③ 目前我国法定的强制措施的范围限定于对人身权进行限制,如拘留、逮捕,而对搜查、扣押等其他限制财产权、隐私权的侦查措施并不包括在内。实质上,无论从强制的内涵,基本权的范围还是刑事诉讼的目的来分析,强制性措施由于其对基本权的侵犯,除我国法定的强制措施外,理应包括诸如搜查、扣押、冻结、技术侦查等。④

近代以降的人权思想,其核心在于控制刑事诉讼中的强制措施并使之合理化,

---

① 检察机关广泛呼吁的"建议更换办案人"的内容在 2012 年刑事诉讼法中没有规定。原本修正案(草案)第一次审查稿第 54 条、第二次审议稿秕 55 条规定了"检察官接到报案、控告或者发现侦查人员以非法方法收集证据的,应当提出纠正意见,必要时建议侦查机关更换承办人"。但从修正案(草案)第三次审议稿开始,即删除了"建议更换承办人"的内容。

② 朱立恒:《我国刑事检察监督制度改革初探——以刑事检察监督的弹性化为中心》,载《法学评论》2010 第 1 期;李建明:《强制性侦查措施的法律规制与法律监督》,载《法学研究》2011 年第 4 期。

③ [英]哈耶克:《自由秩序原理》(上),邓正来译,三联书店 1997 年版,第 172 页。

④ 陈瑞华:《刑事诉讼的前沿问题》,中国人民大学出版社 2005 年版,第 5 页;汪海燕:《刑事诉讼法律移植研究》,中国政法大学出版社 2015 年版,第 225 页。

在此意义上,刑事诉讼的历史亦即合理限制强制措施的历史。[①] 我国对强制措施的限制十分匮乏,只有逮捕受到检察机关的制约,其他诸如拘留、监视居住、搜查、扣押、技术侦查等强制性措施都是由公安机关自行决定、自行实施。在目前对强制性措施未形成完备的司法控制机制的法律框架下,检察机关基于其享有的法律监督权对侦查机关的强制性措施实行监督、控制,无疑是一条可行的路径。

4.探索对监察机关的监督

2018 年 3 月 20 日第十三届全国人民代表大会审议通过了《中华人民共和国监察法》,将原本由检察机关行使的职务犯罪侦查权划归监察委员会,并赋予了监察机关讯问、冻结、搜查、留置等一系列权限。监察机关采取的调查行为,实质上具有侦查的属性。[②] 尤其是对被调查人采取留置措施,限制甚至剥夺了被调查人的人身自由,且时限长达三个月,并可以延长。[③] 在职务犯罪中,留置具有刑事属性,甚至相当于逮捕。[④] 任何权力均必须受法律约束和监督,监察权亦不例外。

长期以来检察机关承担着职务犯罪侦查、审查批准逮捕、审查起诉的职能,其在办理职务犯罪案件中有一定的经验。在传统自侦案件中,检察机关难逃自行侦查、自行监督的窠臼,职务犯罪案件侦查权的转隶,应当说为检察机关对职务犯罪案件行使法律监督提供了正当性契机。[⑤]

虽然留置的审批权被赋予上一级监察机关或省级监察机关,[⑥]但监察机关办理职务犯罪案件仍应当与检察机关互相配合,互相制约。[⑦] 监察机关认为被调查人涉嫌犯罪的,仍需移送检察机关审查,检察机关也应对被调查人依刑事诉讼法采取强制措施。[⑧] 检察机关在决定适用强制措施、审查案件中仍应独立行使检察权,在排除非法证据、监督监察人员违法侦查等方面应当充分行使法律监督权。

---

① [日]高田卓尔:《刑事诉讼法》,青林书院 1984 年版,第 144 页。

② 汪海燕:《监察制度与〈刑事诉讼法〉的衔接》,载《政法论坛》2017 年第 6 期;樊崇义:《检察机关深化法律监督的四个面向》,载《中国法律评论》2017 年第 5 期。

③ 《监察法》第 22 条、第 43 条。

④ 汪海燕:《监察制度与〈刑事诉讼法〉的衔接》,载《政法论坛》2017 年第 6 期;张建伟:《法律正当程序视野下的新监察制度》,载《环球法律评论》2017 年第 2 期。

⑤ 汪海燕:《监察制度与〈刑事诉讼法〉的衔接》,载《政法论坛》2017 年第 6 期。

⑥ 《监察法》第 43 条。

⑦ 《监察法》第 4 条。

⑧ 《监察法》第 45 条、第 47 条。

第四节　未经人民法院依法判决，
对任何人都不得确定有罪

1996 年,我国《刑事诉讼法》修改,其第 12 条明确指出:"未经人民法院依法判决,对任何人都不得确定有罪。"(以下简称为"未经法院依法判决不得确定有罪原则")该条的表述成为我国刑事诉讼中的一项原则性规定,一方面表明确定被告人有罪与否的权力专属于人民法院,只能由人民法院结合案情及相关证据,行使定罪的权力。另一方面,该原则对"疑罪从无"理念的确立,正是体现了无罪推定原则的基本精神,虽然仍有一定的差异,但是对于我国以审判为中心的诉讼制度改革及无罪推定原则的确立有一定的研究价值与意义。

一、发展脉络及其内涵

(一)历史变迁述读

无罪推定原则的基本精神随着《刑事诉讼法》的制定与修改而逐渐得到承认和吸收,但至今依旧未在基本原则层面予以明确。在 1979 年《刑事诉讼法》制定前,《人民日报》刊文《一个值得研究的问题》指出可以将无罪推定规定于正在起草的刑事诉讼法或者吸收其内涵,[1]引发学术界对无罪推定是否应当入法的争论。但是在 1979 年制定《刑事诉讼法》时并未明确无罪推定原则,只是在一些具体制度中体现了无罪推定原则的精神。

《刑事诉讼法》制定之后,学界对无罪推定原则的争论更加激烈,表现为多种论题交织在一起且论述更为深入。这些争论的核心是"是否应当明确无罪推定原则、明确什么样的无罪推定原则",同时存在毫无保留地确立、有批判地确立和不应该确立三种具体观点。虽然毫无保留地确立无罪推定的观点在当时占据上风,但受到意识形态、政治体制等多方面因素的共同影响,1996 年修改《刑事诉讼法》时并未确立彻底的无罪推定原则,而是以"未经人民法院依法判决不得确定有罪原则"代之。时任全国人大法工委主任顾昂然对此解释时指出:"封建社会采取有罪推定的原则,资产阶级针对有罪推定提出了无罪推定。我们坚决反对有罪推定,但也不是西方国家那种无罪推定,而是以事实为依据。"[2]此次修法,删除了检察院免于起诉制度,为无罪推定原则的贯彻扫除了制度障碍;第 162 条第 3 项确立了"证据不

---

[1]　田采:《一个值得研究的问题》,载《人民日报》1979 年 2 月 17 日。
[2]　顾昂然:《关于刑事诉讼法的修改原则》,载《法制日报》1996 年 2 月 3 日。

足,不能认定被告人有罪的,应当作出证据不足、指控的犯罪不能成立的无罪判决",体现了无罪推定的精神。

1996年修改《刑事诉讼法》之后,确立彻底的无罪推定原则的呼声日益高涨。国内确立无罪推定原则已经具备了良好的社会思想环境和政治条件,这主要源于两大事件:第一,1998年10月5日,中国政府签署了《公民权利和政治权利国际公约》,其中第14条第2款明确规定了无罪推定原则。虽然我国至今尚未正式实施此公约,但2008年3月第十一届全国人大闭幕时时任国务院总理温家宝在记者会上承诺将尽快施行公约。近些年来随着一系列法律的修改完善,确立无罪推定原则的国内背景逐渐成熟。第二,2004年《宪法》修改时将"尊重和保障人权原则"写入宪法,这为《刑事诉讼法》确立彻底的无罪推定原则提供了明确的宪法依据。

2012年,我国再次启动对《刑事诉讼法》的修改工作,这是历经16年之后,刑事诉讼法面临的一次较大范围的修改。法治观念逐步深入人心的同时,学者对确立无罪推定原则的呼声愈来愈强烈,但遗憾的是2012年修改依旧未明确彻底的无罪推定原则,而是在基本原则部分继续保留了原法第12条的规定。值得注意的是,虽然基本原则的表述未做修改,但是此次修改创设的多项制度有力地贯彻了无罪推定原则,例如《刑事诉讼法》第49条规定的"公诉案件中被告人有罪的举证责任由人民检察院承担",第50条规定的"不得强迫任何人证实自己有罪"以及第54条规定的非法证据排除规则。2012年修法所增加的这些规定丰富了人权保障的内涵,这是在我国贯彻无罪推定精神的又一次重大突破。

(二)内涵剖析及其在刑事诉讼法中的体现

如前所述,1996年《刑事诉讼法》修改,确立了未经法院依法判决不得确定有罪原则,2012年《刑事诉讼法》修改对该原则予以保留,同时在1996年和2012年《刑事诉讼法》的相关条款中对该原则所体现的精神及要求进行细化,主要包括:

第一,明确区分了"犯罪嫌疑人""被告人"与"罪犯"的称谓。我国刑事诉讼法取消了"人犯"这一概念,并对犯罪嫌疑人、被告人与罪犯严格区分开来,"被追诉人自侦查机关立案到检察院提起公诉前这段时间,称为犯罪嫌疑人;在人民检察院向人民法院提起公诉后,称为被告人;只有经过法院生效裁判确定有罪以后,被追诉人才能被称为罪犯"[①]。这种称谓的改变和区分反映了对未经法院依法判决不得确定有罪原则的贯彻与落实。

此外,我国1996年刑事诉讼法在区分犯罪嫌疑人、被告人、罪犯的概念之时,还首次取消了在检察机关长期存在的免予起诉制度。对于经过法院审理仍证据不足的案件,不能认定被告人有罪的,应作出证据不足、指控犯罪不能成立的无罪

---

① 陈光中主编:《刑事诉讼法》,北京大学出版社、高等教育出版社2016年第6版,第74~75页。

判决。

第二，明确了证明责任的分配问题。我国《刑事诉讼法》进一步明确了举证责任的分配问题，第 49 条规定："公诉案件中被告人有罪的举证责任由人民检察院承担，自诉案件中被告人有罪的责任由自诉人承担。"这一举证责任的分配方式，明确了犯罪嫌疑人、被告人在被证实有罪之前，处于无罪的状态，不承担证明自己无罪的义务。此处的"不承担证明自己无罪的义务"，不代表被追诉人不能提出自己无罪的证据和主张。该条款的规定，是对未经法院依法判决不得确定有罪原则的进一步落实，此乃进步之处。

第三，"疑罪从无"原则的确立。我国《刑事诉讼法》第 195 条中规定了在审判阶段，对于证据不足，不能认定被告人有罪的，应当作出证据不足、指控的犯罪不能成立的无罪判决。在审查起诉阶段，对于事实不清或者证据不足的，检察机关应当作出不起诉的决定。值得注意的是，根据《刑事诉讼法》第 12 条所确立的未经法院依法判决不得确定有罪原则的要求，法院对被告人的罪责问题拥有专属的定罪权，因此，对于检察机关而言，无论是其在审查起诉阶段作出的酌定不起诉决定，还是对未成年犯罪嫌疑人作出的附条件不起诉决定，都只是产生无罪的法律效果而已，并不意味着其享有定罪的权限。

第四，赋予了被追诉人更多的诉讼权利，并为其实现提供保障。如我国《刑事诉讼法》规定自侦查机关第一次讯问或采取强制措施之日起，犯罪嫌疑人有权委托辩护人，从而将辩护权行使的时间大为提前。此外，为了防止受到刑讯逼供，我国《刑事诉讼法》第 50 条明确："不得以刑讯逼供和以威胁、引诱、欺骗以及其他非法方法收集证据，不得强迫任何人证实自己有罪。"从而以立法形式确立了不得强迫自证其罪原则。

（三）与无罪推定原则的异同之比较

无罪推定作为现代刑事司法的基石，是被国际公约所确认和保护的一项基本人权，也是联合国在刑事司法领域制定和推行的最低限度标准之一，其对于刑事司法的公平公正运行具有重要意义。

1764 年贝卡利亚在其经典著作《论犯罪与刑罚》中首次指出："在法官判决之前，一个人是不能被称为罪犯的。只要还不能断定他已经侵犯了给予他公共保护的契约，社会就不能取消对他的公共保护。"[①]这被视为第一次对无罪推定原则所做的表述。历史上无罪推定原则第一次被纳入立法，是在 1789 年的法国《人权宣言》中："任何人在其未被宣告有罪以前，应当被推定为无罪。"法国对该原则的规定成为欧陆其他国家效仿的对象，各国纷纷在本国法律中对该原则予以确立、发展，

---

① ［意］贝卡利亚：《论犯罪与刑罚》，黄风译，中国大百科全书出版社 1993 年版，第 31 页。

甚至成为一项重要的宪法性原则。但遗憾的是，各国却并未将此原则规定于刑事诉讼中，直到二战后，联合国大会首次对该原则予以确认，才逐步推动无罪推定原则的刑事诉讼法典化时代的形成。[①]《世界人权宣言》第 11 条第 1 款阐述道："凡受刑事控告者，在未经获得辩护上所需的一切保证的公开审判而依法证实有罪以前，有权被视为无罪。"1966 年《公民权利和政治权利国际公约》（以下简称《两权公约》）第 14 条第 2 项对无罪推定原则再次予以确认，规定："凡受刑事控告者，在未依法证实有罪之前，应有权被视为无罪。"

此后，各国和地区立法不断对无罪推定原则予以强化，以确保被追诉人所享有的各项权利能真正得以实现，并不断丰富其内涵。根据联合国人权组织对无罪推定原则内涵的丰富发展和各国学者的探讨、解读，[②]无罪推定原则主要包括以下几个方面的内容：(1)在被确定有罪之前，被追诉人应被推定无罪。这里的推定无罪，并不同于事实上无罪，而只是在诉讼进程中，赋予被追诉人无罪的地位，从而使得其所享有的诉讼权利能够正常行使。(2)证明责任的分配。因为被追诉人在被正式确定有罪之前应被推定无罪，故其也不应承担证明自己无罪的责任，而应由控方承担证明被告人有罪的责任。(3)证明标准的确立。联合国人权组织认为，无罪推定原则不仅关涉证明责任的分配问题，还涉及证明标准的明确，指出应采用"排除合理怀疑"作为案件的证明标准，也即对于案件事实的确认达到不存在任何合理怀疑的程度。也就是说，对于被告人的定罪应建立在"排除合理怀疑"的基础之上，任何违反这一定罪标准的情形出现，都不得认定被告人有罪。(4)存疑案件的处理方式。无罪推定原则要求，在处理有罪、无罪不确定的案件时，应适用"疑罪从无"的原则，作出无罪判决；在处理罪轻、罪重不确定的案件时，应适用"疑罪从轻"的原则，作出从轻判决。(5)沉默权的确立。无罪推定原则强调被追诉人在面对司法警察、检察官或法官的讯问时，享有拒绝回答的权利。

二、与"以审判为中心"诉讼制度改革

党的十八届四中全会通过《中共中央关于全面推进依法治国若干重大问题的决定》（以下简称《决定》）指出："推进以审判为中心的诉讼制度改革，确保侦查、审查起诉的案件事实证据经得起法律的检验。全面贯彻证据裁判原则，严格依法收集、固定、保存、审查、运用证据，完善证人、鉴定人出庭制度，保证庭审在查明事实、认定证据、保护诉权、公正裁判中发挥决定性作用。"最高人民法院、最高人民检察

---

① 陈光中、张佳华、肖沛权：《论无罪推定原则及其在中国的适用》，载《法学杂志》2013 年第 10 期。

② 陈光中、张佳华、肖沛权：《论无罪推定原则及其在中国的适用》，载《法学杂志》2013 年第 10 期。

院、公安部、国家安全部、司法部联合印发的《关于推进以审判为中心的刑事诉讼制度改革的意见》中则明确规定:"未经人民法院依法判决,对任何人都不得确定有罪。"这些对以审判为中心诉讼制度改革的目的和意义较为全面的阐述,同时也明确了其与《刑事诉讼法》第 12 条所确立的"未经法院依法判决不得确定有罪原则"的关系,二者具有诸多相契合之处:第一,以审判为中心强调审判在整个刑事诉讼活动中的中心地位,要求审判对被追诉人的定罪量刑具有决定性的权力,其他任何机关和个人无法决定被追诉人是否有罪及罪刑轻重。具体到实体层面上,以审判为中心强调审判对于案件的实体性事项具有决定权,其中最为重要的则是对被追诉人定罪量刑的权力,这点正体现了法院贯彻执行定罪量刑权。第二,从审判自身的角度而言,以审判为中心要求对审判须以庭审的方式进行,尤其强调一审在刑事审判过程中的重要作用。努力实现"事实证据调查在法庭、定罪量刑辩论在法庭、裁判结果形成于法庭",突出庭审对于认定被追诉人有罪无罪及罪刑轻重的重要作用。具体而言:

(一)基本要求:强化审判功能、依法独立审判

未经法院依法判决不得确定有罪原则,强调法院定罪权的实现,这也是以审判为中心诉讼制度改革的基本要义,也即强化审判职能,确保法院、法官依法独立进行审判。

以审判为中心,贯彻落实《决定》的精神,要在强化审判权落实的同时,形成公检法机关之间的良性互动与相互制约关系。这就需要理顺公检法三机关之间的关系,"基于最终裁判权的享有,法院对检察院的制约是实体性制约,法院处于制约关系的上位;而检察院因不具有最终的实体性决定权,对法院的制约只能表现为一种控诉请求权的程序性制约"[1]。对于侦查机关与法院之间的关系而言,要逐步强化法院对于审前程序特别是侦查环节的影响,逐步建立对侦查行为的司法控制程序。[2] 需要注意的是,强化法院审判权和定罪权,并非指法院及法官可以任意行使职权而不受约束,而是说,法院的审判活动必须依据法律规定的程序进行,不能采用违反法律规定的程序、阶段的方式处理案件;法院定罪量刑判决的作出必须有法律依据,不能作出没有法律依据的判决,这亦是未经法院依法判决不得确定有罪原则基本要求的体现。

(二)核心要求:庭审实质化

关于庭审实质化的具体含义,学界对此尚未作出统一的回答,但普遍认可的是

---

① 卢荣荣:《中国法院功能研究》,法律出版社 2014 年版,第 167 页。

② 杨宇冠、杨依:《"以审判为中心"若干问题研究》,载《西北大学学报(哲学社会科学版)》2016
年第 3 期。

对于被告人的定罪量刑,需应通过庭审的方式,在此基础上认定案件事实,从而作出公正裁决。十八届四中全会《决定》明确指出:保证庭审在查明事实、认定证据、保护诉权、公正裁判中发挥决定性作用。此外,2013 年 10 月,第六次全国刑事审判工作会议也提出:"审判案件以庭审为中心,事实证据调查在法庭,定罪量刑辩论在法庭,裁判结果形成于法庭,全面落实直接言词原则,严格实行非法证据排除制度。"此次会议提出的"以庭审为中心",契合《决定》所体现的精神和要求,也是对我国《刑事诉讼法》第 12 条所规定的未经法院依法判决不得确定有罪原则精神的贯彻。

在刑事诉讼中,确定被追诉人有罪的权力由法院专属行使,法院的定罪权正是通过实质化的庭审方式确保实现。庭审实质化对于实现审判中心地位及法院定罪权具有极其重要的意义,因此对于如何建构系统化、合理化的庭审程序,也是至关重要的。正如有学者指出:"在庭审中,被告人的程序参与权、辩护权得到了最有效的保障,公开审判、直接言词、集中审理等基本原则得到了最充分的贯彻和体现,各种证据、主张、观点、意见都得到了来自正反两方面的充分讨论和辩驳,在此基础上形成的事实认定和法律适用的结论是最科学和最公正的。"[①]定罪权作为法院所拥有的一项极为重要的权力,通过实质化的庭审方式得以实现,不仅对于实现以审判为中心的诉讼制度改革具有重要意义,对于贯彻落实我国《刑事诉讼法》第 12 条的精神也是作用巨大的。

(三)辅助措施:保障被追诉人权益

如前所述,法院定罪权的实现离不开以审判为中心的合理定位,以审判为中心的核心要求之一则是实现实质化的庭审,而相关配套措施的构建、完善,是促进庭审实质化实现的重要保证。

以审判为中心,要求树立直接言词原则,完善证人作证制度,这亦与"未经法院依法判决不得确定有罪原则"的内在机理相契合。法院判决的作出有赖于在庭审中对案件事实的查明以及对法律的运用,真正的庭审应是在充分尊重控辩双方辩论权、对质权等权利的基础上法官就事实和证据等问题进行裁断,而非对侦查结果的被动接受。直接言词原则强调证人、鉴定人出庭作证,符合"事实证据调查在法庭、定罪量刑辩论在法庭、裁判结果形成于法庭"的客观要求。应逐步改革我国证人、鉴定人出庭作证的条件,完善对作证证人的经济补偿制度,着力推进证人出庭作证制度落到实处,并通过庭审,确保质证认证的有效性,防止庭审"走过场"的情形出现。

以审判为中心,要求充分保障被告人的辩护权,完善法律援助制度,这亦符合

---

① 汪海燕:《论刑事庭审实质化》,载《中国社会科学》2015 年第 2 期。

"未经法院依法判决不得确定有罪原则"的外延要求。我国《刑事诉讼法》第 12 条规定的未经法院依法判决不得确定有罪原则,其内涵是强调法院的定罪权,但通过对其外延的考证不难发现,这一原则同样保护被告人不被随意定罪的权利,而围绕这一权利,则隐含着被告人的辩护权等多项权利的保障问题。有学者就认为,以审判为中心的诉讼制度实质上是充分保障辩护权的诉讼制度,那么推进以审判为中心的诉讼制度改革,首先应当解决律师辩护率低与法律援助的问题。[①] 应当在立法和实践双重层面扩大刑事案件法律援助的范围,提高律师辩护率,并通过提升律师的专业素养、职业道德等方面,提高法律援助案件的办案质量。

三、存在的问题与展望:无罪推定原则的确立

(一)不彻底性:"未经法院依法判决不得确定有罪"原则的问题

我国《刑事诉讼法》第 12 条所确立的未经法院依法判决不得确定有罪原则,是对无罪推定原则的贯彻,但是其固有的缺陷也暴露出对无罪推定原则贯彻的不彻底性。具体而言:

第一,强调法院的定罪权,但忽视对被告人权益的保护。被告人的人权保障问题,一直是国际社会对刑事司法领域重点关注的问题之一。无罪推定原则的应有之义也包括对被指控人的权利予以平等的保护,以防止其受到侦查行为所带来的不当侵害。我国 1996 年《刑事诉讼法》所确立的未经法院依法判决不得确定有罪原则,着重点在于对法院定罪权的确认,而非对被告人的权益保障。从而也暴露出该原则并未吸收无罪推定原则的合理内核,而只是一种表面化的无罪推定。

第二,虽然我国 1996 年和 2012 年两次对《刑事诉讼法》修改,对证明责任分配和证明标准问题的规定符合了无罪推定原则的要求,但是在存疑案件的处理方面,仍然存在着一定的弊端。首先,我国刑事诉讼法只体现了对有罪无罪存疑案件的处理方式,而未规定罪重罪轻案件的处理方式。我国《刑事诉讼法》第 195 条规定了,对于证据不足、不能认定被告人有罪的案件,应做无罪处理。但是刑事诉讼法却未对对于被告人罪重罪轻存在疑问时,应当如何处理进行规定。其次,如前所述,对于证据不足、不能认定有罪的案件应做无罪处理,但是这种无罪处理却被法律贴上了"存疑"无罪的标签,司法解释甚至规定了对于此类案件,如果出现新的证明被告人有罪的证据,可以在不撤销原无罪判决的情况下,直接对被指控提起诉讼。这与无罪推定原则的内在要求显属不合,无罪推定原则要求所作出的无罪判

---

① 顾永忠:《以审判为中心背景下的刑事辩护突出问题研究》,载《中国法学》2016 年第 2 期。

决须与证明达到清白程度的同等看待。[①] 我国刑事诉讼法中对于此类案件的处理方式不符合无罪推定原则要求,也背离了刑事诉讼规律。

第三,我国刑事司法中未赋予被追诉人沉默权。如前所述,我国《刑事诉讼法》虽然规定了被追诉人不被强迫自证其罪的权利,但是第 118 条又规定:"犯罪嫌疑人对侦查人员的提问,应当如实回答。"如实回答,通常意义上指如实地进行供述和辩解,对于作出供述而言,无疑是承认了自己有罪,而对于辩解而言,则意味着要对自己无罪进行证明。因此,这就违反了被追诉人不被强迫自证其罪的规定,亦是有悖于无罪推定原则的内在要求。

(二)展望:我国刑事诉讼法应确立无罪推定原则

1.立法完善无罪推定原则的表述

无罪推定原则对于保障犯罪嫌疑人、被告人的诉讼地位和诉讼权利的正当行使具有重要意义,应在立法中对该原则予以明确。应参照国际刑事司法准则及《两权公约》的规定,修改我国《刑事诉讼法》第 12 条的表述,将其修改为"凡受刑事控告者,在未依法证实有罪之前,应有权被视为无罪"。以此在我国立法中确立完整的无罪推定原则。

2.赋予被追诉人诉讼主体地位

虽然法学界对无罪推定原则的呼声很高,但是在司法实践中仍存在着有罪推定思想的不良影响,近年来发生的冤错案件,无不是在有罪推定思想的错误引导下、在无任何实质证据或者证据不足的情形下将犯罪嫌疑人、被告人作为有罪的一方,置于诉讼客体的地位,从而忽视了对其的人权保障。赋予被追诉人诉讼主体地位,在某种程度上则是赋予了其相应的人权及其他法定权利。对于刑事司法中的人权保障,有学者总结出三个方面的内容:一是保障被追诉人的权利;二是保障所有诉讼参与人的权利;三是通过惩罚犯罪保护广大人民群众的权利。在这三者中,保障被追诉人的权利是刑事司法人权保障的重心所在,而保障被追诉人的人权关键在于确立无罪推定原则。[②] 由此可见,无罪推定原则的确立,离不开对被追诉人诉讼主体地位的正确认知与对其人权的保障,从观念上扭转有罪推定这一错误理念。

3.贯彻我国刑事诉讼法中对证明责任、证明标准的相关规定

在证明责任的分配方面,我国刑事诉讼法加强了侦控机关的举证和证明责任,如我国《刑事诉讼法》第 49 条的规定,就明确了控方承担犯罪嫌疑人、被告人有罪的证明责任,而被追诉人没有证明自己无罪的义务。对于证明标准问题,应贯彻我

---

① 陈光中、张佳华、肖沛权:《论无罪推定原则及其在中国的适用》,载《法学杂志》2013 年第 10 期。

② 陈光中:《应当如何完善人权刑事司法保障》,载《法制与社会发展》2014 年第 1 期。

国刑事诉讼法中所规定的"案件事实清楚、证据确实充分"的规定,对于"犯罪事实清楚",是指构成犯罪及定罪量刑所依据的各种事实情节,都必须达到清楚、真实的程度;对于"证据确实、充分",则是指定罪量刑的事实都有证据证明;据以定案的证据均经法定程序查证属实;综合全案证据,对所认定事实已排除合理怀疑。相较于联合国人权组织所主张的"排除合理怀疑"的标准,我国对此规定无疑是更为严格的,应予以贯彻,最大限度地保障被追诉人的权益。

4. 完善对疑罪案件的处理方式

按照国际公约及其他主要法治国家对无罪推定原则的理解与贯彻,除确立疑罪从无的理念之外,还确立了疑罪从轻的原则。我国刑事诉讼法在对待疑罪案件的态度方面,确立了疑罪从无的处理标准,我国刑诉法在侦查、审查起诉和审判三个阶段对疑罪案件的处理规定了不同的方式,如第 195 条第(三)项规定在审判阶段,对于证据不足、不能认定被告人有罪的案件,法院应当作出证据不足、指控的犯罪不能成立的无罪判决。该条的规定即是对疑罪从无原则的贯彻。但遗憾的是,我国刑诉法对关于罪重罪轻存在疑问的案件的处理方式,并未做明确的规定,建议在立法中明确对于罪重罪轻存在疑问的案件,确立从轻处理的诉讼理念,以确保对无罪推定原则的贯彻及对被追诉人权益的合理保护。

5. 落实不得强迫自证其罪原则

应贯彻我国《刑事诉讼法》第 50 条所规定的不被强迫自证其罪原则的要求,对于与该原则相冲突的《刑事诉讼法》第 118 条中对犯罪嫌疑人、被告人如实回答义务的规定,应通过立法或者司法解释的形式,予以修正。对适用此两种条款的相关情形进行列举,厘清如何适用反对强迫自证其罪和犯罪嫌疑人进行如实供述的具体情形,从而在打击犯罪与保障人权之间设置一个最佳平衡点,亦使不得强迫自证其罪原则的作用发挥至最大,充分确保无罪推定原则的实现。

第五节　尊重与保障人权

一、刑事诉讼之人权保障:意义与内涵

刑事诉讼是国家强制力在具体个案中运用刑罚权的活动过程,其中涉及国家与个人的利益冲突、权力运用与私权保障的平衡制约。如同德国学者所言,刑罚是国家对国民自由的侵害方式中最为严峻的一项,也因此其被视为最受争议的一项。刑罚执行意味着为了大众之安全利益,完全地忽视犯罪行为人的自由利益。团体与个人的利益绝无仅有地只有在刑事诉讼上才有如此重大的冲突,法律于其间的

利益平衡也就象征性地说明,刑事诉讼法实际上成为国家基本法的测震器。① 刑事诉讼程序的启动,意味着国家公权力与公民个人权利的直接碰撞和对话。显然,两者之间的斗争本就不具有平等性,资源分配、力量对比差距悬殊,公民个人根本无法与国家机器形成实质对抗。权力的固有属性在于具有不断扩张的趋向,如果不能对此加以有效控制,国家权力很容易跨越正当行使的边界,侵蚀处于弱势地位的公民权利而形成绝对支配。因而,人权保障之于刑事诉讼的重要意义不言而喻,其首先应当表现在司法理念中树立保障人权的牢固意识,进而在程序设计与司法活动中积极维护公民的合法权益。

第二次世界大战以后,作为刑事法治文明与司法规律集中呈现的国家刑事司法准则,不约而同地将保障人权视为刑事诉讼制度获取正当性的前提条件之一。1948 年联合国通过的《世界人权宣言》规定:"任何人不得加以酷刑,或施以残忍的、不人道的或侮辱性的待遇或刑罚。"②"法律之前人人平等,并有权享受法律的平等保护,不受任何歧视。人人有权享受平等保护,以免受违反本宣言的任何歧视行为以及煽动这种歧视的任何行为之害。"③《公民权利和政治权利国际公约》也将反对酷刑、反对不人道待遇、获得公正审判的权利、无罪推定原则等内容纳入其中,④司法中的人权保护内涵愈发丰富细化,体现出人类的人权保障观念上升到了较高的境界。⑤ 人权保障理念从确立到强化的历史进程,不仅是基于防范冤假错案的功利考量,而且是更加强调人权保障的独立价值,开始从独立于结果的程序正义角度展开,刑事诉讼的参与者的主体地位逐渐明晰并受到高度重视。

刑事诉讼中人权保障司法理念的确立,需要在法律制度层面加以积极显现,从而为实践落实提供法制基础的保障。然而,正如人权本身是个历史概念,受到政治结构、经济条件、文化传统的多重制约,随着人类社会文明的发展进步,人权种类、内涵和外延均会不断丰富和拓展。⑥ 刑事诉讼之人权保障,作为衡量民主法治发展状况的重要尺度,也不是一成不变的封闭样态,不同的社会形态、不同的历史时期,个人诉讼权利不尽相同,与特定的社会发展程度和文明程度相对应。个人权利必须通过各国的法律加以规定和确认,方能在刑事诉讼中有效行使并获得及时的司法救济。因而,理解刑事诉讼人权保障的真正含义,需要借助历史范畴中的"人

① [德]克劳思·罗科信:《刑事诉讼法》,吴丽琪译,法律出版社 2003 年版,第 13 页。
② 《世界人权宣言》第 5 条。
③ 《世界人权宣言》第 7 条。
④ 《公民权利和政治权利国际公约》第 6 条、第 7 条、第 9 条、第 10 条、第 14 条。
⑤ 汪建成:《〈刑事诉讼法〉的核心观念及认同》,载《中国社会科学》2014 年第 2 期。
⑥ 人权概念的全面阐释,参见广州大学人权理论研究课题组:《中国特色社会主义人权理论体系论纲》,载《法学研究》2015 年第 2 期。

权"概念,在遵循普适性的国际司法准则的基础上,结合国家特征、时代背景才能予以准确把握。首先,人权是作为主体的人所固有的基本权利和自由,而不是国家赋予或者授予,后者只是予以尊重、承认和保障,不能将之剥夺。其次,人权本身具有非功利性,本身即是自主性的存在,不能错误地将人权视为一种实现其他目的的手段或工具。最后,人权主体最终落脚点应当是个人,而不是集体或国家,公民是基于人格尊严、主体地位而被赋予人权。国家安全、社会秩序的维护不能以漠视人权甚至侵犯人权为代价,需要为发挥个人自由、主体积极性创造条件。① 由此可以进一步阐释刑事诉讼中人权保障的内在含义:刑事诉讼的人权保障实际包括个体人权与公众人权两个方面。根据进入诉讼的公民的法律地位,个体人权可以分为三类:一是被诉者人权。刑事诉讼的直接目的在于认定与科处被告人的刑事责任,诉讼程序的启动、运行和结果,均与被追诉者切身利益息息相关,必须确保其享有充分的程序权利和实体权利。二是被害人人权。被害人是受到犯罪行为直接侵害的公民,也与案件诉讼结果具有直接的利害关系,作为诉讼主要参与者也应保护其相对独立的诉讼权利,使被害人所受侵害得到应有的补偿。三是其他诉讼参与者人权。为了保证诉讼程序的顺利进行,达到查明案件事实、维护程序公正的目的,也要依法保护证人、鉴定人、专家辅助人的诉讼权利。公众人权能够更全面地反映刑事诉讼的根本宗旨,通过有效追究犯罪,能够保障公众的人身财产权利免受犯罪行为的侵害。刑事诉讼的人权保障功能应当惠及全体社会成员,而不仅仅局限于参与刑事诉讼程序活动的公民。②

二、1979 年、1996 年《刑事诉讼法》:理念萌发到制度优化

1949 年新中国成立之后的很长时间里,我国并没有制定一部独立系统的刑事诉讼法典。作为直接后果,刑讯逼供、暴力取证等随意剥夺人权的现象屡见不鲜,本应最能体现保障人权功能的刑事程序规范沦为具文,刑事司法领域的人权保障水平成为刑事程序迈向法治化的最大障碍。可喜的是,1978 年党的十一届三中全会顺利召开,工作重点转移到社会主义现代化建设上来,实现了党的工作路线的拨乱反正,恢复了党的民主集中制传统。以此为契机,我国的民主法制建设也迎来了春天,根据"发展社会主义民主,健全社会主义法制"的改革方向,刑事诉讼立法和理论研究重新起步。不久之后,1979 年 7 月 1 日,第五届全国人民代表大会第二次会议通过《中华人民共和国刑事诉讼法》。由此,我国首部完整意义的刑事诉讼法典诞生,刑事司法有了可供执行的规则。该部法典对刑事诉讼的基本问题做了

---

① 汪海燕:《解读"国家尊重和保障人权"——析宪法修改对刑事诉讼法再修改的影响》,载《当代法学》2005 年第 2 期。

② 汪建成:《〈刑事诉讼法〉的核心观念及认同》,载《中国社会科学》2014 年第 2 期。

较为全面的规定,明确刑事诉讼法的任务为"保证准确、及时地查明犯罪事实,正确应用法律,惩罚犯罪分子,保障无罪的人不受刑事追究",赋予被告人辩护权,规定审理案件必须"重证据,重调查研究,不轻信口供",并对涉及人身自由和安全的强制措施以及其他程序和制度进行了初步规定。这样规定的出发点,正是限制与约束国家权力、保护公民的合法权利,对新中国成立以来正反两方面历史经验的深刻总结,标志着刑事司法从人治向法治转型的积极转变。可见,中国刑事诉讼立法一开始就将权利保障作为一项基本指导思想,尽管未明确使用"人权"这类概念,但这一历史阶段实际上成为"观念大转折"的关键时期。[①]

然而,1979 年刑事诉讼法制定的背景主要是"十年动乱"中出现滥用司法权力导致司法秩序混乱,目的侧重于加强司法权的自我制约,因而刑事诉讼目的观更加强调发现真实以惩罚犯罪,作为诉讼程序独立价值体现的人权保障机能受到忽视,表现为权力难以受到有效控制,个人权利遭受司法机构侵犯的情形时有发生。随着改革开放的不断深入,我国执法环境发生了很大变化,民主法制建设的发展,对进一步保障公民的合法权益,实现司法公正提出了更高要求。鉴于此,经第八届全国人大四次会议审议通过,修正后的《刑事诉讼法》于 1996 年 3 月 17 日颁布。[②] 总体上看,刑事诉讼法的首次修正,以"发展民主,健全法制,加强制约,保障人权"为主线,其最大亮点就是进一步强化了对公民人权的保障,使得既往犯罪控制一元化占据主导地位的诉讼目的,得以有序渐进地向融入保障人权的二元诉讼目的观转型,"权利本位主义"逐渐成为指引刑事诉讼程序的运作逻辑。[③]

第一,确立"疑罪从无"原则。1996 年刑事诉讼法明确,人民法院对于"证据不足,不能认定被告人有罪的,应当作出证据不足、指控的犯罪不能成立的无罪判决"。这实际上正面确立了疑罪的处理方式,即作出无罪裁判。第二,拓展律师职能范围。犯罪嫌疑人被侦查机关第一次讯问后或者采取强制措施之日起,可以聘请律师为其提供法律帮助。扩大阅卷权范围,可以复制本案诉讼文书和技术鉴定材料,增加向证人、被害人依法调查取证的权利。第三,加强对被害人及证人权利的保护。在法定条件下,被害人有权申请检察机关进行立案监督,有权对不起诉决定、一审未生效判决提出申诉,有权申请办案人员回避等。第四,取消免予起诉、收容审查制度,合理改造后分别纳入"酌定不起诉"的范围及拘留逮捕之中。第五,改革法庭审判方式。取消开庭前对公诉案件的实体审查,改革全卷移送的起诉方式,防止司法机关先入为主。实行控辩主导的庭审调查模式,发挥控辩双方能动性,切

① 左卫民:《中国道路与全球价值:刑事诉讼制度三十年》,载《法学》2009 年第 4 期。

② 黄太云:《刑事诉讼制度的重大改革——刑事诉讼法修改的几个重大问题述要》,载《中国法学》1996 年第 2 期。

③ 卞建林、田心则:《中国刑事诉讼制度科学构建论纲》,载《北方法学》2009 年第 1 期。

实保障各方诉讼权利。

　　然而,1996 年《刑事诉讼法》修改只是弱化强职权因素,融入当事人主义抗辩制的某些内容,司法权依旧更多贴合公权力属性推动程序进程,保护弱者以维持平衡的权利救济属性则难以彰显。一是没有正式确立无罪推定原则,诉讼理念本质上是主张实事求是的折中路线;二是被追诉人负有如实供述义务,不享有供述自由以及沉默权;三是侦查阶段律师帮助限制较多,律师会见、阅卷均实际上受到相当限制;四是没有建立令状制度,强行侦查行为的实施由侦查机关自我授权,缺少中立机构的实质审查与救济;①五是侦查、起诉期限延长较为随意,与国际司法准则中关于"迅速接受审判和裁决"的要求不符。② 由此可见,1996 年《刑事诉讼法》确立的制度安排和程序设计,已经接近国际刑事司法准则的普遍性要求,基本顺应世界范围内刑事诉讼的发展趋势,但在刑事诉讼领域中的人权保障方面,距离现代化的法治国家仍有一定的提升空间,需要在后续的立法修改中加以改进完善。

三、2012 年《刑事诉讼法》:正式确立与全面落实

　　20 世纪以来,党和国家高度重视深化司法体制改革,要求进一步规范司法行为,加快建设公正高效权威的社会主义司法制度,其落脚点正是充分保障人权。随着国家民主法制建设的推进和人民群众法制观念的增强,也对维护司法公正和保护人权提出了更高的要求。国家层面正式提出"保障人权"的现实条件已经成熟。党的十五大、十六大主题报告中首次写入"人权""尊重和保障人权",作为 21 世纪党和国家发展的重要目标。2004 年,全国人大二次会议高票通过宪法修正案,"国家尊重和保障人权"正式载入《宪法》文本,成为具有最高效力的宪法原则,我国人权保障的未来发展面临更加广阔的前景。③ "人权入宪"意义深远,这意味着"人权"首次由政治概念提升为法律概念,应当提升为"国家"的高度加以理解,即保障人权已经成为人民意志的集中呈现,直接攸关国家建设和发展的大局,④是反映我国社会整体进步的重要里程碑。但 1996 年刑事诉讼法实施效果不佳,实践中刑讯逼供侵犯人权现象时有发生,滋生许多冤假错案。刑事辩护率也仅有 20% 左右,会见难、阅卷难、调查取证难妨碍辩护效果。此外,超期羁押难以禁绝,证人不出庭

①　江海燕:《刑事诉讼模式的演进》,中国人民公安大学出版社 2004 年版,第 445～446 页。
②　左卫民、谢佑平:《刑事诉讼发展的世界性趋势与中国刑事诉讼制度的改革》,载《中国法学》1996 年第 4 期。
③　李晓兵:《"人权入宪"之后我国人权保障的实践及其发展》,载《中国矿业大学学报(社会科学版)》2016 年第 1 期。
④　焦洪昌:《"国家尊重和保障人权"的宪法分析》,载《中国法学》2004 年第 3 期。

等问题较为严重。① 因而,亟须通过刑事诉讼法再修改,进一步完善刑事诉讼的制度安排。

2012 年,刑事诉讼法再次迎来修改。第十一届全国人大第五次会议通过了《关于修改〈中华人民共和国刑事诉讼法〉的决定》,自 2013 年 1 月 1 日起施行。此次刑事诉讼法修改的最大亮点莫过于将"尊重和保障人权"写入总则,作为刑事诉讼法的基本任务之一。保障人权与惩罚犯罪具有同等重要的地位,两者之间并不排斥,可以通过合理的利益平衡,形成良性互动。

可以说,2012 年刑事诉讼法的文明价值之一,即是以尊重和保障人权为主题,完善和发展我国的刑事诉讼制度,使之更加充分地体现社会主义法治精神和法治理念。刑事诉讼法的主要原则、基本制度、程序设计和具体规定,无不充分体现了尊重和保障人权这一主题,切实加强了刑事诉讼领域中的人权保护。② 具体而言,主要包括以下几个方面:

第一,完善证据制度,确保办案质量。新法修订之后,证据章新增 8 个条文,改动规模较大,涉及条文部分基本围绕保障人权的主线,将"尊重和保障人权"条款予以具体化。其一,确立不得强迫自证其罪原则,公诉案件中被告人有罪的举证责任由人民检察院承担,被告人本身不承担提供证据证实自己有罪的义务,保障被追诉人认罪及供述自愿性。其二,细化非法证据排除规则,在吸收两高三部"两个证据规定"的基础上,明确界定了非法证据的排除范围、排除程序、证明责任、排除标准等内容,从而搭建起我国非法证据排除的制度框架,通过直接否定违法收集证据的证据资格,达到制约侦查权滥用、保匾人权的功用。其三,加强证人等出庭作证。司法实践中证人普遍不出庭,导致控辩双方无法有效质证,不利于通过庭审实现查明事实。新法明确了证人应当出庭的条件,必要情况下可以要求强制出庭。作为制度配套保障,完善证人出庭作证的人身安全保障与经济补助机制。此外,鉴定人出庭作证及违反的法律后果均得到明确,为了确保有效质证,新法还增加赋予控辩双方申请有专门知识的人出庭作证,借此提升事实认定的准确性。

第二,强化侦查制约,健全强制措施。侦查阶段公民人权最容易被公权力侵犯,冤假错案的发生多与侦查行为失范有关。新法通过强化程序制约,完善侦查讯问录音录像制度,规定拘留后 24 小时内应当将被拘留人送看守所羁押,讯问必须在看守所进行,规范了技术侦查措施等特殊侦查手段的适用范围与程序,要求公安机关应当依法排除非法证据,且不得作为侦查终结的依据。根据强制措施的本质

---

① 陈光中主编:《〈中华人民共和国刑事诉讼法〉修改条文释义与点评》,人民法院出版社 2012 年版,第 2 页。

② 张文显:《司法文明的新里程碑——2012 年刑事诉讼法的文明价值》,载《法制与社会发展》2013 年第 2 期。

特点,细化了逮捕的认定条件,将监视居住定位于减少羁押的替代措施,严格限制采取强制措施后不通知家属的例外情形。

第三,完善辩护制度,扩大法律援助。我国刑事辩护实效长期处于低迷状态的现实,新法修改全面完善辩护制度。首先,明确侦查阶段律师的辩护人身份,细化相关程序以落实律师会见、阅卷及调查取证的权利。其次,扩大法律援助范围,可能判处无期徒刑而未委托辩护的亦可适用,适用时间也由审判延伸至审前尤其是侦查阶段。再次,明确公、检、法三机关均有落实法律援助辩护的责任,应当通知法律援助机构指派律师提供法律援助服务。最后,赋予辩护人对阻碍其依法行使诉讼权利的申诉控告及处理机制,为辩护权依法行使提供法律救济。

第四,健全诉讼程序,全面保障人权。强化庭审环节的举证质证,凸显审判程序应有的对抗性;严格限制发回重审,避免程序倒流损害当事人诉讼利益;扩大简易程序范围,借助繁简分流减轻当事人的诉讼负担;完善死刑复核制度,推动程序的诉讼化改造,要求司法机关应当讯问被告人、听取辩护人意见,强化程序适用中的检察监督职能。借助诉讼环节的繁简设置,刑事诉讼得以有序展开,从而与多样化的权利保障要求相适应。

四、刑事诉讼人权保障之反思与前瞻

刑事司法领域的人权保障水平,最能反映一个国家法治现代化的时代进程,是国家人权保障实际状况的缩影。1996年、2012年《刑事诉讼法》确立的刑事诉讼模式,已显现出现代型刑事诉讼的某些基本特征,两次修法也加快了刑事诉讼制度从前现代型向现代型转变的进程。[①] 党的十八大以来,党中央明确提出“全面推进依法治国、加快建设社会主义法治国家”的战略任务。2013年,党的十八届三中全会将“人权的司法保障”写入《中共中央关于全面深化改革若干重大问题的决定》。2014年党的十八届四中全会通过的《中共中央关于全面推进依法治国若干重大问题的决定》,指出公正是司法的生命线,要“让人民群众在每一个司法案件中感受到公平正义”。加强人权的司法保障正是其中的关键一环,通过诉权制约公权力的滥用,最大限度地防范和及时纠正冤假错案。当下我国正在开展“推进以审判为中心的诉讼制度改革”、“完善认罪认罚从宽制度”以及“国家监察体制改革”,这三项重大改革部署均与保障人权休戚相关:实质化的庭审应当在保护诉权中发挥决定性作用,认罪认罚从宽需要充分保障被追诉人的自愿性、合法性与真实性,新兴的监察权更应重视遵守人权保障原则,防止权力失控。[②] 由此可见,无论是基于国家大

---

① 左卫民:《背景与方略:中国〈刑事诉讼法〉第三次修改前瞻——基于全面推进依法治国战略的思考》,载《现代法学》2015年第4期。

② 汪海燕:《监察制度与〈刑事诉讼法〉的衔接》,载《政法论坛》2017年第6期。

政方针的宏观梳理,抑或立足刑事诉讼场域本身的改革方向,强化人权保障并使之充分落实均是应有之义。刑事诉讼领域,公权力对于基本权利的干预最为严苛,人权保障显然面临更高的社会期待。以此为契机进一步完善人权保障机制,能够在推进国家治理体系和治理能力现代化中取得实质进展。

相比之下,2012 年修正后的刑事诉讼法,无论是立法规定还是司法实践,人权保障所应产生的积极效果有待提升。第一,一些应当可以规定的内容尚没有规定,例如立法目前只是统一法院定罪权,并不是完整意义的无罪推定原则。第二,部分内容规定不到位导致含金量降低。尽管立法出现不得强迫自证其罪的表述,但同样保留了犯罪嫌疑人的如实供述的义务,两者逻辑无法自洽使得适用效果存疑。第三,具体制度设计违背立法宗旨。如监视居住定位于减少羁押的替代措施,但刑期折抵表明其具备"羁押"属性。监视居住完全由办案机关根据需要决定,不受外部审查,导致实践中监视居住往往被不当扩大适用,实质上架空了专门规制审前羁押的逮捕程序。[①]

因而,有必要切实端正保障人权的诉讼目的,从宏观理念到微观程序两个维度,对刑事诉讼程序加以针对性地完善。

第一,立足刑事诉讼,明晰人权保障的本质定位。现行《刑事诉讼法》第 1 条规定,本法制定的目的是"为了保证刑法的正确实施,惩罚犯罪,保护人民,……根据宪法,制定本法"。其中,"惩罚犯罪"位于"保护人民"之前,意味着诉讼目的上仍然是控制犯罪为主,兼顾保障人权。但刑事诉讼之最大特征是为弱势地位的参与者提供保护,通过程序的制约作用显现自身的独立性价值。正是无法认识到刑事诉讼人权保障之优先性,实践中依然很难转变"重实体、轻程序""重打击、轻保护"的固有思维惯性。并且,"人民"概念具有政治属性,与"敌人"相对应,不能涵盖所有案件的诉讼参与人,尤其是作为司法处理对象的被追诉者,与保障人权所强调的"全面性"明显不符。值得注意的是,"尊重和保障人权"条款规定在我国《刑事诉讼法》第 2 条,作为刑事诉讼的诸多任务之一,不仅条文之间的逻辑关联未能以整体形式加以显现,更是降低了其应有的提纲挈领的重要地位。使得对刑事诉讼全局的指引作用不足。未来修法应当明晰保障人权的应然定位,反映刑事诉讼规律,突出诉讼目的的优先性,统一使用保护(保障)人权的法律概念,避免表述不当导致实践效果虚化。

第二,确立无罪推定原则,贯彻不得强迫自证其罪。无罪推定原则是保障刑事诉讼中被追诉人主体地位的关键所在,也是诉讼程序具体建构、修改完善的演绎基石。我国签署的《公民权利与政治权利公约》中即规定了无罪推定原则,"凡受刑事

---

① 卞建林:《中国特色刑事诉讼制度的重大发展》,载《法学杂志》2012 年第 5 期。

控告者,在未依法证实有罪之前,应有权被视为无罪"。随着人权保障理念的不断发展,各法治国家也逐步接受了无罪推定的理念,并将其作为一项重要的宪法性原则予以确立。[①] 2012 年《刑事诉讼法》对于无罪推定原则的落实并不彻底,应当从条文表述上明确,"任何人在人民法院依法确定有罪之前,都应该被推定为无罪"。近年来实践中刑讯逼供、冤假错案的不断出现,均与无罪推定原则尚未有效建立有关。在此基础上,应当理顺"如实供述"与"不被强迫自证其罪"的相互关系,消解条文语义解释的冲突,建议赋予犯罪嫌疑人供述与否的选择权,自愿作出供述的应当如实供述,以更好地维护被追诉人的独立自主性。

第三,建立司法审查制度,强化权力行使制约。目前,我国侦查行为与强制措施的实施,除了逮捕由检察机关批准以外,均由侦查机关以行政方式自我授权并实施,是在不受任何外部控制的条件下推进的。由此,既缺少对侦查活动的事前制约,侦查合法性无从保证,也使得诉讼参与者权利受到侵犯时,无法得到中立裁判者的事后审查和及时救济。司法审查制度的建立,能够将侦查机关的诉讼行为始终置于中立司法机关的外部控制之下,对于督促国家公权力的正当行使,认真对待公民的合法诉讼权益,确保"有权利必有救济"的实现,均有积极的实践指导意义。

第四,全局优化司法程序,促成控辩实质平衡。刑事诉讼的正当性基础在于,诉讼各方有能力形成平等对抗,富有成效地影响诉讼结果形成。我国刑事诉讼模式偏向于职权主义,代表国家的追诉权明显强势,维护公民权益的辩护职能相对弱势,故应通过针对性的程序优化,使得控辩双方尽可能诉讼地位平等、权利(权力)对等。取消对律师辩护权的不合理限制,落实律师会见、阅卷、调查证据的程序保障,扩大法律援助的适用范围,至少确保不认罪案件被追诉人获得及时、有效辩护。改进值班律师制度,逐步实现刑事案件律师辩护全覆盖。继续完善法院办理刑事案件"三项规程"程序机制,发挥庭前会议的分流功能,充实法庭调查程序、严格排除非法证据,确保庭审功能在审判乃至刑事诉讼全程中具有支配和指引作用。

---

① 陈光中、唐彬彬:《深化司法改革与刑事诉讼法修改的若干重点问题探讨》,载《比较法研究》2016 年第 6 期。

第
三
章

强制措施

第一节　改革开放 40 年来强制措施制度的变迁

　　强制措施是刑事诉讼中价值冲突和权利对抗的重要场域。在国家权力与公民权利、控制犯罪与保障人权之间如何抉择,乃是决定一国刑事强制措施基本属性和价值定位的关键因素,也在很大程度上影响着整个刑事诉讼程序在惩罚犯罪和人权保障方面的价值取向。1979 年《刑事诉讼法》奠定了我国刑事强制措施的基本框架,并沿用至今。根据 1979 年《刑事诉讼法》的规定,刑事强制措施限于公安司法机关基于保证刑事诉讼顺利进行之目的而对犯罪嫌疑人、被告人所采取的限制或剥夺其人身自由的各项强制性手段,在类型上包括拘传、取保候审、监视居住、拘留和逮捕等五种。其中,拘传是一种强制到案的手段、不具有羁押性,取保候审和监视居住以限制人身自由为基本特征、不得将犯罪嫌疑人或被告人予以强制性关押,拘留和逮捕是剥夺人身自由的强制措施、附之以犯罪嫌疑人或被告人一定期间内的人身自由权失却。五种强制措施在强制力上呈现出一种从弱到强的渐进关系,体现了比例性原则的要求,也体现了惩罚犯罪和人权保障两方面价值的权衡。此后,《刑事诉讼法》历经 1996 年和 2012 年两次修改,每次都对强制措施的内容作出大幅修正,但强制措施基本框架却一直未变,始终限于以犯罪嫌疑人或者被告人的人身自由权为核心的五种类型,除此之外的任何带有强制力的手段都不能称为法律意义上的强制措施。尽管强制措施的制度框架没有发生根本性调整,但从1979 年《刑事诉讼法》制定,到 1996 年《刑事诉讼法》第一次修改,再到 2012 年《刑事诉讼法》第二次修改,直至十八大以来党中央全面推进依法治国和深化司法体制改革的一系列重要改革举措,刑事强制措施的价值取向、功能定位、制度内容等方面均有实质变化。站在历史的角度、透过历史的视角,对改革开放 40 年以来我国刑事诉讼中强制措施的法律体系、制度变迁进行系统全面的梳理,不仅可以清晰地描绘出 40 年来我国刑事强制措施改革在制度层面的外部表征,进而发掘制度改革的内在逻辑和规律;还可以见微知著、以此管窥我国刑事诉讼日益突出人权保障和程序法治的发展之路。

一、强制措施的确立:1979 年《刑事诉讼法》之规定

强制措施是我国刑事诉讼中的一项基本制度,在保证诉讼程序顺利进行和保障人权方面发挥着重要作用。有关刑事强制措施的立法,最早并不是与 1979 年《刑事诉讼法》的制定同时出现的,而是与我国宪法的颁布和实施同步而行。早在新中国成立初期,作为新中国第一部宪法的 1954 年《宪法》第 89 条即确认了"任何公民,非经人民法院决定或者人民检察院批准,不受逮捕"这一公民基本权利。这可以被视为刑事强制措施的首次立法表述。随后,同年 12 月 20 日全国人民代表大会常务委员会通过《中华人民共和国逮捕拘留条例》(以下简称《逮捕拘留条例》),在确认 1954 年《宪法》第 89 条之原则规定的基础上,对逮捕、拘留措施的适用对象、适用条件和决定、执行程序等做了详细规定,1954 年《逮捕拘留条例》第 2条还规定了逮捕的替代措施及其适用情形,"应当逮捕的人犯,如果是有严重疾病的人,或者是正在怀孕、哺乳自己婴儿的妇女,可以改用取保候审或者监视居住的办法"。这是我国自新中国成立以后针对刑事强制措施制定的第一部专门性法律,实际上也是我国唯一一部关于刑事强制措施的专门性法律。由于当时中国社会所处的特定历史时期,《逮捕拘留条例》在实现对逮捕、拘留适用的制度化、规范化和法律化的同时,也带有一定的政治治理色彩,例如,该条例第 2 条规定"对反革命分子和其他可能判处死刑、徒刑的人犯,经人民法院决定或者人民检察院批准,应即逮捕",对于及时惩处严重犯罪、维护新中国成立初期社会主义政权和社会稳定起到积极的作用,同时条例也体现了一定的人权保障价值,例如,前述对应当逮捕但患有严重疾病的人或者正在怀孕、哺乳自己婴儿的妇女可以改用取保候审或监视居住的规定。

随着 1978 年 12 月中国共产党第十一届三中全会提出改革开放的重大决策,并确立"有法可依、有法必依、执法必严、违法必究"的社会主义法制建设"十六字方针",中国特色社会主义法制建设开始步入正轨。1979 年 2 月 23 日第五届全国人民代表大会常务委员会第六次会议对 1954 年《逮捕拘留条例》作出修订,1979 年修改后的《逮捕拘留条例》较之 1954 年《逮捕拘留条例》有了很大修改,主要包括明确立法根据和立法目的,删除"反革命分子"的用词,规范应当逮捕的对象和条件,确定逮捕只能由公安机关执行,规定逮捕后 24 小时内把逮捕的原因和羁押的处所告知家属,还对拘留的适用情形、拘留期限和检察机关作出批准或不批准决定的期限做了修改。1979 年《逮捕拘留条例》的诸多条款被随后制定的《刑事诉讼法》所吸收。

1979 年 7 月 1 日,第五届全国人民代表大会第二次会议通过《中华人民共和国刑事诉讼法》。1979 年《刑事诉讼法》的制定,结束了我国自新中国成立以来长期没有专门的成文刑事诉讼法典的历史,解决了我国刑事司法领域在较长一段时期内无章可循、无法可依的实践困局,标志着我国刑事诉讼法制建设迈入新的历史时期。1979 年《刑事诉讼法》在第一编"总则"的第六章设专章规定"强制措施",共 15 个条文,比较全面地规定了拘传的适用主体和适用对象,取保候审和监视居住的适用主体、适用对象及其变更、撤销程序;拘留的适用主体、适用对象、先行拘留的具体情形、执行拘留的程序和拘留后的讯问等;逮捕的适用主体、执行主体、适用条件、提请批捕和审查批捕的程序、执行逮捕的程序和逮捕后的讯问等。

1979 年《刑事诉讼法》奠定了我国刑事强制措施制度的基本范畴和框架。强制措施的适用对象只能是犯罪嫌疑人、被告人,以采取一定强制力来实现对人身自由的限制或剥夺为主要特点,在类型上包括拘传、取保候审、监视居住、拘留和逮捕,五种强制措施在对人身自由的拘束力上由弱到强排列,除此之外的任何带有强制力的强制性措施[1]都不是法律规定的强制措施。在适用目的上,刑事诉讼法关于强制措施的规定不仅能保证有力地打击反革命分子和其他刑事犯罪分子的破坏活动,而且可以有效地保障公民人身自由不受侵犯。[2] 在特征属性上,拘传是一种不具羁押性的强制到案措施,取保候审和监视居住是非羁押性的限制人身自由的措施,拘留和逮捕是羁押性的剥夺人身自由的措施。但是,由于当时中国社会所处的特定历史时期,社会主义法制建设刚刚起步,1979 年《刑事诉讼法》在整体上更为强调刑事诉讼在国家治理和刑法实施方面的工具价值,"结合我国各族人民实行无产阶级领导的、工农联盟为基础的人民民主专政即无产阶级专政的具体经验和打击敌人、保护人民的实际需要","保障社会主义革命和社会主义建设事业的顺利

---

[1] 1979 年《刑事诉讼法》第 58 条第 1 项规定,"侦查是指公安机关、人民检察院在办理案件过程中,依照法律进行的专门调查工作和有关的强制性措施。"此处的"强制性措施"是一个泛指概念,包括但不限于法律规定的五种强制措施,还包括对人身的检查等措施,以及对财产的搜查、扣押、查封和对隐私权的监听、采样等带有一定强制力的措施。

[2] 白玉祥:《公安机关的强制措施和收容审查》,载《法学研究》1987 年第 3 期。

进行",相对忽视了刑事诉讼在程序法治方面的独立价值,特别是刑事诉讼的人权保障价值。这一"重惩罚犯罪、轻人权保障"的立法思维自然也表现在刑事强制措施的制度定位和设计上,导致强制措施背离其"程序性"和"预防性"的基本属性,而带有比较明显的"实体性"和"惩罚性"倾向。

二、强制措施的发展:1996 年《刑事诉讼法》之修改

1979 年《刑事诉讼法》的制定和实施,对于保证准确及时地惩罚犯罪,保障改革开放和社会主义现代化建设的顺利进行,发挥了重要作用。随着改革开放不断深入,我国民主与法制建设向前发展,1979 年《刑事诉讼法》在实施过程中出现了很多不适应社会发展的突出问题,亟待通过修改法律的方式加以解决。同时,国际刑事司法领域的发展和我国刑事诉讼法学理论研究取得一系列创新成果,也为刑事诉讼法的修改提供了国际视野和理论支撑。1996 年 3 月 17 日,第八届全国人民代表大会第四次会议通过《关于修改〈中华人民共和国刑事诉讼法〉的决定》,对 1979 年《刑事诉讼法》作出第一次修正,修正后的《刑事诉讼法》自 1997 年 1 月 1 日起正式施行,同时废止 1979 年《逮捕拘留条例》,有关强制措施的内容集中规定在《刑事诉讼法》第一编第六章中。修改后的《刑事诉讼法》突出体现了刑事诉讼活动中对公民合法权益的保障,同时也为公安、司法机关办理刑事案件,惩罚犯罪提供了更科学、有效的法律武器。[1]

1996 年《刑事诉讼法》中对"强制措施"一章的规定,法条由原来的 15 条增加到 27 条,新增 12 个条文,并且原有的多个法条在内容上作了修改,很大程度地丰富和完善了强制措施的制度体系和内容。1996 年《刑事诉讼法》关于强制措施制度的修改主要包括以下几个方面:一是明确了拘传的时间限制。"传唤、拘传持续的时间最长不得超过十二小时。不得以连续传唤、拘传的形式变相拘禁犯罪嫌疑人。"二是细化了取保候审和监视居住制度的内容。例如,取保候审或监视居住的适用对象、执行机关,取保候审的保证方式、保证人条件和保证义务及未履行义务的法律责任,被取保候审人、被监视居住人应当遵守的规定以及违反相关规定的法律后果,取保候审或者监视居住的期限,取保候审、监视居住的变更或解除等。三是对拘留的适用对象和适用情形作出修改,区分不同情形对公安机关拘留后提请检察机关审查批准逮捕的期限作了规定,增加了检察机关决定拘留的程序和期限的规定。四是对逮捕的适用条件作了修改,增加了异地执行逮捕的规定,完善了审查逮捕的程序,延长了检察机关审查逮捕的期限,取消了检察机关在审查逮捕后可以作出补充侦查决定的规定。五是完善了撤销、变更或者解除强制措施的规定。

---

[1] 刘家琛:《对适用修改后的刑事诉讼法几个问题之我见》,载《政法论坛》1996 年第 4 期。

六是废除了"借行政强制手段之名,行刑事强制措施之实"的收容审查制度。

1996年对《刑事诉讼法》的第一次修改,细化了各种强制措施的适用条件和范围,尤其是对取保候审、监视居住作了较大幅度的修改,使刑事诉讼在保障犯罪嫌疑人、被告人权利方面有了实质性进步,表明了我国刑事诉讼立法又上了一个新台阶,有着重大的理论和现实意义。[①] 为了保证修正后的刑事诉讼法在司法实践中得到统一、正确的理解和执行,最高人民法院、最高人民检察院、公安部等有关机关以颁布司法解释或部门规定等形式对刑事诉讼法实施过程中的一些具体问题作出进一步规定,其中也对强制措施制度作了细化和完善。主要包括:1998年1月19日最高人民法院、最高人民检察院、公安部、国家安全部、司法部、全国人大常委会法制工作委员会联合发布的《关于刑事诉讼法实施中若干问题的规定》的"六、取保候审、监视居住"和"七、拘留、逮捕";1998年9月8日起施行的《最高人民法院关于执行〈中华人民共和国刑事诉讼法〉若干问题的解释》的"五、强制措施";1999年1月18日起施行的《人民检察院刑事诉讼规则》的第四章"强制措施"和第五章"审查逮捕";1998年5月14日起施行的《公安机关办理刑事案件程序规定》的第六章"强制措施"和第七章"羁押";1999年8月4日最高人民法院、最高人民检察院、公安部、国家安全部联合发布的《关于取保候审若干问题的规定》;1997年1月15日公安部发布的《关于取保候审保证金的规定》等。

总的来说,1996年修改的刑事诉讼法及其配套司法解释、部门规定等对强制措施制度作了较为完善的规定,明确强制措施的程序性和预防性特征,突出其保证刑事诉讼顺利进行的基本定位,加强适用强制措施过程中对犯罪嫌疑人、被告人的权利保障。但是,1996年刑事诉讼法及其配套司法解释和部门规定等规范性文件并没有对刑事强制措施体系的内在逻辑作出明确界定,导致实践中取保候审、监视居住适用率较低,难以发挥替代羁押的功能,限制了羁押向非羁押转化的可能,羁押率长期居高不下,超期羁押、变相羁押等现象屡禁不止。

三、强制措施的完善:2012年《刑事诉讼法》之修改

随着经济社会发展和刑事司法环境的变化,1996年刑事诉讼法的许多规定已显滞后,无法满足实践发展的需求,也与我国深化司法体制改革和推进社会主义法治建设的总体要求不相适应。适时修改刑事诉讼法,是进一步加强惩罚犯罪和保护人民的需要;是加强和创新社会管理,维护社会和谐稳定的需要;是深化司法体制和工作机制改革的需要。[②] 2012年3月14日第十一届全国人民代表大会第五

[①] 周少元:《论我国刑事强制措施的修改及意义》,载《中国人民公安大学学报》1996年第4期。

[②] 全国人民代表大会常务委员会副委员长王兆国2012年3月8日在第十一届全国人民代表大会第五次会议上的《关于〈中华人民共和国刑事诉讼法修正案(草案)〉的说明》。

次会议通过《关于修改〈中华人民共和国刑事诉讼法〉的决定》,对刑事诉讼法作出第二次修改,修改后的刑事诉讼法于 2013 年 1 月 1 日起施行。

2012 年《刑事诉讼法》对强制措施制度作了大幅修正,在侧重实现强制措施的保证诉讼程序顺利进行这一基本功能的同时,愈加关注对犯罪嫌疑人、被告人的权利保障。主要修改内容包括:一是适当延长拘传的持续时间。将拘传持续的时间从 1996 年刑事诉讼法规定的"最长不得超过十二个小时"修改为"不得超过十二小时;案情特别重大、复杂,需要采取拘留、逮捕措施的,传唤、拘传持续的时间不得超过二十四小时",并且"应当保证犯罪嫌疑人的饮食和必要的休息时间"。二是完善取保候审的制度内容。扩大取保候审的适用情形,完善被取保候审人应当遵守的法定义务情形,增加取保候审的酌定义务情形,明确取保候审保证金的确定、交纳和退还等。三是明确监视居住在强制措施体系中的定位。将监视居住定位为逮捕的替代措施,规定区别于取保候审的适用情形,区分住所监视居住和指定居所监视居住,规定了指定居所监视居住的适用条件、折抵刑期和适用后通知家属的程序,完善了被监视居住人应当遵守的规定、监视居住的执行方法。四是完善逮捕、拘留措施。修改逮捕的适用条件,明确逮捕的社会危险性情形;完善审查批捕的程序,增加讯问犯罪嫌疑人、询问证人等诉讼参与人和听取辩护律师意见的程序性规定;明确办案机关在拘留后应当立即将被拘留人送看守所羁押,至迟不得超过 24 小时和逮捕后应当立即将被逮捕人送看守所羁押的义务,以及拘留、逮捕后通知家属的义务;增加检察机关对逮捕后继续羁押必要性的审查。五是进一步完善了强制措施的变更、解除程序。

2012 年《刑事诉讼法》修改之后,最高人民法院、最高人民检察院和公安部等部门也随之对与刑事诉讼法配套适用的有关司法解释和部门规定等规范性文件作出修改,进一步细化和完善了我国的刑事强制措施制度。主要包括:《最高人民法院、最高人民检察院、公安部、国家安全部、司法部、全国人大常委会法制工作委员会关于刑事诉讼法实施中若干问题的规定》的第四部分;《最高人民法院关于适用〈中华人民共和国刑事诉讼法〉的解释》的第五章;最高人民检察院第二次修订的《人民检察院刑事诉讼规则(试行)》的第六章"强制措施"和第十章"审查逮捕";公安部修订的《公安机关办理刑事案件程序规定》的第六章;2015 年 10 月 9 日最高人民检察院、公安部联合发布的《关于逮捕社会危险性条件若干问题的规定(试行)》;2015 年 12 月 28 日最高人民检察院发布的《人民检察院对指定居所监视居住实行监督的规定》;2016 年 1 月 22 日最高人民检察院发布的《人民检察院办理羁押必要性审查案件规定(试行)》等。

总体而言,2012 年《刑事诉讼法》及其配套司法解释和部门规定等规范性文件对强制措施制度的规定,进一步理顺了五种强制措施的内在逻辑,完善和规范了我国刑事强制措施制度的体系性、层次性,使刑事诉讼的人权保障理念在强制措施制度中得到实质化加强。

四、强制措施制度变迁述评

强制措施是刑事诉讼中的一项重要制度。从 1979 年刑事诉讼法确立我国强制措施的基本框架,历经 1996 年和 2012 年对刑事诉讼法的两次修改,再到十八大以来党和国家对有关司法体制和刑事诉讼制度的一系列重要改革举措的贯彻落实,2018 年 5 月 9 日全国人大常委会发布《中华人民共和国刑事诉讼法(修正草案)》向社会公众征求意见,伴随改革开放的 40 年时间,我国刑事强制措施的体系和内容不断走向完善,功能实现趋于平衡,五种强制措施间的内在逻辑也逐步理顺,对于实现刑事诉讼惩罚犯罪和保障人权的根本目的起到积极作用。概括而言,改革开放 40 年以来,我国刑事强制措施制度的发展变迁呈现出以下主要特点:

第一,坚持保障刑事诉讼顺利进行的根本定位,不断提升强制措施适用的人权保障功能。强制措施制度的根本定位是保障刑事诉讼的顺利进行,但基于刑事诉讼法在不同历史时期所承载的价值取向和主要任务存有一定差异,强制措施在致力于实现刑事诉讼目的和任务方面所发挥的功能也会有所不同。1979 年刑事诉讼法在整体上侧重于实现刑法惩罚犯罪的目的和功能,带有明显的工具价值取向,强制措施也被作为惩罚犯罪的一种重要手段予以适用,通过保障刑事诉讼顺利进行而实现惩罚犯罪的最终目的,偏离了强制措施保障刑事诉讼顺利进行这一基本功能定位。1996 年和 2012 年两次修改刑事诉讼法,都对强制措施作了大幅修正,在回归强制措施诉讼保障功能定位的同时,愈加关注强制措施适用中对犯罪嫌疑人、被告人的权利保障,突出强制措施的人权保障功能。强制措施在功能定位上的变迁,兼顾了刑事诉讼在惩罚犯罪和保障人权两种价值之间的平衡,解决了我国强制措施实践中面临的突出问题,对于保障刑事诉讼顺利进行,实现刑事诉讼目的,有着重要的意义。

第二,强制措施体系的内容不断完善,逻辑逐渐清晰。一方面,强制措施的制度内容不断完善。1979 年刑事诉讼法确定了我国刑事强制措施的基本体系和制度类型,将强制措施明确界定为拘传、取保候审、监视居住、拘留和逮捕等五种临时限制或剥夺犯罪嫌疑人、被告人的人身自由的强制性手段。1996 年和 2012 年两次修改刑事诉讼法,都对强制措施的制度内容做了较大规模的修改和完善。例如,1996 年刑事诉讼法对拘留对象和适用情形的修改,对逮捕条件的修改等;2012 年刑事诉讼法对监视居住规定了区别于取保候审的适用条件,明确逮捕社会危险性的具体情形等。此外,包括最高人民法院、最高人民检察院、公安部以及有关部门制定的司法解释、部门规定等规范性文件中有关强制措施的规定,都推动强制措施制度内容不断完善。另一方面,五种强制措施之间的内在逻辑关系越来越清晰。1979 年刑事诉讼法明确了我国刑事强制措施体系包括拘传、取保候审、监视居住、拘留和逮捕,但并未清晰划定五种强制措施之间的内在逻辑。1996 年刑事诉讼法对五种强制措施的适用情形分别做了明确规定,在一定程度上梳理了强制措施的内在逻辑,但取保候审、监视居住和逮捕之间仍然存在适用上的混同。2012 年刑事诉讼法区别取保候审和监视居住分别规定了不同的适用情形,将监视居住定位为逮捕的替代措施,增加羁押必要性审查,完善强制措施变更和解除程序,从而进一步理顺五种强制措施的内在逻辑。总体而言,我国已经形成了一套比较完善的以人身自由为核心架构,从作为强制到案手段的拘传,到限制人身自由的取保候审和监视居住,再到临时剥夺人身自由的拘留和逮捕,在强制力上呈现一种渐进关系的强制措施体系。

当然也要看到,我国强制措施尚存一定缺陷,需要进一步改革完善。完善的基本方向应当是朝着有利于公民人身自由不受恣意侵犯,而不是赋予国家官员尤其是警察部门更多的自由裁量权。[①] 对强制措施的完善遵循两条路径,既要进行制度性的完善,对现有五种强制措施的具体内容进行完善;也要进行体系性的改革,将其他可能对犯罪嫌疑人、被告人的基本权利产生严重影响的强制性方法纳入强制措施体系。参照其他国家立法及刑事司法国际准则,仅将强制措施界定为限制或剥夺人身自由的强制性方法,而将干预财产权、隐私权等其他权利的诸多带有明显强制性的方法排除在外,则又显得范围过窄,难以实现对其他强制性方法的有效控制。从长远来看,应当对我国强制措施体系作出重新界定,丰富和完善刑事强制措施的类型,涵盖刑事诉讼中可能涉及基本权利的所有强制性方法。按照权利属性的不同,大致可以分为对人身自由权的强制措施、对财产权的强制措施和对隐私权的强制措施等。

第二节　逮捕

逮捕是公安司法机关对符合法定条件的犯罪嫌疑人、被告人所采取的在较长一段期间里剥夺其人身自由以保证刑事诉讼顺利进行的一种强制措施,是我国刑事诉讼法规定的五种强制措施中最为严厉的一种。从世界范围来看,审前不被羁押已经成为一项国际通行的刑事司法准则或者人权原则,得到各国立法、司法和联合国有关文件的一致认可。逮捕制度应当妥善处理保障公民人身自由基本权利与保证刑事诉讼顺利进行之间的关系,从限定逮捕条件和规范逮捕程序两个方面来落实对逮捕措施的限制适用。

---

① 　易延友:《刑事强制措施体系及其完善》,载《法学研究》2012 年第 3 期。

一、逮捕条件

确定的逮捕条件是准确适用逮捕措施、保证逮捕质量的基础和前提。改革开放以后,1979 年《逮捕拘留条例》中明确规定了逮捕的适用条件。该条例第 3 条规定:"主要犯罪事实已经查清,可能判处徒刑以上刑罚的人犯,有逮捕必要的,经人民法院决定或者人民检察院批准,应即逮捕。"这一规定被随后制定的刑事诉讼法所吸收。根据 1979 年《刑事诉讼法》第 40 条的规定,适用逮捕必须同时满足"主要犯罪事实已经查清"的事实证据条件、"可能判处徒刑以上刑罚"的罪行条件和"有逮捕必要"的必要性条件,三个条件缺一不可。1996 年《刑事诉讼法》第 60 条对1979 年《刑事诉讼法》关于适用逮捕的事实证据条件稍作调整,罪行条件和必要性条件保持不变。2012 年《刑事诉讼法》第 79 条对逮捕条件又做了修改,在删除必要性条件的基础上,明确列举了采取取保候审尚不足以防止发生的社会危险性的具体情形,适用逮捕需要同时具备事实证据条件、罪行条件和社会危险性条件,否则,不得适用逮捕。从刑事诉讼法对逮捕条件的修改可以看出,除"可能判处徒刑以上刑罚"的罪行条件以外,事实证据条件和必要性条件在 1996 年和 2012 年《刑事诉讼法》修改时均有所变化,目的在于保证逮捕质量,严格控制逮捕措施的适用。具体而言,有关逮捕条件的变化主要表现在以下几个方面:

(一)事实证据条件:从"主要犯罪事实已经查清"到"有证据证明有犯罪事实"

1979 年《刑事诉讼法》对逮捕的事实证据条件要求必须达到"主要犯罪事实已经查清"的程度,对防止滥用逮捕、以捕代侦具有一定的积极作用,但在实践中,某些犯罪嫌疑人的犯罪事实,有些已经查清,虽然主要犯罪事实尚未完全查清,仍然需要逮捕。[①] 而且,司法实践中普遍反映"主要犯罪事实"条件过于严格,在短期内无法查清,特别是对一些疑难、复杂案件很难做到,公安机关为了解决办案时间不够的问题,只好采取收容审查措施,由公安机关自己决定和执行,缺乏必要的制约,存在超范围、超时限、管理混乱的问题,出现了一些侵犯公民合法权益的现象。为了适应打击犯罪和切实保护公民合法权益的需要,在取消收容审查的同时,1996年《刑事诉讼法》将逮捕的事实证据条件修改为"有证据证明有犯罪事实"。[②]

至于如何理解"有证据证明有犯罪事实",根据 1998 年最高人民法院、最高人民检察院、公安部、国家安全部、司法部、全国人大常委会法制工作委员会颁布的《关于刑事诉讼法实施中若干问题的规定》第 26 条的规定,"有证据证明有犯罪事

---

① 全国人民代表大会常务委员会法制工作委员会主任顾昂然 1996 年 3 月 12 日在第八届全国人民代表大会第四次会议上的《关于〈中华人民共和国刑事诉讼法修正案(草案)的说明》。

② 郎胜主编:《中华人民共和国刑事诉讼法释义(最新修正版)》,法律出版社 2012 年版,第 192 页。

实"是指同时具备下列情形:(1)有证据证明发生了犯罪事实;(2)有证据证明犯罪事实是犯罪嫌疑人实施的;(3)证明犯罪嫌疑人实施犯罪行为的证据已有查证属实的。犯罪事实可以是犯罪嫌疑人实施的数个犯罪行为中的一个。1999 年最高人民检察院颁布的《人民检察院刑事诉讼规则》第 86 条,1998 年公安部颁布的《公安机关办理刑事案件程序规定》第 116 条,2001 年最高人民检察院、公安部《关于依法适用逮捕措施有关问题的规定》均有类似规定。2006 年最高人民检察院制定的《人民检察院逮捕质量标准》第 2 条和第 3 条分别列举了属于"有证据证明有犯罪事实"和不属于"有证据证明有犯罪事实"的情形,对于准确理解和把握逮捕条件具有重要作用。经过长期的司法实践表明,对适用逮捕的事实证据条件改为"有证据证明有犯罪事实"是合理的,符合事实发现规律和司法实践需要,有助于及时查明案件事实、提高办案效率。因此,2012 年《刑事诉讼法》保留了"有证据证明有犯罪事实"的规定。

(二)废除逮捕的必要性条件,并确立社会危险性条件

1979 年和 1996 年《刑事诉讼法》都明确规定了逮捕的必要性条件,要求必须是"采取取保候审、监视居住等方法,尚不足以防止发生社会危险性,而有逮捕必要"的犯罪嫌疑人、被告人,才能适用逮捕。2001 年最高人民检察院、公安部《关于依法适用逮捕措施有关问题的规定》对"有逮捕必要"的外延作了界定。根据该规定,"有逮捕必要"主要包括以下情形:可能继续实施犯罪行为,危害社会的;可能毁灭、伪造证据、干扰证人作证或者串供的;可能自杀或逃跑的;可能实施打击报复行为的;可能有碍其他案件侦查的;其他可能发生社会危险性的情形。这一解释对于人们正确理解逮捕必要性的法律内涵,帮助公安司法机关正确适用逮捕措施起到了积极的帮助和促进作用。但该规定并没有真正解决逮捕必要性的法律含义,因而也不符合《刑事诉讼法》第 60 条规定的立法原意。[①] 在司法实践中,有一些部门反映,刑事诉讼法对于"社会危险性"包括哪些情况、是否有程度限制,如何理解"有逮捕必要"等规定得较模糊,在具体案件中容易出现认识分歧,有的检察机关对逮捕条件掌握过严,甚至按照审查起诉条件把握逮捕条件,导致对一些本该逮捕的犯罪嫌疑人、被告人不批捕;公安机关为侦查需要,或者对犯罪嫌疑人采取监视居住措施变相羁押,或者采取拘留后延长拘留提请批准逮捕期限的办法,以拘代侦。公安机关不愿采取取保候审、监视居住措施,也推高了逮捕和羁押的比例,甚至对一些罪行较轻或者社会危险性很小的犯罪嫌疑人也适用逮捕措施,出现应该判处的

[①] 白泉民、高景峰:《如何掌握"逮捕必要性"》,载《检察日报》2004 年 2 月 13 日第 3 版。

刑期短于羁押期限，法院不得不关多久判多久的情形。[1]

针对司法实践中对逮捕条件理解不一致的问题，为有利于公安司法机关准确掌握逮捕条件，规范和限制适用逮捕措施，加强对犯罪嫌疑人、被告人的人权保障，2012年修改《刑事诉讼法》将逮捕条件中"有逮捕必要"的表述予以删除，并明确规定了"社会危险性"的五种情形，实现了从必要性条件到社会危险性条件的转变。

根据2012年《刑事诉讼法》第79条第1款的规定，逮捕的社会危险性条件主要包括以下五种情形：可能实施新的犯罪的；有危害国家安全、公共安全或者社会秩序的现实危险的；可能毁灭、伪造证据，干扰证人作证或者串供的；可能对被害人、举报人、控告人实施打击报复的；企图自杀或者逃跑的。2012年最高人民检察院修订的《人民检察院刑事诉讼规则（试行）》第139条对刑事诉讼法规定的五种社会危险性情形作了进一步解释。此外，为了规范逮捕社会危险性条件证据收集、审查认定，依法准确适用逮捕措施，2016年最高人民检察院、公安部联合颁布《关于逮捕社会危险性条件若干问题的规定（试行）》第5条到第9条对逮捕的社会危险性条件作了更为具体和明确的规定，有利于司法实践操作。逮捕的社会危险性情形是以犯罪嫌疑人、被告人的预期行为作为判断有无社会危险性的标准，应当根据案件和犯罪嫌疑人、被告人的具体情况，包括涉案轻重程度、可能的刑期高低、其人格和私人关系等个案情况作出综合权衡和认定，并不是只要具有社会危险性就要采取逮捕措施。比如，对于一些罪行虽然比较严重，但主观恶性不大，有悔罪表现，具备有效监护条件或者社会帮教措施；初次犯罪、过失犯罪的；犯罪预备、中止、未遂的；犯罪后能够如实交代罪行，认识自己行为的危害性、违法性，积极退赃，尽力减少和赔偿损失，得到被害人谅解的等客观情节，能够表明犯罪嫌疑人、被告人不会产生社会危险性的，虽然符合刑期条件和证据条件，也可以不采取逮捕措施。[2]

此外，2012年《刑事诉讼法》第79条第3款规定的"违反取保候审、监视居住规定，情节严重的，可以予以逮捕"这一情形，实际上也是以符合逮捕的社会危险性条件为前提的。即，如果犯罪嫌疑人、被告人违反取保候审、监视居住规定，情节严重到符合五种社会危险性情形之一的，就应当予以逮捕；如果违反取保候审、监视居住规定，情节比较轻微或者没有达到社会危险性条件的严重程度，则可以继续适用取保候审或监视居住。这一理解得到全国人大常委会法制工作委员会的确认。"犯罪嫌疑人、被告人有逃跑、干扰证人作证、毁灭、伪造证据或者串供等违反取保候审、监视居住规定的行为，妨碍刑事诉讼的正常进行，甚至可能引发新的犯罪，是

① 郎胜主编：《中华人民共和国刑事诉讼法释义（最新修正版）》，法律出版社2012年版，第192～193页。

② 郎胜主编：《中华人民共和国刑事诉讼法释义（最新修正版）》，法律出版社2012年版，第191页。

典型的具有社会危险性的情形。《刑事诉讼法》第 79 条第 3 款的规定,是针对被取保候审、监视居住人违反取保候审、监视居住规定,严重影响诉讼活动正常进行,可以予以逮捕的专门规定,既适用于可能判处徒刑以上刑罚被取保候审、监视居住的犯罪嫌疑人、被告人,也适用于可能判处徒刑以下刑罚被取保候审、监视居住的犯罪嫌疑人、被告人。"[1]

2018 年 5 月 9 日,全国人大常委会发布《中华人民共和国刑事诉讼法(修正草案)》向社会公众征求意见,其中第 7 条规定,将第 79 条改为第 81 条,增加 1 款,作为第 2 款:"批准或者决定逮捕,应当将犯罪嫌疑人、被告人涉嫌犯罪的性质、情节,认罪认罚情况,对所居住社区的影响等情况,作为是否可能发生社会危险性的考虑因素。对于不致发生社会危险性的犯罪嫌疑人、被告人,可以取保候审或者监视居住。"这一规定进一步完善了评估逮捕社会危险性条件需要考虑的因素。

(三)径行逮捕:社会危险性条件之例外情形

1979 年和 1996 年《刑事诉讼法》只是规定了适用逮捕的一般条件,要求逮捕犯罪嫌疑人、被告人必须同时具备事实证据条件、罪行条件和必要性条件。2012 年《刑事诉讼法》在将必要性条件改为社会危险性条件的同时,还增加了径行逮捕的情形。所谓径行逮捕,是指对于具有刑事诉讼法规定的特殊情形的犯罪嫌疑人、被告人,只需符合事实证据条件和罪行条件,即应予逮捕,无须考量社会危险性条件。根据 2012 年《刑事诉讼法》第 79 条第 2 款的规定,径行逮捕主要包括三种情形:一是有证据证明有犯罪事实,可能判处 10 年有期徒刑以上刑罚的情况。根据我国《刑法》的规定,判处 10 年有期徒刑以上刑罚的都是严重的犯罪,有必要对这些犯罪嫌疑人、被告人予以逮捕。二是有证据证明有犯罪事实,可能判处徒刑以上刑罚,曾经故意犯罪的犯罪嫌疑人、被告人。从刑法上来说,再犯一般都表明罪犯具有较强烈的反社会心理属性和较大的社会危险性,曾经故意犯罪的情况本身就已经表明了这种社会危险性的存在。三是有证据证明有犯罪事实,可能判处徒刑以上刑罚,身份不明的犯罪嫌疑人、被告人。在实践中,很多身份不明的犯罪嫌疑人、被告人,本身就是因为强烈的逃避追究的心理驱使而拒绝向办案机关承认自己的真实身份、住址等信息,导致身份无法查明,可能判处徒刑以上刑罚这种较重的刑罚的事实,更有可能强化犯罪嫌疑人、被告人的这种心理,因此有必要对这类犯罪嫌疑人、被告人予以羁押。[2]

---

① 陈丽平:《全国人大常委会拟解释刑诉法 3 方面规定明确违反取保候审规定逮捕条件》,载《法制日报》2014 年 4 月 22 日第 2 版。

② 郎胜主编:《中华人民共和国刑事诉讼法释义(最新修正版)》,法律出版社 2012 年版,第 192 页。

(四)附条件逮捕:从产生到停用

附条件逮捕并不是刑事诉讼法规定的一项制度,而是在司法实践中广泛应用后得到最高人民检察院有关司法解释的确认。2006 年最高人民检察院制定的《人民检察院审查逮捕质量标准(试行)》第 13 条首次规定附条件逮捕的内容,2010 年《人民检察院审查逮捕质量标准》予以确认。[①] 为了指导司法实践,统一执法标准,需要进一步明确适用条件和程序,增加可操作性,2013 年最高人民检察院侦查监督厅印发《关于人民检察院审查逮捕工作中适用"附条件逮捕"的意见(试行)》,其中明确提出"附条件逮捕"的概念,并对"附条件逮捕"的案件范围、适用条件、程序以及捕后审查程序等都作了规定,既为各级检察机关侦查监督部门适用"附条件逮捕"提供了规范依据,又对适用"附条件逮捕"进行了规范,防止随意或者滥用这项工作制度。[②] 但是,附条件逮捕自产生之日起就备受质疑,学界普遍认为这一制度明显违背"少捕慎捕""疑罪从无"的基本原则,容易造成"以捕代侦""侦捕不分"的实践困局和侵犯人权现象的发生。2017 年 4 月 28 日最高人民检察院侦查监督厅下发《关于在审查逮捕工作中不再适用"附条件逮捕"》的通知,要求从即日起不再执行《关于人民检察院审查逮捕工作中适用"附条件逮捕"的意见(试行)》,今后在审查逮捕工作中不再适用"附条件逮捕"。这标志着在饱受争议中适用 11 年之久的附条件逮捕制度正式被停用。

二、审查逮捕程序

(一)审查逮捕方式:从行政化逐步走向诉讼化

1979 年《刑事诉讼法》并没有对审查逮捕的程序性事项作出明确规定,只是规定"公安机关要求逮捕人犯的时候,应当写出提请批准逮捕书,连同案卷材料、证据,一并移送同级人民检察院审查批准","人民检察院对于公安机关提请批准逮捕的案件进行审查后,应当根据情况分别作出批准逮捕,不批准逮捕或者补充侦查的决定"。1996 年《刑事诉讼法》基本沿用这一规定,只是将其中的"人犯"改为"犯罪嫌疑人"并取消了检察机关审查后可以作出补充侦查决定的规定。有人指出,我国

---

① 《人民检察院审查逮捕质量标准(试行)》第 13 条规定:"现有证据所证明的事实已经基本构成犯罪,认为经过进一步侦查能够收集到定罪所必需的证据、确有逮捕必要的重大案件的犯罪嫌疑人,经检察长或者检察委员会决定批准逮捕后,应当采取以下措施:(一)向侦查机关发出补充侦查提纲,列明需要查明的事实和需要补充收集、核实的证据,并及时了解补充取证情况;(二)批准逮捕后3 日以内报上一级人民检察院备案;(三)侦查机关在逮捕后 2 个月的侦查羁押期限届满时,仍未能收集到定罪所必需的充足证据的,应当撤销批准逮捕决定。"

② 刘福谦、刘辰:《〈关于人民检察院在审查逮捕工作中适用"附条件逮捕"的意见(试行)〉理解与适用》,载《人民检察》2013 年第 16 期。

审查逮捕程序在以往长期采取一种书面、单方、封闭的行政化审查方式,信息来源单向,缺乏有效救济,司法属性不彰,呈现一种高度行政化、封闭性的色彩。① 主要表现为以下四个方面:一是审查主体缺乏中立性,检察官受到侦查或公诉活动较多的影响及钳制;二是审查内容的片面性,审查逮捕主要根据侦查机关提供的材料和意见,辩护律师缺乏有效参与;三是审查过程的形式化,缺乏对逮捕要件相关事实的证明活动,片面相信侦查机关的报捕意见;四是审查结论的不可救济性,当犯罪嫌疑人不服逮捕决定时,缺乏有效的权利救济途径。②

为了解决长期以来行政审批式的审查逮捕程序所造成的各种实践问题,加强利害关系人的程序参与和人权保障,防止错误逮捕,提高逮捕质量,2006 年最高人民检察院制定《人民检察院审查逮捕质量标准(试行)》,其中第 10 条规定人民检察院办理审查逮捕案件,认为证据存有疑问的,可以复核有关证据,讯问犯罪嫌疑人,询问证人。对于具有犯罪嫌疑人是否有犯罪事实、是否有逮捕必要等关键问题有疑点,或者案情重大疑难复杂,或者犯罪嫌疑人系未成年人,或者有线索或者证据表明侦查活动可能存在刑讯逼供、暴力取证等违法犯罪行为的特殊情形,应当讯问犯罪嫌疑人。

2012 年修改的《刑事诉讼法》第 86 条增加了有关审查逮捕程序的内容。根据该条规定,人民检察院审查批准逮捕,可以讯问犯罪嫌疑人,也可以询问证人等诉讼参与人,听取辩护律师的意见。人民检察院对是否符合逮捕条件有疑问的,或者犯罪嫌疑人要求向检察人员当面陈述的,或者侦查活动可能有重大违法行为的,应当讯问犯罪嫌疑人。辩护律师提出要求的,人民检察院应当听取辩护律师的意见。2012 年《刑事诉讼法》第 86 条规定了审查逮捕讯问犯罪嫌疑人、讯问证人等诉讼参与人和听取辩护律师意见,申请批捕的公安机关也应提交相应的意见与证据,但对批准逮捕的审查机制与程序未有明确规定,这为批准逮捕审查方式由行政化转向司法化、诉讼化预留了空间。③

诉讼化的审查逮捕程序不仅要求保障有关当事人和其他利害关系人的程序参与和充分表达意见的权利,还要求公安机关承担犯罪嫌疑人符合逮捕条件的证明责任。对此,尽管 1979 年《刑事诉讼法》即要求公安机关在提请逮捕时应当向人民检察院移送案卷材料、证据,1996 年和 2012 年《刑事诉讼法》也都有此规定,但并未明确这里的证据是用于证明应当逮捕的证据,还是用于证明案件事实的证据。实际上也就淡化了公安机关在审查逮捕程序中的证明责任。2015 年最高人民检

① 张晓津、刘涛:《审查逮捕诉讼化转型的概念和模式选择》,载《法制日报》2018 年 1 月 18 日第 12 版。
② 闵春雷:《论审查逮捕程序的诉讼化》,载《法制与社会发展》2016 年第 3 期。
③ 陈卫东:《羁押必要性审查制度试点研究报告》,载《法学研究》2018 年第 2 期。

察院、公安部《关于逮捕社会危险性条件若干问题的规定（试行）》中规定，公安机关提请逮捕，应当同时移送证明犯罪嫌疑人具有社会危险性的证据；如果有关证据不能认定犯罪嫌疑人符合逮捕社会危险性条件的，检察院应当作出不批准逮捕的决定。这在一定程度上确认了公安机关在审查逮捕程序中应当承担的证明责任。

近年来，随着检察机关不断深化侦查监督改革，完善和规范审查逮捕程序，有的地区探索"司法听证"或"诉讼式审查"的审查逮捕方式，取得良好的法律效果和社会效果。2016年最高人民检察院制定的《"十三五"时期检察工作发展规划纲要》中明确提出"围绕审查逮捕向司法审查转型，探索建立诉讼式审查机制"。从这个角度而言，实现审查逮捕程序从诉讼化向司法化、诉讼化转型是关系刑事诉讼制度完善和检察体制改革双重目标的一项重要内容。

（二）职务犯罪案件审查逮捕权力：从"自行决定"到"上提一级"

根据我国宪法和刑事诉讼法的规定，逮捕犯罪嫌疑人、被告人需要经过人民检察院批准或者决定或者人民法院决定，并交由公安机关执行。这一规定确立了我国逮捕批准权或决定权和执行权相分离的基本结构，即检察院享有逮捕的批准权和决定权，法院享有逮捕决定权，公安机关享有逮捕的执行权。对于公安机关侦查的案件认为需要逮捕犯罪嫌疑人的，应当提请人民检察院进行审查并由检察院作出批准逮捕的决定后，公安机关才能执行逮捕。这一规定体现了分权制衡的理念。1979年制定《刑事诉讼法》和1996年、2012年两次修改《刑事诉讼法》，都在刑事诉讼法中对这一宪法规定予以重申。

但是，对于检察院直接立案侦查的案件认为需要逮捕犯罪嫌疑人的，无论是1979年制定《刑事诉讼法》，还是1996年修改《刑事诉讼法》，都没有明确规定应当由哪一级检察机关进行审查决定，实践中则是由负责立案侦查案件的检察院自行审查决定逮捕，然后交公安机关执行逮捕。这造成检察机关直接立案侦查案件的逮捕权力过于集中，容易造成检察院在是否逮捕问题上带有一定的倾向性，甚至滥用权力，侵犯人权。为了加强上级人民检察院对下级人民检察院办理直接受理侦查案件工作的领导和监督制约，提高人民检察院对直接受理侦查案件作出立案、逮捕决定的质量，规范人民检察院逮捕决定权的行使，1999年最高人民检察院颁布的《人民检察院刑事诉讼规则》第95条规定，人民检察院办理直接立案侦查的审查逮捕案件，应当报上一级人民检察院备案。2005年最高人民检察院颁布《人民检察院直接受理侦查案件立案、逮捕实行备案审查的规定（试行）》，要求省级以下（含省级）人民检察院办理直接受理侦查案件，决定立案、逮捕的，应当报上一级人民检察院备案审查，确立了检察院决定逮捕的备案审查模式。

2009年9月，根据中央关于深化司法体制和工作机制改革的部署，最高人民检察院颁布《关于省级以下人民检察院立案侦查的案件由上一级人民检察院审查决定逮捕的规定（试行）》，明确规定省级以下（不含省级）检察院立案侦查的案件，需要逮捕犯罪嫌疑人的,应当报请上一级检察院审查决定,确立了"上提一级"的逮捕审查决定模式。对此,最高人民检察院侦查监督厅负责人表示,该规定改革了检察机关内部的办案机制,将最大限度地强化检察机关内部的监督制约,也符合社会各界要求对职务犯罪逮捕加强监督、提高办案质量的期待。在这项改革之前,职务犯罪案件的立案、侦查、逮捕、起诉均依法由同一个检察院办理,容易产生监督制约不到位的问题。此外,上提决定权并不意味着削弱下级院侦查监督部门的审查职能。下级检察院侦查部门对职务犯罪嫌疑人报请上一级检察院逮捕时要先经本院侦查监督部门审查,报本级院检察长或检委会审批后,再报上级院审查决定。[①] 从实际效果看,这一改革举措起到了提高侦查活动规范化水平和保障犯罪嫌疑人合法权益的作用。[②]

2012 年《刑事诉讼法》保持了"逮捕犯罪嫌疑人、被告人,必须经过人民检察院批准或者人民法院决定,由公安机关执行"的规定,随后最高人民检察院修订的《人民检察院刑事诉讼规则(试行)》第 327 条确认了省级以下(不含省级)人民检察院办理职务犯罪案件的审查逮捕权上提一级的规定。

(三)审查处理结果:检察机关补充侦查决定权之取消

1979 年《刑事诉讼法》第 47 条规定,人民检察院对于公安机关提请批准逮捕的案件进行审查后,应当根据情况分别作出批准逮捕,不批准逮捕或者补充侦查的决定。据此,检察机关对公安机关提请逮捕的案件无法确定是否应予逮捕的,检察机关可以决定进行补充侦查。这实际上导致检察机关通过审查逮捕来实际承担侦查职能,与检察机关的诉讼角色不符。1996 年修改《刑事诉讼法》,取消了人民检察院在审查逮捕之后作出补充侦查决定的权力,规定"人民检察院对于公安机关提请批准逮捕的案件进行审查后,应当根据情况分别作出批准逮捕或者不批准逮捕的决定。对于批准逮捕的决定,公安机关应当立即执行,并且将执行情况及时通知人民检察院。对于不批准逮捕的,人民检察院应当说明理由,需要补充侦查的,应当同时通知公安机关"。此外,1998 年最高人民法院、最高人民检察院、公安部、国家安全部、司法部、全国人大常委会法制工作委员会《关于刑事诉讼法实施中若干问题的规定》第 27 条规定,人民检察院审查公安机关提请批准逮捕的案件,应当作出批准或者不批准逮捕的决定,对报请批准逮捕的案件不另行侦查。因此,检察院对公安机关提请批准逮捕的案件进行审查后,要么作出批准逮捕的决定,要么作出不批准逮捕的决定,但不得作出补充侦查的决定。

---

① 宋伟:《逮捕犯罪嫌疑人 报上一级检察院》,载《人民日报》2009 年 9 月 5 日第 2 版。
② 徐日丹:《强化内部监督、提高职务犯罪侦查水平——"职务犯罪案件审查逮捕权上提一级"改革回眸》,载《检察日报》2010 年 2 月 22 日第 3 版。

2012年《刑事诉讼法》第88条继续沿用1996年《刑事诉讼法》关于人民检察院审查后只能作出批准逮捕决定或者不批准逮捕决定的规定。根据这一规定,对于检察院不批准逮捕的,公安机关在收到不批准逮捕决定后,应当立即释放在押的犯罪嫌疑人或者变更强制措施。对于证据不足,需要补充侦查的,人民检察院应当在作出不批准逮捕决定的同时,通知提请批准逮捕的公安机关补充侦查,并附补充侦查提纲,列明需要查清的事实和需要收集、核实的证据。对人民检察院补充侦查提纲中所列的事项,公安机关应当及时进行侦查、核实,并逐一作出说明。公安机关补充侦查完毕,认为符合逮捕条件的,可以重新提请批准逮捕,但不能未经侦查和说明,以相同材料再次提请批准逮捕。①

(四)逮捕执行程序:从"捕押合一"到"捕押相对分离"

刑事诉讼法关于逮捕执行程序的规定主要包括两个方面:一是逮捕后送看守所羁押;二是逮捕后通知家属。1979年和1996年《刑事诉讼法》只规定了逮捕后通知家属的规定,要求"逮捕后,除有碍侦查或者无法通知的情形以外,应当把逮捕的原因和羁押的处所,在二十四小时以内通知被逮捕人的家属或者他的所在单位"。1998年公安部颁布的《公安机关办理刑事案件程序规定》第145条规定,对被拘留、逮捕的犯罪嫌疑人、被告人应当立即送看守所羁押。但是,这一规定在司法实践中并未得到有效执行。2012年《刑事诉讼法》对逮捕后的执行程序作了较大修改,第91条第2款规定,"逮捕后,应当立即将被逮捕人送看守所羁押。除无法通知的以外,应当在逮捕后二十四小时以内,通知被逮捕人的家属"。

较之1979年和1996年《刑事诉讼法》关于逮捕执行程序的规定,2012年《刑事诉讼法》在以下方面作了调整。

第一,增加了逮捕后应当立即将被逮捕人送看守所羁押的规定。之所以作此规定,主要是考虑到看守所作为专门的羁押场所,看押、提讯设施、安全警戒、监所监督人员等都是按照有关规定建设和配备的,有条件保证被逮捕人人身安全,防止脱逃,保障讯问等工作依法顺利进行,不仅有利于防止发生被逮捕人逃跑、自杀、突发疾病死亡等情况,而且能有效防止对被逮捕人刑讯逼供的情况发生。②

第二,取消了如果通知有碍侦查可以不通知被逮捕人家属的规定。即,除被逮捕人家属姓名、地址不明或没有家属等无法通知的以外,采取逮捕措施的,一律都要在逮捕后的24小时以内通知被逮捕人的家属。这可以防止办案机关在司法实践中假借"通知有碍侦查"的理由而不通知被逮捕人的家属,有利于保障被逮捕人

---

① 郎胜主编:《中华人民共和国刑事诉讼法释义(最新修正版)》,法律出版社2012年版,第212页。

② 郎胜主编:《中华人民共和国刑事诉讼法释义(最新修正版)》,法律出版社2012年版,第218页。

的合法权益及其家属的知情权。

第三,取消了关于"逮捕的原因和羁押的处所"的通知内容上的限制和通知对象中的"他的所在单位"的规定。一方面,取消通知内容的主要原因是:在司法实践中,刑事案件本身的情况非常复杂,有的需要通知被逮捕的原因,有的需要通知羁押的处所,有的需要通知家属有权代为委托律师,这些不可能在法律里作出详尽的规定。而且,有的案件随着侦查的不断进行,犯罪嫌疑人涉嫌的罪名以及案情会发生变化,所以为了适应各种复杂的情况,法律作了原则性的规定。[①] 另一方面,取消通知其所在单位的主要原因是:可以更好地保障犯罪嫌疑人、被告人的经济、隐私、名誉等实体性权利。对犯罪嫌疑人适用逮捕只是其涉嫌实施了犯罪,而不是确定他实施了犯罪,而一旦将逮捕情况通知其所在单位,单位往往就会对犯罪嫌疑人、被告人作出开除或解聘等处理,还会暴露犯罪嫌疑人、被告人的个人隐私,影响其名誉等,不利于对其合法权益的保障。

1979 年和 1996 年《刑事诉讼法》没有对逮捕和羁押的关系作出规定,逮捕就是羁押,羁押就是逮捕,将犯罪嫌疑人、被告人予以逮捕就意味着对其羁押,至于是否必须在看守所内羁押则并不重要,导致实践中看守所外羁押、所外讯问等现象较为突出。2012 年《刑事诉讼法》关于逮捕执行程序修改的最大意义在于,通过规定逮捕后应当立即将被逮捕人送看守所羁押这一内容,在一定程度上界定了逮捕和羁押之间的关系,体现了逮捕与羁押的相对分离。逮捕和羁押分别由不同的部门执行,即使执行逮捕是合法的,也并不代表羁押就一定是合法的。逮捕之后必须立即送到看守所羁押,此为合法羁押,依法在看守所内进行的讯问,为合法讯问;逮捕之后没有立即送看守所而在所外予以羁押的,即构成非法羁押,此种情况下对犯罪嫌疑人、被告人进行的讯问,应当认定为非法讯问。

三、存在问题与展望

通过对我国逮捕制度主要内容的变化进行梳理可以发现,我国逮捕制度在 40 年来有了很大发展,更加注重对人权的保障。但是,毋庸回避,我国逮捕制度仍然存在一些问题,有待进一步研究和完善。

第一,在立法上确立审前非羁押原则。从国际范围来看,审前非羁押已经成为一项国际通行的刑事司法准则或者人权原则,得到各国立法、司法和联合国有关文件的普遍认可。我国 2012 年《刑事诉讼法》规定了"对未成年犯罪嫌疑人、被告人应当严格限制适用逮捕措施",意味着将逮捕作为最后手段在万不得已的情况下才

---

① 宋英辉、刘广三、何挺等:《刑事诉讼法修改的历史梳理与阐释》,北京大学出版社 2014 年版,第 167 页。

能对未成年人适用,从而确立了未成年人刑事案件的审前非羁押原则。但是,作为一项国际通行的人权原则、宪法原则和刑事诉讼原则,审前非羁押原则不应区分成年人和未成年人,而应当适用于所有的犯罪嫌疑人、被告人。对此,我国《刑事诉讼法》并未予以规定。因此,应当借鉴有关对未成年人严格限制适用逮捕措施的规定,在《刑事诉讼法》第78条中增加"严格限制适用逮捕措施",即修改为"严格限制适用逮捕措施。逮捕犯罪嫌疑人、被告人,必须经过人民检察院批准或者人民法院决定,由公安机关执行"。更进一步而言,应当将《宪法》第37条第2款修改为:"严格限制适用逮捕措施。任何公民,非经人民检察院批准或者决定或者人民法院决定,并由公安机关执行,不受逮捕。"

第二,建立审查逮捕的社会危险性条件评估机制。社会危险性条件是审查逮捕需要解决的核心问题。2012年《刑事诉讼法》及2015年最高人民检察院和公安部《关于逮捕社会危险性条件若干问题的规定》详细列举了社会危险性条件的各种情形,对于办案人员准确理解和严格把握逮捕社会危险性条件具有很大的帮助。但是,立法并未明确规定采用何种方法来考察社会危险性条件,有无社会危险性在很大程度上仍然取决于办案人员的主观认知和裁量。这就增加了逮捕适用的随意性和滥用可能。实践中,有的办案机关采用一定方法对影响审查逮捕的风险因素进行综合评估,对于认定是否具有逮捕必要起到积极作用。应当建立审查逮捕社会危险性评估机制,采用科学方法对社会危险性的大小进行评估,减少逮捕适用的主观因素,提高逮捕适用的准确性。

第三,推进审查逮捕程序的诉讼化改革。2012年《刑事诉讼法》以及相关司法解释关于审查逮捕程序的规定在一定程度上体现了诉讼化倾向,但总体而言,审查逮捕程序的诉讼化程度仍然较低,即使是规定必须讯问未成年人和听取辩护律师意见的未成年人审查逮捕程序,也没有规定公安机关和辩护方作为审查逮捕程序的两造、检察机关作为裁判方的司法裁判程序,应当进一步加以完善。对此,应当从宏观上研究审查逮捕程序与以审判为中心的刑事诉讼制度改革、与人权司法保障、与诉讼构造和正当程序、与司法审查和法律监督等范畴的关系;从微观上研究审查逮捕程序诉讼化的构成要素及其程序运行等具体问题。在程序运作方面,应当深入研究审查逮捕程序的启动方式、律师参与、控辩举证与质证、非法证据排除等证明问题、司法官调查与裁决、不批准逮捕后的转处、对逮捕决定不服的救济、法律监督等程序性要素。

第四,推进执行逮捕与执行羁押的彻底分离。2012年《刑事诉讼法》关于逮捕后立即送看守所羁押的规定,某种意义上可以看作是逮捕与羁押的相对分离,但执行逮捕和执行羁押的都是公安机关,这就很难实现真正意义上的捕押分离。从长远来看,应当将逮捕的执行机关和羁押的执行机关予以分离,这样才能真正阻断逮捕与羁押之间的联系,实现逮捕与羁押的彻底分离,真正起到分权制衡的效果。

第三节　羁押必要性审查

一、羁押必要性审查的立法梳理

羁押必要性审查,是指人民检察院依法对被逮捕的犯罪嫌疑人、被告人有无继续羁押的必要性进行审查,对不需要继续羁押的,建议办案机关予以释放或者变更强制措施的监督活动。[①] 作为一项具体的刑事诉讼制度,羁押必要性审查是与强制措施的变更、解除制度密切联系在一起的。其核心意义就在于,通过审查已经被羁押的犯罪嫌疑人、被告人是否符合释放或变更逮捕措施的情形,明确有无对其继续予以羁押的必要性,从而尽早将其从羁押状态解脱出来。可见,羁押必要性审查应着眼于据以决定批准逮捕的条件有无变化,其着眼点在于逮捕适用条件的变化,而非对逮捕适用条件进行重复审查。无论是依职权启动的审查,还是依申请启动的审查,都应当具备逮捕适用条件可能发生变化的线索与材料,以确保羁押必要性审查与批准逮捕审查保持适度区别,从而实现诉讼资源的合理配置。[②]

1979 年刑事诉讼法对强制措施的变更或解除没有作出规定,1996 年修改刑事诉讼法增加了强制措施撤销、变更或解除的有关条款,明确了法院、检察院和公安机关撤销或变更强制措施的权力,赋予犯罪嫌疑人、被告人及其法定代理人、近亲属或者犯罪嫌疑人、被告人委托的律师及其他辩护人对采取强制措施超过法定期限的情形提出解除强制措施要求的权利。2012 年修改《刑事诉讼法》,进一步补充规定了法院、检察院和公安机关对犯罪嫌疑人、被告人及其法定代理人、近亲属或者辩护人申请变更强制措施的处理程序。总体而言,我国刑事诉讼法对强制措施变更、解除制度的规定,经历了从无到有的过程,一方面逐步赋予了犯罪嫌疑人、被告人及其法定代理人、近亲属和辩护人申请变更、解除强制措施的救济权利;另一方面,要求公检法机关尽到诉讼照顾的义务,或者依据申请或者职权及时变更或者解除强制措施。[③]

除了完善强制措施的变更、解除制度外,2012 年《刑事诉讼法》在第 93 条还增加了羁押必要性审查制度,即"犯罪嫌疑人、被告人被逮捕后,人民检察院仍应当对羁押的必要性进行审查。对于不需要继续羁押的,应当建议予以释放或者变更强

---

①　《人民检察院办理羁押必要性审查案件规定(试行)》第 2 条。

②　陈卫东:《羁押必要性审查制度试点研究报告》,载《法学研究》2018 年第 2 期。

③　宋英辉、刘广三、何挺等:《刑事诉讼法修改的历史梳理与阐释》,北京大学出版社 2014 年版,第 185 页。

制措施。有关机关应当在十日内将处理情况通知人民检察院"。通过对逮捕之后继续羁押的必要性进行审查,既有助于检察机关切实发挥对逮捕适用的法律监督职责,提升法律监督效果,保证逮捕适用质量;也有助于实现逮捕措施的解除或向非羁押强制措施的变更,落实少捕慎捕原则,充分彰显人权保障价值。作为逮捕条件的事实证据条件、罪行条件、社会危险性条件,都可能随着诉讼活动的进展发生变化,进而影响到继续羁押的必要性发生变化。如审查批准逮捕时据以证明有犯罪事实的重要证据,随着侦查工作的深入,被新的证据所否定;立案时认定的犯罪数额,经过进一步调查核实,大为缩小,影响到对可能判处刑罚的估计;实施新的犯罪、干扰证人作证或者串供的可能性已被排除的等。因此,规定逮捕以后继续进行羁押必要性审查是很有必要的,是刑事诉讼法尊重和保障人权的重要体现。[1]

逮捕后继续羁押必要性审查制度是 2012 年修改《刑事诉讼法》增加的一项诉讼制度,没有立法经验可供参考。因此,法律的规定相对比较原则,没有对诸如以何种形式进行审查、审查间隔多长时间等具体的操作性问题作出细致的规定,尚需由人民检察院和有关司法机关在实践中按照刑事诉讼法的规定,进一步总结经验,不断完善。[2] 基于此,2012 年最高人民检察院修订的《人民检察院刑事诉讼规则(试行)》(以下简称《刑诉规则》)第 616 条到第 621 条对检察机关进行逮捕后的继续羁押必要性审查作了进一步规定,将羁押必要性审查的权力按照诉讼阶段被分解给不同的部门行使,并规定了羁押必要性审查的申请主体及相关要求、审查内容、审查方式及审查后处理等内容。2016 年最高人民检察院颁布《人民检察院办理羁押必要性审查案件规定(试行)》,将进行羁押必要性审查的权力交由检察院的刑事执行检察部门统一办理,并对羁押必要性审查案件的立案、审查、结案等程序性内容作了详细规定。

二、羁押必要性审查的制度特点

2012 年《刑事诉讼法》第 93 条对羁押必要性审查制度的规定较为概括、原则,最高人民检察院《刑诉规则》和《人民检察院办理羁押必要性审查案件规定(试行)》对这一制度作了较为详细的规定。在制度内容层面,我国羁押必要性审查制度经历了从原则到具体、从概括到详细的发展,愈益发挥其法律监督和人权保障功能。

(一)羁押必要性审查的主体:从"分段审查"到"统一审查"

2012 年《刑事诉讼法》只是规定由人民检察院依法对逮捕后继续羁押的必要

---

① 郎胜主编:《中华人民共和国刑事诉讼法释义(最新修正版)》,法律出版社 2012 年版,第 221 页。

② 郎胜主编:《中华人民共和国刑事诉讼法释义(最新修正版)》,法律出版社 2012 年版,第 222 页。

性问题进行审查,但并未明确由检察院的哪个职能部门具体执行。学界对此有不同看法,有的认为应当由监所监察部门负责审查,有的认为应当由侦查监督部门负责审查,有的认为应当区分案件所处的诉讼阶段由侦查监督部门和公诉部门分别负责。司法实践中的做法也不尽相同,有的地区由侦查监督部门主导对羁押必要性的审查,其他部门予以配合;有的地区则由监所检察部门负责,侦查监督部门和公诉部门予以配合。[①] 2012 年最高人民检察院修订后的《刑诉规则》第 617 条将逮捕后继续羁押必要性审查的权力按照诉讼阶段的不同分别配置给不同的职能部门。具体而言,侦查阶段的羁押必要性审查由侦查监督部门负责;审判阶段的羁押必要性审查由公诉部门负责;监所检察部门在监所检察工作中发现不需要继续羁押的,可以提出释放犯罪嫌疑人、被告人或者变更强制措施的建议。这一规定不利于办案机关在实践中掌握统一标准,造成适用上的混乱,未能切实发挥制度效果。2016 年最高人民检察院颁布的《人民检察院办理羁押必要性审查案件规定(试行)》对此作出修改,将羁押必要性审查的具体权能交由刑事执行检察部门统一行使,侦查监督、公诉、侦查、案件管理、检察技术等部门予以配合。

(二)羁押必要性审查的启动:从"依职权"到"依职权和依申请"

2012 年《刑事诉讼法》规定"犯罪嫌疑人、被告人被逮捕后,人民检察院仍应当对羁押的必要性进行审查",既明确了逮捕后羁押必要性审查是检察机关的法定义务,同时也明确了检察机关依职权启动羁押必要性审查的方式。2012 年最高人民检察院《刑诉规则》增加规定了检察机关依申请启动羁押必要性审查的方式。即,犯罪嫌疑人、被告人及其法定代理人、近亲属或者辩护人可以申请人民检察院进行羁押必要性审查,申请时应当说明不需要继续羁押的理由,有相关证据或者其他材料的,应当提供(《刑诉规则》第 618 条)。人民检察院发现或者根据犯罪嫌疑人、被告人及其法定代理人、近亲属或者辩护人的申请,经审查认为不需要继续羁押的,应当建议有关机关予以释放或者变更强制措施(《刑诉规则》第 616 条第 2 款)。2016 年最高人民检察院颁布的《人民检察院办理羁押必要性审查案件规定(试行)》再次确认依职权和依申请的二元启动模式。[②]

---

① 梁竣峰、牟位煜:《沿滩区检察院积极寻求衔接新旧〈刑诉法〉的做法建立捕后羁押必要性审查制度》,载《自贡日报》2012 年 7 月 6 日;吕伟等:《羁押必要性审查 费县先行一步》,载《检察日报》2012 年 8 月 22 日。

② 《人民检察院办理羁押必要性审查案件规定(试行)》第 7 条规定:"犯罪嫌疑人、被告人及其法定代理人、近亲属、辩护人申请进行羁押必要性审查的,应当说明不需要继续羁押的理由。有相关证明材料的,应当一并提供。"第 11 条规定:"刑事执行检察部门对本院批准逮捕和同级人民法院决定逮捕的犯罪嫌疑人、被告人,应当依职权对羁押必要性进行初审。"

(三)完善羁押必要性的审查方法与评估机制

2012 年《刑事诉讼法》没有规定检察机关对羁押必要性进行审查时可以采取哪些具体方法。有关羁押必要性审查的方式最早是在 2012 年最高人民检察院《刑诉规则》第 620 条加以规定的。2016 年最高人民检察院颁布的《人民检察院办理羁押必要性审查案件规定(试行)》第 13 条也作了规定。根据第 13 条的规定,人民检察院进行羁押必要性审查,可以采取以下方式:(1)审查犯罪嫌疑人、被告人不需要继续羁押的理由和证明材料;(2)听取犯罪嫌疑人、被告人及其法定代理人、辩护人的意见;(3)听取被害人及其法定代理人、诉讼代理人的意见,了解是否达成和解协议;(4)听取现阶段办案机关的意见;(5)听取侦查监督部门或者公诉部门的意见;(6)调查核实犯罪嫌疑人、被告人的身体状况;(7)其他方式。

此外,《人民检察院办理羁押必要性审查案件规定(试行)》第 15 条和第 16 条还对羁押必要性审查的评估机制作了规定。即,人民检察院应当根据犯罪嫌疑人、被告人涉嫌犯罪事实、主观恶性、悔罪表现、身体状况、案件进展情况、可能判处的刑罚和有无再危害社会的危险等因素,综合评估有无必要继续羁押犯罪嫌疑人、被告人。评估犯罪嫌疑人、被告人有无继续羁押必要性可以采取量化方式,设置加分项目、减分项目、否决项目等具体标准。犯罪嫌疑人、被告人的得分情况可以作为综合评估的参考。

(四)列举审查后提出检察建议的具体情形

检察机关对羁押必要性进行审查后,认为不需要继续羁押犯罪嫌疑人、被告人的,应当提出相应的监督意见。按照 2012 年《刑事诉讼法》的规定,人民检察院提出监督意见的方式是"建议予以释放或者变更强制措施"。规定为"建议"而非强制性要求,主要是从监督角度考虑的。人民检察院在审查中发现被羁押人没有必要继续羁押的,提出建议,由有关机关就羁押必要性进行全面审查,既考虑了监督的性质、特点,不代替其他有关机关做决定,又体现了对于解除、变更羁押措施的慎重。但是,对于检察机关提出的释放或者变更强制措施建议,有关机关必须本着认真负责的态度,对建议的要求及所根据的事实、证据等进行研究和考虑,全面就羁押必要性进行审查,及时作出正确决定。不能因为属于"建议"就以"可听可不听"的态度对待。检察机关提出建议后,有关机关应当将处理结果通知人民检察院,并将通知的时限明确限定为 10 日以内。有关机关未采纳检察机关的建议的,必须说明理由和根据。[①]

为了检察机关在实践中更好地把握开展羁押必要性审查和提出检察建议,2016 年最高人民检察院颁布的《人民检察院办理羁押必要性审查案件规定(试

---

① 郎胜主编:《中华人民共和国刑事诉讼法释义》(最新修正版),法律出版社 2012 年版,第 222 页。

行)》在 2012 年最高人民检察院《刑诉规则》第 619 条规定的人民检察院可以向有关机关提出予以释放或者变更强制措施建议的八种情形的基础上,进一步在第 17 条和第 18 条规定了应当提出建议的四种情形和可以提出建议的 12 类人。分别是:

第一,人民检察院应当向办案机关提出释放或者变更强制措施建议的四种情形:案件证据发生重大变化,没有证据证明有犯罪事实或者犯罪行为系犯罪嫌疑人、被告人所为的;案件事实或者情节发生变化,犯罪嫌疑人、被告人可能被判处拘役、管制、独立适用附加刑、免予刑事处罚或者判决无罪的;继续羁押犯罪嫌疑人、被告人,羁押期限将超过依法可能判处的刑期的;案件事实基本查清,证据已经收集固定,符合取保候审或者监视居住条件的。

第二,因"具有悔罪表现,不予羁押不致发生社会危险性",人民检察院可以向办案机关提出释放或者变更强制措施建议的 12 类人:预备犯或者中止犯;共同犯罪中的从犯或者胁从犯;过失犯罪的;防卫过当或者避险过当的;主观恶性较小的初犯;系未成年人或者年满 75 周岁的人;与被害方依法自愿达成和解协议,且已经履行或者提供担保的;患有严重疾病、生活不能自理的;系怀孕或者正在哺乳自己婴儿的妇女;系生活不能自理的人的唯一扶养人;可能被判处 1 年以下有期徒刑或者宣告缓刑的;其他不需要继续羁押犯罪嫌疑人、被告人的情形。

三、存在问题与展望

应该说,羁押必要性审查制度对于规范逮捕权力行使、促使逮捕及时变更、实现逮捕程序保障功能回归、杜绝实践中"一押到底"现象发生等方面具有重要作用。但是,羁押必要性审查制度在实践中也遇到一些困惑,需要理论上进一步研究。

第一,羁押必要性审查制度的功能定位尚不明确。立法与司法实践对羁押必要性审查的功能定位不明确,即羁押必要性审查与批准逮捕审查之间的功能差异尚不明确。对这一问题,立法应当作出明确界定。羁押必要性审查的功能是识别逮捕适用条件随着诉讼进程有无变化,以防"一押到底""一关了之"。在制度设计上,应当赋予羁押必要性审查以伴随诉讼进程定期进行的特点。在一个相对固定的时间段内,当事人提出启动审查的申请次数应当加以限制,并且伴随着时间的推移,启动审查的概率应逐步降低。[①]

第二,羁押必要性审查的法律约束力不强。检察机关对被逮捕的犯罪嫌疑人、被告人进行羁押必要性审查后,认为不需要继续羁押的,只能向有关机关提出予以释放或者变更强制措施的建议,如果检察机关提出的释放或者变更强制措施建议

---

① 陈卫东:《羁押必要性审查制度试点研究报告》,载《法学研究》2018 年第 2 期。

不具有强制性和执行力,必然会导致有关机关对这一建议可以执行也可以不执行的尴尬,至少是增加了不执行检察建议的风险,削弱了羁押必要性审查制度的价值。应当明确检察机关对羁押必要性进行审查后,有权作出释放或者变更强制措施的决定权,突出羁押必要性审查的司法属性,强化羁押必要性审查的法律效力。

第四节 拘留

一、拘留的立法梳理

拘留是公安机关、人民检察院在侦查中对具有法定紧急情形的现行犯或者重大嫌疑分子依法所采取的临时剥夺其人身自由的一种强制措施。拘留只适用于具有刑事诉讼法规定情形的现行犯或者重大嫌疑分子,具有紧急性和临时性的根本属性。新中国成立后,我国有关刑事拘留制度的立法内容最早是在 1954 年《逮捕拘留条例》中规定的,明确了拘留是一种临时性的紧急措施这一基本定位,并规定了适用拘留的紧急情形和基本程序。1979 年修订的《逮捕拘留条例》将拘留的适用对象从"需要侦查的人犯"修改为"罪该逮捕的现行犯或者重大嫌疑分子",并对适用拘留的紧急情形作了修改,适当延长了公安机关在拘留后向检察机关提请批准逮捕的时间和检察机关审查批准逮捕的时间。同年制定的《刑事诉讼法》吸收了 1979 年《逮捕拘留条例》的有关内容,增加了拘留后在 24 小时内将拘留的原因和羁押的处所通知被拘留人的家属或者其所在单位的规定。此后的十几年时间里,1979 年《逮捕拘留条例》和 1979 年《刑事诉讼法》这两部法律同时适用,直到 1997 年 1 月 1 日修改后的《刑事诉讼法》正式施行,1979 年《逮捕拘留条例》才随之同时废止。

1996 年修改的《刑事诉讼法》对拘留制度也作了比较大的增补和修改。主要包括:第一,删除拘留适用对象中的"罪该逮捕"的要求。第二,取消收容审查制度,将"不讲真实姓名、住址,身份不明的"和"有流窜作案、多次作案、结伙作案重大嫌疑的"等情形纳入拘留的适用情形。第三,增加异地执行拘留的规定。公安机关在异地执行拘留的,应当通知被拘留人所在地的公安机关,被拘留人所在地的公安机关应当配合。第四,增加公安机关对具有流窜作案、多次作案、结伙作案的重大嫌疑分子提请审查批准的期限,可以自决定拘留之日起延长到 30 日。第五,延长检察机关对公安机关提请批准逮捕的案件的审查期限。检察机关应当自接到公安机关提请批准逮捕书后的 7 日以内,作出批准逮捕或者不批准逮捕的决定。第六,增加检察机关办理直接立案侦查案件中自行决定拘留的有关内容。除此之外,1998 年最高人民法院、最高人民检察院、公安部、国家安全部、司法部、全国人大常委会法制工作委员会联合发布的《关于刑事诉讼法实施中若干问题的规定》,1999 年最高人民检察院颁布的《人民检察院刑事诉讼规则》和 1998 年公安部颁布的《公安机关办理刑事案件程序规定》对拘留的程序事项作了进一步细化。

较之 1996 年《刑事诉讼法》对拘留制度的大幅修改,2012 年修改的《刑事诉讼法》则只对拘留制度作了个别条款的修改。虽然对拘留制度的修改内容并不多,但修改的意义非常重要。修改之处主要包括以下三点:第一,增加拘留后立即送看守所羁押的规定;第二,规范因通知可能有碍侦查的理由而不予通知的有关内容;第三,延长了检察机关直接受理案件中对被拘留人的审查逮捕期限。同时,2012 年最高人民法院、最高人民检察院、公安部、国家安全部、司法部、全国人大常委会法制工作委员会联合发布的《关于刑事诉讼法实施中若干问题的规定》,2012 年最高人民检察院修订的《人民检察院刑事诉讼规则(试行)》和 2012 年公安部修订的《公安机关办理刑事案件程序规定》等也对拘留制度作了进一步规定。

除了刑事诉讼法关于拘留制度的规定外,《全国人民代表大会组织法》《地方各级人民代表大会和地方各级人民政府组织法》《全国人民代表大会和地方各级人民代表大会代表法》等法律还对拘留各级人民代表大会代表作了特别规定。根据有关规定,对县级以上的各级人民代表大会代表采取拘留措施的,应当经该级人民代表大会主席团或者人民代表大会常务委员会许可;如果是现行犯被拘留,执行拘留的机关应当立即向该级人民代表大会主席团或者人民代表大会常务委员会报告;对乡、民族乡、镇的人民代表大会代表采取拘留措施的,执行机关应当立即报告乡、民族乡、镇的人民代表大会。此外,最高人民检察院《人民检察院刑事诉讼规则》和公安部《公安机关办理刑事案件程序规定》还对拘留各级人民代表大会代表的报请许可和报告程序作了详细的规定。不仅如此,公安部《公安机关办理刑事案件程序规定》还对公安机关执行拘传、取保候审、监视居住、逮捕等其他强制措施时发现被执行人是各级人民代表大会代表的情形,以及执行拘传、取保候审、监视居住、拘留或者逮捕时发现被执行人是政治协商委员会委员的情形,应当如何处理,作了明确规定。

二、拘留的制度特点

梳理和归纳我国刑事诉讼法及有关司法解释、部门规定等关于拘留的立法规定可以发现,我国刑事拘留在制度层面主要有以下发展特点。

(一)完善拘留适用对象,明晰拘留制度定位

1979 年《刑事诉讼法》对拘留适用对象的规定是"罪该逮捕的现行犯或者重大嫌疑分子",因而适用拘留需要同时满足两个条件:一是罪该逮捕,即符合法律规定的逮捕条件;二是属于现行犯或者重大嫌疑分子。这一规定有利于办案机关在司法实践中严格把握和控制拘留措施的适用,但同时也将拘留和逮捕绑定在一起,拘

留成为逮捕的前置措施,与立法规定拘留的制度定位有所偏差。一方面,办案机关在实施拘留之前要先判断犯罪嫌疑人符不符合逮捕条件、该不该逮捕,但在紧急的短时间内很难准确判断犯罪嫌疑人该不该逮捕,从而与拘留的紧急性特点相矛盾;另一方面,也造成拘留之后必然会被逮捕,冲淡了拘留作为一种独立的强制措施的自我价值。

适用拘留的目的是及时制止正在进行的犯罪,抓获现行犯罪分子和重大嫌疑分子;阻止犯罪危害延续,尽量消除犯罪后果;及时取得罪证,查明案情,保证侦查工作顺利进行,[①]不是为了保证后续能够对犯罪嫌疑人进行逮捕。因此,1996 年修改的《刑事诉讼法》将拘留适用对象中"罪该逮捕"的要求予以删除,突出了拘留的紧急性特点,切断了拘留和逮捕之间的必然联系,进一步厘清拘留作为处理紧急情形的临时措施这一基本定位。只要是具有刑事诉讼法规定的紧急情形的"现行犯或者重大嫌疑分子",办案机关就可以先行拘留,无须考虑是否应当逮捕。拘留之后经过进一步收集证据,认为符合逮捕条件的,则依法办理提请审查批准逮捕程序;不符合逮捕条件的,则予以释放或者变更为取保候审、监视居住。

(二)完善拘留的适用情形,取消收容审查

详细列举拘留的适用情形,这是我国《刑事诉讼法》的一贯做法。1979 年《刑事诉讼法》第 41 条对拘留的适用情形作了明确规定。根据该条规定,公安机关对于罪该逮捕的现行犯或者重大嫌疑分子,如果有下列情形之一的,可以先行拘留:(1)正在预备犯罪、实行犯罪或者在犯罪后即时被发觉的;(2)被害人或者在场亲眼看见的人指认他犯罪的;(3)在身边或者住处发现有犯罪证据的;(4)犯罪后企图自杀、逃跑或者在逃的;(5)有毁灭、伪造证据或者串供可能的;(6)身份不明有流窜作案重大嫌疑的;(7)正在进行"打砸抢"和严重破坏工作、生产、社会秩序的。应该说,1979 年《刑事诉讼法》关于拘留适用情形的规定在总体上是比较科学合理的,但第六项情形要求具备"身份不明""有流窜作案""重大嫌疑"的条件过于严苛,第七项则更多的是出于当时特定历史时期的现实需要。同时,在司法实践中,对于那些不讲真实姓名、住址、来历不明的或者有流窜作案、多次作案、结伙作案嫌疑的人,公安机关普遍采取收容审查的方法。所谓收容审查,是依据国务院及公安部有关法规确立的公安机关对流窜犯罪分子及有流窜作案嫌疑的人员所采取的行政性强制审查措施。从形式上看,收容审查具有行政属性,而实质上它是用来对付流窜犯罪的一种特殊手段。[②] 对不讲真实姓名、住址、来历不明的或者有流窜作案、多

---

① 郎胜主编:《中华人民共和国刑事诉讼法释义(最新修正版)》,法律出版社 2012 年版,第 195 页。

② 王艳:《拘留、逮捕与收容审查的几个问题》,载《现代法学》1994 年第 2 期。

次作案、结伙作案嫌疑的人适用收容审查的做法得到 1980 年国务院《关于将强制劳动和收容审查两项措施统一于劳动教养的通知》的确认。

理论界对收容审查制度素有存废之争,但立法却一直没有对公安机关适用收容审查作出明令禁止。直到 1996 年《刑事诉讼法》修改,主流观点已经倾向于通过完善拘留的适用情形来废除收容审查。为了进一步加强社会主义民主和法制建设,更好地保护公民的人身权利,将收容审查中与犯罪斗争有实际需要的内容,吸收到刑事诉讼法中,对有关刑事强制措施进行补充修改,将其中不讲真实姓名、来历不明、流窜作案、多次作案、结伙作案等需要公安机关迅速采取措施,才能制止犯罪,查明犯罪,抓获犯罪嫌疑人的情况,也吸收到刑事诉讼法有关先行拘留的规定中,不再保留作为行政强制手段的收容审查。这样修改,有利于防止在刑事诉讼中采用非刑事诉讼强制措施限制人身自由的情形。[①] 1996 年第八届全国人民代表大会第四次会议《关于修改〈中华人民共和国刑事诉讼法〉的决定》将"(六)不讲真实姓名、住址,身份不明的"和"(七)有流窜作案、多次作案、结伙作案重大嫌疑的"作为拘留的两种适用情形写入其中,并正式废除收容审查。自此,在争论中存活了 30 余年的收容审查制度寿终正寝,退出中国法治发展的历史舞台。

（三）完善拘留的执行程序

1979 年《刑事诉讼法》对执行拘留的程序内容作了一些规定,如拘留时应当出示拘留证、拘留后应当将拘留的原因和羁押的处所通知被拘留人的家属或所在单位等,总体来说规定得比较简单。对此,1996 年修改的《刑事诉讼法》增加了异地执行拘留的规定,2012 年修改的《刑事诉讼法》在 1996 年《刑事诉讼法》的基础上进一步完善了拘留后的送押和通知程序。具体而言,在执行程序方面,拘留制度主要有以下几点发展变化：

第一,增加异地执行拘留的程序规定。1979 年《刑事诉讼法》没有对公安机关异地执行拘留作出规定。但实践中,犯罪分子在实施犯罪行为之后,为了逃避打击,往往会潜逃到外地,从而公安机关到异地执行拘留的情形较为普遍。为了统一和规范公安机关异地执行拘留的实践做法,1996 年修改的《刑事诉讼法》对公安机关异地执行拘留的程序作了明确规定,2012 年《刑事诉讼法》未作修改。主要包括两个方面:一方面,执行拘留的公安机关负有通知义务。规定通知义务的理由有二:一是为了让当地公安机关能够为配合执行拘留进行必要的准备,比如事先查找犯罪嫌疑人、被告人下落,准备人员、车辆,拟定行动路线、方案等。二是作为当地的治安管理机关,有责任掌握本地的治安状况,包括在本地是否发生了违法犯罪、

---

① 郎胜主编:《中华人民共和国刑事诉讼法释义（最新修正版）》,法律出版社 2012 年版,第 196 页。

犯罪嫌疑人是否居住在本地或者流窜、隐藏在本地等情况。在当地公安机关不知情的情况下执行了拘留,也可能会给当地公安机关造成工作上的麻烦,比如误认为本地公安机关管理的居住人口失踪,甚至出现当地公安机关不了解实际情况,因误解而给拘留造成障碍的情况。① 另一方面,所在地的公安机关负有配合义务。需要注意的是,法律规定的是所在地公安机关应当配合,而不是代替执行。

第二,增加拘留后送看守所羁押的规定。1979 年《刑事诉讼法》和 1996 年修改《刑事诉讼法》都没有明确规定公安机关执行拘留后的送押义务,造成实践中办案机关实施拘留后在羁押场所外进行长时间讯问和刑讯逼供等非法取证现象的大量发生。1998 年公安部《公安机关办理刑事案件程序规定》第 145 条规定"对被拘留、逮捕的犯罪嫌疑人、被告人应当立即送看守所羁押",但这一规定在实践中并未发挥实际作用。2012 年修改的《刑事诉讼法》增加了"拘留后,应当立即将被拘留人送看守所羁押,至迟不得超过二十四小时"的规定。据此,在一般情况下,公安机关执行拘留后应当毫不迟延的第一时间将被拘留人送到看守所予以羁押。在特殊情况下,可以在拘留后的 24 小时以内送看守所羁押。之所以规定"至迟不得超过二十四小时",主要是考虑到实践中情况比较复杂,如执行拘留的地点距离看守所较远,需要一定的路途时间;在犯罪现场被拘留需要当场指认、协助抓获同案犯的等。至迟不超过 24 小时,是指如果有特殊情况,送往看守所的时间最长也不得超过此时限;如无特殊情况,必须及时送往看守所羁押。并不是说公安机关在执行拘留以后,只要不超过 24 小时,就可以任意拖延。②

第三,规范因有碍侦查而不予通知的情形。1979 年《刑事诉讼法》和 1996 年修改《刑事诉讼法》对拘留后不予通知的情形作了规定:一是通知有碍侦查,二是无法通知。因此,公安机关执行拘留后,除有碍侦查或者无法通知的情形以外,应当把拘留的原因和羁押的处所,在 24 小时以内通知被拘留人的家属或者他的所在单位。在实践中,对如何理解"有碍侦查"存在不同认识,有的办案机关出于办案方便的考虑滥用拘留权,以"通知有碍侦查"为借口而不通知被拘留人的家属,导致实践中秘密拘捕现象的发生。对此,为了防止办案机关借"有碍侦查"之名实施秘密拘捕,规范拘留权的行使和保障被拘留人及其家属的合法权利,2012 年《刑事诉讼法》在两个方面作出规范:一是对"有碍侦查"的案件范围作出严格限定,只有因涉嫌"危害国家安全犯罪、恐怖活动犯罪"这两类犯罪且通知有碍侦查的,办案机关才可以暂时不通知被拘留人的家属。需要注意的是,即使涉嫌危害国家安全犯罪或

---

① 郎胜主编:《中华人民共和国刑事诉讼法释义》(最新修正版),法律出版社 2012 年版,第 197 页。

② 郎胜主编:《中华人民共和国刑事诉讼法释义》(最新修正版),法律出版社 2012 年版,第 203 页。

者恐怖活动犯罪,也不是必然不通知,还必须满足通知可能有碍侦查这一条件。二是规定在有碍侦查的情形消失后,必须立即通知被拘留人的家属。办理案件不是一成不变的,随着案件办理工作的逐步深化,通知被拘留人的家属不再妨碍侦查的,应当将拘留的情况立即通知被拘留人家属。

(四)延长公安机关特殊情形的提请审查批捕时间和检察机关审查批捕的期限

1979 年《刑事诉讼法》第 48 条规定:"公安机关对被拘留的人,认为需要逮捕的,应当在拘留后的三日以内,提请人民检察院审查批准。在特殊情况下,提请审查批准的时间可以延长一日至四日。""人民检察院应当在接到公安机关提请批准逮捕的决定书后的三日以内,作出批准逮捕或不批准逮捕的决定。"1996 年修改《刑事诉讼法》,在取消收容审查措施的同时,考虑到刑事诉讼规定中的拘留后提请审查批捕和审查批捕的时限过短,而且逮捕条件规定较严格,对有些较为复杂的案件,公安机关难以在法定期限内提请批准逮捕的情况,为解决实践中的困难,对1979 年《刑事诉讼法》第 48 条作了修改,区别不同情况,对拘留后提请批准逮捕和审查批准逮捕的时间作了调整。[①] 2012 年修改的刑事诉讼法未对此作出进一步修正。

一方面,对于流窜作案、多次作案、结伙作案的重大嫌疑分子,公安机关向检察机关提请审查批准的时间可以延长至 30 日。根据 2012 年公安部《公安机关办理刑事案件程序规定》第 125 条第 3 款[②]的规定,"流窜作案",是指跨市、县管辖范围连续作案,或者在居住地作案后逃跑到外市、县继续作案;"多次作案",是指 3 次以上作案;"结伙作案",是指 2 人以上共同作案。之所以对流窜作案、多次作案、结伙作案的提请审查逮捕时间作出特殊规定,主要是考虑到流窜作案、多次作案和结伙作案的案件往往所涉犯罪地域较广,或者犯罪数量较大,或者犯罪人数众多,查清这三类案件在客观上需要比一般刑事案件投入更多的时间和人力物力,因而有必要适当延长对这三类犯罪嫌疑人的提请批捕时间。需要注意的是,法律规定对这三种情形的提请逮捕时间可以延长到 30 日,但并不是必须延长到 30 日,也要尽可能在 3 日内或 7 日内提请检察机关审查批准逮捕。此外,2012 年公安部《公安机关办理刑事案件程序规定》第 126 条[③]规定,如果犯罪嫌疑人不讲真实姓名、住址、身份不明,在 30 日内不能查清提请批准逮捕的,经县级以上公安机关负责人批准,拘留期限自查清其身份之日起计算,但不得停止对其犯罪行为的侦查。对有证据证明有犯罪事实的案件,也可以按其自报的姓名提请批准逮捕。

---

① 郎胜主编:《中华人民共和国刑事诉讼法释义》(最新修正版),法律出版社 2012 年版,第 215 页。
② 原 1998 年公安部《公安机关办理刑事案件程序规定》第 110 条。
③ 原 1998 年公安部《公安机关办理刑事案件程序规定》第 112 条。

　　另一方面,适当延长检察机关审查批准逮捕的时间。将检察机关审查批准逮捕的时间由 1979 年《刑事诉讼法》规定的"接到公安机关提请批准逮捕书后的三日以内"修改为"接到公安机关提请批准逮捕书后的七日以内",并作出批准逮捕或者不批准逮捕的决定。人民检察院不批准逮捕的,公安机关应当在接到通知后立即释放。对于需要继续侦查,并且符合取保候审、监视居住条件的,公安机关可以依法取保候审或者监视居住。

　　(五)赋予检察机关拘留决定权并逐步完善相关内容

　　1979 年《刑事诉讼法》只对公安机关决定拘留的内容作了规定,但根据 1979 年《刑事诉讼法》的规定,人民检察院依法负有对"贪污罪、侵犯公民民主权利罪、渎职罪以及人民检察院认为需要自己直接受理的其他案件"进行立案侦查的职责。尽管检察机关立案侦查的案件往往不像公安机关侦查案件那么紧急,但也会遇到某些特殊情形而需要立即采取一定强制措施。因此,在必要的时候,检察机关对于自己立案侦查的案件应当有权决定对犯罪嫌疑人予以拘留,以此来保证刑事诉讼的顺利进行。

　　1996 年修改的《刑事诉讼法》在第 132 条增加了检察机关决定拘留的情形。根据该条规定,人民检察院直接受理的案件中符合"犯罪后企图自杀、逃跑或者在逃的""有毁灭、伪造证据或者串供可能的"两种情形之一,需要拘留犯罪嫌疑人的,由人民检察院作出决定,由公安机关执行。这一规定明确赋予检察机关对自行立案侦查的案件中的犯罪嫌疑人享有决定拘留的权力。同时,还对检察机关决定拘留的其他内容作了明确规定。主要包括:一是检察机关有权决定拘留,但无权执行拘留。对于检察机关决定拘留的,必须交给公安机关执行。二是检察机关应当在拘留后的 24 小时以内对被拘留人进行讯问,发现不应当拘留的,必须立即释放并发给释放证明。三是检察机关对犯罪嫌疑人实行拘留后认为需要逮捕的,应当在 10 日以内作出决定。在特殊情况下,决定逮捕的时间可以延长 1 日至 4 日。对不需要逮捕的,应当立即释放:对需要继续侦查,并且符合取保候审、监视居住条件的,依法取保候审或者监视居住。

　　2012 年《刑事诉讼法》对检察机关拘留后审查决定逮捕的期限作了修改,规定"人民检察院对直接受理的案件中被拘留的人,认为需要逮捕的,应当在十四日以内作出决定。在特殊情况下,决定逮捕的时间可以延长一日至三日"。这 17 日就是检察机关决定拘留的最长期限,人民检察院在决定拘留犯罪嫌疑人时,无论对于何种案件,拘留期限都不得超过这个总期限。人民检察院对被拘留的人经过审查,如果发现不需要逮捕的,应当立即释放;如果需要继续侦查,对被拘留人符合以下两个条件的,可以"依法取保候审或者监视居住":一是尚不能排除犯罪嫌疑,需要继续进行案件的侦查工作的;二是符合取保候审、监视居住条件。[①]

三、存在问题与展望

从制度层面而言,我国刑事诉讼法关于拘留的规定已经相对较为完善,其基本定位也是作为紧急情况下对犯罪嫌疑人人身自由的临时约束措施。但在司法实践中,刑事拘留的实际功能存在偏离其紧急性和临时性的倾向,异化为逮捕的前置程序和非紧急状态下的羁押措施。要想彻底解决司法实践中普遍存在的"每案必拘""拘后必捕""捕后必诉"等突出问题,就必须回归拘留的紧急性和临时性的基本属性和制度定位,进一步加强和规范拘留措施的适用。

一方面,应当坚持拘留作为紧急性措施的基本属性。从刑事诉讼法关于拘留的适用对象和适用情形的规定来看,拘留主要是为了处理某些紧急情况、保证侦查活动的顺利进行而不得不立即对现行犯或重大嫌疑分子的人身自由作出限制,否则,就可能会对侦查活动和案件侦破带来很大困难和障碍。相反,如果犯罪嫌疑人本身不符合法律规定的紧急情形,那么办案机关就不能对犯罪嫌疑人适用拘留措施,而只能依法进行审查;如果犯罪嫌疑人符合逮捕条件,则依法适用逮捕措施;如果符合取保候审或监视居住的条件,则依法办理取保候审或者监视居住手续。

另一方面,应当坚持拘留作为临时性措施的基本属性。拘留不是逮捕,尽管两者都带有一定的羁押性,都会产生犯罪嫌疑人在一定期间失去人身自由的羁押后果;但是,与逮捕在较长时间内剥夺人身自由的严苛性和持续性相比,拘留是在较短时间内剥夺人身自由的临时性措施。公安机关在对犯罪嫌疑人实施拘留之后,经过进一步侦查,如果符合法律规定的逮捕条件,则应当依法提请检察机关审查批准逮捕,将拘留变更为逮捕措施;经过进一步侦查,如果不符合逮捕条件,则应当将被拘留人予以释放;对于需要继续侦查,同时又符合取保候审或者监视居住条件的,可以依法取保候审或者监视居住。

第五节　非羁押强制措施

非羁押强制措施,是指通过对犯罪嫌疑人、被告人施加某些法定义务而在一定期间内限制其人身自由的强制措施。非羁押强制措施的一个重要特点就在于它对犯罪嫌疑人、被告人人身自由的强制性较弱,体现了尊重和保障人权理念,有利于实体公正和程序公正二元价值的实现。在我国,1979 年《刑事诉讼法》即确立了强

---

① 郎胜主编:《中华人民共和国刑事诉讼法释义》(最新修正版),法律出版社 2012 年版,第 359 页。

制措施的制度框架,其中拘传是一种强制犯罪嫌疑人、被告人到案的措施,不具有羁押性;取保候审是以犯罪嫌疑人、被告人提供一定保证并遵守相关义务的方式而将其予以释放的措施;监视居住是以限制犯罪嫌疑人、被告人的活动范围并要求其遵守相关义务的方式而不将其逮捕的措施,这三种强制措施均以非羁押性为基本属性,属于非羁押强制措施。拘留是在紧急情况下临时剥夺犯罪嫌疑人人身自由的措施,逮捕是对符合逮捕条件的犯罪嫌疑人、被告人在较长一段时间里剥夺其人身自由的措施,该两种带有明显的羁押属性,属于羁押性强制措施。

一、拘传

拘传,是指公安机关、人民检察院和人民法院对未被羁押的犯罪嫌疑人、被告人,依法强制其到案接受讯问的一种强制措施。拘传是我国《刑事诉讼法》规定的五种强制措施中对人身自由强制程度最低的措施,公安机关、检察院和法院均可适用。拘传的目的是强制犯罪嫌疑人、被告人依法到案接受讯问,没有羁押的效力,讯问之后应当将犯罪嫌疑人、被告人立即放回或者变更为其他强制措施。

除了拘传这一强制到案方法外,我国从 1979 年制定《刑事诉讼法》就规定了传唤的非强制性到案方法,1996 年和 2012 年修改《刑事诉讼法》均予承继。拘传和传唤之间存在本质区别。拘传在性质上是刑事诉讼法规定的一种强制措施,只能对犯罪嫌疑人、被告人适用,具有强制性和拘束力,如果犯罪嫌疑人、被告人不配合,办案机关可以使用戒具强制其到案。传唤在性质上只是一种通知到案方法,不是法定的强制措施,其适用对象不限于犯罪嫌疑人、被告人,对其他当事人也可以传唤。传唤不具有强制性和拘束力,即使当事人不配合传唤,办案机关也不得使用戒具等强制方法。对于经过传唤没有正当理由拒不到案的犯罪嫌疑人、被告人,可以拘传。

1979 年《刑事诉讼法》只是在第 38 条规定"人民法院、人民检察院和公安机关根据案件情况,对被告人可以拘传、取保候审或者监视居住",除此之外没有任何其他关于拘传的条款。同时,作为一种非强制性的通知到案方法,1979 年《刑事诉讼法》对传唤的规定也较为笼统,"对于不需要逮捕、拘留的被告人,可以传唤到指定的地点或者到他的住处、所在单位进行讯问,但是应当出示人民检察院或者公安机关的证明文件",何为"指定的地点"存在较大裁量空间。1996 年修改《刑事诉讼法》对传唤和拘传都作了修改。一方面,规范了传唤的指定地点,限制在"犯罪嫌疑人所在市、县内的指定地点";另一方面,对传唤和拘传持续的时间作了限定,最长不得超过 12 小时,并且规定"不得以连续传唤、拘传的形式变相拘禁犯罪嫌疑人"。对传唤的地点及传唤和拘传持续的时间作出明确规定,有助于规范传唤和拘传在实践中的适用,保障犯罪嫌疑人的合法权利。同时,不得以连续传唤、拘传之名而变相拘禁之实,但这不是说不能对犯罪嫌疑人多次传唤、拘传,而是需要保证两次传唤、拘传之间有合理的间隔时间。① 1998 年最高人民法院《关于执行〈中华人民共和国刑事诉讼法〉若干问题的解释》、1999 年最高人民检察院《人民检察院刑事诉讼规则》、1998 年公安部《公安机关办理刑事案件程序规定》等对法院、检察院和公安机关执行拘传的程序都作了规定。主要包括：法院由院长决定并签发拘传票；检察院和公安机关分别由检察长和县级以上公安机关负责人批准，并签发拘传证；执行拘传前，应当向犯罪嫌疑人、被告人出示拘传票或者拘传证，执行人员不得少于 2 人，对抗拒拘传的犯罪嫌疑人、被告人，可以使用戒具；等等。

为了充分发挥传唤和拘传的制度功能，加强对被传唤、拘传的犯罪嫌疑人的权利保障，2012 年修改《刑事诉讼法》对传唤和拘传制度作了补充完善。一是增加现场口头传唤的规定。即，对在现场发现的犯罪嫌疑人，经出示工作证件，可以口头传唤，但应当在讯问笔录中注明。这一规定，主要是针对在犯罪现场发现的犯罪嫌疑人。在犯罪现场及时获取相关的证据非常重要，这也是侦查人员把握、获取证据的最佳时机。在这种情况下，侦查人员可以对犯罪嫌疑人进行口头传唤。同时，必须出示工作证件，才能进行口头传唤，并应当在讯问笔录中注明。这样规定，是为了使侦查人员进行规范性操作，防止现场口头传唤的随意性，这些讯问笔录与在看守所和本法其他条款规定的在其他场所进行的讯问的笔录具有同样的法律效力，必须做到正规化。② 二是延长特殊情形下传唤、拘传持续的时间。即，案情特别重大、复杂，需要采取拘留、逮捕措施的，传唤、拘传持续的时间不得超过 24 小时。需要注意的是，延长传唤、拘传持续的时间必须同时满足"案情特别重大、复杂"和"需要采取拘留、逮捕措施"两个条件，缺一不可，并且不是说每个案件都要延长到 24 小时，而是最长不得超过 24 小时，可以少于 24 小时，不能对犯罪嫌疑人进行不必要的传唤或拘传。三是增加"传唤、拘传犯罪嫌疑人，应当保证犯罪嫌疑人的饮食和必要的休息时间"的规定，有利于保障犯罪嫌疑人的合法权利。2012 年最高人民法院《关于适用〈中华人民共和国刑事诉讼法〉的解释》、2012 年最高人民检察院《人民检察院刑事诉讼规则（试行）》、2012 年公安部《公安机关办理刑事案件程序规定》等也对法院、检察院和公安机关适用拘传的程序作了细化。

2012 年《刑事诉讼法》以及有关司法解释和部门规定对拘传制度的修改在一定程度上兼顾了惩罚犯罪和保障人权的双重价值。但是，立法没有对何为"饮食和必要的休息时间"作出解释，也没有对两次拘传之间的最短间隔时间作出明确规

---

① 这在 2012 年最高人民检察院修订的《人民检察院刑事诉讼规则（试行）》中有所规定。该规则第 195 条中规定，两次传唤间隔的时间一般不得少于 12 小时，不得以连续传唤的方式变相拘禁犯罪嫌疑人。

② 郎胜主编：《中华人民共和国刑事诉讼法释义（最新修正版）》，法律出版社 2012 年版，第 278 页。

定,导致各地办案机关在司法实践中操作不尽统一,削弱了该规定保障人权的实际效果。因此,应当在立法上对"饮食和必要的休息时间"以及两次拘传的最短间隔时间作出明确规定。

二、取保候审

取保候审,是指在刑事诉讼过程中,公安机关、人民检察院和人民法院责令犯罪嫌疑人、被告人提出保证人或者交纳保证金,以保证其不逃避或妨碍侦查、起诉和审判,并随传随到的一种强制措施。取保候审在性质上是通过要求犯罪嫌疑人、被告人提供担保并遵守有关法律规定的方式而使其获得人身自由的一种强制措施,对人身自由的约束性相对较弱,其强制性表现在犯罪嫌疑人、被告人在取保候审期间需要严格遵守刑事诉讼法规定和办案机关要求的义务。

（一）取保候审的立法梳理

从1979年制定《刑事诉讼法》到1996年和2012年两次修改《刑事诉讼法》,立法机关对取保候审的修改力度是很大的。1979年《刑事诉讼法》只是在第38条原则性地规定,"人民法院、人民检察院和公安机关根据案件情况,对被告人可以拘传、取保候审或者监视居住""对被告人采取取保候审、监视居住的,如果情况发生变化,应当撤销或者变更"。由于客观上和认识上的原因,我国1979年取保候审制度仅仅是"人保候审",而且立法不完善。《刑事诉讼法》及有关法律、法规只对其适用范围及条件作了简单原则性的规定,没有规定取保候审的种类、保证人的资格、法律责任、被保证人违反义务时的处理等。现行取保候审只是保证人以其人格、名誉去担保被告人,没有与一定的经济利益或其他利益相联系,使取保候审对保证人和被保人没有足够的约束力,缺乏强制性。[①] 取保候审在立法上形同虚设,实践中流于形式,完全无法发挥其诉讼保障和替代逮捕的功能。

1996年修改《刑事诉讼法》对取保候审制度作了大幅完善,增加规定了取保候审的适用条件、保证方式、被取保候审人应当遵守的规定以及违反该规定的法律后果、取保候审的期限、申请取保候审的主体、取保候审的变更等内容,从而在立法层面构建了我国相对比较完整的取保候审制度。此外,1999年最高人民检察院《人民检察院刑事诉讼规则》,1998年公安部《公安机关办理刑事案件程序规定》,1999年最高人民法院、最高人民检察院、公安部、国家安全部《关于取保候审若干问题的规定》和2000年最高人民检察院、公安部《关于适用刑事强制措施有关问题的规定》等司法解释或部门规定对各机关在执行取保候审中的相关内容作了进一步规定。

---

① 刘飞虎:《完善我国取保候审制度初探》,载《甘肃政法学院学报》1992年第4期。

毋庸置疑，1996年《刑事诉讼法》及有关司法解释和部门规定关于取保候审制度的规定，对于规范和扩大取保候审的适用，降低逮捕率，保障犯罪嫌疑人、被告人的合法权利具有积极意义，但由于取保候审制度定位不清晰、内容不完整等制度自身原因，以及我国刑事诉讼长期以来所奉行的“重打击、轻保护”“重实体、轻程序”等陈旧司法观念，造成司法实践中逮捕措施的泛滥，取保候审的适用率非常低，无从发挥取保候审在保证刑事诉讼顺利进行和保障人权两个方面的制度价值。因此，2012年修改《刑事诉讼法》时，立法对取保候审制度作了进一步的修改完善。主要包括：将取保候审与监视居住加以区分，明确取保候审的适用对象，增加被取保候审人的酌定义务，确定保证金数额应考虑的因素以及保证金的收取和退还程序等。此外，2012年最高人民法院《关于适用〈中华人民共和国刑事诉讼法〉的解释》、2012年最高人民检察院修订的《人民检察院刑事诉讼规则(试行)》、2012年公安部修订的《公安机关办理刑事案件程序规定》等有关司法解释和部门规定也对法院、检察院和公安机关具体适用取保候审的问题作了规定。

（二）取保候审的制度特点

1. 取保候审的适用条件：从“保”“监”合一到“保”“监”分离

1979年《刑事诉讼法》对取保候审和监视居住这两项强制措施的法律定位尚不清晰，既没有对取保候审和监视居住的制度功能作出区分，也没有对其适用条件作出明确规定，法院、检察院和公安机关主要是与逮捕的适用情形对应起来理解和把握取保候审、监视居住的适用情形。例如，1979年《刑事诉讼法》第40条规定，对主要犯罪事实已经查清，可能判处徒刑以上刑罚的人犯，采取取保候审、监视居住等方法，尚不足以防止发生社会危险性，而有逮捕必要的，应即依法逮捕。反过来讲，对于采取取保候审、监视居住等方法足以防止发生社会危险性的，也就没有逮捕的必要，就可以对犯罪嫌疑人、被告人适用取保候审或者监视居住。同时，对于应当逮捕的犯罪嫌疑人、被告人，但患有严重疾病，或是正在怀孕、哺乳自己婴儿的妇女的，可以采用取保候审或者监视居住。

1996年修改的《刑事诉讼法》增加规定了取保候审的适用条件。根据第51条规定，法院、检察院或公安机关对于可能判处管制、拘役或者独立适用附加刑的犯罪嫌疑人、被告人，或者可能判处有期徒刑以上刑罚但采取取保候审、监视居住不致发生社会危险性的犯罪嫌疑人、被告人，可以采取取保候审。同时，对于应当逮捕但患有严重疾病或者是正在怀孕、哺乳自己婴儿的妇女的犯罪嫌疑人、被告人，也可以适用取保候审。此外，1998年最高人民法院《关于执行〈中华人民共和国刑事诉讼法〉若干问题的解释》第66条、1999年最高人民检察院《人民检察院刑事诉讼规则》第37条、1998年公安部《公安机关办理刑事案件程序规定》第63条等都对可以取保候审的适用条件作了进一步细化，有的还规定了不得取保候审的情形。例如，1999年最高人民检察院《人民检察院刑事诉讼规则》第38条规定，人民检察院对于严重危害社会治安的犯罪嫌疑人,以及其他犯罪性质恶劣、情节严重的犯罪嫌疑人不得取保候审。1998年公安部《公安机关办理刑事案件程序规定》第64条规定,对累犯、犯罪集团的主犯,以自伤、自残办法逃避侦查的犯罪嫌疑人,危害国家安全的犯罪、暴力犯罪,以及其他严重犯罪的犯罪嫌疑人,不得取保候审。

1996年修改的《刑事诉讼法》虽然规定了取保候审的适用条件,但仍然沿用了1979年《刑事诉讼法》关于取保候审和监视居住合并规定的模式,取保候审的适用条件同时也是监视居住的适用条件,造成取保候审和监视居住的制度混同。为了解决这一问题,2012年《刑事诉讼法》将取保候审和监视居住的适用条件作了区分,并在1996年《刑事诉讼法》规定的基础上补充完善了取保候审的适用条件。增加两种可以取保候审的情形:一种是患有严重疾病、生活不能自理,怀孕或者正在哺乳自己婴儿的妇女,采取取保候审不致发生社会危险性的。另一种是羁押期限届满,案件尚未办结,需要采取取保候审的。其中,"羁押期限"包括刑事诉讼法规定的侦查羁押、审查起诉、一审、二审等期限,"尚未办结"包括需要继续侦查、审查起诉或者审判。这一规定实际上是与2012年《刑事诉讼法》第96条①规定相衔接的需要。

此外,2012年公安部《公安机关办理刑事案件程序规定》进一步规定,对拘留的犯罪嫌疑人,证据不符合逮捕条件,以及提请逮捕后,人民检察院不批准逮捕,需要继续侦查,并且符合取保候审条件的,可以依法取保候审。对累犯、犯罪集团的主犯,以自伤、自残办法逃避侦查的犯罪嫌疑人,严重暴力犯罪以及其他严重犯罪的犯罪嫌疑人,不得取保候审,除非其属于患有严重疾病、生活不能自理,怀孕或者正在哺乳自己婴儿的妇女,采取取保候审不致发生社会危险性的,或者羁押期限届满,案件尚未办结,需要采取取保候审的情形。

2. 取保候审的决定权与执行权:从合一到分立

1979年《刑事诉讼法》只是在第38条规定,人民法院、人民检察院和公安机关根据案件情况有权对被告人采取取保候审,并没有区分取保候审的决定权主体和执行权主体,从而法院、检察院和公安机关都有权决定采取取保候审,并自行执行。

1996年修改的《刑事诉讼法》在明确取保候审的适用对象的基础上,将取保候审的决定权主体和执行权主体予以分离。根据1996年《刑事诉讼法》第51条的规定,法院、检察院和公安机关在刑事诉讼过程中对符合法律规定情形的犯罪嫌疑人、被告人都有权决定适用取保候审,但必须交由公安机关执行取保候审。可见,不管是公安机关自己决定取保候审的,还是法院、检察院决定取保候审的,都只能

---

① 2012年《刑事诉讼法》第93条规定:犯罪嫌疑人、被告人被羁押的案件,不能在本法规定的侦查羁押、审查起诉、一审、二审期限内办结的,对犯罪嫌疑人、被告人应当予以释放;需要继续查证、审理的,对犯罪嫌疑人、被告人可以取保候审或者监视居住。

由公安机关负责执行,法院、检察院没有执行取保候审的权力。本款这样规定,主要考虑到公安机关在基层普遍设有派出机构,与居民委员会、村民委员会等基层组织也有紧密的联系,并且有执行拘留、逮捕的权力。由公安机关执行取保候审,便于加强对被取保候审人的监督和考察,一旦发现违反规定或者不应当取保候审的情形,可以及时依法处理。① 根据 1998 年公安部《公安机关办理刑事案件程序规定》第 87 条和第 88 条的规定,公安机关具体负责执行取保候审的是犯罪嫌疑人、被告人居住地派出所。

把取保候审的决定权和执行权交由不同机关行使,这有助于规范取保候审的执行程序,特别是保证金收取和对被取保候审人的监督管理,防止由于检察院和法院对被取保候审人的监管不到位而出现脱保等现象,是符合司法规律和我国司法实践需要的。2012 年修改的《刑事诉讼法》保留这一决定权和执行权分立模式,并在 2012 年公安部《公安机关办理刑事案件程序规定》中确认由被取保候审人居住地派出所具体执行,并明确列举了执行取保候审的派出所应当履行的职责。

3.取保候审的保证方式:从保证人的单一方式到保证人与保证金二者择一

1979 年《刑事诉讼法》没有对取保候审的保证方式作出规定,但在当时各个版本的法学教科书和司法实践中却有着一致的认识,即取保候审就是人保候审。实践中,如果出现了被告人逃避侦查或审判的情形,法律很难追究保证人应负的法律责任,所以,人保制度很少被采用,只是法院在受理自诉案件和检察院在办理自侦经济案件时才偶有使用。取保候审没有发挥应有的作用。②

为了解决实践中保证方式单一、取保候审流于形式的问题,1996 年修改的《刑事诉讼法》明确规定了取保候审的保证方式。第 53 条规定,人民法院、人民检察院和公安机关决定对犯罪嫌疑人、被告人取保候审,应当责令犯罪嫌疑人、被告人提出保证人或者交纳保证金,正式在立法上确立了保证人和保证金两种保证方式。同时,还对保证人应当具备的条件及其保证义务作了明确规定。根据 1998 年最高人民法院、最高人民检察院、公安部、国家安全部、司法部、全国人大常委会法制工作委员会《关于刑事诉讼法实施中若干问题的规定》,保证人保证和保证金保证只能选择一种适用,不能要求同时提供保证人并交纳保证金。

1996 年《刑事诉讼法》增加了保证金的保证方式,但并没有对保证金的数额、交纳和退还等程序内容作出规定。实践中有的案件确定的保证金数额较低,缺乏足够的约束力,有些被取保候审人借机弃保潜逃,导致公检法机关不愿意使用取保候审。也有的地方公检法机关在执行中收取过高的保证金,给犯罪嫌疑人、被告人

---

① 郎胜主编:《中华人民共和国刑事诉讼法释义(最新修正版)》,法律出版社 2012 年版,第143 页。

② 朱亚滨:《"财产保"及其立法构想》,载《政治与法律》1989 年第 3 期。

及其家庭造成不应有的负担,犯罪嫌疑人、被告人不愿交纳或者无力缴纳,这些都影响了取保候审措施作用的有效发挥,也导致有的办案机关为了保障刑事诉讼的顺利进行,不得不对犯罪嫌疑人、被告人较多采取羁押措施,进一步提高了羁押在实践中使用的比例。另外,1996年《刑事诉讼法》也没有规定交纳保证金的程序,实践中一般是要求犯罪嫌疑人、被告人将保证金交给执行机关,再由执行机关存入银行专门账户。这对保证金的收取、管理和没收的执行都造成影响。实践中甚至出现个别执行机关及其工作人员截留、坐支、私分、挪用或者侵吞保证金,或者在犯罪嫌疑人、被告人取保候审结束后拒绝退还保证金的情况。[①]

为了解决司法实践中取保候审适用率低,保证金适用不规范等问题,1998年最高人民法院、最高人民检察院、公安部、国家安全部、司法部、全国人大常委会法制工作委员会《关于刑事诉讼法实施中若干问题的规定》,1998年最高人民法院《关于执行〈中华人民共和国刑事诉讼法〉若干问题的解释》,1999年最高人民检察院《人民检察院刑事诉讼规则》,1998年公安部《公安机关办理刑事案件程序规定》和1999年最高人民法院、最高人民检察院、公安部、国家安全部《关于取保候审若干问题的规定》等对保证金的数额、交纳和保管等内容作了规定。主要包括以下几个方面:保证金以人民币现金的形式一次性交纳;可以由被保证人以自己的财产交纳,也可以由其法定代理人、近亲属或者其他人交纳;保证金的数额,应当以保证取保候审人不逃避、不妨碍刑事诉讼为原则,综合考虑犯罪嫌疑人、被告人的社会危险性,案件的情节、性质,可能判处刑罚的轻重,犯罪嫌疑人、被告人经济状况,当地的经济发展水平等因素确定保证金数额,不少于1000元。保证金由县级以上公安机关统一收取和管理,县级以上公安机关应当在指定银行设立取保候审保证金专户,委托银行代为收取和保管保证金。

2012年修改《刑事诉讼法》,在吸收有关司法解释或部门规定的基础上,立法对确定保证金数额的考量因素作了明确规定。根据2012年《刑事诉讼法》的规定,确定保证金的数额应考虑如下因素:第一,保证诉讼活动正常进行的需要。如果被取保候审人逃避追诉和审判、妨碍诉讼秩序的可能性大,则收取的保证金数额就相应较高;如果被取保候审人逃避追诉和审判、妨碍诉讼秩序的可能性小,则收取的保证金数额就相应较低。第二,被取保候审人的社会危险性。社会危险性应根据其人格、一贯表现、所犯罪行的性质等因素进行综合评估。如果社会危险性大,则应收取较高的保证金,否则,应收取数额较低的保证金。第三,案件的性质、情节,可能判处刑罚的轻重。一般而言,基于趋利避害的人性特点,涉嫌较为严重犯罪、

---

① 郎胜主编:《中华人民共和国刑事诉讼法释义(最新修正版)》,法律出版社2012年版,第156页。

可能判处刑罚较重的被取保候审人逃避追诉、妨碍诉讼秩序的可能性较大,应收取较高的保证金对其才能起到约束作用。第四,被取保候审人的经济状况。不同经济能力的犯罪嫌疑人、被告人对没收保证金的心理承受能力不同,即使社会危险性、犯罪性质、情节等因素基本相同的犯罪嫌疑人、被告人,因为经济能力不同,其遵守有关规定的心理倾向也会产生差异。① 至于保证金的具体数额,由办案机关根据案件情况自行确定。对此,2012 年公安部《公安机关办理刑事案件程序规定》中规定,保证金起点数额为人民币 1000 元;2012 年最高人民检察院《刑诉规则》对保证金也有 1000 元的最低要求,但对于未成年犯罪嫌疑人可以责令交纳 500 元以上的保证金。除了规定确定保证金数额的考量因素外,2012 年刑事诉讼法及有关司法解释和部门规定等还详细规定了保证金的交纳和退还程序。

4. 取保候审的义务体系:从法定义务到法定义务和酌定义务相结合

1979 年《刑事诉讼法》对被取保候审的犯罪嫌疑人、被告人应当遵守哪些规定没作规定,被取保候审人对自己有哪些义务不清楚,执行机关和所在单位无法监督,一旦被取保往往就处于无人过问的状况,以及对犯罪嫌疑人、被告人不及时到案妨碍刑事诉讼顺利进行的处理往往于法无据。

针对这些问题,1996 年修改《刑事诉讼法》时,对被取保候审人在取保候审期间应当遵守的义务规定作了明确规定,具体包括:未经执行机关批准不得离开所居住的市、县;在传讯的时候及时到案;不得以任何形式干扰证人作证;不得毁灭、伪造证据或者串供。所有被取保候审的犯罪嫌疑人、被告人在取保候审期间都必须严格遵守这四项规定,如有违反,已交纳保证金的,没收保证金,并且区别情形,责令犯罪嫌疑人、被告人具结悔过,重新交纳保证金、提出保证人或者监视居住、予以逮捕。

2012 年《刑事诉讼法》对取保候审的义务体系又作了进一步的修改和完善。一方面,完善取保候审的法定义务。在保持 1996 年《刑事诉讼法》规定的四项法定义务的基础上,2012 年修改的《刑事诉讼法》补充规定了"住址、工作单位和联系方式发生变动的,在 24 小时以内向执行机关报告"的法定义务。另一方面,增加取保候审的酌定义务。为了防止被取保候审人逃避侦查、审查起诉和审判,2012 年修改的《刑事诉讼法》还规定,法院、检察院和公安机关可以根据案件情况责令被取保候审人遵守一项或多项特定义务。主要包括:不得进入特定的场所;不得与特定的人员会见或者通信;不得从事特定的活动;将护照等出入境证件、驾驶证件交执行机关保存。这些规定并不是所有的被取保候审人都应当遵守的义务,在具体案件中是否要求被取保候审人遵守特定义务,由法院、检察院和公安机关自由裁量。但

---

① 郎胜主编:《中华人民共和国刑事诉讼法修改与适用》,新华出版社 2012 年版,第 157 页。

是,一旦法院、检察院和公安机关要求被取保候审的犯罪嫌疑人、被告人遵守其中一项或者几项酌定义务,则其法律效力与法定义务的效力是完全一致的。在取保候审期间,不管犯罪嫌疑人、被告人违反的是法定义务,还是酌定义务,都将导致没收保证金,责令具结悔过,重新交纳保证金、提出保证人或者监视居住、予以逮捕等后果。

三、监视居住

监视居住,是指人民法院、人民检察院、公安机关在刑事诉讼过程中对犯罪嫌疑人、被告人采用的,命令其不得擅自离开住处,无固定住处不得擅自离开指定的居所,并对其活动予以监视和控制的一种强制方法。监视居住在性质上是将犯罪嫌疑人、被告人限制在一定场所并要求其遵守法律规定的相关义务的一种强制措施,对人身自由的约束性高于取保候审,其强制性表现在犯罪嫌疑人、被告人在监视居住期间不得离开有关场所并需要严格遵守有关法律规定。

（一）监视居住的立法梳理

1979 年《刑事诉讼法》对监视居住规定得比较原则。只是规定,法院、检察院和公安机关根据案件情况对被告人可以监视居住;被监视居住人不得离开指定的区域;监视居住由当地公安派出所执行,或者由受委托的人民公社、被告人的所在单位执行。在制度定位上,监视居住和取保候审趋同,适用情形也完全相同。但是,1979 年《刑事诉讼法》没有规定监视居住的执行地点、程序以及被监视居住人应当遵守的义务以及违反义务的法律后果等具体内容。

1996 年修改《刑事诉讼法》完善了监视居住的适用情形、监视居住的决定机关和执行机关、被监视居住人在监视居住期间应当遵守的规定及违反规定的法律后果、监视居住的期限等内容,总体上构建了较为完善的监视居住制度,对于规范办案机关在司法实践中适用监视居住这一措施起到了积极意义。1998 年最高人民法院、最高人民检察院、公安部、国家安全部、司法部、全国人大常委会法制工作委员会《关于刑事诉讼法实施中若干问题的规定》,1998 年最高人民法院《关于执行〈中华人民共和国刑事诉讼法〉若干问题的解释》,1999 年最高人民检察院《人民检察院刑事诉讼规则》和 1998 年公安部《公安机关办理刑事案件程序规定》等司法解释和部门规定也对法院、检察院和公安机关在办理案件过程中具体适用监视居住措施作了进一步规定。

1996 年《刑事诉讼法》对监视居住的制度定位沿袭了 1979 年《刑事诉讼法》的规定,没有对监视居住与取保候审的适用情形作出界分,导致监视居住和取保候审在适用上的混同。在具体案件中,是采用监视居住还是取保候审,取决于办案机关的自由裁量。司法实践中,对于那些社会危险性非常小,符合取保候审或者监视居住条件的犯罪嫌疑人、被告人,办案机关一般选择取保候审;对于那些适用取保候审不足以防止社会危险性的犯罪嫌疑人、被告人,办案机关在确定不宜采取取保候审的同时,也就排除了适用监视居住的可能,从而导致监视居住长期被搁置不用,本应具有的过渡和缓冲功能无从发挥。只有在犯罪嫌疑人、被告人无法提供保证人或者保证金且不符合逮捕条件的情况下,才会采用监视居住,而这种情形在实践中又是非常少见的。即使适用监视居住,办案机关一般也是在指定地点对犯罪嫌疑人、被告人进行监视居住,以确保对其人身自由的有效控制,实际上演变成一种变相羁押的手段。也正因为监视居住在司法实践中无法切实发挥其应有的衔接取保候审和替代羁押的作用,从而有学者主张应当将监视居住予以废除。废除监视居住的观点固然过激,但也反映了监视居住在我国立法上所处的尴尬状态以及司法实践中适用之困境。因此,若要想监视居住发挥其应有功能,就必须在立法上将监视居住与取保候审分离开来,并对监视居住的性质作出准确定位。

2012 年修改《刑事诉讼法》对监视居住制度作了较大程度的完善。明确了监视居住的性质,将监视居住定位为逮捕的替代措施,同时还发挥对取保候审的补充作用,区分监视居住和取保候审的适用条件,修改被监视居住人在监视居住期间应当遵守的规定;明确监视居住的执行场所,并针对指定居所监视居住作了严格的限制性规定,增加了监视居住期间的监督方法等。此外,2012 年最高人民法院、最高人民检察院、公安部、国家安全部、司法部、全国人大常委会法制工作委员会《关于刑事诉讼法实施中若干问题的规定》,2012 年最高人民法院《关于适用〈中华人民共和国刑事诉讼法〉的解释》,2012 年最高人民检察院《人民检察院刑事诉讼规则(试行)》,2012 年公安部《公安机关办理刑事案件程序规定》等司法解释和部门规定也对监视居住的具体适用问题作了进一步规定。

(二)监视居住的制度特点

1.监视居住的适用条件:从与取保候审合一到与取保候审分离

1979 年《刑事诉讼法》没有明确规定监视居住的适用条件,对此 1996 年修改《刑事诉讼法》时,明确增加了监视居住的适用条件,但仍采用与取保候审统一规定的方法,监视居住与取保候审适用相同的条件,即,犯罪嫌疑人、被告人"可能判处管制、拘役或者独立适用附加刑的","可能判处有期徒刑以上刑罚,采取取保候审、监视居住不致发生社会危险性的",以及"应当逮捕,但患有严重疾病,或是正在怀孕、哺乳自己婴儿的妇女的",法院、检察院和公安机关可以采取监视居住。

2012 年《刑事诉讼法》重新定位了监视居住的性质,将监视居住明确规定为逮捕的替代措施。也就是说,对犯罪嫌疑人、被告人适用监视居住的前提是符合逮捕条件,不符合逮捕条件,则不能适用监视居住。在此基础上,2012 年《刑事诉讼法》还明确列举了监视居住的适用情形,从而将监视居住与取保候审的适用条件予以分离。根据 2012 年《刑事诉讼法》第 72 条的规定,对于符合逮捕条件,但具有以下情形之一的犯罪嫌疑人、被告人,可以采用监视居住:患有严重疾病、生活不能自理的;怀孕或者正在哺乳自己婴儿的妇女;系生活不能自理的人的唯一扶养人;因为案件的特殊情况或者办理案件的需要,采取监视居住措施更为适宜的;羁押期限届满,案件尚未办结,需要采取监视居住措施的。虽然《刑事诉讼法》规定的是"可以"而非应当,但从立法意义理解,凡是满足监视居住情形的犯罪嫌疑人、被告人,办案机关就要尽可能对其适用监视居住。此外,《刑事诉讼法》还规定"对符合取保候审条件,但犯罪嫌疑人、被告人不能提出保证人,也不交纳保证金的,可以监视居住",这实际上确认了监视居住作为取保候审的一种补充措施的作用。需要注意的是,在这种情况下,必须是犯罪嫌疑人、被告人既提不出符合条件的保证人,也不能交纳合理数额的保证金,无法对其适用取保候审,而又不符合逮捕的条件,才可以监视居住,但是,办案机关不能故意要求过高数额的保证金,从而使犯罪嫌疑人、被告人无法适用取保候审,进而转化为监视居住,这是违反法律规定的。

2.指定居所监视居住:从原则规定到具体制度构建

1979 年《刑事诉讼法》对监视居住的执行场所作了原则性规定,要求"被监视居住的被告人不得离开指定的区域",但并未明确"指定的区域"究竟是指哪些区域。这就导致在实际执行中对监视居住的区域范围难以把握,范围太大,无法监视;范围太小,又变成变相关押,亟须法律作出明确规定。[①]

1996 年修改的《刑事诉讼法》在第 57 条补充规定了监视居住的执行场所,包括住处和指定居所两种。通常情况下,应当在犯罪嫌疑人、被告人的住处执行监视居住;对于犯罪嫌疑人、被告人没有固定住处的,才可以在指定的居所执行监视居住。但是,1996 年《刑事诉讼法》没有对指定居所监视居住的执行处所、通知家属、委托律师等作出更具体细致的规定。实践中办案机关较少采用监视居住措施,有的情况下采取将犯罪嫌疑人、被告人指定在羁押场所、专门的办案场所监视居住的办法,规避有关监视居住的规定,实际上将犯罪嫌疑人、被告人变相羁押,不利于当事人合法权利的保护。[②]

2012 年《刑事诉讼法》对指定居所监视居住的适用情形、执行处所、通知家属、委托辩护人以及人民检察院法律监督等内容作了较为详细的规定。主要内容包括以下几个方面:

第一,指定居所监视居住的适用情形。一种情形是犯罪嫌疑人、被告人没有固定住所的;另一种情形是涉嫌危害国家安全犯罪、恐怖活动犯罪、特别重大贿赂犯罪,在住处执行可能有碍侦查的,经上一级人民检察院或者公安机关批准的。只有

[①] 黄太云:《刑事诉讼制度的重大改革——刑事诉讼法修改的几个重大问题述要》,载《中国法学》1996 年第 2 期。

[②] 郎胜主编:《中华人民共和国刑事诉讼法释义(最新修正版)》,法律出版社 2012 年版,第168 页。

这两种情形,才可以适用指定居所监视居住。其中,对于适用指定居所监视居住的第二种情形,必须同时满足四个条件,缺一不可:符合刑事诉讼法规定的适用监视居住的条件;涉嫌的犯罪属于危害国家安全犯罪、恐怖活动犯罪、特别重大贿赂犯罪之一;在住处执行可能有碍侦查;履行严格的审批程序并经上一级人民检察院或者公安机关批准。

第二,指定居所监视居住的执行处所。2012 年《刑事诉讼法》明确规定不得在看守所、行政拘留所、留置室等羁押场所、专门的办案场所或者公安机关、检察机关的其他工作场所执行。这样规定是为了防止办案机关将指定居所监视居住弄成变相的羁押,规避本法关于拘留逮捕犯罪嫌疑人、被告人应当及时送看守所关押,讯问必须在看守所进行等方面的规定,防止刑讯逼供等非法取证行为,保障犯罪嫌疑人、被告人的诉讼权利和其他合法权益。[1]

第三,指定居所监视居住后通知家属与委托辩护人。一方面,为了保障被监视居住人的家属的知情权,保护被监视居住人的诉讼权利及其他合法权益,避免秘密拘捕现象的出现,2012 年修改的《刑事诉讼法》第 73 条第 2 款规定,对于指定居所监视居住的,除无法通知的以外,应当在执行监视居住后 24 小时以内,通知被监视居住人的家属。这里规定的"无法通知"是指犯罪嫌疑人没有家属,犯罪嫌疑人、被告人身份、家庭住址、通信方式无法查找或者根据其提供的联系方式联系不上,以及因为自然灾害等不可抗拒的事由造成通信、交通中断等无法通知的情形。对于犯罪嫌疑人不讲真实姓名、住址,身份不明的,应当按照《刑事诉讼法》第 158 条的规定对其身份进行调查,不能不经调查就直接以"无法通知"为由不通知家属。无法通知的情形消失以后,也应当立即通知其家属。另一方面,被指定居所监视居住的犯罪嫌疑人、被告人有权依法自行委托辩护人,也可以由其近亲属代为委托辩护人。办案机关应当依法告知被指定居所监视居住的犯罪嫌疑人、被告人享有委托辩护人的权利,被指定居所监视居住人要求委托辩护人的,法院、检察院和公安机关应当及时转达其要求。

第四,指定居所监视居住期限折抵刑期。指定居所监视居住,将犯罪嫌疑人、被告人在较长一段时间里置于独立空间而与其家属隔离,对人身自由的限制程度明显超过在住处执行的监视居住和取保候审,甚至在某种意义上可以说带有一定的羁押性。在严格限制适用的同时,2012 年修改的《刑事诉讼法》还规定适用指定居所监视居住的期限可以折抵刑期。具体而言,指定居所监视居住 1 日折抵管制 1 日,指定居所监视居住 2 日折抵拘役、有期徒刑 1 日。这一规定,有助于更好地

---

[1] 郎胜主编:《中华人民共和国刑事诉讼法释义(最新修正版)》,法律出版社 2012 年版,第 170 页。

保障被指定居所监视居住的犯罪嫌疑人、被告人的人身自由及其他合法权益。

第五,指定居所监视居住的法律监督。2012年《刑事诉讼法》规定人民检察院对指定居所监视居住的决定和执行是否合法实行监督。在监督的方式上,检察院的侦查监督部门发现指定居所存在违法行为的,宜采取提出纠正意见的方式进行监督。在监督的对象上,既包括指定居所监视居住决定中存在的违法行为,如不符合指定居所监视居住的适用条件而指定居所监视居住的;未按照法定程序履行审批手续而指定居所监视居住的等;还包括指定居所监视居住执行中的违法行为,如在执行指定居所监视居住后24小时以内没有通知被监视居住人的家属的;在羁押场所、检察院或者公安机关专门的办案场所执行监视居住的;未及时告知被监视居住人有权委托辩护人,或者被监视居住人要求委托辩护人,没有及时转达其要求的;为被监视居住人通风报信、私自传递信件物品或者伪造立功材料的;刑讯逼供、体罚、虐待被监视居住人的,等等。[①]

(三)逐步完善监视居住的义务规定体系

1979年《刑事诉讼法》对被监视居住人应当遵守什么规定,以及违反规定后应当如何处理没作明确规定,在实际执行中出现了一些问题,有的把被监视居住的对象关进看守所、拘留所,有的则在招待所、旅馆,甚至在私设的"小黑屋"搞所谓的监视居住,把监视居住搞成了变相羁押,这不仅与刑事诉讼法当初设计监视居住措施的初衷相距甚远,而且也严重地侵犯了公民的合法权益。为了解决实践中存在的问题,使监视居住作为一种非关押的强制措施更便于操作,对被监视居住的人的行为规范作明确规定,使其明白应当遵守什么规定,违反规定会有什么后果,同时也为了便于执行机关对被监视居住的犯罪嫌疑人、被告人进行监督,1996年在修改《刑事诉讼法》时增加了被监视居住的犯罪嫌疑人、被告人应当遵守的规定。[②] 主要包括:未经执行机关批准不得离开住处,无固定住处的,未经批准不得离开指定的居所;未经执行机关批准不得会见他人;在传讯的时候及时到案;不得以任何形式干扰证人作证;不得毁灭、伪造证据或者串供。被监视居住的犯罪嫌疑人、被告人必须严格遵守刑事诉讼法的规定。如果违反且情节严重的,予以逮捕。何为"情节严重",1999年最高人民检察院《人民检察院刑事诉讼规则》第68条第2款、1998年公安部《公安机关办理刑事案件程序规定》第99条作了规定。

随着近年来我国经济社会的快速发展,通信技术、交通工具等基础设施建设的更新换代,人们的生活方式发生巨大变化,也加大了对被监视居住人的监管难度。

---

① 宋英辉、刘广三、何挺等:《刑事诉讼法修改的历史梳理与阐释》,北京大学出版社2014年版,第161~162页。

② 郎胜主编:《中华人民共和国刑事诉讼法释义(最新修正版)》,法律出版社2012年版,第174页。

为了因应社会发展的需要,加强对被监视居住人的监管力度,2012 年《刑事诉讼法》进一步修改完善了被监视居住人在监视居住期间应当遵守的义务体系。主要包括:统一监视居住的执行处所,"未经执行机关批准不得离开执行监视居住的处所";补充对被取保候审人的通信控制,"未经执行机关批准不得会见他人或者通信";增加对被监视居住人有关证件的控制,"将护照等出入境证件、身份证件、驾驶证件交执行机关保存"。对于被监视居住的犯罪嫌疑人、被告人违反刑事诉讼法的规定,情节严重的,可以予以逮捕;需要予以逮捕的,可以对犯罪嫌疑人、被告人先行拘留。2012 年最高人民检察院《人民检察院刑事诉讼规则(试行)》第 121 条对违反监视居住规定、应当逮捕和可以逮捕犯罪嫌疑人的情形作了明确规定;2012 年公安部《公安机关办理刑事案件程序规定》第 132 条对违反监视居住规定、可以提请逮捕犯罪嫌疑人的情形作了规定。

(四)明确执行机关可以采取的监视方法

1979 年和 1996 年《刑事诉讼法》都没有规定执行机关采取哪些方法来监督被监视居住的犯罪嫌疑人、被告人遵守监视居住的有关规定。经济社会快速发展,包括通信和网络技术等高科技在内的科学技术日新月异,一方面对监督被监视居住人遵守监视居住规定的情况带来了一些困难和挑战,另一方面也为更有效地监控被监视居住人的行踪带来了便利。比如,为了更好地保证被监视居住的犯罪嫌疑人、被告人遵守有关规定,一些国家发展了电子手镯等监控方式,通过电子定位的方式对他们遵守法律的情况进行监视。我国在试行社区矫正的过程中,有些地方也尝试这种方法,取得很好的效果,有必要在监视居住措施中推广。为了保障诉讼的顺利进行,保护公民的合法权利,2012 年修改《刑事诉讼法》,赋予执行机关相应的监视措施,同时也对采取这些措施作出明确限制。[①]

根据 2012 年《刑事诉讼法》第 76 条的规定:"执行机关对被监视居住的犯罪嫌疑人、被告人,可以采取电子监控、不定期检查等监视方法对其遵守监视居住规定的情况进行监督;在侦查期间,可以对被监视居住的犯罪嫌疑人的通信进行监控。"但是,需要注意的是,这些监视方法只能对被监视居住的犯罪嫌疑人、被告人本人适用,不能扩大到其他主体;通信监控的方式只能在侦查阶段适用,不能扩大到其他诉讼阶段。如果采取监控通信的方式,需要遵守刑事诉讼法关于技术侦查的有关规定。

四、存在问题与展望

尽管 1979 年《刑事诉讼法》对非羁押强制措施的规定较为概括原则,但从强制

[①] 郎胜主编:《中华人民共和国刑事诉讼法释义(最新修正版)》,法律出版社 2012 年版,第 179 页。

到案的拘传到限制人身自由的取保候审、监视居住,奠定了我国非羁押强制措施体系的基本框架,经过 1996 年和 2012 年两次对《刑事诉讼法》的修改以及有关司法解释、部门规定等规范性文件的配套规定,拘传、取保候审和监视居住各自的制度定位愈益明晰,不同强制措施之间的内在逻辑逐步理顺,非羁押强制措施的体系性越来越完整。当然,不容回避的是,我国的非羁押强制措施在具体制度层面仍然存在不少问题,有待进一步研究和解决。

第一,拘传制度存在的问题与完善。我国刑事诉讼法将拘传界定为采取一定强制力而将犯罪嫌疑人、被告人到案接受讯问的方法,这一定位是准确的。但是,《刑事诉讼法》及有关司法解释、部门规定等规范性文件对拘传的一些具体内容没有作出明确规定,容易造成司法实践中操作不一、适用混乱。例如,哪些情形属于延长拘传时间的"案情特别重大、复杂的",两次拘传之间应当间隔多长时间,"应当保证犯罪嫌疑人的饮食和必要的休息时间"的判断标准为何,拘传超过 12 小时或者 24 小时的限制办案机关应当承担何种法律后果,拘传的次数是否应当予以限制,可否无证拘传,能否夜间拘传并进行讯问,等等。对于这些问题,都需要在立法上作出明确规定,以规范法院、检察院和公安机关在司法实践中具体适用拘传。

第二,取保候审存在的问题与完善。关于取保候审制度,主要的问题是取保候审的保证方式和社会支持体系不健全,无法满足司法实践需要。一方面,我国刑事诉讼法规定取保候审可以采取保证人或者保证金两种方式,但二者不能同时适用。这就导致有的犯罪嫌疑人、被告人虽然符合刑事诉讼法规定的适用取保候审的条件,但由于在保证方式上无法提供合适的保证人或者不能交纳办案机关确定数额的保证金,从而无法适用取保候审而被监视居住或者逮捕。另一方面,取保候审的性质决定了取保候审要想切实发挥其应有效果在很大程度上借助于多元化社会力量的参与和配套支持体系的完善。但是,取保候审的支持体系在我国仍然处于起步阶段,实践中也主要是在未成年人刑事案件中适用,有的司法解释或文件对完善未成年人刑事司法的支持体系作了规定,但尚未上升到法律层面。[①]

因此,完善取保候审制度,应当进一步丰富取保候审的保证方式,建立多元化的保证体系。一是增加犯罪嫌疑人、被告人的具结保证,对于情节比较轻微,犯罪嫌疑人、被告人可以提交书面保证书的方式保证其不逃避侦查、审查起诉和审判,而无须提出保证人或保证金。二是增加刑事诉讼法之外的有保证能力且能够履行保证责任的个人或单位担任保证人的方式。保证人不限于犯罪嫌疑人、被告人的亲属、朋友等,只要有保证能力、能够履行保证责任而又愿意担任保证人的,就可以担任保证人。另外,保证人也不限于必须是自然人,对于犯罪嫌疑人、被告人的工

[①] 王贞会等:《未成年人刑事司法社会支持机制研究》,中国人民公安大学出版社 2017 年版。

作单位、村委会、居委会等有能力承担保证责任的单位,同样可以担任保证人。三是明确保证金不限于人民币现金的形式,与人民币等值的其他货币,以及犯罪嫌疑人、被告人持有的股票、基金、证券等财产,甚至车位、商铺、房产等不动产均可作为保证方式。四是明确各种保证方式可以合并使用,不限于只能使用一种保证方式。

应当积极吸收社会力量参与取保候审的执行,建立健全取保候审的社会支持体系。司法实践中,许多地方积极探索通过建立社会观护基地的方式来扩大对未成年犯罪嫌疑人、被告人适用取保候审。观护基地不仅可以为那些不能提供保证人又交不起保证金的未成年犯罪嫌疑人、被告人提供保证人和临时住所以扩大非羁押强制措施的适用;而且,观护基地在减少审前羁押、刑罚宽缓化、帮助复归社会等方面也取得良好效果,并促成办案人员观念和认识上的改变。[①] 应当将这一做法扩展到成年的犯罪嫌疑人、被告人,建立一套完整的适用于所有犯罪嫌疑人、被告人的非羁押社会支持体系,当然在社会支持体系的具体设计上也要区分成年人和未成年人,以体现对未成年人的特别保护和优先保护。

第三,监视居住存在的问题与完善。有关监视居住制度的问题,主要是监视居住适用条件的把握和指定居所监视居住的执行场所。一方面,刑事诉讼法对监视居住的适用条件规定的是"可以"监视居住,这就造成两方面的问题:一是既然法律规定的是"可以",那么也就是说可以不适用监视居住,从而即使是符合监视居住的适用条件,也不适用监视居住。二是既然将监视居住视为逮捕的替代措施,那么只要符合刑事诉讼法规定的监视居住的适用条件,就一律予以监视居住。甚至有的机关为了办案需要,以"没有固定住所"为由,将犯罪嫌疑人、被告人予以指定居所监视居住。这实际上都是没有正确理解刑事诉讼法关于监视居住的立法意图。另一方面,虽然《刑事诉讼法》规定"不得在羁押场所、专门的办案场所执行",最高人民检察院《人民检察院刑事诉讼规则(试行)》和公安部《公安机关办理刑事案件程序规定》中要求指定的居所应当符合三个条件:具备正常的生活、休息条件;便于监视、管理;能够保证办案安全。《刑事诉讼法》及其配套文件都没有明确规定哪些地点可以作为符合法律规定的指定居所,造成司法实践中各地办案机关具体操作上的混乱。此外,实践中还存在一种倾向,就是刑事诉讼法规定的监视居住期限是最长不超过 6 个月,可以少于 6 个月,但办案机关往往要用足 6 个月的监视居住期限,这实际上也有违刑事诉讼法"尊重和保障人权"的规定。

因此,至少应当从以下几个方面加以完善。一是准确把握监视居住的适用条件,"可以监视居住"在立法意图上是有价值取向的,也就是说,对于符合刑事诉讼

---

① 宋英辉、何挺、王贞会等:《未成年人刑事司法改革研究》,北京大学出版社 2013 年版,第 39 页。

法规定的监视居住条件的犯罪嫌疑人、被告人要尽可能使用监视居住,但也并非一律适用监视居住,如果适用监视居住不足以保证刑事诉讼顺利进行,也可以将犯罪嫌疑人、被告人予以逮捕。二是在立法上明确规定指定居所监视居住的执行场所。可以借鉴国外"保释宾馆"的设置,也可以与取保候审的观护基地等支持体系共享资源,交由第三方对被监视居住人进行监督管理。三是落实检察机关对指定居所监视居住的法律监督。检察机关要充分发挥其对刑事诉讼实行法律监督的职责,对决定和执行指定居所监视居住过程中存在的问题,如执行指定居所监视居住后24 小时以内没有通知被监视居住人家属的,在羁押场所、专门的办案场所执行监视居住的等,应当及时向有关机关提出纠正意见。此外,办案机关要严格遵守比例原则,随着刑事诉讼程序的推进,不再需要对犯罪嫌疑人、被告人继续监视居住的,就要及时解除监视居住或者变更为取保候审。

第四章

辩护制度

第一节　改革开放 40 年来辩护制度的变迁

一、辩护制度立法变迁

　　刑事诉讼是国家根本法的测震器,而辩护制度则是刑事诉讼的晴雨表。辩护制度,是法律规定的关于辩护权、辩护种类、辩护方式、辩护人的范围、辩护人的责任、辩护人的权利与义务等一系列的规则的总称,[①]是保障犯罪嫌疑人、被告人权利的核心制度。在我国,辩护制度是刑事诉讼的重要组成部分,相关内容被规定于刑事诉讼法中。新中国建立后,我国刑事辩护制度从确立到发展经历了不断的曲折与反复,直到 1978 年宪法重新确立了刑事辩护制度的重要法律地位。我国1979 年《刑事诉讼法》"辩护"一章共 5 条,1996 年《刑事诉讼法》增加了关于"代理"的内容,条文总数增为 10 条,增幅达 2 倍。2012 年《刑事诉讼法》"辩护与代理"的条文扩展为 16 条,比 1996 年《刑事诉讼法》增加 6 条,增幅 1.6 倍。在一定意义

---

　　①　陈光中主编:《刑事诉讼法》,北京大学出版社、高等教育出版社 2016 年第 6 版,第 142 页。

上,《刑事诉讼法》的每次修改都是对辩护制度的完善,在当前的改革背景下,对辩护制度的改革也是重点之一。

(一)1979年刑事诉讼法辩护制度

1979年4月,全国人大常委会法制委员会成立了专门小组开始起草律师条例,先后总修订了十几个稿本并于1979年7月,第五届全国人大第二次会议通过了《中华人民共和国刑事诉讼法》。

1.1979年《刑事诉讼法》中的辩护制度规定

1979年《刑事诉讼法》对辩护制度进行了专章规定,这一规定标志着辩护制度的建立。这一章共包括以下五条:第26条,被告人除自己行使辩护权以外,还可以委托下列的人辩护:(1)律师;(2)人民团体或者被告人所在单位推荐的,或者经人民法院许可的公民;(3)被告人的近亲属、监护人。第27条,公诉人出庭公诉的案件,被告人没有委托辩护人的,人民法院可以为他指定辩护人。被告人是聋、哑或者未成年人而没有委托辩护人的,人民法院应当为他指定辩护人。第28条,辩护人的责任是根据事实和法律,提出证明被告人无罪、罪轻或者减轻、免除其刑事责任的材料和意见,维护被告人的合法权益。第29条,辩护律师可以查阅本案材料,了解案情,可以同在押的被告人会见和通信;其他的辩护人经过人民法院许可,也可以了解案情,同在押的被告人会见和通信。第30条,在审判过程中,被告人可以拒绝辩护人继续为他辩护,也可以另行委托辩护人辩护。1980年8月,第五届全国人民代表大会常务委员会第十五次会议讨论通过了《律师暂行条例》,对律师的性质、任务、职责、权利、义务、资格条件及工作机构等作了明确的规定。辩护制度进入了恢复发展的时期,1982年《宪法》将"被告人有权获得辩护"作为一条宪法原则予以确立。为贯彻这一原则,1983年修订的《人民法院组织法》将"被告人有权获得辩护"作为审判活动的一项基本原则。

2.1979年辩护制度分析

"1979年《刑事诉讼法》在一定程度上无疑是移植苏联体制的产物。一方面,此次法律制定在整体上呈现出大幅借鉴、多面学习特点,从立法理念、诉讼原则到具体的制度架构、技术规范、法律术语等,无一不镌刻着《苏俄刑事诉讼法典》的印记。"[①]这导致1979年《刑事诉讼法》具有浓重的苏俄色彩。在这种背景下,辩护制度呈现以下特点:有关辩护制度的条文仅仅只有5条;而且辩护人只能在审判阶段参与诉讼活动,享有的诉讼权利极为有限;控辩不平等,法庭权力过大且不够中立,等等。1979年《刑事诉讼法》着力于如何"构建"我国的辩护制度。此种状况既是

---

① 左为民:《当代中国刑事诉讼法律移植:经验与思考》,载《中外法学》2012年第6期。

意识形态亲和性在法律上的体现,也与我国相关法律基本空白需要重新构建息息相关。[①] 但从此后的几次刑事诉讼法修改的过程中可以发现,刑事诉讼法在这一构架上逐步完善,辩护制度也在逐步细化,后又通过大量司法解释、批复、通知等文件进一步明确和具体化。1979 年后对辩护制度的完善从辩护人介入诉讼的时间、辩护人诉讼地位、辩护人的权利等多方面填补了 1979 年的空白。

(二)1996 年刑事诉讼法辩护制度

1996 年第八届全国人大常委会第十九次会议通过了《中华人民共和国律师法》(以下简称《律师法》)对律师的执业条件、律师事务所、执业律师权利和义务、律师协会、法律援助、法律责任等作了系统的规定。《律师法》的颁布是我国律师法律制度逐渐完善的重要标志。1996 年第一次修改《刑事诉讼法》,对辩护制度进行了重大变革和完善,辩护制度的规定有了很多细化的规定,刑事诉讼法进入了新的发展阶段。

1.1996 年《刑事诉讼法》中辩护制度改革

随着我国改革开放的深入,1996 年修改后的《刑事诉讼法》在借鉴英美国家当事人主义诉讼庭审方式的基础上,改革了我国的刑事庭审方式,加强了控辩对抗,刑事诉讼模式向以职权主义为基础的职权主义与当事人主义混合式转变,刑事诉讼中的人权保障也得以强化,辩护制度也相应地得到发展,同年制定的《律师法》对辩护制度作了与《刑事诉讼法》一致的规定。[②] 修改的主导思想,即以控审分离、控辩对抗为基点重新建构刑事审判方式,[③]修改后的《刑事诉讼法》借鉴了 1996 年《刑事诉讼法》,增加了关于"代理"的内容,条文总数增为 10 条,增幅达 2 倍。1996 年《刑事诉讼法》对辩护制度作了以下重大改进:

第一,明确了辩护人的资格与限制。1996 年《刑事诉讼法》将 1979 年《刑事诉讼法》第 26 条改为第 32 条,扩大了"可以被委托为辩护人"的人员范围,并增加规定,"正在被执行刑罚或者依法被剥夺、限制人身自由的人,不得担任辩护人"。

第二,提前了律师介入刑事诉讼的时间。1996 年《刑事诉讼法》在第 66 条后增加一条,作为第 96 条:"犯罪嫌疑人在被侦查机关第一次讯问后或者采取强制措施之日起,可以聘请律师为其提供法律咨询、代理申诉、控告。犯罪嫌疑人被逮捕的,聘请的律师可以为其申请取保候审。涉及国家秘密的案件,犯罪嫌疑人聘请律师,应当经侦查机关批准。"此条规定犯罪嫌疑人"在被侦查机关第一次讯问或采取强制措施之日起"即可聘请律师为其提供法律帮助,自案件移送审查起诉之日起即有权委托辩护人。

① 江海燕:《刑事诉讼法律移植研究》,中国政法大学出版社 2015 年版,第 179 页。
② 王艳等:《刑事辩护的理论探讨与制度完善》,清华大学出版社 2018 年版,第 42 页。
③ 张军、陈卫东:《刑事诉讼法新制度讲义》,人民法院出版社 2012 年版,第 7 页。

第三,扩大了指定辩护的范围。将第 27 条改为第 34 条,除规定对没有委托辩护人的"盲、聋、哑或者未成年人"应当指定辩护外,又增加规定对"被告人可能被判处死刑而没有委托辩护人的"也应指定辩护。

第四,扩大了律师或其他辩护人的诉讼权利。根据第 36 条、第 37 条的规定,扩大部分包括侦查阶段的会见权,审查起诉阶段的阅卷权、会见通信权,辩护人自行调查取证和申请人民检察院、人民法院调查取证的权利等。

此外,立法机关还制定或修订了一系列有关辩护制度的法律法规,除上述《律师法》,还有 1996 年最高人民法院《关于执行〈中华人民共和国刑事诉讼法〉若干问题的解释》以及 1998 年最高人民法院、最高人民检察院、公安部、国家安全部、司法部、全国人大常委会法制工作委员会《关于刑事诉讼法实施中若干问题的规定》等也对辩护制度的形成起到了关键性的作用。

2.1996 年辩护制度分析

随着改革开放的不断扩大,我国与西方国家在政治、经济、文化等多方面不断加强交流与合作,"自由""民主""人权"等价值理念和"正当程序""保障人权""控辩平等"等刑事诉讼理念源源不断输入我国,并且深刻影响我国刑事诉讼法的研究、立法和司法实践。在这种大背景下,1996 年《刑事诉讼法》不仅借鉴了大陆法系的现代审问式诉讼模式,而且吸收了英美法系当事人主义的对抗制色彩。[①] 虽然修改后的 1996 年《刑事诉讼法》赋予了辩护律师更多权利,但是实践中的辩护状况不甚理想,体现在以下几个方面:

第一,侦查阶段辩护人定位不明确。1996 年《刑事诉讼法》允许律师介入侦查并享有一定的诉讼权利,然而 1996 年的法律只是规定了犯罪嫌疑人聘请律师在侦查阶段的诉讼职能,即犯罪嫌疑人在被侦查机关第一次讯问后或者采取强制措施之日起,可以聘请律师为其提供法律咨询、代理申诉、控告。犯罪嫌疑人被逮捕的,聘请的律师可以为其申请取保候审。并未明确规定辩护人拥有何种地位,因此反映到实践中侦查阶段律师地位不明确,既非辩护人也非诉讼代理人,甚至未规定为诉讼参与人,而实际在侦查阶段介入的方式规定不明确。

第二,辩护律师会见犯罪嫌疑人、被告人难。即使法律规定了各个阶段辩护人与犯罪嫌疑人、被告人会见的权利,但实践中落实情况不完全理想,具体表现为以

[①]　汪海燕:《刑事诉讼法律移植研究》,中国政法大学出版社 2015 年版,第 178 页。

下几种情况：首先，律师会见率低。[①] 律师会见审批程序严格，律师会见的时间、次数受到严重限制，会见时侦查人员在场极大影响了会见作用。其次，会见以案件涉密为由拒绝会见、可会见也几乎都要经过批准或者变相批准才能会见。任意扩大解释"涉及国家秘密"，《刑事诉讼法》第 96 条规定的"涉及国家秘密"的案件，是指"案情或者案件性质"涉及国家秘密的案件，律师会见在押的犯罪嫌疑人应当经侦查机关批准；对于不涉及国家秘密的案件，律师会见犯罪嫌疑人不需要经过批准。而从现实来看，侦查机关往往擅自扩大"国家秘密"的外延，经常因刑事案件侦查过程中的有关材料和处理意见需保守秘密，而将其作为"涉及国家秘密"的案件，这些都是严重曲解法律的。[②] 再次，不及时安排律师会见，甚至曲解"应在 48 小时或 5 日以内安排会见"的规定，仅仅在期限内安排却并未保证实际见到，以此来拖延会见。此外还有监视监听限制谈话内容等各种异化情形。

第三，辩护律师调查取证难。1996 年《刑事诉讼法》第 37 条规定："辩护律师经证人或者其他有关单位或者个人同意，可以向他们收集与本案有关的材料"；"辩护律师经人民检察院或人民法院许可，并且经被害人或其近亲属、被害人提供的证人同意，可以向他们收集与本案有关的材料"。律师取得证据受到两方面的限制，在赋予辩护律师调查取证权的同时，"双同意一许可"在实际上限制了律师实践中的调查取证权，只要一方的不同意即能直接阻断辩护人这一权利的实现，所以客观来看 1996 年修改的这一条规定在赋予辩护人权利的背后更是提升了律师取证工作的难度。

第四，辩护律师阅卷难。1979 年《刑事诉讼法》第 29 条规定律师可以查阅案件全部材料，而 1996 年《刑事诉讼法》第 36 条只规定在审查起诉阶段，律师只有部分阅卷权，即"可以查阅、摘抄、复制本案的诉讼文书、技术性鉴定材料"。在一审阶段，"可以查阅、摘抄、复制本案所指控的犯罪事实的材料"。根据《刑事诉讼法》第 150 条的规定，公诉机关提供的案卷材料只包括起诉书、证据目录、证人名单和主要证据复印件或者照片，实践中证据目录、证人名单、主要证据复印件或照片都是

---

① 以北京市海淀区看守所为例，在被调查的 177 名在押人员中，有 143 名处于庭审后等待判决或者判决生效后在看守所内服刑的阶段，有 34 人处于审查起诉阶段或者接到起诉书后等候开庭阶段。其中有 101 名在押人员聘请了律师，76 名未聘请律师，而 76.2% 的被调查人员表示最希望在侦查阶段获得律师帮助。但在已请律师的人员中侦查阶段的会见率约为 46.3%，结合在调查中发现的在押人员整体上聘请律师的比例约为 31.5%，那么，在全部在押人员中侦查阶段律师会见率就只有 14.6%，所以整个律师会见率是相当低的。参见侯晓焱、崔丽：《律师介入权需要再落实》，载《中国青年报》2003 年 7 月 6 日版。

② 房保国：《当前"律师会见难"的现状剖析》，载《中国刑事法杂志》2004 年第 3 期。

被认为证明有罪、罪重才提交,辩护人看不到全部案卷材料,更看不到证明无罪、罪轻的证据。[1] 实践中还有法庭上公诉方"证据偷袭"等情况在各方面限制了律师的阅卷权,律师不能充分地发挥辩护作用。[2]

(三)2012 年刑事诉讼法辩护制度

2012 年 3 月 14 日第十一届全国人民代表大会第五次会议通过了《全国人民代表大会关于修改〈中华人民共和国刑事诉讼法〉的决定》,新法于 2013 年 1 月 1 日施行。修改后刑事诉讼法对我国刑事证据制度、辩护制度、强制措施、侦查程序、审判程序、执行程序等方面进行了完善,并增设了四种特别程序。此次重大修改是继 1996 年之后对中国特色刑事司法制度和诉讼程序的重大发展。此次修订对辩护制度进行了重大的改革和完善,使得辩护制度进入了新的历史发展阶段。

1.2012 年刑事诉讼法辩护制度的改革

2012 年对刑事诉讼法的修改在吸收了 2007 年律师法修改后内容的基础上,进一步对辩护制度进行了完善和变革:明确了犯罪嫌疑人在侦查阶段可以委托辩护人。侦查阶段律师的地位一直是学界的热议问题,1996 年《刑事诉讼法》并未明确规定侦查阶段律师的地位,2012 年《刑事诉讼法》明确规定了律师在侦查阶段法律地位是辩护人,并增加规定辩护律师有权"向侦查机关了解犯罪嫌疑人涉嫌的罪名和案件的有关情况,提出意见";完善律师会见程序。1996 年《刑事诉讼法》虽然规定了会见权,但内容概括使得实践中引起"会见难"的问题,修改后的刑事诉讼法规定除了危害国家安全犯罪、恐怖活动犯罪、特别重大贿赂犯罪案件这三类案件会见经侦查机关批准以外,其他一律持"三证"(律师执业证书、律师事务所证明和委托书或者法律援助公函)会见;进一步扩大了法律援助范围,将 1996 年规定的指定辩护制度拓展为法律援助制度,在 1996 年的刑事诉讼法的基础上,将审判阶段提供法律援助修改为在侦查、审查起诉阶段、审判阶段均提供法律援助,并增加应当提供法律援助的对象:尚未完全丧失辨认和控制自己行为能力的精神病人及可能被判处无期徒刑的犯罪嫌疑人、被告人;扩大了阅卷范围,审查起诉阶段的阅卷范围从"诉讼文书和鉴定材料"扩大到"案卷材料";增加规定了对阻碍辩护权利行驶的救济机制。辩护人、诉讼代理人对公安司法机关及其工作人员阻碍其依法行使诉讼权利的行为,有向同级或者上一级检察机关提出申诉和控告的权利,由检察机关提供救济。

2012 年律师法针对刑事诉讼法修改的内容作出了修改,使两法的内容互相协调。2015 年 9 月,最高人民法院、最高人民检察院、公安部、国家安全部、司法部联

---

① 卞建林、田心则:《中国刑事辩护的困境与出路》,载《中美"律师辩护职能与司法公正"研讨会论文集》2003 年版,第 85～97 页。

② 张军、陈卫东等:《刑事诉讼法新制度讲义》,人民法院出版社 2012 年版,第 7 页。

合出台了《关于依法保障律师执业权利的规定》,强调司法机关不得阻碍律师依法履行辩护、代理职责,不得侵害律师的合法权利。辩护律师享有职业秘密权、死刑案件的复核中应当听取辩护意见的情形等。

2. 2012 年辩护制度分析

此次修改是在 1996 年之后的一次重大的修改,修改后的被追诉人权利保障得以加强,辩护人的权利进一步扩大,辩护制度进一步发展。但在改革过程中,法律虽然得到了不断的发展与完善,但改革效果不佳,辩护人权利一定程度上未得到质的改变。我国立法中虽然赋予了辩护律师诸多权利,但权利在实践中实施困难,有学者认为刑事辩护制度中存在立法上的技术性措施缺失,即刑事辩护制度实施性条款缺失、惩罚性条款缺失、救济性条款缺失;[1]立法中关于刑事辩护制度中部分条文用语界限不明,需要制定相应的实施细则进一步明确,如关于调查权、会见权、阅卷权的条文用语不明确等问题。[2]

(四)辩护制度改革发展

为了贯彻落实《中共中央关于全面推进依法治国若干重大问题的决定》的有关要求,2016 年 7 月 20 日最高人民法院、最高人民检察院、公安部、国家安全部、司法部联合印发了《关于推进以审判为中心的刑事诉讼制度改革的意见》,"以审判为中心"的诉讼制度改革,其核心要义主要表现在辩护制度方面就是强调对被告人辩护权的保障,特别是被告人对不利自己证人当庭对质的权利;强调重视律师的辩护作用,切实保障辩护律师合法权利,认真听取律师辩护意见。[3]

从 2016 年 9 月全国人民代表大会常务委员会发布《关于授权最高人民法院、最高人民检察院在部分地区开展刑事案件认罪认罚从宽制度试点工作的决定》,到 2016 年 11 月最高人民法院、最高人民检察院、公安部、国家安全部、司法部联合发布《关于在部分地区开展刑事案件认罪认罚从宽制度试点工作的关于开展刑事案件律师辩护全覆盖试点工作的办法》,完善认罪认罚从宽制度改革是推进以审判为中心刑事诉讼制度改革的重要举措,同时也是宽严相济刑事政策立法化、制度化的体现。在"全面推进以审判为中心的刑事诉讼制度改革"和"完善认罪认罚从宽制度改革"的改革背景下,2017 年上述两项重大改革的协同推进极大提升了我国刑事法律援助与律师辩护状况,使得法律援助与刑事辩护迎来了新的历史机遇和发展契机。

2017 年 2 月,司法部、财政部联合印发《关于律师开展法律援助工作的意见》,

---

① 潘申明、刘宏武:《论刑事辩护制度的革新——以新〈刑事诉讼法〉为基点》,载《法学杂志》2013 年第 3 期。

② 孙应征:《刑事错案防范与纠正机制研究》,中国检察出版社 2016 年版,第 181 页。

③ 卞建林:《以审判为中心:刑事诉讼制度的重大改革》,载《紫光阁》2012 年第 12 期。

有利于充分发挥律师在法律援助中的作用,进一步加强经费保障。2017 年 4 月 1
日,为保障当事人依法行使申诉权利,实现申诉法治化,最高人民法院、最高人民检
察院、司法部联合印发《关于逐步实行律师代理申诉制度的意见》,明确规定"对不
服司法机关生效裁判和决定的申诉,逐步实行由律师代理制度"。2017 年 8 月,最
高人民法院、最高人民检察院、公安部、国家安全部、司法部印发《关于开展法律援
助值班律师工作的意见》,有利于强化对被追诉人的权利保障,有利于深化以审判
为中心的诉讼制度改革和认罪认罚从宽制度改革。2017 年 10 月,最高人民法院、
司法部联合印发《关于开展刑事案件律师辩护全覆盖试点工作的办法》(以下简称
《全覆盖工作关于开展刑事案件律师辩护全覆盖试点工作的办法》),有利于实质性
解决我国刑事案件律师辩护率低的问题,从而推动我国刑事诉讼制度转型。[①]

　　2018 年 5 月 9 日全国人大常委会发布了《中华人民共和国刑事诉讼法(修正
草案)征求意见》[以下简称《刑事诉讼法(修正草案)》],第十三届全国人大常委会
第二次会议对《修正草案》进行了审议。将《刑事诉讼法(修正草案)》在中国人大网
公布,[②]征求意见截至 2018 年 6 月 7 日。此次修改是为了完善《刑事诉讼法》中关
于速裁程序、认罪认罚从宽制度的内容以及对接《监察法》的相关规定使其更完善。
此次关于辩护制度的修改内容主要有:(1)将《刑事诉讼法》第 32 条辩护人改为第
33 条,增加 1 款,作为第三款:"被开除公职和被吊销律师、公证员执业证书的人,
不得担任辩护人,但系犯罪嫌疑人、被告人的监护人、近亲属的除外。"(2)增加 1
条,作为第 36 条:"法律援助机构可以在人民法院、人民检察院、看守所派驻值班律
师。犯罪嫌疑人、被告人没有委托辩护人,法律援助机构没有指派律师为其提供辩
护的,由值班律师为犯罪嫌疑人、被告人提供法律咨询,程序选择建议,代理申诉、
控告,申请变更强制措施,对案件处理提出意见等辩护。""人民法院、人民检察院、
看守所应当告知犯罪嫌疑人、被告人有权约见值班律师,并为犯罪嫌疑人、被告人
约见值班律师提供便利。"(3)适应《监察法》相关规定,将第 37 条改为第 39 条,第 3
款修改为:"危害国家安全犯罪、恐怖活动犯罪案件,在侦查期间辩护律师会见在押
的犯罪嫌疑人,应当经侦查机关许可。上述案件,侦查机关应当事先通知看守所。"
(4)增加认罪认罚制度相关规定,将第 170 条改为第 173 条,修改为:"人民检察院
审查案件,应当讯问犯罪嫌疑人,告知其享有的诉讼权利和认罪认罚可能导致的法
律后果,听取犯罪嫌疑人、辩护人、被害人及其诉讼代理人对下列事项的意见,并记
录在案:(一)涉嫌的犯罪事实、罪名及适用的法律规定;(二)从轻、减轻或者免除处

　　① 江海燕:《2017 年刑事诉讼法律实施报告》,载《中国法治实施报告(2017)》,人民法院出版社
2018 年 4 月。
　　② 《刑事诉讼法(修正草案)征求意见》http://www.npc.gov.cn/npc/lfzt/rlyw/node_34734.
html,下载日期:2018 年 5 月 23 日。

罚等从宽处罚的建议;(三)认罪认罚后案件审理适用的程序;(四)其他需要听取意见的情形。人民检察院依照前款规定听取值班律师意见的,应当提前为值班律师了解案件有关情况提供必要的便利。犯罪嫌疑人、辩护人、被害人及其诉讼代理人提出书面意见的,应当附卷。"(5)扩大了速裁程序下辩护人的权利。增加 1 条,作为第 174 条:"犯罪嫌疑人自愿认罪,同意量刑建议和程序适用的,应当在辩护人在场的情况下签署认罪认罚具结书。有下列情形之一的,犯罪嫌疑人不需要签署认罪认罚具结书:(一)犯罪嫌疑人是盲、聋、哑人,或者是尚未完全丧失辨认或者控制自己行为能力的精神病人的;(二)未成年犯罪嫌疑人的法定代理人、辩护人对未成年人认罪认罚有异议的;(三)其他不宜适用的情形。"(6)增加 1 条,作为第 201 条其中规定:认罪认罚案件在审判过程中,人民检察院可以调整量刑建议。人民法院经审理认为量刑建议明显不当或者被告人、辩护人对量刑建议提出异议的,应当依法作出判决。(7)第五编增加一章,作为第三章缺席审判程序,这一章初步规定了缺席审判程序中的辩护制度内容,包括委托辩护人的主体、辩护人诉讼权利等问题。

此次《刑事诉讼法(修正草案)》改革力度大,涉及内容较多,是对我国刑事诉讼制度的一次重大创新,但由于部分制度和程序为初步纳入立法,可能体现出立法上的不成熟性与模糊性等特点,还应需要大量的配套解释进行明确,并进一步完善优化与相关法律的衔接。《刑事诉讼法(修正草案)》对辩护制度的修改明确了开除公职人员不得担任辩护人,顾名思义该条禁止规定除辩护律师外应同样适用于法官、检察官;此外辩护制度中改革力度较大的当属新增值班律师制度,从《全覆盖工作关于开展刑事案件律师辩护全覆盖试点工作的办法》这一项试点下可以看出我国加大保障犯罪嫌疑人、被告人合法权益的力度,但在《刑事诉讼法(修正草案)》的相关规定中,对于值班律师的定位与具体的职能划分,以及是否属于辩护人享有辩护人的诉讼权利与义务等规定模糊不明,结合其他条款规定仔细斟酌后认为《刑事诉讼法(修正草案)》还需进一步对辩护制度的相关规定进行完善。

概括而言,我国刑事诉讼法的立法变迁史,也即辩护制度的发展变化史,辩护权及其内容随着刑事诉讼法的发展也得到了不断的扩充和完善。从《刑事诉讼法》法条总体的修改趋势来看,辩护制度主要分几个方面的进步,首先是辩护主体介入刑事诉讼的时间不断提前,从审判阶段不断提前至审查起诉阶段再到侦查阶段;其次是辩护人的诉讼权利的逐渐扩大,会见权、阅卷权、调查取证权不断完善;再次,辩护人的权利救济得以加强,权利救济缺陷逐步得到改善;此外,法律援助范围不断扩大至侦查、审查起诉阶段,覆盖范围更广。

二、辩护主体法律地位

(一)辩护律师的法律地位

我国 1996 年、2012 年《刑事诉讼法》第 35 条作出"辩护人的职责是维护嫌疑人、被告人的权益并向其提供法律帮助"的规定,而这种表述被我国刑事诉讼法学界认定为律师具有独立辩护地位的法律根据。笔者认为,辩护人独立问题应有两个维度,[①]独立于国家公诉机关、法院,包括司法行政机关、律协是第一个维度,[②]辩护人独立的第二个维度才是独立于当事人的问题。

我国学者吴纪奎认为在被告中心主义辩护观下,对于被告人不合法的决定,辩护律师负有予以拒绝的法定义务或者退出代理关系的义务,甚至在一定情况下还负有对不法行为予以揭发的义务。[③] 而我国《刑法》第 306 条、1996 年《刑事诉讼法》第 38 条和 2012 年《刑事诉讼法》第 42 条还特意对辩护律师的上述行为进行了相关规定。其次,即便是在"合法"的范畴之内,辩护人是否独立的问题也不能一概而论。如果我们以辩护内容的性质为标准,会发现在单个证据的调查、取证、使用,辩护的策略、手段、方法等非关键问题上,学者们大多认可独立辩护观。[④] 而在关键问题,即认罪与否的基本立场上,则比较复杂。

有学者认为,"从世界范围看,在被告主张无罪辩护的情形下,所有的国家都禁止律师作有罪辩护⋯⋯在被告人承认有罪的情形下⋯⋯几乎所有的国家都允许辩护律师根据案件的证据情况作无罪辩护"[⑤],而这样的理论,又至少在中国是不适用的。因为在定罪量刑合二为一(即便是目前相对独立的量刑改革之后)、无罪判决比例畸低的中国法庭审判中,如果辩护人放弃为其当事人作量刑从轻的有罪辩护,转而不遗余力地追随不认罪的被告人作无罪辩护,等待这名被告人的往往是从

---

① 元轶:《辩护制度基本问题的反思——以苏俄、中国、俄联邦的相关刑事法修改为视角》,载《政法论坛》2012 年第 30 卷第 6 期。

② Э. Д. Синайский, Основные вопросы защиты в уголовном процессе, Советское государство и право, № 5, 1961.

③ 吴纪奎:《从独立辩护观走向最低限度的被告中心主义辩护观——以辩护律师与被告人之间的辩护意见冲突为中心》,载《法学家》2011 年第 6 期。

④ 因为事实上双方也不可能事无巨细地都达成一致。

⑤ 吴纪奎:《从独立辩护观走向最低限度的被告中心主义辩护观——以辩护律师与被告人之间的辩护意见冲突为中心》,载《法学家》2011 年第 6 期。

重的有罪判决;而在被告人承认有罪的情况下,如在李庄案①当中,陈有西做的无罪辩护有现实意义吗?一个低头认罪的被告人的律师在法庭上面朝旁听群众所做的无罪的呐喊,"显得既是无力的又是可笑的"。② 另外对于辩护内容中的事实问题,有学者认为,辩护人无权与被告人发生分歧,也就是说,面对事实问题,辩护人必须与自己的当事人保持一致,只有对于法律问题,辩护人才有独立行使辩护权的空间。

如果我们以庭审前后的纵向视角观察,则会看到,在庭前阶段,以被告为中心的辩护观在我国是难以实现的。在"高羁押率"和"会见难"的背景下,③被告人根本没有充分的机会与自己的辩护人见面协商。而在审判阶段,依中国目前的庭审格局,被告人与辩护人咫尺天涯,审判中出现的证据质证、程序异议、法律适用等问题双方都没有任何机会沟通,因此审判中的辩护人只能"独立"应对。

综上,我们看到,其实一概而论地讨论所谓的"独立辩护观"和"当事人主导辩护模式"孰优孰劣问题,或提出"从律师绝对独立辩护模式向相对独立模式转型"④的主张,会使问题的研究流于形式,使其逐渐成为一个伪问题,事实上,如果一定要在此问题上进行价值分析,则应在对其进行结构剖析的基础上,使其转化为探讨如何判断、把握"对被告人有利"这一标准之问题,其中包括部分当事人对诉讼所持有的自身特别的,甚至是与常人相悖的利益诉求该如何界定、处理的问题。

我们看到,在有着非等腰三角形横向诉讼构造及以侦查为中心的纵向诉讼构造的中国刑事诉讼程序中,辩护一方无论是被告人还是辩护人都没有真正意义上的独立地位,根本无法成为两造诉讼中的一方,而这两位弱者(被告人和辩护人)要面对的却是强大且往往闪烁着法官魅影的控方阵营,在这样的困境下,无法奢望辩护人有机会和有能力为其当事人进行有力的辩护,如果再硬要强调此时辩护人的独立地位,无疑是在进一步削弱辩护方力量,使被告人处于更加孤立危险的地位,因此学者们期望辩护人和被告人抱团取暖,以被告人为中心一起应对指控。只有在这样的条件下,在被告人具有真正的诉讼主体地位,在律师行业逐步发展完善,

---

① 李庄案:2009 年,中国重庆市黑社会性质团伙主要嫌疑人龚刚模被起诉,原辩护律师为李庄。当地检察院怀疑李庄唆使嫌疑人及证人伪造证据,令嫌疑人谎称被警方刑讯逼供。检察院随后以诉讼代理人毁灭证据、伪造证据、妨害作证等罪名对其提起公诉。这一刑事案件被称为李庄伪证案。

② 陈瑞华:《律师辩护能完全独立吗》,http://china. findlaw. cn/bianhu/xsssfzs/bianhuyudaili/susongdaili/39720.html,下载日期:2018 年 5 月 23 日。

③ 从 1990 年到 2009 年,全国检察机关共批准、决定逮捕 14579934 人,提起公诉 15550883 人,捕诉率为 93.76%;2002 年至 2009 年,全国检察机关共批准、决定逮捕 7024200 人,全国法院共审理刑事案件被告人判决生效 6896517 人,8 年间的逮捕总人数超过判决总人数,二者之比为 101.85%。参见刘计划:《逮捕审查制度的中国模式及其改革》,载《法学研究》2012 年第 2 期。

④ 韩旭:《被告人与律师之间的辩护冲突及其解决机制》,载《法学研究》2012 年第 6 期。

并且确立了相对于国家的独立性从而使被告人产生了对该职业的依赖感时,辩护人地位的独立才成为可能。只有在此时,作为具备被告人所没有的法律素养、有着职业道德要求,并且因与案件利益无直接利害关系从而能够冷静客观地为当事人选择最有效辩护策略的辩护律师,才应树立起独立地位,以实现辩护效果的最大化。

(二)律师在侦查阶段的地位

律师在侦查阶段的地位一直是刑事诉讼中的争议问题,1996 年的《刑事诉讼法》允许律师介入侦查并享有一定的诉讼权利,是我国刑事诉讼制度改革的一项重大进步。但 1996 年《刑事诉讼法》对于侦查阶段律师介入诉讼地位规定非常模糊,第 96 条"犯罪嫌疑人在被侦查机关第一次讯问后或者采取强制措施之日起,可以聘请律师为其提供法律咨询、代理申诉、控告……"有学者认为,按照该法规定,律师在侦查阶段不具有辩护人的身份,而只是为犯罪嫌疑人提供法律帮助的专业人员,享有法律规定的有限权利。[①]该法只规定了辩护主体诉讼职能却并未明确辩护人的诉讼地位,这也引起了学界与实务界的广泛讨论。有人主张律师的地位相当于犯罪嫌疑人的辩护人[②];也有人认为律师的诉讼地位顶多只是一种"诉讼代理人"或者是"法律顾问""法律帮助人"或像日本的"法律辅佐人"的地位。[③] 针对上述不同的定位,既不利于律师在侦查阶段开展辩护活动,也不利于维护犯罪嫌疑人的权利。因此,2012 年《刑事诉讼法》修改后第 33 条明确规定:"犯罪嫌疑人在被侦查机关第一次讯问或者采取强制措施之日起,有权委托辩护人。"这是第一次对侦查阶段辩护人身份的确认。同时,为了维护侦查活动的顺利进行,保障侦查活动的秘密性以及同时维护犯罪嫌疑人的权利,刑事诉讼法规定侦查阶段只有律师享有辩护人地位,其他主体担任辩护人不能在侦查阶段开展辩护活动,法律明确规定,律师在侦查阶段具有辩护人地位,有如下特征:辩护律师在不同阶段的发表辩护意见权和侦查阶段拥有一定程度的调查权。

2012 年《刑事诉讼法》中明确规定律师在侦查阶段具有辩护人地位,这一立法进展在理论上具有重要意义,在司法实践中产生了积极的效果。积极效果作用于以下三方面:

第一,在 1996 年《刑事诉讼法》的规定中,犯罪嫌疑人、被告人享有全程的自行辩护权,但是在侦查阶段只能委托律师提供法律帮助,并未明确律师在侦查阶段辩护人这一地位,使得辩护权在诉讼中的行使受到限制,2012 年修改后的法律规定

---

① 陈瑞华等:《法律程序改革的突破与限度——2012 年刑事诉讼法修改述评》,中国法制出版社 2012 年版,第 33 页。

② 徐静村:《律师辩护有待解决的几个问题》,载《现代法学》1997 年第 6 期。

③ 陈瑞华:《刑事侦查构造之比较研究》,载《政法论坛》1999 年第 5 期。

改善了这一情况,赋予了律师辩护人的地位,保障了辩护权的完整行使。

第二,刑事诉讼法修改之前,侦查阶段犯罪嫌疑人的权利极易受到侵犯,如侦查取证中非法搜查、扣押、查封等超出范围,讯问时采取刑讯逼供等行为。所以2012年《刑事诉讼法》修改着重加强了对犯罪嫌疑人权利尤其是在侦查阶段的权利保护,确立了律师在侦查阶段以辩护人身份介入诉讼,参加侦查活动,如在会见阶段就可以提供法律帮助、有权代为申诉控告,防止其权利受到侵犯。

第三,侦查阶段缺乏第三方介入对侦查机关进行制约,侦查阶段一般存在两个主体,除侦查机关外就是侦查对象,侦查阶段犯罪嫌疑人的权利容易受到侵犯,所以需要律师作为第三方介入制约侦查机关,2012年刑事诉讼法赋予侦查阶段律师辩护人地位介入诉讼,同时约束侦查行为。

(三)值班律师的法律地位

值班律师制度作为法律援助制度的重要组成部分,起源于英国,且为加拿大、日本、澳大利亚等国家,以及我国香港等地区所吸收和确认。[①] 随着人权保障理念不断加强,针对重罪而设立的强制辩护制度已不足以应对现代刑事诉讼的要求。实务界和学者纷纷主张在刑事案件中设立值班律师制度。值班律师在我国经历了从试点运行到全国推广的过程,这一现代化的诉讼制度正逐步建立。

关于值班律师的法律地位,不妨从法律和规范性文件对其授权的范围和限度进行分析。根据2014年8月22日最高人民法院、最高人民检察院、公安部、司法部发布的《关于在部分地区开展刑事案件速裁程序试点工作的办法》(以下简称《速裁程序试点办法》)第5条规定,值班律师的功能定位为为犯罪嫌疑人、被告人提供法律援助。同样的规定可见于2016年10月最高人民法院、最高人民检察院、公安部、国家安全部、司法部发布的《关于推进以审判为中心的刑事诉讼制度改革的意见》、同年11月两院三部发布的《关于在部分地区开展刑事案件认罪认罚从宽制度试点工作的办法》(以下简称《认罪认罚试点办法》)等。与1996年《刑事诉讼法》的规定相类似,提供法律援助并不能当然被视为具有辩护职责,而可能只是犯罪嫌疑人、被告人的"法律顾问""法律帮助人"。在实践中,由于《速裁程序试点办法》对"法律援助"缺少必要的详细的规定,其内容不明确,各地在适用和执行过程中理解不一。大多数地方认为"法律援助"等同于法律咨询而非通常意义的法律援助,更不是辩护;有些地方则将其纳入通常法律援助的范围,为值班律师提供会见、阅卷的途径。这一认识上的分歧在随后的《认罪认罚试点办法》得到了一定的缓解,但

---

① 张泽涛:《值班律师制度的源流、现状及其分歧澄清》,载《法学评论》2018年第3期。

依然未能将值班律师定位为辩护律师。①

此外,《速裁程序试点办法》第 5 条第 4 款规定:"人民法院、人民检察院、公安机关应当告知犯罪嫌疑人、被告人申请法律援助的权利。符合应当通知辩护条件的,依法通知法律援助机构指派律师为其提供辩护。"可见,值班律师与指定辩护的适用范围有一定的差别,只有符合一定的条件才可以申请"辩护"律师,通过这一对比也可以看出值班律师不等于辩护律师,其行使的职能也不是辩护职能。

伴随着定位不清而来的另一个问题是,值班律师的权利界限不明。例如,委托律师所享有的会见权、调查取证权和阅卷权,在法律没有明确赋予值班律师授权的前提下,其是否当然享有以上权利? 更进一步,值班律师是否可以以律师身份出庭辩护? 现实中因为规定不明确,常常出现值班律师难以会见犯罪嫌疑人、被告人,无法及时了解其需求和案件的进展,无权阅卷和调查取证,从而法律援助只能流于形式。

最后,既然值班律师与委托辩护律师和指定辩护律师之间存在一定差别,那么二者之间衔接或转化问题就浮现在眼前,如值班律师能否在提供法律援助过程中接受犯罪嫌疑人、被告人的委托或者接受法律援助机构的指派而担任受援助人的辩护律师,从而行使其职能呢? 一些学者表示支持这种身份和职能的转化:"在不违反法律规定和职业道德的前提下,允许值班律师自然延伸为指定律师或委托律师并承担辩护职责,有利于促使被追诉者正确认识速裁程序的法律意义,保证被追诉者认罪认罚的自愿性和真实性,同时也有利于充分利用律师资源,激发值班律师的工作热情,提高值班律师法律帮助的质量。"②可以说,值班律师转为委托辩护律师或指定辩护律师并非无稽之谈,而是基于价值理念与实践利益的双重驱动,有其存在的正当性与必要性,值得纳入立法的规范范围,对我国值班律师制度进行进一步的完善。

第二节　律师介入问题和会见权

一、律师介入问题

介入在现代汉语中指的是"插进两者之间干预其事"③,律师介入,从字面上而

---

① 顾永忠、李逍遥:《论我国值班律师的应然定位》,载《湖南科技大学学报(社会科学版)》2017年第 4 期。

② 吴小军:《我国值班律师制度的功能及其展开——以认罪认罚从宽制度为视角》,载《法律适用》2017 年第 11 期。

③ 对介入的解释,http://www.hydcd.com/cd/htm_a/17091.htm,下载日期:2018 年 5 月 28 日。

言,即律师参与其中并进行干预的过程。在刑事诉讼的研究背景下,律师介入包含广义和狭义两方面的内涵。从广义上而言,凡是与刑事诉讼相联系的活动,无论是从立案开始的诉讼推进过程还是反映民情的涉诉信访等活动,均可以看到律师在其中发挥重要作用。狭义的律师介入则仅限于刑事诉讼过程中,律师作为一方代理人或辩护人通过法律赋予其的权利进行活动实现特定目的的行为。以"律师介入"为主题在中国知网上进行检索,结果多达 600 余条,其中绝大部分内容围绕刑事诉讼本身而展开。[①] 限于篇幅和内容的限制,本部分论述仅针对律师以辩护人身份或为犯罪嫌疑人、被告人提供法律帮助的功能定位[②]出发分析律师介入的内涵、价值、法律规定之变迁和对未来的展望。

尽管限制在很小的视角下,律师介入依然是一个非常宏大的概念,以至于我们很难用一两句话完整地概括其全部内涵。学者们往往从类似的概念和具体的规定上入手来阐释这一问题。与律师介入相类似的概念,如"律师帮助权"[③],作为一项国际准则,是指在对犯罪嫌疑人和被告人宪法性权利保护的精神指导下,为避免其无力与强大的国家机关相抗衡的情况,而在侦查、起诉和审判等过程中,由其选择的律师为其提供法律帮助的权利。从规定的角度出发,律师介入体现为犯罪嫌疑人、被告人委托律师的权利,律师为充分有效辩护而行使会见权、阅卷权和调查权等多种权利以及国家机关在实施某些活动时听取律师意见的职责等。

总体而言,律师介入是犯罪嫌疑人、被告人与国家对抗的必备机制,律师介入时间的早晚体现了国家在追诉犯罪与保障人权之间的平衡,律师介入过程中享有的权利范围则是辩护权得以在何种程度实现的保证。

律师介入的目的是平等武装,推进控辩之间力量的均衡,落实犯罪嫌疑人、被告人防御性权利,保障人权不受公权力侵犯。其价值具体体现在以下几方面:

首先,律师介入能在一定程度上防止刑讯逼供和其他侵害犯罪嫌疑人、被告人人身权利与财产权利的行为。很多错案中都曾出现刑讯逼供的情形,究其原因,口供曾经是"证据之王",在各种类型的证据中,因其证明内容丰富,且在诸如职务犯罪等案件中证据类型极少,口供往往是关键证据而备受侦查人员青睐。面对侦查人员,犯罪嫌疑人和被告人往往处于劣势的地位,加之对自己的合法权利没有足够的了解,因此无辜的人也难免遭受刑讯逼供而被迫"认罪"。律师介入,无论在心理层面还是技术层面,都能给犯罪嫌疑人带来帮助和支持,通过在场权的行使与提供法律意见等方式,能够更好地保护当事人的合法权益,对可能出现的刑讯逼供等侵

---

① 中国知网,http://kns.cnki.net/kns/brief/default_result.aspx,下载日期:2018 年 5 月 23 日。

② 我国 1996 年《刑事诉讼法》没有明确界定律师和辩护人之间的关系,对律师介入时间和犯罪嫌疑人、被告人委托辩护人的时间作出不同的规定,详见下文。

③ 倪业群:《律师帮助权:犯罪嫌疑人的宪法权利》,载《当代法学》2002 年第 7 期。

权甚至是犯罪行为,不仅能够有效预防,也能在事故发生后,帮助当事人进行及时的救济。

其次,律师介入有利于平衡控辩双方的力量。我国既不是英美法系完全的对抗主义模式,也与大陆法系职权主义的模式有所不同。我国的检察机关既要作为控诉方提起公诉,也承担着法律监督的职能,导致其与被告人实际上并非平等的对抗,如果律师不能及时介入诉讼,将导致双方力量对比悬殊。律师作为专业的辩护人,不仅能够为当事人提供有效的法律帮助,更是对控诉方的监督。在权利与救济得到充分保证的前提下,律师介入可以有效制约侦查和指控。

最后,律师介入能够提高诉讼的效率。侦查和检察机关往往将律师视为处理案件的对立面,认为律师介入必将阻碍刑事诉讼的高效开展。然而,实验表明,如果犯罪嫌疑人从被采取强制措施后第一次讯问开始,每次讯问都安排律师在场,翻供率将大大降低,陈述自愿性明显提高,相比之下,律师在场不仅没有实质意义上阻碍侦查人员获取口供,还可以提高诉讼效率。[①]

改革开放 40 年以来,刑事诉讼法关于律师介入刑事诉讼的规定经历了从无到有、从粗到细,逐步完善的过程,对犯罪嫌疑人、被告人权利的保护得到了更多的重视和制度上的体现。在律师介入时间问题上,立法经历了三个阶段的变化:

(一)1979 年《刑事诉讼法》:审判阶段介入诉讼

我国 1979 年《刑事诉讼法》第 26 条到第 30 条共计 5 条规定了辩护的有关内容,分别涉及辩护人范围、指定辩护、辩护人责任、辩护人权利等,对辩护人(律师)介入的时间没有任何明显的规定。依据第 27 条的规定:公诉人出庭公诉的案件,被告人没有委托辩护人的,人民法院可以为他指定辩护人。被告人是聋、哑或者未成年人而没有委托辩护人的,人民法院应当为他指定辩护人。通过指定辩护的规定,可以推知辩护人在侦查和审查起诉阶段无法介入诉讼,只有进入审判阶段,被告人才可能依法获得律师的法律援助。对辩护人(律师)介入诉讼作出较为明确规定的,源于 1996 年《刑事诉讼法》。

(二)1996 年《刑事诉讼法》:审查起诉阶段介入诉讼

1996 年《刑事诉讼法》第 33 条规定:公诉案件自案件移送审查起诉之日起,犯罪嫌疑人有权委托辩护人。自诉案件的被告人有权随时委托辩护人。人民检察院

---

① 2004 年 5 月至 9 月,中国政法大学诉讼法学研究中心与北京市海淀区公安分局配合做过一个实验,对涉嫌 7 种罪名的 21 名犯罪嫌疑人,从被采取强制措施后第一次讯问起,每次讯问都安排律师在场参加。实验结果表明,参加实验的 21 名犯罪嫌疑人对于涉嫌犯罪的态度和意见在侦查阶段与以后其他诉讼阶段基本上前后一致,没有大的反复或变化,翻供的概率远低于没有接受实验的人。参见魏景峰:《关于在我国建立律师在场制度的思考》,载《人民法治》2017 年第 6 期。

自收到移送审查起诉的案件材料之日起 3 日以内,应当告知犯罪嫌疑人有权委托辩护人。人民法院自受理自诉案件之日起 3 日以内,应当告知被告人有权委托辩护人。

与 1979 年《刑事诉讼法》相对应,1996 年《刑事诉讼法》第 34 条规定了指定辩护的内容:公诉人出庭公诉的案件,被告人因经济困难或者其他原因没有委托辩护人的,人民法院可以指定承担法律援助义务的律师为其提供辩护。被告人是盲、聋、哑或者未成年人而没有委托辩护人的,人民法院应当指定承担法律援助义务的律师为其提供辩护。被告人可能被判处死刑而没有委托辩护人的,人民法院应当指定承担法律援助义务的律师为其提供辩护。

第 96 条规定:犯罪嫌疑人在被侦查机关第一次讯问后或者采取强制措施之日起,可以聘请律师为其提供法律咨询、代理申诉、控告。犯罪嫌疑人被逮捕的,聘请的律师可以为其申请取保候审。涉及国家秘密的案件,犯罪嫌疑人聘请律师,应当经侦查机关批准。受委托的律师有权向侦查机关了解犯罪嫌疑人涉嫌的罪名,可以会见在押的犯罪嫌疑人,向犯罪嫌疑人了解有关案件情况。律师会见在押的犯罪嫌疑人,侦查机关根据案件情况和需要可以派员在场。涉及国家秘密的案件,律师会见在押的犯罪嫌疑人,应当经侦查机关批准。

1996 年《刑事诉讼法》从字面上区分了辩护人和律师的概念,对于辩护人而言,公诉案件在移送审查起诉之日可以介入诉讼,自诉案件则随时可以介入。对于律师而言,在犯罪嫌疑人被第一次讯问或被采取强制措施之日起可以介入诉讼,律师介入后可以提供代理申诉、控告、申请变更强制措施等法律帮助。

相比于 1979 年《刑事诉讼法》,1996 年的修订将"辩护人"介入的时间从审判阶段提到了审查起诉阶段,"律师"介入则提前到了侦查阶段,从人权保障的角度而言,这确实体现出很大的进步。但是有两个内容值得讨论:

一方面,律师和辩护人概念关系不够明确。法规从诉讼阶段上区分了律师和辩护人,但二者之间在权利义务等方面存在交叉,律师是否为辩护人有待考察。辩护人的范围,依据第 32 条,还包括人民团体或者犯罪嫌疑人、被告人所在单位推荐的人和犯罪嫌疑人、被告人的监护人、亲友。而这些人依据条文的规定都只能在审查起诉阶段才能介入,如果嫌疑人没有委托律师作为辩护人,则侦查阶段出现了辩护的空白。反之,对于律师的身份,学界也有不同的声音:有人称之为"犯罪嫌疑人的法律顾问",有人称之为"法律帮助人",还有"受托律师"和"诉讼代理人"等称谓,不一而足。① 这些称谓在一定程度上概括了律师行为的特征,但是缺少法律依据作为支撑,不妨就依据 1996 年《刑事诉讼法》之规定本身,暂将律师和一般辩护人

---

① 王圣扬、孙世岗:《侦查阶段律师辩护工作的理性思考》,载《政法论坛》2000 年第 2 期。

分开,律师依旧只作为诉讼参与人出现。

另一方面,侦查阶段辩护无法落实。即使不考虑非律师在侦查阶段无法介入,律师介入诉讼一般也依赖于嫌疑人本人的委托,其监护人、近亲属等亦无法代为委托。另外,法律只规定了司法机关具有告知委托权利的义务,而缺少对嫌疑人委托需求传达等权利行使细节上的要求,更缺少相应的救济措施,导致权利难以落到实处,嫌疑人委托了律师,而律师就位时间难以保证。

关于侦查阶段的法律援助,1996 年《刑事诉讼法》第 34 条对 1979 年条文进行修订,虽然也提及法律援助,但其仅限于审判阶段,而且存在两大问题:第一,开庭前通知援助律师准备辩护,律师根本没有充足的时间了解案情和收集材料,很多律师在开庭前两三天才收到法院的通知,其在法庭上辩护的水平和质量也就可想而知。第二,法院和法律援助机构之间联系不畅。而且,法律援助是行政问题,而非司法问题。依据 1996 年《刑事诉讼法》,由法官指定承担法律援助义务的律师进行辩护,实践中很多法官直接跨过法律援助机构联系律师,违背了司法中立性原则。

依据第 96 条:"涉及国家秘密的案件,犯罪嫌疑人聘请律师,应当经侦查机关批准。"从而该类案件嫌疑人的辩护权尽在侦查机关掌握。其当然不希望律师介入"干扰办案",更切断了律师介入的途径。

总体上,1996 年《刑事诉讼法》将辩护人介入诉讼的时间提前到了审查起诉阶段,律师则可以在侦查阶段提供帮助,不能不说这是法治明显的进步。

(三)2012 年《刑事诉讼法》:介入提前至侦查阶段

2012 年《刑事诉讼法》第 33 条规定了委托辩护的时间、权利告知等义务及代为委托等内容:犯罪嫌疑人自被侦查机关第一次讯问或者采取强制措施之日起,有权委托辩护人;在侦查期间,只能委托律师作为辩护人。被告人有权随时委托辩护人。侦查机关在第一次讯问犯罪嫌疑人或者对犯罪嫌疑人采取强制措施的时候,应当告知犯罪嫌疑人有权委托辩护人。人民检察院自收到移送审查起诉的案件材料之日起 3 日以内,应当告知犯罪嫌疑人有权委托辩护人。人民法院自受理案件之日起 3 日以内,应当告知被告人有权委托辩护人。犯罪嫌疑人、被告人在押期间要求委托辩护人的,人民法院、人民检察院和公安机关应当及时转达其要求。犯罪嫌疑人、被告人在押的,也可以由其监护人、近亲属代为委托辩护人。辩护人接受犯罪嫌疑人、被告人委托后,应当及时告知办理案件的机关。

第 34 条规定了指定辩护的内容:犯罪嫌疑人、被告人因经济困难或者其他原因没有委托辩护人的,本人及其近亲属可以向法律援助机构提出申请。对符合法律援助条件的,法律援助机构应当指派律师为其提供辩护。犯罪嫌疑人、被告人是盲、聋、哑人,或者是尚未完全丧失辨认或者控制自己行为能力的精神病人,没有委托辩护人的,人民法院、人民检察院和公安机关应当通知法律援助机构指派律师为其提供辩护。犯罪嫌疑人、被告人可能被判处无期徒刑、死刑,没有委托辩护人的,人民法院、人民检察院和公安机关应当通知法律援助机构指派律师为其提供辩护。

2012 年《刑事诉讼法》吸收了 1979 年和 1996 年《刑事诉讼法》的精华,并对部分问题作出回应:(1)通过阶段划分明确了律师与一般辩护人身份的不同,即律师作为辩护人享有介入侦查阶段的特权;(2)对嫌疑人提出的委托请求,应当及时传达;(3)嫌疑人或被告人在押的,由其监护人、近亲属代为行使委托权;(4)将指定辩护的权力还给法律援助机构

诚然,我国刑事诉讼法在辩护权的保障上已经有了明显的进步,但其保护的程度依然不够,尚有待完善之处:

一方面,通过对律师介入诉讼后辩护活动的规定之分析不难发现,即使是 2012 年《刑事诉讼法》,依然对律师进行了诸多的限制。以律师会见嫌疑人为例,依据第 37 条第 3 款:"危害国家安全犯罪、恐怖活动犯罪、特别重大贿赂犯罪案件,在侦查期间辩护律师会见在押的犯罪嫌疑人,应当经侦查机关许可。"之所以进行这样的规定,划分出这三类案件,或者是因为出于案件的严重性质,或者是为了赢得时间获取口供,相比之下,犯罪嫌疑人的辩护权利得不到足够的保障。

另外,第 33 条仅规定了"有权委托辩护人",至于辩护人什么时候真正介入诉讼并发挥作用则不得而知。辩护人(律师)介入不仅需要当事人委托作为基础条件,也需要制度规范对实施细节进行规定。

另一方面,法律援助律师看似介入了侦查阶段,实际落实效果却很差,为何在刑事诉讼法及相关司法文件对这一问题进行细化之后依然无法得到保障,其原因包括:首先,侦查人员存在对律师的偏见,认为律师介入必将阻碍诉讼;其次,没有明确规定侦查人员告知嫌疑人其享有法律援助权利的职责,目前只有关于有权委托辩护律师的告知义务;再次,缺少监督与违法责任的规定,侦查人员没有告知也不承担必要的后果,即使有相应的告知义务也无法促使其恪守职责;最后,侦查阶段法律援助的对象存在判断难的客观问题。[①] 例如"尚未完全丧失辨认或者控制自己行为能力的精神病人"需要基于司法鉴定作出判断,冲击着诉讼的效率价值。

(四)律师介入的其他问题

世界各国对律师介入刑事诉讼的时间,有不尽相同的规定。以法治水平较高的几个国家为例,在美国,讯问嫌疑人时必须有律师在场,在针对个人的刑事司法活动启动时或启动后——无论启动的方式是正式提出指控、预审,正式起诉、控告还是初次聆讯——他都应有权获得律师的帮助。当违反上述被告人"取得辩护律师之协助"的权利[②]规定时,被告人就会受到《联邦宪法修正案》第 5 条"不得强迫

---

① 左宁:《论我国侦查阶段法律援助的缺陷与完善》,载《法学杂志》2013 年第 9 期。
② 美国《联邦宪法修正案》第 6 条。

自证其罪"的保护——证据会被视为通过"强迫"手段而得来的非法证据予以排除。英国的情况同美国类似。①

在德国,嫌疑人和被告人有权在刑事诉讼的任何阶段委托律师,当被告人第一次被警察、检察官或法官讯问时,他有权在讯问前与他所选任的律师协商,在违反该规定时,证据是否排除由法官决定;但在警察进行询问时,辩护律师被完全排除,在被控告人被讯问时也同样。②

由此我们可以看到,关于律师介入问题的讨论主要集中在两方面:其一是初次介入的时间,即采取强制性措施或首次讯问前是否允许律师会见被告人,这一问题详见下文关于会见权的评述。其二是接受讯问时是否需要保证律师在场,即讯问在场权。③综合来看我国刑事诉讼法的变迁,在侦查等阶段进行的讯问活动中,关于律师能否在场这一问题,立法给出了否认的回答。④ 近 40 年的改革,我国刑事诉讼法将辩护权提前到侦查阶段,并止步于此。然而,实践情况是,中国当前讯问中的整体认罪率非常高,达 98.91%。⑤ 有学者指出:"中外刑事诉讼的历史已经反复证明,错误的审判之恶果从来都是结在错误的侦查之病枝上的。"⑥尽管无罪推定已经作为国际准则被写进公约中,但"有罪推定"依然是侦查人员脑海中挥之不去的阴影。从精神上期待侦查人员全部彻底地遵从无罪推定是现实的,也是不容易执行和操作的,律师在场却能有效地缓解这一问题。律师在场权的缺位,导致犯罪嫌疑人无力与侦查机关相抗衡,自不必说自发地、能动地行使其辩护权。尽管我国现在尚未确认犯罪嫌疑人和被告人的沉默权,但这并不影响律师在场权的建立。换句话说,现有法律环境下,律师在场的作用哪怕不能完全得到发挥,也可以实现一定的法律监督的作用,并与侦查机关进行合理合法的抗衡。

二、会见权

会见权是律师辩护权利的基本内容之一,通过会见,律师可以充分与犯罪嫌疑

---

① 卞建林、刘玫主编:《外国刑事诉讼法》,中国政法大学出版社 2008 年版,第 31 页。

② 卞建林、刘玫主编:《外国刑事诉讼法》,中国政法大学出版社 2008 年版,第 207~231 页。

③ 该部分内容另见笔者:《刑事辩护权的中国解构——以苏俄相关立法修改为参照》,载《山西大学学报(哲学社会科学版)》2014 年第 3 期。

④ 与民法等私法领域的原则不同,刑事诉讼法并不存在"法无规定即自由"的原则,相反,如果没有关于权利行使的程序性规定,就不能认定法律将该项权利授予相关主体。因此,我们认为在现有立法背景下,律师没有讯问在场权,实践现象也回应了这一点。

⑤ 与民法等私法领域的原则不同,刑事诉讼法并不存在"法无规定即自由"的原则,相反,如果没有关于权利行使的程序性规定,就不能认定法律将该项权利授予相关主体。因此,我们认为在现有立法背景下,律师没有讯问在场权,实践现象也回应了这一点。

⑥ 李心鉴:《刑事诉讼构造论》,中国政法大学出版社 1992 年版,第 179 页。

人、被告人接触和沟通,了解其对案件的看法和主张,为之后的辩护活动准备材料。

会见的核心在于会见的机会和会见过程的秘密性。前者指的是会见的时间与次数不应受到无理的限制,根据案情和辩护的需要,在不违反法律规定的前提下充分保证见面的机会。后者指的是见面过程中交流内容的保密性。医生和律师等都应当对其在执业过程中知悉的对象的信息予以保密,这是当事人对其产生信赖并坦诚陈述和真诚行为的基础。如果会见过程无法保密,就破坏了嫌疑人、被告人与辩护人之间的信任基础。

纵观我国改革开放 40 年来刑事诉讼相关立法,可以发现在上述两个问题上经历了从粗到细、从限制到保障的过程。会见权日益得到立法的积极响应。

(一)1979 年《刑事诉讼法》:会见权与通信权的设立

1979 年《刑事诉讼法》在第 29 条首次设定了会见权:"辩护律师可以查阅本案材料,了解案情,可以同在押的被告人会见和通信;其他的辩护人经过人民法院许可,也可以了解案情,同在押的被告人会见和通信。"

可见,作为新中国第一部刑事诉讼法典,1979 年并没有赋予会见权过多的笔墨,同其他权利规定的一样,只是提出了辩护律师和其他辩护人享有会见权,区分了二者会见权行使方式的不同。其他方面如申请会见的机关、会见的时间和次数要求、会见过程等没有详细说明。总体上缺乏可操作性,同时因为其规定的框架性和模糊性给了审批机关非常大的裁量权,势必导致会见难的问题。

此外,如前文所述,辩护律师往往在审判阶段才能介入诉讼,为当事人提供法律咨询和帮助。相应地,犯罪嫌疑人、被告人在侦查和审查起诉阶段无法会见辩护律师,律师当然也无法从其口中获得与案件相关的线索或事实,法庭之上,辩护工作无法展开,辩护水平可想而知。

(二)1996 年《刑事诉讼法》:会见权与通信权的细化

在 1979 年初设会见权的基础上,1996 年对其进一步细化,第 36 条规定:"辩护律师自人民检察院对案件审查起诉之日起,可以查阅、摘抄、复制本案的诉讼文书、技术性鉴定材料,可以同在押的犯罪嫌疑人会见和通信。其他辩护人经人民检察院许可,也可以查阅、摘抄、复制上述材料,同在押的犯罪嫌疑人会见和通信。辩护律师自人民法院受理案件之日起,可以查阅、摘抄、复制本案所指控的犯罪事实的材料,可以同在押的被告人会见和通信。其他辩护人经人民法院许可,也可以查阅、摘抄、复制上述材料,同在押的被告人会见和通信。"本条规定实际上只通过是否需要经过许可这一标准区分了律师和其他辩护人行使会见权上的差异,尽管两款在字面上还区分了审查起诉阶段和审判阶段,但其并无实质意义,而仅存在许可机关的不同。律师在侦查阶段介入诉讼的模糊身份在会见权上也有体现。依据第 96 条第 2 款:"受委托的律师……可以会见在押的犯罪嫌疑人,向犯罪嫌疑人了解有关案件情况。律师会见在押的犯罪嫌疑人,侦查机关根据案件情况和需要可以派员在场。涉及国家秘密的案件,律师会见在押的犯罪嫌疑人,应当经侦查机关批准。"可见,对律师会见权的问题,1996 年依然持保守态度,一方面,会见过程在侦查人员监视下进行;另一方面,涉及"国家秘密"的案件,会见需要经过批准。以上两项规定表现出侦查活动和律师会见之间的巨大冲突,立法依然将律师会见视为阻碍侦查活动进行的行为,从而整体上表现出对其的限制和控制。何为"涉及国家秘密的案件",在当时的法律背景下,并没有明确的规定。实践中反映出来的问题是侦查人员往往不由分说地认定案件属于这一特殊类型,阻碍律师会见。好在伴随着 1998 年 1 月最高人民法院、最高人民检察院、公安部、国家安全部、司法部、全国人大常委会法制工作委员会《关于刑事诉讼法实施中若干问题的规定》的出台,第 9 条明确指出:"刑事诉讼法第九十六条规定的'涉及国家秘密的案件',是指案情或者案件性质涉及国家秘密的案件,不能因刑事案件侦查过程中的有关材料和处理意见需保守秘密而作为涉及国家秘密的案件。"这一问题才得到解决。

第 96 条第 2 款还暴露出另一个问题:会见时侦查人员在场监视。辩护人与犯罪嫌疑人、被告人之间的会见本应予以保密,这是双方之间产生信任的基础,也是充分沟通的前提。派员在场就意味着侦查人员可以把控会谈的内容和走向,如果侦查人员并不想让会谈涉及案情或证据材料,则可以及时停止会谈。会谈的内容和时间都受到强烈的束缚。1996 年《刑事诉讼法》未规定监视居住期间会见权的内容,导致了立法空白。依据 1996 年《刑事诉讼法》第 57 条,被监视居住的人"未经执行机关批准不得会见他人",也即,监视居住期间,律师想要会见犯罪嫌疑人、被告人需要经过执行机关的批准,相比之下,律师会见在押的犯罪嫌疑人、被告人反而更容易,这是不符合逻辑的,直到 2012 年《刑事诉讼法》对这一问题作出了回应。

(三)2012 年《刑事诉讼法》:会见权与通信权的完善

2007 年《律师法》一改 1996 年粗糙甚至违背基本原则的规定,从无障碍会见和会见过程保密两方面突破旧制。围绕前者,2007 年《律师法》第 33 条规定:"犯罪嫌疑人被侦查机关第一次讯问或采取强制措施之日起,受委托的律师凭律师执业证书、律师事务所证明和委托书或者法律援助公函,有权会见犯罪嫌疑人、被告人并了解有关案件的情况。"依据本条规定,律师只要持"三证"就可以会见犯罪嫌疑人、被告人,而不必经过侦查机关和看守所双重批准,从而提高了会见的机会,为会见提供了程序性保障,从而告别了对辩护律师的会见时间和次数的限制。关于后者,本条规定:"律师会见犯罪嫌疑人、被告人,不被监听。"从而大幅度提高会见过程的保密性。通过对比 1996 年刑事诉讼法不难发现保密具有两方面的要求:既不能通过技术手段,如监听收集会见过程产生的信息和材料,更不能派员在场,人工"监听"会见的内容。从此,犯罪嫌疑人、被告人与辩护律师会谈的内容不受限制,双方得以充分自由地进行沟通。2012 年《刑事诉讼法》第 37 条第 2 款和第 4 款分别吸收了 2007 年《律师法》的有关内容,针对 1996 年规定透露的问题,对会见权进行了全方位细致的修订。其中,第 37 条第 2 款不仅规定了律师持"三证"有权会见在押犯罪嫌疑人、被告人,还规定了看守所的义务:"看守所应当及时安排会见,至迟不得超过四十八小时",一定程度上解决了"会见难"的问题。

针对 1996 年《刑事诉讼法》在实践过程中反映的限制辩护律师与犯罪嫌疑人、被告人谈论案情的问题,2012 年《刑事诉讼法》第 37 条第 4 款直接予以解决:"辩护律师会见在押的犯罪嫌疑人、被告人,可以了解案件有关情况,提供法律咨询等",打破了会谈内容的壁垒。同时,"自案件移送审查起诉之日起,可以向犯罪嫌疑人、被告人核实有关证据",更是为有效辩护奠定了基础。有学者指出,"核实有关证据",实际上赋予了犯罪嫌疑人、被告人某种程度的阅卷权,[1]法律本身并没有明确规定犯罪嫌疑人和被告人的阅卷权,但是辩护律师向其核实证据,其中也包括律师在阅卷过程中了解的控方的材料,犯罪嫌疑人、被告人据此可以有针对性地陈述与案件有关的线索和证据,为进一步辩护提供材料。这无异于扩大了犯罪嫌疑人和被告人行使辩护权的方式。除此以外,1996 年《刑事诉讼法》以"国家秘密"一词悄然扩大了办案机关的裁量权,"国家秘密"变成阻碍律师会见犯罪嫌疑人、被告人的天然屏障。2012 年《刑事诉讼法》明确规定了三种需要批准才能会见的特殊犯罪类型,第 37 条第 3 款规定:"危害国家安全犯罪、恐怖活动犯罪、特别重大贿赂犯罪案件,在侦查期间辩护律师会见在押的犯罪嫌疑人,应当经侦查机关许可。上述案件,侦查机关应当事先通知看守所。"其中危害国家安全犯罪主要是指《刑法》分则第一章"危害国家安全罪"项下的罪状;依据《中华人民共和国反恐怖主义法》第 3 条之 1 至 2 款的定义,恐怖活动是指"恐怖主义[2]性质的下列行为:(一)组织、策划、准备实施、实施造成或者意图造成人员伤亡、重大财产损失、公共设施损坏、社会秩序混乱等严重社会危害的活动的;(二)宣扬恐怖主义,煽动实施恐怖活动,或者非法持有宣扬恐怖主义的物品,强制他人在公共场所穿戴宣扬恐怖主义的服饰、标志的;(三)组织、领导、参加恐怖活动组织的;(四)为恐怖活动组织、恐怖活动人员、实施恐怖活动或者恐怖活动培训提供信息、资金、物资、劳务、技术、场所等支持、协助、便利的;(五)其他恐怖活动。"若以上行为构成犯罪即为恐怖活动犯罪。特别重大贿赂犯罪,主要是指数额或情节满足"特别重大"的,《刑法》分则第八章规定的有关贿赂的犯罪行为。"特别重大"表明并非所有贿赂案件均需要经批准才能

---

[1] 陈瑞华等:《法律程序改革的突破与限度——2012 年刑事诉讼法修改述评》,中国法制出版社,第 10 页。

[2] 依据本法第 3 条:恐怖主义,是指通过暴力、破坏、恐吓等手段,制造社会恐慌、危害公共安全、侵犯人身财产,或者胁迫国家机关、国际组织,以实现其政治、意识形态等目的的主张和行为。

会见,《人民检察院刑事诉讼规则(试行)》第 45 条第 2 款用列举加概括的方式界定了"特别重大":(1)涉嫌贿赂犯罪数额在 50 万元以上,犯罪情节恶劣的;(2)有重大社会影响的;(3)涉及国家重大利益的。其中有重大社会影响和涉及国家重大利益需要办案机关裁量,可能会变相干预律师会见。

需要注意的是,本款特殊类型案件的限制仅限于"侦查阶段",即只有在该阶段,满足前述条件时,才需要办案机关许可才能会见,在案件移送审查起诉和审判阶段,律师持三证会见犯罪嫌疑人、被告人不受限制。关于采取强制措施过程中会见权行使的问题,2012 年《刑事诉讼法》第 37 条增加了关于辩护律师同被监视居住的人的会见方式的规定为第 5 款:"辩护律师同被监视居住的犯罪嫌疑人、被告人会见、通信,适用第一款、第三款、第四款的规定。"即适用关于会见在押犯罪嫌疑人、被告人的规定。这不仅是回应 1996 年《刑事诉讼法》对被监视居住的人的会见权的缺陷,更是建立在对 2012 年修订《刑事诉讼法》的系统性考量之上。2012 年《刑事诉讼法》第 75 条延续了 1996 年《刑事诉讼法》的限制性规定:"被监视居住的犯罪嫌疑人、被告人应当遵守以下规定:……(二)未经执行机关批准不得会见他人或者通信……"同时第 76 条规定:"在侦查期间,可以对被监视居住的犯罪嫌疑人的通信进行监控。"可见,监视居住对犯罪嫌疑人的自由限制程度更高。因此,保证辩护律师与被监视居住的犯罪嫌疑人、被告人的会见权就显得尤为重要。

(四)会见权与通信权评述和展望

2012 年《刑事诉讼法》突破了 1996 年限制会见的规定,通过完善和修订相应的制度,在一定程度上解决了"会见难"的问题。但是依然有一些方面值得商榷:

首先,第一次讯问前的律师会见权没有得到保障。我们知道,第一次讯问前辩护律师与犯罪嫌疑人的会见权对辩护而言非常重要,实证表明,嫌疑人在侦查阶段有一个极为显著的特点,那就是在初次讯问中的认罪率非常高,达 87.93%。[1] 究其原因,乃是嫌疑人处于高度的心理压力之下,缺少必要的法律帮助,对来自侦查人员的讯问缺少自我保护意识和能力。律师会见的作用即在于提供法律支持,如果此项在侦查阶段对犯罪嫌疑人权利最有效的保障手段都得不到保证和规范,那么后续辩护必然问题重重。

其次,缺少必要的救济措施。"无救济则无权利",没有救济,权利就成为纸上谈兵,侵犯权利的人如果得不到惩罚、侵权行为如果不能产生一定的法律后果,则谈论权利无意义。会见权也是这样。目前我国刑事诉讼法和相关的司法解释等法律文件缺少对救济措施的规定,而实践中又常常出现办案机关和办案人员侵犯辩护人与犯罪嫌疑人、被告人会见权的情况,或者对其会见次数进行限制,或者通过

---

[1]　刘方权:《认真对待侦查讯问——基于实证的考察》,载《中国刑事法杂志》2007 年第 5 期。

监听之外的其他手段干扰会谈等,其结果是无法通过程序违法等事由追究相关人员的法律责任。

再次,未规定犯罪嫌疑人、被告人自主会见权。现行刑事诉讼法将会见权仅仅定位为"律师会见权",具有局限性,完整意义上的会见权还应包括"在押犯罪嫌疑人、被告人要求会见辩护律师"。[①] 传统的学理分析默认了律师会见犯罪嫌疑人是其接受法律援助的唯一渠道,而对犯罪嫌疑人积极主动会见律师缺少必要的讨论。然而,正如有些学者忧虑的一样,[②]如果律师会见的请求未被允许,如果律师不愿意会见当事人,如果当事人尚未委托律师等等问题都表明,会见权不仅应包括律师会见当事人,还要包括嫌疑人要求会见律师(辩护人)。这是符合在押嫌疑人的天然需求的,也是落实会见,保证辩护质量的必然要求。

最后,限制会见的特殊案件裁量空间依然较大。关于经许可会见的三类案件,第一类(危害国家安全犯罪)有较为明确的犯罪,只需要依据刑法规定的罪名罪状衡量排除即可,办案人员裁量权犯罪很小;第二类(恐怖活动犯罪)目前也有较为明确的类型,通过反恐怖主义法和刑法界定符合条件的犯罪,裁量权范围依然有限;第三类(特别重大贿赂犯罪)则为侦查人员预留了非常大的裁量权行使空间。什么是"重大社会影响"和"重大国家利益"都需要立法进一步解释和完善,目前依然可以成为侦查人员阻碍律师会见的利器。另外,有些内容仍需要司法解释进一步细化和规范。目前规定的看守所及时安排会见义务中的"四十八小时"究竟是指 48 小时能够"见到"犯罪嫌疑人、被告人还是仅指"安排"好会见的事项,通知辩护律师呢? 第 37 条第 2 款无法准确回答这一问题,如果是前者,则会见权落实更有保障,我们也有理由期待司法解释对此作出更具体的规定。

第三节　律师阅卷权

一、律师阅卷权的内涵

《刑事诉讼法》规定辩护律师自人民检察院对案件审查起诉之日起,可以查阅、摘抄、复制本案的案卷材料,其他辩护人经人民法院、人民检察院许可,也可以查

---

① 陈瑞华:《论被告人的自主性辩护权——以"被告人会见权"为切入的分析》,载《法学家》2013 年第 6 期。

② 陈瑞华:《论被告人的自主性辩护权——以"被告人会见权"为切入的分析》,载《法学家》2013 年第 6 期。

阅、摘抄、复制上述材料。[①] 辩护律师阅卷权,是在刑事诉讼法程序中法律赋予被告方的重要的防御性权利,是被告方获取充分的资讯进行实质有效辩护的保障,按照传统的刑事诉讼理论,犯罪嫌疑人、被告人是辩护权的享有者,但是很多国家的法律往往将许多辩护权利赋予律师辩护人,例如辩护权中的阅卷权,我国现行刑事诉讼法明确赋予了辩护律师阅卷权,但是没有提及犯罪嫌疑人、被告人阅卷权,而且犯罪嫌疑人、被告人行使阅卷权也存在一些问题。刑事案件中,犯罪事实的认定需要以证据为支持,刑事卷宗记载了六部分的案件证据和程序性事项,因此,卷宗是辩护律师进行辩护的重要参考资料,阅卷权也是辩护律师从事刑事辩护工作必不可少的一项基本权利。刑事侦查卷宗于移送检察院审查起诉阶段大体内容基本形成,因此,法律规定辩护律师的阅卷权自人民检察院审查起诉之日起。

阅卷的范围是案卷材料,那么案卷材料的具体范围如何界定,根据现行的《人民检察院刑事诉讼规则(试行)》第 47 条的规定,"案卷材料包括案件的诉讼文书和证据材料"。最高人民法院《关于适用〈中华人民共和国刑事诉讼法〉的解释》第 47 条规定,"合议庭、审判委员会的讨论记录以及其他依法不公开的材料不得查阅、摘抄、复制"。从上述规定可以看出,辩护律师阅卷权的范围是除合议庭、审判委员会的讨论记录及其他依法不公开的材料以外的案卷材料。但是法律规定的案卷材料的范围仍然很广,在实践中,控辩双方对案卷材料的范围有不同的见解,控诉方认为辩护律师能够阅卷的案卷材料是经过检察机关认可的并且会在庭审中使用的案卷材料,即诉讼文书和法定的八种证据材料。对于同步录音录像资料,如果在庭审中不作为证据使用,一般不在辩护律师的阅卷范围内,对于这个问题,2013 年 9 月 22 日最高人民法院作出的《关于辩护律师能否复制侦查机关讯问录像问题的批复》中也指出,"侦查机关对被告人的讯问录音录像已经作为证据材料向人民法院移送并已在庭审中播放,不属于依法不能公开的材料,在辩护律师要求复制有关录音录像的情况下,应当准许"。对此,辩护律师认为阅卷权所指的案卷材料应该更加广泛,只要是在刑事诉讼中产生的材料即成为阅卷权的内容。只要案卷材料客观上与案件具有关联性就可以成为阅卷权的内容,而不应当由控诉方先进行筛选,可能会将有利于辩护方的证据排除出去。

辩护人阅卷权问题在理论上在于证据开示制度,这一制度是指控辩双方在正式开庭审理前互相向对方展示证据的一种制度。美国首先确立了这一制度。一些传统上采用大陆职权主义诉讼模式的国家,也在由纠问式向对抗式转变的过程中,摒弃了卷宗移送主义,建立了证据开示制度。[②] 这一制度的建立是鉴于控方在搜

① 陈光中主编:《刑事诉讼法》,北京大学出版社、高等教育出版社 2013 年第 5 版,第 149 页。

② 樊崇义等著:《刑事诉讼法修改专题研究报告》,中国人民公安大学出版社 2005 年版,第 208~209 页。

集证据能力上具有辩方所不具有的优势,案件的证据大多都掌握在控方手中,而且控辩双方搜集证据的侧重点不同,庭前证据交换是辩方进行有效辩护的一种保障。在我国辩方搜集证据能力远远不及控方的情况下,证据开示制度作用更加明显,律师阅卷权的设置也是控方证据向辩方进行开示的一种体现,是法律对律师辩护权的保护的体现。

美国作为英美法系的代表国家,在 1938 年民事诉讼采用证据开示制度后,于 1946 年将证据开示制度引入刑事诉讼。1946 年《联邦刑事诉讼规则》第 16 条作出规定,最初的证据开示的规定比较狭窄宽泛,后在一系列的判例以及立法上的完善后,形成了现在比较完善的证据开示制度。美国的证据开示通常是在审前进行,控辩双方提交证据,立法对开示的证据范围进行了规定,对控方需要向辩方开示的证据也作出明确的规定。证据开示制度不仅是控方单方面向辩方展示证据,而且是双方进行证据交流,这也是辩护律师阅卷制度不具有的制度优势。

相比较我国对阅卷权的保守态度,苏俄刑事诉讼法早在 1960 年刑事诉讼法中就已经明确给予了被告人充分的阅卷权利,并允许律师帮助其了解案卷材料,在后来的修订中又增加了关于“被告人和他的辩护人所必须了解案件全部材料的时间不受限制”的保障性程序规定。①

德国也早就比较完整地规定了阅卷权制度,《德国刑事诉讼法典》第 147 条②规定了辩护律师阅卷权,对于辩护律师阅卷的时间,德国法律没有进行限制,无论是侦查阶段还是审查起诉阶段、审判阶段,辩护律师都享有阅卷权。在阅卷的范围上,《德国刑事诉讼法典》规定的律师阅卷范围很广泛,基本不作限定,辩护律师有权查阅检察院移送法院的任何证据,同时规定“在程序的任何一个阶段,都不允许拒绝辩护人查阅被告人的讯问笔录”,可见辩护律师的阅卷权不受限制,除了在“侦查尚未终结之前,如果查阅会使侦查目的受到影响”的情况下,“检察官有权拒绝查

---

① 元轶:《辩护制度基本问题的反思——以苏俄、中国、俄联邦的相关刑事法修改为视角》,载《政法论坛》2012 年第 30 卷第 6 期。

② 李昌珂译:《德国刑事诉讼法典》,中国政法大学出版社 1998 年版,第 69～70 页。《德国刑事诉讼法典》第 147 条规定:“(一)辩护人有权查阅移送法院的,或者在提起公诉情况中应当移送法院的案卷,有权查看官方保管的证据。(二)案卷中还未注明侦查已经终结的时候,如果查阅可能使侦查目的受到影响的,可以拒绝辩护人查阅案卷、个别案卷文件或者查看官方保管的证据。(三)在程序的任何一个阶段,都不允许拒绝辩护人查阅对被告人的讯问笔录,查阅准许他或者假如提出要求时必须准许他在场的法院调查活动笔录,查阅鉴定人的鉴定。(四)只要无重要原因与此相抵触的,依申请应当许可辩护人将除证据之外的案卷带回他的办公地点或者住宅查阅。对决定不得要求撤销。(五)是否准许查阅案卷,在侦查程序期间由检察院,除此之外,由受理案件法院决定。(六)拒绝辩护人查阅案卷的理由如果没有先前消除的时候,检察院至迟应当在侦查终结时撤销拒绝查阅的决定。不受限制地查阅案卷权一旦重新产生时,应当通知辩护人。”

阅卷宗的其他部分",这种规定是为了保证侦查目的的实现对辩护律师阅卷权的合理限制,同时也规定了即使这种理由没有消失,至迟在侦查终结时也要撤销拒绝。德国的刑事诉讼立法赋予了辩护律师全面的阅卷权,在阅卷范围和阅卷阶段上都规定得比较具体,而且赋予辩护律师阅卷权明确可操作的法律保障,[①]这种规定有效地保障了辩护律师的阅卷权,使得辩护律师得以有效行使辩护权,有利于控辩双方的力量平衡。德国刑事立法对辩护律师阅卷权的规定值得我国学习借鉴。

二、1979 年《刑事诉讼法》:律师阅卷权的初步建立

1979 年《刑事诉讼法》第 29 条规定,"辩护律师可以查阅本案材料,了解案情",这是我国刑事诉讼法首次对辩护律师阅卷权作出规定,该规定对于律师阅卷范围没有任何限制,但是在这一时期律师介入刑事诉讼活动只能在审判阶段。这一阶段律师阅卷的方式也仅限于查阅,在只能查阅案卷材料的情况下,律师阅卷的深度可能就只限于案件情况知晓程度了。首次对辩护律师阅卷权作出规定,体现了开始重视对刑事被告方权利的保护,刑事诉讼法规定了被告人可以委托律师和其他非律师辩护人,但是没有赋予非律师辩护人阅卷权。1979 年《刑事诉讼法》规定的辩护律师阅卷权,在法院开庭后,律师可以查阅全部案卷材料,包括侦查机关和检察机关的案卷材料,律师对案情了解和掌握得比较全面。

虽然看似辩护律师享有完全的阅卷权,但是由于我国是以侦查为中心的诉讼模式,辩护律师介入刑事诉讼活动较晚,因此,律师在审判阶段才享有阅卷权,即使阅卷范围大,但是律师还是没有充分的时间去应对控方的指控,相较于准备充分掌握证据的控方,辩方进行实质辩护仍然很困难。

三、1996 年刑事诉讼法:分步式不完全阅卷权

对于辩护律师,1996 年《刑事诉讼法》第 36 条规定,"辩护律师自人民检察院对案件审查起诉之日起,可以查阅、摘抄、复制本案的诉讼文书、技术性鉴定材料","辩护律师自人民法院受理案件之日起,可以查阅、摘抄、复制本案所指控的犯罪事实的材料",相较于修改前的规定,律师阅卷不仅可以进行查阅,还扩大到了摘抄、复制。对辩护律师阅卷权的规定分审查起诉阶段和法院审理阶段,同时也对辩护律师阅卷内容进行了限定。

在人民检察院审查起诉阶段,辩护律师可以阅卷的具体范围,在 1999 年 1 月 18 日最高人民检察院颁布的《人民检察院刑事诉讼规则》第 319 条进行了规定,在

① 王圣扬、王金华:《中德辩护律师阅卷权比较研究——以控辩平衡原理为视角》,载《东方法学》2008 年第 5 期。

人民检察院审查起诉阶段，辩护律师可以阅卷的是诉讼文书、技术性鉴定材料，"诉讼文书包括立案决定书、拘留证、批准逮捕决定书、逮捕决定书、逮捕证、搜查证、起诉意见书等为立案、采取强制措施和侦查措施以及提请审查起诉而制作的程序性文书"，"技术性鉴定材料包括法医鉴定、司法精神病鉴定、物证技术鉴定等由有鉴定资格的人员对人身、物品及其他有关证据材料进行鉴定所形成的记载鉴定情况和鉴定结论的文书"，辩护律师在人民检察院进行阅卷时的范围是受到限制的，仅限于程序性的文书和技术性鉴定材料，对于证人证言等证据材料无从了解。同时，1998 年 4 月 25 日司法部颁布的《律师办理刑事案件规范》第 43 条对律师到人民检察院进行阅卷也进行了规定，对律师阅卷需要携带的文书进行了规定，对律师在检察院阅卷的范围与最高人民检察院的规定一致。

在人民法院审理阶段，刑事诉讼法并没有对辩护律师的阅卷范围进行限制，1998 年 9 月 8 日最高人民法院发布的《关于执行〈中华人民共和国刑事诉讼法〉若干问题的解释》第 40 条对范围仅仅进行了审判内部材料的限制，"审判委员会和合议庭的讨论记录及有关其他案件的线索材料，辩护律师和其他辩护人不得查阅、摘抄、复制"。但是结合《刑事诉讼法》第 150 条"人民法院对提起公诉的案件进行审查后，对于起诉书中有明确指控犯罪事实并且附有证据目录、证人名单和主要证据复印件或者照片的，应当决定开庭审判"的规定，可见法院开庭审判时所掌握的案卷材料也仅仅限于起诉书和证据目录、主要证据复印件等部分证据材料，再加结合 1998 年司法部颁布的《律师办理刑事案件规范》第 67 条规定，"案件材料应当包括起诉书、证据目录、证人名单和主要证据的复印件或者照片"，可见律师在法院审判阶段阅卷的内容并不全面，不能看到指控犯罪的全部材料。

《律师办理刑事案件规范》第 67 条还规定了"缺少上述材料的，律师可以申请人民法院通知人民检察院补充"这条律师阅卷权救济途径。同时对于律师的阅卷权针对的主体，不仅限于审查起诉和审判主体，第 68 条还规定了"审判阶段的律师认为必要时可向侦查及审查起诉阶段的承办律师了解案件有关情况，请求提供有关材料，侦查及审查起诉阶段的律师应予配合"，可见律师阅卷权针对的主体也扩大到了同一案件不同阶段的承办律师。

对于律师以外的其他辩护人，1996 年《刑事诉讼法》第 36 条也规定了其阅卷权，其他辩护人阅卷范围和阅卷权行使时间同辩护律师，但是其他辩护人的阅卷权的行使是有条件的，需要经人民检察院或者人民法院的许可，但是许可的具体条件是什么，法律并没有规定，因此，实践中即使人民检察院或者人民法院以各种借口拒绝其他辩护人阅卷，其他辩护人的阅卷权也无法被救济。

1996 年《刑事诉讼法》将律师介入的时间提前到了侦查阶段，但该阶段所聘请的律师不是辩护人，不享有阅卷权，作为辩护律师介入诉讼并且享有阅卷权是在案件移送审查起诉阶段。辩护律师在刑事诉讼活动中享有阅卷权的时间相较于

1979 年《刑事诉讼法》大为提前,这一点相较于 1979 年《刑事诉讼法》是立法上的一个进步。

但是,1996 年《刑事诉讼法》对于律师阅卷权的范围大为缩小,在审查起诉阶段仅限于诉讼文书和技术性鉴定材料,而审判阶段,基于当时的案卷移送制度,检察院并不将全部案卷移送法院,律师只能查阅到指控犯罪的证据目录和主要证据复印件,因此从审查起诉阶段到审判阶段,律师阅卷的内容受到了很大的限制,无法对指控犯罪的全部案卷材料进行了解。加上人民检察院、人民法院拒绝辩护律师阅卷的后果法律没有明确,因此,辩护律师的辩护权不能得到充分的保障,无法得到辩护的实质效果。

综上,1996 年《刑事诉讼法》虽然将辩护律师阅卷权行使时间提前到审查起诉阶段,但是阅卷内容受到了极大的限制,因此 1996 年对刑事诉讼法的修改实质上是对律师阅卷权的一次限制。

四、2012 年《刑事诉讼法》:完全阅卷权

我国自 1996 年修改《刑事诉讼法》之后,时隔 16 年之久再次对刑事诉讼法进行修改,此次修改幅度较大,辩护制度是这次修改的重点之一,其中有关辩护律师阅卷权又是引人关注的重点之一。2012 年《刑事诉讼法》第 38 条对辩护律师的阅卷权进行了规定,"辩护律师自人民检察院对案件审查起诉之日起,可以查阅、摘抄、复制本案的案卷材料",对辩护律师的阅卷权进行了完善,此次规定将辩护律师介入刑事诉讼活动的时间提前到了侦查阶段,但是阅卷权行使时间仍然延续了修改前的自审查起诉之日起,对辩护律师的阅卷范围扩大到"本案的案卷材料",结合 2012 年《刑事诉讼法》第 172 条规定人民检察院向人民法院起诉时要"将案卷材料、证据移送人民法院"的全案案卷移送制度,可见律师阅卷的范围是整个案卷材料。同时,为了防止侦控方没有移送有利于犯罪嫌疑人、被告人的证据材料,第 39 条规定了律师"有权申请人民检察院、人民法院调取"。

就整个案件材料而言,律师阅卷内容也存在一些限制。2013 年最高人民法院发布的《关于适用〈中华人民共和国刑事诉讼法〉的解释》第 40 条将"合议庭、审判委员会的讨论记录以及其他依法不公开的材料"等内部材料排除出辩护律师阅卷权范围。同时,正如第一部分中提到的,对于同步录音录像资料,如果在庭审中不作为证据使用,就不在辩护律师阅卷范围内。

2012 年《刑事诉讼法》对其他辩护人阅卷权的规定延续了 1996 年《刑事诉讼法》的规定,其他辩护人阅卷范围和行使时间仍然和辩护律师一样,需要经过人民法院、人民检察院的许可。其他辩护人阅卷权相较于 1996 年《刑事诉讼法》基本没有变化。

2012 年《刑事诉讼法》明确地将律师以辩护人身份介入刑事诉讼活动修改为

"自被侦查机关第一次讯问或采取强制措施之日起",同时辩护律师的阅卷权是自审查起诉之日起的对全部案件材料的完全阅卷权,从阅卷权自身的纵向发展对比来看,可谓进步巨大。但同时我们也应该看到实践操作中的一些问题,虽然赋予了辩护律师完全阅卷权,可以查看全部案卷材料,但实践中对于案卷材料的范围并不明确,辩护律师所要求的阅卷的范围,同人民检察院、人民法院愿意让辩护律师阅卷的范围,存在很大分歧。另外一个无法解决的问题是,1996 年《刑事诉讼法》将1979 年《刑事诉讼法》的全案案卷移送改为重点移送,原因在于防止法官先入为主进行主观判断,妨碍司法公平,不利于辩护方,但是 2012 年《刑事诉讼法》又改回了全案案卷移送,虽然有利于辩护律师阅卷权的行使,但是防止法官主观预判的难题无法得到解决,也不符合以审判为中心的诉讼制度改革方向。还有许多学者针对2012 年《刑事诉讼法》的阅卷权规定提出了另外一些问题,例如侦查阶段阅卷权的行使不全面,犯罪嫌疑人、被告人的阅卷权等问题。

综上,2012 年修改的《刑事诉讼法》完善了辩护律师的阅卷权,由分步式不完全阅卷权发展到完全阅卷权,是很大的进步。但同时也应该看到,现阶段辩护律师阅卷权的行使,无论在理论上还是实践中,都存在一些尚待解决的问题。

五、律师阅卷权评述与展望

纵观我国刑事诉讼法自 1979 年至 2012 年,历经几次修改,辩护人阅卷权从无到有,从最初设立到分步式不完全阅卷权再到完全阅卷权;阅卷权主体从只限于辩护律师,到其他辩护人有条件地行使阅卷权;阅卷范围经历了全案案卷材料到审查起诉阶段限于技术性鉴定材料和诉讼文书,再到回归全案案卷材料;阅卷方式从最初的只能查阅,到可以查阅、摘抄、复制,从过去的手抄,到现在可以采取更加方便的复印、扫描、拍照等,更加新型的还有电子阅卷、网上阅卷等,阅卷更加快捷方便同时对原案卷材料的贴近程度也更高;阅卷权行使时间从最初的只能在审判阶段,提前到审查起诉阶段,阅卷权行使的时间提前,有利于辩护权的行使。

刑事诉讼法历次修改都离不开时代背景的影响,1979 年《刑事诉讼法》是我国改革开放后首部刑事诉讼法,在社会法制需要重新建立完善的时代,刑事诉讼法等法律被迫切需要,1957 年 5 月在最高人民法院主持下完成的《中华人民共和国刑事诉讼法草案(草稿)》和 1963 年 4 月在中央政法委领导下形成的《中华人民共和国刑事诉讼法草案(初稿)》,成了 1979 年《刑事诉讼法》的基础。[①] 基于当时国家刚刚经历对法制的践踏的教训,产生了许多冤假错案,开始对被告人的权利进行关

---

① 郭书原:《关于新〈刑事诉讼法〉若干问题的思考——访中国政法大学教授、博士生导师卞建林》,见郭书原主编:《刑事诉讼法修改的深度访谈》,中国检察出版社 2012 年版,第 230~231 页。

注,因此,在立法时注重保障被告人的辩护权;为了避免冤假错案,因此,设立了辩护律师阅卷权。同时面临当时严峻的社会治安,需要对猖獗的犯罪进行严厉的打击。尽管在 20 世纪 60 年代我国与苏联的关系恶化,但是我国还维持了苏联的法学体系和思维研究方式,比如都在刑事诉讼中追求犯罪控制,[①],因此我国 1979 年《刑事诉讼法》的诉讼构造中,辩护方仍然处于相当弱势的地位,辩护律师的权利也比较弱,律师阅卷权也就是在审判阶段对案卷材料的一个了解而已。

至 1996 年,随着我国经济社会的发展以及法制建设的不断深入,1979 年《刑事诉讼法》经历十几年已经不适应社会的发展和国民的需求,因此,于 1996 年对《刑事诉讼法》进行了重大修改,受国际刑事诉讼发展的影响,开始吸收英美法系的一些先进制度,增加了一些先进的刑事诉讼法理念,在被告人权利保障方面有重大进步,但是受我国各种条件限制,修改后的刑事诉讼法的很多问题仍然没有解决。1996 年《刑事诉讼法》考虑到防止法官先入为主进行主观预判,可能会有失公允,因此检察机关提起公诉采用"复印件移送主义"[②],并不移送全部案卷材料,因此导致辩护律师阅卷权无法真正实现。1996 年《刑事诉讼法》考虑了法官公平判决,但是忽视了辩护律师的辩护权,也体现了 1996 年《刑事诉讼法》的局限性。

进入 21 世纪后,我国处于社会转型期,社会矛盾凸显,社会管理面临新的挑战,同时国家的法治建设提出了更高的要求,维护司法公正受到更多的关注,人权保障的呼声也越来越高,2012 年《刑事诉讼法》进一步吸收英美法系的先进制度经验,进行了大幅度修改。这次修改放开了 1996 年《刑事诉讼法》对辩护律师阅卷权的限制,有力地保障了辩护方充分行使辩护权,在犯罪嫌疑人、被告人人权保障方面有了一大进步,不过依然存在一些可以改进之处:

第一,建立被告人阅卷权,扩展阅卷权主体范围。犯罪嫌疑人、被告人尽管享有辩护权,但是不是所有的辩护权利的行使者,我国现有立法确立的是以辩护人为中心的阅卷制度,仅赋予辩护人阅卷权,未考虑被告人阅卷权的问题。[③] 然而,我国刑事诉讼实践中许多被告人没有辩护人,那么他们的阅卷权就无法行使。

对于被告人的阅卷权,陈瑞华教授认为,我国 2012 年《刑事诉讼法》授予了辩护律师向在押嫌疑人、被告人"核实有关证据"的权利,律师在会见时一旦向被告人出示律师通过查阅、摘抄、复制得到的控方案卷材料,也就意味着嫌疑人、被告人获得了查阅控方证据材料的机会。这种嫌疑人、被告人通过律师的核实证据活动获

---

① 元轶:《辩护制度基本问题的反思——以苏俄、中国、俄联邦的相关刑事法修改为视角》,载《政法论坛》2012 年第 30 卷第 6 期。

② 宋英辉、刘广三、何挺等:《刑事诉讼法修改的历史梳理与阐释》,北京大学出版社 2014 年版,导论第 3 页。

③ 陈瑞华:《论被告人的阅卷权》,载《当代法学》2013 年第 3 期。

得的查阅控方证据的权利,称为"被告人阅卷权"。[①]

对于被告人是否应当享有庭前阅卷权,争论的焦点围绕被告人的双重诉讼角色,赞成说强调被告人的当事人角色,否定说强调被告人的言词证据提供者的角色,这两种角色如何进行协调,一方面要保障被告人的辩护权充分行使,另一方面要防止被告人翻供串供妨碍司法公正,如何抉择是刑事诉讼法学界的一个难题。

第二,提前阅卷权行使时间。我国现行的《刑事诉讼法》规定辩护律师的阅卷权自审查起诉之日起,实践中由许多学者呼吁侦查阶段辩护律师也可以行使阅卷权。

一方面,从法律上来说,犯罪嫌疑人自第一次被讯问或采取强制措施之日起,就可以聘请辩护律师,这意味着辩护律师以辩护人的身份介入刑事诉讼活动是在侦查阶段,《刑事诉讼法》第 36 条规定辩护律师在侦查阶段可以"向侦查机关了解犯罪嫌疑人涉嫌的罪名和案件有关情况",同时第 86 条规定了人民检察院审查批准逮捕时可以"听取辩护律师的意见",这些都是辩护律师在侦查阶段履行辩护职责的一些法律依据,因此,辩护律师在侦查阶段行使阅卷权是有法律依据的。

另一方面,对辩护律师在侦查阶段行使阅卷权带来的风险和问题也应该受到重视,首先我国现阶段侦查水平整体较低,侦查任务繁重;其次行使辩护律师的水平参差不齐,在侦查阶段辩护律师完全享有阅卷权也会给侦查活动带来混乱,因此,未来辩护律师在侦查阶段的阅卷权应当是有限的,例如有学者提出"至少应当在逮捕及其相关环节确保辩护律师查阅逮捕所依据的证据材料之机会",这一设置对于"遏制羁押常态化现象将发挥极大作用"。[②] 也有学者参照德国刑事诉讼法的规定,结合我国的实际,提出了侦查阶段辩护律师分阶段阅卷权,在"犯罪嫌疑人第一次被讯问或采取强制措施之日起,辩护律师介入到侦查阶段的阅卷权仅就已经形成的案卷材料进行查阅,在侦查活动即将终结时,享有集中阅卷权,对所有案卷材料进行集中查阅",同时处于保护证人和被害人的考虑,也将证人证言和被害人陈述排除出了侦查阶段辩护律师阅卷范围,另外一些涉及国家安全等重大犯罪案件完全排除了侦查阶段的辩护律师阅卷权。[③]

因此,设置侦查阶段辩护律师对部分材料尤其是逮捕相关材料的查阅的权利是学界一些学者的呼声,关于其可行性还有待探讨。

第三,立法应当进一步明确阅卷的材料范围。对辩护律师的阅卷范围,现行法律规定为"案卷材料",并没有作出过多的限制,但是实践中阅卷的范围存在一些问

---

① 陈瑞华:《论被告人的阅卷权》,载《当代法学》2013 年第 3 期。

② 孙远:《论侦查阶段辩护律师的阅卷权》,载《法律适用》2015 年第 2 期。

③ 王金华、余经林:《试论侦查阶段的辩护律师阅卷权——以新《律师法》的不足为视角》,载《法治研究》2009 年第 4 期。

题和争议。关于辩护律师的阅卷权,2017 年 6 月 27 日最高人民法院、最高人民检察院、公安部、国家安全部、司法部发布了《关于办理刑事案件严格排除非法证据若干问题的规定》,其中第 21 条还规定了辩护律师自人民检察院对案件审查起诉之日起可以"查阅、摘抄、复制讯问笔录、提讯登记、采取强制措施或者侦查措施的法律文书等证据材料",这一规定是为了辩护律师申请排除非法证据的需要,但是这一规定意义不大,该规定的阅卷范围已经被《刑事诉讼法》等其他法律规定所涵盖。

目前在辩护律师阅卷范围上需要解决的一个问题是辩护律师对侦查讯问录音录像资料的复制问题。侦查讯问录音录像资料,和讯问笔录一样,都是犯罪嫌疑人、被告人的供述与辩解的载体形式,属于证据材料的范围,根据 2013 年最高人民法院《关于辩护律师能否复制侦查机关讯问录像问题的批复》中提到,在侦查机关已经将讯问录音录像作为证据材料向人民法院移送并在庭审中播放的,辩护律师可以复制。但是 2014 年 1 月 27 日最高人民检察院法律政策研究室发布的《关于辩护人要求查阅、复制讯问录音、录像如何处理的答复》,其中认为,"讯问犯罪嫌疑人录音、录像不是诉讼文书和证据材料,属于案卷之外的其他与案件有关的材料,辩护人未经许可,无权查阅、复制",辩护律师对讯问活动的合法性有异议的,要提供相关的线索或材料后才可以在人民检察院查看相关的录音录像。最高人民检察院的这一文件给"辩护律师复制讯问录音录像设置了障碍,导致实践中律师很难复制到侦查讯问录音录像了"[1]。侦查讯问录音录像资料不仅是辩护律师审查讯问活动有无违法的重要依据,而且相较于录音录像资料对讯问过程的完全记录,讯问笔录作为文字材料有其局限性,实践中也存在讯问笔录与录音录像不一致导致错判的案例,[2]因此,讯问录音录像资料与讯问笔录共同构成了犯罪嫌疑人、被告人的供述与辩解,辩护律师对讯问录音录像资料的查阅、复制权利应当得到保障。

正如上文提到的,实践中对于案卷材料范围的不明确导致阅卷范围存在许多争议,对于争议问题,在实践中往往是掌握着案卷材料的控方更有话语权,因此,明确辩护律师阅卷的案卷材料的范围对处于弱势地位的辩方是有利的。案卷材料的范围应该以立法明确范围,阅卷的范围应当是变化的,随着诉讼实务的发展,法律文件的类型也会越来越多,刑事诉讼法律应当跟上实践的发展,根据实际框定阅卷的范围。

---

① 毛立新:《〈严格排除非法证据规定〉的理解和运用》,于 2017 年 7 月 3 日第七十一期尚权刑辩沙龙上的发言,https://mp.we:xin.qq.com/s/dqaCrY00w5DF03VMeGDwMQ,下载日期:2018 年 5 月 23 日。

② 韩东成:《论讯问职务犯罪嫌疑人全程同步录音录像与讯问笔录不一致》,载《中国检察官》2010 年第 24 期。

第四节　律师调查取证权

获得充足的辩护资源,是辩护律师提供有效辩护的前提条件之一。调查取证权作为律师获取辩护资源的一个重要途径,对于律师提供有效辩护、促进控辩平等、实现持续公正,从而保障被追诉人合法权益具有重要的作用。

一、律师调查取证权的内涵与特征

辩护律师调查取证权是在刑事诉讼中辩护律师通过调查取证得以获取证明犯罪嫌疑人、被告人无罪、罪轻或从轻、减轻处罚的证据和权利。[①] 我国学术界通说认为,辩护律师调查取证权的定义有广义和狭义之分。广义的辩护律师调查取证权是指辩护律师在刑事诉讼中为了维护委托人的合法权益而依法享有的调查取证的权利,该权利贯穿于整个刑事诉讼的过程,包括侦查阶段、起诉阶段和审判阶段,主要内容就是众所周知的辩护律师拥有的会见权、阅卷权和调查权。而狭义的辩护律师调查取证权是指辩护律师对案件的当事人、知情人、证人等进行走访,向他们询问案件情况,收集庭前证言的一种直接调查收集证据的权利,[②]其范围仅仅包含辩护律师的调查权,并不涉及会见权和阅卷权。律师调查取证的权利是其行使辩护权及履行代理职责最基本、最核心的基础和前提。

辩护律师调查取证权的内容应包括三个方面:首先是自行调查权,根据《刑事诉讼法》第 41 条的规定,律师经过相关单位和个人的同意可对其收集证据材料;对受害人及其近亲属、控方证人则需经过司法机关和当事人方的双重许可进行证据的调查收集。自行调查强调的主要是律师在刑事诉讼活动中的主动性,要求其依法取证从而获得更多有利的辩护资源。其次是申请调查权,辩护律师通过自身能力无法获取证据或认为公安、检察机关收集的有利于其当事人的证据材料没有提交时,可申请人民检察院、法院代为调取收集。申请调查权是对自行调查权的一种延伸和补充,即在依靠辩护律师私力无法成功进行调查取证的时候需要公权力的适当介入,为律师辩护保驾护航。最后是救济权,无救济则无权利。当辩护律师正当地自行调查及申请调查的行为受到非法侵犯时,其有权获得国家司法机关的救济和保护,因此有必要将律师调查取证权利受到侵犯时的救济性权利纳入调查取证权的内容。根据《刑事诉讼法》第 47 条的规定,律师的调查取证受到司法机关及

[①] 　管宇:《刑事审前程序律师辩护》,法律出版社 2008 年版,第 203 页。

[②] 　王安全、张继成:《试论律师在刑事诉讼中的证据调查权》,载《华中农业大学学报(社会科学版)》2000 年第 3 期。

其工作人员的非法妨碍时,可以向同级或上一级检察院提出申诉、控告而获得救济。辩护律师调查取证权具有其自身的独特性,包括以下几方面:

(1)法定性,辩护律师调查取证权是一种由国家法律明确规定的权利,辩护律师调查取证权行使的程序、内容、方式等,法律都有相应的明确规定,法律还规定了任何个人或组织都不得非法干涉和剥夺辩护律师调查取证权。(2)主体的专属性,辩护律师调查取证权的主体只能是刑事诉讼中的辩护律师,而不能是任何其他主体。该权利是法律赋予拥有法律从业资格和法律专业人士的独特价值和专门的职责,其他不具备律师资格的刑事案件诉讼代理人不享有辩护律师调查取证权,因此该权利主体具有单一性和专属性的特点。(3)非暴力性,辩护律师调查取证权的本质是一项私权利,这就注定了该权利具有天生的和平性。辩护律师在进行调查取证活动时应当征得被调查取证对象的同意,有的还需获得检察院或法院的许可才行,更体现出其和平性。(4)范围的有限性,辩护律师调查取证的范围仅限于收集有利于证明犯罪嫌疑人或被告人无罪、罪轻、减轻或者免除刑事责任的证据证明材料,具有有限性。辩护律师在调查取证活动中所收集到的证据只要能证明控方的证据没有达到法定的证明标准,就能减轻甚至免除被告人的刑事责任。(5)使用方式的局限性,我国法律规定了若干种律师行使取证权的方式,包括:同在押的犯罪嫌疑人或被告人会见和通信;阅卷、摘抄、复制与本案有关材料;询问有关证人;向被害人、被害人的近亲属、被害人提供的证人调取证据材料;调查有关单位规章制度、档案或文件;咨询相关专业领域专家意见;申请人民检察院或人民法院调查取证;申请人民法院通知证人出庭作证等。(6)缺乏救济保障性,律师界和学术界普遍认为辩护律师调查取证权缺乏救济保障。我国法律只是原则性地规定了辩护律师调查取证权这种权利,但是对于侵犯辩护律师调查取证权的救济保障措施基本上处于空白,这也正是为什么我国辩护律师在调查取证过程中存在困难的原因。

二、1996 年《刑事诉讼法》关于调查取证权的设立

律师的定位经历了从"国家法律工作者"到"向当事人提供法律服务的职业人员"的转变,法律定位的变化也决定了律师辩护权的权利性质和行使范围,1979 年《刑事诉讼法》并未明确规定律师调查取证的权利,直到 1996 年《刑事诉讼法》的修改颁布,律师自案件移送审查起诉之时才享有调查取证权。1996 年《刑事诉讼法》第 37 条规定:辩护律师经证人或者其他有关单位和个人同意,可以向他们收集与本案有关的材料,也可以申请人民检察院、人民法院收集、调取证据,或者申请人民法院通知证人出庭作证。辩护律师经人民检察院或者人民法院许可,并且经被害人或者其近亲属、被害人提供的证人同意,可以向他们收集与本案有关的材料。

1996 年《刑事诉讼法》对辩护律师调查取证权的正式设立具有十分深远的意义和价值。首先,辩护律师调查取证权是实现控辩平等对抗的必然需要。控辩双

方平等对抗是指"控诉方和辩护方在刑事诉讼中享有平等的法律地位,为此法律应当赋予双方相应的权利,规定相应的义务,以保证诉讼双方实力上的平等,从而形成平等对抗的情势"①。由于控辩双方在刑事诉讼中力量存在天然的差距,控方"超强"而辩方"超弱"的诉讼格局一直并未打破,因此只有赋予辩方更多权利并让控方承担更多的义务才能为控辩平等对抗的实现创造条件,赋予辩护律师完整的调查取证权,增加辩方与控方博弈的筹码,有助于实现控辩平等对抗。其次,辩护律师调查取证权是实现程序公正的重要保障。程序公正要求在刑事诉讼中辩方应当受到平等看待,其诉讼权利受到平等的保护,让与结果有利害关系的当事人能够参与到这个诉讼程序中,提出有利于自己的证据材料并反驳对方提出的主张和证据。"一种法律制度如果不能保障当事人参加到裁判中来,就会使裁判的内在品质受到损坏。"②只有做到这些,才能谈及程序公正。调查取证权对于程序公正的作用体现在如下三个方面:第一,律师调查取证有利于克服法官完全依靠控方证据进行审查的弊端,所谓"兼听则明"。第二,律师行使调查取证权可以缩小与拥有强大优势的侦查权的差距,进而实现一定程度上的控辩平衡。第三,调查取证权的赋予使辩护律师能尽可能收集更多有利于其当事人即犯罪嫌疑人、被告人的证据材料,进而影响法官对案件事实的认定。最后,辩护律师调查取证权是实现律师有效辩护的重要前提。刑事诉讼中有效辩护的核心要义是"辩护足以发挥其在刑事诉讼权力架构中应有的作用"③。有效辩护原则要求被追诉人在诉讼过程中被赋予充分的辩护权;允许被追诉人聘请或为其指定有能力履行辩护职责的律师为其提供辩护;从国家层面上来说要为被追诉人辩护权的充分行使提供保障。④根据《刑事诉讼法》第35条的规定,辩护律师的职责在于提出犯罪嫌疑人、被告人无罪、罪轻或者减轻、免除刑事责任的材料和意见。虽然法律要求公安、检察机关在侦查时应收集全部与案件有关的证据,但控方基于追求胜诉的目的,难免会片面收集有罪证据,忽视或隐瞒无罪、罪轻的证据,如果辩护律师没有被赋予调查取证权或对其调查取证权加以诸多限制,律师将无法开展调查,无法收集到有利于当事人的证据,会在庭审时陷入被动局面。律师在庭审中如果仅根据控方出示的证据提出辩护意见,其辩护效果可想而知。"辩护方必须被赋予获得案件信息与证据的手段,否则就等于缚住一个人的双手让他与庞然大物搏斗"⑤,律师通过积极的调查取证获得

---

① 李玉华:《论控辩平等对抗》,载《政法论坛》2004年第2期。
② 陈卫东:《司法公正与律师辩护》,中国检察出版社2002年版,第437页。
③ 冀祥德:《刑事辩护准入制度与有效辩护及普遍辩护》,载《清华法学》2012年第4期。
④ 李宝岳主编:《律师参与辩护、代理存在的问题及对策》,中国政法大学出版社2006年版,第224页。
⑤ 宋英辉、李忠诚:《刑事程序法功能研究》,中国人民公安大学出版社2004年版,第69页。

有力证据,是其提出有说服力的辩护意见的重要途径,是实现有效辩护的重要前提。

在 1996 年《刑事诉讼法》规定下,律师行使调查权仍存在一定困难:

首先是在侦查阶段辩护人身份的问题。1996 年《刑事诉讼法》没有确立律师在侦查阶段辩护人的地位,该法第 96 条规定犯罪嫌疑人在被侦查机关第一次讯问后或者采取强制措施之日起,仅仅可以聘请律师为其提供法律咨询、代理申诉、控告。由此可见,律师在侦查阶段不具有辩护人身份,只能做简单的法律咨询等,因此不可能有调查取证权。"从司法实践的角度出发,起诉与审判在很大程度上要依赖侦查的结果,事实上 99% 以上的有罪判决是靠强有力的侦查来维系的。如果仅仅从国家追究犯罪的效果这个角度来观察我国的刑事程序,侦查毫无疑问的是整个程序的中心,在一定意义上可以说真正决定中国犯罪嫌疑人和被告人前途和命运的程序不是审判程序,而是侦查程序。"[①] 辩护律师在侦查阶段这个收集证据的黄金期内不能收集对委托人有利的证据,不能介入侦查机关的侦查活动,这无疑削弱了公平正义等司法效果。

其次是关于律师执业风险方面的问题。辩护律师面临着以 1996 年《刑事诉讼法》第 38 条内容为核心的执业风险,该条规定,"辩护律师和其他辩护人不得帮助犯罪嫌疑人、被告人隐匿、毁灭、伪造证据或者串供,不得威胁、引诱证人改变证言或者作伪证以及进行其他干扰司法机关诉讼活动的行为"。在司法实践中,如果辩护律师违反该条规定,也通常都是由侦办本案的原侦查机关负责对辩护律师违法行为进行侦办,并无回避。这在很大程度上导致全国范围内刑事辩护案件数量减少,甚至出现个别地方律师拒绝进行刑事辩护的局面。这间接限制和剥夺了被告人的辩护权,破坏了整个刑事辩护制度。

最后是在"申请""同意""许可"等依附性方面的问题。1996 年《刑事诉讼法》第 37 条的规定将辩护律师应有的调查取证权转变为向控方的"申请权",转化为只有经控方同意才能收集证据的附条件的调查取证权,使辩方的取证权依附于控方而存在,这显然不符合现代诉讼原理,有悖于现行刑事诉讼法确立的控辩双方地位平等的诉讼体制。[②]

三、2012 年《刑事诉讼法》关于调查取证权的发展

2012 年《刑事诉讼法》第 39 条规定,辩护人认为在侦查、审查起诉期间公安机关、人民检察院收集的证明犯罪嫌疑人、被告人无罪或者罪轻的证据材料未提交

---

① 陈瑞华:《刑事诉讼的前沿问题》,中国人民大学出版社 2000 年版,第 244 页。

② 何家弘、南英:《刑事证据制度改革研究》,法律出版社 2003 年版,第 180 页。

的,有权申请人民检察院、人民法院调取。2012 年《刑事诉讼法》第 40 条规定,辩护人收集的有关犯罪嫌疑人不在犯罪现场、未达到刑事责任年龄、属于依法不负刑事责任的精神病人的证据,应当及时告知公安机关、人民检察院。从以上两条规定可以看出,2012 年《刑事诉讼法》首次明确确立了律师在侦查阶段作为辩护人的法律地位,扩大了辩护律师的权利,使辩护律师的活动提早介入到侦查阶段,以便更好地维护委托人的合法权益。该法第 33 条规定,在侦查期间,犯罪嫌疑人只能委托律师作为辩护人。这一规定表明律师在侦查阶段不仅局限于一个答疑解惑者和代为申诉、控告者的角色,而且是可以发挥其独特的辩护职能。同时 2012 年《刑事诉讼法》还明确规定了律师在侦查阶段的调查取证权。依据该法第 40 条的规定,辩护人将收集到的特定的证据应当及时告知公检机关,这从侧面反映出辩护律师在侦查阶段的调查取证权。

2012 年《刑事诉讼法》第 41 条规定,辩护律师经证人或者其他有关单位和个人同意,可以向他们收集与本案有关的材料,也可以申请人民检察院、人民法院收集、调取证据,或者申请人民法院通知证人出庭作证。辩护律师经人民检察院或者人民法院许可,并且经被害人或者其近亲属、被害人提供的证人同意,可以向他们收集与本案有关的材料。由此看出,2012 年《刑事诉讼法》第 41 条与 1996 年《刑事诉讼法》第 37 条规定的内容相比没有什么本质变化,辩护律师调查取证仍然需要得到调查对象的同意,有些还需要向司法机关提出申请并得到许可。调查取证权的依附性没有得到任何改善,仍然在很大程度上受制于被调查对象或司法机关。

2012 年《刑事诉讼法》第 42 条规定,辩护人或者其他任何人,不得帮助犯罪嫌疑人、被告人隐匿、毁灭、伪造证据或者串供,不得威胁、引诱证人作伪证以及进行其他干扰司法机关诉讼活动的行为。违反前款规定的,应当依法追究法律责任,辩护人涉嫌犯罪的,应当由办理辩护人所承办案件的侦查机关以外的侦查机关办理。辩护人是律师的,应当及时通知其所在的律师事务所或者所属的律师协会。该条规定与 1996 年《刑事诉讼法》第 38 条相比改进较大。主体上从"辩护律师和其他辩护人"修改为"辩护人或者其他任何人",这个变化平息了之前被认为是针对律师的歧视性条款的看法,体现出公平和一视同仁。且在 1996 年《刑事诉讼法》中规定由律师代理案件的同一侦查机关来侦查律师的违法犯罪行为,没有回避。2012 年《刑事诉讼法》则规定由办理辩护人所承办案件的侦查机关以外的侦查机关侦查律师的违法行为,实行回避。这在一定程度上降低了辩护律师的风险,但事实上律师的执业风险仍然存在。

在 2012 年《刑事诉讼法》规定下,律师行使调查权可能面临的问题有以下几方面:

首先,在辩护律师的自行调查权方面,根据《刑事诉讼法》第 41 条的规定,辩护律师对有关单位和个人的调查取证需要经过被调查对象的同意;对被害人及其近亲属、控方证人的调查取证则要经过司法机关和被调查对象的双重许可。"如此律师的调查权,实质上是从事实、证据方面架空了辩护权。立法上的这种规定必须改变,如不修正,刑事辩护制度必然是形同虚设。"①立法者如此规定也许是基于某种考虑,但对辩护律师而言却极为不利,对被追诉人也是不公平的。另外,面对律师的调查取证,相关单位和个人没有配合调查的义务,由于被调查对象拒绝配合不需承担任何法律上的不利后果,给律师的自行调查权的行使带来很大的困难。

其次,在辩护律师的申请调查权方面,刑事诉讼法的相关规定缺乏可操作性。根据《刑事诉讼法》第 39 的规定,对于控方掌握的有关犯罪嫌疑人、被告人无罪或罪轻的证据而没有提交的,辩护人有权申请检察院、法院进行调取,第 41 条也赋予了律师申请检察院、法院向有关单位和个人调查取证的权利。根据最高人民法院《关于执行〈中华人民共和国刑事诉讼法〉若干问题的解释》第 51 条和第 52 条的规定,在人民法院认为"确有必要"的情形下可以代为调查取证。《人民检察院刑事诉讼规则(试行)》第 52 条规定了检察院在"认为需要"的情况下可以代为收集调查证据。2014 年 12 月 23 日最高人民检察院发布了《关于依法保障律师执业权利的规定》,其中第 7 条规定了检察机关在面对律师调查取证申请的处理期限,进一步明确和细化了检察机关在处理律师调查取证的申请中的工作流程,保障律师申请调查取证权。从以上法律条款可以看到,关于律师的申请调查权的规定是比较模糊的,"确有必要""认为必要"的具体标准是什么,什么情况下法院、检察院应当同意律师的申请,律师的申请调查权受到侵犯时如何救济,法律及相关法律文件均未提及。因而,律师的申请调查取证权往往也难以有效行使。

再次,辩护律师的调查取证权也缺乏有效的救济。任何一项诉讼权利的行使都离不开救济程序的保障,没有救济的权利不能称为权利。根据《刑事诉讼法》第 47 条的规定,在律师行使调查取证权的过程中,受到司法机关及其工作人员非法妨碍时可以向检察机关提出申诉或控告,检察机关在审核属实后通知有关部门予以纠正。《人民检察院刑事诉讼规则(试行)》第 57 条和第 58 条规定了检察院应当受理辩护人提出的申诉或控告,并在 10 日内予以审查,情况属实的通知有关部门进行纠正。一方面检察院在刑事诉讼构造中居于控方地位,追求胜诉的倾向难以保证其能够客观公正地给出处理意见;另一方面法律也没有规定检察机关在受理辩方的申诉或控告后不作为的法律后果。② 如此的立法设计,使得检察机关有机会忽略辩护或反感律师提出的控告、申诉,使得辩护律师的调查取证权无法得到有效救济。

---

① 樊崇义:《刑事辩护的障碍与困惑透视》,载《河南省政法管理干部学院学报》2001 年第 3 期。
② 陈光中、龙宗智:《关于深化司法改革若干问题的思考》,载《中国法学》2013 年第 4 期。

最后,从诉讼观念的层面来说,尽管尊重和保障人权已经被载入《刑事诉讼法》,但我国司法实践中仍然长期存在着"重实体,轻程序""重打击,轻保护"的观念,不惜以牺牲程序正义为代价来换取实体上的公正。司法实践中为了追求打击犯罪的目的,侦查机关在确定犯罪嫌疑人之后便不再收集甚至刻意隐瞒能够证明其无罪的证据,几乎所有的刑事错案中都会出现如此片面取证的现象。[①] 司法机关片面追求实体公正的传统思维,难以保证被追诉人的正当权益。在犯罪嫌疑人、被告人的人权被漠视的背景下,何谈律师的权利。受到这一传统观念的影响,律师的调查取证权的行使实在是举步维艰。众所周知,法官、检察官和律师是法律职业共同体不可或缺的组成部分,如若这三个职业群体在具有相同法律素养和相似的教育培训的前提下,遵守相同的职业道德规范,律师便能发挥更大的作用。[②] 但在我国由于社会地位的差别,律师被排除在法律职业共同体之外,法官和检察官则具有共同的职业意识,法官在审判中更倾向于采纳控方所提供的证据,律师提出的证据和辩护意见往往被忽略,显然如此的不公平对待会削弱辩护律师调查取证的积极性。实践中有些司法人员对辩护律师不能做到平等看待,反而持排斥、敌视的态度。甚至当辩护律师收集到的证据与己方相矛盾时,主观上便认为辩护律师作伪证。法律职业共同体尚未形成,不仅不利于法治秩序的建立,同时也给律师调查取证权的行使带来隐忧。

四、律师调查取证权评述与展望

针对我国刑事诉讼法对于辩护律师调查取证权的相关立法情况及司法现状,现提出对刑事辩护律师调查权的完善建议:

第一,赋予律师协会一定的权力,促使其发挥更大的作用。通过赋予律师协会某些方面的权力,由律师协会根据要求对其会员赋予某些调查取证权的同时,也对这一权利进行制约。这既保障了律师在无法凭借个人的力量进行调查取证时可以利用律师协会这一团体机构向多个社团发出要求,达到调查取证的目的,同时也可以避免律师滥用权力的情况。相比于中国的司法实践中只允许律师在无法取证时采取唯一的司法救济途径,即向人民检察院或者人民法院申请收集、调查证据,这一措施无疑会对辩护律师调查取证权的行使提供更充分有力的保障,也可以避免当人民检察院或人民法院一方认为不符合条件即不予批准后造成的辩护律师求助无门的情况。

第二,细化刑事诉讼法的相关条款。具体表现在以下方面:首先,应当对证人

---

① 何家弘:《刑事诉讼中证据调查的实证研究》,载《中外法学》2012 年第 1 期。

② 石少侠、徐鹤喃主编:《律师辩护制度研究——以审前程序中的律师作用为视角》,中国检察出版社 2007 年版,第 323 页。

拒绝作证的情形设立一定的强制性条款,要求证人在本应作证且有能力作证却拒不作证时承当相应的民事、行政甚至是刑事责任。因为义务只有与责任联系在一起,才能体现出法律的权威性。其次,应当增设实际可行的对证人人身权益的保障条款,同时确立与对证人作证的财产损失相应的补贴,以物质上的充分保证来激发单位和个人作证的积极性。再次,对故意刁难、无故阻挠律师行使调查取证权或者因此打击报复律师的单位和个人增设相应的处罚条款,起到威慑的作用,保护辩护律师对调查取证权的合法行使。

第三,通过立法途径保障辩护律师调查取证权的充分行使。例如,可以推行"律师调查令"制度,使之不仅覆盖民事层面,同时也在刑事诉讼中得以应用,并通过法律手段加以保障,即辩护律师在诉讼过程中,如果发现对于某个方面的证据必须进行庭前调查,而这种调查可能得不到被调查人的积极配合,该辩护律师就可以向案件的主审法官提出申请,请求签发"律师调查令"。主审法官在收到律师申请后,审查申请的目的和理由,并作出签署或不签署的决定。"律师调查令"经过签署之后即被赋予了公权力的性质,持有"律师调查令"的律师即拥有了实质上的调查权,被调查人如果不配合调查或者拒绝提供证据,将承受刑事处罚的严重后果。由于"律师调查令"的签署是经过主审法官深思熟虑,且法官处于中立地位,因而其决定不具有随意性和偏袒性。当然"律师调查令"制度要上升到法律的高度必须建立在一系列的程序保障的基础之上,包括规定申请的主体、申请的对象,法官审查考虑的要素以及时间限定等。

第四,加强法律宣传和教育工作,改变人民群众对辩护律师的固有偏见。针对这一问题,首先可以通过多种措施宣传,让人民群众意识到证人作证对于我国司法公正、法治建设的重要意义以及犯罪嫌疑人、被告人的人身权利应得到保障的必要性,从而使人民群众在作为证人身份时自觉履行自己的作证义务,调动单位和个人作证的积极性,为辩护律师调查取证权的行使创造一个适宜的法治环境,使刑事辩护律师在行使调查取证权时能够取得社会公众和相关机关的大力支持。其次,应当有效建立和完善法官与当事人的对话机制。法官和当事人之间,以及各方当事人相互之间的自主对话与交流、充分协商与沟通是和谐主义诉讼模式运作的基本机制。要保障当事人平等地享有包括在法庭审理过程中有向法官全面陈述事实、发表法律见解的机会;就不理解的与案件有关的事实和法律问题向法官进行咨询的权利和机会;就上述问题没有得到明确有效回答而产生的与此相适应的救济机会,保障当事人在法律适用领域的程序参与权,努力形成法官与当事人、诉讼参与人之间以及当事人彼此之间的良性互动。增强法官与当事人的互动意识和协作意识,共同促进事实的查明和纠纷的解决。

第五节　刑事法律援助制度

一、法律援助制度的立法

西方现代意义上的辩护制度,产生于资产阶级革命胜利后。资产阶级革命成功后,英法等资本主义国家均在立法中肯定了刑事诉讼的辩论原则,赋予了刑事被告人自己辩护和聘请他人辩护的权利。1679 年英国通过的《人身保护法》明确了诉讼中的辩论原则,承认了被告人在刑事诉讼中的主体地位。而 1808 年的《法国刑事诉讼法典》则进一步对辩护制度作出系统、详尽的规定,这对后世保护被告人的辩护权有着重要影响。二战后,人权保护理念的影响使辩护制度得到了极大的发展,从辩护人介入诉讼的时间提前到侦查阶段到建立法律援助制度再到充分保障律师的权利,这些都体现了被告人在刑事诉讼中的主体地位越来越明显。而随着战后西方福利制度的发展,法律援助制度在维护被告人的辩护权利中开始发挥越来越重要的作用。法律援助制度起源于西方国家,先后经历了慈善事业阶段、个人权利阶段和福利国家政策阶段。自 20 世纪六七十年代以后,法律援助制度逐渐被一些发展中国家接受。[①]

"你有权保持沉默,否则你所说的一切,都将可能作为指控你的不利证据。你有权请律师在你受审时到场。如果你请不起律师,法庭将为你指派一位。你明白这些权利?"这就是著名的米兰达规则。在这个案件中,除了承认被告人拥有沉默权外,还反映了被告人拥有获得律师辩护的权利。其中,被询问人没有经济条件聘请律师的时候,被询问人则可以获得免费的律师为自己辩护则是美国法律援助制度的体现。米兰达规则的法律援助制度主要体现在侦查程序中,这也说明美国很早都已经将法律援助提前到侦查阶段。

在"吉迪恩诉温赖特案"中,法院明确指出,被告人获得律师协助的权利,是一项根本的、公正审判所必需的权利,从而强调出宪法正当程序所要求的程序性保护。因此,每一个公民,无论身份、地位、财富、种族、教育程度、阶级如何,都不应该被迫在没有律师协助的情况下上法庭接受指控,而都应该平等地行使自己的辩护权利。在最终的宣判中,布莱克大法官宣称:"我们在对抗制的刑事司法体制中,除非获得指派律师提供的帮助,任何被交付审判而又贫穷无力聘请律师帮助的人,都无法保证获得一场公平的审判。"因此,如果没有律师的辩护,贫困无力聘请律师的

[①]　陈光中主编:《刑事诉讼法》,北京大学出版社、高等教育出版社 2016 年第 6 版,第 159 页。

被告人无法得到充分的辩护,被告人的合法权利就无法得到保障。上面两个案例都显示了法律援助制度在西方国家的重要性,也是西方国家保护被告人辩护权利的重要途径。

法律援助制度是国家在司法制度运行的各个环节和各个层次上,对因经济困难或者其他因素而难以通过一般意义上的法律救济手段保障自身权利的社会弱者,减免收费,提供法律帮助的一项法律保障制度。法律援助制度是否完善是衡量一个国家能否实现社会正义和司法公正、保障公民基本权利的重要标准。①

在我国,刑事法律援助是指在刑事诉讼中,依照法律规定对那些经济困难无力支付诉讼费用或者特定案件中的被告人,由人民法院指定执业律师义务承担刑事辩护帮助的法律制度。② 刑事法律援助制度是法律援助制度的最初形式,也是法律援助制度中最重要的组成部分。由于经济发展水平的限制,我国刑事法律援助的范围经历了一个逐渐扩大的过程。陈光中认为我国在 1979 年刑事诉讼法中规定了指定辩护,但严格意义的法律援助制度要到 20 世纪 90 年代左右才逐渐建立起来。而这一观点也是学界的通说。事实上,1994 年年初,我国开始探索建立和实施法律援助制度,并首先在一些大、中城市开展试点。1996 年 3 月和 5 月,《刑事诉讼法》《律师法》相继颁布,确立了法律援助制度在中国法律体系中的地位,由此全面启动建立中国法律援助制度的工作。③ 21 世纪以来,随着各种相关的法律法规的出台,我国的法律援助制度得以不断完善。

(一)1979 年《刑事诉讼法》有关指定辩护的相关规定

新中国成立初期,我国法律援助制度处于萌芽阶段。1954 年《宪法》和《人民法院组织法》都有规定指定辩护,而在"文革"动乱期间,我国民主法制被践踏,法律援助制度也遭到破坏。"文革"浩劫结束后,中国走向改革开放之路,各项事业百废待兴,法制重建迫在眉睫,刑事诉讼法的制定重获契机。而在 1979 年制定的这部《刑事诉讼法》也对指定辩护作出规定。1979 年《刑事诉讼法》第 27 条规定,公诉人出庭公诉的案件,被告人没有委托辩护人的,人民法院可以为他指定辩护人。被告人是聋、哑或者未成年人而没有委托辩护人的,人民法院应当为他指定辩护人。由此可见,1979 年《刑事诉讼法》规定了在有公诉人出庭公诉的情况下,如果被告人没有委托辩护人,则法院可以根据情况为被告人指定辩护。而对于是聋、哑或者未成年人的被告人没有委托辩护人的,则由人民法院为被告人指定辩护人。指定辩护的规定无疑在改革开放初期发挥了一定的作用,在大规模的平反冤假错案过

---

① 张耕主编:《法律援助制度比较研究》,法律出版社 1997 年版,第 4 页。
② 卞建林主编:《刑事诉讼法学》,中国政法大学出版社第 3 版,第 136 页。
③ 高贞:《法律援助理论与实践》,法律出版社 2014 年版,自序第 1 页。

程中保障了部分被告人的诉讼权利。但是,1979 年《刑事诉讼法》规定的适用指定辩护的范围过小,没有规定因经济困难而无法得到律师辩护的被告人可以得到法院的指定辩护,这也与我国当时经济发展水平仍旧较低,人权保护力度不够大有关。

(二)1996 年《刑事诉讼法》初步确立法律援助制度

改革开放的不断深入促进了我国经济的发展,也使民主和法制得到不断完善。为解决贫富差距增大的现状所带来的弊端,保护被告人基本的诉讼权利,我国的法律援助制度随着刑事诉讼法的修改和相关法律的制定得到逐渐确立。我国 1996年修改的《刑事诉讼法》较大程度上修改和补充了 1979 年《刑事诉讼法》关于指定辩护的不足,首次在刑事诉讼法中规定了法律援助制度。随着改革开放以来我国经济发展水平的提高和国家财政收入的增加以及国家对人权保护的重视,向因经济困难而无法得到律师辩护的被告人提供法律援助越来越有必要。因此,1996 年《刑事诉讼法》考虑了经济困难的被告人的困境,增加了被告人因经济困难或者其他原因没有委托辩护人的,人民法院可以指定承担法律援助义务的律师为其提供辩护。同时将应当提供法律援助的范围扩大到了盲、聋、哑或者未成年人以及可能被判处死刑的被告人。此次修改扩大了法律援助适用的对象范围,尤其是把经济困难的被告人纳入刑事法律援助的范围,对于保障被告人的辩护权利有着深刻的意义。《律师法》《未成年人保护法》等相关法律的出台也为法律援助制度提供了法律渊源。国务院通过的《法律援助条例》标志着我国系统的法律援助制度正式建立,也为我国刑事法律援助的进一步完善提供了基础。[①]

(三)2012 年《刑事诉讼法》对法律援助制度的发展

2012 年修订的《刑事诉讼法》使刑事法律援助的适用范围得到了进一步的扩大。新修订的《刑事诉讼法》对被追诉人的法律援助分为申请指派律师辩护和法定指派律师援助两种。法定指派律师的范围新增加了盲人和可能判处无期徒刑的被追诉人。对于强制医疗案件中,被申请人未委托诉讼代理人的,也属于应当提供法律援助。2012 年《刑事诉讼法》在第 34 条和第 267 条规定人民检察院、公安机关和人民法院都有权通知法律援助机构指派律师为犯罪嫌疑人和被告人提供辩护。这便意味着 2012 年《刑事诉讼法》将指派辩护从仅限于审判阶段提前到了侦查阶段,即在侦查阶段开始,犯罪嫌疑人便有权申请法律援助或接受法定法律援助。2012 年《刑事诉讼法》未在法条中规定法律援助案件的“公诉人出庭公诉”这一限制,因此只要符合法律援助的辩护条件,自诉案件和公诉人不出庭公诉的案件也可以依法提供刑事法律援助,这也在一定程度上扩大了法律援助的适用范围。另外,

---

① 陈光中主编:《刑事诉讼法》,北京大学出版社、高等教育出版社 2016 年第 6 版,第 160 页。

2012 年《刑事诉讼法》也规定了人民法院、人民检察院和公安机关对于应当提供法律援助的被追诉人都有义务通知法律援助机关,指派律师的义务由法律援助机构承担,而不再由人民法院来指派。此次刑事诉讼法的修改较进一步扩大了法律援助制度的适用范围和适用阶段,使更多的人能够通过刑事法律援助来维护自己的基本诉讼权利。

党的十八届四中全会作出的决定要求完善法律援助制度,扩大法律援助范围,健全司法救助体系,这意味着我国的法律援助进程并没有至此停滞,还将得到继续完善和调整。

二、现行刑事法律援助制度的规定

现行的刑事法律援助制度是以现行《刑事诉讼法》《法律援助条例》《律师法》以及最高人民法院、最高人民检察院、公安部、司法部联合颁布的《关于刑事诉讼法律援助的规定》等法律法规为根据的。这一系列法律法规中对于法律援助制度的规定构成了我国法律援助制度的法律体系。

根据我国现行《刑事诉讼法》的规定,对被追诉人的法律援助分为申请指派律师援助和法定指派律师援助两种情况。根据《刑事诉讼法》第 34 条第 1 款的规定,申请指派律师辩护的情形,是指犯罪嫌疑人、被告人因经济困难或者其他原因没有委托辩护人的,本人及其近亲属可以向法律援助机构提出申请。人民法院收到在押被告人提出的法律援助申请后,应当在 24 小时以内转交所在地的法律援助机构。对于符合法律援助条件的,法律援助机构应当指派律师为其提供辩护。

《刑事诉讼法》中法定指派律师援助是指对于下列情形的犯罪嫌疑人、被告人没有委托辩护人的,人民法院、人民检察院和公安机关应当通知法律援助机构指派律师为其提供辩护:(1)犯罪嫌疑人、被告人是盲、聋、哑人,或者是尚未完全丧失辨认或者控制自己行为能力的精神病人;(2)犯罪嫌疑人、被告人可能被判处无期徒刑、死刑;(3)犯罪嫌疑人、被告人是未成年人;(4)强制医疗案件中,被申请人未委托诉讼代理人。只要符合以上一种情形,法律援助机构接到人民法院、人民检察院和公安机关的通知后就应当指派律师提供法律援助,而无须再对其进行经济状况的审查。

我国的法律援助机构是由《法律援助条例》规定的。按照该条例规定,司法行政部门是法律援助的监督部门,国务院司法行政部门监督管理全国的法律援助工作,县级以上各级人民政府司法行政部门监督管理本行政区域的法律援助工作。中华全国律师协会和地方律师协会应当按照律师协会章程对依据本条例实施的法律援助工作予以协助。直辖市、设区的市或者县级人民政府司法行政部门根据需要确定本行政区域的法律援助机构。法律援助机构负责受理、审查法律援助申请,指派或者安排人员为符合本条例规定的公民提供法律援助。

《关于刑事诉讼法律援助的规定》规定了公安机关、人民检察院和人民法院对于犯罪嫌疑人和被告人有权申请法律援助的告知义务。第 5 条规定,公安机关、人民检察院在第一次询问犯罪嫌疑人或者采取强制措施的时候,应当告知犯罪嫌疑人有权委托辩护人,并告知其如果符合《关于刑事诉讼法律援助的规定》第 2 条规定,本人及其近亲属可以向法律援助机构申请法律援助。人民检察院自收到移送审查起诉的案件材料之日起 3 日内,应当告知犯罪嫌疑人有权委托辩护人,并告知其如果符合本规定第 2 条规定,本人及其近亲属可以向法律援助机构申请法律援助;应当告知被告人及其法定代理人或者其近亲属有权委托诉讼代理人,并告知其如果经济困难,可以向法律援助机构申请法律援助。人民法院自受理案件之日起 3 日内,应当告知被告人有权委托辩护人,并告知其如果符合本规定第 2 条规定,本人及其近亲属可以向法律援助机构申请法律援助;应当告知自诉人及其法定代理人有权委托诉讼代理人,并告知其如果经济困难,可以向法律援助机构申请法律援助。人民法院决定再审的案件,应当自决定再审之日起 3 日内履行相关告知职责。

刑事法律援助的程序主要是有关申请指派律师援助的程序。因为对于法定指派律师援助的情形,法律援助机构只要接到人民法院、人民检察院或者公安机关的通知,就应当及时指派律师进行援助,并将指派进行援助的律师名单回复上述机关即可,无须进行资格审查。对于申请指派律师援助的具体程序,《法律援助条例》作出了相关规定。犯罪嫌疑人、被告人申请法律援助的,应当向审理案件的人民法院所在地的法律援助机构提出申请。被羁押的犯罪嫌疑人的申请由看守所在 24 小时内转交法律援助机构,申请法律援助机构所需要提交的有关证件、证明材料由看守所通知申请人的法定代理人或者近亲属协助。公民申请刑事辩护的法律援助应当提交相应的证件以及材料,法律援助机构收到法律援助申请后,应当进行审查。认为申请人提交的证件、证明材料不齐全的,可以要求申请人作出必要的补充或者说明,申请人未按要求作出补充或者说明的,视为撤销申请;认为申请人提交的证件、证明材料需要查证的,由法律援助机构向有关机关单位查证。对符合法律援助条件的,法律援助机构应当决定及时提供法律援助;对不符合法律援助条件的,应当将理由书面告知申请人。申请人对法律援助机构作出的不符合法律援助条件的通知有异议的,可以向确定该法律援助机构的司法行政部门提出,司法行政部门应当在收到异议之日起 5 个工作日内进行审查,经审查认为申请人符合法律援助条件的,应当以书面形式责令法律援助机构及时对该申请人提供法律援助。

受指派办理法律援助案件的律师或者接受安排办理法律援助案件的社会组织人员在案件结案时,应当向法律援助机构提交有关的法律文书副本或者复印件以及结案报告等材料。法律援助机构收到前款规定的结案材料后,应当向受指派办理法律援助案件的律师或者接受安排办理法律援助案件的社会组织人员支付法律援助办案补贴。法律援助办案补贴的标准由省、自治区、直辖市人民政府司法行政部门会同同级财政部门,根据当地经济发展水平,参考法律援助机构办理各类法律援助案件的平均成本等因素核定,并可以根据需要调整。

对于在何种条件下应当终止法律援助,法律援助条例也进行了规定。办理法律援助案件的人员遇有下列情形之一的,应当向法律援助机构报告,法律援助机构经审查核实的,应当终止该项法律援助:(1)受援人的经济收入状况发生变化,不再符合法律援助条件的;(2)案件终止审理或者已被撤销的;(3)受援人又自行委托律师或者其他代理人的;(4)受援人要求终止法律援助的。

三、刑事案件律师辩护全覆盖

(一)律师辩护全覆盖的定位

最高人民法院和司法部此前联合出台了《关于开展刑事案件律师辩护全覆盖试点工作的办法》,在全国开展刑事案件律师辩护全覆盖试点工作。《关于开展刑事案件律师辩护全覆盖试点工作的办法》所指的刑事案件律师辩护全覆盖主要是刑事案件审判阶段的律师辩护全覆盖,对于保护被追诉人的基本诉讼权利,促进司法公正,维护社会公平正义具有重要意义。党的十八届四中全会对推进以审判为中心的诉讼制度改革作出决策部署,而刑事律师辩护全覆盖则是以审判为中心的诉讼制度改革深入发展的一项重要措施。能否提高刑事案件律师辩护率是检验以审判为中心的刑事诉讼制度改革成效的一项重要指标。

我国律师虽然在近几年有了显著的增加,但是我国的辩护率仍旧处在较低的水准,相对于基层人民法院,中级人民法院的辩护率较高,这也主要是因为中级人民法院管辖的案件涉及可能判处死刑或者无期徒刑的犯罪,而这些案件则是属于应当提供法律援助的范围。因此面对经济水平不够发达,人均收入差距仍旧较大,无法实现委托律师常态化的现状,如何扩大法律援助制度的范围,让更多的被告人有法律援助作为辩护支撑则是实现律师辩护全覆盖的最重要的方法。近年来,无论是在立法还是司法实践中,我国的法律援助制度已经有了长足的发展。但是,目前的法律援助制度在立法和司法实践中仍旧存在以下问题:(1)立法中的法律援助范围仍需扩大。(2)法律援助水平地区差异大,援助经费分配不均衡。(3)律师数量少,难以满足实现律师辩护全覆盖的任务。(4)律师专业素质和职业道德水平参差不齐,存在消极辩护的现象。(5)办案机关的业务水平不足,法律援助的规定落实力度小,律师的合法诉讼权利得不到充分保障。因此充分发挥法律援助作用来实现律师辩护全覆盖需要努力解决这些问题。而新出台的《关于开展刑事案件律师辩护全覆盖试点工作的办法》则在很大程度上在试点工作中对这些问题进行了针对性的解决。

首先,扩大法律援助的适用范围,确保每个案件都能有律师辩护是提高刑事辩护率,推进刑事案件律师全覆盖工作的有效途径。因此,针对刑事诉讼法对提供法律援助范围仍旧较窄的问题,《关于开展刑事案件律师辩护全覆盖试点工作的办法》规定在试点中除《刑事诉讼法》第 34 条、第 267 条规定应当通知辩护情形,人民法院应当通知法律援助机构指派律师为其提供辩护外,其他适用普通程序审理的一审案件、二审案件、按照审判监督程序审理的案件,被告人没有委托辩护人的,人民法院也应当通知法律援助机构指派律师为其提供辩护。这无疑扩大了刑事诉讼中法律援助的适用范围,使更多的人可以获得指派的律师的辩护。

其次,为了更好地在审判过程中充分发挥律师的辩护作用,《关于开展刑事案件律师辩护全覆盖试点工作的办法》再次强调了辩护律师的权利保护:人民法院应当依法保障辩护律师的知情权、申请权、申诉权,以及会见、阅卷、收集证据和发问、质证、辩论等方面的执业权利,为辩护律师履行职责,包括查阅、摘抄、复制案卷材料等提供便利。这对于保障辩护律师执业权利,为辩护律师履行职责提供便利从而保障被告人的合法权利具有重要意义。

最后,《关于开展刑事案件律师辩护全覆盖试点工作的办法》的出台也为律师辩护全覆盖工作提供了诸多保障:第一,《关于开展刑事案件律师辩护全覆盖试点工作的办法》为工作职责、权利救济和责任追究提供了保障。依照《关于开展刑事案件律师辩护全覆盖试点工作的办法》规定,人民法院具有告知被告人权利、通知法律援助机构指派律师辩护的职责。而对于法院未履行通知辩护职责或者法律援助机构未履行指派律师职责的救济程序也进行了规定:第二审人民法院发现第一审人民法院未履行通知辩护职责,导致被告人在审判期间未获得律师辩护的,应当认定符合《刑事诉讼法》第 227 条第 3 项规定的情形,裁定撤销原判,发回原审人民法院重新审判。人民法院未履行通知辩护职责,或者法律援助机构未履行指派律师等职责,导致被告人审判期间未获得律师辩护的,依法追究有关人员责任。这样的规定更有利于促进办案机关积极履行职责,落实好法律援助制度,防止被告人诉讼权利被忽视。第二,《关于开展刑事案件律师辩护全覆盖试点工作的办法》为律师辩护全覆盖工作的开展提供了律师资源保障。《关于开展刑事案件律师辩护全覆盖试点工作的办法》第 7 条规定,司法行政机关和律师协会统筹调配律师资源,为法律援助工作开展提供保障。本地律师资源不能满足工作开展需要的,司法行政机关可以申请上一级司法行政机关给予必要支持。有条件的地方可以建立刑事辩护律师库,为开展刑事案件律师辩护全覆盖试点工作提供支持。刑事法律援助案件在办案主体上要求必须由律师来办理,包括法律援助机构的律师和社会律师,因此办案律师的人数与刑事法律援助的案件的数量之间事实上存在着一对供求关系。目前刑事法律援助案件不是太多,没有与律师资源形成突出主要矛盾主要是因为刑事诉讼法的有关规定没有得到切实执行,这是不正常的。一旦执法活动回归正常,刑事法律援助工作的运行机制成熟之后,案件数量激增将是必然的趋势,由此对律师的需求势必相应增加。① 而这一保障对于解决律师少难以满足法律援助需求的问题提供了解决思路。《关于开展刑事案件律师辩护全覆盖试点工作的办法》为律师辩护全覆盖工作提供了经费保障。《关于开展刑事案件律师辩护全覆盖试点工作的办法》规定要建立多层次经费保障机制,加强法律援助经费保障,确保经费保障水平适应开展刑事案件律师辩护全覆盖试点工作需要。司法行政机关协调财政部门根据律师承办刑事案件成本、基本劳务费用、服务质量、案件难易程度等因素,合理确定、适当提高办案补贴标准并及时足额支付。有条件的地方可以开展改府购买法律援助服务。探索实行由法律援助受援人分担部分法律援助费用。实行费用分担法律援助的条件、程序、分担标准等,由省级司法行政机关综合当地经济发展水平、居民收入状况、办案补贴标准等因素确定。

可以看出《关于开展刑事案件律师辩护全覆盖试点工作的办法》在很多方面都有较大的突破,而这一切都为刑事案件律师辩护全覆盖提供了更加科学、宽松的条件,从而提高我国的刑事辩护率,完善我国的辩护制度。

(二)律师辩护全覆盖的展望

改革开放以来,随着法制的健全,人权观念也已经逐渐深入人心。我国对被追诉人的人权保护也一直在随着刑事诉讼法的修改而不断完善。开展刑事案件律师辩护全覆盖试点工作是推进司法改革的一个重大举措,是深化律师制度改革的实际步骤,也是我国人权司法保障的重大进步,对于充分发挥律师在刑事案件中的辩护职能作用,维护司法公正,减少冤假错案,彰显我国社会主义法治文明进步具有重大意义。② 十九大的召开标志着我国进入了中国特色社会主义新时代,我国民主法治建设也进入了新时期。在新时代的这一起点上,努力推动刑事案件律师辩护全覆盖,保护犯罪嫌疑人、被告人的辩护权是我国人权保护的重要组成部分。而如何推进律师辩护全覆盖需要从多方面入手:首先,提高律师数量。据统计,我国执业律师的总人数已经突破 30 万人,而且这一数字还在迅速增长。但是,如今律师的数量仍旧难以满足我国实现律师辩护全覆盖的需求。因此要进一步提高律师的数量,培养更多的法学人才。其次,加强律师自身的执业能力和职业道德培训。现阶段仍旧存在从事法律援助的律师消极对待案件从而导致被告人的合法权利无法得到很好的保障。要适时开展执业能力和职业道德培训,使律师能在辩护中起到更大的作用。再次,加强律师权利的保障。我国长期存在对律师执业权利保障不足的问题尤其是对于从事刑事辩护的律师,由于案件情况复杂,涉及利益繁多,

---

① 顾永忠、杨剑炜:《我国刑事法律援助的实施现状与对策建议——基于 2013 年〈刑事诉讼法〉施行以来的考察与思考》,载《法学杂志》2015 年第 4 期。

② 樊崇义:《让每一个刑事案件都有律师辩护》,载《人民法治》2017 年第 11 期。

在执业过程中会遇到很多困难和压力甚至面临很多风险。在实践中,律师被办案机关刁难的事件层出不穷。因此,只有保护好刑事辩护律师合法的诉讼权利,为律师执业提供便利才能为保护被告人的辩护权提供有力支撑。从次,办案机关积极配合。人民法院应发挥以审判为中心的诉讼制度改革中的关键作用,为刑事辩护律师提供辩护创造有利条件,履行好职责,在符合条件时及时通知法律援助机构指派律师。法律援助机构也应履行好为被告人提供优秀律师的义务。最后,增强被告人的人权意识。要在社会上形成维护自身辩护权的氛围,鼓励犯罪嫌疑人、被告人在符合条件时积极申请法律援助,确保每个刑事案件都有律师来为被告人辩护。

刑事案件律师辩护全覆盖工作顺应人权保护的发展潮流,对于实现社会公平正义,减少冤假错案有着重要意义。《关于开展刑事案件律师辩护全覆盖试点工作的办法》选择北京、上海、广东等 8 个经济较为发达的省、直辖市作为试点先行开展全覆盖工作,这是符合我国现状的。我国律师数量虽然较多,但是在全国范围内分布极为不平衡,尤其是东西部的差距和城乡之间的差距都十分明显。刑事案件律师辩护全覆盖工作在实践中仍存在各种各样的困难,急于求成地推进全覆盖工作会在改革中造成很多问题。因此先在律师充足的东部地区或者较为发达的省份进行试点是符合客观规律的,这些地区也是较为容易实现刑事案件辩护律师的全覆盖。

近期,我国《刑事诉讼法(草案)》出台,其中关于法律援助的最直接规定就是设立值班律师制度。[①] 法律援助值班律师制度最早起源于英国,目前已成为世界上很多国家和地区法律援助制度的重要组成部分。值班律师制度的主要目的是为进入刑事诉讼程序的犯罪嫌疑人或者被告人提供即时初步的法律帮助。值班律师制度具有覆盖面广、便利性强等特点,能够很好地体现保障司法人权的刑事司法理念。我国的法律援助值班律师工作起步虽晚,但发展迅速。此次若能将值班律师制度正式写入刑事诉讼法中,将会促进我国法律援助制度的进一步完善,对刑事案件律师辩护全覆盖、深化司法体制改革有重要意义。

我国今后也将继续出台一系列法律法规来确保刑事案件律师辩护全覆盖工作的顺利进行。目前,我国的律师辩护全覆盖已经通过试点工作顺利展开,这对将来全面推进律师辩护全覆盖具有很好的示范和引导作用,对辩护制度的发展具有重大的意义。

---

① 《刑事诉讼法(草案)》中增加一条,作为第 36 条:法律援助机构可以在人民法院、人民检察院、看守所派驻值班律师。犯罪嫌疑人、被告人没有委托辩护人,法律援助机构没有指派律师为其提供辩护的,由值班律师为犯罪嫌疑人、被告人提供法律咨询,程序选择建议,代理申诉、控告,申请变更强制措施,对案件处理提出意见等辩护。人民法院、人民检察院、看守所应当告知犯罪嫌疑人、被告人有权约见值班律师,并为犯罪嫌疑人、被告人约见值班律师提供便利。

第五章

证据制度

第一节 改革开放 40 年来刑事证据制度的变迁

一、刑事证据制度的初步确立：1979 年《刑事诉讼法》

党的十一届三中全会以来，社会主义法制得到了恢复与发展。刑事审判工作逐步走上了正常的轨道，立法工作蓬勃开展，证据制度也逐渐完备起来。1979 年 7 月 1 日第五届全国人大常委会通过了《中华人民共和国刑事诉讼法》，这是新中国成立以来公开颁布实施的第一部刑事诉讼法典。这部法典是在总结新民主主义革命时期以来刑事诉讼实践经验和教训的基础上，参考国外相关立法经验而制定的。该法典规定"审判人员、检察人员、侦查人员必须依照法定程序，收集能够证明被告有罪或者无罪，犯罪情节轻重的各种证据"，"严禁刑讯逼供和以威胁、引诱、欺骗以及其他非法的方法收集证据"，"对一切案件的判处都要重证据，重调查研究，不轻信口供"，"只有被告人供述，没有其他证据的，不能认定被告人有罪和处以刑罚，没有被告人供述，证据充分确实的，可以认定被告人有罪和处以刑罚"，"凡是知道案件情况的人，都有作证的义务"，"生理上、精神上有缺陷或者年幼、不能辨别是非、不能正确表达的人，不能作证"，"被告人对侦查人员的提问，应如实回答。但是对与本案无关的问题,有拒绝回答的权利"等。这些规定"是辩证唯物主义认识论在证据制度中的运用,体现了实事求是、调查研究的原则"①,搭建出我国刑事证据制度的基本框架,许多规定沿用至今。

二、刑事证据制度的缓慢发展与法典化尝试

尽管 1979 年《刑事诉讼法》以专章对证据问题作出规定,但总体上我国远未形成系统完备的刑事证据制度体系。1996 年《刑事诉讼法》进行了较大幅度的修改,但对证据相关的法条只作了个别修订。1996 年《刑事诉讼法》中除侦查中有关证据收集的规定外,"证据"一章只有 8 条规定。而且其内容过于死板,缺乏可操作性,明显不适应刑事诉讼中复杂的证据收集或审查判断等实践活动的需要。与同期进行的刑事诉讼制度改革相比,刑事证据制度的配套改革明显滞后,不仅不能为刑事审判方式改革提供助力,反而在很大程度上减弱了诉讼程序改革的效果,限制了诉讼程序进一步改革的步伐。20 世纪末期,我国法律界一度出现过证据法典化的热潮,主张制定一部统一的证据法典,或者分别制定刑事证据法典、民事证据法典和行政证据法典三部单行证据法典。有的全国人大代表提出了此种议案,有的学者甚至起草证据法典拟制稿供立法部门参考,其中以陈光中教授组织起草的《中华人民共和国刑事证据法专家拟制稿》为代表。②但是,正如有学者所指出的,统一证据法典无法解决刑事审前程序的证据规则问题,且与我国现有的立法模式难以协调,③更由于我国刑事证据制度的基础薄弱,尚不具备法典化的条件,证据法典化的计划很快就被搁浅,代之以在保留当前立法模式的前提下对三大诉讼法典进行修改,重点修改与证据制度相关的条文。

三、刑事证据制度的逐渐健全:2012 年《刑事诉讼法》对证据制度的主要修改

2012 年,《刑事诉讼法》进行了第二次大修,刑事证据制度是此次刑事诉讼法修改的七个重点领域之一。第一,《刑事诉讼法》中对于证据的定义,由原来的"事实说"转向"统一说"。"事实说"主张者认为,证据是能够证明案件真实情况的一切事实。这种将证据等同于事实的证据概念在我国当代诉讼法学中最具影响力,《刑事诉讼法》在 2012 年修改之前即采纳事实说,将"证据"定义为"证明案件真实情况的一切事实",并列举了证据的种类。虽然"事实说"在我国法学中几乎成为通说,

---

① 周国均:《论新中国证据制度的创立和发展》,载《新疆社会科学》1986 年第 3 期。

② 陈光中主编:《中华人民共和国刑事证据法专家拟制稿(条文、释义与论证)》,中国法制出版社 2004 年版。

③ 陈光中主编:《中华人民共和国刑事证据法专家拟制稿(条文、释义与论证)》,中国法制出版社 2004 年版,第 3~4 页。

但是仍然有学者对事实说提出诘难,认为证据是内容(事实材料)与形式(证明手段)的统一。我国《刑事诉讼法》在2012年再修改时为"证据"重新下定义,摈弃"事实说",改采"统一说"。《刑事诉讼法》第48条第1款规定"可以用于证明案件事实的材料,都是证据"。

第二,法定证据种类体系不断扩充:原本并列的物证书证正式区分为两种相互独立的法定证据;鉴定结论改称鉴定意见;笔录类证据除原有的勘验、检查笔录外,增加了辨认笔录和侦查实验笔录,使得笔录类证据体系有所扩充;增加了电子数据新证据,并与视听资料并列。法定证据种类的调整说明我国现代诉讼证明中能够用来证明案件事实的证据形式越来越多样化。

第三,2012年《刑事诉讼法》明确了刑事案件中证明责任的分配。第49条规定,公诉案件中被告人有罪的举证责任由人民检察院承担,自诉案件中被告人有罪的举证责任由自诉人承担。虽然刑事案件"一边倒"的证明责任分配模式是刑事证明理论的核心内容,但在刑事诉讼法中如此明确直接地规定证明责任分配尚属首次,有助于为刑事诉讼的证明活动提供明确指导。

第四,2012年《刑事诉讼法》对定罪的证明标准予以具体化。第53条第2款规定:"证据确实、充分,应当符合以下条件:(一)定罪量刑的事实都有证据证明;(二)据以定案的证据均经法定程序查证属实;(三)综合全案证据,对所认定事实已排除合理怀疑。"该条款对"证据确实、充分"这一模糊抽象的证明标准作了细化规定,特别是从排除合理怀疑的角度来解释我国"证据确实、充分"的证明标准,纠正了传统证据法学将"证据确实、充分"等同于"确定性"的错误理解,使刑事案件有罪判决的证明标准回归现实与合理。

第五,2012年《刑事诉讼法》关于证据制度最大的变革在于引入反对强迫自证其罪原则,并确立了非法证据排除规则作为违反反对强迫自证其罪原则的救济规则。

第六,2012年《刑事诉讼法》围绕证人出庭作证制度进行了一系列改革,包括确立关键证人出庭作证制度,规定不出庭作证的法律后果即强制证人出庭与处以藐视法庭罪类似的处罚,以及引入证人人身安全保护以及证人作证经济补偿制度等激励机制。这些改革一方面有助于促进庭审实质化,另一方面也为将来确立传闻证据排除规则做铺垫。

第七,2012年《刑事诉讼法》还吸纳实践中的共识,规定了行政执法与刑事司法衔接过程中的证据转化规则。第52条第2款规定,行政机关在行政执法和查办案件过程中收集的物证、书证、视听资料、电子数据等证据材料,在刑事诉讼中可以作为证据使用。确立了行刑衔接中实物证据可以直接采纳,而言词证据需要重新收集的基本原则。

综上,与1996年第一次《刑事诉讼法》修改相比,2012年《刑事诉讼法》修改对证据制度进行了较大幅度的调整和完善。这是在经历法典化尝试失败后,立足于原有立法框架对刑事证据制度进行完善的体现。修改涉及面广,既有对基本概念如证据定义的重塑,又有对法定证据种类体系的调整与扩充;既有对证明责任、证明标准等证明基本要素的具体化规定,又有对非法证据排除和证人出庭作证等具体证据规则的规范,还有对诉讼证明实践中长期存在的问题如行刑衔接证据转化问题的回应。因此,2012 年《刑事诉讼法》中证据制度的修改是改革开放以来我国对刑事证据制度进行的规模最大的一次立法活动,取得了不容否认的成果。但是,与其他国家相比,我国刑事证据制度仍然具有粗放的特点,特别是证据规则体系刚刚开始形成,证据制度仍然存在较大的完善空间。

第二节　证据概念与属性的理论争鸣与历史演进

一、从"事实说"到"统一说"

"证据"不仅是证据法学的基础概念,而且蕴含着重要的理论意义。正确界定证据的概念,对于准确理解何为证据,并进一步分析证据的基本属性至关重要。我国诉讼法学者曾对证据下过各种各样的定义,大致可以分为三种学说[①]:其一,"事实说"。主张者认为证据即能够证明案件真实情况的一切事实,其代表性的表述是:刑事诉讼证据是侦查、检察、审判等人员依法收集和查对核实的,同刑事案件有关并能证明案件真实情况的一切事实。将证据等同于事实的证据"事实说"在我国当代诉讼法学中最具影响。其二,"双重含义说"。主张者认为证据具有双重含义,它既可以指事实,即能够证明案件真实情况的一切事实;也可以指证据的表现形式,即证人证言、物证、书证等各个证据种类。其三,"统一说"。主张者认为证据是证据的内容(事实材料)与证据的形式(证明手段)的统一,代表性的观点为:"从科学的观点来看,在诉讼证据中,形式和内容是辩证的统一。内容,就是事实材料,也就是有关事实的情况;而诉讼证据的形式,则是证明手段。对于诉讼证据来说,必须有这两种要素。证明手段如不包含案情和事实,那就什么也不能证明,相反,如果事实材料不是根据法律规定的证明手段取得的,它们就不能用来作为诉讼证据,也不能成为法院判决的根据。"[②]

在上述各种观点中,"事实说"在我国证据法学研究中一度影响最大,1996 年

---

　① 卞建林主编:《刑事证明理论》,中国人民公安大学出版社 2004 年版,第 269~272 页。
　② [苏]A.A.多勃洛沃里斯基:《苏维埃民事诉讼》,法律出版社 1985 年版,第 198 页。

《刑事诉讼法》第 42 条第一款给"证据"所下的定义正是"事实说"的典型表述。不少学者也是在"证据是事实"这一基本框架内为诉讼证据进行定义的。诸如："诉讼证据是能够证明案件真实情况的客观事实。"[1]"我国刑事诉讼证据是侦查、检察、审判人员依照法定程序收集用以确定或否定犯罪事实,证明被告人有罪或无罪,加重或减轻刑事责任的一切客观事实。"[2]

近年来证据"统一说"因其辩证合理性而逐渐成为通说。证据是由内容和形式共同构成的。证据的内容即事实材料,亦即案件事实的有关情况;证据的形式,又称为证明手段,它是证据的种种表现形式。证据乃是事实与证明手段的统一体。证据"统一说"的主张者不同意将证据的内容与形式分割开来或者无视证据的形式的观点,他们对证据的"事实说"和"双重含义说"提出了诘难,指出证明手段如不包含案情和事实,那就什么都不能证明;反之,如果事实材料不依附于一定的证据形式,就无法存在并进入诉讼的轨道或为裁判的依据。这一观点是有说服力的。2012 年《刑事诉讼法》第 48 条正是以证据"统一说"为依据,重塑了证据的法律定义,"可以用于证明案件事实的材料,都是证据。证据包括:(一)物证;(二)书证;(三)证人证言;(四)被害人陈述;(五)犯罪嫌疑人、被告人供述和辩解;(六)鉴定意见;(七)勘验、检查、辨认、侦查实验等笔录;(八)视听资料、电子数据。证据必须经过查证属实,才能作为定案的根据"。

从证据概念的变迁可以看出,我国刑事证据制度的研究重视基本范畴和基础理论,证据概念从"事实说"向"统一说"的转变也体现出辩证思想在证据法学研究中的重要影响。综上所述:(1)从内容和实质看,证据必须是与案件事实有关的事实;(2)从形式和来源看,证据必须具备法定的形式和来源;(3)从证明关系看,证据必须具有证明案件事实的作用。因此,诉讼证据可以定义为,在诉讼中具有法定形式的能够证明案件事实的一切材料。

二、证据属性的论争与西方相关概念的影响

证据的属性是指,证据之所以为证据,其内在的规定性如何。我国证据法学者对证据属性的理论争鸣一直不断,其中最有代表性的两种学说分别是"两性说"与"三性说",前者主张证据的基本属性应为"客观性"和"关联性",而后者则主张"合法性"也是证据的属性。争论的结果是"三性说"成为通行观点,但是仍有学者主张在客观性、关联性和合法性之间加以区分,认为客观性和关联性属于证据的本质属性,而合法性则是法律附加于证据的外在属性。近年来,学界对证据的属性进行了

---

[1]　江伟主编:《证据法学》,法律出版社 1999 年版,第 206 页。
[2]　张子培等:《刑事证据理论》,群众出版社 1982 年版,第 87 页。

深刻反思,分别对客观性、关联性和合法性质疑,也有学者主张用英美法系的关联性、可采性或者大陆法系的证据能力、证明力概念来概括我国的证据属性,这样可以避免对证据属性的进一步争论。这些争鸣无疑对深化理论研究具有积极作用。笔者认为,如果坚持证据属性"三性说",则对这"三性"的理解均应有所修正,兹分述如下。

(一)客观性

我国传统证据法学理论认为,客观性是证据的三大基本属性之一,甚至是证据最重要的属性。对于证据客观性的概念,学界的界定虽不一致,但基本内涵大同小异,即认为:"证据是客观存在的事实";[①]"客观性指证据是在社会中实际发生,或者是实际存在的事实,而不受主观性推测、主观想象或者是人们捏造的东西";[②]证据"是确实存在的事实,而非猜测和虚假的东西"。从这些定义可以看出,传统的证据法学理论将证据客观性的基本内涵界定为证据必须是客观存在的事实。

一般认为对于证据的客观性应作如下理解:首先,证据都表现为客观存在的实体,无论证据的形式表现为人还是物,都是客观存在物。其次,证据的内容是对与案件有关的事实的反映。而与案件有关的事实都是客观存在的事实,这种事实不是主观想象、猜测、分析和判断所产生的,也不是卜卦、梦呓和诅咒发誓所获得的。不能以主观臆断来代替客观事实。最后,作为证据内容的事实与案件的待证事实间的联系是客观的,没有客观联系,则该证据实际上无法履行揭示案件真实情况的功能。以没有客观联系的证据去证明案件待证的事实,往往会歪曲案件的真实情况,造成错误的决定和裁判。一个证据能够发挥证明与案件有关的事实的作用,原因在于它所具有的对客观事实的正确反映,也就是说,正是由于证据具有客观性,才具有证明能力,如果没有客观性,则证据本身的存在尚存疑问,当然无法发挥证明与案件有关的事实的作用。

有些学者提出,证据既具有客观性,又具有主观性,是主、客观的统一体,因为任何证据都不能离开提供和运用证据者的主观意识而独立存在,对同一对象,不同主体观察所得出的结论可能大相径庭。笔者认为,对该观点应加以认真分析。"主观"与"客观"都各自至少有两个含义。客观的含义之一是:在意识之外,不依赖主观意识而存在;含义之二是:按照事物的本来面目去考察,不加个人偏见。[③] 主观的含义之一是:属于自我意识方面的;含义之二是:不依据实际情况,单纯自己的偏见。[④] 在证据法学中,"主观性"如果是指不依据实际情况而单纯由偏见构成的,则

---

① 巫宇甦主编:《证据法学》,群众出版社 1983 年版,第 67 页。
② 程荣斌主编:《中国刑事诉讼法学》,中国人民大学出版社 1997 年版,第 164 页。
③ 《现代汉语词典》(修订本),商务印书馆 1996 年修订第 3 版,第 716 页。
④ 《现代汉语词典》(修订本),商务印书馆 1996 年修订第 3 版,第 1642 页。

证据当然不应当具有主观性;如果主观性是指属于自我意识方面的,则并非所有的证据都绝对地不具有主观性。[1]

有学者提出,按照诉讼中收集或者提供的证据与客观性的关系划分,可以将证据分为三类:首先是物证、书证等实物证据。它们是以其外部特征、存在场所、物质属性证明案件真实情况的一切物品与痕迹(物证)以及能够根据其表达的思想和记载的内容查明案件事实情况的一切物品(书证)。其共同特点是,都是客观存在的实物。虽然物证、书证的收集和运用也不可避免地掺杂办案人员的主观因素,但是,总体上看,它们的客观性较强。[2]

其次是客观性与主观性间杂的证据,这种证据主要体现为人证,如证人证言中,既含有证人对自己所感知的与案件有关的事实的如实描述,有时也含有证人基于自己的感知而加以判断从而形成的具有主观性的内容。人证的形成受制于人的主观因素,如人的注意力可能因人而异,当案件事实发生时,犯罪行为人、被害人和证人的心理状态和对同一事实的不同的注意力,往往造成在感知、理解、记忆和表达这一事实时存在显著的个体差异。证人的记忆可能会掺杂主观判断和想象的内容,心理学研究表明,一个人在感知事物时深受该人的注意力和精神状态的影响,在记忆过程中还具有一种"想象的再创造"的过程,使感知的某些事物的片断被其想象联系在一起。在表达过程中,证人会将自己的主观判断融合进对事实的叙述中。在其他证据的收集过程中,收集者主观因素也会对证据造成一定的影响,如细致与疏忽、警觉与倦怠,可能使证据的证明价值得到充分保全或者全部、部分毁损,并且可能融入证据收集者的主观判断,如在现场勘验笔录形成过程中,勘验者有时在客观记述勘验结果的过程中融入自己的一定的主观判断。

最后是主观性较强的证据。例如,鉴定人对待证事实单纯提供的专家意见,有时便是专家个人的自主判断。主观性较强的证据也具有证据能力,例如在英美法中,"专家证人"不仅包括具有高学历的专门人员,还包括在各自的专业领域掌握特定知识和特定技术的人员,如专业汽车修理工、电视修理工、砖瓦工、木工、电工在各自的工作领域都可以被视为专家,他们可以依据特定的规则被传唤为专家证人出庭作证,他们的意见通常具有证据能力。

我国当代诉讼法学者在谈到证据的客观性时也承认证据经过有关人员的收集会带有一定的主观因素,但主观因素不能歪曲客观事实,否则应当加以排除,如若不然,将会造成误判。有学者指出:"证据的客观性的根据有二:一是由刑事案件本身的客观性决定的,任何一种犯罪行为都是在一定的时间和空间内发生的,只要有

---

[1] 张建伟:《证据法要义》,北京大学出版社 2009 年版,第 129 页。
[2] 张建伟:《证据法要义》,北京大学出版社 2009 年版,第 130 页。

行为的发生,就必然留下各种痕迹和印象,即使行为诡秘,甚至毁灭证据,也还会留下毁灭证据的各种痕迹和印象。这是不以人的意志为转移的客观实在……从刑事证据的来源考察,其客观性是必然存在的。没有客观存在为依据的任何一种陈述,都是理所当然的谎言,不能作为定案的证据使用,从这种意义上讲,客观性就是审查判断证据的一条基本标准。当然,证据经过司法工作人员、当事人及其辩护人、诉讼代理人的收集,必然含有收集主体的主观因素,如要讯问犯罪嫌疑人、被告人,询问证人并制作笔录,实物证据要加以固定、保存,现场勘验也要制作笔录等。但司法工作人员、当事人及其辩护人、诉讼代理人的主观因素不能歪曲客观,不能因此而改变证据客观性的本质属性。总之,刑事证据是客观存在的事实,客观性是刑事证据最基本的因素和特征,承认和认识刑事证据的客观性,就不能把个人主观的判断,或人们的想象、假设、推理、臆断、虚构等作为定案的证据来使用。有的材料没有准确来源,例如匿名信、小道消息、马路新闻、道听途说等,由于无法进行查证,不具备客观真实性,当然不能作为证据使用。"[①]

无论如何,一项证据能否实际发挥其证明作用,取决于其所具有的正确反映与案件有关的事实的客观性,某些证据虽然具有主观性,但这种主观性并不是主观随意性,主观判断要在实质上发挥证明案件真实情况的作用,应当具备主观判断与客观实际情况相符合的条件。在法庭审判中,主观性证据一般具有证据能力,要判定该证据是否与客观实际相符合,需要遵循一定的规则、采取一定的方法。主要是,应当将该证据与其他证据结合在一起进行综合判断,还要采取质证方法进行审查判断,以判别这种主观意见是否合理,是否与客观实际相符合。另外,鉴定人和其他专家提供的意见,往往建立在专门知识的基础上,这种知识具有客观性,它们往往来源于实践或者经过实践检验,而不是主观臆造的。所以,我们在认为某些证据具有主观性并且具有证据能力时,并不意味着对客观性的任何贬低和漠视。在诉讼中,应当充分利用科技手段,收集和固定具有客观性的证据,如利用视听手段固定人的行动、各种物体的运动和事态的发展。对于主观性的证据,应当依诉讼程序和规则慎重加以审查判断,不能偏听偏信,特别是不能将具有一定主观性而又未经充分质证的鉴定意见视为科学的、"客观的证据,从而造成采证失误,影响案件的公正处理"。

实际上,我们强调证据具有客观性的主旨在于强调证据的真实性,即证据必须是真实的,而不能是虚假的、伪造的。2010 年 6 月两院三部发布的《关于办理死刑案件审查判断证据若干问题的规定》(简称《办理死刑案件证据规定》)中在规定各种刑事证据的审查判断时,多次提到要审查相应证据的真实性。例如第 26 条规

[①] 陈光中主编:《刑事诉讼法》,北京大学出版社、高等教育出版社 2002 年版,第 149 页。

定,勘验、检查笔录存在勘验、检查没有见证人的,勘验、检查人员和见证人没有签名、盖章的,勘验、检查人员违反回避规定等情形的,应当结合案件其他证据,审查其真实性和关联性。第27条规定,对视听资料,应当结合案件其他证据,审查其真实性和关联性。第29条,对电子证据,应当结合案件其他证据,审查其真实性和关联性。法律文件中以"真实性"取代"客观性"似乎已经成为一种明显的趋势。

(二)关联性

关联性(又称相关性)作为证据的基本属性在我国极少受到质疑,但是,我国学界对关联性的理解与国际上通行的理解侧重点有所不同。我国学者一般认为,证据的关联性可以做如下理解:(1)客观性。证据的关联性是客观存在的而不是主观想象的,司法人员在办理案件的过程中,必须尊重证据与案件待证事实之间的关系,如实评价证据对案件待证事实的证明作用,不能将没有客观联系的证据想当然地认为或者硬说成有客观联系的证据。(2)多样性。关联性的表现形式是多种多样的,如因果联系、时间联系、空间联系、偶然联系和必然联系、直接联系和间接联系、肯定联系和否定联系,不一而足。其中因果联系,指的是案件主要事实的原因或者结果;时间和空间联系指的是与案件事实有关的时间、地点、环境等事实;偶然联系和必然联系、直接联系和间接联系、肯定联系和否定联系,反映了证据事实与案件事实之间存在偶然的或者必然的、直接的或者间接的、肯定的或者否定的关系。无论存在何种联系,都表明证据反映了与案件有关的事实。(3)可知性。证据事实与案件事实的关联性能够为人们所认识,如果尚未被人们所认识则不能断定其具有关联性,当然不能作为定案的依据,只有随着诉讼活动因自觉应用不断发展的科学技术而使其水平得到提升时,某些事实与案件事实的关联性为人们所认识,这些事实才能成为诉讼证据进入诉讼活动。

由此可见,我国传统证据理论中作为证据属性之一的"关联性"与英美法中的"关联性"并非同一概念。前者是指"可以作为证据的事实,与诉讼中应当予以证明的案件事实,必须存在某种(客观)联系,即能够反映一定的案件事实"[①]。该"关联性"要求证据在内容上同案件事实有客观联系,实际上不仅包括英美证据法中"证明性"的要求,而且包括"证明力"的要求。而英美证据法中的关联性是实质性和证明性的结合,它不涉及证据的真假和证明价值,侧重的是证据与证明对象之间的形式性关系,即证据相对于证明对象是否具有实质性,以及证据对于证明对象是否具有证明性。台湾学者陈朴生先生曾就这两种关联性的区别提出如下精辟论述,"惟证据评价之关联性,乃证据经现实调查后之作业,系检索其与现实之可能的关系,为具体的关联,属于现实的可能,而证据能力之关联性,系调查与假定之要证事实

[①] 卞建林主编:《证据法学》,中国政法大学出版社2000年版,第74页。

间具有可能的关系之证据,为调查证据前之作业,仍是抽象的关系,亦即单纯的可能,可能的可能。故证据之关联性,得分为证据能力关联性与证明价值关联性两种。前者,属于调查范围,以及调查前之关联性;后者,属于判断范围,亦即调查后之关联性"[①]。在大陆法系,关联性是指证明力评价的关联性,其作用在于要求法官在评价证据、形成心证时应遵从事物间的客观联系,以免不适当排除有助于查明案情的相关证据,或者不适当地采纳不具有关联性的证据,而使陪审团错误地认定事实。我们认为,我国证据法上的关联性,应侧重于实质的关联性,以区别于英美形式上的关联性。

(三)可采性

传统的"三性说"认为合法性也是证据的属性之一,所谓合法性是指,证据的形式以及证据收集的主体、方法和程序应当符合法律的规定,并且证据必须经过法定的审查程序,其中重点强调证据收集手段、方法的合法性。我国有学者认为"合法性"相当于英美证据法中的可采性,这种对应似乎过于简单化。实际上,合法性与可采性的内涵与外延并不完全一致:有些情况下,合法的证据也可能由于其他方面的考虑而不被采纳,例如为提高诉讼效率而排除某些重复的合法证据;有些情况下,不合法的证据也有可能得到采纳,例如非法证据排除规则的例外情形。

虽然一般来说,合法性是采纳某一证据的基本前提,大部分非法证据应当予以排除,但是,现实中任何一个国家都没有一概将非法证据排除掉,而是设立了各种排除规则的例外,而且各国对非法证据的排除范围也不相同。因此,仅仅用合法性来概括证据的属性,似乎未必恰当。事实上,"三性说"的主张者强调的是依法取证、依法认证,而并不否认基于政策性考虑采纳某些非法证据的适当性。一项证据可否进入诉讼程序,应由立法者根据诉讼规律,在综合考虑文化传统、诉讼民主发展潮流等多种因素后设立特定的规则,是一种利益权衡的结果。以非法证据排除规则为例,我国刑事诉讼中已经确立起非法证据排除规则,对于违反法定程序、采取非法方法取的证据,检察机关和法院应依法决定,不得将其作为定案的根据。但是,违反法定程序并非排除非法证据的唯一标准,还要综合考虑其他因素,如两院三部《非法证据排除规定》第 14 条规定,物证、书证的取得明显违反法律规定,可能影响公正审判的,应当予以补正或者作出合理解释,否则,该物证、书证不能作为定案的根据。非法取得的言词证据也并非一律加以排除。这说明,并非所有违法取得的证据均自动排除,而要由法官(在起诉阶段由检察官)综合考虑其他因素后裁量决定该证据是否可采。因此,应当以"可采性"取代"合法性"作为证据的法律属性。

[①] 陈朴生:《刑事证据法》,台湾三民书局 1979 年版,第 276 页。

第三节 证据种类体系的扩充

受证据概念的影响,即证据必须符合法定形式才能称之为"证据",我国历来重视对证据法定种类的研究,各种证据的特征及相应的运用规则曾经是我国证据法学研究的主要内容。纵观我国刑事诉讼法对法定证据种类的规定,能够发现其体系不断调整扩充的趋势。1979 年《刑事诉讼法》第 31 条规定了六种法定证据:"(一)物证、书证;(二)证人证言;(三)被害人陈述;(四)被告人供述和辩解;(五)鉴定结论;(六)勘验、检查笔录。"1996 年《刑事诉讼法》修改,增加了"视听资料"作为第七种法定证据种类。2012 年《刑事诉讼法》修改进一步调整扩充了法定证据种类体系。

一、物证与书证的分离

前两部刑事诉讼法均将物证与书证并列,这一方面是由于物证和书证同属于实物证据,另一方面物证和书证在某些特殊情况下还会出现同体现象,故从 1979 年开始《刑事诉讼法》便将这两种证据相提并论。然而,物证与书证是两种相互独立的证据。物证是以其外部特征、物质属性和存在场所来证明案件真实情况的物品或者痕迹,而书证是以文字、符号、图画等记载的内容和表达的思想来证明案件事实的书面文件和其他物品。虽然同属实物证据,但是二者有着不同的特点,物证信息含量小,一般不能直接反映案件的主要事实,故在实践中物证通常只能作为间接证据;而书证在很多情况下则可能直接反映案件的主要事实,成为直接证据。此外,物证的证据意义通常并不明确,需要通过人的能动作用去发现、识别、挖掘其与案件的客观联系,因而被称为"哑巴证据",而书证的证明意义一般比较明确。因此,2012 年刑事诉讼法将这两种长期并列的证据正式分离,使得刑事诉讼法定证据种类体系更加合理。

二、从鉴定结论到鉴定意见

鉴定结论或鉴定意见,又称专家证言,是由鉴定人接受委托或聘请,运用自己的专门知识和现代科学技术手段,对诉讼中所涉及的某些专门性问题进行检测、分析、判断后,所出具的书面意见。2012 年《刑事诉讼法》修改前,该证据称为"鉴定结论",之所以改称"鉴定意见",是因为"结论"带有一定误导性。由于该种证据由专家出具,属于"科学证据",本身就带有专业、权威的光环,在诉讼证明中容易令人信服,掩盖了其只是专家个人主观判断的本质。故参考国际惯例,将其改称"鉴定意见"有助于表明该证据的"主观性",提醒诉讼主体对其加以谨慎审查判断。

三、笔录类证据的扩充

笔录类证据是由公安司法机关在行使职权进行刑事诉讼活动过程中制作的实况记录，是对所进行的侦查活动和现场状况的描述与固定。刑事诉讼中的笔录类证据起初只有勘验、检查笔录，即侦查人员、审判人员对与犯罪有关的场所、物品、尸体和人身进行勘验、检查所作的实况记录。传统的勘验笔录主要是用文字形式固定勘验工作情况和现场原貌，是证明案件现场状况的主要证据材料。检查笔录则是客观记载检查工作情况和被检查的物品、人身或尸体的特征，是证明案件事实的重要证据。不仅如此，勘验、检查笔录所记载的内容，又可以成为审查、鉴别勘验、检查程序方法和手段是否科学、是否合法的重要根据。

2012 年《刑事诉讼法》修改将刑事侦查过程中产生的辨认笔录和侦查实验笔录也列为笔录类证据，使得笔录类证据体系得到进一步充实。辨认笔录是侦查人员在主持被害人、证人、犯罪嫌疑人对涉案物品、人员、场所等进行辨认的过程中制作的书面记录。辨认笔录以静态文字的方式全面、客观地呈现辨认活动的全过程和辨认结果。因此，既可以通过辨认对象来证明案件事实，也可以通过辨认过程来证实其本身的合法性。侦查实验笔录是对侦查实验活动的全面客观记载，与辨认笔录一样，它既可以通过实验结果来证明案件事实，也可以通过侦查实验的过程来证实其本身的合法性。

辨认笔录和侦查实验笔录被正式纳入笔录类证据体系，解决了刑事诉讼活动与证据的对接问题，否则辨认和侦查实验的结果是否具有证据效力始终不确定。

四、电子数据的出现

如果说其他证据属于传统证据种类，视听资料和电子数据则是因科技发展而进入证据法视野的高科技证据。如前所述，视听资料首次写入《刑事诉讼法》是在 1996 年，此前的 1979 年《刑事诉讼法》中所规定的六种法定证据都是传统证据。2012 年《刑事诉讼法》第二次大修，又增加了电子数据这一新的证据种类，与视听资料并列。电子数据即电子计算机或者电子磁盘储存的资料，是指以电子计算机或者电子磁盘作为载体，储存在电子计算机内或者电子磁盘中，并用以证明案件事实的各种信息。[①]电子数据的出现是当代科学技术突飞猛进的产物。随着数字时代的来临，电脑和网络技术的发展与普及使得电子数据成为诉讼中常见的证据，以电子计算机和电子磁盘记录、储存、分析和传送与案件有关的事实信息，起到了其他证据无可取代的独特作用。之所以将电子数据与视听资料并列，一是因为二者

---

① 卞建林、谭世贵主编：《证据法学》，中国政法大学出版社 2014 年第 3 版，第 241 页。

同属科技含量较高的新型证据,二是因为电子数据中的网页视频音频与传统的视听资料存在交叉,很难将二者截然分开。随着对证据种类的认识逐渐深入,将来的立法也有可能会将这两种证据进行分离。

综上,我国刑事诉讼中法定证据种类的发展具有如下几个特点:

首先,适应诉讼实践,及时吸收新证据种类,体系不断扩充。这一特点不仅仅体现在视听资料和电子数据的出现上,还体现在笔录类证据的扩充上。随着科技的发展、社会的进步,证据立法需要反映诉讼证明实践的需要,及时对新型证据加以规范。与此同时,诉讼活动产生的成果能否用作证据,也需要在立法上予以明确。辨认笔录和侦查实验笔录被纳入笔录类证据,解决了刑事诉讼中辨认和侦查实验结果的证据效力问题。

其次,法定证据种类体系趋于合理化。物证、书证从并列走向分离,反映了我国证据立法从粗放到精细的趋势。

最后,法定证据种类趋于规范化。鉴定结论改称鉴定意见,避免了对科学证据的盲从,使证据名称符合其证据效力。

第四节　证明概念及证明理论的重塑

一、诉讼证明的概念

刑事证明的概念是证据理论研究的重要内容,因为它不仅直接涉及证明主体和证明客体的确定,而且与证明责任、证明标准等一系列重大证据理论问题密切相关。证明的概念,不仅能够提纲挈领也勾画出证据制度的总体框架,而且可以折射出该种证据制度所体现的深层次价值理念,浓缩了整个证据制度的精华。然而,我国传统证据法学对证明的概念问题未予应有的重视,对其理解失之于简单和肤浅。证据法教材、有关论文及专著一致认为,"我国刑事诉讼中的证明,在通常意义上,应当指公安司法机关和当事人以及他们所委托的辩护人和代理人收集、运用证据认定刑事案件事实的活动"。根据这一理解,"证明的主体包括公安司法机关及其办案人员、当事人以及诉讼参与人;狭义而言则仅指公安司法机关及其办案人员。

证明客体为案件实施。证明过程包括侦查、起诉和审判的全部程序"。[①] 此种观点在我国传统证据法学的理论研究中长期占据主导地位,不仅奠定了我国证据制度的基调,其影响还延伸至整个诉讼法学领域,反映在诉讼构造和诸多具体诉讼制度和诉讼程序的设置上。然而,此种被奉为正统的刑事证明概念却存在着自身固有的不足,制约了我国证据理论的深入与发展,并对刑事诉讼制度产生了消极影响,表现在:

(1)证明的主体过于宽泛。传统观念将证明视为贯穿于诉讼全过程的一种认识活动,并顺理成章地认为,所有在探求案件事实真相的活动中起主导作用的诉讼专门机关和当事人都是证明主体,并据以得出法院也承担证明责任的错误结论。此种观点不仅主宰着我们的理论研究,而且直接反映在相关立法上。例如,刑事诉讼法明确规定,审判人员应当收集能够证明犯罪嫌疑人、被告人有罪或者无罪、犯罪情节轻重的各种证据;在法庭审理过程中,法院在庭外拥有除通缉以外的几乎一切调查权力和手段。民事诉讼也是如此,若当事人在起诉时不能履行举证责任,人民法院有义务进行调查,收集证据。类似的这些规定,模糊了控审主体的基本分工,违背了法官中立的基本要求。

(2)举证责任与证明责任的相互关系混乱。由于无法突破证明概念所框定的藩篱,举证责任与证明责任的相互关系陷入难以自圆其说的尴尬境地。理论界对此众说纷纭,曾先后提出了"同一说""并列说""包容说""大小说""前后说"等多种学说[②],使本就不甚明了的证明责任越发错综复杂,莫衷一是。同时,立法与司法实务运作上也频频出现矛盾:一方面,强调还控诉职能于原告一方,法官应当保持不偏不倚居中裁断的地位;另一方面,受传统法官承担证明责任理论的束缚,法官仍保留进行庭外调查的权力,仍承担着收集证据的责任。问题归根结底在于并未与现代证据理论及诉讼基本原理的要求相协调。

(3)诉讼的结构设计失衡。一般认为,控辩平等对抗、法官居中裁判的三角形诉讼结构最能体现诉讼的民主性和科学性,符合现代诉讼法制的要求。虽然我国《刑事诉讼法》从 1996 年第一次修正时就特别注意借鉴了当事人主义诉讼模式的某些合理因素,但是传统强职权主义模式的影响仍然根深蒂固。其原因当然是多

---

① 陈光中等:《刑事证据制度与认识论》,《中国法学》2001 年第 1 期;巫宇甦主编:《证据学》,群众出版社 1983 年版;陈一云主编:《证据学》;裴苍龄:《证据法学新论》,法律出版社 1989 年版;刘金友主编:《证据理论与实务》,法律出版社 1992 年版。我国传统证据理论对刑事证明概念的理解,"学术界没有多少分歧,均认为是司法机关或当事人在诉讼过程中运用依法收集的证据,去查明、证实案件事实的活动,只是在表述上有差异"。崔敏主编:《刑事证据理论研究综述》,中国人民公安大学出版社 1989 年版,第 69 页。

② 参见樊崇义主编:《刑事诉讼法学研究综述与评价》,中国政法大学出版社 1991 年版,第 263 页。

方面的,但传统证明概念的影响无疑是一个主要的因素。具体说来,传统证据观念认为证明贯穿于诉讼的全过程,公检法三机关都是证明主体,而且刑事证明的目的是查明案件的事实真相。在比种证明观的指导下,公安机关、检察院和法院在处理刑事案件的过程中呈现出一种前后递进接力互补的关系,难怪有人形象地将这种警检分工不分家、诉审关系密切化的线形诉讼结构比作工厂的流水线作业或体育比赛中的接力赛。因此,我国诉讼的现实模式显然与这一要求尚有很大距离。毋庸讳言,证明概念上的不明不白,无疑是诉讼结构畸形建构、庭审改革举步维艰的重要原因。

传统证明概念之所以存在诸多缺陷,主要有两个方面的原因:一方面,我国传统证据制度将证明活动完全等同于认识活动。在传统证据理论中,证明活动被视为主观世界对客观世界的一种认识活动,而且仅仅是一种认识活动,相应地将辩证唯物主义认识论作为我国证据制度的唯一理论基础。人们以为,"证据制度要解决的核心问题是如何保证司法人员能够正确认识案件事实,亦即如何保证其主观符合客观"[①]。把诉讼证明等同于认识活动的后果,是将所有在发现案件客观真实过程中发挥作用的专门机关和诉讼参与人都纳入证明主体的范畴,从而得出公安司法机关及其办案人员、当事人以及诉讼参与人都承担证明责任的结论,并且认为证明贯穿于侦查、起诉和审判各个阶段,证明目的是查明案件的客观真实,证明要求是"犯罪事实清楚、证据确实充分"。可见,对证明本质理解的片面性以及由此导致的证据制度理论基础的单一性,是证明概念建构不合理的直接原因。

另一方面,与我国传统的诉讼结构有关。证明过程与诉讼结构是相互影响、相互依存的。我国传统诉讼结构是典型的线形诉讼结构,或者叫超职权主义诉讼模式,公检法三机关在刑事诉讼中分别是侦查阶段、审查起诉阶段和审判阶段的主导机关,查明案件的客观真实是三机关共同的任务,起诉和审判只是对侦查阶段所查明的案件事实的核查和认定。这使诉讼呈现出典型的流水作业的特征。传统的刑事证明概念,与此种超职权主义的线形诉讼模式和公检法三机关分工负责、互相配合、互相制约的办案机制是相符合、相适应的。但是我国现行立法所确立的诉讼模式,已经由超职权主义向当事人主义与职权主义相融合的混合诉讼模式转变,诉讼目的也已由单一的惩治犯罪转为惩治犯罪与保障人权并重、实体真实与程序正义并重、司法公正与司法效率并重等多项法律价值选择。新的诉讼价值理念和新的诉讼模式对诉讼程序和制度设计有一些基本的要求。但是,在诉讼价值理念转变并带动诉讼模式改造的同时,传统的证明概念却相对停滞不前。实践表明,它不仅无法适应新的诉讼模式,而且正成为一种妨碍新的诉讼模式切实确立的因素,对我

---

① 陈一云主编:《证据学》,中国人民大学出版社 1991 年版,第 96 页。

国诉讼制度的健全和完善起着消极的影响。

笔者认为,在刑事诉讼领域,证明应当是指国家公诉机关和诉讼当事人在法庭审理中依照法律规定的程序和要求向审判机关提出证据,运用证据阐明系争事实,论证诉讼主张的活动。

(1)刑事证明的主体是国家公诉机关和诉讼当事人。这是由证明主体与证明责任分担的关系决定的:证明主体在诉讼中提出了具体诉讼主张,因此需承担证明责任。如果对自己的诉讼主张证明不力则需承受于己不利的裁判。按照这一要求,无论在何种性质的诉讼中,能够成为证明主体的都只能是诉讼当事人。由于在我国刑事诉讼中,公诉人不属于当事人,所以证明主体应为国家公诉机关和诉讼当事人。

(2)刑事证明的客体即对象,应当是诉讼中的争议事实。无论何种性质的诉讼,其实质均在于定分止争,也就是解决当事人之间存在的争议。诉讼中的争议分为两类,一类是事实争议,一类是法律争议,有时也表现为事实争议与法律争议的结合。美国著名的证据法学家摩根曾指出,"在当事人对等辩论主义诉讼制度下,法院之功能,为解决影响及于诉讼当事人间法律关系之争执。争执所在,或为法律,或为事实,或兼此二者"[①]。当然,在诉讼中法院并非对案件的全部事实以及涉及的所有问题进行裁判,而只是针对诉讼两造当事人之间的事实争议和法律争议。刑事证明以阐明争议事实、论证己方主张为已足,当事人的证明和法院的判断均围绕着争议事实(包括与争议事实相关的事实)和法律问题而进行。

(3)证明过程与法庭审判是紧密联系的,解决的是在审判程序中由谁提出诉讼主张并加以证明的问题。因此,严格意义上的刑事证明只存在于审判阶段。这需要区分法庭证明与庭前查明的差异。诉讼主体在审前阶段对证据的收集审查活动属于"查明",而非"证明"。证明的要旨,在于通过法庭上的举证论证使法官或陪审团采信与确认己方的事实主张。在现代刑事诉讼中,侦查为起诉之准备,起诉书所指控的被告人犯罪事实是侦查机关侦查终结对案件事实作出的认定结论,或者是公诉机关对侦查部门关于案件事实所作的采纳结论。但由于现代诉讼唯有法院有权对被告人作有罪之确认,因此起诉书所指控被告人之犯罪事实,只是公诉机关关于被告人犯罪的一种事实主张,是公诉人在法庭上进行证明的起点和对象。可见,庭审前的收集、提取证据只是为法庭上的证明活动奠定基础、创造条件,而不属于严格意义上的证明。

(4)证明的动因受证明责任所影响或支配。法律(包括实体法和程序法)对诉讼中的证明责任分配有明确规定,如果依法承担证明责任的诉讼主体对待证事实

---

① [美]摩根:《证据法之基本问题》,李学灯译,世界书局 1982 年版,第 29 页。

即证明客体的证明未能达到法律要求的标准,则要承担相应的法律后果,最直接的不利后果就是可能面临败诉的风险。在刑事证明的各个构成环节中,证明责任是衔接各个环节的桥梁和纽带。它不仅直接决定证明的主体,而且通过行为责任与证明客体联系起来,通过结果责任与证明标准联系起来,因此证明责任可谓刑事证明的中心环节。整个刑事证明活动均在证明责任的支配和作用下进行,不承担证明责任者就没有证明的义务,也无证明的必要。证明责任不仅提供了证明的动因,而且确定了证明的目标。因此,对刑事证明的准确理解离不开对证明责任作用的正确认识。

(5)证明的属性不仅仅是一种抽象思维认识活动,还是一种具体的诉讼行为,直接受各类诉讼法律的规范和调整。具体而言,它是一个旨在使法官相信争议事实存在与否的过程,包括对证据的审查与采信,对全案证据作综合评价,作为判决依据。传统的证据观念往往过于强调证明作为认识活动的属性,而忽视其作为一种具体诉讼行为的诉讼属性,这大概与认识论在传统证据制度中作为唯一的理论基础的地位不无关系。证明的确是一种认识活动,但并不仅仅是一种认识活动,而是抽象与具体相统一的认识活动。有人把证明的基本属性归纳为"证明的主观性"与"证明的法律性",其中主观性就是指证明作为一种人的主观意识活动的特征,法律性则指诉讼中证明必须依法进行,也就是诉讼中的一切证明活动必须合法。法律性是证明所特有的属性。[1]

综上,我国证据法学经过对传统证明概念的反思,不仅从思维认识活动的角度,而且从具体诉讼行为的角度来理解证明活动,从而重塑了证明的概念,使其不仅符合诉讼规律,而且与国际上关于证明的理解保持一致。

二、证明主体及证明责任理论

受证明概念变化的影响,我国刑事证明的各个环节均面临相应的调整。其中证明主体是刑事证明的首要环节,其范围直接取决于证明责任的分担。在现代诉讼证明概念的框架下,我国证明责任的分配与承担得到进一步澄清,刑事证明主体的范围也相应地明确化。

所谓证明主体,是指在刑事诉讼活动中提出自己的诉讼主张并有义务承担证明责任的诉讼主体。由此可知,证明主体与诉讼主张及证明责任这三者之间存在着极为密切的联系。简言之,只有提出诉讼主张者才须承担证明责任,而只有承担证明责任者才是证明主体,可见,证明责任与证明主体是两个无法单独存在的概念,有人甚至提出,证明主体与证明责任是同一问题的两个方面,不能割裂开来,孤

[1] 裴苍龄:《证据法学新论》,法律出版社1989年版,第148～149页。

立地考察。因此正确理解证明责任的基本含义和有关理论应当作为我们研究证明主体问题的理论起点。

无论是以德国为代表的大陆法系，还是以美国为首的英美法系，都认识到证明责任的内涵具有多重性的特征，尽管两大法系关于证明责任的理论研究各有侧重，但其对证明责任的理解无疑存在相通之处。(1)诉讼主张的提出是证明责任产生的前提。在任何性质的案件中，诉讼主张都是诉讼活动进行的起点和归宿，可以说全部诉讼活动都是围绕当事人双方的诉讼主张而展开的。当事人的主张不仅限定了法院的审理范围，而且是其举证加以论证的对象，因此当事人诉讼主张的存在是证明责任产生的潜在前提。(2)证明责任首先是指提供证据的行为责任。双方当事人在诉讼过程中，应当根据诉讼进行的状态，就其主张的事实或者反驳的事实提供证据加以证明。也有学者称这一责任为"利用证据推进的责任"或"形式上的举证责任"。(3)证明责任还应包含说服责任，即负有证明责任的诉讼当事人应当承担运用证据对案件事实进行说明、论证，使法官形成对案件事实的确信的责任。这表明，证明主体仅仅提出证据还不算完全履行了证明责任，他还必须尽可能地说服裁判者相信其所主张的事实存在或不存在。(4)证明责任最终表现为不利后果责任。如果承担证明责任的一方当事人不能提出足以说服法官确认自己诉讼主张的证据，则需承担败诉或者其他不利的后果。

根据上述对证明责任的理解，我国刑事诉讼中的证明责任在遵循无罪推定原则、利益衡量原则以及诉讼便利原则的基础上，进行了如下分配：(1)公诉案件中被告人有罪的举证责任由人民检察院承担。(2)自诉案件中被告人有罪的举证责任由自诉人承担。这两项原则已经由 2012 年《刑事诉讼法》第 49 条所明确规定，确立了刑事诉讼证明中证明责任分配"一边倒"的基本格局。(3)侦查机关和人民法院不负证明责任。由于大陆法系国家的刑事诉讼具有浓厚的职权主义色彩，警察、检察官和法官(包括预审法官)为发现案件的事实真相，均积极主动地去调查收集证据。因此，大陆法系的传统证明责任理论认为，刑事诉讼中的所有国家机关都应承担证明责任。我国传统证据理论也认为"公诉案件的证明责任由司法机关承担"，[1]并把 1979 年《刑事诉讼法》第 32 条(1996 年《刑事诉讼法》第 43 条、现行《刑事诉讼法》第 50 条)"审判人员、检察人员、侦查人员必须依照法定程序，收集能够证实被告人有罪或者无罪、犯罪情节轻重的各种证据"以及 1979 年《刑事诉讼法》第 34 条第 1 款(1996 年《刑事诉讼法》第 45 条第 1 款、现行《刑事诉讼法》第 52 条第 1 款)"人民法院、人民检察院和公安机关有权向有关单位和个人收集调取证据"作为公检法三机关承担证明责任的法律依据。不仅如此，传统证据理论还认为，

---

[1]　陈一云主编：《证据学》，中国人民大学出版社 1991 年版，第 154 页。

"在公诉案件中,收集证据的责任主要由公安机关和检察机关承担","公安机关、检察机关对各自所管辖的案件侦查终结后,认为应当起诉或者免予起诉,均必须做到案件事实清楚,证据确实充分。否则检察机关对公安机关移送审查起诉或者免予起诉的案件,可以退回公安机关补充侦查;人民法院对检察机关提起公诉的案件,可以退回检察机关补充侦查。人民法院对被告人定罪量刑,也必须以确实充分的证据作为认定案件事实的根据。第一审人民法院的未生效判决如果证据不足,将由第二审人民法院改判或者撤销原判,发回原审法院重新审判。死刑复核案件如果证据不足,将由最高人民法院或者被授权的高级人民法院撤销原判,发回原审人民法院重新审判。生效判决如果证据不足,也将由法定的机关依法提起审判监督程序,对案件进行再审"。[①]"在自诉案件中人民法院也负有证明责任,人民法院受理案件后,不应受自诉人或反诉人所提证据的限制,而应在庭审前和庭审中主动调查,收集能够证实被告人有罪或无罪、罪重或罪轻的证据。"[②]可见,传统证据理论系将实际参与收集证据,进行一定诉讼行为时的证据要求,以及未达证明要求所导致的退回补充侦查、发回重审、引起再审等作为判断公检法三机关承担证明责任的理由。且不说现行《刑事诉讼法》的规定与 1979 年、1996 年《刑事诉讼法》的有关规定已有所不同,明确规定公诉案件中由人民检察院承担被告人有罪的举证责任,法庭审理方式也有较大改变,仅从证明责任的几个基本要件来衡量,侦查机关和人民法院也不是证明责任的承担主体。对侦查机关来说,收集证据、查明案件事实,以明确犯罪嫌疑的有无,是其重要的法律职责。在此阶段侦查机关进行的活动主要是认识活动,需要查明谁是犯罪嫌疑人,具体实施了哪些犯罪活动,犯罪的情节、危害后果以及涉嫌的罪名等,只有这些基本情况查清了,才能在此基础上提出明确的控诉主张。有人根据《刑事诉讼法》第 160 条的规定("公安机关侦查终结的案件,应当做到犯罪事实清楚,证据确实、充分,并且写出起诉意见书,连同案卷材料、证据一并移送同级人民检察院审查决定……"),认为公安机关应当向人民检察院进行证明。实际上,侦查机关与检察机关在诉讼证明中是一种辅助与被辅助的关系。虽然侦查机关是证据的主要收集者,但其只是为公诉机关在法庭上进行诉讼证明奠定基础,创造条件。《刑事诉讼法》第 171 条"人民检察院审查案件,可以要求公安机关提供法庭审判所必需的证据材料"正说明了侦诉机关之间的这种关系。人民检察院对于侦查机关侦查终结移送审查起诉或不起诉的案件认为证据不足的,可以退回侦查机关补充侦查,此种后果并不属于证明责任意义上的不利诉讼后果,而是侦查机关承担法定职责的表现。由于证明责任是与审判阶段相联系的特

---

① 陈一云主编:《证据学》,中国人民大学出版社 1991 年版,第 154~155 页。
② 陈一云主编:《证据学》,中国人民大学出版社 1991 年版,第 158 页。

定概念,解决的是审判过程中由谁提出诉讼主张和诉讼证据以及由谁承担因无法证明或者证明不力而导致的不利后果的问题。侦查机关不是审判阶段的诉讼主体,除个别侦查人员以警察证人或鉴定人身份出庭作证外,一般不参与审判活动,因此侦查机关不承担证明责任。就人民法院而言:第一,《刑事诉讼法》第 50 条规定的基本精神是对公检法三机关依法取证的职责要求,并非证明责任承担的法律规定。此外,《刑事诉讼法》第 52 条的规定只是说明了法律赋予人民法院取证权,至于第 191 条的规定,不应孤立地看待,而应将其同第 50 条、第 52 条结合起来理解,即该条虽然规定了法院的庭外调查权,但将法院的取证权限制在庭审中,而且限制在对控辩双方当庭所举证据有疑问的基础上,并非抛开控辩双方的举证任意取证。

第二,从证明责任的内涵看,人民法院不承担证明责任。①人民法院在刑事诉讼中既无自己独立的诉讼请求,也无自己的诉讼主张,只是对当事人双方的诉讼主张居中裁判。②提出证据责任是证明责任所包含的重要内容。在我国刑事诉讼中,人民法院虽享有某种程度上的调查、取证权,但该取证权是人民法院作为裁判者为认定案件事实所进行的审查判断证据的活动,并非承担提出证据的责任,而且由于它本身就是收受证明的主体,它也不可能承担提出证据的责任。③证明责任总与一定的不利诉讼后果相联系,而不利诉讼后果只能在与案件有利害关系的两造当事人之间分配,不可能由作为中立裁判者的法院承担,法院即使没有取证或者取证不力,也不会遭受败诉的不利后果。至于上级法院通过二审、死刑复核以及审判监督程序对一审法院的裁判进行改判或发回重审,属于上级法院对下级法院的审判监督,并非证明责任制度中所谓的不利诉讼后果。

第三,从控审分离的角度看,人民法院也不应负证明责任。控审职能分离的一项基本要求就是保持法院的中立地位,法院不得从事任何带有追诉倾向的活动。在刑事诉讼中,证明责任原则上专属于控诉方,检察机关行使公诉职能的活动与其履行证明责任的活动基本重合,都是通过收集调取证据用以证明被告人有罪的控诉主张,从而实现其求刑权。而法院则是对证明责任的履行情况进行审查判断,行使定罪权与量刑权,它本身并不是证明责任的承担者,否则就会越俎代庖,混淆控审职能,丧失中立无偏的地位。

被告人原则上不负证明责任,但在某些例外情况下也承担一定的证明责任。虽然按照无罪推定原则的基本要求,控方负证明责任一直是指导各国刑事立法及司法的一条黄金定律,但从世界各国在证明责任分配上的立法与实践来看,被告人不承担证明责任只是一项概括性的原则,在法律规定的例外情况下,被告人仍要对特定事项尤其是证明其无罪的事项承担局部的证明责任。从两大法系国家的有关立法和司法来看,被告人对于以下几类事实应当承担一定的证明责任:①制定法明确规定应由被告人承担证明责任的情形或者其他可反驳的法律上的推定。②阻却违法性及有责性的事实。一般而言·精神不正常、无意识、不可抗力、意外事件、正当防卫、紧急避险等事实一般应由被告方承担证明责任。③被告方的某些积极抗辩主张,如不在犯罪现场。④被告方主张的程序性事实。⑤被告方独知的事实。除第五种例外,我国对前几种情况也都由被告人承担部分证明责任。

我国传统证据理论对刑事诉讼中的证明主体有广义和狭义两种解释,狭义的证明主体不仅包括国家公诉人(检察院),而且包括侦查机关和法院;广义的证明主体则除了公安司法机关及其办案人员以外,还包括当事人和其他诉讼参与人。①传统证据理论中之所以出现刑事证明主体泛化的现象,其主要原因在于,以往的研究者均将诉讼证明视为贯穿于诉讼全过程的一种认识活动,故此顺理成章地认为,所有在探求案件事实真相的活动中起主导作用的诉讼专门机关和当事人都是证明主体,从而得出公安机关、法院以及某些诉讼参与人也承担证明责任的错误结论。

根据现代证明的概念,我们可为证明主体归纳出四个构成要件:①证明主体不能超出诉讼当事人的范围;②证明主体必须有自己明确的诉讼主张;③证明主体必须是行为意义上的证明责任的承担者;④证明主体还必须是结果意义上的证明责任的承担者。以上四个条件是成为证明主体的必备要素,而且必须同时具备,缺一不可。

据此,只有实质性的当事人才能够成为证明主体,包括公诉机关、自诉人、例外情形下的被告人以及附带民事诉讼约当事人。除此之外的其他诉讼主体都不可能成为证明主体。

三、证明对象

所谓证明对象,亦称证明客体、待证事实或要证事实,是指证明主体运用一定的证明方法所欲证明的法律要件事实。证明对象是诉讼证明活动的起点和归宿,证明对象与证明标准一起,形成了证明的方向、内容和目标。

我国传统证据理论将证明对象概括为案件客观事实,近年来有学者认为刑事证明对象应当是刑事诉讼中的争议事实。笔者认为,我国刑事证明对象在表述上可使用"法律要件事实",因为成为通说的"案件客观事实"的表述过于宽泛,而将证明对象界定为"争议事实"又略显狭窄。首先,刑事证明对象的范围原则上要受证明主体——国家公诉机关和诉讼当事人的诉讼主张的约束。证明主体的请求划定了待证事实的范围、边界,使与诉讼主张无关的事实被排除在证明对象之外。其

① "证明的主体包括公安司法机关及其办案人员、当事人以及诉讼参与人;狭义而言则仅指公安司法机关及其办案人员。证明客体为案件事实。证明过程包括侦查、起诉和审判的全部程序。"参见陈光中:《刑事证据制度与认识论——兼与误区论、法律真实论、相对真实论商榷》,载《中国法学》2001年第1期。

次,证明对象范围的大小还受诉讼模式的影响。在英美法系当事人主义诉讼模式下,证明对象由控辩双方确定,证明对象的实际范围直接取决于控辩双方的主张和请求;而在大陆法系职权主义诉讼模式下,证明对象的确定还会受到法院的干预,"为了调查事实真相,法院应当依职权将证据调查延伸到所有的对于裁判具有意义的事实、证据上",①因此,在职权主义诉讼模式之下,证明对象的范围较之当事人主义诉讼模式更为宽泛。

需要说明的是:这里的"法律要件事实"不是指与案件有关的全部客观事实,它的具体范围既要受到实体法所规定的归责要件以及程序法、证据法的限制,又要受到控辩双方诉讼主张的制约,还要受到刑事诉讼模式的影响。"法律要件事实"既包括"争议事实",也包括与诉讼主张相关的"无争议的事实"。"争议事实"固然是刑事证明对象的关键部分,是控辩双方进行举证、说服活动的重点。但是,由于刑事诉讼的特殊性,有时对"无争议的事实"的证明也并非不重要。尤其是,司法实践中刑讯逼供等现象的存在,导致有时表面上看起来无争议的事实恰恰是法庭调查中要特别注意的部分。

我国学者一般将刑事诉讼中的事实分为待证事实与免证事实两类。其中,待证事实是作为证明对象的事实,而免证事实则是免除控辩双方举证、由法院直接认定的事实。国外的免证事实主要包括三种:自认、推定和司法认知。推定和司法认知在我国司法实践中有所应用,但由于我国刑事诉讼受大陆法系职权主义的影响深远,并未引入英美法系当事人主义的自认规则,相反,我国《刑事诉讼法》还规定了被告人口供补强规则。

四、证明标准的学说论争

证明标准即法律关于负有证明责任的诉讼主体运用证据证明争议事实、论证诉讼主张所须达到的程度方面的要求。在英美证据法理论中,证明标准也被理解为负有证明责任的一方当事人,就其主张的事实予以证明应达到的水平、程度或量。我国证据法学研究对于证明标准问题存在客观真实与法律真实两种学说之争。

我国传统证据法学在证明问题上一直坚持如下观点:"我国诉讼中的证明任务是查明案件的客观真实或案件的真实情况。……查明案件的客观真实,归根结底,就是要求司法人员的主观认识必须符合客观实际"②,进而认为,"法院判决中所认

---

① 《德国刑事诉讼法典》第 244 条第 2 款。
② 陈一云主编:《证据学》,中国人民大学出版社 1991 年版,第 114 页。该书 2000 年第 2 版继续坚持了这一观点。

定的案件事实与实际发生的事实完全一致"。① 简言之,即要求诉讼证明达到"客观真实"的程度。根据"客观真实"理论,法官在确定被告人有罪时,必须查明案件的"客观真实,而非其他形式、其他程度的真实。也就是说,司法机关在刑事诉讼中所认定的有关犯罪嫌疑人、被告人刑事责任的事实……必须与客观上实际存在过的事实一致"②。可见,客观真实观强调认识客体(经验层面的案件事实)在诉讼认识中的决定性地位和判断标准作用。持该观点的学者认为,由于诉讼证明的目的是查明案件事实真相,司法机关在作出有罪认定时,必须以符合客观案件事实的认识为根据。"司法机关刑事诉讼中所认定的有关被告人刑事责任的事实……必须与客观上实际存在过的事实一致。"③ 在坚持客观真实观的学者看来,司法人员在确认被告人有罪时,必须以符合客观事实的认识作为裁判的依据;司法人员对案件事实的认识必须符合事实的实际情况,并根据这种符合客观案件事实的认识适用法律。"刑事诉讼证明所要追求的是客观真实,只有当人们运用证据对案件事实的认识达到了与客观的实际情况相符合时证据就是真实的,否则是虚假的,这就是刑事诉讼证明的任务与要求;而判断其是否真实的标准是看证据是否与案件的客观实际相符合。"④

与传统客观真实观相比,现在坚持客观真实观的学者已经对其部分观点进行了修正,例如,放弃了传统理论对所有刑事案件都坚持客观真实观的要求,主张对已经作出有罪供述的简易案件和自诉案件可以适当放宽证明标准,甚至主张在某些案件中实行"法律真实";再如,放弃了传统理论对法律所规定的案件事实(证明对象)都应当达到"客观真实"的要求,主张根据事实和情节的重要性不同实行宽严不等的证明标准。尽管如此,就其基本观点而言,坚持客观真实观的学者仍然要求,在诉讼证明中,作为一项原则性要求,司法人员在认定被告人有罪时,对案件事实的认识必须达到与客观存在的社会经验事实相一致的程度;对犯罪事实的证明达到客观真实的程度是司法人员认定被告人有罪的唯一标准。"虽然人们对案件事实的认识要受到主客观条件的限制,人们的认识难以达到与客观事实绝对一致,但不能因此而否定客观事实对人们认识的判定作用。因为不是客观事实不能与人的认识完全符合,而是人的认识不能与客观事实完全符合。难道因为人的认识不能与客观案件事实完全符合,而另外有人重新制定一个标准就能使人的认识与案件事实相符合么?……证据事实对案件事实的反映虽然只是相对的符合,但是,这

---

① 巫宇甦主编:《证据学》,法律出版社1986年版,第80页。
② 陈一云主编:《证据学》,中国人民大学出版社1991年版,第114页;2000年版,第115页。
③ 陈一云主编:《证据学》,中国人民大学出版社1991年版,第114页;2000年版,第115页。
④ 张继成:《对"法律真实"和"排他性证明"的逻辑反思》,载何家弘主编:《证据法论坛》(第二卷),中国检察出版社2001年版,第417页。

种相对的符合只能是相对地符合于客观的案件事实本身,而不是符合于法律规定或其他由人规定的任何东西。"①

随着证据理论研究的深入,有学者注意到客观真实理论具有以下不足并质疑是否应当坚持该证明标准:第一,以客观性为认识支点,强调证据的客观性,强调案件事实的客观方面,要求司法人员在使用证据认定事实时不应反求于内心而应当始终盯住客观事实状况。第二,以乐观主义的可知论为基础,认为每一案件的定案根据都应达到确实充分的标准,而由这种证据所证明的案件真实应当是一种完全排除盖然性因素的绝对确定的客观事实。第三,技术性不足,"证据确实充分"的标准既大且空,难以掌握而且不便操作。②对此,有学者通过引入认识的主观因素,进一步分析了传统"客观真实"证明标准的缺陷。"现行刑事证据理论的研究几乎只从客体方面去理解,甚至片面地把'客观真实'作为证明标准,而主观方面的研究则很少涉及。刑事诉讼既然是主体、客体两方面的矛盾运动,认识的主体、客体就是对立统一的辩证关系,只有对两者都加以重视,才能把刑事证明标准建立在科学的基础之上。""理论研究和实践证明,我们再也不能用一个深不可测的所谓'客观真实'的抽象口号,作为衡量刑事诉讼证明标准的标准了,而是要寻找一个既符合实际又易于操作的标准来指导证明活动。"③基于此种考虑,一种不同于传统证明标准的"法律真实观"逐渐受到了学界的注意并引起了激烈的争论。

法律真实观强调法律规范在诉讼认识中的地位和作用。主张法律真实观的学者一般认为,在法律视野中,作为裁断依据的事实不是社会经验层面上的客观事实,而是经过法律程序重塑的事实;该事实因符合法定的标准而作为定罪科刑的依据。"所谓法律真实,是指在发现和认定案件事实过程中,必须尊重体现一定价值的刑事程序的要求,在对案件事实的认识达到法律要求的标准时,即可定罪量刑,否则,应当宣布被追诉人无罪。所谓法律要求的标准,是指法律认为对事实的认识达到据此可以对被告人定罪的标准,这种标准可以表述为'排除合理怀疑的标准',但不要求是绝对的客观上的真实。"④

坚持法律真实观的学者并不否认客观真实的存在,而是认为,"案件的客观真实与法律真实之间有着密切的关系。实际上,在诉讼过程中,存在着三种事实样态,即客观事实、主观事实和法律上的事实。……这三种事实之间存在着密切的内

---

① 张继成:《对"法律真实"和"排他性证明"的逻辑反思》,载何家弘主编:《证据法论坛》(第二卷),中国检察出版社 2001 年版,第 418～419 页。
② 龙宗智:《我国刑事诉讼的证明标准》,载《法学研究》第 18 卷第 6 期。
③ 樊崇义:《客观真实管见》,载《中国法学》2000 年第 1 期。
④ 樊崇义等:《刑事证据前沿问题研究》,载何家弘主编:《证据法论坛》(第一卷),中国检察出版社 2000 年版,第 208～209 页。

在联系。主观事实,法律上的事实,都从客观事实衍生而来"①。"法律上的事实是以客观事实为基础的,就本质而言,它是客观事实的模拟,是客观事实在法律上的反映。"②但是,主张法律真实观的学者反对将客观真实直接作为刑事证明的标准。在主张法律真实观的学者看来,在刑事诉讼视野中,纯粹的客观真实是不存在的蛾子诉讼中再现的只是法律意义上的事实,而非原始状态的实际事实,后者如果不通过一定的法律形式,就不产生法律上的后果,而前者则是事实因素与法律机理共同结合的产物。"刑事证据事实就是一种经验事实,即办案人员对客观事实已经作出的一种判断。经验事实同客观事实,二者既有联系又有区别。客观事实是经验事实的原始模型,是经验事实生存的根据和土壤,经验事实是以诉讼方法对客观事实形成的认识结论。两者的区别在于客观事实是纯客观的东西,而经验事实则包括主观认识和客观存在两个方面。"③因此,主张法律真实观的学者非常强调在理论上区分两种事实:客观事实和法律事实。"在研究刑事诉讼的证明标准时,迫在眉睫的问题,是要把案件发生后的客观事实与法律事实的联系和区别划分开来,把证据材料和定案的根据——证据区分开来。只有这样才能科学地确定刑事诉讼的证明标准。"④

在主张法律真实观的学者看来,在诉讼视野中,并不存在纯粹客观的案件事实,所有案件事实都是经过法规范整理后的对该事实的认识。司法人员在作出裁判时,作为其裁判基础的事实只能是在法规范约束下形成的法律事实;要求此种法律事实必须达到符合客观真实的程变方得出裁判是不现实的。"'客观真实'只能成为刑事案件证明的一个客观要求,它告诫办案人员要奋力地接近它,它决不会成为个案的一个具体的证明要求。"⑤由于法律真实观明确了作为裁判依据的事实只能是经过法规范整理过的事实,因此,在法律上,此种认识达到何种程度方可作出裁判的问题得以凸显出来。"那么,如何使法律事实具有合理的可接受性呢?不言而喻,这种关于事实的结论,其精确变要达到很高的程度,我们才可以接受。最高的标准当然是客观真实,但这种标准不但实现不了,而且还会带来消极后果。可能性的标准显然又低了,我们不能说某人可能实施了某一犯罪行为就宣称他是罪犯。所以,案件事实的结论必须具有一定的确定性。但问题是,这种确定性并不好把握。不过,对于不能从正面采把握的问题,我们可以从反面来把握。可以这样说,一个结论如果能够排除对它的合理疑问,它就具有确定性。这种确定性对于一个

---

① 樊崇义等:《刑事证据前沿问题研究》,载何家弘主编:《证据法论坛》(第一卷),中国检察出版社 2000 年版,第 210~211 页。

② 李玉萍:《论司法裁判的事实根据》,载《法学论坛》2000 年第 3 期。

③ 樊崇义:《客观真实管见》,载《中国法学》2000 年第 1 期。

④ 樊崇义:《客观真实管见》,载《中国法学》2000 年第 1 期。

⑤ 樊崇义:《客观真实管见》,载《中国法学》2000 年第 1 期。

具有正常理智的人来说,显然具有合理的可接受性。"①可见,主张法律真实观的学者,在区分客观事实与法律事实的基础上,从法律事实作为裁判根据的正当性入手,致力于探讨一种更符合诉讼自身规律的证明标准,并尝试性地提出了"排他性""排除合理怀疑"等具体建议。

从以上对客观真实观与法律真实观基本观点的归纳来看,其分歧主要体现为对以下两个问题的回答上:第一,作为裁判基础的事实能否达到客观真实的程度?第二,以客观真实作为刑事证明的标准是否可行? 对于第一个问题,坚持客观真实观的学者认为,司法人员对案件事实的认识完全能够达到客观真实的程度,即主观认识正确地反映了客观事实的真相,包含了"绝对正确的内容,或者说,在一定范围内不能被推翻的正确认识"。② 而且他们认为,"不承认客观真实,必然不同程度地走向不可知论"③。而主张法律真实观的学者则认为,必须区分两种不同的事实:证据事实和客观事实。"在刑事诉讼中,不存在超越于法律之外的客观事实,所有的事实必须在进入刑事程序之中的证据的基础上,并且依照法定的程序推论出来,即在法律规定的机制和标准上得出关于事实的结论,这也就是法律事实。"④此种法律事实不可能完全等同于社会经验层面存在的客观事实,只能是尽可能接近真相的事实。对于第二个问题,坚持客观真实观的学者主张司法人员对案件的裁判必须以客观事实为标准,司法人员据以认定有罪的事实根据必须正确地反映客观事实。"从这个意义上说,有罪认定必须是绝对真实的,必须经得起实践和历史的检验,所谓'铁证','铁案'就是这个意思。"⑤而在主张法律真实观的学者看来,要求达到客观真实的标准太高,而且无法操作,退而主张在法律上确立一种能够最大限度保证事实认定之正当性的标准,并以此作为裁判的依据。⑥

---

① 樊崇义等:《刑事证据前沿问题研究》,载何家弘主编:《证据法论坛》(第一卷),中国检察出版社 2000 年版,第 214~215 页。

② 陈光中等:《刑事证据制度与认识论》,载《中国法学》2001 年第 1 期。

③ 陈光中等:《刑事证据制度与认识论》,载《中国法学》2001 年第 1 期。

④ 樊崇义等:《刑事证据前沿问题研究》,载何家弘主编:《证据法论坛》(第一卷),中国检察出版社 2000 年版,第 214 页。

⑤ 陈光中等:《刑事证据制度与认识论》,载《中国法学》2001 年第 1 期。

⑥ 本文对于"客观真实"与"法律真实"之间学术争论的概括借鉴了吴宏耀博士发表于《诉讼法学研究》(第一卷)中的《刑事证明标准研究评述》一文的相关归纳,在此表示感谢。

第五节　证据规则体系的形成

一、我国原有的刑事证据规则

我国证据法秉承大陆法系传统,在诉讼法内专章规定证据制度的有关内容,其间不乏规范诉讼证明活动的证据规则。然而,我国原有的刑事证据规则具有明显的大陆法系特色。在形式上,证据规则不仅整体上缺乏体系性,各证据规则自身也缺少完备性、明确性和可操作性。在内容上,我国原有的刑事证据规则多为规范法官心证形成的证明规则,调整证据能力的可采性规则相对匮乏。

我国《刑事诉讼法》中较早规定的证据规则包括口供补强规则和意见证据排除规则,后来通过司法解释还确立了原始证据优先规则。关于口供的证明力,我国1979年《刑事诉讼法》第35条就规定,"只有被告人供述,没有其他证据的,不能认定被告人有罪和处以刑罚;没有被告人供述,证据充分确实的,可以认定被告人有罪和处以刑罚"。经过两次大修,我国刑事诉讼法仍然保留了口供的补强规则。口供补强规则是大陆法系特有的证据规则,与英美法系的自认规则形成鲜明对照,体现了两大法系真实观的差异。

关于证人证言的意见排除规则,我国最高人民法院关于实施刑事诉讼法的司法解释第75条第2款规定:"证人的猜测性、推断性的证言,不得作为证据使用,但根据一般生活经验判断符合事实的除外。"

关于原始证据优先规则,我国《刑事诉讼法》中虽然没有明文规定,但最高法《解释》(以下简称《解释》)第70条第1款规定:"据以定案的物证应当是原物。原物不便搬运,不易保存,依法应当由有关部门保管、处理,或者依法应当返还的,可以拍摄、制作足以反映原物外形和特征的照片、录像、复制品。"最高法《解释》第71条针对书证作了类似规定。两院三部《办理死刑案件证据规定》第6—9条对物证、书证两类证据的采集、运用进行了详细规定,可以认为此司法解释部分奠定了我国的原始证据优先规则。

二、非法证据排除规则的确立

除上述原有的证据规则外,我国近年来在证据规则立法上取得最显著进步的当属非法证据排除规则的确立和逐步完善。

(一)我国刑事诉讼中非法证据排除规则的确立

我国《宪法》第13条、第37条第3款、第39第、第40条关于保护公民人身权、财产权和隐私权的规定比联合国《公民权利和政治权利国际公约》的有关条款更为详细。该公约第 17 条规定:"任何人的私生活、家庭、住宅或通信不得加以任意或非法干涉,他的荣誉和名誉不得加以非法攻击。"《刑事诉讼法》中对逮捕、搜查和扣押也提出了若干程序要求。但是 1996 年刑事诉讼法只规定了"严禁刑讯逼供和以威胁、引诱、欺骗以及其他非法的方法收集证据",而未规定非法证据排除规则。与其配套的最高法《解释》第 61 条明确规定:"严禁以非法的方法收集证据。凡经查证确实属于采用刑讯逼供或者威胁、引诱、欺骗等非法的方法取得的证人证言、被害人陈述、被告人供述,不能作为定案的根据。"当时的最高检《规则》(以下简称《规则》)第 265 条规定:"严禁以非法的方法收集证据。以刑讯逼供或者威胁、引诱、欺骗等非法的方法收集的犯罪嫌疑人供述、被害人陈述、证人证言,不能作为指控犯罪的证据。"

这些司法解释虽然在一定程度上确立了非法言词证据排除规则,但因其规定的内容较具原则性,且未规定相应的操作程序,很难在司法实践中发挥应有功能。2010 年 6 月 24 日,最高人民法院、最高人民检察院、公安部、国家安全部、司法部联合颁布了《关于办理刑事案件排除非法证据若干问题的规定》(以下简称为两院三部《非法证据排除规定》)和《办理死刑案件证据规定》。这两个司法解释均强调了采用刑讯逼供等非法手段取得的言词证据不能作为定案的根据,并进一步对审查和排除非法言词证据的程序、证明责任及讯问人员出庭等问题进行了具体的规范,以确保其得到切实贯彻。这无疑是我国证据制度的一项突破性的改革举措。2012 年修正的《刑事诉讼法》第 54 条至第 58 条吸收了上述两个证据规定的相关内容,从而在刑事诉讼法中明确确立了非法证据排除规则。

我国之所以要确立非法证据排除规则,不仅是为了适应世界潮流,更由于该规则具有保障实现司法公正的重要价值。一是程序价值,即保障程序人权的价值。保障人权是我国实行民主、法治的应有之义,并在 2004 年把"国家尊重和保障人权"载入宪法(第 33 条第 3 款),为我国刑事司法的人权保障提供了宪法依据。在刑事诉讼中,人权保障主要是指诉讼参与人的权利保障,其中重中之重是犯罪嫌疑人、被告人的程序人权保障。因为他们在刑事诉讼中是被公安司法机关追究刑事责任的对象,处于弱势地位,其合法权利最容易被公安司法机关所侵犯,这就要求公安司法机关按照无罪推定原则的精神,充分尊重和保障他们的程序人权。如严禁刑讯逼供、非法搜查扣押和其他以侵犯人权的方式取证的行为。非法证据排除规则正是对非法取证行为的鲜明否定和有力制裁措施。通过对非法证据的排除,可以有效地遏制侦查违法取证现象的发生,使犯罪嫌疑人、被告人的合法权益免受侵害,从而加强诉讼人权保障,彰显正当程序的正义价值。二是实体价值,即有利于查明案件事实真相。在中外诉讼法学界,不少学者认为非法证据排除规则不利于发现案件事实真相。这种观点仅看到有罪的被告人因非法证据排除而被宣告无罪的事实,而没有看到无罪的被告人因非法证据未加排除而被宣告有罪的严酷事实。实际上,近些年见诸报端的杜培武案、佘祥林案、赵作海案等许多冤案错案几乎全部是刑讯逼供造成的。实践证明,通过刑讯或其他非法手段获得的犯罪嫌疑人、被告人认罪供述有可能是真实的,但更多的是犯罪嫌疑人无法承受刑讯折磨之苦,被迫假招供、乱攀供,导致混淆真假、颠倒是非,造成冤案。正如意大利著名刑法学者贝卡利亚所指出的,刑讯"保证使强壮的罪犯获得释放,并使软弱的无辜者被定罪和处罚"。[1] 非法证据排除规则把非法取得的证据排除在诉讼之外,在很大程度上避免了根据虚假的证据对案件事实作出错误的认定,有利于最大限度地防止、减少冤案错案的发生。[2]

三中全会《决定》明确指出要"严禁刑讯逼供、体罚虐待,严格实行非法证据排除规则"。这说明贯彻非法证据排除规则在法治中国建设中具有重要地位。2017年 6 月 27 日,最高人民法院、最高人民检察院、公安部、国家安全部、司法部联合颁布了《关于办理刑事案件严格排除非法证据若干问题的规定》,针对非法证据排除规则实施过程中遇到的难题进行了更为细化的规定,使我国非法证据排除规则更加规范和完善。

（二）非法证据排除规则的主要内容

我国刑事诉讼法中的非法证据排除规则规定了如下几个方面的内容:

1.非法证据的内涵和外延

《刑事诉讼法》第 54 条第 1 款规定:"采用刑讯逼供等非法方法收集的犯罪嫌疑人、被告人供述和采用暴力、威胁等非法方法收集的证人证言、被害人陈述,应当予以排除。收集物证、书证不符合法定程序,可能严重影响司法公正的,应当予以补正或者作出合理解释;不能补正或者作出合理解释的,对该证据应当予以排除。"该规定明确了非法证据既包括非法言词证据,也包括非法实物证据。根据《刑事诉讼法》规定,采用刑讯逼供等非法方法收集的犯罪嫌疑人、被告人供述和采用暴力、威胁等非法方法收集的证人证言、被害人陈述,属于非法言词证据。由于非法言词证据的界定使用了两个"等"字,规定欠明确,曾经引发了对非法取证手段范围的争议,特别是对犯罪嫌疑人、被告人供述的非法取证手段,存在不同理解。我们认为,我国的非法证据排除规则虽然重在强调刑讯逼供的非法性,但结合《刑事诉讼法》第 50 条的规定:"……严禁刑讯逼供和以威胁、引诱、欺骗以及其他非法方法收集证据……",威胁、引诱、欺骗以及其他非法方法也在禁止之列,采用这些方法所取得的口供亦应依法加以排除。

由于当前实践中对犯罪嫌疑人的讯问采用赤裸裸的暴力手段已不多见,更多

---

① ［意］贝卡利亚:《论犯罪与刑罚》,黄风译,中国大百科全书出版社 1993 年版,第 32～33 页。
② 陈光中:《刑事证据制度改革若干理论与实践问题之探讨》,载《中国法学》2010 年第 6 期。

是采用变相的刑讯手段,如使用电棒触打、疲劳讯问,让被讯问人受酷热、冷冻和饥渴煎熬以及服某些药品等,这些手段是否属于"等"的范围也亟须更为具体的解释。为此,最高法《解释》第 95 条将非法方法进一步界定为"使用肉刑或者变相肉刑,或者采用其他使被告人在肉体上或者精神上遭受剧烈疼痛或者痛苦的方法,迫使被告人违背意愿供述的,应当认定为刑事诉讼法第五十四条规定的'刑讯逼供等非法方法'"。最高检《规则》第 65 条也规定:"刑讯逼供是指使用肉刑或者变相使用肉刑,使犯罪嫌疑人在肉体或者精神上遭受剧烈疼痛或者痛苦以逼取供述的行为。其他非法方法是指违法程度和对犯罪嫌疑人的强迫程度与刑讯逼供或者暴力、威胁相当而迫使其违背意愿供述的方法。"两高的司法解释显然借鉴了联合国《禁止酷刑公约》对酷刑的定义,联合国《禁止酷刑公约》第 1 条规定:"'酷刑'是指为了向某人或第三者取得情报或供状,为了他或第三者所作或涉嫌的行为对他加以处罚,或为了恐吓或威胁他或第三者,或为了基于任何一种歧视的理由,蓄意使某人在肉体或精神上遭受剧烈疼痛或痛苦的任何行为。"并加入了"自愿性"的衡量标准。最高人民法院《关于建立健全防范刑事冤假错案工作机制的意见》第 8 条明确规定:"采用刑讯逼供或者冻、饿、晒、烤、疲劳审讯等非法方法收集的被告人供述,应当排除。"2017 年两院三部《关于办理刑事案件严格排除非法证据若干问题的规定》对非法言词证据的范围做了进一步界定。例如第 3 条规定,"采用以暴力或者严重损害本人及其近亲属合法权益等进行威胁的方法,使犯罪嫌疑人、被告人遭受难以忍受的痛苦而违背意愿作出的供述,应当予以排除"。明确了威胁取得的口供应予排除。又如第 4 条规定,"采用非法拘禁等非法限制人身自由的方法收集的犯罪嫌疑人、被告人供述,应当予以排除"。这一条是借鉴英美证据法,将以非法限制人身自由方式取得的口供界定为非法证据。不仅如此,该规定第 5 条还通过有限引入"毒树之果规则"解决了重复性自白的可采性问题。[①] 但该规则设置了两种例外,一为更换侦查讯问人员,一为变更讯问机关。对于第一种例外能否消除非法取证的影响,学界不无担忧。

上述解释对于进一步明确非法言词证据的范围有一定积极意义,但实践中仍然存在诸多界定非法言词证据的难题,例如,疲劳讯问属于非法取证手段已成为一种共识,但是如何区分疲劳讯问与正常讯问则缺乏明确的指南。因此,需要在实践

---

① 第五条规定:"采用刑讯逼供方法使犯罪嫌疑人、被告人作出供述,之后犯罪嫌疑人、被告人受该刑讯逼供行为影响而作出的与该供述相同的重复性供述,应当一并排除,但下列情形除外:(一)侦查期间,根据控告、举报或者自己发现等,侦查机关确认或者不能排除以非法方法收集证据而更换侦查人员,其他侦查人员再次讯问时告知诉讼权利和认罪的法律后果,犯罪嫌疑人自愿供述的;(二)审查逮捕、审查起诉和审判期间,检察人员、审判人员讯问时告知诉讼权利和认罪的法律后果,犯罪嫌疑人、被告人自愿供述的。"

过程中摸索、总结更具指导性的操作指南。

关于对非法实物证据的界定,《刑事诉讼法》规定了三个要件:第一,该物证、书证的取得违反法定程序;第二,可能严重影响司法公正;第三,不能作出补正或者合理解释。最高法《解释》第95条第2款规定:"认定刑事诉讼法第五十四条规定的'可能严重影响司法公正',应当综合考虑收集物证、书证违反法定程序以及所造成的后果的严重程度等情况。"最高检《规则》第66条第3款规定:"本条第一款中的可能严重影响司法公正是指收集物证、书证不符合法定程序的行为明显违法或者情节严重,可能对司法机关办理案件的公正性造成严重损害;……"该款继续规定,"补正是指对取证程序上的非实质性瑕疵进行补救;合理解释是指对取证程序的瑕疵作出符合常理及逻辑的解释"。上述规定和配套解释表明我国对非法实物证据的排除模式类似于英国和法国,法院不能直接排除非法物证而是更倾向于"采纳",但是在取证严重违法以致影响公正审判时需要控方进行补强。这说明我国对非法实物证据的排除设置了很高的门槛,能够满足上述几个条件而被排除的实物证据很少。

2. 排除的机关和诉讼阶段

在西方国家,非法证据排除规则的适用主要是指审判阶段法官对非法证据的排除,而我国《刑事诉讼法》第54条第2款则规定了公安司法机关主动排除非法证据的义务:"在侦查、审查起诉、审判时发现有应当排除的证据的,应当依法予以排除,不得作为起诉意见、起诉决定和判决的依据。"该款规定非法证据排除规则不仅适用于审判阶段,而且适用于侦查和审查起诉阶段。

3. 检察院对侦查人员非法取证依法进行法律监督

《刑事诉讼法》第55条规定:"人民检察院接到报案、控告、举报或者发现侦查人员以非法方法收集证据的,应当进行调查核实。对于确有以非法方法收集证据情形的,应当提出纠正意见;构成犯罪的,依法追究刑事责任。"该规定首先明确了检察院是对侦查机关非法取证进行监督的法定主体;其次明确了检察院发现非法取证行为的材料来源,报告有关单位和个人的报案、控告和举报,以及检察院主动发现的情形;再次赋予检察院调查核实的义务;最后规定了检察院可以采取的处理,包括提出纠正意见或者依法追究刑事责任。

4. 非法证据排除程序的启动

《刑事诉讼法》第56条规定:"法庭审理过程中,审判人员认为可能存在本法第五十四条规定的以非法方法收集证据情形的,应当对证据收集的合法性进行法庭调查。当事人及其辩护人、诉讼代理人有权申请人民法院对以非法方法收集的证据依法予以排除。申请排除以非法方法收集的证据的,应当提供相关线索或者材料。"该条规定了非法证据排除程序的两种启动模式:一为审判人员依职权启动调查程序,其启动条件为可能存在第54条规定的非法取证情形的;二为审判人员依当事人申请启动调查程序,当事人及其辩护人、诉讼代理人提出申请的同时需承担初步的提证责任,即提供相关线索或者材料。根据最高法《解释》第 96 条规定,申请排除非法证据的当事人一方"应当提供涉嫌非法取证的人、时间、地点、方式、内容等相关线索或者材料"。该规定并不意味着申请方需承担证明责任,只是遵照行使权利者亦需承担相应义务的原理,履行力所能及的提证责任。

5. 证据合法性的证明责任与证明方式

由于控辩双方力量对比的悬殊,世界各国的非法证据排除程序普遍采用举证责任倒置的做法,即申请排除非法证据的当事人无须承担证明存在非法取证行为的义务,而由控方反证其证据的取得合法。《刑事诉讼法》第 57 条规定:"在对证据收集的合法性进行法庭调查的过程中,人民检察院应当对证据收集的合法性加以证明。"不仅如此,该条还规定了控方履行证明责任的方式,"现有证据材料不能证明证据收集的合法性的,人民检察院可以提请人民法院通知有关侦查人员或者其他人员出庭说明情况;人民法院可以通知有关侦查人员或者其他人员出庭说明情况。有关侦查人员或者其他人员也可以要求出庭说明情况。经人民法院通知,有关人员应当出庭"。这说明通知有关侦查人员或者其他人员出庭作证是控方在现有证据材料无法证明证据收集程序合法情形下的补充证明方式。此外,《刑事诉讼法》第 121 条规定:"侦查人员在讯问犯罪嫌疑人的时候,可以对讯问过程进行录音或者录像;对于可能判处无期徒刑、死刑的案件或者其他重大犯罪案件,应当对讯问过程进行录音或者录像。录音、录像应当全程进行,保持完整性。"最高检《规则》第 75 条规定:"……必要时,公诉人可以提请法庭当庭播放相关时段的讯问录音、录像,对有关异议或者事实进行质证。"这说明播放讯问期间的同步录音录像也是控方证明证据合法性的方式之一。

《刑事诉讼法》第 56 条第 2 款规定:"当事人及其辩护人、诉讼代理人有权申请人民法院对以非法收集的证据依法予以排除。申请排除以非法方法收集的证据的,应当提供相应线索或者材料。"该规定明确辩方申请启动非法证据排除程序负有提供"线索或者材料"的责任。

6. 非法证据排除程序中的证明标准

《刑事诉讼法》第 58 条从人民法院认定的角度规定了排除非法证据的证明标准,即"对于经过法庭审理,确认或者不能排除存在本法第五十四条规定的以非法方法收集证据情形的,对有关证据应当予以排除"。根据该条规定,排除非法证据的证明标准有两个:第一,"确认"存在非法取证的情形;第二,"不能排除"非法取证情形。据此,一旦启动非法证据排除的法庭调查程序,控方对证据合法性的证明就必须达到能使法官确信不存在非法取证情形或者至少是排除合理怀疑的程度,否则将对有关证据予以排除。这与我国刑事诉讼中有罪判决所采取的证明标准相同,是最高层次的证明标准。与我国如此高的证明标准不同,一些国家或地区采用了低于有罪判决的证明标准。如美国联邦最高法院曾在一个判例中作出解释，"在排除聆讯的证明中，不应施加大于优势证据的负担"。[①] 日本对此也不采取适用于实体事实的严格证明标准，而采取低于严格证明的适用于程序事实的自由证明标准。[②] 为了能够真正实行非法证据排除规则，应当适度降低对证据合法性证明要达到的程度，采用明显优势证明标准，这样既有利于实现发现案件真实与程序正义之间的平衡，又有利于实务部门具体操作。

三、正在形成中的其他证据规则

（一）关联性规则

关于关联性规则，我国在刑事诉讼法中并未明确规定，但有关的司法解释体现了关联性规则的精神。例如，最高法《解释》第 214 条规定："控辩双方的讯问、发问方式不当或者内容与本案无关的，对方可以提出异议，申请审判长制止，审判长应当判明情况予以支持或者驳回；对方未提出异议的，审判长也可以根据情况予以制止。"这一规定表明，法官对与本案无关的证据，有权依职权决定不予调查，从而防止诉讼争点的混乱和证据调查范围的无限扩大，节约司法资源，提高诉讼效率。最高法《解释》第 203 条规定："控辩双方申请证人出庭作证，出示证据，应当说明证据的名称、来源和拟证明的事实。法庭认为有必要的，应当准许；对方提出异议，认为有关证据与案件无关或者明显重复、不必要，法庭经审查异议成立的，可以不予准许。"该规定要求，当且仅当控辩双方提交的证据具有关联性时，法庭才允许其进入法庭调查。无关或者重复的证据，法庭可以不予采纳。在实践中，关联性规则已经成为法官审查判断证据的一条不言自明的标准。只不过与英美法系有所不同的是，我国的刑事诉讼法及有关的司法解释都没有具体规定哪些证据没有关联性因而不可采。由于我国实行法官既审理事实问题又负责法律适用的审理模式，移送法院的起诉书中经常列明被告人的前科和曾受处罚的历史，这些资料对表明被告人的社会危险性，帮助法官正确量刑是有意义的，但不能有效地证明被告人实施了指控的犯罪行为。在起诉书中列明这些内容，往往会使事实审理者产生不适当的偏见。

（二）传闻证据排除规则

我国刑事诉讼法虽然未明确规定传闻证据规则，但是有关于证人出庭作证的规定，并且随着"以审判为中心"诉讼制度改革目标的确定，证人出庭作证成为当前刑事诉讼改革的重点内容。《刑事诉讼法》第 59 条规定："证人证言必须在法庭上

---

① United States v. Matlock，415 U. S. 164，94 S. Ct. 988，39 L. Ed. 2d 242(1974).

② ［日］田口守一：《刑事诉讼法》，刘迪等译，法律出版社 2000 年版，第 220～221 页。

经过公诉人、被害人和被告人、辩护人双方质证并且查实以后,才能作为定案的根据。"第 60 条规定:"凡是知道案件情况的人,都有作证的义务。"这是关于证人出庭作证的一般性规定。《刑事诉讼法》第 187 条确立了关键证人出庭作证制度,进一步规定了证人必须出庭作证的条件:(1)公诉人、当事人或者辩护人、诉讼代理人对证人证言有异议;(2)该证人证言对案件定罪量刑有重大影响;(3)人民法院认为证人有必要出庭作证。第 188 条规定了证人应当出庭而不出庭将会受到的法律制裁,包括强制出庭、训诫甚至拘留。但是刑事诉讼法并未明确说明应当出庭而不出庭的证人证言可否采纳,因而尚未明确确立传闻证据排除规则。

2012 年刑事诉讼法实施后,刑事案件证人出庭率并未得到显著提升,以证人出庭作证为目标的一系列法律改革并未奏效。尽管证人出庭作证改革失败的原因是多方面的,没有传闻证据排除规则作为威慑也是其中最重要的原因。因此,我国证据规则立法的下一个重点很可能是传闻证据排除规则的确立。

第六章

侦查制度

第一节 改革开放 40 年来侦查制度的变迁

我国侦查机关尤其是检察机关自 1978 年恢复建制 40 年来,随着改革开放的不断深入,我国经济社会发生了深刻的变化,中国特色社会主义法律体系不断推进与完善,侦查制度也在改革发展中不断健全和完善。特别是刑事诉讼法的几次修改,对侦查制度的发展与完善起到了关键的促进作用,使得侦查制度越来越民主化、法治化。

一、强职权主义侦查制度的确立:1979 年《刑事诉讼法》制定

1979 年 7 月 1 日,第五届全国人民代表大会第二次会议正式通过《刑事诉讼法》,并于同年 7 月 7 日公布,1980 年 1 月 1 日起施行。《刑事诉讼法》分总则与分则两大部分,共 4 编 17 章 154 条,明确规定了人民法院依法独立行使职权、分工负责、互相配合、互相制约、被告人有权获得辩护等诉讼原则,同时就管辖制度、回避制度、辩护制度、证据制度、强制措施以及诉讼程序等作了详细规定。这是我国第一部社会主义性质的刑事诉讼法典,结束了新中国成立以后刑事诉讼活动长期没有刑事诉讼法典作为依据的局面,标志着我国刑事诉讼走上法治化进程。

从内容来看,1979 年制定的《刑事诉讼法》所确立的诉讼模式呈现强职权主义色彩,"不仅控诉权受到外部制约较少,控审距离更加接近;而且,犯罪嫌疑人、被告人的辩护权或其他权利相对较少;再加上由于体制方面的原因,刑事诉讼法规制度之外的权力(如党、行政权等)往往也会影响刑事诉讼的运行甚至是结果,故而,我国诉讼中权力因素较之职权主义国家更加活跃",属于"强职权主义诉讼结构"。①同样的,1979 年《刑事诉讼法》所确立的侦查制度也体现了浓厚的强职权主义因素,主要体现在:第一,强制性侦查行为实行内部控制,缺乏司法审查制度。1979年《刑事诉讼法》第 38 条第 1 款规定:"人民法院、人民检察院和公安机关根据案件情况,对被告人可以拘传、取保候审或者监视居住。"第 39 条规定:"逮捕人犯,必须经过人民检察院批准或者人民法院决定,由公安机关执行。"第 41 条规定:"公安机关对于罪该逮捕的现行犯或者重大嫌疑分子,如果有下列情形之一的,可以先行拘留:(1)正在预备犯罪、实行犯罪或者在犯罪后即时被发觉的;(2)被害人或者在场亲眼看见的人指认他犯罪的;(3)在身边或者住处发现有犯罪证据的;(4)犯罪后企图自杀、逃跑或者在逃的;(5)有毁灭、伪造证据或者串供可能的;(6)身份不明有流窜作案重大嫌疑的;(7)正在进行'打砸抢'和严重破坏工作、生产、社会秩序的。"由此可见,拘传、取保候审、监视居住、拘留、自侦案件的逮捕等强制措施的适用均由适用机关行政首长审批,而公安机关侦查的案件的逮捕虽然由检察机关批准,但检察机关在刑事诉讼中处于控诉方的地位。无论是行政首长审批还是检察机关对公安机关侦查案件逮捕的批准,均属于内部控制。公安机关与检察机关作为承担控诉职能的机关,很难从中立的立场审查,而往往基于实现控诉职能的考虑而签发令状。第二,犯罪嫌疑人在侦查程序的主体地位弱化。从条文来看,1979年《刑事诉讼法》没有明确规定无罪推定原则,而且根据第 64 条规定,被告人不仅不享有沉默权,而且"对侦查人员的提问,应当如实回答"。这在一定程度上是要求被告人承担证明自己无罪的义务。第三,被告人在侦查阶段的辩护权保障较弱。第 29 条规定:"辩护律师可以查阅本案材料,了解案情,可以同在押的被告人会见和通信;其他的辩护人经过人民法院许可,也可以了解案情,同在押的被告人会见和通信。"由此可见,犯罪嫌疑人在侦查阶段接受讯问时辩护人无权在场。

二、侦查制度的发展:1996 年《刑事诉讼法》修改

1979 年《刑事诉讼法》实施近 20 年,我国的政治、经济以及社会主义民主和法制建设不断发展,犯罪也呈现出新的特点。面对司法实践中出现的新问题以及新的形势需要,刑事诉讼法存在的弊端日益显露。1995 年 12 月,全国人大法工委拟

---

① 汪海燕:《刑事诉讼法模式的演进》,中国人民公安大学出版社 2004 年版,第 238 页。

定了《中华人民共和国刑事诉讼法修正案(草案)》,并经委员长会议决定,提交第八届全国人大常委会第十七次会议进行第二次审议。1996 年 3 月 5 日,第八届全国人民代表大会第四次会议对《中华人民共和国刑事诉讼法修正案(草案)》进行了审议。同年 3 月 17 日,修正案草案获得通过,并以全国人民代表大会《关于修改〈中华人民共和国刑事诉讼法〉的决定》的形式予以公布。修正后的《刑事诉讼法》共 4 编 17 章共 225 条,于 1997 年 1 月 1 日起施行。

1996 年《刑事诉讼法》的修改涉及侦查制度的主要内容包括:"(1)新增关于刑事侦查的一般规定,即对已经立案的刑事案件调查取证和采取强制措施的原则规定以及关于预审的原则规定。(2)对犯罪嫌疑人传唤规定的修改,首先,改变了传唤对象的称谓,由'被告人'改为'犯罪嫌疑人'。其次,对犯罪嫌疑人的传唤地点进行了修改,由'传唤到指定的地点或者到他的住处、所在单位'改为'传唤到犯罪嫌疑人所在市、县内的指定地点或者到他的住处'。最后,明确规定了传唤的时间,禁止以连续传唤、拘传的形式变相拘禁犯罪嫌疑人。(3)增加了关于犯罪嫌疑人有权在侦查阶段聘请律师为其提供法律帮助的规定。(4)增加规定'询问不满十八周岁的证人,可以通知其法定代理人到场'。(5)增加规定侦查人员持有人民检察院的证明文件也可以勘验和检查,不仅限于持有公安机关的证明文件。(6)新增查询、冻结犯罪嫌疑人的存款、汇款的规定。(7)明确规定对于扣押的物品、文件、邮件、电报或者冻结的存款、汇款,经查明确实与案件无关的应当解除扣押、冻结期限为 3 日。(8)增加关于精神病或者有争议的人身伤害的医学鉴定的规定。(9)对关于用作证据的鉴定结论应当告知被害人、犯罪嫌疑人和他们有权申请重新鉴定或者补充鉴定的规定的修改,首先,规定了告知的义务主体是侦查机关。其次,将'被告人'的称谓相应地改为'犯罪嫌疑人'。最后,强调了对被害人权利的保障,增加了告知被害人,被害人也有权提出重新鉴定或者补充鉴定的申请。(10)增加规定'对犯罪嫌疑人作精神病鉴定的期间不计入办案期限'。(11)关于犯罪嫌疑人逮捕后的侦查羁押期限的规定的修改。(12)关于侦查终结的案件的标准及其移送材料的规定。首先,将原〈刑事诉讼法〉第 93 条第 1 款关于提出公诉的规定统一在人民检察院'提起公诉'中规定。其次,删除检察院对犯罪嫌疑人'免予起诉'的规定。最后,增加公安机关侦查终结的案件的标准的规定,即'应当做到犯罪事实清楚,证据确实、充分'。(13)增加关于人民检察院对直接受理的案件的侦查的规定。"[①]

毋庸置疑,这次刑事诉讼法的修改对侦查制度作了较大的改革,侦查制度也得到了进一步的发展。从诉讼结构的角度来看,修改后的侦查制度弱化了强职权主义因素,一方面表现为增加被追诉人的对抗权,另一方面则弱化追诉权力。具体而

[①] 曾新华:《当代刑事司法制度史》,口国检察出版社 2012 年版,第 174~175 页。

言:第一,允许律师在犯罪嫌疑人被侦查机关第一次讯问后或者采取强制措施之日起介入诉讼,为犯罪嫌疑人提供法律帮助,包括了解涉嫌罪名、会见通信、申请取保候审、申诉控告等。① 第二,取消收容审查制度,将其中与犯罪有关的内容纳入拘留、逮捕之中。例如第 61 条规定:"公安机关对于现行犯或者重大嫌疑分子,如果有下列情形之一的,可以先行拘留:(1)正在预备犯罪、实行犯罪或者在犯罪后即时被发觉的;(2)被害人或者在场亲眼看见的人指认他犯罪的;(3)在身边或者住处发现有犯罪证据的;(4)犯罪后企图自杀、逃跑或者在逃的;(5)有毁灭、伪造证据或者串供可能的;(6)不讲真实姓名、住址,身份不明的;(7)有流窜作案、多次作案、结伙作案重大嫌疑的。"

需要指出的是,虽然 1996 年修改《刑事诉讼法》弱化了强职权因素,但是强职权主义的内容并没有根除,侦查制度仍然保留较强的职权主义倾向。首先,刑事诉讼法仍然保留犯罪嫌疑人、被告人"应当如实回答"的义务,② 也就是说,犯罪嫌疑人、被告人仍然不享有沉默权。其次,仍然没有建立司法审查制度,对于侦查机关采取强制措施和其他强制性侦查行为,如搜查、扣押等,仍然由内部行政首长或承担控诉职能的检察机关审查。例如,第 109 条规定:"为了收集犯罪证据、查获犯罪人,侦查人员可以对犯罪嫌疑人以及可能隐藏罪犯或者犯罪证据的人的身体、物品、住处和其他有关的地方进行搜查。"

三、侦查制度的深化与进步:2012 年《刑事诉讼法》修改

1996 年修改后的《刑事诉讼法》实施以来,我国社会主义民主法制建设取得了长足进步,"依法治国"和"国家尊重和保障人权"相继写入宪法;但从司法实践来看,刑讯逼供、超期羁押等痼疾并未得到根治,辩护难等问题仍没有得到解决,加之我国的犯罪活动呈现出新的特点,刑事诉讼法越来越难以适应社会发展和司法实践的需要,迫切需要进行再次修改。正是在这样的背景下,刑事诉讼法再修改被列入立法规划,正式启动。2012 年 3 月 14 日,第十一届全国人大第五次会议表决通过了《全国人民代表大会关于修改〈中华人民共和国刑事诉讼法〉的决定》。再次修改后的《刑事诉讼法》共 5 编 21 章 290 条,自 2013 年 1 月 1 日起实施。这些概况,第一章已有详述,此处不赘。

---

① 1996 年修改的《刑事诉讼法》第 96 条规定:"犯罪嫌疑人在被侦查机关第一次讯问后或者采取强制措施之日起,可以聘请律师为其提供法律咨询、代理申诉、控告。犯罪嫌疑人被逮捕的,聘请的律师可以为其申请取保候审。"

② 1996 年修改的《刑事诉讼法》第 93 条规定:"侦查人员在讯问犯罪嫌疑人的时候,应当首先讯问犯罪嫌疑人是否有犯罪行为,让他陈述有罪的情节或者无罪的辩解,然后向他提出问题。犯罪嫌疑人对侦查人员的提问,应当如实回答。但是对与本案无关的问题,有拒绝回答的权利。"

从内容来看,此次涉及侦查制度修改的主要内容包括:犯罪嫌疑人被拘留后应当在 24 小时内送看守所羁押;侦查人员讯问犯罪嫌疑人,应当在看守所内进行。侦查人员在讯问犯罪嫌疑人的时候,可以对讯问过程进行录音或者录像;对于可能判处无期徒刑、死刑的案件或者其他重大犯罪案件,应当对讯问过程进行录音或者录像。录音或者录像应当全程进行,保持完整性。同时,为了有力惩罚严重犯罪,还适度强化侦查措施,主要体现在增加技术侦查等特殊侦查手段。明确了公安机关和检察机关有权采取技术侦查手段的案件范围,限制技术侦查的期限,严格规定技术侦查获取的信息和事实材料保密、销毁以及使用范围。2012 年修改的刑事诉讼法还对公安机关的秘密侦查和控制下交付程序作出规定,要求侦查机关采取秘密侦查措施,不得诱使他人犯罪,不得采用可能危害公共安全或者发生重大人身危险的行为。同时,刑事诉讼法确认技术侦查、秘密侦查和控制下交付收集的材料具有证据能力。[①]

毋庸置疑,2012 年《刑事诉讼法》的再修改坚持惩罚犯罪与保障人权并重、实体公正与程序公正并重,着力解决司法实践存在的突出问题,尤其是将侦查制度作为重头戏,对 1996 年《刑事诉讼法》所规定的侦查制度进行了修订和完善,同时增加了技术侦查、秘密侦查等侦查措施以打击犯罪,使侦查制度取得了重大的进步。但是,2012 年的修改仍然没有改变现有的侦查体制,而只是进行内部修改和完善,并未实质性地解决侦查制度长期以来存在的问题。尤其是强制性侦查行为,如搜查、扣押等,因涉及公民基本权利的侵犯与保障,更有进一步改革完善的必要与空间。

四、侦查制度改革的展望

中共十八大以来,新一轮的司法改革深入发展并已经取得重大成果,最近通过的宪法修正案和监察法确立了新的国家监察制度,其中许多重大问题涉及与《刑事诉讼法》的衔接。随着十九大的胜利召开,全面依法治国已经进入新时代,但是"全面依法治国任务依然繁重",下一阶段的司法改革必须采取一系列重大新举措以进一步推进全面依法治国。推进全面依法治国的新举措大多涉及刑事诉讼法规定的修改。刑事诉讼法的修改总的方向是进一步民主化、法治化及现代化,重在加强人权司法保障和提升程序公正的价值。为此,笔者就侦查制度改革的展望提出以下两点看法,至于检察机关侦查权与监察机关调查权的衔接,则在第二节讨论。

(一)进一步加强对犯罪嫌疑人侦查阶段的诉讼权利保障

首先,建立侦查讯问时律师在场权。侦查讯问时律师在场权是律师在侦查人

---

① 曾新华:《当代刑事司法制度史》,中国检察出版社 2012 年版,第 222～229 页。

员对犯罪嫌疑人进行讯问时亲自在场,是在讯问过程中避免刑讯的发生。更为重要的是,赋予律师侦查讯问时在场权,能够使犯罪嫌疑人感到心里踏实,从而有效缓和恐惧与压力,因为有律师在他身边帮助他,这显然是非法证据排除规则所替代不了的。因此,应当在我国《刑事诉讼法》中建立讯问时律师在场权。其次,进一步完善非法证据排除规则。非法证据排除规则体现了程序人权保障价值,对于严防刑讯逼供,保障犯罪嫌疑人的合法权益有重要意义。2017 年 6 月两院三部发布的《非法证据排除规定》对非法证据排除规则做了进一步完善,不仅规定了侦查阶段的排除主体为检察机关,而且规定了侦查阶段排除程序的启动方式包括依申请启动和依职权启动两种。① 因此,应当在下一次修改刑事诉讼法时加以吸收并进一步细化,写入法典。最后,删除"应当如实回答"规定。"不得强迫任何人证实自己有罪"特权已经在我国正式确立,但 2012 年修改后的《刑事诉讼法》保留了 1996 年《刑事诉讼法》关于"犯罪嫌疑人对侦查人员的提问,应当如实回答"的规定(现行刑事诉讼法第 118 条)。"应当如实回答"要求犯罪嫌疑人、被告人在被讯问时不仅应当"回答",而且应当"如实回答",这意味着犯罪嫌疑人对侦查人员的提问没有不回答的自由,相反,更是有回答的义务。更为重要的是,犯罪嫌疑人的回答义务还必须"如实回答",而如实回答的内容有可能会"证实自己有罪",这显然带有强迫性地要求犯罪嫌疑人"证实自己有罪"之嫌,明显与"不得强迫任何人证实自己有罪"精神内核冲突。倘若将二者同时规定在刑事诉讼法中,只会导致本来就缺乏机制保障的"不得强迫任何人证实自己有罪"规定在很大程度上流于形式,无法发挥其真正作用。从我国民主法治的发展趋势来看,应当在刑事诉讼法修改时删除"应当如实回答"之规定。

(二)加强强制性侦查行为的外部控制

由于强制性侦查行为涉及对公民隐私权的侵犯,因此,在适用强制性侦查措施时需要强调人权保障。特别是技术侦查措施,其与其他侦查行为相比较,侵犯隐私权的风险更高。从技术侦查措施的特点来看,其涉及对公民通信自由权、隐私权长时间、持续性的干预和限制,这种长时间、持续性的监控,因为对公民立体式、全方

---

① 最高人民法院、最高人民检察院、公安部、国家安全部、司法部《关于办理刑事案件严格排除非法证据若干问题的规定》第 14 条规定:"犯罪嫌疑人及其辩护人在侦查期间可以向人民检察院申请排除非法证据。对犯罪嫌疑人及其辩护人提供相关线索或者材料的,人民检察院应当调查核实。调查结论应当书面告知犯罪嫌疑人及其辩护人。对确有以非法方法收集证据情形的,人民检察院应当向侦查机关提出纠正意见。侦查机关对审查认定的非法证据,应当予以排除,不得作为提请批准逮捕、移送审查起诉的根据。对重大案件,人民检察院驻看守所检察人员应当在侦查终结前询问犯罪嫌疑人,核查是否存在刑讯逼供、非法取证情形,并同步录音录像。经核查,确有刑讯逼供、非法取证情形的,侦查机关应当及时排除非法证据,不得作为提请批准逮捕、移送审查起诉的根据。"

位、笼罩性的监控而威胁到法治国家存在的根本,进而使法治国家有倒退回警察国家之虞。[①] 因此,对其适用应当接受严格的司法审查,然而,如前所述,目前我国强制性侦查行为只接受内部控制,即审查主体要么为内部行政首长,要么为承担控诉职能的检察机关,这显然与司法审查原则所要求的客观、中立、公正立场所不符。因此·应当将审查主体赋予客观公正的主体。从长远的目标来看,当然应当建立由法院进行审查的司法审查机制,然而,此种设想目前难以做到,从现实的角度来考虑,可以规定由检察机关进行审查批准,这是因为检察机关不仅是宪法规定的法律监察机关,而且其负有客观公正义务。在我国,检察机关不仅是公诉机关,而且是专门的法律监督机关,它负有监督侦查机关的职责。检察机关基于诉讼监督的职责,在审查批准技术侦查措施的适用中,能有效保障侦查活动依法进行,维护犯罪嫌疑人的合法权益不受侵犯。因此,检察机关在审查过程发现技术侦查措施有违比例原则,存在侵害犯罪嫌疑人合法权益之行为时,应当本着客观、公正的立场,果断地不予批准。具体而言,公安机关负责侦查的案件,技术侦查措施的适用应当由同级检察机关审查批准;而检察机关负责侦查的案件,从制约的角度来看,应当报请上一级检察机关审查批准。

第二节 侦查主体的发展

一、侦查主体的内涵

从概念法学的经验逻辑来看,概念范畴的厘清是展开相关命题的关键所在。如欲探究侦查主体的概念,从概念构造上来说,其由两个概念范畴构成,即"侦查"与"主体"。为此,在对侦查三体进行分析之前,有必要对"侦查"与"主体"这两个概念予以界定,以防陷入概念上的"口水战"而无法有效展开论述。

侦查,是指侦查机关在办理案件过程中,依照法律进行的专门调查工作和有关的强制性措施。侦查旨在发现和收集证据,查获犯罪嫌疑人,并揭露和证实犯罪,是提起公诉和审判的基础。主体,包括以下几种含义:第一,指事物的主要部分,如房屋的主体(结构)、信件的三体等,其与事物的次要部分相对应;第二,相对客体而言,指对客体有认识和实践能力的人;[②]第三,指依法享有权利和承担义务的人。

---

① 陈永生:《计算机网络犯罪对刑事诉讼的挑战与制度应对》,载《法律科学》2014 年第 3 期。
② 薛建成等编译:《拉鲁斯法汉双解词典》,外语教学与研究出版社 2001 年版,第 1875 页。

例如,民法中的主体是指享有权利和承担义务的公民或法人。[①] 毋庸置疑,在刑事诉讼领域,主体是就第二种含义和第三种含义而言,指在刑事诉讼中享有一定诉讼权利和承担一定诉讼义务的专门机关或人。

侦查主体,就是在刑事诉讼中享有侦查权,依照法律开展专门调查工作和采取有关强制措施的专门机关和人员。据此,侦查主体包括侦查机关和侦查人员。其中,侦查机关是指享有侦查权,依法对刑事案件进行侦查的专门机关。侦查机关具有以下特征:首先,侦查机关是国家机关的重要组成部分。尽管法律界对侦查机关的性质有较大争议,[②]但是有一点是可以肯定的,侦查机关是代表国家行使侦查权,及时揭露、惩罚犯罪,维护国家利益。其次,侦查机关的职能是代表国家行使侦查权。侦查权是国家权力的重要组成部分,以国家强制力为保障。国家通过立法赋予侦查机关行使侦查权的权力,由其追究犯罪嫌疑人的刑事责任,打击犯罪。最后,侦查机关行使侦查权必须严格依照法定程序。由于侦查权具有主动性与强制性,存在侵犯犯罪嫌疑人或者其他诉讼参与者合法权益之虞,因此,侦查机关行使侦查权必须严格依照法定程序进行。

需要指出的是,侦查主体的设置,不仅关系到侦查权的配置问题,还关系到侦查主体之间的协调问题。可以说,科学设置侦查主体,对侦查权的正确、有效行使以及平衡刑事诉讼主体之间的关系具有重要意义。改革开放以来,我国侦查主体的设置经历了数次调整,经历了从二元主体向多元主体的演变,总体而言是符合社会发展规律的。

二、侦查主体的设立:公安机关、检察机关

在改革开放以前,由于受"文革"的影响,侦查活动被简单化为专政工具,"群众专政"取代了专业的侦查工作,大批侦查人员被排挤出公安机关,大量的侦查装备器材被抛弃和毁坏,大批的刑事犯罪档案和情报资料被销毁,[③]而检察机关在"文革"期间甚至被砸烂,其职务犯罪的侦查职权名存实亡,可以说,我国的侦查机关被彻底破坏,侦查制度的发展一度陷入泥沼。

十一届三中全会召开以后,面对"文革"后持续高涨的犯罪形势,我国开始了侦查体制的重新建设工作。其中,公安机关的侦查职能得以恢复,并且重新规范了公安机关的侦查格局,逐渐形成较为独立的侦查机构体系,如公安部在治安局内设置

---

① 中国社会科学院语言研究所词典编辑室:《现代汉语词典(2002 年增补本)》,外语教学与研究出版社 2002 年版,第 2506 页。

② 我国法律界对侦查机关的性质存在较大争议,理论界和实务界形成了三种不同的学说,即行政机关说、司法机关说和双重性质说。

③ 杨正鸣、倪铁主编:《侦查学原理》,复旦大学出版社 2013 年第 2 版,第 49 页。

刑侦处,省、自治区公安厅设刑侦科或刑侦处,特大城市设刑警大队或刑侦处,大、中城市设刑警大队,小城市设刑警队。地区公安处设刑侦组或刑侦科,县公安局设刑侦股或侦破组。[①] 同时,检察机关也得以重建。自 1978 年 6 月 1 日起,最高人民检察院正式行使职权。随着公安机关的重新调整以及检察机关的重建,我国刑事诉讼也正式将公安机关与检察机关确定为刑事侦查的主体。

对于侦查主体的确立而言,最重要的标志为 1979 年《刑事诉讼法》的颁布实施。1979 年《刑事诉讼法》明确规定了我国侦查机关是公安机关与检察机关,即第 13 条规定:"告诉才处理和其他不需要进行侦查的轻微的刑事案件,由人民法院直接受理,并可以进行调解。贪污罪、侵犯公民民主权利罪、渎职罪以及人民检察院认为需要自己直接受理的其他案件,由人民检察院立案侦查和决定是否提起公诉。第一、二款规定以外的其他案件的侦查,都由公安机关进行。"据此,检察机关作为侦查机关负责贪污罪、侵犯公民民主权利罪、渎职罪以及人民检察院认为需要自己直接受理的其他案件,而公安机关是最主要的侦查机关,负责除检察机关侦查以外的其他案件的侦查工作。

需要指出的是,尔后公安部于 1979 年 2 月 24 日发布的《公安部关于刑事侦察部门分管的刑事案件及其立案标准和管理制度的规定》对公安机关内部机构的分工进行了进一步的明确与细化。根据该规定第一部分的内容,公安机关内部机构在侦查权限的分工如下:"刑事侦察部门分管刑法规定的下列案件:(一)杀人案;(二)伤害案;(三)抢劫案;(四)投毒案;(五)放火案;(六)爆炸案;(七)决水案;(八)强奸案;(九)流氓案;(十)盗窃案;(十一)诈骗案;(十二)抢夺案;(十三)敲诈勒索案;(十四)伪造国家货币、贩运伪造的国家货币案;(十五)伪造有价证券案;(十六)伪造票证案;(十七)伪造公文、证件、印章案;(十八)投机倒把案;(十九)走私案;(二十)拐卖人口案;(二十一)制造贩运毒品案;(二十二)非法制造、贩运枪支、弹药案;(二十三)制造、贩卖假药案;(二十四)破坏生产案。走私、投机倒把行为,主要由海关、工商行政管理部门调查处理,需要侦查的走私、投机倒把案件,由公安机关的刑事侦察部门主管。刑法第一百六十二条包庇其他犯罪分子罪,第一百七十二条窝赃、销赃罪,按包庇对象和赃物来源,分别附入同类案件。刑法规定的下列案件,由政保、经文保、铁道交通保卫、边防保卫、预审、劳改以及治安管理等业务部门分别主管:反革命案、公然侮辱诽谤案(第一百四十五条中严重危害国家利益的)和窝藏包庇反革命案,由政保、经文保、铁道交通保卫和边防保卫部门分别主管。破坏交通设备案,破坏动力、燃料设备案,破坏通讯设备案,破坏珍贵文物案和重大责任事故案,由经文保、铁道交通保卫和消防管理部门分别主管。经文保卫

---

① 杨正鸣、倪铁主编:《侦查学原理》,复旦大学出版社 2013 年第 2 版,第 50 页。

部门主管的案件中,需要勘查现场,鉴定痕迹、物证,对涉及社会嫌疑线索的调查控制,刑事侦察部门积极配合。破坏边境碑界桩案、偷越国(边)境案、违反国境卫生检疫案,由边防保卫部门主管。在押犯脱逃案,由预审、劳改部门主管。过失杀人案,伤害案(第一百三十四条中为打架斗殴或群众性械斗致伤的、第一百三十五条过失伤人的)、违法捕捞水产品案,违法狩猎案,扰乱社会秩序案,流氓案(第一百六十条中聚众斗殴、寻衅滋事的)、强迫、引诱、容留妇女卖淫案,私藏枪支、弹药案,聚众赌博案,制作、贩卖淫书、淫画案,妨害公务案,神汉、巫婆造谣、诈骗案,毁坏公私财物案,破坏名胜古迹案,致死人命案,由治安管理部门主管。这些案件,发生在机关、团体、企业、事业单位内部的,本单位保卫组织协助查处;案情复杂,需要勘查现场,或者需要使用秘密手段的,由刑事侦察部门负责进行。交通肇事案,由交通安全管理部门主管。"

三、走向多元:国家安全机关、监狱、军队保卫部门、海关走私犯罪侦查部门

随着犯罪形势的发展,犯罪行为呈现精密化趋向,加之对历史经验的总结,我国刑事侦查主体设置从二元走向了多元,国家安全机关、监狱、军队保卫部门以及海关走私犯罪侦查部门相继作为侦查主体被写入立法,以应对越发复杂的犯罪侦查需要。

第一,国家安全机关成为侦查主体。1983年6月,第六届全国人民代表大会第一次会议在北京召开。会议审议并批准成立国家安全机关。1983年7月1日,国家安全部成立。嗣后于1983年9月2日,第六届全国人民代表大会常务委员会第二次会议通过了《国家安全机关行使公安机关的侦查、拘留、预审和执行逮捕的职权的决定》,该决定第一次明确将国家安全机关纳入侦查机关之列,即规定:"第六届全国人民代表大会第一次会议决定设立的国家安全机关,承担原由公安机关主管的间谍、特务案件的侦查工作,是国家公安机关的性质,因而国家安全机关可以行使宪法和法律规定的公安机关的侦查、拘留、预审和执行逮捕的职权。"尔后1993年2月22日第七届全国人民代表大会常务委员会第三十次会议通过《国家安全法》,明确规定国家安全机关在国家安全工作中依法行使侦查、拘留、预审和执行逮捕以及法律规定的其他职权。1996年修改的《刑事诉讼法》进一步确认了国家安全机关的侦查主体资格,即第4条规定:"国家安全机关依照法律规定,办理危害国家安全的刑事案件,行使与公安机关相同的职权。"2012年《刑事诉讼法》保留了国家安全机关关于危害国家安全的刑事案件的侦查主体资格。

第二,监狱成为侦查主体。监狱原有的侦查权本质上也属于公安机关的侦查权。到了1983年,为了使公安机关集中精力做好打击犯罪、维护社会治安等工作,中央决定将监狱工作整体移交司法行政部门管理。至此,监狱从公安机关剥离出来,归入司法行政部门管理。然而,中央将监狱从公安机关剥离出来时并没有明确

监狱是否还享有侦查资格。同年 8 月,最高人民法院、最高人民检察院、公安部、司法部在《关于严厉打击劳改犯和劳教人员在改造期间犯罪互动的通知》明确了监狱从公安机关剥离后作为侦查主体的地位,即第 3 条规定:"劳改、劳教工作移交司法行政部门管理后,监狱、劳改从原有的侦查权应当继续行使……"1994 年 12 月 29 日,第八届全国人民代表大会常务委员会第十一次会议通过了《监狱法》,首次以立法的形式确立了监狱的侦查主体地位,《监狱法》第 60 条规定:"对罪犯在监狱内犯罪的案件,由监狱进行侦查。"尔后,1996 年以及 2012 年两次修改《刑事诉讼法》均保留了监狱的侦查主体地位,如 1996 年修改后的《刑事诉讼法》第 225 条增加规定:"罪犯在监狱内犯罪的案件由监狱进行侦查。……监狱办理刑事案件,适用本法的有关规定。"2012 年修改后的《刑事诉讼法》第 290 条保留了该规定。

第三,军队保卫部门成为侦查主体。军队保卫部门作为侦查主体的身份源于新中国成立初期。在新中国成立初,国家在成立公安部的同时,组建了公安部武装力量保卫局,专门负责军队内部的安全保卫工作,行使法律规定的公安机关的侦查等职权。尔后,虽然军队保卫部门的编制体系几经调整,但其承担打击军队内部发生刑事犯罪的任务一直没有变化。军队保卫部门一直承担着军队内部发生的刑事案件的侦查工作,主要包括现役军人、在编职员、职工犯罪的案件和发生在部队营区的案件。需要指出的是,虽然实践中军队保卫部门行使着侦查权,但是并未获得法律的明确规定。随着我国社会主义法制建设的不断推进,军队保卫部门在行使侦查权时遇到了许多困难。[①] 鉴于此,1993 年 12 月 20 日,第八届全国人民代表大会常务委员会第五次会议通过了《关于军队保卫部门行使刑事侦查权有关问题的决定》,第一次从法律上明确了军队保卫部门作为侦查主体的地位。尔后,1996 年和 2012 年两次修改的《刑事诉讼法》都再次确认了军队保卫部门的侦查主体地位,分别于第 225 条与 290 条第 1 款、第 3 款明确规定:"军队保卫部门对军队内部发生的刑事案件行使侦查权。……军队保卫部门、监狱办理刑事案件,适用本法的有关规定。"

第四,海关走私犯罪侦查部门成为侦查主体。在改革开放初期,1979 年《公安部关于刑事侦察部门分管的刑事案件及其立案标准和管理制度的规定》明确将走私犯罪案件的侦查权赋予公安机关的刑事侦察部门。但是,随着我国经济的不断发展,走私犯罪活动越来越猖獗,不仅扰乱市场秩序,而且助长了消极腐败现象的蔓延,在打击走私犯罪活动的过程中,由于海关并非侦查主体,导致查办走私犯罪案件贻误最佳时机,经常发生取证难、抓人难的问题。为了严厉打击走私犯罪活

[①] 于永波:《〈关于军队保卫部门行使刑事侦查权有关问题的决定(草案)〉的说明》,http://www.npc.gov.cn/wxzl/gongbao/2000-12/28/content_5003085.htm,下载日期:2018 年 5 月 3 日。

动,在 1998 年 7 月中旬召开的全国打私工作会议上,党中央、国务院决定组建由海关和公安双重垂直领导,以海关领导为主的海关缉私警察队伍,专门负责走私犯罪案件的侦查。尔后,最高人民法院、最高人民检察院、公安部、司法部、海关总署于1998 年 12 月 3 日发布了《关于走私犯罪侦查机关办理走私犯罪案件适用刑事诉讼程序若干问题的通知》,明确规定:"海关总署、公安部组建成立走私犯罪侦查局,纳入公安部编制机构序列,设在海关总署。缉私警察是对走私犯罪案件依法进行侦查、拘留、执行逮捕、预审的专职刑警队伍。"根据该通知,全国各级海关设立走私犯罪侦查部门,专门负责对走私犯罪案件的侦查工作。至此,海关走私犯罪侦查部门正式成为走私犯罪案件的侦查主体。

四、反腐败背景下的新发展:监察委员会

腐败问题是全球均十分关注的热点问题之一,也是我国面临的重大问题。统计数据显示,自党的十八大以来,因贪污腐败问题被查办的高官就有 122 名原省部级以上干部,可以说我国的腐败犯罪问题到了相当严重的程度。据不完全统计,仅2013 年检察机关就查处厅级官员至少 227 人,比之 2012 年的 179 人,增幅超过25%。[①] 过去 5 年,检察机关立案侦查职务犯罪 254419 人,较前五年上升16.4%。其中,涉嫌职务犯罪的县处级国家工作人员 15234 人、厅局级 2405 人。严肃查办国家工作人员索贿受贿犯罪 59593 人,严肃查办行贿犯罪 37277 人,较前五年分别上升 6.7% 和 87%。严肃查办不作为、乱作为的渎职侵权犯罪 62066 人。[②] 而且,贪污贿赂犯罪手段往往具有较大的隐蔽性和欺骗性,腐败犯罪分子往往想方设法隐瞒罪行,逃避法律制裁。现有刑事诉讼法关于打击腐败犯罪的有关规定明显滞后,已经越来越难适应惩治腐败犯罪的需要,亟待予以完善。正是在这样的背景下,十八届中央纪委第二次全会上明确要求:"要善于用法治思维和法治方式反对腐败,加强反腐败国家立法,加强反腐倡廉党内法规制度建设,让法律制度刚性运行。"从此拉开了反腐败立法进程。

为了实施组织和制度创新,整合反腐败资源力量,实现对行使公权力的公职人员监察全面覆盖,建立集中统一、权威高效的监察体系,中共中央办公厅于 2016 年11 月印发《关于在北京市、山西省、浙江省开展国家监察体制改革试点方案》,部署在 3 个省(市)设立各级监察委员会,在体制机制、制度建设上先行先试、探索实践,

---

① 《2013 年查处厅级官员至少 227 人 为近十年来最高》,http://news. 163. com/14/0124/08/9JBF20K30001124J. html,下载日期:2018 年 5 月 3 日。

② 《最高人民检察院工作报告——2018 年 3 月 9 日在第十三届全国人民代表大会第一次会议上》,http://www. spp. gov. cn/spp/gzbg/201803/t20180325_372171. shtml,下载日期:2018 年 5 月3 日。

为在全国推开积累经验。为了使国家监察体制改革试点工作做到于法有据,十二届全国人大常委会于 2016 年 12 月 19 日审议了《全国人民代表大会常务委员会关于在北京市、山西省、浙江省开展国家监察体制改革试点工作的决定(草案)》,并于 12 月 25 日正式发布《关于在北京市、山西省、浙江省开展国家监察体制改革试点工作的决定》。2017 年 1 月,山西省十二届人大七次会议选举了山西省监察委员会主任,省人大常委会会议通过了省监察委员会副主任、委员的任命,标志着山西省监察委员会正式成立。我国监察体制改革试点工作进入一个新的阶段。

在前期工作基础上,国家监察立法工作专班吸收改革试点地区的实践经验,听取专家学者的意见建议,经反复修改完善,形成了监察法草案。2017 年 6 月下旬,十二届全国人大常委会第二十八次会议对监察法草案进行了初次审议。初次审议后,根据党中央同意的相关工作安排,全国人大常委会法制工作委员会将草案送 23 个中央国家机关以及 31 个省(自治区、直辖市)人大常委会征求意见;召开专家会,听取了宪法、行政法和刑事诉讼法方面专家学者的意见。2017 年 11 月 7 日至 12 月 6 日,监察法草案在中国人大网全文公开,征求社会公众意见。草案备受关注,共有 3700 多人提出 1.3 万多条意见建议。对这些意见建议,国家监察立法工作专班高度重视,进行了认真梳理、研究。2017 年 11 月 30 日,全国人大法律委员会召开会议,对监察法草案作了修改完善。2017 年 12 月,十二届全国人大常委会第三一一次会议对监察法草案进行再次审议,认为草案充分吸收了常委会组成人员的审议意见和各方面意见,已经比较成熟,决定将监察法草案提请全国人民代表大会审议。①

为了使监察体制改革符合宪法规定,维护宪法权威,并将党中央的监察体制改革决定和试点成果通过宪法、法律加以体现和巩固,2018 年 1 月 18 日至 19 日,党的十九届二中全会审议通过了《中共中央关于修改宪法部分内容的建议》。1 月 29 日至 30 日,十二届全国人大常委会第三十二次会议决定将《中华人民共和国宪法修正案(草案)》提请十三届全国人大一次会议审议。监察法草案根据宪法修改精神作了进一步修改。2018 年 3 月 11 日,十三届全国人大一次会议第三次全体会议表决通过了《中华人民共和国宪法修正案》。宪法修正案将监察体制改革作为重要内容加以规定,确立了监察机关为职务犯罪案件的侦查主体,即第 127 条第 3 款规定:"监察机关办理职务违法和职务犯罪案件,应当与审判机关、检察机关、执法部门互相配合,互相制约。"同年 3 月 20 日,全国人大在于宪有据的前提下审议通过了《中华人民共和国监察法》(以下简称《监察法》),从而将党的十八届六中全会

---

① 《关于〈中华人民共和国监察法(草案)〉的说明》,http://www.npc.gov.cn/npc/xinwen/2018-03/14/content_2048551.htm,下载时间:2018 年 5 月 3 日。

确定、十九大进一步提出的反腐败体制改革的顶层设计与重大决策通过立法程序予以固定,保障反腐败工作在法治轨道上行稳致远。[①] 根据《监察法》第 11 条的规定,监察委员会依法履行监督、调查、处置职责,对涉嫌贪污贿赂、滥用职权、玩忽职守、权力寻租、利益输送、徇私舞弊以及浪费国家资财等职务违法和职务犯罪行为进行调查。尽管《监察法》使用"调查"一词,但在性质上与"侦查"无异。[②]

毋庸置疑,通过修改宪法以及制定监察法建立集中统一、权威高效的中国特色监察体系,赋予监察委员会侦查主体地位,是我国反腐败体制改革的标志性成果,对有效打击腐败犯罪行为有着重大而深远的意义。

五、存在问题与展望

如前所述,改革开放以来,我国侦查主体的设置经历了数次调整,经历了从公安机关、检察机关的二元主体扩展至国家安全机关、监狱、军队保卫部门、海关走私犯罪侦查部门以及监察委员会的过程,总体而言,侦查主体的扩展是应对不断变化的犯罪形式的需要,符合社会发展规律,对于打击犯罪活动发挥着重要作用。但是,侦查主体的设置仍然存在不少问题需要厘清。本章着重谈以下两个问题。

(一)海关走私犯罪侦查部门侦查主体地位的法律依据问题

如前所述,在我国,海关走私犯罪侦查部门是走私犯罪的侦查机关。但是,赋予海关走私犯罪侦查部门侦查主体地位的依据是最高人民法院、最高人民检察院、公安部、司法部、海关总署于 1998 年 12 月 3 日发布的《关于走私犯罪侦查机关办理走私犯罪案件适用刑事诉讼程序若干问题的通知》。根据《立法法》的相关规定,最高人民法院、最高人民检察院只能就审判、检察工作中如何具体适用法律作出相应的解释;公安机关只能就所涉侦查事项具体如何适用法律作出解释。同时,"解释不能超越法律"。由于我国有关法律对海关走私犯罪侦查部门的侦查权未作出明确规定,[③]上述通知赋予海关走私犯罪侦查部门对走私犯罪的侦查权,有僭越权力之嫌,不仅会影响法律的权威性和法制的统一性,而且会导致司法实践中出现许多问题。事实上,随着我国社会主义法制建设的不断推进,价值公民法律意识的增强,海关走私犯罪侦查部门行使侦查权的问题日益突出。因此,笔者认为,应当从

---

① 《关于〈中华人民共和国监察法(草案)〉的说明》,http://www.npc.gov.cn/npc/xinwen/
2018-03/14/content_2048551.htm,下载时间:2018 年 5 月 3 日。

② 关于监察委员会对职务犯罪进行调查的性质,参见江海燕:《监察制度与〈刑事诉讼法〉的衔接》,载《政法论坛》2017 年第 6 期。

③ 虽然海关缉私警察队伍实行海关和公安双重垂直领导,从此角度来看,走私犯罪由公安机关侦查有其法律依据,但缉私警察队伍是以海关领导为主的,有必要从立法上明确海关走私犯罪侦查部门的侦查主体地位。

法律上明确海关走私犯罪侦查部门的侦查主体地位。具体而言,可将《刑事诉讼法》第 29 条修改为:"军队保卫部门对军队内部发生的刑事案件行使侦查权。对罪犯在监狱内犯罪的案件由监狱进行侦查。海关走私犯罪侦查部门对走私犯罪案件进行侦查。军队保卫部门、监狱、海关走私犯罪侦查部门办理刑事案件,适用本法的有关规定。"

(二)监察机关与检察机关的衔接问题

我国现行《刑事诉讼法》第 18 条第 2 款规定:"贪污贿赂犯罪,国家工作人员的渎职犯罪,国家机关工作人员利用职权实施的非法拘禁、刑讯逼供、报复陷害、非法搜查的侵犯公民人身权利以及侵犯公民民主权利的犯罪,由人民检察院立案侦查。对于国家机关工作人员利用职权实施的其他重大的犯罪案件,需要由人民检察院直接受理的时候,经省级以上人民检察院决定,可以由人民检察院立案侦查。"由此可见,按照现行刑事诉讼法的规定,职务犯罪由检察机关行使侦查权,这也就是我们通称的自侦案件。但是,监察法改变了刑事诉讼法的规定,明确将所有行使公权力的公职人员的职务犯罪的调查权归于监察委员会,[①]即《监察法》第 11 条规定:"监察委员会依照本法和有关法律规定履行监督、调查、处置职责:……(2)对涉嫌贪污贿赂、滥用职权、玩忽职守、权力寻租、利益输送、徇私舞弊以及浪费国家资财等职务违法和职务犯罪进行调查……"为保证监察工作的顺利开展,监察法还赋予监察机关十四项具体的调查职权,即谈话、讯问、询问、查询、冻结、调取、查封、扣押、搜查、勘验检查、鉴定、留置、技术调查与通缉,此外还包括限制出境等措施。这意味着检察机关的职务犯罪侦查权已经转隶至监察机关,而且侦查措施也转为调查措施。职务犯罪的侦查权从检察机关转隶至监察机关后,必然要求刑事诉讼法修改与之相适应。

需要注意的是,中国人大网于 2018 年 5 月 9 日公布的《中华人民共和国刑事诉讼法(修正草案)》(以下简称《修正草案》)为了使刑事诉讼法与监察法进行有效的衔接,及时对人民检察院的侦查案件范围作出调整,即第 2 条规定:"将第十八条改为第十九条,第二款修改为:'人民检察院在对诉讼活动实行法律监督中发现司法工作人员利用职权实施的非法拘禁、刑讯逼供、非法搜查等侵犯公民权利、损害司法公正的犯罪,可以由人民检察院立案侦查。对于公安机关管辖的国家机关工作人员利用职权实施的其他重大的犯罪案件,需要由人民检察院直接受理的时候,经省级以上人民检察院决定,可以由人民检察院立案侦查。'"这不仅可以有效避免刑事诉讼法与监察法发生冲突,确保职务犯罪调查工作在法治框架内开展,而且可

---

① 笔者认为,监察委员会对涉嫌职务犯罪者的调查采取措施的力度与刑事诉讼法规定的侦查基本一致,有的甚至加强了。

以保障国家监察体制改革顺利进行,维护刑事诉讼法与监察法的权威性,保证社会主义法制的统一性。

需要指出的是,此次《刑事诉讼法》修改保留了检察院在诉讼活动法律监督中对司法工作人员利用职权实施的非法拘禁、刑讯逼供、非法搜查等侵犯公民权利、损害司法公正的犯罪的侦查权,亦即将上述犯罪案件的侦查权还给检察机关。根据现行刑法第 94 条的规定,司法工作人员是指"有侦查、检察、审判、监管职责的工作人员",[①]而不包括监察委员会的工作人员。质言之,各级监察委员会的工作人员在履行职责中利用职权实施的非法拘禁、刑讯逼供、非法搜查等侵犯公民权利、损害司法公正的犯罪案件并不由检察机关侦查,而由监察机关自行调查。这是值得商榷的。我们认为,监察委员会工作人员的职务犯罪应当由检察机关负责侦查。主要理由有二:其一,监察委员会对监察委员会工作人员自行调查、自行处置,没有中立第三方的介入,难免有偏袒之嫌,即便最后案件公正处理了,社会公众也有可能不信任司法。"一切有权力的人都容易滥用权力,这是一条万古不易的经验,有权力的人们使用权力一直到遇有界限的地方才休止。"[②]从权力制衡理论的视角来看,要实现对监察委员会的监督,必须得授权另一个国家机关在监察委员会行使权力的过程中发挥监督制约作用。在这点上,检察机关并未参与调查,属于中立第三方,由其负责对调查人员的职务犯罪案件进行侦查更有利于增强司法公信力。其二,检察机关是宪法规定的专门的法律监督机关,对监察委员会调查人员职务犯罪行为进行侦查是履行法律监督职责的应有之义。因此,建议修正草案将监察工作人员犯罪的侦查权也划入检察机关,这样调查才更客观、中立,也符合检察机关是专门的法律监督机关的定位。具体而言,建议将"司法工作人员"改为"司法工作人员、监察工作人员"。

第三节　侦查讯问制度的改革与完善

一、侦查讯问的内涵

(一)侦查讯问的概念

侦查讯问是由"侦查"与"讯问"两个词组成的。对"侦查"一词的界定,本章第

[①]　现行《刑法》第 94 条规定:"本法所称司法工作人员,是指有侦查、检察、审判、监管职责的工作人员。"

[②]　[法]孟德斯鸠:《论法的精神》(上),商务印书馆 1982 年版,第 154 页。

二节已有详述,此处不赘,而"讯问"的概念较为繁杂须谨慎对待。"讯问"一词由"讯""问"二字构成。讯者,旨问也;[①]问者,有不知道或不明白的事请人解答。讯问,亦即就所有信息或与情况有关的细节问题进行的正式、强令、彻底的提问。[②]在刑事司法领域,讯问是指国家专门机关在刑事诉讼中就案件情况而对犯罪嫌疑人、被告人进行的正式、强令、彻底的提问。要准确理解讯问的内涵,有必要将之与询问一词做比较。在我国古代刑事司法中,询问一词与讯问一词往往混用,"今因经无以询为问罪字,遂用讯不用询,其实讯询一字也"[③]。而在现代刑事司法中,"询问"与"讯问"的使用有区别。具体而言,区别有二:一是二者针对的对象不同。询问通常以被害人、证人或其他诉讼参与人为对象;而讯问则针对犯罪嫌疑人、被告人。二是二者提问的强制程度不同。询问通常表现为语气缓和,被提问者并无较大压力;而讯问则是通过施以强制性的压力而获取被提问者的回答。所谓"上问下曰讯",意味着讯问往往带有一种自上而下的压力感。

侦查讯问,就是在刑事诉讼中,侦查主体依照法定程序以言词方式对犯罪嫌疑人进行查问,以期获得犯罪嫌疑人的回答,借此查明案件事实真相的一种侦查活动。侦查讯问作为一种重要的侦查行为,具有以下特点:第一,直接言词性。侦查讯问要求侦查主体直接、正面面对犯罪嫌疑人,并以言词形式就案件的情况向犯罪嫌疑人提问。通过直接听取犯罪嫌疑人的回答,侦查主体可以亲自观察犯罪嫌疑人的言行举止,有助于准确判断犯罪嫌疑人回答的真伪,进而获取有利于查明案件事实真相的信息。第二,相对封闭性。侦查讯问往往要求侦查主体在非开放式的空间对犯罪嫌疑人进行提问,一般而言,除了讯问人、被讯问人以及法律规定可以在场的其他诉讼参与人(如翻译人员、辩护人)以外,其余人员一般不得在场。

(二)侦查讯问的构成要素

从构成要素的角度而言,笔者认为侦查讯问的构成要素主要有以下几个方面:

第一,侦查讯问的主体是法定的侦查机关。侦查讯问是发现和收集证据,查明犯罪事实和查获犯罪嫌疑人的重要手段,为了尊重和保障人权,保护公民的合法权益,保证国家侦查权的统一行使,有效地打击犯罪行为,侦查讯问只能由法定的侦查机关实施。如前所述,根据我国《刑事诉讼法》《监察法》和其他有关法律的规定,我国侦查讯问的主体只包括公安机关、监察委员会、人民检察院、国家安全机关、军队保卫部门、监狱和海关缉私部门。除此以外,其他任何机关、团体和个人都无权

---

① (晋)郭璞注、(宋)邢昺疏:《尔雅注疏·释诂上·疏》,转引自杨家骆主编:《尔雅注疏及补正附经学史》,世界书局 1985 年版,尔雅一·释诂上·四。

② Philip Babcock Gove, *Webster's Third New International Dictionary of the English Language Unabridged*, Merriam-Webster Inc., 1993, p. 1182.

③ (清)朱骏声:《说文通训定声》,清道光二十八年刻本。

进行侦查讯问。需要指出的是,虽然以上七个专门机关都有权进行侦查讯问,但是最为重要的侦查讯问者是公安机关。这是由公安机关是最主要的侦查机关所决定的。我国现行《刑事诉讼法》第 18 条第 1 款规定:"刑事案件的侦查由公安机关进行,法律另有规定的除外。"在侦查过程中,公安机关可以采取专门的调查手段,讯问犯罪嫌疑人就是最常见的调查手段。

第二,侦查讯问的对象是犯罪嫌疑人。如前所述,侦查讯问是侦查主体依照法定程序以言词方式对犯罪嫌疑人进行查问的一种侦查活动,其对象必然是犯罪嫌疑人。过去,我国立法上在相当长的一段时间内将受到刑事追诉的人统称为"被告人"或"人犯",这种称谓带有浓厚的有罪推定色彩,有违诉讼公正与文明。1996 年《刑事诉讼法》修改时在吸收无罪推定精神的基础上,将受到刑事追诉的人区分为犯罪嫌疑人和被告人。根据该法第 33 条的规定,公诉案件,受刑事追诉的人在人民检察院向法院提起公诉以前称为"犯罪嫌疑人",在人民检察院正式向法院提起公诉以后则称为"被告人"。侦查讯问发生在侦查阶段,检察机关不可能向法院提起公诉,因此,侦查讯问的对象只能是犯罪嫌疑人。

第三,侦查讯问的内容是案件事实和其他与案件有关的事项。具体来说,主要包括以下几个方面的内容:一是犯罪嫌疑人的基本情况,根据《公安机关办理刑事案件程序规定(2012 年修订)》第 198 条规定,犯罪嫌疑人的基本情况包括犯罪嫌疑人的姓名、别名、曾用名、出生年月日、户籍所在地、现住地、籍贯、出生地、民族、职业、文化程度、家庭情况、社会经历、是否属于人大代表、政协委员、是否受过刑事处罚或者行政处理等情况。这些基本情况关涉犯罪嫌疑人是否需要承担刑事责任、如何联系犯罪嫌疑人家属等,因此在第一次讯问时就应当问明。二是具体的案件事实。首先讯问犯罪嫌疑人是否有犯罪行为,然后让其回答。如果犯罪嫌疑人承认有犯罪行为,则让其供述经过和情节;如果犯罪嫌疑人否认有犯罪行为,则应让他作无罪的辩解。等犯罪嫌疑人供述或辩解完毕后,再就其供述或辩解中不清楚、不全面或者前后矛盾的地方向他提问。为了查明案件事实,侦查人员在讯问中应当对犯罪嫌疑人的犯罪事实、动机、目的、手段,与犯罪有关的时间、地点,涉及的人、事、物等讯问清楚。

二、侦查讯问制度的法治化进程

在改革开放以前,我国没有制定刑事诉讼法典,关于侦查讯问的规定散见于《宪法》《人民检察院组织法》《逮捕拘留条例》《惩治贪污条例》等若干法律、法规中。侦查讯问制度的真正法治化,始于改革开放的社会主义法制建设过程,尤其是1979 年我国第一部《刑事诉讼法》的颁布,标志着我国侦查讯问制度正式立法化;尔后在 1996 年《刑事诉讼法》第一次修改中侦查讯问制度得到进一步完善;经过2012 年《刑事诉讼法》第二次修改,以人权保障为理念,侦查讯问制度进一步深化发展。

（一）侦查讯问制度的法治化

1978 年 12 月 18 日至 22 日，中国共产党十一届三中全会在北京召开。会议作出"把全党的工作重点转移到社会主义现代化建设上来"的战略决策，实现了新中国成立以来党的历史的伟大转折，标志着我国社会主义法制建设实现重大转折，进入新的时代。

在加强社会主义法制建设的背景下，1979 年 7 月 1 日我国第一部《刑事诉讼法》通过并颁布，并于 1980 年 1 月 1 日起施行。[①] 1979 年《刑事诉讼法》第二编第二章"侦查"详细规定了侦查制度的具体内容，其中，对侦查讯问程序也作了明确的规定：第一，规定了侦查讯问的主体只能是人民检察院或公安机关的侦查人员。即第 62 条规定："讯问被告人必须由人民检察院或者公安机关的侦查人员负责进行。讯问的时候，侦查人员不得少于二人。"第二，规定了侦查讯问的时间与地点，对于被拘留或被逮捕的犯罪嫌疑人，要求在拘留后或逮捕后 24 小时以内在看守所进行讯问（第 44 条、第 51 条）；对于不需要逮捕、拘留的被告人，则可以传唤到指定的地点或者到他的住处、所在单位进行讯问，但是应当出示人民检察院或者公安机关的证明文件（第 63 条）。第三，规定了侦查讯问的具体程序。具体有四：一是侦查讯问的步骤，要求"侦查人员在讯问被告人的时候，应当首先讯问被告人是否有犯罪行为，让他陈述有罪的情节或者无罪的辩解，然后向他提出问题"（第 64 条）。二是被讯问人有如实回答的义务，即要求"被告人对侦查人员的提问，应当如实回答。但是对与本案无关的问题，有拒绝回答的权利"（第 64 条）。三是讯问特殊对象的程序要求，即规定"讯问聋、哑的被告人，应当有通晓聋、哑手势的人参加，并且将这种情况记明笔录"（第 65 条）。四是讯问笔录的制作，即第 66 条规定："讯问笔录应当交被告人核对，对于没有阅读能力的，应当向他宣读。如果记载有遗漏或者差错，被告人可以提出补充或者改正。被告人承认笔录没有错误后，应当签名或者盖章。侦查人员也应当在笔录上签名。被告人请求自行书写供述的，应当准许。必要的时候，侦查人员也可以要被告人亲笔书写供词。"

毋庸置疑，这是我国第一次以立法形式较为详尽地规定了刑事案件侦查讯问程序的内容，尽管有的规定现在看来仍然存在不足，但是较之过去侦查讯问的内容缺乏法律规制的状况而言确实是一个很大的进步，标志着我国侦查讯问的发展进入法治化时代。

（二）侦查讯问制度的进一步完善

《刑事诉讼法》自 1979 年实施以来，在惩罚犯罪、保障公民诉讼权利，推进改革

---

① 关于 1979 年刑事诉讼法的制定过程，请参见第一章，此处不赘。

开放和社会主义法治化建设发挥了重要作用。然而,进入 20 世纪 90 年代,社会发生了重大变化与发展,"社会生活情势的不断变化要求法律根据其他社会利益的压力和种种危及安全的新形式不断作出新的调整"①。于是,1996 年迎来了《刑事诉讼法》的第一次修改。1996 年《刑事诉讼法》修改是我国刑事诉讼制度和司法制度的重大改革,"是社会主义法制建设的一件大事,是加强依法治国、建设社会主义法制国家的一个重要成果"②。

这次《刑事诉讼法》修改涉及刑事诉讼的各个环节,其中,有关侦查讯问的内容包括:(1)增加了侦查讯问的主体,将国家安全机关、军队保卫部门以及监狱规定为侦查主体(第 4 条、第 225 条),上述侦查主体适用侦查讯问的相关规定。(2)对侦查讯问的地点进行了修改,由原来的"传唤到指定的地点或者到他的住处、所在单位进行讯问"改为"传唤到犯罪嫌疑人所在市、县内的指定地点或者到他的住处进行讯问,但是应当出示人民检察院或者公安机关的证明文件"。(第 92 条)(3)将侦查阶段被刑事追诉的人的称谓由"被告人"改为"犯罪嫌疑人"。(第 92 条)(4)明确了传唤、拘传的时间,规定"传唤、拘传持续的时间最长不得超过十二小时。不得以连续传唤、拘传的形式变相拘禁犯罪嫌疑人"(第 92 条)。(5)增加了关于犯罪嫌疑人有权在侦查阶段聘请律师为其提供法律帮助的规定,即第 96 条规定:"犯罪嫌疑人在被侦查机关第一次讯问后或者采取强制措施之日起,可以聘请律师为其提供法律咨询、代理申诉、控告。犯罪嫌疑人被逮捕的,聘请的律师可以为其申请取保候审。"

随着修改后《刑事诉讼法》的颁布实施,为了使《刑事诉讼法》的规定得到有效贯彻实施,最高人民法院、最高人民检察院、公安部等国家机关相继发布了一系列司法解释和法律文件,进一步细化了侦查讯问程序。其中,比较重要的司法解释和法律文件有:1998 年 1 月 19 日最高人民法院、最高人民检察院、公安部、国家安全部、司法部、全国人大常委会法制工作委员会颁布的《关于实施刑事诉讼法若干问题的规定》;1998 年 6 月 29 日最高人民法院通过的《关于执行〈中华人民共和国刑事诉讼法〉的解释》;1998 年 12 月 16 日最高人民检察院通过的《人民检察院刑事诉讼规则》;1998 年 5 月 14 日公安部发布的《公安机关办理刑事案件程序规定》等。

毋庸置疑,1996 年《刑事诉讼法》的修改以及嗣后司法解释与法律文件的出台,对保障侦查讯问制度的正确实施发挥了重要作用。当然此次刑事诉讼法修改关于侦查讯问仍有问题没有解决特别是第 93 条规定的犯罪嫌疑人"应当如实回

---

① [美]罗斯科·庞德:《法制史解释》,邓正来译,中国法制出版社 2002 年版,第 2 页。
② 王汉斌著:《社会主义民主法制文集(下)》,中国民主法制出版社 2012 年版,第 523 页。

答"的义务,需要《刑事诉讼法》再修改予以解决。

（三）人权保障背景下的侦查讯问制度改革

1996 年以来,修改后的《刑事诉讼法》在司法实践中也发挥着重要作用。然而,司法实践中刑讯逼供和变相刑讯逼供的现象仍然较为严重,刑讯逼供导致了一些震惊全国的冤案错案,如杜培武案、佘祥林案、赵作海案等。因此,亟待刑事诉讼法的再次修改,以适应不断变化的社会发展需要。如第一章所述,我国在 2012 年迎来了刑事诉讼法的第二次修改。① 2012 年刑事诉讼法再修改将"尊重和保障人权"写入立法,并以此为指导思想对侦查讯问制度进行了改革与完善,使侦查讯问制度向着法治化、文明化的方向发展。具体而言,2012 年《刑事诉讼法》的再修改涉及侦查讯问制度的内容包括以下几个方面:

1. 进一步完善了侦查讯问的程序性规则

为了有效遏制刑讯逼供,保证侦查讯问程序的公正性,2012 年修改后的《刑事诉讼法》在 1996 年《刑事诉讼法》的基础上进一步完善了侦查讯问的程序性规则:第一,进一步完善了侦查讯问的地点,即规定犯罪嫌疑人被拘留后应当在 24 小时内送看守所（第 82 条）。犯罪嫌疑人被送交看守所羁押以后,侦查人员对其进行讯问,应当在看守所内进行（第 116 条）;对不需要逮捕、拘留的犯罪嫌疑人,可以传唤到犯罪嫌疑人所在市、县内的指定地点或者到他的住处进行讯问,但是应当出示人民检察院或者公安机关的证明文件。对在现场发现的犯罪嫌疑人,经出示工作证件,可以口头传唤,但应当在讯问笔录中注明（第 117 条）。第二,进一步明确了讯问的时间限制,规定传唤、拘传持续的时间不得超过 12 小时;案情特别重大、复杂,需要采取拘留、逮捕措施的,传唤、拘传持续的时间不得超过 24 小时。不得以连续传唤、拘传的形式变相拘禁犯罪嫌疑人。传唤、拘传犯罪嫌疑人,应当保证犯罪嫌疑人的饮食和必要的休息时间（第 117 条）。第三,明确规定了侦查机关的权利告知义务,规定了"侦查人员在讯问犯罪嫌疑人的时候,应当告知犯罪嫌疑人如实供述自己罪行可以从宽处理的法律规定"（第 118 条）。第四,明确规定了讯问中的录音录像制度,规定侦查人员在讯问犯罪嫌疑人的时候,可以对讯问过程进行录音或者录像;对于可能判处无期徒刑、死刑的案件或者其他重大犯罪案件,应当对讯问过程进行录音或者录像。录音或者录像应当全程进行,保持完整性。（第 121 条）第五,对检察机关审查批捕程序中的讯问做了专门规定。即规定人民检察院审查批准逮捕,可以讯问犯罪嫌疑人;有下列情形之一的,应当讯问犯罪嫌疑人:(1)对是否符合逮捕条件有疑问的;(2)犯罪嫌疑人要求向检察人员当面陈述的;(3)侦查活动可能有重大违法行为的。（第 86 条）

---

① 2012 年刑事诉讼法再修改概况,请参见第一章。

2. 强化了犯罪嫌疑人在侦查讯问中的权利保障

第一,将犯罪嫌疑人获得律师辩护的时间往前延伸至侦查阶段。1996 年修改的《刑事诉讼法》第 96 条虽然规定犯罪嫌疑人在侦查阶段可以聘请律师,且律师在侦查阶段可以提供法律咨询、代理申诉、控告、申请取保候审等法律帮助,但是没有赋予律师辩护人地位,因而辩护律师的其他诉讼权利无法在侦查阶段行使,导致犯罪嫌疑人在侦查阶段无法获得充分的法律帮助。2012 年《刑事诉讼法》修改明确规定了"犯罪嫌疑人自被侦查机关第一次讯问或者采取强制措施之日起,有权委托辩护人;在侦查期间,只能委托律师作为辩护人"(第 33 条)。这无疑对侦查讯问中犯罪嫌疑人的权利保障有重要意义。第二,明确规定了犯罪嫌疑人享有不得强迫任何人证实自己有罪的特权,即第 50 条明确规定:"严禁刑讯逼供和以威胁、引诱、欺骗以及其他非法方法收集证据,不得强迫任何人证实自己有罪。"第三,增设非法证据排除规则,明确规定了采用刑讯逼供等非法方法收集的犯罪嫌疑人、被告人供述应当予以排除,不得作为起诉意见、起诉决定和判决的依据。(第 54 条)

2012 年《刑事诉讼法》修改后,有关的司法解释及法律文件也随之作出修订,并对侦查讯问程序作出进一步细化的规定。这些修订的司法解释及法律文件主要包括:最高人民法院、最高人民检察院、公安部、国家安全部、司法部、全国人大常委会法制工作委员会《关于实施刑事诉讼法若干问题的规定》(2012 年修订),最高人民法院《关于适用〈中华人民共和国刑事诉讼法〉的解释》(2012 年修订),最高人民检察院《人民检察院刑事诉讼规则(试行)》(2012 年修订),公安部《公安机关办理刑事案件程序规定》(2012 年修订),最高人民法院、最高人民检察院、公安部、司法部《关于刑事诉讼法律援助工作的规定》(2013 年修订),等等。

2012 年《刑事诉讼法》修改坚持惩罚犯罪与保障人权并重理念,着力解决司法实践中存在的突出问题,使刑事诉讼法制建设取得了重大的进步。[①] 侦查讯问程序的修改和完善都体现了保障人权的理念追求。比如,完善了辩护制度,使犯罪嫌疑人获得律师辩护的时间推前至侦查阶段;规定了"不得强迫任何人证实自己有罪"特权;增设非法证据排除规则以遏制刑讯逼供;等等。这些新的规定使我国侦查讯问制度保障人权的力度提升至一个新的高度。

三、存在问题与展望

应当承认,2012 年《刑事诉讼法》修改在侦查讯问制度的完善上取得了重大进步,但仍然存在某些不足与问题,如"如实回答"义务问题、讯问时律师在场权问题、侦查阶段的非法证据排除程序缺失问题等。随着 2013 年 11 月中共十八届三中全

[①] 陈光中、曾新华、刘林呐:《刑事诉讼法制建设的重大进步》,载《清华法学》2012 年第 3 期。

会通过《中共中央关于全面深化改革若干重大问题的决定》以及 2014 年 10 月中共
十八届四中全会通过《关于全面推进依法治国若干重大问题的决定》，尤其是十九
大的召开，建设社会主义法治国家的脚步开始加快，十八届三中全会通过的决定、
十八届四中全会通过的决定以及十九大通过的决定为推进司法改革推出一系列重
要举措。这些新举措大多涉及刑事诉讼法规定的修改。刑事诉讼法的修改应当加
强人权司法保障与提升程序公正的价值。立足于新一轮的司法改革背景，笔者就
侦查讯问制度改革的展望着重探讨以下几个问题。

（一）构建律师侦查讯问时在场权

侦查讯问时律师在场权是指在侦查阶段，侦查人员讯问犯罪嫌疑人时，律师有
权在场，即"侦讯在场权"。[①] 律师侦查讯问时在场，可以缓和犯罪嫌疑人在接受讯
问时的紧张情绪和压力，避免犯罪嫌疑人在紧张或受到压力的情况下作出供述，保
证供述任意性；同时也有助于规范讯问人员的行为，有效遏制刑讯逼供行为。

过去，在是否应当建立侦查讯问时律师在场权制度的问题上，学界存在较大分
歧。有学者担心律师在讯问时在场会影响诉讼效率，妨碍侦查，加之讯问时律师在
场权遏制刑讯逼供之功效可由非法证据排除规则等措施实现，故认为不宜建立讯
问时律师在场制度。[②] 这种担心虽有一定的合理性，但是有失偏颇。诚然，从功能
实现的角度来看，非法证据排除规则似乎可以替代侦查讯问时律师在场权对遏制
刑讯逼供发挥的重要作用，因为刑讯逼供获得的供述不得作为定案的依据，这也是
我国近年来不断完善非法证据排除规则的重要动因。然而，对二者不能如此简单
地做功能对比。探寻讯问时律师在场权与非法证据排除规则的关系，必须回到这
两种制度的设立主旨上。我们知道，非法证据排除规则设立是旨在通过事后对非
法取得的证据予以排除来震慑侦查机关，促使其不敢非法取证，从而起到遏制刑讯
逼供的作用。然而，与之不同的是，侦查讯问时律师在场权是律师在侦查人员对犯
罪嫌疑人进行讯问时亲自在场，是在讯问过程中避免刑讯的发生。更为重要的是，
赋予律师侦查讯问时在场权，能够使犯罪嫌疑人感到心里踏实，从而有效缓和心里
的恐惧与压力，因为有律师在他身边帮助他，显然这是非法证据排除规则所替代不
了的。因此，应当在我国刑事诉讼法中建立讯问时律师在场权。

放眼域外，现代法治国家在确立非法证据排除规则的同时，也并不排斥建立讯
问时律师在场权。比如，在美国，联邦最高法院在 1914 年确立非法证据排除规则
之后，又于 1936 年的 *Brown v. Mississippi* 一案中确立了律师在场权，并于 1966

[①]　汪海燕：《刑事诉讼法律移植研究》，中国政法大学出版社 2015 年版，第 187 页。

[②]　宋英辉：《刑事诉讼法学研究述评(1978—2008)》，北京师范大学出版集团、北京师范大学出
版社 2009 年版，第 179 页。

年的 *Miranda v. Arizona* 判决中将之上升为全国适用的规定。[①] 又如,在意大利,经过 1988 年刑事诉讼法修改确立了律师在场权制度。根据意大利刑事诉讼法的规定,无论是司法警察还是检察官在没有律师在场的情况下对被追诉人进行讯问所得的任何供述在任何阶段均不得作为证据。[②] 回视我国,当前司法改革已经为我国建立讯问时律师在场权提供了理念基础与规则支撑。从理念基础来看,"尊重和保障人权"条款不仅被写入《宪法》,同时也被写入了《刑事诉讼法》,成为一项重要的宪法原则与刑事诉讼基本原则。从规则支撑的角度来看,2012 年《刑事诉讼法》修改后,律师在侦查阶段已经具有辩护人身份,这为其在场提供了权利来源。而且,随着值班律师制度的建立,为讯问时律师在场权提供了人力支持。

那么,需要进一步追问的是,应当如何构建我国讯问时律师的在场权呢?笔者认为,构建讯问时律师在场权宜采取循序渐进的方式进行。具体而言,现阶段可以将律师在场的案件范围限定在未成年人犯罪案件以及被告人可能判处十年以上有期徒刑、无期徒刑、死刑的案件。[③] 在这些案件中,侦查人员讯问犯罪嫌疑人时,允许律师在场,并就侦查人员的讯问提出意见。需要指出的是,这里的律师既包括具有辩护人身份的辩护律师,也包括值班律师。辩护律师因为行使辩护权的需要,其在场正当性自不待言。而在犯罪嫌疑人没有聘请辩护律师之前允许值班律师在场帮助犯罪嫌疑人,这是维护犯罪嫌疑人合法权益的需要。

(二)进一步完善侦查阶段的非法证据排除程序

非法证据排除规则体现了程序人权保障价值,对于严防刑讯逼供,保障犯罪嫌疑人的合法权益有重要意义。我国 2012 年《刑事诉讼法》修改以立法形式确立非法证据排除规则,嗣后一系列司法解释更是对非法证据排除规则进行细化与完善,但是我国现行非法证据排除规则及其实施仍存在问题。从规范侦查讯问程序,保障犯罪嫌疑人诉讼权利的角度来看,主要问题包括:一是非法取得的犯罪嫌疑人供述排除的范围过窄,根据现行《刑事诉讼法》的规定,非法取得的供述排除的范围是"采用刑讯逼供等非法手段取得的犯罪嫌疑人、被告人供述",虽然最高人民法院司法解释将非法证据的范围扩展至"采用肉刑或者变相肉刑",但对以"威胁"方法获得的供述以及重复供述的排除问题并未规定。司法实践中采用"威胁"方法获得的犯罪嫌疑人供述以及重复供述并不在排除之列。这显然使非法证据排除规则遏制刑讯逼供的作用大打折扣,难以实现通过非法证据排除程序规制审前程序尤其是非法取证等行为。值得注意的是,2017 年 6 月两院三部发布的《非法证据排除规

[①]　Edward Gregory, Mascolo *Miranda v. Arizona Revisited and Expanded: No Custodial Interrogation Without the Presence of Counsel*, Conn. B. J., 1994, Vol. 68, p. 305.

[②]　汪海燕:《刑事诉讼法律移植研究》,中国政法大学出版社 2015 年版,第 188 页。

[③]　汪海燕:《刑事诉讼法律移植研究》,中国政法大学出版社 2015 年版,第 191 页。

定》不仅将"威胁"和"重复供述"纳入非法证据排除的范围,而且将范围进一步扩展至"采用非法拘禁等非法限制人身自由的方法收集的供述"(第 4 条)。[1] 笔者认为,尽管司法解释对非法证据排除的范围作出更为全面、系统的规定,但毕竟不是法律本身,从增加制度权威性的角度来看,应当及时将这些较为成熟的司法改革经验上升为法律意志。

二是侦查阶段非法证据排除程序问题。根据现行《刑事诉讼法》第 54 条的规定,非法证据排除规则适用于侦查阶段、审查起诉阶段以及审判阶段。因此,在上述三个阶段应当相应地设立非法证据排除程序。应当说,审查起诉阶段与审判阶段的排除程序在相关司法解释中已有规定,但是侦查阶段的排除程序没有明确规定。这不得不说是一个遗憾。毋庸讳言,侦查阶段非法取得的犯罪嫌疑人供述在审查起诉阶段乃至审判阶段也可以排除,但是侦查阶段作为维护犯罪嫌疑人合法权益的第一道关卡,更应当严把关口、完善程序。因此,应当构建侦查阶段的非法证据排除程序。值得注意的是,2017 年 6 月两院三部发布的《非法证据排除规定》已经注意到此问题,不仅规定了侦查阶段的排除主体为检察机关,而且规定了侦查阶段排除程序的启动方式包括依申请启动和依职权启动两种。[2] 因此,应当在下一次修改刑事诉讼法时加以吸收并进一步细化,写入法典。

(三)"应当如实回答"规定的删除问题

如前所述,"不得强迫任何人证实自己有罪"特权已经在我国正式确立。毋庸置疑,在立法上确立不得强迫任何人证实自己有罪的规定,可以"从制度上进一步遏制刑讯逼供和其他非法收集证据的行为,维护司法公正和刑事诉讼参与人的合法权利"。[3] 需要指出的是,2012 年修改后的《刑事诉讼法》在确立"不得强迫任何人证实自己有罪"特权的同时,保留了原《刑事诉讼法》关于"犯罪嫌疑人对侦查人员的提问,应当如实回答"的规定(现行《刑事诉讼法》第 118 条)。学界对二者能否同时规定在《刑事诉讼法》中产生了较大争议。立法部门有关负责人认为,"不得强

---

① 对于非法证据排除规则的发展,可参见第五章。

② 最高人民法院、最高人民检察院、公安部、国家安全部、司法部《关于办理刑事案件严格排除非法证据若干问题的规定》第 14 条规定:"犯罪嫌疑人及其辩护人在侦查期间可以向人民检察院申请排除非法证据。对犯罪嫌疑人及其辩护人提供相关线索或者材料的,人民检察院应当调查核实。调查结论应当书面告知犯罪嫌疑人及其辩护人。对确有以非法方法收集证据情形的,人民检察院应当向侦查机关提出纠正意见。侦查机关对审查认定的非法证据,应当予以排除,不得作为提请批准逮捕、移送审查起诉的根据。对重大案件,人民检察院驻看守所检察人员应当在侦查终结前询问犯罪嫌疑人,核查是否存在刑讯逼供、非法取证情形,并同步录音录像。经核查,确有刑讯逼供、非法取证情形的,侦查机关应当及时排除非法证据,不得作为提请批准逮捕、移送审查起诉的根据。"

③ 王兆国:《关于〈中华人民共和国刑事诉讼法修正案(草案)〉的说明》——2012 年 3 月 8 日在第十一届全国人民代表大会第五次会议上。

迫任何人证实自己有罪,这是我们刑事诉讼法一贯坚持的精神","如实回答是从另外一个层面,从另外一个角度规定"与"不得强迫任何人证实自己有罪"并不矛盾。[①] 而有学者则明确指出,将"不得强迫自证其罪"和"如实陈述条款"并行是很滑稽的,"只要还保留如实供述的条款,在实质上就没有改变"。[②]

笔者认为,"不得强迫任何人证实自己有罪"与"应当如实回答"是相矛盾的。"不得强迫任何人证实自己有罪"禁止侦查人员以胁迫、威胁等非法方法迫使被讯问人违背意愿作出供述,即保障被讯问人供述的自愿性。然而,"应当如实回答"要求犯罪嫌疑人、被告人在被讯问时不仅应当"回答",而且应当"如实回答",这意味着犯罪嫌疑人对侦查人员的提问没有不回答的自由,相反,更是有回答的义务。更为重要的是,犯罪嫌疑人的回答还必须是"如实回答",而如实回答的内容有可能会"证实自己有罪",这显然带有"强迫性"地要求犯罪嫌疑人"证实自己有罪"之嫌,明显与"不得强迫任何人证实自己有罪"精神内核冲突。倘若将二者同时规定在《刑事诉讼法》中,只会导致本来就缺乏机制保障的"不得强迫任何人证实自己有罪"规定在很大程度上流于形式,无法发挥其真正作用。从我国民主法治的发展趋势来看,应当在刑事诉讼法修改时删除"应当如实回答"之规定。

第四节　技术侦查措施的发展

一、从常规侦查到技术侦查:科技高度发展背景下侦查方式的演进

技术侦查措施不是一开始就有的,而是随着社会发展到一定阶段,尤其是科学技术高度发展的产物。在我国,传统的刑事侦查属于调查型侦查模式,侦查方式主要表现为人力调查、强制讯问、线人揭发、勘验现场、物证技术取证等,在处理证据和认定案件事实上主要借助于身体感官和部分物证技术。[③] 随着科学技术发展日新月异,尤其是互联网技术的发展,科学技术已经渗透到社会各个传统行业,推动着社会生活的全面进步,同时也给刑事犯罪提供了延伸的新空间。犯罪分子利用高科技手段炮制出新的犯罪手段和方法,大大增加了犯罪的社会危害性。正如美

---

① 郎胜:《"不得强迫任何人证实自己有罪"与"应当如实回答"不矛盾》,http://legal. people. com. cn/GB/17332533. html,下载日期:2018 年 4 月 29 日。

② 《对话陈光中:公检法全不赞成"沉默权"入法》,http://legal. people. com. cn/GB/15688377. html,下载日期:2018 年 4 月 29 日。

③ 韩德明:《信息化背景下侦查权范式的要素系谱》,载《中国人民公安大学学报》2016 年第4 期。

国国家科学研究院指出:"现代窃贼使用计算机偷的东西远比使用手枪抢的东西多得多。同样,未来的恐怖分子使用键盘造成的损害远比使用炸弹造成的损害大得多。"[1]由于借助了高科技,许多犯罪具有较高的技术含量和较大的隐蔽性,传统的侦查模式已难以适应新型互联网犯罪案件侦查对信息技术的需要。一方面,新型犯罪已经超越了单一的现实时空,呈现出虚拟与现实空间交织,甚至表现为网络犯罪的趋势,传统的调查型侦查模式已难以适应科技高度发展所带来的复杂犯罪趋势。另一方面,科技高度发展下案件呈现手段科技化、隐蔽性强等特点,已经突破了传统侦查模式的承载能力,刑事案件数量、技术含量、隐蔽程度的提升大大增加了侦查破案的难度。因此,为了解决传统侦查方式所面临的窘境,适应科技时代带来的新挑战,必须构建新型的侦查方式,以应对复杂多变的犯罪带来的挑战。放眼域外,不同程度地采用技术侦查成为者多现代法治国家的选择。如在美国,随着科技高度发展,面对越来越复杂的犯罪现象,技术侦查手段在刑事侦查中越发深入。需要指出的是,美国刑事侦查中的技术侦查大致分为通信监控、有形监控和业务记录监控三类。其中,通信监控是对包括使用电子媒介在内的一些手段进行的电子通信的同步监控,如电话监听、电子邮件的监控等。又如,在英国,为了有效打击网络犯罪,英国警察越来越重视社交网络监视。在英国警察看来,通过掌握的社交网站,或通过互联网收集到的数据绘制社交网络图,从中获取有用的情报,是警方侦查破案的一种重要战略资源和手段。英国警察就通过推特和黑莓手机短信等获取了骚乱分子准备攻击伦敦奥运场馆及伦敦牛津大街等情报,并根据此信息提前安排了警力,成功阻止了骚乱分子的破不活动。再如,在德国,为了加强对网络犯罪的打击,德国政府安全部门开始使用一款被指控含有非法窃听功能的间谍软件进行网络电话监听。根据德国法律相关规定,警方在握有具体侦查线索的前提下,可以给犯罪嫌疑人的计算机发送"木马"间谍程序,监控犯罪嫌疑人的电邮往来,监听犯罪嫌疑人用网络电话通话的内容,阅读犯罪嫌疑人在网络聊天室的聊天记录。[2]在印度,为了有效应对互联网发展带来的挑战,由印度政府资助成立了先进的手机取证中心,其中,高级计算机开发中心即先锋代表。该中心目前正开发一套手机取证的硬件设备和软件,帮助调查人员调查网络犯罪,分析犯罪现场的数字证据等。有的邦在与高级计算机开发中心建立合作关系后,已经成立了经过充分训练的高科技犯罪调查组,专门负责调查与手机和网络有关的高科技犯罪。[3]

---

[1] System Security Study Committee,*Computer at Risk:Safe Computing in the Information Age*,Washington,D.C.:National Academies Press,1990,p.7.转引自陈永生:《计算机网络犯罪对刑事诉讼的挑战与制度应对》,载《法律科学》2014年第3期。

[2] 赵志巍、李翠翠:《国外计算机网络犯罪侦查技术概述》,载《中国安防》2016年第3期。

[3] 赵志巍、李翠翠:《国外计算机网络犯罪侦查技术概述》,载《中国安防》2016年第3期。

由此可以看出来，随着科技的高度发展，科学技术全面渗入刑事诉讼中，常规侦查向技术侦查演进，技术侦查在世界各国司法实践中已成为一种重要的侦查方式。

二、技术侦查措施在我国的法治化进程

从历史的维度来看，技术侦查措施写入我国《刑事诉讼法》并非一蹴而就，而是经历了曲折迂回之路。这种曲折迂回之路当然根植于我国的特定环境。从技术侦查措施的发展路径来看，技术侦查措施的适用主体经历由公安机关向检察机关、国家安全机关、监察机关扩展的过程，其法治化也是通过内部文件或通知的不断积累而在立法上正式确定下来。

自改革开放以来，为了有效打击重大犯罪，我国刑事侦查活动开始重视技术侦查措施在这些案件中的运用，并率先在公安部的内部文件中规定了技术侦查措施。改革开放以来，第一次明确规定技术侦查措施的文件是 1980 年公安部下发的第 99 号文件《关于在侦查破案中充分运用各种技术手段的通知》（以下简称公安部《通知》）。公安部《通知》明确指出："为了加强同重大刑事犯罪分子的斗争，这些技侦手段，按规定的手续批准，可以用于刑事侦查活动。"尔后，1984 年召开的全国刑侦工作会议就技术侦查问题提出了进一步的要求："技术侦查手段的管理，采取集中与分散相结合的办法，邮件和固定阵地的侦听、监视仍由侦查技术机构负责；流动的麦侦、话侦、监视、密取等手段，由侦查部门掌握使用。"[1] 根据此会议的要求，随后公安部于 1985 年制定的《公安部关于技术侦察手段的使用原则和管理办法的暂行规定》（以下简称《暂行规定》）比较详细地规定了技术侦查手段的适用对象、审批程序以及管理制度等。按照该《暂行规定》的规定，技术侦查主要适用于对敌斗争和侦办危害国家安全的案件，同时也可以适用于其他重大刑事、经济犯罪案件。[2] 需要指出的是，最初技术侦查措施只能由公安部来予以适用，且适用依据只是部门内部文件。

随着经济犯罪问题的突出，尤其是贪污贿赂犯罪案件愈发严重，为了有效打击此类职务犯罪，技术侦查措施从公安机关适用扩展至检察机关也可以适用。最高人民检察院和公安部于 1989 年联合颁布了《关于公安机关协助人民检察院对重大经济案件使用技术侦查手段有关问题的通知》（以下简称最高检、公安部《通知》）。最高检、公安部《通知》明确规定："对经济犯罪案件，一般不要使用技侦手段。对于极少数重大经济犯罪案件，主要是贪污贿赂案件和重大的经济犯罪嫌疑分子，必须

---

① 郑晓均：《侦查策略与措施》，法律出版社 2010 年版，第 253 页。
② 解芳：《我国技侦工作立法问题研究》，载郝宏奎主编：《侦查论坛》（第一卷），中国人民公安大学出版社 2002 年版，第 338～341 页。

使用技术侦查手段的,要十分慎重地经过严格审批手续后,由公安机关协助使用。"①据此,我国检察机关在侦查极少数重大经济犯罪案件过程中,可以使用技术侦查措施。至此,公安机关与检察机关在侦办重大犯罪案件时均可以使用技术侦查措施。

需要指出的是,虽然技术侦查措施在公安机关与检察机关侦办重大犯罪案件时均可以使用,并被写入内部文件或通知中,但规定过于原则,加之内部文件或通知作为使用依据缺乏正当性,因此技术侦查措施亟待法律进行规制。鉴于此,1993年通过的《国家安全法》首次以立法的形式明确规定了技术侦查措施。② 《国家安全法》第10条规定:"国家安全机关因侦察危害国家安全行为的需要,根据国家有关规定,经过严格的批准手续,可以采取技术侦察措施。"第33条规定:"公安机关依照本法第2条第2款的规定,执行国家安全工作任务时,适用本法有关规定。"1995年通过的《人民警察法》进一步明确了公安机关采取技术侦查措施的权限,即第16条规定:"公安机关因侦查犯罪的需要,根据国家有关规定,经过严格的批准手续,可以采取技术侦察措施。"需要指出的是,尽管技术侦查措施被写入立法,但是规定过于原则,对技术侦查措施的程序性规定等付诸阙如,无法满足司法实践的需要。为了有效解决技术侦查措施的程序规范问题,公安部于2000年制定了《公安部关于技术侦察工作的规定》,明确规定了技术侦查的适用对象、审判程序、法律责任、装备与技术建设、机构和队伍管理等问题,成为此后指导和规范技术侦查工作最为重要的一部法规性文件。③ 然而,由于这一规定并非法律规范本身,权威性天然不足,根据该规定所收集到的证据资料往往需要经过"转化"才能作为定案的依据,这无疑不利于对重大犯罪的打击,也不利于法治建设的推进。

随着腐败犯罪现象愈益严重,为了有效打击腐败犯罪,我国分别于2003年和2005年签署并批准了《联合国打击跨国有组织犯罪公约》《联合国反腐败公约》两个国际公约。《联合国打击跨国有组织犯罪公约》明确规定了控制下交付、电子监控、特工行为等技术侦查手段,即第20条第1款规定:"各缔约国均应在其本国法律基本原则许可的情况下,视可能并根据本国法律所规定的条件采取必要措施,允许其主管当局在其境内适当使用控制下交付并在其认为适当的情况下使用其他特殊侦查手段,如电子或其他形式的监视和特工行动,以有效地打击有组织犯罪。"

---

① 刘方权:《突破与缺憾:技术侦查制度释析》,载《四川警察学院学报》2012年第6期。

② 2014年11月1日第十二届全国人民代表大会常务委员会第十一次会议通过《反间谍法》,以此取代了1993年2月22日第七届全国人民代表大会常务委员会第三十次会议通过的《国家安全法》。现行《国家安全法》是2015年7月1日,第十二届全国人民代表大会常务委员会第十五次会议通过,且由中华人民共和国主席令第29号公布的。

③ 解芳:《我国技侦工作立法问题研究》,载郝宏奎主编:《侦查论坛》(第一卷),中国人民公安大学出版社2002年版,第338~341页。

《联合国反腐败公约》第 50 条第 1 款同样作了类似的规定。毋庸置疑,这两个国际公约的签署及批准,有力地推动了我国的技术侦查措施的立法进程。

针对新时期腐败犯罪持续上升的趋势,[①]2012 年《刑事诉讼法》修改时正式将技术侦查措施写入法典。2012 年修改后的《刑事诉讼法》在第二编第二章中增设第八节"技术侦查措施",以五个法条明确规定了技术侦查措施,不仅明确规定了技术侦查措施的适用主体与适用案件范围(第 148 条),而且对技术侦查措施的适用程序、证据使用要求、审批程序等作了明确规定(第 149 条、第 150 条、第 152 条)。修改后的《刑事诉讼法》还对公安机关的秘密侦查和控制下交付作出明确规定,即第 151 条规定:"为了查明案情,在必要的时候,经公安机关负责人决定,可以由有关人员隐匿其身份实施侦查。但是,不得诱使他人犯罪,不得采用可能危害公共安全或者发生重大人身危险的方法。对涉及给付毒品等违禁品或者财物的犯罪活动,公安机关根据侦查犯罪的需要,可以依照规定实施控制下交付。"毫无疑问,这是我国《刑事诉讼法》第一次将技术侦查措施纳入法制轨道,具有突破性的重要意义。一方面,进一步细化原有技术侦查措施的适用程序,使技术侦查措施的适用更具可操作性。另一方面,在技术侦查措施已经成为世界法治国家以及联合国公约认可的侦查措施的背景下,将其写入刑事诉讼法典有利于我国刑事立法、司法与世界通行做法相融合与衔接。

需要指出的是,为了深化国家监察体制改革,加强对所有行使公权力的公职人员的监督,实现国家监察全面覆盖,深入开展反腐败工作,2018 年 3 月 11 日第十三届全国人民代表大会第一次会议审议通过的《宪法修正案》正式确立了监察权在国家权力结构与体系中的宪法地位。同年 3 月 20 日全国人大审议通过了《监察法》,从而将党的十八届六中全会确定、十九大进一步提出的反腐败体制改革的顶层设计与重大决策通过立法程序予以固定。毋庸置疑,宪法的修改以及监察法的制定,对于构建集中统一、权威高效的中国特色监察体系,实现改革与立法的衔接,意义重大、影响深远。按照《监察法》的规定,对行使公权力的公职人员的职务犯罪

---

① 近年来,腐败犯罪案件呈持续上升的趋势。官方统计数据显示,2011 年全国检察机关立案侦查各类职务犯罪案件 32909 件 44085 人,同比分别增加 1.4% 和 6.1%。其中,立案侦查贪污贿赂案件 18224 件,同比增加 0.2%;查办涉嫌犯罪的县处级以上国家工作人员 2723 人(含厅局级 188 人、省部级 6 人),同比增加 2%。《最高人民检察院工作报告——二〇一一年在第十一届全国人民代表大会第四次会议上》,载《人民日报》2011 年 3 月 20 日第 2 版。

的调查权归于监察委员会,①即根据《监察法》第 15 条规定,监察机关对六大类行使公权力的公职人员与有关人员的职务犯罪行为进行调查。② 这意味着检察机关的职务犯罪侦查权已经转隶至监察机关。与之相适应,原来属于检察机关的技术侦查权也一并转隶至监察机关。《监察法》第 28 条规定:"监察机关调查涉嫌重大贪污贿赂等职务犯罪,根据需要,经过严格的批准手续,可以采取技术调查措施,按照规定交有关机关执行。批准决定应当明确采取技术调查措施的种类和适用对象,自签发之日起三个月以内有效;对于复杂、疑难案件,期限届满仍有必要继续采取技术调查措施的,经过批准,有效期可以延长,每次不得超过三个月。对于不需要继续采取技术调查措施的,应当及时解除。"这无疑为反腐败工作的顺利开展提供了重要保障。

三、存在问题与展望

前已指出,我国 2012 年修正后的《刑事诉讼法》在第二章"侦查"中增加了一节(第八节)"技术侦查措施",以五个条款规定了技术侦查措施。由于技术侦查措施要采取一定科学技术手段,往往具有科技性、隐秘性,这对于打击同样高度依赖科技手段的网络犯罪而言无疑具有重要意义。然而,从现行规定来看,我国的技术侦查措施仍然存在问题,主要表现为适用案件范围过于狭窄、适用条件过于原则,操作性不强,且在适用过程中存在侵犯人权之虞等。为了有效打击网络犯罪,应当采取有效措施进一步改革完善技术侦查措施:

第一,进一步扩大技术侦查措施的适用案件范围。2012 年修改《刑事诉讼法》时旨在确认实践中已经存在的技术侦查措施,明确授予侦查机关在刑事诉讼中采取技术侦查措施的权力,又考虑到技术侦查措施可能带来的侵犯特定人甚至是不特定人的合法权益的风险,将技术侦查措施限制适用于以下三种情形的案件中:一是公安机关负责侦查的"危害国家安全犯罪、恐怖活动犯罪、黑社会性质的组织犯罪、重大毒品犯罪或者其他严重危害社会的犯罪案件";二是检察机关负责侦查的

---

① 笔者认为,监察委员会对涉嫌职务犯罪者的调查相当于刑事诉讼法规定的侦查。对此观点的论述,可参见拙作《我国监察体制改革若干问题思考》,载《中国法学》2007 年第 4 期;《关于我国检察体制改革的几点看法》,载《环球法律评论》2017 年第 2 期;《陈光中:制定〈国家监察法〉保障被调查人权利》,载财新网,http://china.caixin.com./2017-03-29/101072187.html(最后访问时间为 2018 年 4 月 13 日)。

② 《监察法》第 15 条规定:"监察机关对下列公职人员和有关人员进行监察:(一)中国共产党机关、人民代表大会及其常务委员会机关、人民政府、监察委员会、人民法院、人民检察院、中国人民政治协商会议各级委员会机关、民主党派机关和工商业联合会机关的公务员,以及参照《中华人民共和国公务员法》管理的人员;(二)法律、法规授权或者受国家机关依法委托管理公共事务的组织中从事公务的人员;(三)国有企业管理人员;(四)公办的教育、科研、文化、医疗卫生、体育等单位中从事管理的人员;(五)基层群众性自治组织中从事管理的人员;(六)其他依法履行公职的人员。"

"重大的贪污、贿赂犯罪案件以及利用职权实施的严重侵犯公民人身权利的重大犯罪案件";三是案件中涉及追捕被通缉或者批准、决定逮捕的在逃的犯罪嫌疑人、被告人的。① 由此可以看出来,网络犯罪并没有被纳入可以采用技术侦查措施的案件范围之内,这显然失之偏颇,因为网络犯罪隐蔽性很高,不借助技术侦查措施往往很难侦破。网络诈骗案件就是典型的必须采用技术侦查措施才能有效侦破案件的样本案例。在网络诈骗案件中,犯罪主体与受害人并没有接触,加之犯罪主体往往通过网络远程操作,以临时注册的 QQ 号等方式实施犯罪,隐蔽性极强,且在作案后往往销毁相关网上证据。试想,这种情况下倘若不采用技术侦查措施,又如何确定犯罪嫌疑人? 又如何收集犯罪证据呢? 因此,应当扩大技术侦查措施的适用案件范围,将网络犯罪纳入技术侦查措施的适用范围。需要指出的是,公安部已经注意到技术侦查措施对于打击网络犯罪的重要性,在 2012 年底根据修正后的《刑事诉讼法》而修订的《公安机关办理刑事案件程序规定》中明确将网络犯罪纳入技术侦查措施的适用范围,即第 254 条规定:"公安机关在立案后,根据侦查犯罪的需要,可以对下列严重危害社会的犯罪案件采取技术侦查措施:……(四)利用电信、计算机网络、寄递渠道等实施的重大犯罪案件,以及针对计算机网络实施的重大犯罪案件。"这一规定在很大程度上弥补了立法上技术侦查措施适用案件范围上的缺陷,有利于提高公安机关侦查网络犯罪的能力。但是,此规定并非立法,加之其只在公安机关适用,而不适用于检察机关、走私犯罪侦查部门等,因此,笔者建议,可借鉴《公安机关办理刑事案件程序规定》的具体规定,将网络犯罪可适用技术侦查措施的规定写入刑事诉讼法。

第二,进一步细化技术侦查措施的适用条件。根据《刑事诉讼法》第 148 条的规定,对于可以适用技术侦查措施的案件,其适用技术侦查措施的条件是"根据侦查犯罪的需要",并"经过严格的批准手续"。"侦查犯罪的需要"与"严格的批准手续"从用语上来看是极为原则的表述,何谓"侦查犯罪的需要"? 怎样的批准手续才是严格的手续? 对这些问题的回答,很有可能会人言人殊,这必然导致在适用上难以准确把握,不利于有效侦破网络犯罪。2012 年底修订的《公安机关办理刑事案件程序规定》与《人民检察院刑事诉讼规则(试行)》进一步明确了技术侦查措施的适用条件,不仅细化了技术侦查措施的批准程序,要求采取技术侦查措施须"报设

---

① 《刑事诉讼法》第 148 条规定:"公安机关在立案后,对于危害国家安全犯罪、恐怖活动犯罪、黑社会性质的组织犯罪、重大毒品犯罪或者其他严重危害社会的犯罪案件,根据侦查犯罪的需要,经过严格的批准手续,可以采取技术侦查措施。人民检察院在立案后,对于重大的贪污、贿赂犯罪案件以及利用职权实施的严重侵犯公民人身权利的重大犯罪案件,根据侦查犯罪的需要,经过严格的批准手续,可以采取技术侦查措施,按照规定交有关机关执行。追捕被通缉或者批准、决定逮捕的在逃的犯罪嫌疑人、被告人,经过批准,可以采取追捕所必需的技术侦查措施。"

区的市一级以上公安机关负责人批准"(公安部《公安机关办理刑事案件程序规定》第256条第1款)，①而且将"侦查犯罪的需要"进一步细化为"采取其他方法难以收集证据"时可以采用[最高检《人民检察院刑事诉讼规则（试行）》第263条第1款]。② 这无疑对增强技术侦查措施适用条件的可操作性大有裨益。然而，现行规定仍存在较多问题。其一，根据公安部《公安机关办理刑事案件程序规定》第256条之规定，仅县（区）公安机关侦查的案件必须报请上一级公安机关批准，而设区的市级以上的公安机关负责侦查的案件只需自行决定即可，仍然缺乏监督。此外，此规定只适用于公安机关，对其他侦查机关不适用。其二，最高检《人民检察院刑事诉讼规则（试行）》第263条第1款虽然明确规定只有在采取其他方法难以收集证据时，才能采用技术侦查措施，但对批准程序只是笼统地规定"按照有关规定报请批准"。至于"有关规定"指的是什么规定，则欠之明确。其三，尽管公安部《公安机关办理刑事案件程序规定》和最高检《人民检察院刑事诉讼规则（试行）》均在不同的层面对技术侦查措施的适用条件作做一步细化，但二者只能分别适用于公安机关与检察院，并非同时在公安机关与检察院适用。因此，有必要通过立法进一步细化技术侦查措施的适用条件。具体而言，可参照公安部《公安机关办理刑事案件程序规定》与最高检《人民检察院刑事诉讼规则（试行）》，对于所有可以适用技术侦查措施的案件，只有在采取其他方法难以收集证据的情况下，才能采用技术侦查措施。

第三，确立技术侦查措施的司法审查原则，并落实贯彻非法证据排除规则。如前所述，强调通过完善技术侦查措施来打击网络犯罪并不意味着可以置人权保障于不顾。恰恰相反，在适用技术侦查措施时更加需要强调人权保障。这是因为技术侦查措施与其他侦查行为相比较，侵犯隐私权的风险更高。从技术侦查措施的特点来看，其涉及对公民通信自由权、隐私权长时间、持续性的干预和限制，这种长时间、持续性的监控，因为对公民进行立体式、全方位、笼罩性的监控而威胁到法治国家存在的根本，进而使法治国家有到退回警察国家之虞。③ 所以，在强调通过完善技术侦查措施以有效应对"互联网—"时代下的新犯罪形态的同时，不能不重视对犯罪嫌疑人权利的保障。完善技术侦查措施"最关键的法律问题是，执法机关为

---

① 《公安机关办理刑事案件程序规定》第256条第1款规定："需要采取技术侦查措施的，应当制作呈请采取技术侦查措施报告书，报设区的市一级以上公安机关负责人批准，制作采取技术侦查措施决定书。"

② 《人民检察院刑事诉讼规则（试行）》第263条第1款规定："人民检察院在立案后，对于涉案数额在十万元以上、采取其他方法难以收集证据的重大贪污、贿赂犯罪案件以及利用职权实施的严重侵犯公民人身权利的重大犯罪案件，经过严格的批准手续，可以采取技术侦查措施，交有关机关执行。"

③ 陈永生：《计算机网络犯罪对刑事诉讼的挑战与制度应对》，载《法律科学》2014年第3期。

了获得和保全证据,究竟可以在何种条件下,在多大程度上干涉公民的基本权利"①。故而,完善技术侦查措施必须权衡发现案件事实、惩罚犯罪和人权保障之间的价值冲突,考量三者之间的适度平衡。

放眼域外,西方国家对侵犯公民通信内容信息的侦查行为,普遍奉行司法审查原则,即要求侦查机关在采用此类侦查措施以前,必须向法官提出申请,经法官审查许可才能实施。② 在德国,《德国刑事诉讼法典》第 100 条 b 规定:"对电讯往来是否监视、录制,之允许由法官决定。在延误就有危险时也可以由检察院决定。检察院的命令如果在三日内未获得法官确认的,失去效力。"在美国,根据 1986 年《电子通信隐私法》的相关规定,执法机构获取客户的历史交易记录以及 IP 地址等信息,必须事先获得法院的搜查令状(search warrant)或者法院命令(court order)。③ 需要指出的是,在经历"9·11"事件后,美国通过了旨在打击和惩罚恐怖分子的《爱国者法案》,该法案虽然强化了执法机构的监控能力,但仍然坚持侵犯公民基本权利的侦查措施需要受到司法审查的做法。在我国香港地区,根据《截取通讯及监察条例》的规定,截取通信和秘密监察实行"两级授权机制",同时将秘密监察分为第 1 类监察和第 2 类监察,截取通信和"第 1 类监察"由"小组法官"负责授权,"第 2 类监察"实行行政授权。④

回视我国,我国《刑事诉讼法》并未规定技术侦查措施应当接受司法审查。为降低技术侦查措施存在的滥用之风险,公安部《公安机关办理刑事案件程序规定》明确要求技术侦查措施需要经过审批,即第 256 条第 1 款规定:"需要采取技术侦查措施的,应当制作呈请采取技术侦查措施报告书,报设区的市一级以上公安机关负责人批准,制作采取技术侦查措施决定书。"然而,根据此条规定,审查主体仍然是公安机关,公安机关作为行使侦查权的机关,存在天然的追诉犯罪的倾向,这显然与司法审查原则所要求的客观、中立、公正立场所不符。因此,应当将审查主体赋予客观公正的主体。从长远的目标来看,当然应当建立由法院进行审查的司法审查机制,然而,此种设想目前难以做到,从现实的角度来考虑,可以规定由检察机关进行审查批准,这是因为检察机关不仅是宪法规定的法律监督机关,而且其负有客观公正义务。在我国,检察机关不仅是公诉机关,而且是专门的法律监督机关,它负有监督侦查机关的职责。检察机关基于诉讼监督的职责,在审查批准技术侦

---

① [德]托马斯·魏根特:《德国刑事诉讼法》,岳礼玲等译,中国政法大学出版社 2004 年版,第 91 页。

② 张泽涛:《反思帕卡的犯罪控制模式与政党程序模式》,载《法律科学》2005 年第 2 期。

③ Marie-Helen Maras, *Computer Forensics: Cybercriminals, Law, and Evidence.* Sudbeury: Jones & Bartlett Learning, 2012, p. 59. 转引自陈永生:《计算机网络犯罪对刑事诉讼的挑战与制度应对》,载《法律科学》2014 年第 3 期。

④ 兰跃军:《比较法视野中的技术侦查措施》,载《中国刑事法杂志》2013 年第 1 期。

查措施的适用中,能有效保障侦查活动依法进行,维护犯罪嫌疑人的合法权益不受侵犯。因此,检察机关在审查过程发现技术侦查措施有违比例原则,存在侵害犯罪嫌疑人合法权益之虞时,应当本着客观、公正的立场,果断地不予批准。具体而言,公安机关负责侦查的案件,技术侦查措施的适用应当由同级检察机关审查批准;而检察机关负责侦查的案件,从制约的角度来看,应当报请上一级检察机关审查批准。

还需要指出的是,要在适用技术侦查措施时使发现案件事实、惩罚犯罪和人权保障之间适度平衡,还必须真正落实非法证据排除规则。这不仅是有效打击网络犯罪的需要,而且是联合国的刑事司法准则之一。联合国 1984 年通过的《禁止酷刑和其他残忍、不人道或有辱人格的待遇或处罚公约》第 15 条规定:"每一缔约国应确保在任何诉讼程序中,不得援引任何确属酷刑逼供作出的陈述为根据。但这类陈述可以引作对被控施用酷刑逼供者起诉的证据。"正因为排除了非法取得的证据,才能有效地遏制侦查违法取证现象的发生,使犯罪嫌疑人、被告人的合法权益免受侵害,从而加强诉讼人权保障,彰显正当程序的正义价值,同时也在很大程度上避免了根据虚假的证据对案件事实作出错误的认定,最大限度地防止、减少冤案错案的发生。在我国,《刑事诉讼法》2012 年修改时已明确规定了非法证据排除规则,同时规定采用技术侦查措施取得的材料可以作为证据使用。但是在非法技术侦查手段获得的证据排除上仍然存在较多问题,特别是相关规定还不够完善,例如技术侦查的实施方法还缺乏相应的法律依据,技术侦查采取的方法往往处于保密状态等,往往难以查明技术侦查是否存在非法行为。这显然不利于平衡发现案件事实、惩罚犯罪和人权保障三者之间的关系。实际上,只有为技术侦查措施的合法性提供法律依据,才能准确把握通过技术侦查获得材料的证据能力,并将非法技术侦查所取得的证据排除。因此,应当采取有效措施完善技术侦查的相关制度,真正贯彻落实非法证据排除规则。笔者认为,应当进一步明确技术侦查措施的适用主体,明确实施的步骤、方法,记录实施过程,明确禁止性规定等等。从证据的合法性处罚,对于适用主体不当、违反适用要求、不符合适用范围而适用的情形,所获得证据材料均应予以排除。具体而言,其一,公安机关(包括网络警察)和检察院是适用技术侦查措施的主体,对于其他机关越权采取技术侦查措施获得的证据材料,属于非法证据,应当予以排除。其二,实施主体未经审批机关审查批准即适用技术侦查措施的,所获得的证据材料属于非法证据,应当予以排除。其三,所涉案件不属于技术侦查措施适用范围而采取技术侦查措施获得的证据材料是非法证据,应当予以排除。

第七章

起诉制度

　　刑事诉讼中的起诉是指法定的机关或者个人,依照法律规定向有管辖权的法院提出控告,要求该法院对被指控的被告人进行审判并予以刑事制裁的一种诉讼活动或程序。[①] 刑事起诉程序是介于侦查程序和审判程序之间的一种程序,有其独立的内容与功能。起诉的直接目的在于启动审判程序,促使法院开始进行审判活动,以进一步确认法院对具体案件有无刑罚权和刑罚权范围的大小,而其最终目的在于通过惩罚犯罪以维护国家安全、社会秩序与公民的个人权利(对公民个人则是通过审判实现对犯罪人施加惩罚的要求并弥补自身因犯罪所遭受的损失)。具体而言,在刑事诉讼中,起诉的主要意义体现在:其一,启动审判程序,鉴于不告不理的基本原则,审判以起诉为前提和基础,没有起诉,法院不能主动追究犯罪,这也是现代弹劾式刑事诉讼区别法院不经起诉可以主动开启审判的纠问式诉讼的一个基本点;其二,履行控诉职能,起诉是控诉职能的外在表现形式,是履行控诉职能的方式,也是落实国家行使刑罚权的基本方式之一;其三,划定审判范围,根据控审分离、不告不理原则的要求,法院对案件的审判范围受到起诉范围的限制,法院不得对未经起诉的人或事进行审判,即审判范围与起诉范围应当保持同一性。

　　以主体为标准,刑事起诉可以划分为公诉与自诉两种。人类社会最早的起诉

---

　　① 　陈光中主编:《刑事诉讼法》,北京大学出版社、高等教育出版社 2012 年第 4 版,第195页。

方式是私诉,即由被害人或其亲属直接向有管辖权的司法机关控告犯罪人。随着刑事起诉制度的发展,控诉人的范围进一步扩大到一般民众,即一般民众可以对部分行为行使控诉权,形成"公众追诉"形式。随着社会发展,对犯罪性质认识的深入、司法经验的积累以及国家职能的强化,私诉已然不能满足解决冲突、惩罚犯罪的需要,一些国家开始出现"国王代理官"参与追诉。到公元 14 世纪,法国正式设立检察官及检察机关代表国家对犯罪进行追诉,标志着公诉制度在刑事诉讼中得到了正式确认。而公诉由于其自身的优越性,逐渐成为各国刑事诉讼中的主要起诉形式。

我国古代司法与行政不分、控审合一,实行纠问主义,没有设立专门的控诉机关,起诉以被害人告诉为主,也存在被害人或其亲属以及一般人的告诉、官吏举发、审判机关纠问等形式。晚清司法改革中,按三权分立原则建立行政权、立法权、司法权分立体制,同时规定在各级审判厅相应地设立各级检察厅,由其专门行使公诉权,由此引入了检察制度。随后的北洋政府与国民党统治时期一直沿用清末法律制度,刑事诉讼中主要采取国家追诉主义,对一部分案件实行私人追诉主义,除告诉乃论的犯罪行为外,刑事案件均须经检察官依职权进行调查,认为有犯罪嫌疑的才提起公诉。新民主主义革命时期,中国共产党在革命根据地创建了检察制度,并在解放战争时期进一步发展完善,相关实践为新中国起诉制度的创建积累了经验。中华人民共和国成立后,于 1949 年 12 月颁布《最高人民检察署试行组织条例》明确由检察机关对刑事案件行使公诉权。随着之后一系列法律的制定与修改,我国刑事起诉制度逐步得到确立与完善。

第一节　改革开放 40 年来起诉制度的变迁

一、起诉制度的恢复:1978 年《宪法》

1954 年《中华人民共和国宪法》第 81 条规定:"中华人民共和国最高人民检察院对于国务院所属各部门、地方各级国家机关、国家机关工作人员和公民是否遵守法律,行使检察权。地方各级人民检察院和专门人民检察院,依照法律规定的范围行使检察权。"其后《中华人民共和国人民检察院组织法》第 5 条规定各级人民检察院行使职权包括"对于刑事案件提起公诉,支持公诉"。由此明确了检察机关作为国家唯一公诉机关的地位,刑事起诉制度得到进一步巩固与发展。但在"文革"期间,受极"左"思潮的冲击,1974 年通过的宪法取消了人民检察院的设置,检察机关的各项职权由公安机关行使,公安机关成为当时的公诉机关。

到 1978 年我国通过的第三部《宪法》重新设置了人民检察院。其第 43 条第 1

款明确规定:"最高人民检察院对于国务院所属各部门、地方各级国家机关、国家机关工作人员和公民是否遵守宪法和法律,行使检察权。地方各级人民检察院和专门人民检察院,依照法律规定的范围行使检察权。人民检察院的组织由法律规定。"至此,我国的刑事起诉制度开始得到恢复。

二、起诉制度的巩固:1979 年《刑事诉讼法》

1979 年通过的《中华人民共和国刑事诉讼法》在第 3 条中规定"批准逮捕和检察(包括侦查)、提起公诉,由人民检察院负责",进一步明确检察机关是代表国家刑事追诉犯罪权的公诉机关,并在第二编第三章第 95 条至第 104 条规定了提起公诉的程序,是中华人民共和国成立以来首次以法典形式具体、集中规定了刑事起诉相关内容。此外,1979 年《刑事诉讼法》第 13 条第 1 款规定:"告诉才处理和其他不需要进行侦查的轻微的刑事案件,由人民法院直接受理,并可以进行调解。"对刑事自诉制度作出初步规定。

整体来看,1979 年《刑事诉讼法》对刑事起诉程序在实践中的做法与经验进行了系统的归纳与总结,对提起公诉程序的相关内容作出较为全面的规定,涉及审查起诉、起诉证明标准、移送起诉、免于起诉、不起诉等方面,确立了我国刑事案件起诉程序的基本框架,改变了之前无法可依的状况。立法的制定与相关司法解释的颁布,使得刑事起诉制度逐步落到实处,并为其之后的发展与完善奠定了坚实的基础。

三、起诉制度的发展:1996 年《刑事诉讼法》

1996 年我国对《刑事诉讼法》进行了第一次修改,在 1979 年立法框架的基础上,针对其条文粗疏、规定较为原则而导致可操作性不足的问题,对相关内容进行了细化。在提起公诉部分,本次修法增加了一个条文,修改了八个条文,具体的变更内容包括:废除免于起诉制度,扩大不起诉的范围并对不起诉的决定程序与救济程序作出明确具体规定,增加审查起诉程序的透明度,细化对犯罪的追诉机制等。在自诉案件方面,立法也进一步修改与明确了自诉案件范围。

1996 年《刑事诉讼法》是在总结 1979 年以来刑事司法实践经验的基础上对我国刑事诉讼立法的一次重要修改,在起诉制度问题上,一方面对法律条文的缺漏与模糊之处进行了明确与补充,另一方面,更为重要的是对实践中出现的不甚合理的规定作出了调整与修正,进一步发展了我国刑事起诉制度。

四、起诉制度的完善:2012 年《刑事诉讼法》

1996 年《刑事诉讼法》虽然对起诉制度进行了若干重要修改,但仍存有一定漏洞,部分规定在实践中也难以推行。2012 年刑事诉讼法与第一次修改时相比,在条文方面并没有增减,但在内容上完善了提起公诉的具体程序。在提起公诉章中主要修改了四个条文,涉及五个方面:其一,审查起诉时讯问、听取意见应当记录在案;其二,人民检察院对于存在非法取证情形的,可以要求公安机关作出说明;其三,将"没有犯罪事实"列入不起诉的情形;其四,人民检察院对于不起诉案件的处理扩及公安机关查封的财物;其五,人民检察院提起公诉时要全部移送案件证据、材料。

第二节　审查起诉程序

学界一般认为审查起诉是指人民检察院对公安机关侦查终结移送起诉的案件和自行侦查终结的案件进行审查,依法决定是否对犯罪嫌疑人提起公诉、不起诉或者撤销案件的诉讼活动,其主要内容包括:对移送起诉案件的受理;对案件的实体问题和程序问题进行全面审查把那个依法作出提起公诉或者不起诉的决定;对侦查机关的侦查活动进行监督,纠正违法情况等。[①] 审查起诉是公诉案件的必经程序,是连接侦查和审判程序的关键环节,对刑事案件的正确处理具有重要意义:首先,对审判程序而言,无起诉即无审判,检察机关通过审查起诉,对符合条件的犯罪嫌疑人提起公诉,使得审判程序得以启动,为国家刑罚权的实现奠定了必要基础;其次,对侦查程序而言,是对侦查成果的检验和对侦查活动的监督,检察机关对案件的审查起诉,一方面能够对侦查工作成功进行质量检验,过滤掉不符合起诉条件的案件,有利于保障侦查办案质量,另一方面也对侦查活动进行监督,发现侦查活动有违法情况的,应当及时提出纠正意见,对构成犯罪的依法追究刑事责任;最后,通过审查起诉,对符合起诉条件的依法提起公诉,不符合起诉条件的则依法作出不起诉决定,保证了起诉的公正性和准确性,避免将不需要追究刑事责任的人以及指控犯罪证据不足担任交付审判,有利于保障公民个人权利和公诉活动的严肃性,节约了司法资源。

一、模式选择:审查式

以活动方式为标准,审查起诉可以分为审查式与抗辩式两种模式。审查式指在审查起诉活动中不存在中立的第三方,不实行控诉与辩护双方辩论、质证,而由公诉机关根据侦查收集的证据和查明的案件事实,审查案件是否符合起诉条件并

---

① 卞建林主编:《刑事诉讼法学》,科学出版社 2008 年版,第 659 页;陈光中主编:《刑事诉讼法》,北京大学出版社、高等教育出版社 2012 年第 4 版,第 296 页。

作出是否起诉的决定,审查过程往往采取不公开的方式。抗辩式则是指在审查起诉过程中,存在一个中立方,控诉方与被告方就是否应当起诉问题当庭举证、讯问和询问,中立方在听审基础上作出驳回起诉或者移送起诉的决定。① 两种模式各有优缺点,审查式以对检察机关公正性的信任为基础,能够确保权力行使的集中与统一,有利于控制犯罪,提高诉讼效率,但该模式以检察机关单方面的活动为主,缺乏民主性与透明度,不利于被追诉人的诉讼地位与权利的保障;而抗辩式突出了审查起诉的透明度,体现了慎重起诉的思想,但并不利于提高追究犯罪的效率。

我国诉讼理论一般认为审查起诉不同于审判,提起公诉只是为启动审判而提出的一种司法请求,并不确定被告人的罪刑,与审判在性质与任务上完全不同,且检察机关有权根据侦查结果独立决定对犯罪嫌疑人是否提起公诉而不受被害人、被告人及其辩护人的意志左右,也不受其他机关、团体和个人的影响,因此搬用法庭审理程序既无必要,也会导致诉讼拖延,影响司法效率。② 由此,我国刑事诉讼中审查起诉以审查式为主,基本上不公开进行,但同时也包含一定的抗辩式特点。1979 年《刑事诉讼法》对审查起诉期限、补充侦查等内容作出初步规定,并且在第98 条明确规定"人民检察院审查案件,应当讯问被告人"。总体而言,我国审查起诉程序选择了审查式模式,由检察机关主持,不采用开庭方式,基本上不公开进行,但同时包含了一定的辩论式因素,然而同审判阶段相比,被追诉人行使辩护权的范围十分有限。

二、改革路径:增加透明度与功能重构

鉴于实践中出现的相关问题,我国刑事司法制度改革在审查起诉程序方面一直注意吸收抗辩模式的因素,以期增加该环节的透明度,其主要着力点包括:其一,完善权利告知制度,包括告知犯罪嫌疑人享有的可以自行辩护或者委托辩护的权利,告知被害人及其委托人向检察机关陈述意见的权利等。其二,扩大与保障辩护人阅卷权,在审查起诉阶段不断扩大律师与其他辩护人的阅卷范围,并提供相应的便利条件。其三,注重听取各方意见,要求检察机关作出决定时应当保证相关人员有发表自己意见的机会。其四,坚持公开原则,明确检察机关在审查起诉中应当贯彻公开原则,接受有关国家机关、社会团体和公民个人的监督。1996 年《刑事诉讼法》在审查起诉程序中除增加计算审查起诉期限和退回补充侦查次数等规定外,最为重要的修改是增加了在审查起诉程序中听取相关人员意见的规定。其第 139 条在原"应当讯问犯罪嫌疑人"的基础上,增加了"听取被害人和犯罪嫌疑人、被害

---

① 甄贞、孟军:《审查起诉程序研究》,载《法学杂志》2005 年第 4 期。
② 姜伟等:《公诉制度教程》,中国检察出版社 2014 年第 3 版,第 229 页。

委托人的意见"的要求。司法实践中,在审查起诉阶段询问被害人是司法机关常用的方法,而听取委托人意见则是呼应了审查起诉阶段犯罪嫌疑人、被害人可以委托他人帮助行使诉讼权利的规定,这一举措不仅提高了犯罪嫌疑人、被害人及其委托人在审查起诉阶段的诉讼地位,更进一步增强了审查起诉程序的透明度。2012 年《刑事诉讼法》第 170 条进一步规定:"人民检察院审查案件,应当讯问犯罪嫌疑人,听取辩护人、被害人及其诉讼代理人意见,并记录在案。辩护人、被害人及其诉讼代理人提出书面意见的,应当附卷。"2012 年《人民检察院刑事诉讼规则》第 365 条补充规定:"直接听取辩护人、被害人及其诉讼代理人的意见有困难的,可以通知辩护人、被害人及其诉讼代理人提出书面意见,在指定期限内未提出意见的,应当记录在案。"此外,检察机关还进行了不起诉公开审查的改革试点,进一步增强了审查起诉程序的透明度。相关规定与实践进一步明确了审查起诉程序中讯问和听取意见的内容,使得犯罪嫌疑人、辩护人、被害人及其诉讼代理人对检察机关是否起诉的意见不仅具有形式意义,而且有了诉讼的实质意义,使得审查起诉中听取被害人和被告人双方意见的程序更加明确、具体 。[①]

除此之外,在审查起诉承接侦查、开启审判的工具功能之外,刑事司法改革还对其本位功能进行了探索,主要表现为证据的收集、展示与排除,诉讼主体参与与案件裁断等。在证据处理方面,首先,就证据收集,除补充侦查外,审查起诉阶段还存在辩护人向检察机关提交证据、申请调取有关证据以及申请检察机关向证人、有关单位或个人收集其他证据的途径,1996 年《刑事诉讼法》对此作了初步规定,2012 年第二次修改时则进行了细化。其次,我国虽未建立严格意义上的证据展示制度,但立法修改凸显了扩大审查起诉中辩护人阅卷权的趋势,并且逐步规定了辩方的信息告知义务,实现了控辩双方对案件信息的互通。再次,在证据排除问题上,2012 年《刑事诉讼法》增加第 54 条、第 55 条,对检察机关在审查起诉期间发现、排除非法证据的责任作出明确规定。在参与功能方面,刑事诉讼立法也不断拓展了各方诉讼参与人在审查起诉阶段参与案件处理的途径,包括犯罪嫌疑人及其辩护人、被害人及其诉讼代理人向检察机关提出意见与证据,要求检察机关提供案件材料、调取证据;侦查机关就证据合法性问题向检察机关予以说明等。最后,审查起诉的案件裁断功能主要体现为起诉与否的决定,而在酌定不起诉、附条件不起诉、刑事和解后的处理,以及刑事附带民事诉讼的和解与调解方面,检察机关的决定具有一定的确定性与约束力,对此,立法也给予了关注,并在总结实践情况的基础上不断予以完善。

---

① 宋英辉等:《刑事诉讼法修改的历史梳理与阐释》,北京大学出版社 2014 年版,第 255 页。

三、发展预期：诉讼化改造

立法与相关司法解释的修改，逐步提高了犯罪嫌疑人、被害人及其委托人在审查起诉阶段的诉讼地位与审查起诉程序的透明度，对改善审查起诉结构具有重要意义。但是发现真实不仅是公诉权正当行使的前提，也是审查起诉的首要目标，检察机关在该阶段主要依靠侦查机关提供的书面材料是明显不足的，需要侦查机关的适当介入与案件当事人的充分参与。在被告人权利保护思潮影响下，实行审查模式的国家大多开始对审查起诉程序进行改造以增强其诉讼性。我国的审查起诉方式本质上仍然是以检察机关为主导，其起诉与否的决定基本上是通过秘密和单方面的方式作出的，被追诉方在该阶段较为被动，侦查机关的参与也明显不足，对抗机制严重缺失。具体看，一方面，侦查机关在审查起诉阶段的介入既无法律的明确规定，实践中主要参与形式也只是提出意见、补充材料、作出说明，而无法与犯罪嫌疑人进行对质。另一方面，现有法律赋予了案件当事人表达意见的权利，但现实效果并不理想，而且对质机会的缺失也从根本上影响了其参与权。审前控辩对抗机制的缺失，不仅导致立法规定的审查起诉功能，如发现与排除非法证据等难以实现，更制约了检察机关作出相应处理决定的准确性与说服力。因此对审查起诉程序进行诉讼化改造，在检察机关、侦查人员及涉案嫌疑人及其辩护人，以及其他相关诉讼参与人的参加下，对相关问题进行调查对质，充分听取各方意见，以实现对侦查机关移送的案卷材料进行合法性过滤，提升对案件所作决定的准确性和有效性，既符合刑事诉讼规律，也是因应"以审判为中心"诉讼模式改革的必然选择。[①]

而审查起诉环节诉讼化改造的核心是案件听证机制的建立。在该制度中，赋予检察机关裁判者的地位，侦查机关与被追诉方互为控辩，检察机关居中依法对争议事实与证据合法性进行判断并提出处理意见，构成类似法庭审理的三角结构。案件听证制度主要可集中解决下列问题：其一，审查核实证据合法性，通过听证，听取侦查人员与犯罪嫌疑人对侦查取证活动的陈述，为检察机关对侦查取证的合法性与有效性的判断提供依据；其二，确保起诉与否决定的准确性，在听证会上，由侦查人员陈述追诉理由，被追诉方可就此进行辩驳，由检察人员在充分听取双方意见的基础上，根据案件事实和证据情况作出决定，同时，还可以通过听证会向侦查机关、被追诉方、被害方以及社会公众说明相关法律根据，争取各方的理解与认同；其三，提供控辩协商平台，为落实被告人认罪认罚从宽制度，需要构建完善的协商机制，对此可以通过听证会制度实现各方有效参与与充分协商。

---

① 向泽选：《控辩对抗的审前模式——兼论检察机关如何因应"以审判为中心"》，载《政法论坛》2017 年第 3 期。

第三节　起诉裁量

自由裁量的实质是行为主体有权决定进行或者不进行某一行为,与行为主体在作出判断或采取行为时受法律约束的"羁束行为"相对。"没有任何法律可以得到如此精确的限定,以致避免了任何解释问题;同时没有任何法律能够得到如此精确的限定,以至于明确地包含了一切可能出现的情况"[①],因此,法律必然给实施者留有一定的自主权。诉讼中的自由裁量即充分考虑到诉讼中人的因素并为适应社会和人的实际复杂性而作出的选择,其效用在于,使司法机关及其人员根据案件事实、证据、诉讼参与人和社会等各方面的实际情况,采取更适于该具体案件的处理办法,使法律所追求的某一或某些价值得以实现。[②] 公诉案件中的起诉裁量,广义上指某些移送审查起诉的案件,虽然经审查有足够的证据证明有犯罪事实,且具备起诉条件,但检察机关既可以作出提起公诉的决定,也可以作出不起诉的决定,甚至在决定提起公诉时可以有条件地变更起诉,减轻控诉罪名或刑罚。[③]

一、理念:起诉法定主义与起诉便宜主义

起诉法定主义,或称起诉厉行主义,指只要犯罪嫌疑人存在足够的犯罪嫌疑,对犯罪嫌疑人的指控具备充分的理由,检察机关就必须提起公诉的追诉原则。这种做法强调合法性、公平性,因此又可以称为起诉合法主义。起诉法定主义理论根基在于认为犯罪直接侵犯社会及其成员的安全,危害了国家的治安秩序,故当发生犯罪时,作为原则,必须予以追究。19 世纪中叶以前,报应刑(有罪必罚)和注重对犯罪人进行一般预防的刑事政策在刑事法领域占据主导地位,起诉法定主义在大陆法系国家被广泛采用。起诉法定主义的主要表现有以下三个特点:其一,强调公诉条件的充分性,法律规定了明确的公诉条件,且与提起公诉具有必然的联系,即法定的公诉条件是提起公诉的充分性。其二,强调公诉的绝对性,公诉机关只要认定犯罪嫌疑人的行为构成犯罪、符合公诉条件的,不论其具体情况如何,均须向有管辖权的法院提起公诉,公诉机关没有自由裁量权,不得做不起诉处理。其三,强调公诉的合法性,即提起公诉职能以法律规定的条件为依据,不受法律规定以外其

---

① ［美］米尔顿·弗里德曼:《弗里德曼文萃》,高榕、范恒山译,北京经济学院出版社 1991 年版,第 558 页。

② 张建伟:《刑事诉讼法通义》,北京大学出版社 2016 年第 2 版,第 463 页。

③ 王圣扬、李生斌:《中外公诉裁量制度初探》,载《安徽大学学报(哲学社会科学版)》2001 年第 2 期。

他因素的影响。此外,相关理论还认为起诉法定主义的内涵还包括"不变更主义",即公诉一旦提出,就不得撤销和变更。实行起诉法定主义,可以在对犯罪进行追诉的问题上统一标准,保障有效追究犯罪,保证公诉权严肃而公平地行使,防止刑事追诉受到政治势力左右和检察官擅专职权的影响,维护法制的统一和法律的权威性。但其完全不考虑个案具体情况,有流于苛察而有失刑事司法具体正义之虞,且凡具备起诉条件的都必须起诉,势必会影响刑事诉讼的总体效率,造成司法资源浪费。再者,不问犯罪轻重而有罪必诉,必然会造成短期自由刑适用增多,而短期自由刑的适用不仅会影响被判刑人的正常生活,而且还容易造成犯人之间的交叉感染,成为危害社会的潜在因素。

随着社会经济、政治等条件变化,对刑事诉讼的价值追求也日趋多元化,有罪必诉的追诉思想让位于同预防主义的刑罚思想及非刑罚化政策紧密联系的更加注重合目的性的实现具体正义及诉讼经济的追诉思想,绝对的起诉法定主义越来越受到司法实务中实际需要的追诉裁量的挑战。因此,扬弃绝对起诉法定主义,在保留起诉法定主义的合理因素的同时采取起诉便宜主义成为刑事司法的主流取向。起诉便宜主义,又称起诉裁量主义,指虽具有犯罪的客观嫌疑,具备起诉的条件,但起诉机关斟酌各种情形,认为不需要起诉时,可以裁量决定不起诉。起诉便宜主义最大的特征在于强调起诉的必要性,即公诉机关只有衡量利弊,认为确有必要时才提起公诉,如果认为不提起公诉有利于社会公共利益,则有权决定不起诉。起诉便宜主义体现了充分考虑刑事程序所涉及的各种利益并在此基础上进行权衡选择的理念,"在刑事追究利益不大,优先考虑程序的经济性或者有其他的法律政治利益与刑事追究相抵触的时候,尽管存在着行为嫌疑,检察院仍可以对此不立案侦查、提起公诉"[①]。此外,起诉便宜主义还主张当然承认宣告犹豫制度与公诉撤销制度。实行起诉便宜主义,可以根据案件具体情况作出有针对性的处理,更有利于实现具体正义,还能够因此减少司法资源的投入,符合诉讼经济的要求。从刑事政策角度考虑,起诉便宜主义可以使没有起诉价值或并不需要判刑的人尽快从刑事程序中解脱出来,免受有罪判决之宣告,避免了因大量适用短期自由刑带来的交叉感染,使被不起诉人得以正常生活和工作,为其改恶从善、悔过自新创造了条件,有利于社会秩序的长久稳定。

实行起诉便宜主义虽然意味着要根据具体情况确定追诉的必要性而非对一切犯罪都必须提起公诉、进行刑事追究,但其并非允许检察官恣意、独断地作出处理,而是要求必须客观、公正地进行判断。起诉便宜主义尽管是相对起诉法定主义提

---

① [德]赫尔曼:《〈德国刑事诉讼法典〉中译本引言》,载《德国刑事诉讼法典》,李昌珂译,中国政法大学出版社 1998 年版,第 15 页。

出的,但二者在逻辑上并非非此即彼的二律背反。起诉便宜主义实质是起诉法定主义基础上的深化和发展,目的在于促使起诉更符合刑事诉讼的目的、适应刑事政策的要求,其重在起诉的合目的性、合理性。总体来看,起诉便宜主义与起诉法定主义两种观念可以在行使国家追诉权方面同时发挥作用。我国刑事诉讼在公诉提起中即采取了起诉法定与起诉便宜相结合的原则,并通过立法修改与完善对不起诉制度与公诉变更等问题进行了探索。

二、核心:不起诉制度

不起诉是指检察院对公安机关侦查终结移送起诉的案件和自行侦查终结的案件进行审查后,认为不符合法定起诉条件或者不需要起诉的,依法作出不将犯罪嫌疑人提交法院审判的处理决定。不起诉是检察院对案件进行审查后作出的处理结果之一,其性质是检察院对其认定的不应追究、不需要追究或者无法追究刑事责任的犯罪嫌疑人所作的诉讼处分,其法律效力在于不将案件交付法院审判,从而在起诉阶段终结诉讼。[①] 不起诉决定作出后,"自不得再行起诉,否则非特不起诉之效力失之薄弱,而被告应否处罚,久悬不定,亦非善策,故不起诉之案件,以不得再行起诉为原则。惟不起诉处罚,系决定诉讼进行之程序,犯罪之侦查权,并不因不起诉而归消灭。故若发现新事实或新证据,仍许对同一案件,再行起诉"[②]。

我国古代对刑事犯罪的惩处宽严相济的刑罚理论与实践所形成的在严刑的前提下因时而赦的思想、惩办与宽大相结合的宽严相济的思想以及严格的控告受理制度为不起诉制度的产生与发展奠定了基础。[③] 新民主主义革命时期的有关文献中即有对犯罪嫌疑人不予起诉的记载。1948 年 11 月 30 日华北人民政府颁布的《关于县市公安机关与司法机关处理刑事案件权责的规定》指出,对于汉奸、特务及内战战犯等案件,"侦查的结果嫌疑不足,或其行为不成立犯罪等,再则纵系罪犯,而以不起诉为适当时,则公安机关均有权释放,不予起诉,司法方面不得干涉",确立了嫌疑不足不起诉、不构成犯罪不起诉以及构成犯罪但酌情不起诉三种形式。中华人民共和国成立后,1954 年《人民检察院组织法》第 11 条第 2 款规定"公安机关提起的刑事案件,侦查终结后,认为需要起诉的,应当依照法律的规定移送人民检察院审查,决定起诉或者不起诉",以立法形式第一次规定了不起诉制度。但此时不起诉适用的范围仅限定于法定不予追究刑事责任的情形,范围较为狭窄。1979 年《刑事诉讼法》则通过第 104 条第 1 款再次明确了法定不起诉制度。

但此时在法定不起诉之外,还存在免于起诉的情况。20 世纪 50 年代在镇压

---

① 卞建林主编:《刑事诉讼法学》,科学出版社 2008 年版,第 673 页。

② 徐朝阳:《刑事诉讼法通义》,商务印书馆 1934 年版,第 195 页。

③ 樊崇义:《我国不起诉制度的产生和发展》,载《政法论坛》2000 年第 3 期。

反革命和肃清反革命期间,我国检察机关根据"惩办与宽大相结合"的刑事政策和同犯罪斗争的需要,在实践中创造了免于起诉的形式。1956 年 4 月 25 日全国人民代表大会常务委员会通过的《关于处理在押日本侵略中国战争中战争犯罪分子的决定》中规定"……对于次要的或者悔罪表现较好的日本战争犯罪分子,可以从宽处理,免于起诉",首次以法律规范的形式确定了免于起诉制度。1979 年修改后的《人民检察院组织法》和第一部《刑事诉讼法》肯定了这一历史经验,在立法中对免于起诉制度作出明确规定。1979 年《刑事诉讼法》第 101 条规定:"依照刑法规定不需要判处刑罚或者免除刑罚的,人民检察院可以免于起诉。"并在第 102 条、第103 条对免于起诉的相关程序作出规定。根据立法规定,免于起诉是指人民检察院认为被告人的行为虽已构成犯罪,但依照刑法规定不需要判处刑罚或者可以免除刑罚,而作出的不将被告人提交人民法院审判的一种处理决定。免于起诉制度的实质是未经人民法院审判而由人民检察院对被告人进行实体定罪但又不予追究的一种处分,免于起诉决定具有与人民法院的定罪免刑判决相同的法律效力。该制度自纳入刑事诉讼法律体系后,即存在着巨大争议。主张废除者指出,其不符合现代法治原则,破坏了人民法院独立行使定罪权和公检法三机关分工制约的宪法原则,在实践中也存在诸多弊端,具体表现是:(1)犯罪嫌疑人未经法院审判即被定罪,违背了控诉权与审判权分离的现代诉讼原理;(2)没有严格的法律程序,审查和决定不公开,被告人的辩护权、陈述权和上诉权均不能充分行使,侵犯了当事人合法权益;(3)检察机关集数种职能于一身,自由裁量权过大而缺乏必要的监督与制约,不符合公检法机关相互制约原则。但也有观点认为免于起诉制度在司法实践中能及时有效处理大量轻微犯罪,具有经济性、及时性和贯彻刑事政策的便利性和有效性特点,在实践中满足了着眼于执法的社会整体效果而斟酌处理便宜行事的需要,一定意义上与国际上普遍推行的起诉便宜主义不谋而合,应当予以保留,并从严格限制免于起诉制度适用范围、完善决定程序、加强内部制约机制方面入手加以完善。[①] 免于起诉制度作为我国在特定历史时期处理特定人员的一种制度,在当时的历史条件下有其合理性并发挥了积极作用。但是随着社会发展,法治观念发生变化,法律制度逐渐健全,该制度的弊端也日益凸显。1996 年《刑事诉讼法》将原第 101 条修改为第 142 条第 2 款,即"对于犯罪情节轻微,依照刑法规定不需要判处刑法或者免除刑罚的,人民检察院可以作出不起诉决定",使原免于起诉归

---

① 陈光中、严端主编:《中华人民共和国刑事诉讼法修改建议稿与论证》,中国方正出版社 1999 年版,第 269~278 页;龙宗智、左卫民:《法理与操作——刑事起诉制度述评》,载《现代法学》1997 年第 4 期;崔敏:《为什么要废除免于起诉》,载《中国律师》1996 年第 7 期;黄太云:《刑事诉讼制度的重大改革——刑事诉讼法修改的几个重大问题述要》,载《中国法学》1996 年第 2 期;樊崇义:《我国不起诉制度的产生和发展》,载《政法论坛》2000 年第 3 期。

入不起诉范畴。

1996 年《刑事诉讼法》保留了法定不起诉制度,同时增加了酌定不起诉与证据不足不起诉两种不起诉种类。根据此次修法,人民检察院审查起诉后,可以作出三种不起诉决定:其一,法定不起诉,或称绝对不起诉,指人民检察院在审查起诉过程中发现犯罪嫌疑人具有法定情形之一的,应当对犯罪嫌疑人作出不起诉的决定。而根据 1996 年《刑事诉讼法》第 15 条、第 142 条的规定,法定不起诉适用于以下六种情形:(1)情节显著轻微、危害不大,不认为是犯罪的;(2)犯罪已过追诉时效期限的;(3)经特赦令免除刑罚的;(4)依照刑法告诉才处理的犯罪,没有告诉或撤回告诉的;(5)犯罪嫌疑人、被告人死亡的;(6)其他法律规定免予追究刑事责任的。其二,酌定不起诉,又称相对不起诉、微罪不起诉,意即人民检察院认为犯罪嫌疑人的犯罪情节轻微,依照刑法规定不需要判处刑罚或者免除刑罚的案件,可以作出不起诉决定。根据 1996 年《刑事诉讼法》第 142 条第 2 款规定,酌定不起诉必须同时符合以下条件:(1)犯罪嫌疑人的行为触犯了刑法,符合犯罪的构成要件,已经构成犯罪;(2)犯罪行为情节轻微;(3)依照刑法规定不需要判处刑罚或免除刑罚。其三,证据不足不起诉,或称存疑不起诉,指人民检察院对于经过补充侦查的案件,仍然认为证据不足,不符合起诉条件的,可以作出不起诉的决定。而根据 1996 年《刑事诉讼法》第 140 条第 4 款规定,证据不足不起诉的前提是案件必须经过补充侦查,没有经过补充侦查的则不能直接适用此种不起诉。1996 年《刑事诉讼法》取消了免于起诉,扩大了不起诉的范围,对不起诉的种类、适用条件、程序、监督制约、复议复核与申诉等内容均作出规定,使得不起诉的结构更加科学、合理,形成了比较完备的制度。但同时,相关规定也存在不尽完善之处,导致实践中的争议与混乱。

2012 年刑事诉讼法修改在 1996 年刑事诉讼法确立的不起诉制度基础上进行了完善。首先是扩大了法定不起诉范围,增加规定犯罪嫌疑人没有犯罪事实的,人民检察院应当作出不起诉的决定。1996 年刑事诉讼法规定的法定不起诉范围只包括六种情形,而对当事人的合法行为或未实施危害社会行为的情形,如正当防卫、紧急避险或者将没有犯罪行为的人错误立案、侦查的,未作出规定。1999 年《人民检察院刑事诉讼规则》第 262 条规定,对公安机关移送审查起诉的案件,发现犯罪嫌疑人没有违法犯罪行为的,应当书面说明理由将案卷退回公安机关处理;发现犯罪事实并非犯罪嫌疑人所为的,应当书面说明理由退回公安机关并建议公安机关重新侦查。如果犯罪嫌疑人已经被逮捕,应当撤销逮捕决定,通知公安机关立即释放。该规定虽然对立法遗漏做了一定补充,但将本不应起诉的案件退回公安机关重新处理的做法不但增加了诉讼环节,降低了诉讼效率,还使得没有犯罪事实的人无法及时从刑事诉讼中解脱出来,并不恰当。因此,2012 年刑事诉讼法对相关司法解释进行了吸收并加以完善。其次,明确对二次补充侦查的案件,人民检察院仍认为证据不足,不符合起诉条件的,应当作出不起诉的决定。1996 年《刑事诉讼法》规定适用证据不足不起诉必须是"经过补充侦查",但并未规定补充侦查的次数，也没有规定是否包括人民检察院补充侦查，导致实践中出现争议。如有观点即认为适用证据不足不起诉必须是经过了两次补充侦查，只经过一次补充侦查的不能作出证据不足不起诉的决定，并且经过两次补充侦查应当是经过两次退回公安机关补充侦查。对此，《人民检察院刑事诉讼规则》第 286 条第 2 款规定："作出不起诉决定前应当根据案件情况在法律规定的范围内确定补充侦查的次数。"确认检察机关对只补充侦查一次的案件，根据其具体情况，认为证据不足、不符合起诉条件的，可以决定不起诉。2012 年《刑事诉讼法》第 171 条第 4 款规定"对于二次补充侦查的案件，人民检察院仍然认为证据不足，不符合起诉条件的，应当作出不起诉的决定"，明确证据不足不起诉包括两种情况：(1)案件经过一次补充侦查，人民检察院仍认为证据不足，不符合起诉条件的，人民检察院可以作出不起诉决定，也可以将案件第二次退回侦查机关补充侦查；(2)案件经过二次补充侦查，人民检察院仍认为证据不足，不符合起诉条件的，人民检察院应当作出不起诉决定。2012 年《人民检察院刑事诉讼规则》对"证据不足，不符合起诉条件"的情形进一步加以明确，在第 404 条规定，具有下列情形之一，不能确定犯罪嫌疑人构成犯罪和需要追究刑事责任的，属于证据不足，不符合起诉条件：(1)犯罪构成要件事实缺乏必要的证据予以证明的；(2)据以定罪的证据存在疑问，无法查证属实的；(3)据以定罪的证据之间、证据与案件事实之间的矛盾不能合理排除的；(4)根据证据得出的结论具有其他可能性，不能排除合理怀疑的；(5)根据证据认定案件事实不符合逻辑和经验法则，得出的结论明显不符合常理的。

传统的不起诉制度虽然经过数次立法修改逐步完善，但由于范围狭窄、限制过多以及终止诉讼的效力不利于对被不起诉人的惩戒与警示等因素，在实践中适用率偏低。近年来我国刑事犯罪率居高不下，而在提起公诉的案件中被判处 3 年有期徒刑以下刑罚的犯罪人数占判决总人数的 60% 以上，宣告缓刑的人数也占判决总人数的 20% 以上，对数量庞大、社会危害性较轻的犯罪案件的绝大多数予以起诉和判刑，不仅浪费了司法资源，并且容易将更多的人推向社会的对立面。[①] 有鉴于此，2012 年《刑事诉讼法》在传统的不起诉种类之外初步设置了附条件不起诉制度。附条件不起诉是指检察机关根据法律规定，对某些已达到提起公诉标准的轻微刑事犯罪，基于犯罪嫌疑人的自身状况、刑事政策以及诉讼经济的考量，决定对犯罪嫌疑人附加一定条件暂缓起诉，如果犯罪嫌疑人在考验期内履行了法定义务，则作出终止诉讼决定的起诉裁量制度。附条件不起诉制度与日本刑事司法中的"缓期起诉"（"起诉犹豫"）以及德国采取特定惩罚性措施同时终止刑事诉讼的制度

---

① 姜伟等：《公诉制度教程》，中国检察出版社 2014 年第 3 版，第 278 页。

基本相同。附条件不起诉是起诉便宜主义的表现形式之一,是基于非刑罚化考虑而作出的制度设计,对于改造犯罪、诉讼经济等方面具有一定的促进作用,而其产生的直接动因则是来自刑事犯罪增加导致的对诉讼经济的要求。[①] 我国对附条件不起诉的探索首先在未成年人犯罪领域进行,一方面是基于对青少年犯罪斟酌处理的需要,另一方面实践中被害人与犯罪嫌疑人私下达成和解协议的情况也促发了扩大检察机关自由裁量权以灵活处理案件的需求。在总结实践经验的基础上,立法首先在未成年人刑事案件诉讼程序中规定了附条件不起诉制度。根据 2012 年《刑事诉讼法》第 271 条第 1 款的规定,适用附条件不起诉制度需要符合以下条件:(1)未成年人涉嫌《刑法》分则第四章、第五章、第六章规定的犯罪;(2)可能被判处 1 年有期徒刑以下刑罚;(3)符合起诉条件,但有悔罪表现。第 272 条、第 273 条分别规定了在附条件不起诉的考验期限、被附条件不起诉的未成年犯罪嫌疑人应当遵守的规定、最终处理方式等内容。立法没有对附条件不起诉的核心要素,即要求被附条件不起诉在一定期间内履行的附带义务予以明确。2012 年《人民检察院刑事诉讼规则》对此进行了补充,规定人民检察院可以要求被附条件不起诉的未成年犯罪嫌疑人完成下列附带义务:(1)完成戒瘾治疗、心理辅导或者其他适当的处遇措施;(2)向社区或者公益团体提供公益劳动;(3)不得进入特定场所,与特定的人员会见或通信,从事特定的活动;(4)向被害人赔偿损失、赔礼道歉等;(5)接受相关教育;(6)遵守其他保护被害人安全以及预防再犯的禁止性规定。2014 年 4 月 24 日全国人大常委会通过立法解释要求人民检察院对未成年犯罪嫌疑人在作出附条件不起诉的决定以及考验期满作出不起诉决定前应当听取被害人的意见,被害人对相关决定不服的,可以向上一级人民检察院申诉,但不能自行向法院起诉,进一步厘清了附条件不起诉与被害人权利之间的关系,有助于保障该制度功能的实现。

三、争议:公诉变更问题

广义的公诉变更包括公诉内容(被告人和指控的事实、情节)的改变、公诉的追加以及公诉的撤回。起诉法定主义认为检察院作为国家公诉机关,负有对具备犯罪嫌疑与诉讼调解的案件提起公诉的义务,只要案件有足够的犯罪事实,检察机关一律应当提起公诉而不得自行斟酌处理,而且一旦提起公诉,就不允许以没有必要维持其公诉为理由撤回起诉或者变更起诉。[②] 而与之相对,起诉便宜主义则认可检察机关的自由裁量权,对已经提起的公诉,允许撤回、追加或者变更。此外,公诉

---

① [日]西原春夫主编:《日本刑事法的形成与特色》,李海东等译,法律出版社 1997 年版,第 154 页。

② 陈朴生:《刑事诉讼法实务》,台湾海天印刷厂有限公司 1981 年版,第 361 页。

变更的正当性也与现代公诉理论紧密相关:其一,公诉权是由公诉提起权(包括不起诉权)、公诉支持权、公诉变更权和抗诉权组成的复合性权力,公诉变更权是公诉权不可分割的组成部分,其赋予检察机关在发现起诉指控有错漏的情况下,斟酌是否对指控予以变更的权利。其二,公诉权具有主动性的特征,不但能够主动纠举犯罪,提起控诉以启动审判程序,而且在发现指控有错漏时,可以主动予以补正。此外,检察官的客观义务也要求其必须对指控中的错漏加以补正。由于公诉变更涉及裁判公正、诉讼效率以及被告人合法权益的实现,且对辩护内容、后续程序开展以及法官心证的形成等方面均可能产生影响,因此各个刑事立法普遍注意对其加以规制,确认变更权,提出限制条件,以确保操作的正当性。

我国刑事诉讼立法中并无变更公诉的明确规定。1979 年《刑事诉讼法》一定程度上肯定了公诉变更的合法性,如第 108 条规定,人民法院"对于不需要判刑的,可以要求人民检察院撤回起诉"。此外,补充侦查制度也在一定程度上涉及变更控诉的问题。

1996 年《刑事诉讼法》基于维护法院的角色定位、保证案件及时交付审判的考虑,加之证据不足、指控犯罪不能成立的无罪判决制度的设立,取消了要求撤诉以及退回补充侦查的规定,只在第 165 条关于延期审理的规定中纳入"检察人员发现提起公诉的案件需要补充侦查,提出建议的"情形,而未对变更权、变更条件、变更方式等问题作出具体规定。最高人民法院《关于执行〈中华人民共和国刑事诉讼法〉若干问题的解释》在第 177 条、第 178 条规定了"在宣告判决前,人民检察院要求撤回起诉的,人民法院应当审查人民检察院撤回起诉的理由,并作出是否准许的裁定","人民法院在审理中发现新的事实,可能影响定罪的,应当建议人民检察院补充或者变更起诉"。《人民检察院刑事诉讼规则》第 351 条对变更控诉及相关程序问题的规定较为具体:"在人民法院作出判决前,人民检察院发现被告人的真实身份或者犯罪事实与起诉书中叙述的身份或者指控的犯罪事实不符的,可以要求变更起诉;发现遗漏的同案犯罪嫌疑人或者罪行可以一并起诉和审理的,可以要求追加起诉;发现不存在犯罪事实、犯罪事实并非被告人所为或者不应当追究被告人刑事责任的,可以要求撤回起诉。"相关司法解释的规定基本确立了变更起诉、追加起诉与撤回起诉三种变更形式,但对变更的法律依据、制度界限、变更后诉讼期限的计算、法院对撤诉的审查、变更的具体操作程序以及撤诉的法律效果等规定均有所欠缺。对此,学界呼吁为保证刑事诉讼的法治化与合理性,应当就公诉变更制度作出明确的规定。[①]

2012 年《刑事诉讼法》依然未对公诉变更进行明确规定,而是由司法解释予以

---

① 龙宗智:《论公诉变更》,载《现代法学》2004 年第 6 期。

补充,如《人民检察院刑事诉讼规则》第 458 条规定:"在人民法院宣告判决前,人民检察院发现被告人的真实身份或者犯罪事实与起诉书中叙述的身份或者指控犯罪事实不符的,或者事实、证据没有变化,但罪名、适用法律与起诉书不一致的,可以变更起诉。"《最高人民法院关于适用〈中华人民共和国刑事诉讼法〉的解释》第 243 条规定:"审判期间,人民法院发现新的事实,可能影响定罪的,可以建议人民检察院补充或者变更起诉。"六部委《关于实施刑事诉讼法若干问题的规定》第 30 条:"人民法院审理公诉案件,发现有新的事实,可能影响定罪的,人民检察院可以要求补充起诉或者变更起诉,人民法院可以建议人民检察院补充起诉或者变更起诉。"

除具体程序设计问题外,我国公诉变更制度亟待解决的是其合法性问题。根据程序法定原则,凡涉及国家司法机关的职权配置与犯罪嫌疑人、被告人重大权益保障的事项,都应当由立法机关通过法律形式加以明确规定,而不得由其他机关、团体或个人以其他任何形式作出规定。公诉变更涉及检察机关的权力配置,应当由刑事诉讼法加以规定。在刑事诉讼立法没有明确的情况下,由司法解释性文件进行授权,属于司法权对立法权的僭越,违背了程序法定的要求。因此,"基于保障人权的需要,我国应当严格贯彻程序法定原则的要求,转换刑事公诉变更制度的载体,通过刑事诉讼法作出修改,在刑事诉讼法中就刑事公诉变更制度作出明确的规定"[1]。

四、限制:制约机制与审查制度

"自由裁量和自由裁量权的效用在于,使司法机关及其人员根据案件事实、证据、诉讼参与人和社会等各方面的实际情况,采取更适合于该具体案件的处理办法,使法律所追求的某一或者某些价值得以实现。"[2]但由此也必然会引发一定的价值冲突,在起诉程序中,主要表现为惩罚犯罪、维护秩序与诉讼经济、以宽大方式实行一定的刑事政策或保障一定的政治利益之间的矛盾,即容许检察机关在一定范围内进行自由裁量容易导致国家刑罚权在某些案件中难以得到落实,在有被害人的案件中还涉及被害人追究犯罪、惩罚犯罪的愿望得不到满足,不利于维护被害人权益的问题。因此,对起诉裁量权的规制也成为刑事程序立法的重要方面。

1979 年《刑事诉讼法》即对人民检察院免于起诉的决定规定了救济程序。第 102 条第 2 款规定,对公安机关移送起诉的案件,人民检察院决定免于起诉的,应当将免于起诉决定书送公安机关;公安机关认为免于起诉的决定有错误的时候,可以要求复议,如果意见不被接受,可以向上一级人民检察院提请复核。该规定设定

---

① 谢佑平、万毅:《刑事公诉变更制度论纲》,载《国家检察官学院学报》2002 年第 1 期。
② 张建伟:《刑事诉讼法通义》,北京大学出版社 2016 年第 2 版,第 463 页。

了公安机关对免于起诉决定寻求救济的途径,也属于公安机关对检察机关权力行使的制约。本条第 3 款还规定,对于有被害人的案件,决定免于起诉的,人民检察院应当将免于起诉决定书送被害人;被害人不服的,可以在收到后 7 日内向人民检察院申诉;人民检察院应当将复查结果告知被害人。

1996 年《刑事诉讼法》将原第 102 条分解为第 143 条、第 144 条和第 145 条,分别规定了不起诉决定的宣布程序、公安机关对不起诉决定的救济程序以及被害人对不起诉决定的救济程序。其中第 145 条扩张了被害人的救济权,规定:"对于有被害人的案件,决定不起诉的,人民检察院应当将不起诉决定书送达被害人。被害人如果不服,可以自收到决定书后七日内向上一级人民检察院申诉,请求提起公诉。人民检察院应当将复查决定告知被害人。对人民检察院维持不起诉决定的,被害人可以向人民法院起诉。被害人也可以不经申诉,直接向人民法院起诉。人民法院受理案件后,人民检察院应当将有关案件材料移送人民法院。"本条明确了被害人不服不起诉决定的申诉机关是上一级人民检察院,而且被害人有不服维持不起诉决定的起诉权和不经申诉的直接起诉权。1979 年《刑事诉讼法》没有关于被免于起诉人对免于起诉决定不服的申诉权,1996 年《刑事诉讼法》则在第 146 条中规定,对人民检察院依照第 142 条第 2 款规定作出的不起诉决定,被不起诉人不服的,可以自收到决定书后七日内向人民检察院申诉;人民检察院应当作出复查决定,通知被不起诉人,同时抄送公安机关。由于不起诉决定仅能够表明检察机关是依据公共利益原则和出于保护被不起诉人利益的考虑,或者是依据法律的规定放弃了对被不起诉人的刑事追诉权,与无罪宣判、撤销案件有着根本区别。因此,在被不起诉人认为自己无罪时,应当给予其要求审判的机会,这不仅是对被不起诉人合法权益的保障,也能够据此对检察机关裁量权形成一定的制约。

2012 年《刑事诉讼法》增设附条件不起诉制度时也同步规定了制约机制,在第 271 条规定人民检察院在作出附条件不起诉的决定以前,应当听取公安机关、被害人的意见;对附条件不起诉的决定,公安机关可以要求复议或提请复核;被害人可以申诉;未成年犯罪嫌疑人及其法定代理人对人民检察院附条件不起诉决定有异议的,人民检察院应当作出起诉决定。此外,如前文所述,通过全国人大常委会的立法解释,进一步补充了作出附条件不起诉决定以及考验期满作出不起诉决定前听取被害人意见的规定。

在公诉变更问题上,原则上案件进入审判环节具有不可逆性,公诉的变更只是例外情形,其启动与后续操作必须具有充足的正当性。2012 年《人民检察院刑事诉讼规则》第 461 条规定,变更、追加或者撤回起诉的决定应当报经检察长或者检察委员会决定,并以书面方式在宣告判决前向人民法院提出。2016 年 6 月,最高人民法院、最高人民检察院、公安部、司法部、国家安全部联合发布的《关于推进以审判为中心的刑事诉讼制度改革的意见》进一步规定,公安机关要完善撤回起诉制度,规范撤回起诉的条件和程序;对二次退回补充侦查后仍然证据不足、不符合起诉条件的,依法作出不起诉决定;证据不足,不能认定被告人有罪的,审判机关应当按照疑罪从无原则,依法作出无罪判决。但由于相关规定本身的不明确,实践中存在诸多不规范的现象,程序正当性问题较为严重,亟待建立科学合理的制约机制。首先,目前检察机关变更公诉的内部决定模式并不能消除检察权恣意的风险,需要外部权力加以制衡。1999 年《人民检察院刑事诉讼规则》第 351 条规定检察机关发现法定情形时可以向法院"要求变更起诉"。此时,是由法院控制着检察机关的变更公诉。而 2012 年的规则删除了"要求",将主导权转移到了检察院。因此,应当考虑恢复检察机关变更公诉必须经法院审查同意的规定,其主要依据包括:第一,符合我国分工负责、互相配合、互相制约的司法原则,是国家机关之间权力制约的体现;第二,公诉变更有可能与被告人或者被害人的诉讼利益产生冲突,需要中立的第三方对各方利益进行衡量、协调,以避免检察机关单方面作出决定而产生的权力滥用风险;第三,案件提起公诉后即处于接受法院审判的状态,法院处于监督、指挥诉讼的地位,控辩双方的诉讼行为均必须接受法院的监督。[①] 此外,赋予审判机关对公诉机关提出的公诉变更申请的审查权也是建立以审判为中心的诉讼制度、平衡控辩双方的关系与保障当事人的合法权利的必然要求。具体而言,对公诉机关的变更申请,审判机关应当进行审查,对未超出同一案件范围的,应当准许;如变更后成为新的诉讼客体,可以根据具体情况作出判断,如对被告人防御权不构成损害或被告人同意的,可以决定准许变更,如有损被告人防御权或被告人不同意的,则不予准许,由公诉机关另行追诉。[②] 而在被告人救济程序方面,由于当前立法与司法解释并未明确规定变更公诉情况下当事人的救济途径,导致被告人不服变更决定时往往申告无门,难以获得应有的救济。因此,公诉变更程序设计应当考虑使被告人及时得知变更内容,并享有就变更发表意见、提出异议等权利。

第四节　卷宗移送制度

人民检察院对于刑事案件经过审查决定向法院提起公诉的,需要向法院移送相关的案卷材料。而案件材料的移送涉及阻隔法官预断、实现司法公正与提升诉讼效率等问题,关系审判方式的改革、影响庭审实质化的落实,一直是立法修改与理论研究的重点。

---

① 林劲松:《论撤回起诉》,载《国家检察官学院学报》2003 年第 1 期。
② 娄超:《我国公诉案件程序变更之正当性研究》,载《政法论丛》2016 年第 5 期。

一、理念：案卷移送主义与起诉书一本主义

一般认为，卷宗移送方式与刑事诉讼结构相适应，一般可分为"案卷移送主义"与"起诉书一本主义"两种模式。职权主义诉讼构造将控制犯罪、发现案件事实真相作为刑事诉讼的主要目标，强调法官在诉讼中的主导作用，追求司法的集中统一。在此模式下，审判以法官对案情为主线展开，案件事实的认定与证据的取舍均由法官依职权作出决断，故要求法官在审判前全面掌握案件的相关情况，以确定庭审的策略与法庭调查的重点。作为职权主义诉讼构造的有机组成部分，案卷移送主义能够确保法官在开庭前全面审阅检察机关移送的案卷材料，了解公诉方掌握的证据材料，以为法庭审理进行全面准备。起诉书一本主义，又称唯起诉书主义，是指检察官在提起诉讼时，能够依法向有管辖权的法院提交具有法定事项和法定格式的起诉书，表明控诉方的控诉主张，而不得同时移送有可能使法官对案件产生预断的其他文书和控诉证据，也禁止在起诉书中援引其他文书和证据内容，公诉方的所有证据只能在庭审中提出，所有证人证言只能通过出庭的方式作出，并接受控辩双方的交叉询问。起诉书一本主义与当事人主义诉讼结构相契合。该模式以程序正义、人权保障为刑事诉讼的主要目标，强调控辩双方的地位平等，法官中立，一切案件事实的调查、纠纷的解决均通过法庭上的平等对抗实现。因此，法官事先不得接触案件材料，以避免对案件产生预断。

案卷移送主义有利于法官对庭审的控制，提高法庭审判效率，但法官事先接触案卷材料和证据，可能对案件产生预断，导致之后的庭审流于形式，此外，由于控方可能利用案卷材料影响裁判，进一步导致控辩失衡，不利于被追诉人的权利保护。而起诉书一本主义能够有效防止法官预断，有利于形成控辩平等对抗的局面，促使法官作出公正裁判。此外，由于对案件事实的调查、证据的认定均集中于审判阶段，控诉方需要提出确实、充分的证据支撑其指控主张，故而起诉书一本主义可以督促控诉机关负担主要证明责任、提高举证质量。但另一方面，起诉书一本主义对审判法官的要求较高，且如没有程序过滤机制，案件一经起诉则直接进入审判程序，并不利于案件分流，进而导致诉讼效率降低。[①]随着传统的大陆法系国家开始借鉴、移植当事人主义的诉讼制度，案件材料移送模式的改革也逐步展开。主流观点认为案卷移送主义容易导致法官对案件形成预断，甚至未经开庭即形成了"被告人构成犯罪"的认识，这既对法官中立性造成消极影响，也容易造成被告方与法官的观点对立，导致被告人的无罪辩护权难以实现；因此唯有限制法官审前查阅案件

---

① 陈卫东、韩红兴：《谨防起诉书一本主义下的陷阱——以日本法为例的考察》，载《河北法学》2007 年第 9 期；仇晓敏：《论我国刑事公诉案件移送方式的弊端与选择》，载《中国刑事法杂志》2006年第 5 期。

的范围,甚至剥夺其在庭前了解公诉方证据材料的机会,法官才可能保持客观态度,对法庭上的证据调查情况给予认真的关注。[①] 在此类理论的影响下,一些国家通过立法限制检察机关移送案卷的范围。如意大利1988年刑事诉讼法典规定除一些有限的证据材料外,其他大多数案卷材料都不得在庭审前移送法院,公诉方主要通过当庭提交证据的方式进行证据调查。而日本在二战后则直接确立了起诉书一本主义的起诉方式,要求检察官只提交一份起诉书,而不得向法院移交其他任何导致法官形成预断的证据材料。

二、轮回:卷宗移送制度的变革

我国1979年与1996年《刑事诉讼法》在"提起公诉"章中对符合起诉条件的案件,只原则性规定检察机关应当作出起诉决定,按照审判管辖的规定,向人民法院提起公诉,移送案卷材料的范围规定在"第一审程序"中。1979年《刑事诉讼法》第108条规定:"人民法院对提起公诉的案件进行审查后,对案件事实清楚,证据确实充分的,应当决定开庭审判;对于主要事实不清,证据不足的,可以退回人民检察院补充侦查;对于不需要判刑的,可以要求人民检察院撤回起诉。"根据本条规定,法院在开庭审判前对案件进行实质性审查的基础是人民检察院移送的全部案卷材料,因此,人民检察院提起公诉的案件的全部案卷材料要移送至法院。这种案卷移送制度与法官在庭前对案件事实进行实质审查的制度造成了诸如先定后审、庭审流于形式等多方面弊端。

在各界呼声中,立法机关启动了"刑事审判方式改革",在法庭审判程序方面吸收大量当事人主义诉讼模式的特点,增强刑事案件法庭审判的对抗性。1996年《刑事诉讼法》对人民检察院提起公诉案件移送案件材料的范围进行了修改,在第150条规定:"人民法院对提起公诉的案件进行审查后,对于起诉书中有明确的指控犯罪事实并且附有证据目录、证人名单和主要证据复印件或照片的,应当决定开庭审判。"根据这一规定,人民检察院要向法院移送决定提起公诉的案件的起诉书、证据目录、证人名单和主要证据复印件或照片。《人民检察院刑事诉讼规则》第283条规定,人民检察院针对具体案件移送起诉时,主要证据的范围由办案人员根据本条规定的范围和各个证据在具体案件中的实际证明作用加以确定。主要证据是对认定犯罪构成要件的事实起主要作用,对案件定罪量刑有重要影响的证据,包括:(1)起诉书中涉及的各种证据种类中的主要证据;(2)多个同种类证据中被确定为"主要证据"的;(3)作为法定量刑情节的自首、立功、累犯、中止、未遂、正当防卫的证据。本次立法修改虽然没有引进起诉书一本主义的起诉方式,但对检察机关

---

① 陈瑞华:《案卷移送制度的演变与反思》,载《政法论坛》2012年第5期。

移送案件材料的范围进行了严格限制。有学者将其称为"复印件主义"[1],认为这是介于大陆法系卷宗移送主义与英美法系起诉书一本主义之间的一种案卷移送方式。立法对案卷移送方式的变革,一方面意在弱化庭前法官对案件的审查判断,减少法官预断,以加强控辩双方法庭对抗,避免"先定后审",防止庭审走过场,保证审判程序的公正性;另一方面也是考虑到我国法官整体素质、业务水平及诉讼效率等问题而不禁止法官庭前对主要证据的接触。但学界对此提出了不同看法:其一,庭审法官仍然能够接触侦查、起诉案卷全部材料的复印件,仍有可能在庭前进行实体审查,不能彻底排除庭前预断。[2] 其二,复印件主义模式下,辩护律师了解案件情况比以前更加困难,不利于辩方权利的保护与控辩平等对抗的实现;[3]其三,在1996年《刑事诉讼法》修改前,法院对检察机关提起公诉进行实体审查可以过滤掉不符合起诉条件的案件,而在采用复印件主义后,法院对公诉的审查仅有刑事意义,缺少了对公诉权的有效制约。[4]

而事实上,1996年《刑事诉讼法》确立的起诉方式在实践中并未得到切实有效的贯彻实施。1998年六部委《关于刑事诉讼法实施中若干问题的规定》对检察机关移送案件材料问题进行了补充,确立了庭审后移送案件笔录的制度。根据补充规定,检察机关可以自行确定需要移送法院的"主要证据"的范围,法院发现检察机关移送的材料中缺少"主要证据"的也可以要求其补充材料;检察机关对在法庭上出示、宣读、播放的证据材料,应当当庭移交法院,或在休庭后3日内移交,且对在法庭上出示、宣读、播放未到庭证人的证言的,如该证人提供过不同的证言,检察机关应在休庭后3日内将该证人的全部证言移交法院。实践中检察官通常携带全部案卷材料出庭支持公诉,且刑事案件多不进行当庭宣判,故而检察机关在庭后向法院移交全部案卷补录,审判法官在开庭结束后有较为充足的时间查阅案卷材料。对案件事实的认定实质上被放置到了庭后阅卷中,法庭审理过程依然处于被架空状态。立法设计的初衷并未得到实现。此外,对有重大社会影响的案件,检察机关可能在提起公诉时将全套案件材料移送至法院,法院还可能主动向检察院"借阅"案卷材料。[5] 而实践中,不仅一些偏远地区的司法机关为了避免增加诉讼成本而采取移送原卷的办法,而且全国大多数地区的司法机关也逐渐放弃了对法律规定

---

① 陈卫东、郝银忠:《我国公诉方式的结构性缺陷及其矫正》,载《法学研究》2000年第4期。
② 陈卫东主编:《刑事审前程序研究》,中国人民大学出版社2004年版,第200页。
③ 李奋飞:《从"复印件主义"走向"起诉状一本主义"——对我国刑事公诉方式改革的一种思考》,载《国家检察官学院学报》2002年第2期。
④ 仇晓敏:《论我国刑事公诉案件移送方式的弊端与选择》,载《中国刑事法杂志》2006年第5期。
⑤ 陈瑞华:《案卷移送制度的演变与反思》,载《政法论坛》2012年第5期。

的执行,纷纷回到全案卷宗移送的道路。[①]

2012 年《刑事诉讼法》将人民检察院提起公诉移送案件材料范围内容规定在"提起公诉"一章。其中第 172 条规定:"人民检察院认为犯罪嫌疑人的犯罪事实依据查清,证据确实、充分,依法应当追究刑事责任的,应当作出起诉决定,按照审判管辖的规定,向人民法院提起公诉,并将案卷材料、证据移送人民法院。"根据本条规定,人民检察院向法院提起公诉,要向法院移送案卷材料、证据,对案卷材料的范围未作出限制。随后,六部委《关于实施刑事诉讼法若干问题的规定》第 24 条进一步补充,人民检察院向人民法院提起公诉时,应当将案卷材料和全部证据移送人民法院,包括犯罪嫌疑人、被告人翻供的材料,证人改变证言的材料,以及对犯罪嫌疑人、被告人有利的其他证据材料。该条规定不仅强调人民检察院提起公诉要向人民法院移送案卷材料和全部证据,还特别突出了移送对犯罪嫌疑人、被告人有利的证据材料。2012 年的立法修改是建立在对 1996 年"复印件主义"反思的基础之上的,对前次改革的利弊得失进行了深入考量。需要注意的是,2012 年《刑事诉讼法》并没有恢复庭前实质审查制度,法官在开庭前不得就公诉方的证据进行庭外调查核实,也不得对案件是否达到法定证据标准进行审查,而是在全面阅卷的基础上,"对于起诉书有明确的指控犯罪事实的"决定开庭审判,由此保留了 1996 年《刑事诉讼法》确立的法院庭前"形式审查"制度。2012 年《刑事诉讼法》恢复了全案卷宗移送的做法,但并不能简单看作公诉案件案卷移送制度的倒退,而是以卷宗移送主义为基础,同时对相关制度加以改革和完善,既注意发挥全案卷宗移送的积极作用,也注意减少和避免全案卷宗移送带来的弊端。[②]此外,立法对证人、鉴定人出庭,直接言词原则,作为定案根据的证据必须在法庭上经过控辩双方辩论、质证等方面内容的改变,为公诉案件全案移送案卷方式提供了一定的制度保证。但是庭前全案卷宗移送制度带来的法官可能形成庭前预断、先入为主,法庭审判先定后审,影响公正审理案件的问题,在立法和理论研究方面仍有继续探讨的必要。

三、调适:刑事诉讼制度调整与建构

我国不断尝试进行卷宗移送制度改革的根本目的在于促进庭审实质化、实现司法公正。有学者指出,无论适用何种案卷移送制度,通过阅卷形成裁判结论的裁判方式从来没有离开过我国的刑事审判制度,而其真正的症结在于:第一,法官主导证据调查的司法传统。在我国的司法传统中,法官通过亲自收集证据、主导证据调查来发现案卷的事实真相被视为实现司法正义的主要途径,而"消极仲裁者"的现象并不符合民众心理期待。1996 年《刑事诉讼法》构建的抗辩式审判方式使得

---

① 冀祥德主编:《最新刑事诉讼法释评》,中国政法大学出版社 2012 年版,第 155 页。
② 宋英辉等:《刑事诉讼法修改的历史梳理与阐释》,北京大学出版社 2014 年版,第 259 页。

法官因未能在庭前阅卷而丧失了对证据调查过程的控制,无法对案件事实的实质审查发挥积极作用,造成公诉方主导庭审的局面,导致法官对此次改革的普遍不满。第二,以案卷笔录为中心的审判方式。我国刑事审判中一直未能真正贯彻直接言词原则,法庭最多只是对证据进行形式上的审查而无法进行实质调查,而法官接触的大都是书面笔录,其对案件事实的认定过程实际就是对公诉方案卷笔录的审查和确认过程,最终也是根据案卷笔录形成裁判结论。不破除对公诉方案卷笔录的畸形依赖,庭审实质化必然无从谈起。第三,在法庭之外形成裁判结论的司法文化。我国刑事审判中,法官并未将法庭作为形成司法裁判的唯一场所,更不是通过庭审来实现对案件事实的内心确信,而是通过"办公室作业"和上下级之间的行政审查机制来形成裁判结论。而这种裁判结论形成方式必然对全案卷宗的移送提出要求。因此,对案卷笔录的需求属于结构性的制度依赖。① 因此,卷宗移送制度改革并非仅仅关系一项制度的完善,而需要对刑事诉讼制度整体架构进行调适,更深层次还包括相关理念观念的更新问题。

但总体而言,理论界基本认可当前卷宗移送制度的改革仍然应当以克服法官审前预断为基本方向。而事实上采取何种案卷移送制度与阻断法官预断之间并无必然联系。大陆法系国家实行全案移送制度,为避免审判法官因庭前对案卷进行实质性审查可能导致的对案件的预断问题而设置了预审法官。如法国在其刑事诉讼法典中规定,对经初步调查认为构成重罪即法律规定应当预审或者检察官认为需要预审的轻罪和违警罪案件,检察官必须向预审法官提出公诉意见书,并移送已经形成的案卷材料,由预审法官通过审核作出具有司法裁判权性质的决定。而意大利刑事诉讼法典为防止法官提前阅卷,设置了由预审法官承担案件分流和"筛选起诉状"的程序。检察官提起公诉应向预审法官移送侦查案卷;对被交付审判的案件,审判法官只能收到经预审法官严格筛选的法官案卷。而采取起诉书一本主义的英美等国同样设置了预审制度、大陪审团制度等隔离机制防止事实裁判者在庭审前接触控方案卷材料。因此,我国要实现审判法官在庭前与案卷的实质隔离,可以考虑借鉴域外经验,设置审判法官之外的专门法官在庭前对案卷进行实质性审查来解决问题。"中国的案卷移送制度改革,可以考虑在现有的案卷移送主义的基础上,以立审分离为制度设计导向,即应当实现立案庭与审判庭在职能、人员上的实质性分离,由立案法官在庭前对案卷进行实质性审查,禁止审判法官在庭审之前接触案卷。"②

① 陈瑞华:《案卷移送制度的演变与反思》,载《政法论坛》2012 年第 5 期。
② 吕升运、荣海波:《刑事案卷移送制度的演进及完善》,载《中国刑事法杂志》2014 年第 1 期。

第五节　自诉制度

　　刑事诉讼中的自诉是相对于公诉而言的,指法律规定的享有自诉权的个人直接向有管辖权的法院提起的刑事诉讼。在我国,自诉案件是指法律规定的可以由被害人或者其法定代理人、近亲属直接向人民法院起诉,要求追究被告人刑事责任,人民法院能够直接受理的刑事案件。[①]

一、理念:国家追诉主义与被害人追诉主义

　　刑事诉讼中追诉权的行使方式可分为国家追诉和私人追诉,国家追诉主义即由国家机关代表国家追究犯罪而行使追诉权;私人追诉主义则是由被害人及其亲属或者其他的个人或团体以个人或团体的名义向审判机关提起诉讼而行使追诉权。狭义的国家追诉仅指由起诉机关向审判机关提起诉讼,而广义上则包括代表国家的专门机关依照职权主动发起刑事诉讼、侦查犯罪和起诉犯罪的各项活动。

　　人类社会之初,犯罪被认为是损害个人利益的行为,起诉完全由私人进行,是否对犯罪人进行追究和惩罚,取决于被害人是否向审判机关提出控告。而国家追诉最终取代私人起诉和之后的公众起诉(社会起诉)成为刑事追诉基本的和主要的方式,有其历史必然性。首先,国家追诉主义是对犯罪本质的认识不断深刻和国家权力强化的结果。最初国家权力对社会生活各方面干预能力较弱,犯罪只被认为是对具体社会成员个体的侵害,因此对犯罪的追诉也被视为受害人的个人权利。但随着社会矛盾激化,人类对犯罪的危害及其所侵害的利益的多元性之认识日趋深刻,即犯罪不仅侵害社会成员个体利益,也是甚至最主要是对社会整体的危害,包括破坏社会的安定状态和社会成员的安全感,危害国家经济、政治等制度赖以存在和发展所需要的秩序及一般社会成员赖以生存的条件,国家有责任维护社会法律秩序和保护社会成员的利益,对犯罪应当由国家进行追诉的观念逐步形成,并与日趋强大的国家权力相结合,最终出现了国家追诉的起诉方式。其次,国家追诉是对刑事诉讼公正、秩序等诸项价值强烈期望的结果。私人复仇式的起诉难以对犯罪实施有效而公正的制裁,并且有碍社会秩序的恢复和正义的实现。国家追诉在恢复被犯罪破坏的社会秩序、实现社会正义方面起的作用,是私人追诉无法比拟的。"谋求实现国家刑罚权的刑事诉讼与把私人利益作为基础的民事诉讼不同,应当将实现正义作为第一要义,将公平正当作为意旨。因此,由公正的不受报复感情

　　[①]　陈光中主编:《刑事诉讼法》,北京大学出版社、高等教育出版社 2012 年第 4 版,第 309 页。

及利害关系所左右的国家机关行使追诉权,是最为恰当的。公正地提起公诉是公正裁判的基本前提条件,检察官作为公益的代表,可以在综合考虑被害人感情、被告人的地位、犯罪的严重程度及社会影响等诸因素的基础上决定起诉或不起诉,避免陷入私人起诉容易产生的报复观念和滥诉的弊端,也有利于起诉标准的统一。"①再次,国家追诉形式是由查明刑事案件的过程的特殊性决定的。查明刑事案件事实的过程相当复杂,而且随着社会发展,犯罪日趋隐蔽,涉及的科技领域和专业知识越来越广泛,进一步加大了对犯罪追诉的难度。被害人个人不仅难以承受调查、收集证据所需要的资源投入,而且缺乏相应的手段和措施,因此只能由国家设立专门机关行使对犯罪的追诉权。因此,国家公诉逐渐取代了私人起诉,成为占主导地位的追诉方式。

而在国家公诉制度确立并逐步占据主要地位后,是否还要保留被害人自诉的起诉方式成为讨论的对象。各国基于不同考虑,采取了不同做法,如美、日等国有国家垄断起诉而没有被害人自诉,德国等国则采取公诉与自诉并存,以公诉为主、自诉为辅的机制。采取后一种追诉机制的基本理念是:实行国家追诉原则不排斥和妨碍公民个人在追诉犯罪中作用的发挥,犯罪是侵犯社会公益的行为,对犯罪的追诉应当由国家机关进行,但鉴于某些犯罪的特殊性而将起诉权交由被害人行使,由其决定是否起诉。这种观念的形成,一方面是基于对国家垄断主义追诉形式缺陷的理性认识,如其过于强调司法的一般性而忽视被害人及个案方面的特殊性,可能造成司法与民众意愿的脱节,且国家包揽追诉不仅会增加司法资源的负担,还会影响司法效力的提高,因此将一些主要是侵犯了被害人个人利益而对国家整体利益危害不大的案件授权被害人直接起诉不失为一种明智的选择。另一方面,自诉制度也有其自身存在的价值与意义:第一,维护被害人的利益、保障被害人诉讼权利。被害人是犯罪行为的直接受害者,向国家审判机关控告犯罪,要求惩罚犯罪,是其固有的权利。如前所述,在国家追诉制度中,被害人追诉犯罪的权利一般由国家代为行使,而为维护被害人的权益,国家在提起公诉时应当充分考虑被害人的利益。第二,将特定种类刑事案件的追诉权交由被害人直接行使,不但不会危害社会整体利益,还能节省司法资源,集中力量打击严重犯罪。第三,对主要涉及公民个人利益,或者发生在家庭成员之间的犯罪,将起诉权交给被害人,由其决定是否追究加害人的刑事责任,更有利于案件的解决,和对犯罪分子的教育、感化和挽救,进而消除犯罪原因,达到社会综合治理的目的。第四,对部分涉及被害人名誉、隐私的案件,如实行公诉可能给被害人造成更大伤害,且如被告人不愿控告或予以否认

① [日]土本武司:《日本刑事诉讼法要义》,董璠舆、宋英辉译,台湾五南图书出版有限公司1997年版,第3章第1节第一"基本原则"。

则难以查清案件情况,将此类案件追诉权交由被害人行使,是否起诉由其自由意志决定,更有利于保护其个人利益。[1]

二、平衡:自诉范围的扩张与限制

我国采取了公诉为主、自诉为辅的追诉机制,1979 年《刑事诉讼法》第 13 条第 1 款规定:"告诉才处理和其他不需要进行侦查的轻微的刑事案件,由人民法院直接受理,并可以进行调解。"根据本条规定,自诉案件有两类,即告诉才处理的案件与不需要进行侦查的轻微的刑事案件。其中,告诉才处理的案件包括:(1)侮辱、诽谤案,但严重危害社会秩序和国家利益的除外;(2)暴力干涉婚姻自由案;(3)虐待案;(4)侵占案。但由于"其他不需要进行侦查的轻微的刑事案件"的规定过于笼统,在实践中难以把握,且 1979 年刑事诉讼法偏重维护国家追诉权,对被害人权利保护的规定较少,实践中出现了公民权利遭受不法侵害,公安机关、检察机关出于各种原因不予受理而导致被害人告状无门的情况。有鉴于此,1996 年《刑事诉讼法》修改扩大了自诉案件的范围,其第 170 条规定:"自诉案件包括下列案件:(1)告诉才处理的案件;(2)被害人有证据证明的轻微刑事案件;(3)被害人有证据证明对被告人侵犯自己人身、财产权利的行为应当依法追究刑事责任,而公安机关或者人民检察院不予追究被告人刑事责任的案件。"2012 年《刑事诉讼法》则沿用了这一自诉案件范围的规定。

在自诉案件的处理方面,1979 年《刑事诉讼法》第 126 条规定:"人民法院对于自诉案件进行审查后,可以按照下列情形分别处理:(一)犯罪事实清楚,有足够证据的案件,应当开庭审判;(二)必须由人民检察院提起公诉的案件,应当移送人民检察院;(三)缺乏罪证的自诉案件,如果自诉人提不出补充证据,经人民法院调查又未能收集到必要的证据,应当说服自诉人撤回自诉,或者裁定驳回;(四)被告人的行为不构成犯罪的案件,应当说服自诉人撤回自诉,或者裁定驳回。"第 127 条规定:"人民法院对自诉案件,可以进行调解;自诉人在宣告判决前,可以同被告人自行和解或者撤回自诉。"1996 年《刑事诉讼法》第 171 条第 1 款对人民法院审查处理方式进行了修改,首先根据自诉案件范围的调整,删除了"必须由人民检察院提起公诉的案件,应当移送人民检察院";其次,删除"经人民法院调查又未能收集到必要的证据",以适应本次修法确定的由控方承担举证责任、人民法院不再主动调查取证的原则;最后,删除原第 4 项,将"被告人的行为不构成犯罪的案件"归入缺乏罪证一类。此外,第 171 条第 2 款增加了自诉人出庭责任的规定,即"自诉人经两次依法传唤,无正当理由拒不到庭,或者未经法庭许可中途退庭的,按撤诉处

① 卞建林主编:《刑事诉讼法学》,科学出版社 2008 年版,第 742 页。

理"。第 3 款增加规定,法庭审理过程中,审判人员对证据有疑问的,需要调查核实的,可以宣布休庭,对证据进行调查核实。而对自诉案件的调解问题,1996 年《刑事诉讼法》补充规定"第 170 条第 3 项规定的案件不适用调解",即被害人有证据证明对被告人侵犯自己人身、财产权利的行为应当依法追究刑事责任,而公安机关或者人民检察院不予追究被告人刑事案件的不适用调解。其主要是考虑此类自诉案件有可能是严重侵犯认识权利或者财产权利的犯罪,为能够正确、公正地处理此类自诉案件,则不适用调解,必须经过审判作出判决。2012 年《刑事诉讼法》针对前两部法律未规定自诉案件审理期限,导致实践中部分自诉案件久拖不决而使当事人权利无法得到及时保障的问题,在第 206 条第 2 款增加规定,自诉案件被告人被羁押的,人民法院按照审判公诉案件的期限进行审理;被告人未被羁押的,人民法院应当在受理后 6 个月以内审判。

根据立法规定,我国自诉制度具有以下特征:其一,自诉权相对于公诉权具有较强的独立性。在法律规定的三种自诉案件中,第一类告诉才处理的案件属于纯粹的自诉案件,被害人享有排他的起诉权;第二类被害人有证据证明的轻微刑事案件,虽然不限制检察机关对犯罪的追诉,但一旦被害人提起自诉并被法院受理的,检察机关就不得再行提起公诉;第三类公诉转自诉案件,虽然被害人自诉权须在追诉机关放弃公诉权或不履行公诉职能之后才能行使,但被害人提起自诉后即可以根据自己的意志处分追诉权。其二,自诉权与公诉权的关系具有多样性。法定三类自诉案件中,第一类自诉权处于独占地位,公诉权不得干涉;第二类案件中自诉权虽然彼此独立,但同时并存;第三类则是公诉优先、自诉补救的关系。而从动态上看,自诉案件与公诉案件之间还存在着相互转化的可能,包括公诉转自诉,即第三类自诉案件,与自诉案件向公诉案件的转化,如被害人认为自己没有"证据证明"而向追诉机关报案或提前控告,追诉机关不得拒绝接受,以及被害人自认为"有证据证明"而提起自诉,即使不符合法定起诉条件,但根据相关司法解释,人民法院"应当移送公安机关立案侦查",不能简单地驳回起诉。其三,我国自诉案件的处理具有明显的简易化倾向。根据 2012 年《刑事诉讼法》的规定,对于告诉才处理的案件、被害人有证据证明的轻微刑事案件,可以适用简易程序,由审判员一人独任审判,且自诉案件的结案方式具有灵活性,除判决外,还存在调解、当事人自行调解与撤回起诉的可能。[①]

就目前自诉制度立法与实践状况,学界认为主要存在以下问题:(1)自诉案件在范围确定上过于宽泛,造成对公诉范围的侵压,而且公诉与自诉案件的划定标准存在问题,如侵占罪不应包含于告诉才处理的案件中,有关侵犯民主权利的案件不

---

① 吴宏耀:《刑事自诉制度研究》,载《政法论坛》2000 年第 3 期。

宜规定为自诉案件,暴力、胁迫型及窃取、骗取型的侵犯财产罪也不应纳入自诉范围;(2)公诉对自诉进行干预的层次不够分明;(3)公诉与自诉的运行程序失调,审判程序的启动对自诉的要求比公诉更为苛刻;(4)自诉受理的法律规定较为原则,容易导致司法机关之间相互推诿,造成自诉人告状难的现象;(5)自诉案件多以调解、和解、撤诉结案,使得刑事处罚形同民事赔偿,不利于对犯罪的打击等。[①]

三、完善:公诉转自诉之规范与自诉担当制度

完善自诉制度,需要针对立法缺陷与实践中暴露的问题进行补正,如适当界定自诉案件范围,对公诉与自诉的程序运行进行适当的平衡和协调,健全相关的程序性规定,完善法律援助制度等。而其中需要重点予以关注的是公诉转自诉的规范问题与自诉人无法继续诉讼行为时公诉机关的接收问题。

对第三类自诉,即公诉转自诉案件,一般认为赋予被害人对追诉机关不追究被告人刑事责任的案件提起自诉的权利,有利于维护被害人的利益,也是对追诉机关正确行使权力的有效制约。但反对意见则认为检察机关依法作出不起诉决定是一种终结诉讼的决定,允许被害人向人民法院提起自诉,是立法的失误。具体而言,对公诉转自诉案件,我国现行立法的缺陷在于:第一,没有注意到对不追究决定的审查和对错误不追究决定的纠正是两个独立的、性质各异的诉讼活动,应当分别适用不同的程序。对追诉机关决定不追诉的案件自然应当赋予被害人一定的救济手段。但作为救济手段,应当以能够发现错误为标准。而对错误的纠正,根据刑事案件自身的特点,应当遵循一般的审判程序。如日本的准起诉程序与检察审查委员会的任务都是发现错误,对错误的纠正则依照一般的审判程序处理,而不是简单地赋予被害人通过自诉进行救济的权利。第二,没有注意到救济程序应当具有纠正错误与维护正确决定的双重功能。救济程序一方面应当对违法作出的不追诉决定进行否定与纠正,但另一方面还应当对公诉机关合法行使权力的情况予以维护与支持。第三,没有注意到被不起诉人与被害人之间的利益平衡。被害人享有追诉犯罪的权利,但被追诉人并不必然负有"奉陪到底"的义务,尤其在依法不应当或者不需要追诉被告人刑事责任的案件中,更应当关注对被不起诉人权利的保障。针对上述问题,考虑权利保障与权力制约的均衡,在保留公诉转自诉机制的基础上,应当对此类自诉案件进行调整与规范:(1)对此类自诉案件受理条件进行具体规定。针对现有被害人自诉制度不具有维护正确不起诉决定的弊端,明确限定自诉人对追诉机关不追诉案件提起自诉的受理标准。(2)提供被害人自诉救济的可行

① 罗志勇:《对我国公诉与自诉关系的理性思考》,载《中国刑事法杂志》2006年第2期;吴卫军:《我国刑事自诉制度的反思与重构》,载《河北大学学报》2004年第4期;樊崇义主编:《刑事诉讼法实施问题与对策研究》,中国人民公安大学出版社2001年版,第507页。

性,即加强被害人自诉制度的可操作性,保障被害人寻求救济的权利,规范不追诉机关向人民法院移交所掌握案件证据材料的程序,完善法律援助制度以协助被害人进行自诉。(3)注意保护被不起诉人的合法权利。人民法院对被害人的自诉请求进行审查后认为可能受理案件,应当给予被不起诉人提交自己的反对意见、理由的机会。

对自诉人提出控诉且自诉程序已经启动,但由于某种原因自诉人不敢、不能活在不愿继续诉讼行为的情况,有观点提出引入自诉担当的建议,以实现自诉与公诉之间的有效沟通,有效维护社会公共利益,弥补被害人能力不足。① 目前我国刑事诉讼立法对自诉程序难以为继的情形并无明文规定。最高人民法院《关于适用〈中华人民共和国刑事诉讼法〉的解释》第 272 条规定:"判决宣告前,当事人可以自行和解,自诉人可以撤回起诉。人民法院经审查,认为和解、撤回自诉确属自愿的,应当裁定准许;认为系被强迫、威吓等,并非出于自愿的,不予准许。"对不准许撤诉后的程序应当如何推进则未予以明确。因此,自诉担当制度的设置有一定的合理性与必要性。首先,对第二类自诉案件,公诉权与自诉权属于平行并存关系,被害人对自诉权的放弃并不影响公诉权的行使;其次,随着打击犯罪的压力增大,放任被害人处分自诉权的危害性已经不可忽视;最后,基于被害人权利保障的考量,在被害人控诉能力不足时由国家机关予以协助具有合理性。在具体制度设计上,需要考虑:其一,自诉担当适用范围应当主要包括告诉才处理与被害人有证据证明的轻微刑事案件,第三类自诉案件因其本身的特殊性则不适用该制度。其二,明确自诉担当适用的法定原因,包括:(1)案件涉及国家利益及社会公共利益;(2)自诉人经合法传唤,无正当理由不到庭或到庭不作陈述,案件不宜按撤回自诉处理的;(3)自诉人因受强制、威吓无法继续进行诉讼的;(4)自诉人于辩论终结前丧失行为能力或死亡,且无其他代理人继续代行诉讼的。其三,自诉担当的启动权应由法院掌控,即法院认为应由检察机关接管追诉犯罪的,由法官通知检察机关,并将卷宗移交检察机关,检察机关则无权直接从自诉人手中接管自诉案件,以避免自诉担当制度沦为检察机关随意干预自诉案件的借口。

---

① 吴卫军:《刑事诉讼中的自诉担当》,载《国家检察官学院学报》2007 年第 4 期。

第 八 章

审判制度

第一节　改革开放 40 年来我国刑事
审判制度的变迁

一、刑事审判模式概述

我国刑事审判制度的改革可以提炼为对审判模式的变更。何谓模式？又何谓审判模式？所谓模式，是指一种认识论意义上的确定思维方式，是人们在生产生活实践当中通过积累而得到的经验的推象和升华，是从不断重复出现的事件中发现和抽象出的规律，是解决问题形成经验的高度归纳总结。它包含着方法、步骤、过程、目标等内容的模样与程式。刑事审判模式则可以理解为包含着存在一定程度关联性的审判方法、审判步骤、审判过程和审判目标的模式与程式的组合。[①]

审判模式是刑事诉讼模式的基本构成和体现。我国法学界一般认为，从古至今，关于刑事诉讼模式，概为以下几种类型：（1）弹劾式诉讼（又称控告式诉讼）；

---

① 　马荣春、蔡道通：《能动司法语境下的刑事审判模式》，载《南京社会科学》2014 年第 12 期。

（2）纠问式诉讼；（3）对抗式诉讼（又称当事人主义诉讼）；（4）审问式诉讼（又称职权主义诉讼）；（5）混合式当事人主义诉讼（指把现代西方国家的职权主义和当事人主义结合起来的日本式的当事人主义诉讼）。审判模式与诉讼模式是不同的，二者不可混用。[①] 诉讼模式存在以上 5 种类型的分类，审判模式则存在以下 4 种类型的分类：（1）弹劾式审判；（2）纠问式审判；（3）对抗式审判；（4）审问式审判。

所谓弹劾式审判，纠问式审判，主要是就刑事审判的提起即起诉与审判的关系来说的。"弹劾式"审判主要是人类社会早期的诉讼结构类型，实行于古埃及、古巴比伦、古希腊、古罗马共和时期以及欧洲日耳曼法前期时代和英国的封建时代，它集中体现的是"不告不理"原则。纠问式审判是继弹劾式审判之后出现的一种审判方式，普遍地实行于中世纪欧洲的君主专制时代和我国的封建时代，它集中体现的是司法机关主动追究犯罪，而不一定有原告，即非"不告不理"原则。在现代，没有哪个国家是实行控审不分的纠问式审判模式。真正能反映审判模式的含义的概念是对抗式审判模式和审问式审判模式。前者跟当事人主义诉讼模式归属一类，后者与职权主义诉讼模式归属一类。我国原有的刑事审判模式与欧洲大陆法系国家的刑事审判模式在本质上是一样的，即都属于审问式审判模式。[②] 审问式审判与对抗式审判是现代刑事审判程序的基本模式。我国审判模式的改革基本呈现为在审问式的基础上引入对抗式审判模式的合理成分。

（一）审问式审判模式的历史传统

审问式审判模式是现代大陆法系各国所采取的刑事审判模式。现代的审问式审判模式是经过对古老的纠问式程序的改革发展而来的。这种审判模式最早出现于法国 1808 年颁布的刑事诉讼法典（Code d'Instrusction Criminelle），并在 19 世纪中后叶逐渐为欧洲大陆各国广为接受和采纳。[③]

审问式审判模式建立在"职权调查原则"和"实体真实原则"的基础上。根据前一原则，法院在检察官提起公诉后，可依职权继续从事收集证据和调查事实的工作。法院为对案件作出最终的裁判，须亲自从事收集证据和调查事实的工作，而不受控辩双方所提供的证据的限制。根据后一原则，法院在审判中有权独立地探究事实真相，而不受检察官一方就案件的事实认定和法律适用所作结论的束缚，并为此对有利和不利于被告人的事实予以全面的同等重视。这样，这种新的审判程序实际就具有了法官在控辩双方协助下独立进行司法调查的模式。[④]

---

① 樊崇义、张毅：《我国刑事审判模式的改革与完善刍议》，载《政法学报》1994 年第 1 期。

② 樊崇义、张毅：《我国刑事审判模式的改革与完善刍议》，载《政法学报》1994 年第 1 期。

③ 陈瑞华：《刑事审判原理论》，北京大学出版社 2003 年版，第 276 页。

④ 陈瑞华：《刑事审判原理论》，北京大学出版社 2003 年版，第 277 页。

审问式审判模式具有如下三方面的典型特征：

（1）法官在刑事审判中起主导作用。在审问式审判模式中，诉讼的进行以法院为主，法官以积极姿态出现；在审判中，法官要主动讯问被告人和证人，提出证词矛盾点，询问鉴定人的意见，向双方展示有关文件和证据。[①] 法官的职责是采取一切必要手段来确定被告人是否犯有被指控的罪行；法官负责提出和调查各项证据；法官如果认为某一证据对于调查事实真相确有必要，而它又没有被控辩双方提出，他有权自行提出和调查。[②]

（2）审判机关拥有较大的权力，检察官和辩护人在证据提出和事实调查程序中居于次要和辅助地位，只能发挥十分有限的作用。与控辩式审判不同，检察官与被告方在审问式审判中并没有自己独立的"一面之词"。由于法官负有依职权查明真相的责任，控辩双方都只能充当消极和辅助的角色。检察官与辩护人向法庭提出的证据调查请求必须取得法官的同意，他们一般无权直接向法庭提出实物证据，也不得直接传唤证人并实施询问。检察官在庭审当中与其说处于公诉人的地位，倒不如说是法官查明事实真相的协助者。在实施追诉方面，检察官一般处于十分消极的地位，他的公诉活动往往受到较大的限制，因为法官掌握他的卷宗，他一般也不拥有案卷副本，案卷中载明的证据由法官提出、传唤、出示和调查。[③]

（3）当事人处于受指挥的被动地位。在职权式审判中，当事人在法庭上行使权利都必须服从审判机关的指挥；在很多情况下，当事人须得向审判机关提出申请，由审判机关决定后才可以行使权利。在诉讼中，双方当事人虽然也采取平等对抗原则，但都是不主动的，都要服从审判机关的指挥。

在法官主导的审问式审判模式中，法官始终在诉讼活动中处于主导地位，当事人或辩护方和检察机关处于辅助和从的地位。这样的制度安排被认为是国家"父爱主义"的产物，在客观上有利于诉讼事实和客观事实的统一，从而达致实质正义。从法官的角度而言，作为整个诉讼过程的主导者，法官能够把握整体诉讼活动的走向，不至于经受当事人或律师的过分影响，有利于提升司法效率和实体正义。[④]

但是，从当事人的角度来看，由于法官的职权过于强大，当事人在整体诉讼过程中的作用则陷于弱化乃至被剥夺。由此造成的后果是，法官在一般诉讼中仅凭

---

① 谢佑平：《刑事审判模式探析》，载《政法论坛》1994 年第 2 期。

② 谢佑平：《刑事审判模式探析》，载《政法论坛》1994 年第 2 期。

③ 谢佑平：《刑事审判模式探析》，载《政法论坛》1994 年第 2 期。

④ 江国华：《常识与理性：中国审判模式的可能向度》，载《中南民族大学学报（人文社会科学版）》2012 年第 2 期。

自身的职权就可查明事实,容易陷入"先入为主"的偏见或丧失"兼听则明"的机会。① 除此之外,由于审问式审判模式为寻找"实体真实"而不惜牺牲一切代价,奉国家、社会利益至上的价值观念和审判目的具有片面性和缺陷,以及司法实践中的审问式审判模式侵犯人权,违背诉讼正当程序的现象日益加剧,招致社会的强烈不满,进而导致了审判模式的适度改革,如法、德等国的审判模式中正当程序的价值观念明显增强,审判目的也由最初的控制犯罪转向适当兼顾人权保障。②

(二)对抗式审判模式的优劣比较

对抗式审判(the adversarial trial)实际上是一种由控辩双方主导进行,法官作为仲裁者确保双方遵守规则的竞赛(contest)。对抗式审判模式产生于英国,并伴随诸多相关制度不断发展完善,对英美法系国家产生了广泛而又深远的影响。美国作为英国曾经的殖民地,其诉讼制度与模式受到英国的直接影响。美国继承并发展了对抗式审判模式,它在开放的美国较之相对保守的英国得到了前所未有的发展,形成了以法官消极听证、控审分离、控辩平等、被追诉人拥有一系列程序公正权利为基础的当代对抗式审判模式,权利保障也逐步由形式走向了实质。进而,美国成为当代采用对抗式审判模式的典型国家。③

相较于审问式审判模式"职权调查原则"和"实体真实原则"的理论基础,对抗式审判模式的建立则立足于"公平竞争理论""程序正义理论""对官员的不信任""防止预断"这些理念。根据"公平竞争理论",国家与被告个人之间发生的刑事争端应由检察官与被告方通过直接的对抗或竞争而解决。英美法系的早期的决斗裁断程序,后期的陪审团制度都是基于公平竞争的理念而产生的。根据"程序正义理论",一方面,作为司法裁判者的法官须尽量减少对裁判制作过程的控制和介入,保持消极的中立;另一方面,个人有权通过积极、主动和广泛的程序参与来维护自己的权益,有权自行选择和处分自己的前途和命运。出于人们的"对官员的不信任",人们偏向于通过与检察官展开充分抗争而自行争取一种有利的结局。人们相信,控辩双方的对抗事实上还可以抑止裁判官员的不当预断和偏见,迫使其从两个不同的角度审查证据和认定事实。

对抗式审判模式具有如下三方面的特征:

法官保持消极中立的地位。法官一般不参与收集和调查证据,也不单独提出证据,他极少对证人进行询问。法官在庭审过程中处于消极仲裁者的地位,他在庭审前一般很少受到任何一方证据、观点的不当影响。

---

① 江国华:《常识与理性:中国审判模式的可能向度》,载《中南民族大学学报(人文社会科学版)》2012 年第 2 期。
② 谷国文:《现代刑事审判模式评析》,载《法商研究》1998 年第 1 期。
③ 陈卫东、张月满:《对抗式诉讼模式研究》,载《中国法学》2009 年第 5 期。

检察官和辩护律师主导着证据的提出和事实的调查程序。被告人尽管是极为重要的当事人,但实际与检察官展开积极对抗并控制庭审程序的是他的辩护律师。整个诉讼过程律师成为主宰者而不仅仅是参与者,因为法官在听取案件的过程中是被动的,法官不能或很少针对案件相关问题发问,陪审团同样不允许发表意见,审判过程实际由双方律师主导。

被告人被赋予一系列的程序公正权利。对抗式审判模式中,被追诉人拥有一系列诉讼权利,强调程序的公正性。这些权利包括:无罪推定的权利、不被强迫自证其罪的权利、避免双重危险的权利、交叉询问的权利、享有独立表达自己意见的权利和自由等等。

庭前不作任何实质性审查,实行起诉书一本主义。法官在庭审前不接触任何一方的证据材料,以防止法官形成预断和偏见,保障公正判决。案件的诉讼结果必须皆出自法庭的审理,法官必须重视控辩双方的意见,确保辩护权的切实实现。

对抗式审判模式注重控诉与辩护力量的横屏,强调被告人权利的不可侵犯,这种模式对于防止国家权利的滥用、保障公民合法权利,是具有积极意义的。除此之外,对抗式审判模式有利于法官全面、细致地考察证据和起诉事实,有利于法官在庭审中保持中立,真正做到兼听则明,客观裁决,树立法官公正审判的权威形象。[①]

对抗式审判模式也存在着相应的弊端。这种审判模式虽然在维护被指控人的基本尊严和合法权益方面作用突出,却容易导致犯罪控制的效率低下。有学者甚至指出,对抗式的审判模式可能导致对犯罪打击不力,使得犯罪分子越来越猖獗,对法律正当程序的利用,使得犯罪分子的手段又越来越高明。[②] 除此之外,高度格式化的司法程序大大提升司法程序的准入门槛,势必提高当事人的诉讼成本,从而使得相当一部分人因此而丧失司法救济之机会,尤其是弱势群体,在形式上的程序公正阻隔下,很难接近司法,从而为程序疏远和边缘化。

（三）混合式审判模式的改革尝试

所谓混合式诉讼是指兼采对抗式和审问式诉讼特点的一种审判模式。采取这种审判模式最典型的国家是日本。《日本刑事审判概述》中称:日本刑事诉讼法"是在很大程度上引进了英美法系的原则和制度的新刑事诉讼法,实际上是大陆和英美法学的混血儿,它已在日本土地上深深地扎了根"。二战后美国以占领国的身份对日本实行管制,使得日本的刑事诉讼由战前的职权主义变成较为系统地接受了美国刑事诉讼的当事人主义,日本的刑事诉讼模式也就成了现在的以当事人主义

---

① 张春宝:《审判模式论》,载《上海大学学报(社会科学版)》1995年第3期。
② 刘广三:《犯罪控制视野下的刑事审判——模式、功能与法官的态度》,载《中外法学》2006年第4期。

为主,职权主义为辅的混合式模式了。[①]

日本的刑事审判模式完成了从职权主义到以当事人主义为主的转型,但又与美国刑事审判模式不完全相同而形成了自己的特色。一方面,日本坚持被告人享有沉默权,实行起诉书一本主义,法官在庭审前不得接触控方除起诉书以外的案卷证据,证据由控辩双方当庭提出,证人主要由双方传唤和当庭询问,法庭实行交叉询问程序;这些都是当事人主义审判模式的内容。另一方面,法官仍然主导审判程序并在事实与证据调查中起着积极作用,不实行陪审团制。为了查明事实真相,法官可以依职权自行扩大证据调查范围,主动调查并提出证据,有权询问证人、鉴定人,有权对控辩双方提出的调查证据的请求进行审查并有权不予准许。[②]

这样的一种审判模式是兼正当程序与实体真实为一体,保障人权与控制犯罪并举的混合审判模式在内的含义,就是以职权主义制衡和补充当事人主义,以当事人主义制衡和补充职权主义的混合模式。受到制衡和补充的当事人主义与受到制衡和补充的职权主义组合,既避免了因当事人主义的成分太多而只注意保障人权,忽视了惩办犯罪之弊端,又避免了因职权主义因素太多而使犯罪得到有效控制的同时却侵犯了公民的合法权利之缺陷,扬两种模式之长而避其之短。其实,这符合法律正是诸种价值载体这一特征。

二、我国刑事审判模式的变革

我国当代刑事审判模式式的确立从 1979 年改革经过 1996 年和 2012 年的两次大的修改,同样遵循着这样的由职权主义审判模式(或者说审问式审判模式)吸收当事人主义审判模式(或者说对抗式审判模式)合理成分的改革路径,基本上形成目前的混合制审判模式。

(一)1979 年《刑事诉讼法》超职权的审判模式

1979 年的《刑事诉讼法》确立的刑事审判程序是一种"超职权主义审判模式"或者又被称为"强职权主义审判模式"。1979 年《刑事诉讼法》确立的审判方式是一种强调法官审理职权的模式,法官在庭前为查明案情、核实证据可以进行调查;在庭前审查乃至庭审时发现事实不清、证据不足,有权将案件退回检察机关补充侦查;在庭审中,法官直接实施证据调查并推动审判进行。在旧的审判方式下,法官既当"运动员",又当"裁判者",难以保持其客观、中立的地位。总体上看,1979 年的刑事诉讼法由于在改革开放的初期制定,受到当时国内外的环境影响,因此具有浓厚的国家职权的色彩。

在这种审判模式下,法官在法庭审判前对证据调查和案件裁判拥有完全的控

---

① 姚莉:《论当事人主义审判模式》,载《法学家》1998 年第 6 期。
② 左宁:《刑事诉讼法》,北京理工大学出版社 2016 年版,第 354 页。

制权,强调法官进行深入细致的庭外调查是这种审判模式的一大特点。检察机关在提起公诉并将全部卷宗移送法院后,法院的审判工作即告开始。在很多情况下,法院在法庭审判开始前即已作出了实体裁判;其次,被告人的辩护职能出现严重的萎缩,被告人对刑事审判程序的控制程度极低。在绝大多数情况下,被告人在审判程序前已向检察官或警察作出了有罪供述,法官在庭审中将审问被告人作为法庭调查的中心环节,并将促使被告人在庭审中公开供认有罪作为这种"审问"的主要目的。同时,由于律师介入诉讼的实践过于迟延,被告人即使能够委托或被指定律师辩护,也无法进行充分的防御准备;再次,控辩双方之间的抗辩几乎完全让位于法官对被告人的追究。在这种模式中,检察官与被告人或辩护人之间的抗辩事实上极其微弱。相反,法官与被告人或辩护人之间却存在着某种程度上的对抗或追究关系。这种审判模式的弊端是明显的。首先,审判的权力出现集体化,导致有的地方出现"上判下审"和"先判后审"现象。审判职权的集体化,使院庭长和审判委员会等组织在刑事审判模式中扮演着极为重要的角色。出于免担责任和风险的考虑,审判员个人在办案中也往往过分依赖于领导和集体,使自身职权的行使空间和作用变得狭小。其次,庭前审查活动中存在代行侦查和控诉职能的情况。在法院的庭前审查活动中,法官为把准案情,要花大量精力对事实、证据、性质和量刑等开展调查和研究。这种情况造成了侦、诉、审不分的现象,进而造成在开庭审判前,被告人是否有罪的结论往往在审判员头脑中已经形成,无罪宣告的比例极低;最后,辩护的作用受到限制。在某些案件的法庭辩论中,法官早已对辩论的观点有所了解或预见,并在心目中形成了倾向性意见;这就导致了辩护的形式化和弱化。

(二)1996年刑事诉讼法趋向抗辩式审判模式

由于1979年的强职权的刑事审判方式缺乏对犯罪嫌疑人和被告人的权利的充分保护,特别是辩护权的严重脆弱,给犯罪嫌疑人和被告人的权利保障带来消极的影响。进入90年代,在国际人权发展和国内司法改革的大背景下,民众对1979年《刑事诉讼法》再次修改的呼声越来越高。1996年修改后的《刑事诉讼法》较大范围内引进西方的对抗式或当事人主义的审判方式,加强了刑事审判的对抗性和刑事审判的中立性,因此刑事审判方式的改革更多地吸收了英美法系的抗辩制刑事诉讼的因素。

1996年刑事诉讼法修改,特别在审判方式的改革上,在强化庭审功能的同时,通过加强律师辩护权,构造法官居中的控辩平衡的审判模式。在新的审判方式下,庭审活动更多地由控辩双方主导,法官从积极查证变为被动听证,中立性明显增强。[①] 1996年的刑事审判模式存在如下特点:其一,通过限制法官对于卷证材料的

---

① 熊秋红:《刑事庭审实质化与审判方式改革》,载《比较法研究》2016年第5期。

审查范围以避免法官在对被告人有罪已形成肯定行判断的情况下开始法庭审判，从而确保法官的中立地位。其二，法官在庭审中的主导作用有所削弱。法官不再承担过多的司法调查职能，而在很大程度上局限于庭审和裁断。控辩各方事实上主导着法庭调查和辩论程序，法官的参与在很大程度上起到补充或辅助调查的作用。其三，控辩双方在法庭调查中的积极性和主动性得到发挥。公诉人在提出证据证实指控方面开始担当主角，由自己亲自询问控方的证人、鉴定人，出示控方物证，宣读控方的书面材料，并接受辩方的质证和诘难，与辩护方展开辩论。同时，被告人和被害人也拥有了充分实施攻击—防御活动的自主性，因为他们有权首先作出陈述，并亲自通过他们的委托人——辩护人或诉讼代理人对公诉方的证据进行质证，或直接提出本方的证据。其四，法官并没有像当事人主义审判模式中那样成为消极的仲裁者，而能够控制庭审过程并对法庭调查进行必要的补充，从而在保持中立地位的前提下积极地参与法庭审判过程。我国传统的刑事审判理念类同于大陆法系，甚至可以说，其对"职权探知"和"实体真实"的强调较之大陆法系有过之而无不及。正是由于认识到传统刑事审判模式所存在的问题，我国 1996 年修正后的刑事诉讼法在借鉴英美当事人主义审判模式相关做法的基础上，对传统的刑事审判模式进行了较大的改革，基本上确立了控辩对抗的格局，一定程度上出现了"当事人主义化"的趋势。

（三）2012 年《刑事诉讼法》趋向回归职权主义审判模式

虽然 1996 年刑事诉讼法在审判方式的改革，特别是抗辩式的审判方式改革方面取得明显的进步。但是，2012 年的刑事诉讼法在审判方式方面的改革，由于受到部分司法机关部门扩权的影响，有回归职权主义的审判方式的趋势。

第一，公诉案件的案卷移送从主要证据复印件回归到全部移送。

公诉案件的卷宗移送制度改革被学界普遍认为是 1996 年《刑事诉讼法》修改的一个重大成果。这就是通过 1996 年《刑事诉讼法》的第 150 条之设立，改 1979 年《刑事诉讼法》的全案移送为移送起诉书、证据目录、证人名单、主要证据复印件或者照片。这项改革虽然比起英美法的起诉书一本主义的移送方式还有差距，但是已经在防止法官的审前预断方面有很大的改善。但是 2012 年修改后的《刑事诉讼法》第 172 条规定："人民检察院认为犯罪嫌疑人的犯罪事实已经查清，证据确实、充分，依法应当追究刑事责任的，应当作出起诉决定，按照审判管辖的规定，向人民法院提起公诉，并将案卷材料、证据移送人民法院。"这和 1996 年之前的案卷移送方式基本一致。这意味着 2012 年刑事诉讼法事实上是加强了法官在预审阶段的职权，这在很大程度上否定了 1996 年的刑事诉讼法突出法官居中裁判的审判方式的改革路径。此外 2012 年的《刑事诉讼法》第 182 条规定，"在开庭以前，审判人员可以召集公诉人、当事人和辩护人、诉讼代理人，对回避、出庭证人名单、非法证据排除等与审判相关的问题，了解情况，听取意见"。这种法官主持的庭前会议制度，实际上在很大程度上也强化了法官的强职权审理刑事案件模式。

第二，法官在庭审中的证据调查方面被赋予更多的实质性的权力，不利于实现抗辩平衡的居中裁判的审判模式。

抗辩平衡的审判方式的突出特征是法官并不依照职权进行实质调查。法庭任何指控和辩护的证据都由控辩双方提出。2012年的《刑事诉讼法》第52条规定，"人民法院、人民检察院和公安机关有权向有关单位和个人收集、调取证据。有关单位和个人应当如实提供证据"。可见，法官有职权在法庭之外调查案件的事实。另外，2012年的《刑事诉讼法》第187条规定，"公诉人、当事人或者辩护人、诉讼代理人对证人证言有异议，且该证人证言对案件定罪量刑有重大影响，人民法院认为证人有必要出庭作证的，证人应当出庭作证"。这也是强调法院在证人出庭作证方面的强职权。另外，法庭调查阶段，法官可以不受控辩双方的限制进行无限制的法庭调查和质询，法官的

第三，辩护律师在审判中的辩护职责缺乏救济性保障措施。

辩护律师的地位和功能决定了审判方式的改革基本走向。2012年的《刑事诉讼法》修改将"国家尊重和保障人权"写入，同时规定不得强迫任何人证实自己有罪，确立非法证据排除规则。同时，侦查阶段律师的辩护人的地位得到确认；强调实体辩护与程序辩护，进一步完善辩护人的地位和作用。这些规定对于发挥辩护律师的功能都具有重要意义。但是，也要看到律师辩护仍然面临很多困难，譬如，2012年《刑事诉讼法》还没有规定强制性刑事案件辩护，没有规定律师的有效辩护，对律师侦查阶段的调查取证权没有进行完善性规定，对辩护律师在审判阶段申请有利于被告人的强制出庭对质的权力没有明确规定，同时缺乏律师辩护的救济性或程序性制裁措施，等等。这些都说明刑事审判制度改革的律师辩护的配套措施仍然有待加强。总体上看，辩护律师的职责范围有拓展，但是辩护的实质性空间仍然比较狭窄。这也与2012年刑事诉讼法修改中体现的职权主义回归有密切的关系。

总体上看，我国刑事审判方式有向英美当事人主义方向继续发展的迹象，但未来我国的刑事审判模式不会是典型的当事人主义，因为当事人主义所赖以生存的判例法制度、陪审团审判制度、别具特色的律师行业等条件是我国的司法环境所难以达致的。我国刑事审判方式的发展将会受到文化传统、司法体制、刑事政策、资源状况等多种因素的限制。因此，未来的刑事审判模式不会是纯粹的当事人主义，也不会是纯粹的职权主义，而是一种立足于中国现实国情，各种力量相互博弈，演进、建构并创造并行的刑事审判模式。也就是说，我国的刑事审判模式改革是一种立足于中国国情的混合式审判模式改革。

第二节　以审判为中心的庭审实质化进程

一、以审判为中心的庭审实质化改革的背景

2017 年 2 月 21 日,最高人民法院发布了《关于全面推进以审判为中心的刑事诉讼制度改革的实施意见》(以下简称《意见》),《意见》强调,要确立审判在刑事诉讼中的中心地位,扎实推进庭审实质化改革,通过法庭审判的程序公正实现案件裁判的实体公正,发挥庭审在查明事实、认定证据、保护诉权、公正裁判中的决定性作用。《意见》的出台明确了庭审实质化的改革方向。

庭审实质化改革是专门针对我国刑事司法实践中存在的庭审虚化问题提出的。所谓庭审虚化,是指法官对证据的认定和对事实的认定主要不是由主持庭审的法官作出的,而是由"法官背后的法官"作出的。换言之,庭审在刑事诉讼过程中没有起到实质性作用,法院不经过庭审程序也可以照样作出判决。庭审虚化既危害司法的程序公正,也危害司法的实体公正。在许多刑事错案的背后,人们都可以看到庭审虚化的阴影。① 虽然错案的发生不能完全归咎于庭审虚化,但是庭审虚化具有不可推卸的责任。

庭审虚化在刑事诉讼中具有相当的普遍性,这主要表现在举证的虚化、质证的虚化、认证的虚化、裁判的虚化四个方面。所谓举证的虚化,是指公诉方在庭审中的举证是虚的,在庭审前和庭审后移送案卷中的举证才是实的。举证的虚化主要表现在证言上。证人的不出庭和摘要宣读笔录是造成举证虚化的主要原因。在质证活动中,质疑和质问是相辅相成、不可偏废的。质疑证据的内容是质证的根本目的,对提出证据的人(包括证人、鉴定人、勘验人、检查人等)进行质问是质证的基本形式。而所谓质证的虚化,是指在刑事庭审实践中,法官在一方举证之后会询问另一方对证据有无异议,对方表示"有异议"的比例很低。所谓认证,是指对证据进行审查判断,进以确认其证据能力和证据效力的活动。认证的虚化,是指法官对证据的当庭认证是虚化的,刑事法官即使在证人出庭作证的情况下,仍然可能拒绝采纳证人当庭所作的口头证言,而坚持将侦查案卷中所记载的证言笔录作为定案的根据。② 所谓刑事庭审裁判的虚化,是指以合议庭名义作出的裁判实际上不是合议庭的意见,而是合议庭中个别人的意见,或者是合议庭以外的人的意见。刑事庭审

---

① 何家弘:《从"庭审虚化"走向"审判中心"》,载《法制日报》2014 年 11 月 5 日第 10 版。
② 陈瑞华:《刑事诉讼的中国模式》,法律出版社 2010 年版,第 192～194 页。

裁判的虚化主要表现在以下三个方面：第一，合议庭的工作主要由承办案件的法官负责，其他成员往往只是参加庭审，不参加庭前准备工作，甚至也不参加评议，所有决定都由承办法官一人作出。第二，在"复杂、重大、疑难"的案件中，裁判者不是主持庭审的法官，而是没有参加庭审的法官，"审者不判，判者不审"。[①] 第三，在政法委职能未进行相应变革前，其往往对案件性质进行定调，未审先判，使合议庭的庭审名存实亡。

造成刑事庭审虚化的原因是广泛的，既包括宏观层面的原因，也包括微观层面的原因。从宏观层面上讲，侦查中心主义下的流水线作业诉讼结构，司法运作上的行政化模式的制度背景是造成庭审虚化的深层次原因。从微观层面上讲，案卷笔录中心主义的审判模式使法官偏向于相信案卷材料而轻视当庭陈述，庭前会议的实体化则加剧了庭前预断的形成，使裁判结果于法庭之外形成。[②] 这四点是造成庭审虚化的重要原因，也是实现庭审实质化的重要立足点与改革点。

党的十八届四中全会通过的《中共中央关于全面推进依法治国若干重大问题的决定》（以下简称《决定》）提出："推进以审判为中心的诉讼制度改革，确保侦查、审查起诉的案件事实证据经得起法律的检验。"《决定》的出台，明确了我国刑事司法的"以审判为中心"的改革方向。以审判为中心，意味着定罪量刑的最终结果要在法庭形成，侦查、审查起诉工作的实际成效，最终需要通过法庭审理来检验，法庭审理是确保案件公正处理的最终程序。2012年《刑事诉讼法》第12条规定："未经人民法院依法判决，对任何人都不得确定有罪。"未经审判，不得定罪，是刑事诉讼设置审判程序的根本目的和核心价值。如果以侦查或者审查起诉为中心，审判程序最终裁判的属性和功能势必无法发挥和体现，甚至连有无存在的必要都将成为问题。[③] 现行《刑事诉讼法》规定，公检法三机关在刑事诉讼中应当分工负责、互相配合、互相制约，但在实践中，却是"配合有余、制约不足"，特别是审判程序难以有效发挥对其他诉讼程序的制约作用。以审判为中心，就是在强调要发挥审判程序的最终把关作用，形成一种倒逼机制，严格依法规范侦查和起诉活动，防止案件"带病"进入审判程序，以更加有效地防范冤假错案，有效避免因人为失误、渎职、失职等导致有罪者未能受到法律的应有制裁，造成客观上放纵犯罪或者打击不力的现象发生。[④]

"庭审实质化改革"是"以审判为中心"的诉讼制度改革的突破口。以审判为中

① 上述内容参见何家弘：《刑事庭审虚化的实证研究》，载《法学家》2011年第6期。

② 相关内容参见步洋洋：《刑事庭审虚化的若干成因分析》，载《暨南学报（哲学社会科学版）》2016年第6期。

③ 沈德咏：《论以审判为中心的诉讼制度改革》，载《中国法学》2015年第3期。

④ 沈德咏：《论以审判为中心的诉讼制度改革》，载《中国法学》2015年第3期。

心的诉讼制度改革是背景,庭审实质化改革则是措施。二者并不等同。因此,不能说实现了庭审的实质化就实现了以审判中心。两者的概念内涵有异:一方面,以审判为中心并不必然要求庭审实质化,以审判为中心的诉讼模式可能没有庭审实质化的形式外显。以美国为例,大部分刑事案件都以辩诉交易的形式进行,甚至根本就不存在庭审这一阶段。尽管未有实质性的庭审,裁判大权仍然为法官所独揽,控辩双方无论是在形式上还是在实质上均是裁判的请求者,辩诉交易的批准以及如何量刑均由法官认定和作出;另一方面,推行庭审实质化并不必然实现以审判为中心。推进庭审实质化仅仅能够直接确保审判内部诸环节中庭审的关键地位及功能,并未直接改变审判阶段与非审判阶段的结构性关系。即便庭审实质化推行成功,也并不意味着其当然实现了以审判为中心的诉讼模式。[①] 原因在于,以审判为中心要求定罪量刑的最终结果要在法庭形成,庭审实现实质化并不等于这样的最终结果就是在法庭形成的。

因此,庭审实质化的审判制度改革无疑应立足于以审判为中心的制度改革背景之下。实现以审判为中心,庭审的实质化才是有意义的。反之,庭审实质化也在助力以审判为中心的诉讼制度的实现,二者相辅相成。所以,这里的庭审实质化是立足于以审判为中心的庭审实质化。这也正是改革开放 40 年来刑事诉讼改革获得的宝贵经验。当前司法制度改革要实现庭审实质化,应当针对性地从形成庭审虚化现象的原因入手,明确相应的改革举措。

二、庭审实质化改革与完善案卷移送制度

在审判程序中,"卷宗中心主义"的审判模式是造成刑事庭审虚置的首要因素。所谓"卷宗中心主义"的审判模式,是指"刑事法官普遍通过阅读检察机关移送的案卷笔录来开展庭前准备活动,对于证人证言、被害人陈述、被告人供述等言词证据,普遍通过宣读案卷笔录的方式进行法庭调查,法院在判决书中甚至普遍援引侦查人员所制作的案卷笔录,并将其作为裁判的基础"。[②]

卷宗中心主义由来已久。卷宗中心是法官在司法实践当中的心理认知,是一种在从事裁判活动情境下的一种心理认知习惯。卷宗中心主义的形成与案卷移送制度密不可分。案卷移送制度的相应变更实际上也多是出于对卷宗中心、法官预断以及"默读审判"加以控制、预防的考虑。

卷宗移送制度的变迁来回往复。这从另一个层面也说明卷宗中心、法官预断问题的广泛与复杂。1979 年《刑事诉讼法》确立了卷宗移送主义,1996 年《刑事诉

---

① 左卫民:《审判如何成为中心:误区与正道》,载《法学》2016 年第 6 期。

② 陈瑞华:《刑事诉讼的中国模式》,北京大学出版社 2010 年版,第 161 页。转引自汪海燕:《论刑事庭审实质化》,载《中国社会科学》2015 年第 2 期。

讼法》规定了起诉复印件主义,2012 年又恢复了卷宗移送主义。1979 年《刑事诉讼法》的全案移送制度是卷宗中心主义的肇始。该法第 108 条规定:"人民法院对提起公诉的案件进行审查后,对于犯罪事实清楚、证据充分的,应当决定开庭审判;对于主要事实不清、证据不足的,可以退回人民检察院补充侦查;对于不需要判刑的,可以要求人民检察院撤回起诉。"卷宗移送主义有利于法官在庭审前熟悉案卷材料,整理相关争点,保障庭审顺利运转,提高诉讼效率,同时也保障了辩护人阅卷权。但其弊端也很明显,法官在正式的庭审程序前即全面阅读和研究案卷,正式的庭审程序开启后,法官则采用职权调查原则,奉行卷宗中心主义,导致庭前预断与庭审程序的关系过于密切,庭审走过场。[①]

为了解决 1979 年立法产生的弊端,1996 年《刑事诉讼法》对原有的卷宗移送方式进行了改革。规定了复印件主义的卷宗移送方式。起诉复印件主义是指检察机关在提起公诉时,将具备明确指控事实的起诉书以及附带证据目录、证人名单、主要证据复印件或者照片一并移送给有管辖权的人民法院。1996 年《刑事诉讼法》第 150 条规定:"人民法院对提起公诉的案件进行审查后,对于起诉书中有明确的指控犯罪事实并且附有证据目录、证人名单和主要证据复印件或者照片的,应当决定开庭审理。"客观地说,起诉复印件主义确实在一定程度上弱化了法官的庭前预断,使法院不能对被告人是否有罪进行实质性审查。但是,立法本意要实现的隔绝法官的庭前预断并没有在起诉复印件主义下得到实现。法官依然摆脱不了对卷宗的依赖,而且形成了对被告人更加不利的"片面预断"。送到法院的"主要证据复印件"是对被告人不利的证据,即有罪证据,而少有无罪、罪轻证据。法官在开庭前往往只能接触到对被告人不利的证据。相较在 1979 年的立法制度下法官形成的全面预断而言,1996 年立法制度下法官则更容易形成不利于被告人的片面预断。[②]

2012 年《刑事诉讼法》重拾了全案移送制度。该法第 172 条规定:"人民检察院认为犯罪嫌疑人的犯罪事实已经查清,证据确实、充分,依法应当追究刑事责任的,应当作出起诉决定,按照审判管辖的规定,向人民法院提起公诉,并将案卷材料、证据移送人民法院。"第 181 条规定:"人民法院对提起公诉的案件进行审查后,对于起诉书有明确指控事实的,应当决定开庭审判。"2012 年的卷宗移送制度并非对 1979 年《刑事诉讼法》规定的完全照搬,最大的区别就是 1979 年《刑事诉讼法》规定的法院审查方式是实质审查,而 2012 年规定的法院审查方式是形式审查。[③]

---

① 蔡杰、刘晶:《刑事卷宗移送制度的轮回性改革之反思》,载《法学评论》2014 年第 1 期。

② 霍艳丽:《从卷宗走向庭审:审判中心主义与我国刑事公诉方式价值的实现》,载《研究生法学》2015 年第 6 期。

③ 霍艳丽:《从卷宗走向庭审:审判中心主义与我国刑事公诉方式价值的实现》,载《研究生法学》2015 年第 6 期。

二者的审查性质是不同的。

全案移送制度带来的结果包含法官的预断,更包含"默读审判"。法官预断事实上是难以避免的,即使在英美法系,起诉书一本主义也并不能完全隔断法官预断。全案移送制度的真正弊端在于形成"默读审判"。所谓"默读审判",是指法官对案件最终所作出的裁判并不是在庭审过程中由控辩双方的质证或者对抗所得,而有可能是早在庭前阅卷时所得的结论,所以法官在庭审中也只是按照早已得出的结论进行判决,以致最终形成所谓的"默读审判"。[①] "默读审判"使案件的裁判结果不是形成在法庭,而是形成在卷宗。这就是庭审虚化的重要成因之一。"默读审判"更深层次的后果是辩方在法庭上的辩护意见得不到重视,诉讼请求得不到尊重,庭审成为过场。因此,庭审实质化改革应着重对"默读审判"现象进行认知与化解。

与默读审判相对应的则是直接言词的审判原则,因此,实现庭审实质化也就是在审判层面上贯彻直接言词原则。直接言词原则,是指裁判者亲自听取控辩双方、证人及其他诉讼参与人的当庭口头陈述和法庭辩论,在此基础上形成对案件的认识并据此对案件作出相应的裁判。它包含直接原则和言词原则。直接原则,又称直接审理原则,该原则要求案件的裁判者只能以亲自在法庭上直接获取的证据材料作为裁判之基础。言词原则,又称言词审理原则,要求当事人等在法庭上须用言词形式举证、质证和辩论。[②] 当然,这样说是过于简单的,我们需要对直接言词原则的两项子原则进行阐述,如此才能深入把握其内涵和要求。

直接审理原则有两个基本要求:第一,诉讼中的各个主体均积极并且有效地参与到法庭审判中来。法官作为审判程序的主持者,应当合理安排各个程序,在保证各方充分参与的同时,形成对案情的直接印象。因此,书面材料或是被转述的他人证言等无法令人形成第一手印象的证据不能作为裁判依据。第二,审和判的主体应具有同一性。法官最终的判决应当基于其亲身经历的审判过程,也就是说法官不得委托他人代其行使证据调查或其他审判行为,更不能接受其完全没有审理过的其他诉讼程序中形成的材料。法官的同一性、案件的连续性在此被严格要求。[③]

同样,言词原则也有两项基本要求:第一,法庭调查应当具有即时的互动性。法庭能够通过即时问答的形式就证据细节进行充分的发掘,以求达到最高的真实性。第二,质证是证据被法庭采纳的前提条件,而法庭的质证应当由控辩双方以言

---

① 齐雪娟:《审判中心主义下卷宗移送制度的改革与反思》,载《辽宁工业大学学报(社会科学版)》2016 年第 3 期。

② 汪海燕:《论刑事庭审实质化》,载《中国社会科学》2015 年第 2 期。

③ 刘玫:《论直接言词原则与我国刑事诉讼——兼论审判中心主义的实现路径》,载《法学杂志》2017 年第 4 期。

词交锋的方式进行。因此,侦查案卷、未出庭证人证言由于不具有言词性质均不得作为定案根据。《法国刑事诉讼法》第 427 条第 2 款规定:"法官只能以提交审理并经过辩论的证据为依据作出判决。"《日本刑事诉讼法》第 43 条第 1 款规定:"法官应当依照控辩双方在法庭上的言词交锋作出判决,法律另有规定的除外。"①

如上所述,卷宗全案移送制度带来的负面作用包括法官预断,也包括默读审判,但真正需要防止的其实是默读审判。大陆法系存在法官预断,英美法系也存在法官预断,还没有一种制度能够完全阻隔预断。需要指出的是,预断本身是能够通过法庭审判程序得以修正的。法官初步接触卷宗材料,只能形成对被告人形象以及案件事实的大致勾勒。对被告人形象的正式塑造则源自法庭上的正面接触以及控辩双方的言词交锋。通过交锋进以明确案件事实也正是审判制度设置的本意。默读审判的心理认知习惯,不仅架空了法庭的审判程序,而且存在相应的风险——法官很有可能仅凭通过阅读卷宗材料获得的对被告人的初步印象就对案件事实一锤定音,进而形成偏颇的裁判。所以说,实现庭审实质化的必要举措在于化解默读审判的心理认知顽疾。默读审判本身如何形成,值得深入研究,进而才能提出相应的、有针对性的改良举措。在获得这一问题的明确答案之前,我们不妨先行依据直接言词原则对审判制度进行相应改良,以解燃眉之需。

化解默读审判的直接措施在于依据直接言词原则设置相应的证据规则。直接言词原则的最佳体现就是设置类似法、日刑事诉讼法的相应规定,即"只能以提交审理并经过辩论的证据为依据作出判决"。这是化解默读审判的直接的针对性措施。但是我们并不能因为这条法律的设定就认为默读审判的现象化解了。即使有这条法律规定,法官也完全有可能只看卷宗而忽视庭审,而且难以规制。真正地化解默读审判现象,需要立足于对其进一步的深入研究之上。

三、庭审实质化与完善证人出庭制度

造成庭审虚化的第二个重要原因在于庭审调查未贯彻直接审理原则,证据审查趋于形式化。在我国的刑事审判中,证人证言通常是定案所依据的主要证据种类,但庭审调查时证人一般不出庭,而以侦查阶段的书面证言代替原始人证;由于书面证言的形成原因并不清楚,而且不能对陈述者进行质证,此类证言实属典型的传闻证据,原则上不应具备证据能力,只能在符合特定条件的情况下例外适用。但是我国刑事诉讼长期以来基于对侦查公正性的高度信任,赋予传闻证据以证据能力,形成了以例外为常态的怪异表现。② 证人的不出庭,使庭审不能形成对证人证

① 刘玫:《论直接言词原则与我国刑事诉讼——兼论审判中心主义的实现路径》,载《法学杂志》2017 年第 4 期。
② 龙宗智:《庭审实质化的路径和方法》,载《法学研究》2015 年第 5 期。

言的质证,因而也就使庭审被虚化架空。

证人不出庭的原因是广泛的,既包括证人自身的原因,也有来自社会上的压力和办案机关的原因。[①] 具体而言,大致包括如下八个方面的原因:(1)对证人出庭的认识不到位。1996 年刑事诉讼法修改时,当时人们对证人出庭、对抗式刑事诉讼的重要作用认识不到位,是导致证人出庭立法不到位和司法不到位的根本原因。(2)司法资源难以满足证人出庭作证的需要。在司法资源匮乏的国家,证人不出庭作证或许是一种无奈的选择。因为证人不出庭,只需要控辩双方或者一方依法取得其证言,在开庭时向法庭提出并代为质证即可,作证的时间、地点、次数和方式都可以采取很经济的方式。但是,证人出庭作证则需要付出相当的花费。(3)我国传统文化中存在"厌讼"和"厌证"之风。(4)需要证人出庭作证的案件和证人过多。如果要求证人都出庭作证,需要证人出庭的案件数量和证人数量会是一个巨大的数字,要求这些人都来出庭,事实上是不可能的。(5)刑事诉讼的管辖制度不利于证人出庭。(6)1996 年刑事诉讼法没有规定证人出庭的义务。(7)证人出庭的保障制度欠缺。(8)1996 年刑事诉讼法对证人出庭后如何作证没有规定。[②] 中国社会的传统习惯与 1996 年刑诉法中存在的立法不足,共同造成了我国刑事司法实践中证人不出庭的现实弊端。

为了解决证人不出庭的现实问题,2012 年《刑事诉讼法》以及《刑事诉讼法解释》作出了有针对性的法律规定:第一,《刑事诉讼法解释》第 78 条第 3 款规定了适度排除传闻证据的要求,即,将应出庭而未出庭的证人证言真实性的审查确认解释为,只有该书面证言"特别可信"或"可靠性的情况保障"时,才能确认其真实性,将其作为定案根据。第二,2012 年《刑事诉讼法》第 187 条对证人出庭规定了三项条件,即控方或辩方对证人证言有异议,该证人证言对案件定罪量刑有重大影响,法院认为证人有必要出庭作证。其中,"有异议"和"有重大影响"是实质性要件,"有必要"则是主要基于诉讼经济的考虑而赋予法院的酌定权。第三,2012 年《刑事诉讼法》第 188 条规定:"经人民法院通知,证人没有正当理由不出庭作证的,人民法院可以强制其到庭","证人没有正当理由拒绝出庭或者出庭后拒绝作证的,予以训诫,情节严重的,经院长批准,处以十日以下的拘留"。第四,根据 2012 年《刑事诉讼法》第 57 条第 2 款的规定,现有证据材料不能证明证据收集的合法性的,经检察机关提请,法院可以通知侦查人员或其他人员出庭说明情况;经法院通知,有关人员应当出庭。根据第 187 条第 2 款的规定,警察就其执行职务时目击的犯罪情况作为证人出庭作证,适用该条第 1 款关于普通证人出庭作证的规定。上述法律规

---

① 陈瑞华:《法治视野下的证人保护》,载《法学》2002 年第 3 期。

② 胡云腾:《证人出庭作证难及其解决思路》,载《环球法律评论》2006 年第 5 期。

定是明确证人出庭义务的相关主要规定,当然还存在其他的细节性规定。

虽然 2012 年《刑事诉讼法》和相应司法解释作出相关制度的设立和变更,但证人出庭制度仍然存在应当继续完善之处,主要包括以下几个方面:第一,虽然 2012 年《刑事诉讼法》采取了关键证人出庭的立场,但是出庭的条件过于严苛,并不利于证人真正实现出庭,故应当对第 187 条的证人出庭作证条件进行相应修改,即证人具备下列条件之一的应当出庭作证:公诉、当事人或者辩护人、诉讼代理人对证人证言有异议,且该证人证言对定罪量刑有重大影响,或者人民法院认为证人有必要出庭作证的。第二,应明确应当出庭作证而未出庭的证人证言不得作为定案的根据。2012 年《刑事诉讼法》第 188 条未明确关键证人不出庭时庭前证言笔录的效力,但是,2012 年《刑事诉讼法》第 16 条及《解释》、《规则》变相确认了该证言笔录的证据能力和证明力。因此,如欲实现直接言词原则,保证关键证人出庭制度得以贯彻,应明确其程序性后果,即明确证言笔录不具有证据能力,不能在法庭上出示,更不能作为定案的根据。第三,应明确警察不出庭作证的程序性后果。按照法律规定,警察无论是在对执行职务时目击的犯罪情况,还是对证据收集的合法性加以证明的场合,均有出庭作证的义务。从证据的法定种类考量,公安的"说明材料"并不属于八种法定证据种类中的任何一种;从程序角度来看,"说明材料"也无法接受辩方的质证。基于此,对于侦查人员应出庭作证而不出庭的,相关"说明材料"也无法接受辩方的质证。基于此,对于侦查人员应出庭作证而不出庭的,相关"说明材料"没有证据能力,其收集的材料不能作为定案的根据。第四,完善证人保护与经济补偿制度。在《刑事诉讼法》明确公、检、法等机关为证人保护措施的决定主体的基础上,由公安机关统一负责运用 2012 年《刑事诉讼法》规定的措施对证人进行保护,防止因为决定机关无足够的人员配置和能力而导致证人保护落空的现象出现。同时,明确将证人因作证产生的误工费用纳入经济补偿范围,可以参照国家上年度职工日平均工资设置的具体标准。

自 1996 年《刑事诉讼法》到 2012 年《刑事诉讼法》,我国的证人出庭制度实现了大幅度的改善。这种改善是刑事诉讼法治不断完善的鲜明特征。但是,也需要看到,现行法律制度仍存在一些缺陷与不足。因此,未来的司法改革应着重就以上方面进行补充,以便实现证人出庭制度的相应完善,最终实现庭审的实质化。

第三节　庭前会议制度的确立和发展

一、庭前会议制度建立的背景

庭前会议是 2012 年《刑事诉讼法》修改时增设的一项制度。2012 年修改后的

《刑事诉讼法》第 182 条第 2 款规定："在开庭以前,审判人员可以召集公诉人、当事人和辩护人、诉讼代理人,对回避、出庭证人名单、非法证据排除等与审判相关的问题,了解情况,听取意见。"2012 年最高法《解释》第 183 条规定:"案件具有下列情形之一的,审判人员可以召开庭前会议:(一)当事人及其辩护人、诉讼代理人申请排除非法证据的;(二)证据材料较多、案情重大复杂的;(三)社会影响重大的;(四)需要召开庭前会议的其他情形。"同时该解释第 184 条还规定,召开庭前会议,审判人员可以就下列问题了解情况听取意见:是否对案件管辖权有异议;是否申请有关人员回避;是否申请调取在侦查、审查起诉期间公安机关、人民检察院收集但未随案移送的证明被告人无罪或者罪轻的证据材料;是否提供新的证据;是否对出庭证人、鉴定人、有专门知识的人的名单有异议;是否申请排除非法证据;是否申请不公开审理;与审判相关的其他问题。在庭前会议上,审判人员还可以询问控辩双方对证据材料有无异议,对有异议的证据,应当在庭审时重点调查,无异议的,庭审时举证、质证可以简化。对于附带民事诉讼的,审判人员可以进行调解。

关于庭前会议程序的出台背景,立法机关仅表述为"根据司法实践和实际需要"。学界则较为一致地认为,增设庭前会议程序的目的在于促进集中审理,以解决因 1996 年《刑事诉讼法》中庭前准备程序过于薄弱而导致的庭审经常出现不必要的中断这一问题。我们认为庭前会议制度的设置既是回应司法实践的需要,也是尊重刑事诉讼活动基本规律的需要。

"案多人少"是转型时期困扰我国各级法院的现实难题。因此,如何提高诉讼效率成为整个法院系统不得不面对的问题。1996 年 3 月 17 日修改后的我国《刑事诉讼法》规定,人民法院对于起诉书有明确的指控犯罪事实并且附有证据目录、证人名单和主要证据复印件或者照片的应当决定开庭审判。这样规定本意是防止法官的庭前预断,但限制了法官庭前正常熟悉了解案情,极易造成法官庭审中的被动。诸如回避、通知新的证人到庭等问题的解决通常要中断审判活动的进行,一方面会影响整个纠纷解决的时间,造成效率低下,案件积压;另一方面由于没有庭前充足的准备,法官无法明晰案件的主要争执点,无法发挥有效的引导作用。这也导致了庭审活动为一些没有争议或者"伪争议"的问题耗费了有限的司法资源。在2012 年刑事诉讼法修正案通过之前,司法实践中已经存在法官、检察官、辩护律师庭前交换意见的情况。法官为了提前熟悉案情,商请检察官尽量多地提供证据复印件或以私下"借卷"的方式了解案情,熟悉有关证据,有时对于"阅卷"中发现的证据采信疑问、选择审理方式(普通程序或简易程序或普通程序简易审)、证人、侦查人员或鉴定人是否出庭等程序性问题,主动征求检察官或律师意见。同时,检察官对于有争议的案件事实,法律适用,证据的采信,辩护律师提出被告人不负刑事责任证据,或被告具有自首、立功等法定情节的辩护意见,也时常主动与法官进行庭前沟通。这些实践中自然形成的做法虽不完全具备庭前会议的特征,但反映出法官在庭前接触检察官和当事人做好庭审准备,和参与庭审各方进行沟通的现实需要,应当是我国庭前会议制度萌生的实践基础。因此可以说司法的现实"倒逼"我们重新审视并完善庭前会议制度。

庭前会议制度的设立与学理上对集中审理原则的深入研究是紧密联系在一起的,有学者指出,庭前会议制度的理论基础及其实践需求,皆来源于集中审理原则。所谓集中审理原则,是指审判程序应尽可能地一口气完成,亦即直到辩论终结均不中断。当然,集中审理原则自身并非最终目的,但只有通过集中审理,刑事诉讼中的自由心证、直接言词原则才能够得到具体的实现。详言之,集中审理首先是自由心证的保障。证据调查和辩论在一举完成的情况下,才能确保法院的确是以当庭审理结果所获得的新鲜心证,作为裁判的基础。其次,集中审理是直接审理和言词审理的基础。如果审判程序拖延过久或者经常中断,法官难以借由直接审理过程对证据调查的结果形成心证,反过来就必须依赖书面笔录作为形成心证的资料,妨害直接审理和言词审理原则的实现。最后,集中审理也符合经济效率原则。在集中审理原则之下,应当尽可能地在审判日期,找齐所有的当事人、证人、证物,将案件一次审理终结显然比分开在数个开庭日期进行节省诉讼资源。同样的,被告人、辩护人、检察官不必往返奔波,法官不必就相同的案件在每次开庭前重复阅卷,更有利于诉讼资源的高效利用。[①] 同时有学者指出在 1996 年《刑事诉讼法》实施的过程中,集中审理很难实现;这在案情重大复杂、涉案被告人较多、控辩争议较大的案件中,表现得尤为突出。究其原因,不是庭审中断的制度依据存在问题,而是庭前准备程序过于薄弱,不能有效贯彻集中审理原则,没有提供任何控辩双方庭前沟通、解决争议的机会,以致所有争议都于庭审解决。[②]

庭前会议制度的建立还源自对域外刑事诉讼法律制度的学习和庭前准备程序经验的借鉴,就世界各国(地区)的制度设置而言,普遍尊重刑事诉讼规律的基本要求,注重庭前准备程序的设置与运作,以整理出案件的争点,便于法庭审理集中进行,提升诉讼效率。例如,在美国,《美国联邦刑事诉讼规则》第 17.1 条规定了"庭前会议"(pretrial conference)制度,规定法庭可以命令举行一次或者多次会议以研究考虑诸如促进公正、迅速审判等类事项。[③] 在英国,设有"答辩及指示听证会"(plea and directions hearing),为开庭审判进行必要的准备工作,控辩双方的律师需要将涉及案件的争议问题、影响被告人或证人的任何智力或医疗上的问题等的

---

① 魏晓娜:《庭前会议制度之功能"缺省"与"溢出"——以审判为中心的考察》,载《苏州大学学报(哲学社会科学版)》2016 年第 1 期。

② 莫湘益:《庭前会议:从法理到实证的考察》,载《法学研究》2014 年第 3 期。

③ 卞建林:《美国联邦刑事诉讼规则和证据规则》,中国政法大学出版社 1996 年版。

答复提交给法官①;在日本,除庭前控辩双方应当相互联系,进行证据开示等活动,法庭可以在第一次公审日期前命令控辩双方到庭就相关事项进行协商外,在第一次公审日期后,还可以根据《刑事诉讼规则》第 194 条之一至第 194 条之七的规定为相关准备活动。我国台湾地区和香港地区也有类似的制度安排。台湾地区"刑事诉讼法"第 273 条规定,法院得于第一次审判日期前,传唤被告或其代理人,并通知检察官、辩护人、辅佐人到庭,行准备程序,就程序的适用、案件以及证据的争点、证据能力、证据调查之申请等事项作准备②。香港地区则存在着审前讨论会制度,法官有权将当事人召集在一起,在审判前对证据进行审查,以确定他们对所提出证据的态度,确定他们可能提出的异议和看法以及其他对审判的进行有意义的事情。以上种种,皆为我国刑事诉讼中庭前会议制度的建立开拓了思路。

二、庭前会议的司法实践:经验与问题

庭前会议为解决庭审中断、效率低下问题提供了较好的平台。在证据开示的基础上,审判人员可以组织控辩双方围绕与审判相关的问题阐述意见、说明理由,通过沟通说服对方,通过初步对抗尽可能达成共识,从而为集中审理做好准备。学界对庭前会议制度普遍予以褒扬,大部分学者认为庭前会议制度在提高诉讼效率、庭审质量等方面具有积极的作用。有的学者甚至指出庭前会议制度在提高诉讼效率、保障公正方面均有重大意义:庭前会议制度蕴含着丰富的价值理念,对于促进庭审程序的优质高效,实现诉讼公正意义重大。首先,庭前会议有助于提高诉讼效率,保证庭审的集中高效。通过庭前对程序性问题的汇总解决及部分实体问题的整理明晰,可以保证法庭集中审理解决被告人的定罪量刑问题,有效避免证据突袭及临时申请证人到庭等干扰、阻断庭审程序的情形,防止不必要的庭审停滞及拖延。其次,庭前会议有助于促进庭审的实质化,提高审判质量。一方面,在庭前会议中控辩双方进行了充分的证据展示,调取了庭审所需证据,确定了出庭的证人、鉴定人和有专门知识的人的名单,这些举措无疑强化了案件的实质审理,使案件审理深入细致,避免了庭审的形式化、走过场;另一方面,对疑难复杂案件证据及事实争点的整理厘清,使得法庭审理的方向和重点得以凸显和强调,庭审将集中解决控辩双方争议较大的事实和法律问题,有助于事实认定及法律适用的准确性。同时,附带民事诉讼调解及刑事和解意向的达成,对被告人刑事责任的解决也具有积极影响。最后,庭前会议有助于保障当事人的诉权,促进程序公正的实现。以往,对于当事人提出的程序性请求及有程序性争议的事项,法庭均以行政化的审批模式作出决定,忽视了对当事人诉权的保障。庭前会议制度建立起一整套控辩双方有

---

① [英]麦高伟、[英]杰弗里·威尔逊:《英国刑事司法程序》,法律出版社 2003 年版。

② 林钰雄:《刑事诉讼法(下册各论编)》,中国人民大学出版社 2005 年版。

效参与的诉讼化解决争议的机制,无论是庭前会议的启动,还是控辩双方充分参与下具体问题的解决模式,庭前会议的制度设计均凸显了控辩双方的参与性,对当事人的诉权予以了积极的回应和关照,虽然尚缺少必要的权利救济措施,但已初步形成了诉权对裁判权的制约机制,向程序公正迈进了一步。而且,庭前会议从制度上防止了案件审理前控辩双方与法官的单方面秘密接触,减少了司法腐败的发生。[①]

自 2012 年修订《刑事诉讼法》关于庭前会议制度的规定伊始,司法实务部门围绕庭前会议制度具体实施的探索就一直未曾间断,不少地区专门出台了庭前会议制度的相关实施细则或暂行规定,形成了宝贵的经验。但修改后的刑事诉讼法在庭前会议制度的功能定位、程序设置、法律效力等方面存在诸多不足,在一定程度上影响了司法实务部门适用该制度的积极性,影响了庭前会议制度的适用效果。学者们发现的我国庭前会议制度的问题,大致有以下几点:第一,功能定位不明确:"与审判相关的问题""了解情况、听取意见"的规定语焉不详,立法规范的模糊使得司法实务部门只能根据自身的认知来加以解读和限缩,导致司法实践中庭前会议在各地的适用情况存在较大的差别。第二,程序设置存在空白:当前的刑事诉讼法和有关的司法解释对庭前会议的诸如参与主体、召开方式、地点、次数等程序性方面的规定均存在一定的空白,不仅不利于庭前会议制度的健康发展,而且有损程序正义和对被告人诉讼权利的保障,亟须作出统一和细致的规定。第三,法律效力存在争议:法律和司法解释对庭前会议结果的形式和效力未作出明确的规定,致使庭前会议制度不能有效发挥提高庭审效率的作用,甚至造成程序繁复,增加当事人的诉讼负担。有的学者通过实证研究甚至还发现了庭前会议制度存在对被告人权利保障在一定程度上的形式化以及确保控辩双方充分对抗的效果甚微等问题。[②]

有学者进一步指出了现行庭前会议制度问题存在的原因,并概括为以下几个方面:第一,庭前会议程序设计的"职权性"。中国的庭前会议在程序设计上偏重于法官利益的满足,服务于法官权力行使的需要,尤其是法官有效控制庭审的内在需求,具有很强的"职权性"意味。第二,庭前会议效果设置的"非完整性"。庭前会议解决事项的范围和程度、庭审会议中的证据异议与法庭调查中的证据质证的关系,以及通过庭前会议所达成协议的效力等问题,均未得到明确的界定。这样既不能有效地提高效率也无法调动法官适用庭前会议制度的积极性。第三,法官对庭前会议运用的"策略化"。法官垄断着庭前会议召开的启动权与决定权,这使得法官在很大程度上可以按照自己的意志或需要来选择在何种案件中召开庭前会议。在实践中已有成本更小的相应机制能够替代庭前会议的情况下,法官很可能只会在

---

① 闵春雷、贾志强:《刑事庭前会议制度探析》,载《中国刑事法杂志》2013 年第 3 期。

② 左卫民:《未完成的变革刑事庭前会议实证研究》,载《中外法学》2015 年第 2 期。

"不得已"的情境下考虑召开庭前会议,从而形成一种对庭前会议"策略化"运用的状态。第四,庭审中心主义诉讼理念的缺失也是造成庭前会议效果不彰显的重要原因。就中国目前刑事诉讼的现状而言,尽管我们在理论上承认庭审中心主义,但具体的实践依然是侦查中心主义,法院审理很多时候只不过是对侦查结果的确认,庭审虚化且流于形式。[1]

三、庭前会议的立法和司法改革走向

庭前会议制度作为一项新举措,暂时还不能满足我国刑事司法的需要,有必要进一步完善。完善庭前会议制度对于刑事诉讼其他制度的改革具有促进作用,而这些制度的改革也必将充实庭前会议制度的内涵。现行法律法规关于庭前会议制度的规定仍然存在许多空白,引发了许多问题,致使庭前会议制度适用率低,有被搁置的现象。为了保障庭前会议的落实,需要对相关问题进行明确。学者对庭前会议制度的立法和司法层面完善的探讨主要集中在明确庭前会议的功能、明确庭前会议的法律效力、明确庭前会议的程序设置三个方面。

1. 明确庭前会议的功能

2012 年《刑事诉讼法》中对庭前会议功能的规定是"了解情况,听取意见",这一点广受学者的诟病。学者普遍认为庭前会议的功能是保障庭审质量、提高庭审效率。这种功能的实现取决于庭前会议"听取意见,了解情况"的范围和效力。从宏观的角度看,庭前会议应当可以就与审判相关的任何问题进行讨论,包括程序问题和实体问题,从微观和有利于操作的角度,庭前会议的功能定位和限度需要审慎地明确和充实。遗憾的是我国立法在关于庭前会议功能的规定上略显粗疏。

在庭前会议的功能应该如何完善的问题上,有的学者指出,纵观各国立法庭前会议的功能大体体现在明确审判对象、程序繁简分流、理清案情、整理重要争点、解决证据资格和其他证据方面的争点、对随后的审判活动作出适当安排、确保被告人及其辩护律师辩护权的实现以及进行证据保全等几个方面。庭前会议的主要任务可以概括为对"程序性问题的汇总解决"和"部分实体问题的整理明晰"。为了更好地实现庭前会议的上述功能,该项制度的设置必须尽可能多地处理审理过程中可能出现的枝节性问题,防止主审程序被频频打断。[2] 有的学者进一步指出,庭前会议的功能定位除去法律法规明确确定的之外,至少还应当包括被告人认罪核实和诉讼程序分流等重要事项,使认罪认罚从宽制度落到实处,并将庭前会议逐步改造

---

[1] 左卫民:《未完成的变革刑事庭前会议实证研究》,载《中外法学》2015 年第 2 期。
[2] 魏晓娜:《庭前会议制度之功能"缺省"与"溢出"——以审判为中心的考察》,载《苏州大学学报(哲学社会科学版)》2016 年第 1 期。

为符合诉讼构造的、控辩审三方同时参与下的决定案件繁简分流的关键环节。[1]

2.明确庭前会议的法律效力

庭前会议的处理结果是否对控辩双方在庭审中的诉讼活动具有约束力是司法实践中争议的焦点,也是影响审判人员和控辩双方在司法实践中适用庭前会议积极性的核心问题,而我国 2012 年《刑事诉讼法》没有赋予庭前会议明确的法律效力。司法实践的经验表明:庭前会议一般不会出现处理结果,大部分的法官也不认为自己有权或者不知道自己是否有权对相关问题作出处理。即使控辩双方在庭前会议中就某些问题达成一致意见,多数情况下也是通过会议记录的方式加以体现的,但是否遵守完全凭借自觉和自愿,并不具有法律上的效力。有的学者指出:庭前会议制度的关键在于庭前会议中对这些枝节性问题的处理对以后的诉讼程序具有约束力,否则不仅徒增劳费,而且使庭前会议程序演变为纯粹的"亮底牌"活动,压抑控辩双方参与庭前会议的积极性,最终使构建庭前会议程序的立法努力付之东流。[2] 有的学者建议庭前会议的结果的形式除了使用"会议记录"之外,还可以使用"协议书"或者"备忘录"等形式,并对在庭前会议阶段形成的处理意见在正式开庭时再次宣布并确认,以开庭时的表态为准。如果诉讼一方在开庭时改变意见,则应当有适当的理由,否则法庭可以怀疑其诚信和态度,对改变意见的一方形成不利影响,同时规定庭前会议所形成的意见不得上诉。[3]

3.明确庭前会议的程序设置

2012 年《刑事诉讼法》和相关的司法解释对庭前会议没有作程序性规定,庭前会议的启动、参与主体、召开方式、地点、次数等都不明确。理论界和实务部门对庭前会议的程序如何设置观点不一,在具体的程序设计上更是莫衷一是,争论的焦点主要集中在庭前会议由谁主持,被告人是否应当参加庭前会议,庭前会议的地点和时间是否公开,公诉人或辩护人经法庭通知拒不参加庭前会议的情况如何处理等问题上。以被告人是否应当参加庭前会议为例,许多法院主要以被告人对庭前会议中相关问题的探讨的积极作用和被告人参加庭前会议的方便程度为衡量标准,很少将被告人的诉讼权利保障作为决定的重要因素。但理论界普遍认为,从保障当事人尤其是被告人程序性权利的角度出发,被告人应当参加庭前会议的讨论,只有在诸如身患严重疾病、交通极为不便等特殊情况下,才允许存在例外。我们认为,在立法和司法层面应及时完善并细化庭前会议的程序规定,在追求公正和提高

① 杨宇冠、刘曹祯:《刑事诉讼庭前会议制度研究》,载《安徽大学学报(哲学社会科学版)》2016年第 5 期。

② 魏晓娜:《庭前会议制度之功能"缺肯"与"溢出"——以审判为中心的考察》,载《苏州大学学报(哲学社会科学版)》2016 年第 1 期。

③ 卞建林、陈子楠:《庭前会议制度在司法实践中的问题及对策》,载《法律适用》2015 年第 10 期。

效率之间寻求平衡节点,并最大限度地保障诉讼参与人尤其是被告人合法的诉讼权利。

第四节　构造多元化刑事审判程序

一、构造多元化刑事审判程序的现实考量

效率作为一项重要的法律价值,不仅是司法机关所期待实现和维护的,一般诉讼当事人也期望案件能够尽快产生一个确定的结果。合理的配置并节约国家司法资源的投入以及让当事人摆脱讼累,是司法制度设立和改革完善中需要认真对待的问题。是故陈朴生先生谓:"刑事诉讼制度之产生,其动机并非仅由于维持公共福社与保障基本人权;为适应诉讼经济之要求,亦其基本原则之一,此观之美国联邦刑事诉讼规则应解为系保程序之简洁、诉讼遂行之公正,并除去不适当之费用与迟延;日本刑事诉讼法第一条定曰:'本法,系以就刑事案件为维护公共福社,保障个人之基本人权,发见实情之真相,而正确且迅速实现刑罚法令之适用为目的'等语,其所谓'迅速','程序之简洁','除去不适当之费用',即本诉讼经济之要求,为刑事诉讼制度之基本原则。"[①]

当前,中国正处于经济转轨、社会转型的特殊时期,一方面为了有效地维护社会稳定,充分地保护法益,一些原来轻微的违法行为不断地被犯罪化,致使犯罪圈不断扩大。具体表现有二,一是《刑法修正案(八)》将扒窃、入户盗窃以及危险驾驶等违法行为入罪,使得轻微刑事案件明显增多,并在全部刑事案件中所占比例呈明显上升趋势。据统计,自《刑法修正案(八)》颁布以来,全国法院判处 1 年以下有期徒刑的刑事案件占到了 43%,其中,以盗窃罪和危险驾驶罪为基本形态。《刑法修正案(九)》、《刑法修正案(十)》以及最高人民法院、最高人民检察院对有关刑事案件司法解释的出台进一步降低了入罪门槛,许多条款被修改、增加的罪名刑罚大多较为轻微。二是废止劳动教养制度后,实践中将过去的劳动教养案件也纳入到刑事处罚的范围之中。另一方面我国刑事案件持续增多、高位运行状态趋势明显。仅以 2015 年为例,各级法院审结一审刑事案件 109.9 万件,判处罪犯 123.2 万人,同比分别上升 7.5% 和 4%。[②] 由此观之,在可以预见的未来,我国司法压力将持续增大,司法资源短缺与诉讼需求增加之间的矛盾愈加凸显。构造多元化的审判程

---

① 陈朴生:《刑事经济学》,正中书局 1975 年版。
② 参见 2016 年最高人民法院工作报告。

序,让案件繁简分流,以司法资源配置,有效保障司法关集中精力审理疑难、复杂、重大刑事案件,是我国司法改革的必由之路,既符合我国司法实践需要,也符合刑事诉讼制度发展的必然规律和趋势。

为了满足、适应不同案件的应然要求和实然需要,世界各国在其各自刑事诉讼制度的发展、完善过程中大都设置了多元的诉讼程序。在美国,体现庭审实质化的审判方式为陪审团审判,被称之为正式审判并写入宪法,但由陪审团审判的刑事案件在全部刑事案件中不到 10%,其余 90% 以上的刑事案件都是不经正式审判而是经认罪答辩程序包括辩诉交易程序加以处理的。在德国,刑事诉讼法除了规定针对重罪、轻罪或者案情复杂程度不同的普通程序外,还有书面审理方式的处罚令程序、保安处分程序、快速审理程序。不仅如此,还在 2009 年正式把以被告人认罪为基础的辩诉交易制度写入了刑事诉讼法典。[①] 而在意大利,刑事诉讼法中既有精细而复杂的正式庭审程序,也有基于被告人认罪的依当事人要求适用刑罚的程序(即意大利式辩诉交易程序)、处罚令程序、立即审判程序和快速审判程序等。

需要特别指出的是,虽然构造多元化的刑事审判程序让案件繁简分离是世界各国的通行做法,但在大陆法系国家和英美法系国家,由于法律传统的不同,审判程序繁简分离所依循的逻辑存在着较大的差别。大陆法系国家将发现案件的事实真相作为刑事诉讼的基本价值追求,在审判程序繁简分离的问题上,原则上将简易程序的适用范围限制在案件事实清楚、罪行轻微的刑事案件。但是自 20 世纪 80 年代以来,为了解决案件积压及诉讼拖延问题,借鉴美国的做法,扩大了简易程序的适用范围,并且引进了协商程序。英美法系国家采取纠纷解决型的刑事诉讼模式,将被告人认罪作为审判程序繁简分流的主要依据。将被告人认罪作为程序繁简分流的主要依据,其正当性来源于被告人对获得正式审判权的自愿放弃。对于程序繁简分立的模式选择,有学者提出,从世界范围来看,刑事程序繁简分立存在两种不同的选择模式:一种是以大陆法系国家为代表的以案件疑难与否和罪刑轻重作为区分标准;另一种是以英美法系国家为代表的以被告人认罪与否作为区分标准。前者将发现案件的事实真相作为刑事诉讼的核心价值,后者更偏重于追求有效定罪。[②]

我国现行刑事诉讼制度关于审判程序的设计本身的层次化不够,是一种不够精细化的立法处理方式,无法很好地兼顾公正与效率两大刑事诉讼目标,需要进行多元化改造,丰富刑事诉讼流程模式的选择,以期解决司法资源配置单一的问题。随着司法环境和司法制度的不断变化,我国刑事诉讼程序审理将从早先一元化的

---

① 岳礼玲:《德国刑事诉讼法典》,中国检察出版社 1900 年版。

② 熊秋红:《认罪认罚从宽的理论审视与制度完善》,载《法学》2016 年第 10 期。

普通审理程序逐步发展为普通程序、简易程序、速裁程序、认罪认罚从宽程序并存的多元化审理程序,通过对案件的繁简分流,逐渐形成繁者越繁、简者越简的刑事诉讼程序格局。

二、简易程序的改革:经验与问题

(一)简易程序的发展

简易程序是与普通程序相比较而言的程序,是指基层人民法院在审理具备特定条件的案件时所采用的相对简单的程序,其是简化和省略普通程序的某些环节和步骤后形成的一种程序。在面对犯罪不断增长,犯罪圈不断扩大,而普通诉讼程序烦琐、难以应付的情况下,世界各国均根据本国国情采用形式不同的简易程序提高诉讼效率,如美国的司法官审理轻微犯罪程序和辩诉交易程序;德国的处罚令程序和加速程序;意大利的简易审判程序、依当事人的要求适用刑罚程序、快速审判程序、立即审判程序、处罚令程序;日本的简易公审程序、简易命令程序、交通案件即决裁判程序。简易程序的增设是世界刑事诉讼制度发展的重要趋势之一。

我国第一部刑事诉讼法典即 1979 年《刑事诉讼法》并未设立简易程序,所有一审刑事案件均适用普通程序。尔后为了应对改革开放以后及市场经济条件下刑事案件猛增的局面,降低诉讼成本,提高诉讼效率,减轻诉讼当事人的讼累,促进司法资源的合理配置,实现繁简分流,1996 年修法时增设了"简易程序"专节。至此,新中国的刑事简易程序在刑事诉讼法典中被正式确立。《刑事诉讼法》在 2012 年修改时又对简易程序相关内容进行了增补和完善,将先前在 2003 年设立的普通程序简化审程序吸纳进刑事诉讼法典中以回应司法实践的需要并消解学界之前对该程序的质疑。随着 2016 年刑事速裁程序为期两年试点工作的完成如今我国形成了《刑事诉讼法》中的简易程序和刑事速裁程序二元并存的刑事简易程序体系。学界一般认为,简易程序的增设不仅符合当今世界各国刑事诉讼制度改革的趋势,而且也是我国司法实践的客观需要,具有重要意义。首先,简易程序有助于从整体上提高人民法院的审判效率,缓解人民法院面临的日益繁重的审判任务。其次,简易程序有利于保护当事人的合法权益,使公诉案件的被告人的责任问题尽快确定,被害人的合法权益及时得到弥补和维护,早日摆脱讼累之苦,而且也有利于自诉人能以简便有效的方式行使自诉权来维护自己的实体权益。最后,简易程序使刑事审判程序更加科学、合理。案件本身繁简有别,对不同案件适用不同程序进行处理,是审判程序科学化、合理化的要求和体现。[①]

---

① 陈光中主编:《刑事诉讼法》,北京大学出版社、高等教育出版社 2016 年第 6 版。

(二)我国简易程序存在的问题

学者们在肯定简易程序积极作用的同时,也都认为简易程序本身还存在不少问题,归纳起来,主要有以下几个方面。

第一,我国刑事简易程序简化不到位。"简者不简",这就导致了我国司法实践中刑事简易程序的适用率较低以及总体办案周期偏长、整体效率不高等问题。有学者指出,我国简易程序目前只是庭审程序的简化,而且在现行的法律框架下,我国刑事审判程序的经济性程度已近极致。[①]《刑事诉讼法》并未对侦查、审查起诉等审前阶段的程序简化作出规定,并未实现程序简化的全面化和实质化,从而导致刑事简易程序案件的总体办案周期较长,造成司法人员适用简易程序的动力不足。

第二,对程序公正性的保障不足。刑事简易程序在追求诉讼效率的同时也应对程序公正性有所保障,以作为程序简化的底线。我国刑事诉讼法在该方面也有明显不足,主要表现为两方面,一是对被追诉人律师帮助权保障不力,我国《刑事诉讼法》及相关司法解释并未对简易程序中被追诉人的律师帮助权作任何特殊规定,被追诉人在简易程序中的律师帮助权无法得到保障。司法实践中简易程序案件较低的辩护率也直接体现了我国简易程序在律师帮助权保障方面的重大缺陷。二是我国《刑事诉讼法》及相关司法解释并未对简易程序中被追诉人的律师帮助权作任何特殊规定,被追诉人在简易程序中的律师帮助权无法得到保障。司法实践中简易程序案件较低的辩护率也直接体现了我国简易程序在律师帮助权保障方面的重大缺陷。

第三,简易程序的规定缺乏可操作性。《刑事诉讼法》对简易程序的规定过于简单,一些环节需要具体的制度来规范。

第四,理念上的偏差。有学者指出,刑事程序简化的要旨在于公民权利的保障与国家权力的行使之间达成平衡,在此基础上最大限度地促进诉讼的经济性。反思现行简易程序,尚存在较为严重的价值失衡问题,已有的程序在实现司法权力的利益方面优于对被告人利益的关照。[②]

(三)我国刑事简易程序的完善

对于简易程序应该如何完善,学者们提出了不同的见解。从宏观上讲,有的学者指出,我国的简易程序应当由单一化走向类型化,由职权推进式走向权利选择式,由审判阶段的简化走向审查起诉阶段的简化,由程序简化式走向诉讼阶段省略式。[③] 有的学者则指出,简易程序的推广和适用是一项系统工程,诉讼程序简化、

---

① 左卫民:《刑事诉讼的中国图景》,生活·读书·新知三联书店 2010 年版。
② 左卫民:《刑事诉讼的中国图景》,生活·读书·新知三联书店 2010 年版。
③ 谢小剑:《我国刑事简易程序改革的宏观思考》,载《西南政法大学学报》2006 年第 4 期。

提速的背后是一个如何合理配置诉讼资源并兼顾公正与效率的问题,必须要回归理性思维、尊重司法规律。系统性的繁简分流,诉讼程序的去机械化、去行政化,是今后改革和完善刑事简易程序的基本方向。[①] 具体来讲,针对我国现行刑事审判简易程序的不足,学者们结合域外简易程序立法的经验,提出了很多完善简易程序的建议,有的学者指出,将简易程序案件办理的人员和办案时间集中化,以系统地提高简易程序的效率;同时对简易程序案件的内部办案机制实行简易化改造,减少审批环节并将诉讼法律文书格式化、精简化、模板化。[②] 有的学者指出,需要在简易程序案件中使被告人享有完整的程序选择权与实质性的程序收益权,以保障其诉讼主体地位,一方面赋予被告人程序建议权和程序否决权,另一方面,应明确被告人有权得到从轻处罚。[③] 还有的学者建议借鉴处罚令制度,允许刑事速裁案件书面审理。[④]

上述学者们对我国刑事简易程序问题和对策的研究反映了学术界对该问题的重视程度,学者们所揭示的问题很全面,对策尽管有分歧,但都具有针对性,为我国未来刑事简易程序的改革提供了较好的思路。

三、速裁程序的试点与立法走向

(一)速裁程序的提出

2014 年 6 月,十二届全国人民代表大会常务委员会表决通过授权最高人民法院、最高人民检察院在部分地区开展刑事案件速裁程序试点工作。2014 年 8 月,最高人民法院、最高人民检察院、公安部和司法部发布《关于在部分地区开展刑事速裁程序试点工作的办法》(以下简称《试点办法》),正式在 14 个省(市)的 18 个城市开展刑事速裁程序的试点。学界对此予以高度重视并展开了广泛的讨论与实证调研,有学者对此予以积极的评价,认为刑事速裁程序的试点是自 2012 年《刑事诉讼法》修改之后,首次对刑事程序具有实质意义的试点改革。[⑤]

刑事案件速裁程序,是指对于案情简单,事实清楚,证据确实充分,犯罪嫌疑人、被告人自愿认罪,适用法律无争议的轻微刑事案件,在遵循基本程序正义底线标准的前提下,简化审判工作流程、缩短办案期限的一种快速审判程序。刑事速裁程序的提出,一方面是为了提高诉讼效率,解决简易程序"简者不简"和适用率低的

① 贾志强:《刑事简易程序研究》,吉林大学 2016 年博士学位论文。
② 贾志强:《刑事简易程序研究》,吉林大学 2016 年博士学位论文。
③ 左卫民:《刑事诉讼的中国图景》,生活·读书·新知三联书店 2010 年版。
④ 张璐:《刑事简易程序的改革与完善——以我国台湾地区相关立法为参考》,载《法学杂志》2012 年第 10 期。
⑤ 李本森:《刑事速裁程序的司法再造》,载《中国刑事法杂志》2016 年第 5 期。

问题,缓解公安司法机关尤其是法院系统办理刑事案件的压力;另一方面速裁程序的增设,标志着刑事简易速裁程序正在向多元化方向改革,对于构建多元化、层次化的刑事审判程序意义重大。刑事速裁程序两年的探索充分证明程序分流是优化司法资源配置、提升诉讼效率、破解讼院案多人少矛盾的有效途径。如学者所言,刑事速裁程序的试点既为基层司法机关提供了一次探索提高效率的契机,也为"认罪认罚从宽"思路的贯彻提供了一次试验机会。[①] 随着 2016 年为期两年的试点工作结束,我国刑事审判程序已初步形成了普通程序、简易程序与速裁程序并存的三元化审判程序模式。

(二)速裁程序与简易程序

我国现行《刑事诉讼法》规定的简易程序与《试点办法》中规定的速裁程序,都属于相对于普通程序而言的广义上的简易程序,都是对普通程序的省略和简化,而速裁程序从某种意义上来说就是对简易程序的简化。两者在适用范围和对象、价值理念和程序适用等方面都有相近似之处。但简易程序和速裁程序在适用条件和办案程序上仍存在差异,主要表现在以下几个方面。

第一,适用条件不同。出于试点改革工作稳健性的考虑,刑事速裁程序的适用条件窄于简易程序。根据《试点办法》,速裁程序适用于危险驾驶、交通肇事、盗窃、诈骗等犯罪情节较轻,依法可能判处 1 年以下有期徒刑、拘役、管制的案件,或者依法单处罚金的案件。而根据我国《刑事诉讼法》的规定,对于案件事实清楚、证据充分;被告人承认自己所犯罪行,对指控的犯罪事实没有异议;被告人对适用简易程序没有异议的所有基层人民法院管辖的刑事案件均可以适用简易程序审判。

第二,程序的启动条件不同。根据我国《刑事诉讼法》关于简易程序的规定,检察院在提起公诉的时候,可以建议法院适用简易程序。而根据《试点办法》的有关规定,公安机关、辩护人、检察院都可以建议启动速裁程序,但法院对适用速裁程序有最终决定权。

第三,不公开审理的情形不同。对于适用简易程序的案件,一般应公开进行审理,只有涉及国家秘密、个人隐私、未成年人犯罪、商业秘密的案件才不公开审理。但根据《试点办法》,法院适用速裁程序审理的案件,被告人以信息安全为由申请不公开审理,检察院、辩护人没有异议的,经本院院长批准,可以不公开审理。

第四,办理期限不同。速裁程序的办理期限远少于简易程序。简易程序的审理时限是 20 日,对可能判处 3 年以上有期徒刑的案件审限可以延长至一个半月。但适用速裁程序审理的案件,一般应当在受理后 7 个工作日内审结。

---

① 陈瑞华:《"认罪认罚从宽"改革的理念反思——基于刑事速裁程序运行经验的考察》,载《当代法学》2016 年第 4 期。

第五,值班律师制度的设置不同。《试点办法》特别规定法院、看守所要建立法律援助值班律师制度,使犯罪嫌疑人、被告人的辩护权得到更为明确的保障。

第六,审判组织不同。速裁程序只能由独任法官独任审理,而适用简易程序审理案件,可能处 3 年有期徒刑以下刑罚的,可以组成合议庭审理,也可以由审判员一人独任审理;可能判处的有期徒刑超过 3 年的,应当组成合议庭审理。

第七,审理模式不同。适用速裁程序的一般应集中审理,案由相同的轻微刑事案件还可以同庭审理,集中进行法庭调查、法庭辩护等,简易程序则不可以集中同庭审理。

第八,裁决方式不同。适用速裁程序的案件,独任法官有相当的最终裁决权、文书签发权,而适用简易程序的案件,独任法官一般没有最终裁决权,需要经庭务会、审联会等审判组织讨论决定裁判结果,文书一般由庭长、分管院长签发。

(三)速裁程序试点中存在的问题

速裁程序试行是我国的刑事诉讼制度对司法资源的区别配置的有益设计和探索。这一设计使司法资源由平均分配转向区别配置,可以有效地填补简易程序、普通程序等程序设计层次跨度过大的缺陷。但速裁程序在运行过程中也暴露出种种问题,这些问题也引起了学者们的关注和讨论,主要体现在以下几个方面。

第一,案件适用范围过窄。学界普遍认为案件适用范围过窄是速裁程序中的一个突出问题,仅仅适用于危险驾驶、交通肇事、盗窃、诈骗、抢夺、寻衅滋事、非法拘禁、毒品犯罪、行贿犯罪、在公共场所实施的扰乱公共秩序的犯罪情节较轻,依法可能判处 1 年以下有期徒刑、拘役、管制的案件,或者依法单处罚金的案件。从《试点办法》的规定来看,涉及的罪名占《刑法》450 余个罪名的比例还很小。司法实践中,很多量刑在 1 年以下有期徒刑、拘役、管制或者单处罚金的案件无法纳入范围,限制了速裁案件的适用比例,既难以起到优化诉讼资源、有效分流案件、提高效率的作用,也无法满足司法实践的客观需求。

第二,不公开审理的速裁案件范围笼统。虽然很多学者认为速裁程序《试点办法》中关于不公开审理的规定,是对《刑事诉讼法》公开审理原则例外情况的延伸,尊重了被告人的隐私,体现了法律的人文关怀,符合保障人权的立法精神。但也有学者指出,《试点办法》未对"信息""信息安全"的内涵、外延作出具体解释,司法实践中法官可能会作出有利于己方的解释,滥用自由裁量权,使得我国刑事案件不公开审理的事由扩大,最终损害司法公信力,不利于社会的稳定。[1]

第三,从宽处罚的规定模糊,缺乏统一的量刑规则,存在同案不同判现象。有学者通过实证研究发现,速裁案件中相似案情的被告人获刑不一,或者具有相似量

---

[1] 刘广三、李艳霞:《我国刑事速裁程序试点的反思与重构》,载《法学》2016 年第 2 期。

刑情节的被告人所犯罪行情节轻重不同,但刑罚相似的情况时有发生,很难找到量刑轻重的规律,适用实刑与缓刑没有相同标准,从轻、从重情节体现在量刑上不统一,认罪认罚从轻处理与量刑幅度增减之间也没有建立公式关系。并由此得出速裁程序本身没有体现出其在量刑方面明显从宽的优势的结论。[①] 另外也有学者指出,仅有"从宽"的界定,却没有具体从宽情节的明确规范,在赋予法官自由裁量权的同时,亦使得被告人对自己自愿认罪、退缴赃款赃物、积极赔偿损失、赔礼道歉、取得被害人或者近亲属谅解后的处罚难以预期。由于刑罚的优遇不明确,使得被告人案发后缺乏补偿被害人以及将涉案社区的危害降至最低的积极作为的动力,不利于被害人权利的有效保护和纠纷的及时化解以及整个社会秩序的持续稳定。[②]

第四,被告人诉讼权利保护条款立法粗糙。在保障被告人认罪的自愿性和获得律师帮助权方面有明显不足。在被告人获得律师帮助权方面,有学者从比较法的角度指出,我国的刑事案件速裁程序对被告人诉讼权利保护力度相对薄弱。主要原因在于我国没有规定讯问被告人时律师在场权,刑事辩护的法律援助适用范围总体上也比较窄。[③] 还有学者指出,在速裁实践中,值班律师在大多数案件的审前程序中能够参与进来,告知被追诉人认罪及选择速裁程序的法律后果,协助其进行程序选择和量刑协商,但其不具有辩护人的诉讼地位,诉讼权利存在缺陷(如不享有阅卷权等),加之有些律师缺乏办案经验或不够尽职尽责,很难为被追诉人提供有效的法律帮助。[④] 在保障被告人认罪的自愿性方面,有学者指出,适用速裁程序的要件之一即犯罪嫌疑人对法律适用没有争议。然而法律适用的判断对于多数受教育程度非常有限的被告人是一个专业性问题,已经超出他们的认知。被告人程序选择权行使的实效性依赖其他诉讼参与人、检察机关积极履行告知义务,可遗憾的是,检察机关不约而同地以送达法律文书的形式告知犯罪嫌疑人适用速裁程序相关的权利义务。一纸文书并不能如实、客观地反映犯罪嫌疑人认知程序选择权和放弃部分合法权益的过程和程度,只能得到确认的结果。如果说取证工作还有检察机关的审查予以把关,那么检察机关线性的告知模式在保障犯罪嫌疑人合法权益方面显得随意而有失正当。[⑤]

第五,被害人权益保护条款立法粗糙。《试点办法》既未明确规定被害人及其

---

① 洪浩、寿媛君:《我国刑事速裁程序迈向理性的崭新课题》,载《法学论坛》2017 年第 2 期。

② 刘广三、李艳霞:《我国刑事速裁程序试点的反思与重构》,载《法学》2016 年第 2 期。

③ 李本森:《我国刑事案件速裁程序研究——与美、德刑事案件快速审理程序之比较》,载《环球法律评论》2015 年第 2 期。

④ 杨雄:《效率与公正维度下的刑事速裁程序》,载《湖北社会科学》2016 年第 9 期。

⑤ 洪浩、寿媛君:《我国刑事速裁程序迈向理性的崭新课题》,载《法学论坛》2017 年第 2 期。

诉讼代理人对于不同意适用速裁程序的法律后果,也未规定被害人不同意检察机关指控的案件事实时的救济,这既不利于被害人有效地参与并影响刑事诉讼进程,也不利于法官查明案件的事实真相。

第六,案件流转环节和流转时间较长,公检法三机关的程序衔接还不流畅。《试点办法》对刑事速裁程序的改革主要集中于审判程序,而对侦查程序、审查起诉程序阶段的法律规定并不完善,内部的审批机制仍广泛存在,无法最大限度地提高诉讼效率,实现立法目的。

(四)速裁程序试点的立法完善

纵观学者们关于速裁程序试点的种种立法建议不难发现有一条清晰的主线贯穿其间,那就是在构建控辩审三方"三角形"诉讼结构的基础上,协调好公正与诉讼效率之间的关系,最大限度地保障犯罪嫌疑人、被告人的合法权益,这也是刑事案件速裁程序正当化的核心。针对立法的完善措施具体体现在以下几个方面。

第一,在案件适用范围上,学界的主流意见是在未来扩大速裁案件的适用范围,但在具体实施的路径上,不尽相同。有学者从宏观上指出,未来的相关立法应当考虑对速裁案件的适用范围进行适当的调整。一是对刑事案件速裁程序适用的积极条件作适当扩展。二是在刑事案件速裁程序否定性条件的范围方面,取消有关禁止性规定。[1] 也有学者从立法技术的层面考量,提出了取消罪名的限制、允许未成年人、盲人、聋人、哑人案件适用速裁案件,并赋予被告人及辩护人主动申请检察院或法院适用速裁程序的权利等建议。[2]

第二,在保障当事人权利方面,针对被害人的权益保护,有学者提出要充分保障被害人的知情权、程序参与权,并赋予被害人对速裁程序适用的异议权;针对犯罪嫌疑人、被告人的权益保护,[3]有学者提出,从程序正义和诉讼结构理论出发,刑事案件速裁程序的细则办法设计应该始终赋予和强化被告人各项诉讼权利,尤其是对被告人知情权、程序选择权、辩护权和救济权的保障。[4] 以上这些建议也代表了大多数学者的观点。

第三,在量刑从宽幅度上,有学者提出,必须建立规范的、确定的量刑裁判标准。量刑从轻的幅度可以参照量刑规范化指导意见的模式,融入选择适用速裁程序获得量刑优惠的刑期计算方法。[5] 实务界的人士也指出,在程序设计中,应细化

① 李本森:《我国刑事案件速裁程序研究——与美、德刑事案件快速审理程序之比较》,载《环球法律评论》2015 年第 2 期。
② 杨雄:《效率与公正维度下的刑事速裁程序》,载《湖北社会科学》2016 年第 9 期。
③ 杨雄:《效率与公正维度下的刑事速裁程序》,载《湖北社会科学》2016 年第 9 期。
④ 樊崇义、刘文化:《我国刑事案件速裁程序的运作》,载《人民司法》2015 年第 11 期。
⑤ 洪浩、寿媛君:《我国刑事速裁程序迈向理性的崭新课题》,载《法学论坛》2017 年第 2 期。

明确的量刑激励指导,便于公安机关办案人员收案与及时启动速裁程序,公诉机关办案人员提出恰当的量刑建议并进行量刑协商,法院办案人员统一裁判尺度,避免"认罚"上出现认识不一导致效率降低。[①]

第四,在庭审的方式上,学界普遍赞同扩大《试点办法》中速裁程序不公开审理的案件情况,并在后续的立法中予以确认,以彰显保障人权的基本精神;但在庭审究竟该如何进行的问题上,实务界主张书面审理、一审终审的呼声高涨,学者们的观点也存在分歧,有的学者指出,简化诉讼程序,实施一审终审,取消法庭调查、法庭辩论不会对案件审理的公正性产生实质性影响,也不会对被告人的诉讼权利产生实质性的伤害。[②] 也有学者对此表示反对,其认为在"以审判为中心"的改革背景下,不能忽视速裁案件庭审的作用而套用民事诉讼中小额诉讼一审终审的规定。并主张为促进当事人充分参与诉讼,通过程序吸纳当事人的不满,增强裁判的可接受度,未来的速裁审理程序应当实质化,尤其应侧重于核实被告人认罪认罚、同意适用速裁程序等的自愿性。[③]

四、认罪认罚从宽制度的试点与立法走向

(一)认罪认罚从宽制度的概念及由来

认罪认罚从宽制度是指在刑事诉讼运行过程中从实体和程序两方面激励、引导、保障确实有罪的犯罪嫌疑人、被告人自愿认罪认罚并对其予以从宽处理、处罚的由一系列具体法律制度、诉讼程序组成的法律制度的总称。换言之,认罪认罚从宽制度并不是一个单一或单项法律制度,而是集实体与程序多种具体法律制度于一体的综合性法律制度。该制度具有综合性、协商性、宽缓性等特点。从宏观层面而言,司法改革顶层设计者提出完善认罪认罚从宽制度的改革举措,旨在推动刑事司法领域自上而下的体系化变革;建立和缓宽容、繁简分流的刑事司法制度,既有对刑事实体法的冲击和影响,也有对刑事诉讼程序多元化的更高要求。从实务层面而言,随着犯罪门槛的降低,轻罪入刑的趋势日渐明显,司法压力也将随之增大,司法资源短缺与诉讼需求增加之间的矛盾愈加凸显。认罪认罚从宽制度以被告人是否认罪认罚为标准对诉讼程序进行划分,意味着只要被告人认罪认罚,案件就不应适用普通程序来处理。这对于大幅提高诉讼效率、避免司法资源浪费无疑有着积极意义,表明程序分流理念在我国刑事诉讼中得到了更为科学合理的运用,有助于更好地满足群众对审判质效的需求。

---

① 北京市海淀区人民法院课题组等:《关于北京海淀全流程刑事案件速裁程序试点的调研——以认罪认罚为基础的资源配置模式》,载《法律适用》2016 年第 4 期。

② 樊崇义、刘文化:《我国刑事案件速裁程序的运作》,载《人民司法》2015 年第 11 期。

③ 杨雄:《效率与公正维度下的刑事速裁程序》,载《湖北社会科学》2016 年第 9 期。

根据十八届四中全会《中共中央关于全面推进依法治国若干重大问题的决定》提出的"完善刑事诉讼中认罪认罚从宽制度"的要求和中央深改组第二十六次会议审议通过的《关于认罪认罚从宽制度改革试点方案》的精神,第十二届全国人大常委会第二十二次会议表决通过了《全国人大常委会关于授权最高人民法院、最高人民检察院在 18 个城市开展刑事案件认罪认罚从宽制度试点工作的决定》,为期两年。认罪认罚从宽制度不是空穴来风,学界普遍认为它是我国"宽严相济"刑事政策在新形势下的完善和发展,两者在价值取向上一脉相承具有内在的同一性,即区分不同的犯罪情况,实行区别对待,做到该宽则宽、当严则严、宽严相济、罚当其罪。更为重要的是,认罪认罚从宽制度将宽严相济刑事政策真正地付诸实践,是自首、坦白等实体制度程序化的表现,能够保证刑事政策所体现的人文关怀落到实处,体现了宽严相济刑事政策的一个侧面——宽缓的一面。可以说,认罪认罚从宽制度是充分体现刑事政策精神的制度样本。官方的解释也佐证了这一观点的正确性,孟建柱在中央政法工作会议中也指出:"认罪认罚从宽制度是我国宽严相济刑事政策的制度化,也是对刑事诉讼程序的创新,既包括实体上从宽处理,也包括程序上从简处理,将有利于促使犯罪嫌疑人、被告人如实供述犯罪事实,配合司法机关依法处理好案件,有利于节约司法成本,提高司法效率,也有利于减少社会对抗,修复社会关系。"[1]

(二)认罪认罚从宽制度在试点中存在的问题

认罪认罚从宽制度自试点以来,学界对其的探讨就一直没有停止过,论证的焦点始终集中在认罪认罚从宽制度的适用范围、认罪认罚从宽制度程序的正当性和认罪认罚从宽制度程序如何保障被告人认罪认罚的自愿性等几个关键问题上。

第一,关于认罪认罚从宽制度的适用范围。从适用的诉讼阶段角度来讲,学界的主流意见认为,认罪认罚从宽制度中的从宽处理包括实体从宽和程序从宽,适用于刑事诉讼的各个阶段。在侦查阶段,主要是程序从宽,表现为侦查机关变更、解除强制措施。在起诉阶段,表现为检察机关采取非羁押性强制措施;或者作出不起诉决定。在审判阶段,主要是实体从宽,表现为法院依据各个具体罪名的规定,在法定量刑幅度内从宽处罚。[2] 有学者对此持有异议,其认为如若将认罪认罚所带来的程序简化视为"从宽",将会导致正当程序被视为被告人的一种负担,但从刑事诉讼立法的初衷来看,正当程序显然被预设为对被告人的一种保护,不能认为适用普通程序是"从严"而适用简易程序是"从宽"。[3] 另外也有学者指出,认罪认罚从

---

① 参见 2016 年中央政法工作会议报告。

② 陈光中、马康:《认罪认罚从宽制度若干重要问题探讨》,载《法学》2016 年第 8 期。

③ 熊秋红:《认罪认罚从宽的理论审视与制度完善》,载《法学》2016 年第 10 期。

宽制度的适用应当有严格的诉讼节点限制,只能在审查起诉阶段和审判阶段发挥特定优势,而不能适用于侦查阶段,否则会重蹈口供定罪的覆辙,造成冤假错案。①从适用的案件范围角度来讲,理论界和实务界都普遍认为,认罪认罚从宽制度以被告人是否认罪认罚为标准对诉讼程序进行划分,原则上可以适用于所有案件,包括可能判处死刑在内的重大案件,即意味着只要被告人认罪认罚,案件就不应适用普通程序来处理。但也有学者质疑,在重大案件中将认罪与认罚捆绑在一起,是否会增加被告人在被胁迫或受利诱的情况下作出错误的认罪认罚以及发生冤假错案的风险。②

第二,关于认罪认罚从宽制度的正当性。学界对认罪认罚从宽制度普遍予以积极的评价,认为认罪认罚从宽制度,兼顾了公正与效率,有利于保障被追诉者的诉讼权利,并从认罪认罚从宽制度与以审判为中心的诉讼制度改革的联系角度出发,对其正当性予以论证。但也有学者担忧,一方面,在我国,司法公正尤其是程序公正的问题还没有根本解决,特别是侦查程序中的程序公正与法治成熟的国家相比还有不小的距离,不加大力气维护侦查程序中的基本人权,可能造成顾此失彼的局面即提高了审判效率却减少了纠正侦查不法的机会。另一方面,如果不能保证从认罪认罚从宽制度中节约下来的司法资源和司法人员精力真正投入"应繁则繁"的案件,庭审流于形式的问题仍将无从解决,势必造成与以审判为中心的诉讼改革之初衷相背离。③

第三,关于被告人认罪认罚的自愿性。刑事诉讼法视域下探讨的认罪认罚从宽制度有其特殊的程序分流功能,它直接影响着简易程序、刑事和解程序、速裁程序的适用。唯有切实保证被告人认罪的自愿性,才能切实保障被告人的诉讼权利,防范冤假错案的发生,也才能减少被告人出现诉讼反悔的概率,大大降低案件的上诉率,进而从整体上提高诉讼的效率。遗憾的是我国认罪认罚从宽制度试点中存在对被告人认罪认罚的自愿性保障不足的问题,尤其是现行的值班律师制度在为嫌疑人、被告人提供有效法律帮助方面还存在一些缺陷,亟须完善。

(三)认罪认罚从宽制度的完善

针对我国认罪认罚从宽制度试点中存在的不足与问题,学者们提出了以下完善意见:

第一,有学者提出,应当制定相对透明,具有指引性、激励性的量刑激励制度,尽快出台统一的规范的量刑指导意见,扩大"应当型"量刑激励的层次性,以认罪认

① 陈卫东:《认罪认罚从宽制度研究》,载《中国法学》2016年第11期。
② 陈瑞华:《"认罪认罚从宽"改革的理念反思——基于刑事速裁程序运行经验的考察》,载《当代法学》2016年第4期。
③ 张建伟:《认罪认罚从宽处理:内涵解读与技术分析》,载《法律适用》2016年第11期。

罚的时间不同划分不同的量刑从宽幅度,并将从宽的幅度控制在合理的范围内。[①]

第二,有学者指出,要充分发挥律师在认罪认罚协商从宽案件中的作用,完善值班律师制度,确保律师有效介入以帮助被追诉人进行协商,保障被追诉人的诉讼权利,实现司法权力平衡制约。在嫌疑人、被告人明确表达认罪认罚的意愿时,侦查机关、公诉机关和法院都应当及时为其指定法律援助律师。该法律援助律师一经得到嫌疑人、被告人的确认,即应具有辩护人的身份。作为辩护人,法律援助律师不应仅仅局限于为嫌疑人、被告人提供法律咨询,而应享有会见权、阅卷权和调查权,并对检察官指控的罪名和理由进行审核,对检察官准备提出的量刑方案进行一定程度的协商和讨论。在法庭审理中,法律援助律师也应当出席庭审过程,对被告人认罪认罚的自愿性、明智性进行审查,对检察官的量刑建议发表辩护意见。而在被告人提起上诉后,二审法院也应为被告人继续指定法律援助律师进行辩护,辩护律师应督促二审法院对被告人认罪的自愿性、明智性进行重新审查,对一审法院认定有罪的事实是否达到法定证明标准进行审查,并对一审法院在适用认罪认罚从宽程序中是否存在违反法定诉讼程序的行为发表辩护意见。[②]

第三,确保犯罪嫌疑人、被告人认罪认罚的自愿性。一方面赋予被追诉人在各个阶段的程序启动权和变更权。犯罪嫌疑人、被告人可以自始选择认罪认罚,也可以在自始选择认罪认罚后又反悔而撤销,还可以自始就不选择认罪认罚,甚至明确表示不认罪。另一方面建立权利告知书制度,即由法院制作专门的权利告知书,将"认罪认罚从宽"的政策以及选择速裁程序和简易程序的后果,一并加以列明,使得被告人在获知起诉的罪名和理由后,即可以进行考虑和权衡。

第四,在不违背诉讼原则的前提下,确保认罪认罚庭审方式的简单化。在未来认罪认罚从宽案件的一审程序中可以考虑将被告人认罪认罚的自愿性作为法庭审理的重要对象,保留量刑问题法庭实质审理的空间,并将有关定罪问题的法庭审理形式化;在二审程序中主要将"认罪认罚"的合法性以及"从宽"的合理性作为审判的对象。

第五,改革现行的案件内部审批和行政决策机制,释放公检法三机关内部简化程序流程的原动力。

第六,有学者建议,可以借鉴试点中刑拘直诉的有益经验,对"流水作业"的诉讼构造进行彻底改造,探索按照"跳跃诉讼阶段的模式"来重构简易程序。[③]

---

① 冀祥德、李瑛:《律师介入认罪认罚从宽制度研究》,载《人民检察》2016 年第 18 期。

② 陈瑞华:《"认罪认罚从宽"改革的理论反思——基于刑事速裁程序运行经验的考察》,载《当代法学》2016 年第 4 期。

③ 陈瑞华:《"认罪认罚从宽"改革的理论反思——基于刑事速裁程序运行经验的考察》,载《当代法学》2016 年第 4 期。

第七,适度吸收被害人的合理诉求,使其民事赔偿和追求合理量刑裁决结果的需求得到大体的满足,从而促进矛盾的化解和关系的修复,恢复社会的和谐和稳定。

第五节　量刑规范化改革问题与前瞻

一、定罪量刑一体化模式的弊端与改革回顾

按照大陆法系的传统,定罪与量刑在程序上是不可分离的,刑事法庭通过一个连续的审判程序,既解决被告人是否构成犯罪的问题,又解决有罪被告人的量刑问题。与英美法系不同的是,大陆法国家不存在陪审团与法官在司法裁判上的分权机制,刑事法庭无论是由职业法官组成还是由法官与陪审员混合组成,都对事实问题和法律适用问题拥有完全相同的裁判权,这就使得定罪问题与量刑问题成为不可分离的裁判对象。[①]

大陆法施行的定罪与量刑一体化模式,在正当性和合理性上正面临着越来越严厉的批评。在英美学者看来,在同一审判程序中作出定罪和量刑的两个决定,无疑会带来一些棘手的问题:"除了列举证明有罪或者无罪所需的证据外,法庭还必须十分小心地收集其他量刑所需的证据。检察官和辩护律师本身也必须考虑证据、发文并在集中于证据、提问以及解决有罪与否问题所必需的主张的同时,就量刑进行辩论。"但是,由于控辩双方提出的证据和主张经常发生矛盾,他们"经常不得不选择是先作出定罪决定还是先作出量刑决定",这对辩护律师来说显得尤为艰难,因为"辩护律师很难既主张被告人无罪,同时又主张他对自己的罪行有所悔改"。不仅如此,由于定罪与量刑在同一程序中加以决定,"法官有义务将被告人先前的犯罪记录作为庭审中的证据",因此,无论是职业法官还是陪审员,都很难避免这些犯罪记录对他们作出定罪裁决的影响。[②]

可以看出,无论英美学者还是大陆学者,都指出大陆法实行的定罪与量刑程序一体化模式,具有两个基本的缺陷:一是容易削弱无罪推定的效力,造成被告人诉讼地位的降低;二是造成法官在量刑上拥有太大的自由裁量权,难以获得较为充分的事实信息,更无法在量刑裁决过程中听取控辩双方的意见。在前一方面,因为法庭在尚未确定被告人是否成犯罪之前,即调查被告人的犯罪前科问题,这容易削弱

---

　　① 　陈瑞华:《定罪与量刑的程序关系模式》,载《法律适用》2008 年第 4 期。
　　② 　[美]菲尼、[德]赫尔曼、岳礼玲:《一个案例,两种制度——美德刑事司法比较》,中国法制出版社 2006 年版,第 152 页。

被告人的无罪辩护效果,也可能使陪审员产生"被告人有罪"的印象。同时,在被告人保持沉默、拒不认罪以及辩护律师作无罪辩护的情况下,辩护律师难以就被告人的量刑问题充分发表意见,而陷入一种两难境地:如果选择支持无罪辩护,则没有机会充分地发表从轻量刑意见;如果提出各种旨在说服法庭从轻量刑的辩护意见,则会出现辩护律师在一场审判中先后作出无罪辩护与从轻量刑辩护的局面,使得无罪辩护的效果受到程度不同的削弱。

而从后一角度来看,大陆法国家的法官作出量刑裁决所依据的信息与定罪的信息是完全一致的。法庭几乎不可能对被告人的罪行展开全面的社会调查,包括被告人犯罪的社会原因、成长经历、社会环境、被害人过错、家庭和教育情况等因素,被告人不可能在法庭审理中受到认真关注;法庭不可能对犯罪造成的各种后果给予全面的关注,诸如犯罪给被害人带来的身体伤害、精神创伤,犯罪给被害人家人所带来的各种损害,犯罪给社区所带来的负面影响,都难以成为法官的量刑信息资源;法庭更不可能对被告人的再犯可能以及未来的刑罚效果作出科学的评估。法官更多地将精力放在判断被告人是否构成犯罪问题上,控辩双方也更多地关注被告人是否构成犯罪的问题上,几乎没有一个人真正关注被告人的再犯可能性以及所采取的刑罚是否足以遏制犯罪等刑罚效果层面上的问题,大陆法国家也缺乏类似英美法缓刑监督机构那样的专业机构的参与,更没有可能就刑罚效果问题展开认真的辩论和评估。于是,尽管控辩双方有机会提出量刑意见,但量刑总体上是法官在"评议室"内完成的裁判事项,量刑信息既没有经过充分的辩论和审查,也没有经过专业人员的社会调查,而完全成为法官自由裁量权范围内的事项。

正因为大陆法这种一体化模式存在着如此严重的缺陷,国际刑事法学界早在20 世纪 60 年代就呼吁大陆法各国改革刑事审判制度。1969 年在罗马举行的第十届国家刑法学大会,曾就此问题作出专门的决议,认为至少在重大犯罪案件中,审判程序应当分为定罪与量刑两个独立的部分。[①]

二、量刑规范化改革试点的经验与问题

(一)量刑规范化改革试点的经验

2008 年 8 月,最高人民法院确定了 4 个中级人民法院和 8 个基层人民法院进行试点。试点的结果证明,量刑规范化改革既具有必要性,也具有可行性。经报中央批准,最高人民法院决定自 2009 年 6 月 1 日起在全国范围内的 120 多家法院对上述两个文件进行试点。2009 年 12 月,根据工作的需要,课题组又起草了《新增十个罪名的量刑指导意见(试行)》,并要求一并进行试点。目前,各试点法院正在

---

① [德]克英斯·罗克辛:《德国刑事诉讼法》,台湾三民书局 1998 年版,第 517 页。

对交通肇事罪、故意伤害罪、抢劫罪、盗窃罪、强奸罪等 15 个罪名中被告人可能被判处有期徒刑的案件进行试点。

量刑规范化改革共分为三个阶段:(1)试点阶段:2009 年 6 月 1 日,最高人民法院在调研论证的基础上,在全国 120 家法院开展量刑规范化试点工作,对抢劫、盗窃、故意伤害、交通肇事、贩卖毒品五类罪名进行试点。(2)试行阶段:2010 年初,最高人民法院又增加了诈骗、强奸、抢夺、职务侵占、敲诈勒索、聚众斗殴等十类试点罪名,并决定自 2010 年 10 月 1 日起在全国法院试行。(3)全面实施阶段:2013 年 10 月 14 日,最高人民法院召开第六次全国刑事审判工作会议,认为量刑规范化改革工作经过较长时间试行,成效显著,决定从 2014 年 1 月 1 日起在全国法院全面实施,并于 2013 年 12 月 25 日出台了《最高人民法院关于常见犯罪的量刑指导意见》。[①] 在量刑改革试点方面,以江苏省最高级人民法院制定的《量刑指导规则(试行)》为例:

第一,以"线论"方法为主确定量刑基准。

江苏省高级人民法院制定的《量刑指导规则(试行)》第 9 条规定:"确立量刑基准采用以下方法:(一)非数额型的一般典型犯罪,以法定刑中段为量刑基准。法定刑幅度为单一有期徒刑的,以该幅度的二分之一为量刑基准,例如,法定刑为三年以上七年以下有期徒刑的,即以五年有期徒刑为该法定刑的量刑基准;法定刑为不同刑种的,则以中间刑种为量刑基准;法定刑仅为两种刑种的,则以两个刑种的结合点为量刑基准。但法定刑为有期徒刑三年以下的,量刑基准为有期徒刑一年;法定刑为有期徒刑五年以下的,量刑基准为有期徒刑二年。(二)数额型犯罪,以犯罪数额比对相应的法定刑幅度确定量刑基准。(三)故意杀人(情节较轻的除外)或绝对确定法定刑的,以死刑或绝对确定的法定刑为量刑基准。"

第二,以分格刑量刑方法确定量刑要素影响力。

《量刑指导规则(试行)》第 17 条规定:"应当定量分析各个量刑要素所影响的刑罚量。定量分析时,要充分考虑全案犯罪的程度和该要素本身的程度。一般情况下,可采用分格刑的方法对量刑要素进行定量分析。"第 18 条又规定:"分格刑是指在较大幅度的法定刑中,围绕量刑基准,对法定刑作二次分格,将法定刑划分为若干幅度较小的刑格。法定刑为有期徒刑三年以上的,以二年左右为一格;五年以下的,以一年左右为一格;三年以下的,以半年左右为一格;法定刑有不同刑种的,在对有期徒刑进行分格后,再将其他刑种列为一格。从轻、从重的单个量刑要素所影响的刑罚量,一般情况下为一个刑格。减轻的量刑要素所影响的刑罚量,一般情况下是下一个法定刑幅度上限的一格。特殊情况不受此限。"分格刑量刑方法的特

---

① 李晓林主编:《量刑规范化的理论与实践》,人民法院出版社 2015 年版,第 49 页。

点在于对量刑情节的功能独立评判,在量刑过程中不受量刑基准的影响,在计算方法上,只用加减法,不用乘法,因此,不再确定个案的基准刑。

第三,应当减轻量刑情节优先。

《量刑指导规则(试行)》第 21 条规定:"应当减轻量刑要素与从重或从轻量刑要素并存的,应当先予减轻,再予从重、从轻。"该规定体现了应当减轻量刑情节优先适用的精神,即通过定性分析确定减轻处罚的案件,从重、从轻情节只能在减轻处罚后的范围幅度内进行从重、从轻。

第四,对缓刑、免刑、财产刑适用作出指导性规定。

《量刑指导规则(试行)》第 23 条规定:"对于判处拘役、三年以下有期徒刑的犯罪分子,犯罪情节较轻,具有悔罪表现,适用缓刑不致再危害社会,且已落实考察、帮教措施的,可以适用缓刑。未成年人犯罪案件,对符合上述条件的,一般应当适用缓刑。"第 24 条规定:"被告人有下列情形之一的,一般不得适用缓刑:(一)犯罪造成严重后果或使国家或他人造成重大损失的;(二)毒品犯罪的再犯;(三)犯罪动机、手段等情节恶劣或者将赃款用于其他违法、犯罪活动的;(四)犯罪前一贯表现不好,受过刑事处罚或多次受行政处罚的;(五)犯罪后认罪态度、悔罪表现不好的;(六)共同犯罪中情节严重的主犯;(七)犯罪涉及的财物属于国家救灾、抢险、防汛、优抚、救济款项和物资,情节严重的;(八)无法落实考察、帮教措施的。"第 25 条规定:"对于刑法总则规定的同时具有从轻、减轻和免除处罚情节的被告人,应结合犯罪性质、量刑要素,决定是否对被告人免除处罚。对于不具有刑法总则规定的免除刑罚情节的被告人,但根据刑法第三十七条规定,认定犯罪情节轻微不需要判处刑罚的,一般应同时具有下列情形:(一)所犯罪行轻微,危害不大的;(二)无从重量刑要素的;(三)犯罪行为产生的损失已经挽回,或者积极有效抢救被害人和受损财产损失的;(四)认罪态度较好。"第 26 条规定:"对被告人判处财产刑的,应当严格依照刑法和《最高人民法院关于适用财产刑若干问题的规定》对被告人并处或者单处财产刑。判处财产刑的数额,应当与其所犯罪行和判处的主刑相适应。被告人主刑较重的,一般应当判处较重的财产刑。但应当体现罪刑相适应的原则,保持刑罚的总体平衡。"第 27 条规定:"以下列方法确定罚金的数额:(一)刑法明确规定罚金比例的,按照比例确定罚金的数额。(二)刑法没有规定罚金比例的,应按罪行的轻重确定罚金数额。罚金最低不得少于人民币 1000 元,未成年人犯罪的罚金最低不得少于 500 元。(三)有犯罪数额的,按 1000 元至犯罪数额的二倍判处罚金。(四)犯罪性质特别严重或从重量刑要素居多,有犯罪数额的,按犯罪数额的 1 至 5倍判处罚金。(五)确无经济能力的,可判处相对较少的罚金数额。(六)有数个罚金刑的,按相加的原则并罚。(七)并处罚金的,一般应按上述标准的上限判处。"第28 条规定:"在对被告人单处或附加剥夺政治权利时,既要考虑被告人从重的量刑因素,也应当考虑其从轻、减轻量刑要素。除主刑为死刑和无期徒刑的以外,如被告人具有法定从轻、减轻量刑要素的，对被告人判处的剥夺政治权利的期限可以相应缩短。对于危害国家安全的犯罪分子应当附加剥夺政治权利的，主刑为十年以上的有期徒刑的，一般可剥夺政治权利三年以上；主刑为十年以下五年以上有期徒刑的，一般可剥夺政治权利三年以下。"

在实践中，上述规定具有较强的指导作用，但仍有很大的细化空间。

第五，规定改判案件标注。

《量刑指导规则（试行）》第 31 条规定："原审判决有下列情形之一的，二审、再审法院可以依法改判：（一）超越法定刑的；（二）虽在法定刑幅度内量刑，但过度适用量刑要素而致量刑明显偏重或明显偏轻的；（三）一审法院对足以影响量刑的要素未予认定，二审通过审理后认为应当认定的；（四）二审中发现新的对量刑有重大影响的量刑要素的；（五）二审改变一审认定的事实，导致量刑要素发生改变的。"[①]

（二）量刑规范化改革试点的问题

量刑规范化改革试点工作积极有序地向前推进，取得了扎实成效，但我们也发现一些问题。

1. 量刑情节的调查取证尚需进一步到位

目前审判实践中经常遇到的问题是，有些重要的量刑情节、证据、办案单位没有调取或明确说明，侦查人员在侦查过程中，往往只注重于收集定罪证据，而对有关量刑情节的证据缺乏足够的重视，调查取证工作很不到位，特别突出的问题是关于酌定量刑情节的调查取证问题。此外，在故意伤害案件的法医鉴定中，被害人的伤害可能有多处，而公安机关一般只委托鉴定机构作轻伤和重伤的鉴定，对被害人还存在着多处轻微伤和多处轻伤的情况，往往不能一一对应地作出鉴定意见，难以更细致、科学地反映被告人的主观恶性。再者，未成年犯罪嫌疑人犯罪前的一贯表现及家庭情况，被告人是否因生活、学习、治病急需而犯罪，被告人的赔偿能力等酌定量刑情节的取证工作，在客观上就存在不少的困难，而这些情节对于被告人的量刑又往往具有重要的影响。同时，侦查机关在案件来源和侦破过程方面往往表述笼统，法院难以确定办案单位究竟掌握了多少线索，也就难以确定当事人有无自首和坦白情节，导致重要的量刑事实难以查清，使被告人对判决不满，不利于息诉服判，也不利于分化和瓦解犯罪。

2. 量刑建议权的行使尚需进一步规范

公诉机关行使量刑建议权是量刑改革的焦点问题之一，量刑建议权是公诉权的一个组成部分，是公诉机关就个案中被告人的量刑问题所提出的主张。在调研中我们发现，量刑建议权对检察院来说也是一个全新的工作，需要一个逐步摸索的

[①] 汤建国、吴晓蓉：《中国规范量刑指引》，中国人民公安大学出版社 2011 年版，第 8 页。

过程。"轻提重判"不利于法院的服判息诉工作,会导致被告人对刑事判决部分提起上诉,增加上诉率;"重提轻判"会导致被害人或被害人家属的不满,造成被害人申请检察机关抗诉或者引发上访、信访问题。因此,量刑建议提出的时机、幅度、范围有待检察院和法院进一步研究,形成共识,如检法对个案认识大相径庭,则不利于案件达到较好的最终处理效果。

3. 被告人辩护权的行使尚需进一步保障

辩护权是被告人的一项非常重要的诉讼权利,对法院准确定罪、适当量刑具有重要意义。在规范化量刑过程中,被告人的辩护权行使存在两方面障碍:一是被告人自我辩护意识和辩护能力相对较弱,而监护人或其家属受经济实力制约未聘请律师,存在法律援助不到位的问题;二是适用建议程序审理的案件,公诉人为了提高诉讼效率,节约司法资源,一般不出庭,而大量案件的被告人也因此并未委托辩护人,这也导致很多案件的量刑辩论无法进行。此外,辩护人对量刑规范化相关内容准备不足,法庭审理中量刑程序对抗性不足、控辩不对等,导致被告人的辩护权不能充分行使,甚至丧失了明确表达意愿的机会,不利于保护被告人的合法权益。

4. 立法及指导意见尚需不断完善

2010 年,最高人民检察院颁布了《人民检察院开展量刑建议工作的指导意见(试行)》(以下简称《量刑建议指导意见》),最高人民法院颁布了《人民法院量刑指导意见(试行)》(以下简称《量刑指导意见》),最高人民法院、最高人民检察院、公安部、国家安全部、司法部联合颁布《关于规范量刑程序若干问题的意见》(以下简称《量刑程序意见》)。这些意见均对量刑程序,尤其是量刑建议制度进行了明确的规定,但新刑事诉讼法仍未对其予以明确规定,只是在两高出台的司法解释中有所着墨。最高司法者仍将量刑规范化改革视为打开量刑暗箱的一把"金钥匙",但其以"指导意见"的方式出现,明显存在效力不足,在实施过程中也都有折扣。[①] 另外,一些基层法院反映,在审判实践中,对犯罪情节较轻的初犯、偶犯,根据刑法规定可以适用管制和单位罚金。而根据量刑规范化指导意见,对被告人最低只能判处拘役,各罪名均未对管制和单处罚金的适用作出明确规定,这样不能充分体现罪刑相适应的原则,也使得刑法条文出现空子。此外,量刑规范化指导意见对于缓刑和免予刑事处罚的规定也有失宽泛,难以有效操作,导致非监禁刑的适用存在控制问题。

《量刑指导意见》主要是针对成年被告人而作出的规定,缺少针对未成年被告人的相应规定,而未成年人在生理、心理等方面与成年人有很大不同,行为的社会危害性也存在较大差异,因此根据现有的量刑规则对未成年人适用刑罚,很难实现罪责刑相适应,量刑规范与未成年人适用刑罚审理程序尚须有效衔接。特别是

---

① 孙春雨、李斌:《量刑规范化改革的现状与出路》,载《国家检察官学院学报》2013 年第 5 期。

2011年5月1日开始实施的《刑法修正案（八）》对多个量刑规范化罪名的情节及法定刑进行了修订，如盗窃罪、携带凶器盗窃、扒窃等情节增加为构成要件，尽管现行的《关于常见犯罪的量刑指导意见》已经根据《刑法修正案（八）》的规定作出相应的修改，但各地还没有及时进行相应的修改完善，这就给实践中的量刑工作带来了不少困难和问题，希望最高人民法院在全国范围内及时给予有力指导，确保各地的实施细则不断完善。

5. 各地量刑规范化进展不够平衡

调研发现一些法院的法官业务素质存在差异，对量刑规范化的认识也不够深刻。有的法院与当地政法部门的配合有待进一步加强，不能及时协调解决改革过程中遇到的重大问题和带有普遍性的问题。有的法院量刑规范化的数据统计不够完善。有的法院对量刑规范化的业务培训和对外宣传工作的开展不是很到位等等。[1]

三、以审判为中心的量刑改革的未来出路

1. 量刑改革需要加强量刑阶段的控辩平衡

中共十八届四中全会《关于全面推进依法治国若干重大问题的决定》明确要求："推进以审判为中心的诉讼制度改革，目的是促使办案人员树立办案必须经得起法律检验的理念，确保侦查、审查起诉的案件事实经得起法律检验，保证庭审在查明事实、认定证据、保护诉权、公正裁判中发挥决定性作用。这项改革有利于促使办案人员增强责任意识，保障控辩双方都能够在庭审中充分发挥作用，通过法庭审判的程序公正实现案件的实体公正，有效防止冤假错案产生。"[2]在我国刑事司法中，审判的主要职能是实体性的定罪量刑和庭审中的部分程序行为。但定罪问题常常占据整个法庭审判活动的中心位置，且量刑建议被检察院所左右，辩护方无论在定罪还是量刑辩护方面都被严重边缘化。《关于推进以审判为中心的刑事诉讼制度改革的意见》第13条规定："完善法庭辩论规则，确保控辩意见发表在法庭。法庭辩论应当围绕定罪、量刑分别进行，对被告人认罪的案件，主要围绕量刑进行。法庭应当充分听取控辩双方意见，依法保障被告人及其辩护人的辩论辩护权。"这些都强调控辩平衡，充分发挥辩护方在庭审量刑方面的功能，未来的量刑改革必须加强和突出辩护方的作用。

2. 关注量刑证据和量刑规范，保证法院量刑适当

长期以来，公安、检察机关侦查、起诉犯罪，重点在定罪而不在量刑。搜集证据时，有时会忽略对不影响定罪，只影响量刑的证据，即所谓"单纯的量刑证据"的搜

---

① 李晓林主编：《量刑规范化的理论与实践》，人民法院出版社2015年版，第69~71页。

② 张建伟：《以审判为中心的认识误区与实践难点》，载《国家检察官学院学报》2016年第1期。

集。而这种忽略,使法院审判难以充分实现定罪准确、量刑适当的要求。有时,法院不得不进行职权调查,以查清影响量刑的全部情节,但因其非侦查机关,职权调查能力有限,且容易逾越法院职守的合理边界。在"以审判为中心"的观念和制度之下,侦查、控诉机关应加强量刑证据搜集,以保证法院量刑适当。同时,检查机关还应当注意学习掌握法院的量刑规范。近年来,法院系统的量刑规范化改革取得长足进步,普遍适用的常见犯罪量刑规范适用于法院量刑,因此不注意按照量刑规范的要求提出量刑建议,而是凭感觉,计大概,导致一些量刑建议脱离量刑规范,甚至控方求刑低于量刑规范最低要求,增加了法院量刑和教育被告人认罪伏法的难度。在实现"以审判为中心"的诉讼制度改革和司法运行过程中,检察官求刑,应更加注意参照法院量刑规范,以保证和促进法院准确量刑。①

3. 关于量刑程序和量刑规范化

"量刑的保障远不及审判的保障,许多诉讼权利和程序都不适用于量刑"②以庭审为中心,不仅要实现定刑程序的实质化,更要追求量刑的实质化,要将量刑纳入法庭审理。构建相对独立于定罪的公开、公正的量刑程序,并与实体上的量刑规范化改革结合起来协同推进。虽然修改后的《刑事诉讼法》第 193 条规定,"对于定罪、量刑有关的事实、证据都应当进行调查、辩论",明确了量刑在庭审程序中的重要性,但现阶段的庭审仍然以法庭调查和法庭辩论进行阶段性划分,量刑在程序上附属于定罪的实际情况上没有多大改观,实践中量刑调查和辩论多流于形式,甚至可有可无,量刑规范化所要求的定罪量刑分析与定性分析根本无法形成于法庭上,在有罪与否无法先行确定的情况下,辩护律师经常陷入先作无罪辩护、后作罪轻辩护的矛盾局面。随着刑事程序繁简分流改革的深入,量刑的程序价值得以凸显,简易程序适用的前提是被告人自愿认罪,关于定罪的法庭调查与辩论得以简化,量刑的地位更加重要,而且未来人民陪审员退出法律适用机制后,量刑程序对规范化限制法官的自由裁量权更具现实意义。必须进一步增强量刑程序的独立性与实质性,但由于我国审判组织不具有二元化的形态,以认罪与不认罪为区分标准的程序分流机制仍不成熟,简易程序中的法庭调查仍不能完全省略,使定罪与量刑完全分离会降低审判效率,是不可取的。当前要着力保证控辩双方能够充分发表答辩意见,法官对量刑理由与根据以及刑期的计算方法应当庭作出适度阐明,并充分考虑控辩双方的意见综合作出量刑裁决。量刑调查制度、案例指导制度等配套性措施以及相应的程序性制裁机制也应当尽快建立。③

---

① 龙宗智:《"以审判为中心"的改革及其限度》,载《中外法学》2015 年第 4 期。

② [美]约书亚·德雷斯勒、[美]艾伦·C.迈克尔斯:《美国刑事诉讼法精解(第二卷·刑事审判)》,魏晓娜译,北京大学出版社 2009 年版,第 322 页。

③ 卫跃宁、宋振策:《论庭审实质化》,载《国家检察官学院学报》2015 年第 6 期。

第九章

死刑复核制度

死刑复核制度是指人民法院对判处死刑的案件进行复审核准的特别审判制度,包括对判处死刑立即执行案件的复核制度和对判处死刑缓期二年执行案件的复核制度。基于死刑刑罚的严酷性,正确适用死刑、谨慎适用死刑一直是我国非常重要的一项刑事司法政策。为确保死刑案件办案质量,统一死刑适用尺度,控制死刑适用数量,我国《刑事诉讼法》专门规定了单独适用于死刑案件的死刑复核制度。就死刑案件而言,除了经过一审程序、二审程序之外,还必须经过死刑复核程序(最高人民法院判决的除外),经核准后其死刑判决才能生效交付执行。

第一节 改革开放 40 年来死刑复核制度的变迁

改革开放 40 年来,我国死刑复核制度经历了从恢复确立、发展变动到逐步完善的跌宕进程。随着最高人民法院对死刑案件核准权的最终收回,我国死刑复核制度在加强人权保障、提升程序正当性以及限制死刑适用等方面取得了积极进展。

一、死刑复核制度恢复确立:1979 年刑事诉讼法

我国 1954 年《宪法》和《人民法院组织法》就死刑复核制度作出规定。但随着"文化大革命"的爆发,社会三义法制遭到严重践踏和破坏,死刑复核制度名存实

亡。1979 年 7 月 1 日第五届全国人大第二次会议通过了《中华人民共和国刑事诉讼法》，该法第三编第四章对"死刑复核程序"作了专章规定，以基本法律的形式规定了死刑复核制度。

1979 年《刑事诉讼法》有关死刑复核制度的规定包括 4 个法条。其中，第 144 条规定："死刑由最高人民法院核准。"第 145 条规定："中级人民法院判处死刑的第一审案件，被告人不上诉的，应由高级人民法院复核后，报请最高人民法院核准。高级人民法院不同意判处死刑的，可以提审或者发回重新审判。高级人民法院判处死刑的第一审案件被告人不上诉的，和判处死刑的第二审案件，都应当报请最高人民法院核准。"第 146 条规定："中级人民法院判处死刑缓期二年执行的案件，由高级人民法院核准。"第 147 条规定："最高人民法院复核死刑案件，高级人民法院复核死刑缓期执行的案件，应当由审判员三人组成合议庭进行。"

这四个法条所确立的死刑复核制度主要包含以下几方面内容：其一，死刑案件核准权的行使主体是最高人民法院。1979 年《刑事诉讼法》第 144 条首次以基本法律的形式肯定了死刑核准权的行使主体是最高人民法院，改变了 1954 年《人民法院组织法》有关死刑案件核准权由高级人民法院和最高人民法院共同行使的规定。该条规定也体现了对 1957 年 7 月 15 日第一届全国人民代表大会第四次会议作出的"今后一切死刑案件，都由最高人民法院判决或者核准"规定精神的延续。其二，确立了死刑案件报请核准的基本方式。根据 1979 年《刑事诉讼法》第 145 条规定，死刑案件的核准实行逐级报请的方式。具体分为两类情形，一种情形是中级人民法院判处死刑的第一审案件，被告人不上诉的，应由高级人民法院复核后，再报请最高人民法院核准；如果高级人民法院不同意判处死刑的，则可以提审或者发回重新审判。另一种情形是高级人民法院判处死刑的第一审案件被告人不上诉的，和判处死刑的第二审案件，都应当报请最高人民法院核准。其三，明确了判处死刑缓期二年执行案件的复核由高级人民法院行使核准权。这也是继最高人民法院 1958 年作出将死刑立即执行与死刑缓期二年执行案件的核准权相区别、分别由最高人民法院和高级人民法院行使的决定以来，首次以基本法律的形式明确了这种核准权的划分。其四，规定了死刑复核案件的审判组织。1979 年《刑事诉讼法》第 147 条明确了死刑复核案件的审判组织为合议庭，在合议庭的组成人员和人数方面要求由审判员三人组成合议庭。总体而言，1979 年《刑事诉讼法》在新中国成立以来的相关规定与做法的基础上，确立了死刑复核制度的基本框架，明确了核准权配置、报请方式、审判组织等基础内容，为死刑复核制度的实际运作提供了基本法律依据。但与此同时，1979 年《刑事诉讼法》有关死刑复核制度的规定仍较原则、笼统，对具体的报请程序、复核内容与方式、裁判方式及具体程序等问题均未作出规定。而且，在具体的法条表述方面也存在不周延之处。例如 1979 年《刑事诉讼法》第 145 条有关"中级人民法院判处死刑的第一审案件，被告人不上诉的，应由高级人民法院复核后,报请最高人民法院核准"情形的规定,显然遗漏了"人民检察院不抗诉"这一条件。

二、死刑复核制度的变动:1980 年以来核准权多次下放

1979 年《刑事诉讼法》实施以来,由于社会治安状况的变化,全国人民代表大会及其常务委员会多次作出特别决定,将部分死刑案件的核准权下放至高级人民法院。

1980 年 2 月 12 日,鉴于当时大、中城市治安形势严峻,恶性刑事案件数量上升,第五届全国人民代表大会常务委员会第十三次会议决定,在 1980 年内对现行的杀人、强奸、抢劫、放火等犯有严重罪行应当判处死刑的案件,最高人民法院可以授权省、自治区、直辖市高级人民法院核准。

1981 年 6 月 10 日,第五届全国人民代表大会常务委员会第十九次会议通过了《关于死刑案件核准权问题的决定》,规定:"一、在 1981 年至 1983 年内,对犯有杀人、强奸、抢劫、爆炸、放火、投毒、决水和破坏交通、电力等设备的罪行,由省、自治区、直辖市高级人民法院终审判处死刑的,或者中级人民法院一审判处死刑,被告人不上诉,经高级人民法院核准的,以及高级人民法院一审判决死刑,被告人不上诉的,都不必报最高人民法院核准。二、对反革命和贪污犯等判处死刑,仍然按照'刑事诉讼法'关于'死刑复核程序'的规定,由最高人民法院核准。"

1983 年 9 月 2 日,第六届全国人民代表大会常务委员会第二次会议通过了《关于修改〈中华人民共和国人民法院组织法〉的决定》,将该法第 13 条修改为"死刑案件除由最高人民法院判决的以外,应当报请最高人民法院核准。杀人、强奸、抢劫、爆炸以及其他严重危害公共安全和社会治安判处死刑的案件的核准权,最高人民法院在必要的时候,得授权省、自治区、直辖市的高级人民法院行使"。据此,最高人民法院于 1983 年 9 月 7 日发布了《关于授权高级人民法院核准部分死刑案件的通知》,规定为了及时严惩严重危害公共安全和社会治安的罪大恶极的刑事犯罪分子,除由最高人民法院判决的死刑案件外,各地对反革命案件和贪污等严重经济犯罪案件(包括受贿案件、走私案件、投机倒把案件、贩毒案件、盗运珍贵文物出口案件)判处死刑的,仍应由高级人民法院复核同意后,报最高人民法院核准;对杀人、强奸、抢劫、爆炸以及其他严重危害公共安全和社会治安判处死刑的案件的核准权,最高人民法院依法授权由各个省、自治区、直辖市高级人民法院和解放军军事法院行使。此后,随着毒品犯罪迅猛发展,最高人民法院分别在 1991 年 6 月 6 日、1993 年 8 月 18 日、1996 年 3 月 19 日及 1997 年 6 月 23 日,以通知的形式授予云南、广东、广西、四川、甘肃和贵州等六个省、自治区的高级人民法院行使对毒品犯罪死刑案件的核准权,但最高人民法院判决的和涉外的毒品犯罪死刑案件除外。

1996 年 3 月 17 日第八届全国人民代表大会第四次会议通过了《关于修改〈中

华人民共和国刑事诉讼法〉的决定》,对原来的刑事诉讼法进行了修改和完善。在这次修改中,有关死刑复核程序的规定并未改变,仍然规定死刑立即执行案件由最高人民法院核准,死刑缓期二年执行案件由高级人民法院核准。同时,第八届全国人民代表大会第五次会议对《中华人民共和国刑法》作了修订,修订后的《刑法》仍规定"死刑除依法由最高人民法院判决的以外,都应当报请最高人民法院核准"。但是,《人民法院组织法》第 13 条规定的内容并未修改,也未废止。

鉴于治安形势仍较严峻以及及时打击严重刑事犯罪的需要,最高人民法院于1997 年 9 月 26 日发布了《关于授权高级人民法院和解放军军事法院核准部分死刑案件的通知》,继续延续将部分死刑案件核准权下放的做法。该通知规定:"自1997 年 10 月 1 日修订后的刑法正式实施之日起,除本院判处的死刑案件外,各地对刑法分则第一章规定的危害国家安全罪,第三章规定的破坏社会主义市场经济秩序罪,第八章规定的贪污贿赂罪判处死刑的案件,高级人民法院、解放军军事法院二审或复核同意后,仍应报最高人民法院核准。对刑法分则第二章、第四章、第五章、第六章(毒品犯罪除外)、第七章、第十章规定的犯罪,判处死刑的案件(本院判决的和涉外的除外)的核准权,本院依据《中华人民共和国人民法院组织法》第13 条的规定,仍授权由各省、自治区、直辖市高级人民法院和解放军军事法院行使。但涉港澳台死刑案件在一审宣判前仍需报本院内核。对于毒品犯罪死刑案件,除已获得授权的高级人民法院可以行使部分死刑案件核准权外,其他高级人民法院和解放军军事法院在二审或复核同意后,仍应报本院核准。"此外,最高人民法院 1998 年 9 月 2 日公布的《关于执行〈中华人民共和国刑事诉讼法〉若干问题的解释》(以下简称最高人民法院 1998 年《解释》)第 274 条规定:"死刑由最高人民法院核准,但依法授权高级人民法院核准的除外。因人民检察院提出抗诉而由人民法院按照第二审程序改判死刑的案件,应当报请最高人民法院核准。"此后近 10 年,部分死刑案件核准权下放的状态一直持续。

从 1980 年以来的犯罪形势和社会治安环境来说,死刑核准权下放具有一定积极意义,体现了我国立法原则性与灵活性相结合的精神,有助于实现从重从快打击犯罪的目标,但与此同时也带来了显著的问题:第一,使得相关法律规定互相冲突。我国《刑事诉讼法》和《刑法》均规定由最高人民法院行使死刑核准权,但《人民法院组织法》、全国人大常委会有关决定以及最高人民法院相关司法解释却规定死刑核准权可以授权高级人民法院行使,由此产生了法律规定相互冲突的问题,不利于维护法制的统一性。第二,使得死刑适用标准不一致。死刑核准权部分下放后,对于杀人、强奸、抢劫、爆炸以及其他严重危害公共安全和社会治安判处死刑的案件来说,会出现各个高级人民法院是否在核准时标准不一、尺度不同的问题;对于因毒品犯罪判处死刑的案件来说,则会出现由云南、广东、广西、四川、甘肃和贵州高级人民法院行使核准权,与发生在其他省份而由最高人民法院行使核准权时的标准不一致的问题。核准权下放导致的死刑适用上标准不同、宽严不一的问题,不仅不利于人权保障、社会和谐,也对司法权威和公信力产生了负面影响。第三,使得大部分死刑案件的死刑复核程序名存实亡。在死刑案件核准权下放的情况下,通常作为死刑案件二审法院的高级人民法院同时又是该案件的死刑复核法院。如果高级人民法院二审维持原判,一般不会单独再进行死刑复核,而是在裁定上加上一句"根据最高人民法院授权高级人民法院核准部分死刑案件的规定,本裁定为核准死刑的裁定",这就使得多数情况下死刑复核程序因与二审合二为一而处于名存实亡的状态。

三、死刑复核制度的重大进步:2007 年最高人民法院全面收回核准权

鉴于死刑核准权下放产生的诸多问题,学术界围绕此展开了广泛的讨论,认为最高人民法院应当收回死刑核准权的观点成为学界高度一致的观点。在政治社会背景方面,党的十六大以来相继提出了"推进司法体制改革""构建社会主义和谐社会"等新的执政理念,"依法治国"基本方略与"国家尊重和保障人权"条款被写入宪法。这些都为死刑核准权的收回奠定了必要基础。2003 年 5 月 8 日,中央司法体制改革小组成立。2004 年初,最高人民法院、最高人民检察院、公安部、司法部都向中央递交了各自的司法体制改革报告;中央在一段时期后作出批复,排在第一位的改革就是死刑核准权的收回。[1]

最高人民法院从思想理念、法律制度、组织建设、物质装备等方面,为统一行使死刑案件核准权做了充分准备。最高人民法院增配了两名分管刑事审判工作的副院长,两名专司刑事审判工作的专职审判委员会委员;分两期培训了全国高、中级人民法院院长、副院长和刑庭庭长 600 余人。[2] 2005 年 10 月,最高人民法院发布的《人民法院第二个五年改革纲要》明确提出:"改革和完善死刑复核程序。落实有关法律的规定和中央关于司法体制改革的部署,由最高人民法院统一行使死刑核准权,并制定死刑复核程序的司法解释。"2005 年下半年,最高人民法院在原来两个刑庭的基础上新增加了 3 个刑庭,从原有的两个刑庭抽调了部分工作人员,从各地法院、法律院校和律师界中选调了 3 批优秀的刑事审判干部,从各高校新招录了一批本科生、研究生,完成了死刑复核法官队伍的组建工作。[3] 2005 年 12 月 7 日,最高人民法院发布《关于进一步做好死刑第二审案件开庭审理工作的通知》。2006

---

① 杨中旭:《从人治走向法治 中国死刑复核下放的 27 年长路》,载《中国新闻周刊》2007 年第 1 期。

② 李蒙:《死刑复核权经历了几次下放与收回?》,载《民主与法制》2016 年第 39 期。

③ 《最高人民法院解答收回死刑核准权的十大细节问题》,http://www.cnr.cn/news/200612/t20061229_504364663.shtml,下载日期:2018 年 5 月 17 日。

年 9 月,最高人民法院与最高人民检察院联合颁布了《关于死刑第二审案件开庭审理程序若干问题的规定(试行)》,进一步规范了死刑二审案件开庭的审理程序。

2006 年 9 月 29 日,最高人民法院将关于提请审议《人民法院组织法》修正案草案的议案提交第十届全国人大常委会第 24 次会议;10 月 27 日,全国人大常委会开始审议这一修正案草案,并于 10 月 31 日表决通过了关于修改《人民法院组织法》的决定,将《人民法院组织法》第 13 条修改为:"死刑除依法由最高人民法院判决的以外,应当报请最高人民法院核准。"该决定自 2007 年 1 月 1 日起施行。

2006 年 12 月 13 日,最高人民法院审判委员会召开第 1409 次会议,讨论通过了《最高人民法院关于统一行使死刑案件核准权有关问题的决定》。根据这一决定,2007 年 1 月 1 日起,最高人民法院过去关于授权高级人民法院和解放军军事法院核准部分死刑案件的通知,一律予以废止。也就是说,从 2007 年 1 月 1 日开始,死刑除依法由最高人民法院判决的以外,各高级人民法院和解放军军事法院依法判决和裁定的死刑立即执行案件,应当报请最高人民法院核准。至此,下放 27 年的死刑核准权正式收回最高人民法院。

死刑核准权收回最高人民法院统一行使,是我国法治建设与司法改革进程中的一项重大进步。"死刑是剥夺犯罪分子生命的最严厉的刑罚。中央决定将死刑案件核准权统一收归最高人民法院行使,是构建社会主义和谐社会,落实依法治国基本方略,尊重和保障人权的重大举措,有利于维护社会政治稳定,有利于国家法制统一,有利于从制度上保证死刑裁判的慎重和公正,对于保障在全社会实现公平和正义,巩固人民民主专政的政权,全面建设小康社会,具有十分重要的意义。"① 与此同时,死刑核准权的收回,对我国刑事程序法治完善也有非常积极的意义,不仅推动了我国死刑复核程序的诉讼化改造,也极大地促进了整个刑事诉讼制度尤其是审判程序、辩护制度、证据制度的改革完善。

四、死刑复核制度的不断完善:2012 年刑事诉讼法修改

最高人民法院收回死刑核准权之后,为确保死刑案件办案质量出台了一系列规范性文件。例如,2007 年 1 月,最高人民法院出台了《关于复核死刑案件若干问题的规定》;2007 年 3 月,最高人民法院、最高人民检察院、公安部、司法部联合制定《关于进一步严格依法办案确保办理死刑案件质量的意见》;2008 年 5 月,最高人民法院、司法部共同颁布了《关于充分保障律师依法履行辩护职责确保死刑案件办理质量的若干规定》;2010 年 6 月,最高人民法院颁布了《关于办理死刑案件审

---

① 2007 年 3 月,最高人民法院、最高人民检察院、公安部、司法部联合制定的《关于进一步严格依法办案确保办理死刑案件质量的意见》第 1 条。

查判断证据若干问题的规定》等。这些规范性文件的出台,进一步明确了死刑复核的裁判方式、具体程序以及辩护权行使等内容,为 2012 年《刑事诉讼法》修改中死刑复核制度的进一步改革完善奠定了基础。

2012 年 3 月 14 日,第十一届全国人民代表大会第五次会议审议通过了《全国人民代表大会关于修改〈中华人民共和国刑事诉讼法〉的决定》。在 2007 年以来死刑复核制度多项改革措施的基础上,2012 年《刑事诉讼法》对死刑复核制度作了以下三点修改:其一,明确规定了最高人民法院复核死刑案件的裁判方式。2012 年《刑事诉讼法》第 239 条规定:"最高人民法院复核死刑案件,应当作出核准或者不核准死刑的裁定。对于不核准死刑的,最高人民法院可以发回重新审判或者予以改判。"其二,增加规定了最高人民法院复核死刑案件的具体程序。2012 年《刑事诉讼法》第 240 条第 1 款规定:"最高人民法院复核死刑案件,应当讯问被告人,辩护律师提出要求的,应当听取辩护律师的意见。"其三,增加规定了最高人民检察院在死刑复核程序中的介入。2012 年《刑事诉讼法》第 240 条第 2 款规定:"在复核死刑案件过程中,最高人民检察院可以向最高人民法院提出意见。最高人民法院应当将死刑复核结果通报最高人民检察院。"

通过 2012 年《刑事诉讼法》的修改,死刑复核程序一章增加至 6 个条文,内容涵盖死刑立即执行和死刑缓期二年执行核准权主体、死刑复核案件的报请程序、死刑复核案件的裁判方式、死刑复核案件的具体程序、最高人民检察院在死刑复核程序中的介入等方面。较之修改前,死刑复核制度的相关立法规定更趋完整,能更好地满足死刑复核案件司法实践的需求。

第二节　死刑复核具体程序

一、死刑复核具体程序概述

死刑复核制度的具体程序如何构建,取决于死刑复核程序的性质定位问题。在很大程度上,我国死刑复核制度改革的方向,亦是由死刑复核程序的性质与功能定位所决定的。

从学术研究的角度来看,关于我国死刑复核程序的性质定位,学界有着不同的观点。第一种观点认为,死刑复核程序是法院内部对于死刑案件的一种内部审批程序,"死刑复核的本质是'核'不是'审','核准'的性质更接近于'批准',有点类似于政府对重大项目的审批,因此,不能按照独立审级的模式来把握复核程序,而应当按照审判的思路设计复核程序"①。第二种观点认为,"死刑复核程序是刑事诉讼上的一种特殊制度。它既有别于第一审程序和第二审程序,又不是一种所谓的行政复核程序……是最高人民法院对死刑进行监督的一种程序"②;"死刑复核程序是一种特殊的审判程序,应当使控辩双方积极参与到诉讼中来,但不能像普通程序一样全部开庭审理"③;"死刑复核程序应定位为一种复查核准的救济程序,它虽属于审判程序,但它又不是一般意义上的审判程序,它是一种特殊的审判程序,其任务是复查、核准"④。依据该观点,死刑复核程序是一种特殊的审判程序,无须采用诉讼化的格局,可以采用书面审理的方式,但需要兼听控辩双方对原判的不同意见。第三种观点认为,死刑复核程序应定位为纯粹的审判程序,应当以诉讼的方式进行死刑复核。⑤ 类似的观点还认为,最高人民法院在收回死刑复核案件核准权后,应当对死刑复核程序进行司法化改造,即总体上废除现有的死刑复核程序,建立独立的刑事案件三审程序。⑥ 第四种观点认为,我国的死刑复核程序既不宜定位为纯审判程序性质,也不宜定位为纯行政性程序,而更适宜定位为混合型程序。在这种混合型程序中,以控辩双方有无异议为标准采用不同的启动方式、复核方式,无异议的案件仍以终审法院主动报核的方式启动程序,采用书面审理;控辩双方有异议的案件,则以异议方提请复核的方式启动程序,采用诉讼化的程序进行复核,必须开庭审理。⑦ 上述各种观点,从不同角度对我国死刑复核程序的性质定位进行了探讨。其中,第一种、第二种观点偏重于从实然角度对死刑复核程序进行界定,具有较强操作性,但有过于迁就实际情况之嫌;第三种观点偏重于从应然角度分析,具有一定理想化色彩,实际操作性有所欠缺;第四种观点采用了相对折中的态度,力图兼顾程序正义与我国司法体制的现实。总体而言,学界在死刑复核程序性质定位问题上,既认识到了采用纯行政审批方式进行复核的弊端,也认识到了完全采用诉讼化方式进行复核在诉讼效率等方面可能面临的问题。

从立法与司法实践的情况来看,我国死刑复核程序长期以来采用的是行政化的内部审批方式。一方面,死刑复核程序的启动采取的是自动报核的方式,只要是法律规定范围内的死刑案件,经过一审审理后被告人不上诉、检察院不抗诉或者经过二审审理之后,均采取由下级法院主动报请上级法院复核、核准的方式,也就是

① 胡云腾:《论死刑适用兼论死刑复核程序的完善》,载《人民司法》2004 年第 2 期。
② 周道鸾:《关于完善死刑复核程序的几个问题》,载《法学杂志》2006 年第 3 期。
③ 陈光中、严端主编:《中华人民共和国刑事诉讼法修改建议稿与论证》,中国方正出版社 1995年版,第 59 页。
④ 樊崇义:《死刑复核程序的性质定位和运作》,载《人民法院报》2007 年 3 月 27 日。
⑤ 罗智勇:《死刑复核应当以诉讼的方式进行》,载《法学杂志》2006 年第 4 期。
⑥ 陈卫东、刘计划:《死刑案件实行三审终审制改造的构想》,载《现代法学》2004 年第 4 期。
⑦ 谢佑平:《死刑复核程序:理论思考与立法构想》,载《法学论坛》2006 年第 2 期。

自动适用死刑复核程序而无须控辩双方提出相应的申请。这种自动报核的方式，显然同第一审、第二审程序的启动有很大区别。另一方面，对死刑案件的复核采用书面审方式。在我国 1996 年《刑事诉讼法》、最高人民法院 1998 年《解释》以及《关于复核死刑案件若干问题的规定》有关死刑复核程序的规定中，除了要求由审判员三人组成合议庭进行以及高级人民法院复核或核准死刑（死刑缓期二年执行）案件必须提审被告人之外，并未对最高人民法院、高级人民法院复核死刑案件提出其他诉讼化的程序要求。在这种书面审方式下，下级法院在报请死刑复核时需报送报请复核的报告，第一、二审裁判文书，死刑案件综合报告以及案件的全部案卷、证据。在这些报请复核的书面材料基础上，复核法院的合议庭成员通过全面审阅案件卷宗了解案件的事实、证据、程序以及法律适用等情况，最后写出书面的审查报告和处理意见，并不需要开庭进行审理，也不需要听取控辩双方特别是辩护方的意见。从实践情况看，这种书面审方式有其合理性，因为"死刑复核程序的主要功能是确保死刑适用标准的统一，为死刑的适用最后把关，并非两审终审制度中的一个审级"，"如果都要求开庭审理，显然不利于诉讼效率，而且也不现实"。[①] 但与此同时，这种书面、秘密、由法院单方进行的死刑复核程序，不吸收检察院以及被告人、辩护人等的参与，有违程序参与等程序公正的基本要求，不利于保障被告人的辩护权，也不利于彻底发现错误，特别是事实上的错误。

鉴于单纯书面审方式的弊端，我国 2012 年《刑事诉讼法》在保留不开庭审理做法的基础上对死刑复核程序进行了必要的诉讼化改造：一方面，明确规定最高人民法院复核死刑案件应当讯问被告人，辩护律师提出要求的，应当听取辩护律师的意见；[②]另一方面，规定在死刑复核案件过程中，最高人民检察院可以向最高人民法院提出意见，最高人民法院应当将案件复核结果通报最高人民检察院。2012 年《刑事诉讼法》的上述修改，使得原来完全封闭的、带有浓重行政审批色彩的死刑复核程序转变为有控辩双方适度介入的模式，实现了死刑复核程序的适度诉讼化，不仅有利于更好地保证死刑复核案件的质量，也显著提升了程序的正当性，是我国刑事诉讼制度的一大进步。但遗憾的是，2012 年《刑事诉讼法》有关死刑复核具体程序的规定仍较笼统、模糊，对死刑复核程序的诉讼化改造也并未完全到位。例如，

---

① 陈光中主编：《〈中华人民共和国刑事诉讼法〉修改条文释义与点评》，人民法院出版社 2012 年版，第 332 页。

② 最高人民法院、最高人民检察院、公安部、司法部 2007 年 3 月 9 日联合发布的《关于进一步严格依法办案确保办理死刑案件质量的意见》第 42 条规定："高级人民法院复核死刑案件，应当讯问被告人。最高人民法院复核死刑案件，原则上应当讯问被告人"；第 40 条规定："死刑案件复核期间，被告人委托的辩护人提出听取意见要求的，应当听取辩护人的意见，并制作笔录附卷。辩护人提出书面意见的，应当附卷"。该司法解释的上述规定，为 2012 年《刑事诉讼法》修改相应条文奠定了基础。

并未明确法律援助制度是否适用于死刑复核程序,有关"最高人民法院应当将死刑复核结果通报最高人民检察院"的规定内涵较模糊,不利于实践具体操作等。

二、死刑复核中的讯问被告人

我国 1979 年《刑事诉讼法》、1996 年《刑事诉讼法》都未对死刑复核程序是否应当讯问被告人作出规定。

最高人民法院 1998 年 9 月 2 日公布的《关于执行〈中华人民共和国刑事诉讼法〉若干问题的解释》第 282 条规定:"高级人民法院复核或者核准死刑(死刑缓期二年执行)案件,必须提审被告人",首次提出死刑复核程序中讯问被告人的要求。对于为何仅规定高级人民法院复核或者核准死刑案件必须提审被告人,而未要求最高人民法院复核死刑案件也必须提审被告人,有观点认为是因为"考虑到我国地域辽阔,不可能做到这一点"。[①] 但鉴于死刑复核程序是对被告人的最后一次救济,理论与实务部门的多数观点认为,在立法中明确规定在死刑复核程序中应当一律对被告人进行讯问是非常必要的。"对于不服判决或有异议的被告人,充分赋予其向最高审判机关的法官当面申辩的机会,重要性不言而喻;对判决没有异议的被告人,对其进行讯问,听取意见也体现了程序上、人性上的关怀。"[②]

2007 年最高人民法院收回死刑核准权后,依据《关于进一步严格依法办案确保办理死刑案件质量的意见》第 42 条的规定:"高级人民法院复核死刑案件,应当讯问被告人。最高人民法院复核死刑案件,原则上应当讯问被告人。"该司法解释第一次对最高人民法院复核死刑案件提出了应当讯问被告人的要求,但是"原则上应当讯问被告人"的表述还是留下了实践中可以不讯问的例外余地。在实践中,最高人民法院对认为应当核准死刑的,原则上会提讯被告人,即到被告人被羁押地讯问被告人,当面听取被告人的意见;讯问被告人的主体一般是合议庭中的某一个法官,采取法官单方进行讯问的方式。[③]

在 2012 年《刑事诉讼法》修改中,在最高人民法院复核死刑案件,"应当"还是

---

① 周道鸾:《死刑核准权的收回与死刑复核程序的完善》,载《时代法学》2005 年第 6 期。

② 陈光中主编:《〈中华人民共和国现实诉讼法〉修改条文释义与点评》,人民法院出版社 2012 年版,第 333 页。

③ 陈瑞华:《通过行政方式实现司法正义? ——对最高人民法院死刑复核程序的初步考察》,载《法商研究》2007 年第 4 期。

"可以"讯问被告人的问题上曾出现反复与争议。① 最终,"最高人民法院复核死刑案件,应当讯问被告人"在 2012 年《刑事诉讼法》第 240 条第 1 款得以明确规定。这意味着讯问被告人是最高人民法院复核死刑案件的必经程序,死刑复核案件的审判人员必须直接向被告人核实案情、听取被告人的意见,不应当有例外。这一修改,是我国死刑复核制度取得的重要进步之一,不仅有利于审判人员准确把握案情,也直接保证了被告人向最高人民法院审判人员进行陈述、发表辩解意见的机会,对于保证案件质量和保障被告人辩护权行使都具有非常积极的意义。

在 2012 年《刑事诉讼法》第 240 条第 1 款规定的实践适用中,鉴于我国地域辽阔,为了缓解提讯工作的压力,对于事实清楚,证据确实、充分,第一审、第二审合议庭、审判委员会及最高人民法院合议庭有关定罪量刑的意见一致,被告人及其辩护人没有就事实、证据提出异议,无法定从轻处罚情节的案件,最高人民法院一般采取远程视频的方式进行提讯;而对于事实、证据比较复杂的死刑复核案件,则采用当面提讯被告人的方式。②

三、死刑复核中的听取辩护律师意见

我国 1979 年、1996 年《刑事诉讼法》及相关司法解释并未对死刑复核阶段的辩护权行使问题予以专门规定,死刑复核程序中被告人如何自行辩护、如何委托辩护人进行辩护都缺乏明确的法律依据。与此同时,虽然我国 1979 年和 1996 年《刑事诉讼法》均规定"被告人可能被判处死刑而没有委托辩护人的,人民法院应当指定承担法律援助义务的律师为其提供辩护",但并未明确法律援助制度是否适用于死刑复核程序,即被告人在死刑复核阶段没有委托辩护人的,并未规定人民法院是否应当指定承担法律援助业务的律师为其提供辩护。最高人民法院曾于 1992 年 1 月 27 日发布《关于律师参与第二审和死刑复核诉讼活动的几个问题的电话答复》,其中明确提出:"死刑复核程序是一种不同于第一审和第二审的特殊程序。在

---

① 在 2011 年 8 月 24 日提请第十一届全国人大常委会第二十二次会议进行初次审议的《中华人民共和国刑事诉讼法修正案(草案)》[即"刑事诉讼法修正案(草案)一审稿"]曾规定:"最高人民法院复核死刑案件,应当讯问被告人,听取辩护人的意见。"但在 2011 年 12 月 26 日提请第十一届全国人大常委会第二十四次会议审议的《中华人民共和国刑事诉讼法修正案(草案)》[即"刑事诉讼法修正案(草案)二审稿"]中,该条规定变更为:"最高人民法院复核死刑案件,可以讯问被告人,辩护律师提出要求的,应当听取辩护人的意见。"2012 年 3 月 8 日提交给第十一届全国人大五次会议第二次全体会议的修正案(草案)[即"刑事诉讼法修正案(草案)三审稿"]维持了这一改动。对此改动,不少学者和实务部门同志提出了明确的反对意见。最终,2012 年 3 月 14 日正式通过的《中华人民共和国刑事诉讼法修正案》将该条规定中的"可以"恢复到原来的"应当"。参见王亦君:《两个"可以"变"应当",彰显法律严肃性》,载《中国青年报》2012 年 3 月 15 日。

② 周斌:《最高法刑三庭负责人解读新刑诉法死刑复核程序》,载《法制日报》2012 年 3 月 23 日。

死刑复核程序中,律师可否参加诉讼活动的问题,法律没有规定,因此不能按照第一审、第二审程序中关于律师参加诉讼的有关规定办理。"根据这一规定,法律有关指定辩护、辩护人会见被告人、阅卷、调查证据、出庭以及发表辩护意见等规定均不适用于死刑复核程序。由于欠缺立法依据,辩护律师介入死刑复核案件存在诸多机制障碍,虽然实践中辩护方对死刑复核程序多有强烈的参与诉求,但被告人基本上未能参加到该程序中为自己进行辩护,辩护律师则根本不能正式介入该程序为被告人进行辩护,以致形成被告人在死刑复核阶段基本得不到辩护律师帮助的状况。[①] 这种局面,无异于剥夺了被告人在死刑复核阶段的辩护权,无法体现程序的正当性,也不利于保证死刑复核案件的质量。

为了扭转这一局面,2007 年《关于进一步严格依法办案确保死刑案件质量的意见》第 40 条规定:"死刑案件复核期间,被告人委托的辩护人提出听取意见要求的,应当听取辩护人的意见,并制作笔录附卷。辩护人提出书面意见的,应当附卷。"该条规定首次对死刑复核程序中听取辩护人意见提出要求,体现了司法实务部门对死刑复核程序辩护权保障的逐步重视。2008 年 5 月 21 日,最高人民法院与司法部共同发布了《关于充分保障律师依法履行辩护职责确保死刑案件办理质量的若干规定》,其第 17 条亦规定:"死刑案件复核期间,被告人的律师提出当面反映意见要求或者提交证据材料的,人民法院有关合议庭应当在工作时间和办公场所接待,并制作笔录附卷。律师提出的书面意见,应当附卷。"在该规定中,将听取意见的范围限定为被告人的律师提出的意见,意味着除律师以外的其他辩护人不能在死刑复核阶段提出意见。

为了加强刑事诉讼中的辩护职能,我国 2012 年《刑事诉讼法》对侦查、起诉、审判等普通诉讼程序中的辩护制度进行了大幅修改与完善,同时也专门针对死刑复核程序中的辩护权问题作出新的规定。在《关于进一步严格依法办案确保死刑案件质量的意见》《关于充分保障律师依法履行辩护职责确保死刑案件办理质量的若干规定》等司法解释规定的基础上,2012 年《刑事诉讼法》第 240 条第 1 款明确规定了"最高人民法院复核死刑案件……辩护律师提出要求的,应当听取辩护律师的意见"。在该款规定中,继续沿用"听取辩护律师的意见"这一表述,即其他非律师辩护人的意见不在听取之列。这一规定,为辩护律师参与死刑复核程序确立了明确的法律依据,有助于更好地维护被告人的合法权益,也有利于更准确地查明案件事实、适用法律,其进步意义值得充分肯定。不过,由于法条规定非常原则、笼统,有关具体如何听取辩护律师的意见、辩护律师在此过程中可以行使哪些权利、法律援助是否适用于死刑复核程序等问题仍未明确。

[①] 顾永忠:《关于加强死刑案件辩护的若干问题》,载《法学家》2006 年第 4 期。

2013年11月12日,党的第十八届中央委员会第三次会议通过了《中共中央关于全面深化改革若干重大问题的决定》,明确提出了"深化司法体制改革,加快建设公正高效权威的社会主义司法制度,维护人民权益,让人民群众在每一个司法案件中都感受到公平正义"的改革目标,标志着我国新一轮司法改革正式拉开序幕。2014年10月20日至23日,党的十八届中央委员会第四次全体会议在北京召开,首次以全会的形式专题研究部署了全面推进依法治国问题并作出党和国家历史上第一个关于加强法治建设的专门决定,即《中共中央关于全面推进依法治国若干重大问题的决定》,在该决定中明确提出了"加强人权司法保障"的目标,要求强化诉讼过程中当事人和其他诉讼参与人的知情权、陈述权、辩护辩论权、申请权、申诉权的制度保障。在新一轮司法改革不断推进的背景下,2015年1月,最高人民法院印发了《关于办理死刑复核案件听取辩护律师意见的办法》。该办法共10条,依次规定了最高人民法院在办理死刑复核案件中就辩护律师提出查询立案信息、查阅案卷材料、当面反映意见、提交书面意见、送达裁判文书等事项的内部操作流程和处理办法。例如,该办法规定了"死刑复核案件的辩护律师可以向最高人民法院立案庭查询立案信息","辩护律师可以到最高人民法院办公场所查阅、摘抄、复制案卷材料。但依法不公开的材料不得查阅、摘抄、复制","辩护律师要求当面反映意见的,案件承办法官应当及时安排。一般由案件承办法官与书记员当面听取辩护律师意见,也可以由合议庭其他成员或者全体成员与书记员当面听取","复核终结后,受委托进行宣判的人民法院应当在宣判后5个工作日内将最高人民法院裁判文书送达辩护律师"等,明确了辩护律师在死刑复核程序中提出意见的具体方式以及享有的权利。随同该办法,还同时公布了最高人民法院相关刑事审判庭的联系电话和通信地址。该办法的发布,为辩护律师参与死刑复核程序提供了更具体、坚实的制度保障。2015年9月,最高人民法院、最高人民检察院、公安部、国家安全部、司法部联合印发《关于依法保障律师执业权利的规定》,再一次明确了死刑复核阶段听取辩护律师意见的相关程序要求,即"……最高人民法院在复核死刑案件期间,辩护律师提出要求的,办案机关应当听取辩护律师的意见……辩护律师要求当面反映意见或者提交证据材料的,办案机关应当依法办理,并制作笔录附卷。辩护律师提出的书面意见和证据材料,应当附卷"。

从上述论述可以看出,2007年最高人民法院收回死刑核准权之后,我国在死刑复核程序辩护权保障方面不断突破,取得积极进展,辩护律师介入死刑复核程序有了更坚实、具体的制度支撑,其进步意义值得充分肯定。但亦须承认,我国2012年《刑事诉讼法》及相关司法解释有关死刑复核程序辩护权保障的规定仍未臻完善,如没有明确辩护律师在死刑复核程序中是否享有会见权、调查取证权等,保障辩护权的措施缺乏必要的程序制裁机制和权利救济途径,没有明确死刑复核程序中是否适用法律援助制度等,这些疏漏不仅影响已出台举措发挥预期功效,也使得我国目前有关死刑复核程序辩护权保障的规定未能完全达到联合国《关于保护死刑犯权利的保障措施》第 5 条提出的"只有在经过法律程序提供确保审判公正的各种可能的保障，至少相当于《公民权利和政治权利国际公约》第 14 条所载的各项措施，包括任何被怀疑或被控告犯了可判死刑之罪的人有权在诉讼过程的每一阶段取得适当法律协助后，才可根据主管法院的终审执行死刑"的辩护权保障要求。

四、死刑复核的裁判方式

对于最高人民法院或者高级人民法院进行死刑复核的裁判方式，1979 年、1996 年《刑事诉讼法》都没有作出明确规定。最高人民法院 1998 年公布的《关于执行〈中华人民共和国刑事诉讼法〉若干问题的解释》第 285 条规定了对判处死刑的案件，复核后应当根据案件情形分别作出核准、改判、撤销原判发回重审三种裁判方式：(1)原审判决认定事实和适用法律正确、量刑适当的，裁定予以核准；(2)原审判决认定事实错误或者证据不足的，裁定撤销原判，发回重新审判；(3)原审判决认定的事实正确，但适用法律有错误，或者量刑不当，不同意判处死刑的，应当改判；(4)发现第一审人民法院或者第二审人民法院违反法律规定的诉讼程序，可能影响正确判决的，应当裁定撤销原判，发回第一审人民法院或者第二审人民法院重新审判。这是最高人民法院收回死刑核准权之前，关于死刑复核案件裁判方式的最主要法律依据。

最高人民法院收回死刑核准权之后，面临许多亟待解决的问题，对案件进行死刑复核后采取何种方式作出处理则是其中最迫切需要解决的问题之一。2007 年 2 月，最高人民法院出台的《关于复核死刑案件若干问题的规定》对死刑复核的裁判方式作出了修改，确立了核准、不予核准这两种裁判方式，取消了直接改判的裁判方式。《关于复核死刑案件若干问题的规定》第 1 条规定："最高人民法院复核死刑案件，应当作出核准的裁定、判决，或者作出不予核准的裁定。"根据该条规定，最高人民法院复核死刑的裁判方式只有核准、不予核准这两种方式。之所以取消直接改判的裁判方式，最高人民法院提出的理由主要包括两方面：其一，从法律程序角度考虑，死刑复核不是诉讼程序，只是法院为确保死刑案件质量的特别审核程序。这一特性决定，只能采用核准或者不核准的处理方式。如果在复核时予以改判，那复核程序就变成了事实上的"三审程序"，也就超越了法律规定的权限。其二，从严格控制死刑适用的角度考虑，对部分死刑复核案件作出不核准死刑的裁定，发回重新审理，对各高级人民法院能起到一定的警示作用，其将促使下级法院对被告人判处死刑立即执行更加谨慎,对于贯彻严格控制死刑的刑事政策大有益处。① 对于裁判核准的情形,《关于复核死刑案件若干问题的规定》第 2 条规定:"原判认定事实和适用法律正确、量刑适当、诉讼程序合法的,裁定予以核准。原判判处被告人死刑并无不当,但具体认定的某一事实或者引用的法律条款等不完全准确、规范的,可以在纠正后作出核准死刑的判决或者裁定。"对于裁定不予核准的情形,《关于复核死刑案件若干问题的规定》第 3 条至第 5 条规定"最高人民法院复核后认为原判认定事实不清、证据不足的","最高人民法院复核后认为原判认定事实正确,但依法不应当判处死刑的","最高人民法院复核后认为原审人民法院违反法定诉讼程序,可能影响公正审判的"这三种情形都属于应当"裁定不予核准,并撤销原判,发回重新审判"。此外,《关于复核死刑案件若干问题的规定》第 6 条、第 7 条对数罪并罚案件和共同犯罪案件中两罪以上或两人以上被判处死刑的特殊情形作出规定:"数罪并罚案件,一人有两罪以上被判处死刑,最高人民法院复核后,认为其中部分犯罪的死刑裁判认定事实不清、证据不足的,对全案裁定不予核准,并撤销原判,发回重新审判;认为其中部分犯罪的死刑裁判认定事实正确,但依法不应当判处死刑的,可以改判并对其他应当判处死刑的犯罪作出核准死刑的判决","一案中两名以上被告人被判处死刑,最高人民法院复核后,认为其中部分被告人的死刑裁判认定事实不清、证据不足的,对全案裁定不予核准,并撤销原判,发回重新审判;认为其中部分被告人的死刑裁判认定事实正确,但依法不应当判处死刑的,可以改判并对其他应当判处死刑的被告人作出核准死刑的判决"。与 1998 年最高人民法院的司法解释相比,2007 年《关于复核死刑案件若干问题的规定》不仅取消了最高人民法院对死刑复核案件直接改判的裁判方式,还在条文表述上统一了有关不予核准的裁判形式及处理方式,即均为"裁定不予核准,并撤销原判,发回重新审判"。

2012 年《刑事诉讼法》第 239 条规定:"最高人民法院复核死刑案件,应当作出核准或者不核准死刑的裁定。对于不核准死刑的,最高人民法院可以发回重新审判或者予以改判。"从该条规定可以看出,其延续了《关于复核死刑案件若干问题的规定》对死刑复核裁判种类的规定,规定最高人民法院复核死刑案件只能作出核准或者不核准两种裁判。但对不核准死刑案件的后续处理程序,第 239 条只规定最

---

① 参见王斗斗:《最高法解答死刑核准权收回十疑》,载《法制日报》2006 年 12 月 19 日。对此,也有学者认为,取消直接改判的裁判方式,还基于一种较为现实的考虑,即在一定程度上分散因核准权回收而承受的巨大社会压力,这一改革措施是最高人民法院采取的权宜之计。随着死刑核准权的统一行使,死刑案件数量将会大大减少,社会公众对死刑的重视程度随之减弱,最高人民法院所承受的社会压力也会逐渐减轻。适当的时候,恢复直接改判方式应该不存在什么困难。参见宋英辉主编:《刑事诉讼法学研究述评(1978—2008)》,北京师范大学出版社 2009 年版,第 448 页。

高人民法院可以继而作出两种处理:发回重新审判或者予以改判,对何种情形下应"发回重新审判",何种情形下应"予以改判",并无具体规定。总体而言,2012年《刑事诉讼法》有关死刑复核裁判方式的规定,使先前最高人民法院相关司法解释的规定升格为法律,解决了司法解释效力位阶低的问题,也弥补了原法的一些立法缺憾,具有积极的修法意义。但也应当指出,其中有关不核准死刑案件后续处理程序的规定过于简单、粗疏,容易被误解为死刑复核程序中可以直接行使审判权,同时也欠缺考虑最高人民法院发回重新审判后下级法院坚持作出死刑判决的程序扯皮问题。

鉴于 2012 年《刑事诉讼法》在死刑复核裁判方式上的规定过于原则,最高人民法院 2012 年 11 月 5 日通过的《关于适用〈中华人民共和国刑事诉讼法〉的解释》(以下简称最高人民法院 2012 年《解释》)对此进行了细化。其中,第 350 条规定:"最高人民法院复核死刑案件,应当按照下列情形分别处理:(1)原判认定事实和适用法律正确、量刑适当、诉讼程序合法的,应当裁定核准;(2)原判认定的某一具体事实或者引用的法律条款等存在瑕疵,但判处被告人死刑并无不当的,可以在纠正后作出核准的判决、裁定;(3)原判事实不清、证据不足的,应当裁定不予核准,并撤销原判,发回重新审判;(4)复核期间出现新的影响定罪量刑的事实、证据的,应当裁定不予核准,并撤销原判,发回重新审判;(5)原判认定事实正确,但依法不应当判处死刑的,应当裁定不予核准,并撤销原判,发回重新审判;(6)原审违反法定诉讼程序,可能影响公正审判的,应当裁定不予核准,并撤销原判,发回重新审判。"与《关于复核死刑案件若干问题的规定》关于死刑复核裁判方式、处理结果的规定相比,最高人民法院 2012 年《解释》有以下几点改动:其一,对条文表述形式进行了修改。《关于复核死刑案件若干问题的规定》对死刑复核各种裁判方式、处理结果是采用多条文并列规定的方式,其第 2 条至第 5 条对核准、不予核准的四种情形分别作出规定。最高人民法院 2012 年《解释》第 350 条则将一般情况下死刑复核案件的 6 种裁判方式、处理结果规定在完整的一个法条中。这样的条文表述方式,不仅使相关规定更为集中、清晰,也同有关第一审、第二审裁判方式的法条表述相一致。其二,增加了裁定不予核准的一种情形。与《关于复核死刑案件若干问题的规定》列举的情形相比,最高人民法院 2012 年《解释》第 350 条第 1 款第 4 项增加了"复核期间出现新的影响定罪量刑的事实、证据的,应当裁定不予核准,并撤销原判,发回重新审判"这一种应当不予核准的情形,弥补了之前立法规定对该种情形缺乏规定的疏漏之处。其三,对某些文字表述进行了修改。例如,最高人民法院 2012 年《解释》第 350 条第 1 款第 2 项将《关于复核死刑案件若干问题的规定》第 2 条第 2 款"原判判处被告人死刑并无不当,但具体认定的某一事实或者引用的法律条款等不完全准确、规范的,可以在纠正后作出核准死刑的判决或者裁定"这一表述修改为"原判认定的某一具体事实或者引用的法律条款等存在瑕疵,但判处被告人死刑并无不当的,可以在纠正后作出核准的判决、裁定",使得具体的文字表述更趋规范、严谨。

第三节　死刑复核中的法律监督

一、死刑复核法律监督概述

死刑复核中的法律监督问题,是理论与实务界长期关注的一个问题。

我国 1979 年《刑事诉讼法》、1996 年《刑事诉讼法》及相关司法解释均未对检察机关是否参与死刑复核程序作出规定。在实践中,检察机关基本上不介入死刑复核程序。[①] 究其原因,一方面是因为没有明确的检察机关可以介入死刑复核程序的立法依据;另一方面也是因为死刑复核程序的启动方式、审理方式等方面特点决定了检察机关难以有效介入该项程序。根据我国《刑事诉讼法》的规定,死刑复核程序采取人民法院自动报核的方式启动,被告人、辩护人及检察机关均无报请复核的资格。在这种自动报核方式下,检察机关无从知晓复核开始的时间,因此也无法及时开展检察监督。同时,我国死刑复核长期采用由复核法院单方进行内部书面审的方式,检察机关在此过程中没有参与程序、提出意见的具体途径。此外,《刑事诉讼法》有关"下级人民法院接到最高人民法院执行死刑的命令后,应当在七日以内交付执行"的规定,客观上使得被核准死刑的被告人没有太多时间申请法律救济,检察机关在"七日以内"的执行期限中往往也来不及进行监督。

最高人民法院收回死刑核准权后,围绕死刑复核程序出台了一系列司法解释。这些司法解释在一定程度上淡化了死刑复核程序纯粹书面、秘密、由法院单方进行的行政化裁判色彩,推进了死刑复核程序的适度诉讼化,其中也包括对检察机关介入死刑复核程序作出规定。2007 年《关于进一步严格依法办案确保办理死刑案件质量的意见》第 34 条规定:"……最高人民法院复核死刑案件,高级人民法院复核死刑缓期二年执行的案件,对于疑难、复杂的案件,合议庭认为难以作出决定的,应当提请院长决定提交审判委员会讨论决定。审判委员会讨论案件,同级人民检察院检察长、受检察长委托的副检察长均可列席会议";第 44 条规定:"人民检察院按照法律规定加强对办理死刑案件的法律监督"。在实践中,最高人民检察院检察长或受检察长委托的副检察长列席最高人民法院审判委员会会议对死刑复核案件进

---

① 宋英辉主编:《刑事诉讼法学研究述评(1978—2008)》,北京师范大学出版社 2009 年版,第442 页。

行讨论的做法也实际存在。例如,2007 年 3 月,最高人民法院副院长姜兴长接受采访时指出,2007 年 1 月 15 日,最高人民法院审判委员会在讨论两起死刑复核案件时,最高人民检察院检察长委托副检察长列席了会议。① 但是除了列席审判委员会会议这一方式以外,《关于进一步严格依法办案确保办理死刑案件质量的意见》并未对检察机关对死刑复核进行法律监督的其他方式作出具体规定。实践中,仍然不具备检察机关在死刑案件复核过程中参与进来发表意见的明确机制。

从学术研究的角度来看,赞同检察机关应当介入死刑复核程序的观点占据多数。例如,有学者提出,检察机关介入死刑复核程序,主要有以下几点理由:其一,是公诉权的必然延伸。公诉权是由不同诉讼阶段的具体职权组成的权力集合体,应当贯穿于案件的整个审理过程。对于普通刑事案件而言,检察机关的公诉权包括提起公诉、在一审程序中出庭支持公诉、提起二审程序的抗诉、出庭支持抗诉等权力。在死刑案件中,一审或者二审的死刑判决并不生效,必须经过死刑复核程序核准后才能生效。因此,死刑案件的诉讼程序包括了一审程序、二审程序和死刑复核程序(在某些案件中,是一审程序、复核程序和核准程序),检察机关在死刑案件中的公诉权自然应当延伸至死刑复核程序。只有经过死刑复核程序作出生效裁判,检察机关的公诉权才真正行使完毕。因此,检察机关介入死刑复核程序,是其公诉权的必要组成部分和必然的延伸。其二,检察机关介入死刑复核程序,是其行使法律监督权的必然要求。检察机关对刑事诉讼活动实施法律监督,不仅具有宪法和法律上的依据,也具有非常重要的实践意义。死刑复核程序作为刑事诉讼程序的组成部分,当然属于检察机关法律监督的范围。② 也有学者提出,检察机关介入死刑复核程序有利于实现死刑案件的实体正义和程序正义,同时也是实现检察机关公诉权、监督权的必然要求。③

除了学界的关注以外,检察机关介入死刑复核程序的问题也受到了中央政法部门的重视。中央政法委曾在相关文件中提出,最高人民检察院应该对最高人民法院不予核准的案件和长期不能核准的案件进行法律监督。④ 2007 年最高人民法院收回死刑核准权以后,最高人民检察院成立了内设机构——死刑复核检察工作办公室,对死刑复核案件的法律监督开展了有益的探索。⑤

在各方力量的推动下,2012 年《刑事诉讼法》明确规定了最高人民检察院有权

① 吴兢:《关注最高法死刑复核:承办法官均赴当地提讯了被告人》,载《人民日报》2007 年 2 月 27 日。
② 张智辉:《死刑复核程序改革与检察机关的介入权》,载《法律科学》2006 年第 4 期。
③ 杨宇冠主编:《死刑案件的程序控制》,中国人民公安大学出版社 2010 年版,第 370～371 页。
④ 孙宝民:《死刑检察监督制度研究》,中国人民公安大学出版社 2012 年版,第206 页。
⑤ 赵阳:《死刑复核法律监督范围方式将尽快确定》,载《法制日报》2013 年 2 月 25 日。

介入死刑复核程序,其第 240 条第 2 款规定:"在复核死刑案件过程中,最高人民检察院可以向最高人民法院提出意见。最高人民法院应当将死刑复核结果通报最高人民检察院。"①这一规定,为检察机关介入死刑复核程序提供了明确的法律依据,有助于改善死刑复核程序封闭性、秘密性的缺陷,有助于更好地发挥死刑复核制度保障公民生命权的重要作用。不过,对于最高人民检察院如何"提出意见",最高人民法院在何种情况下、具体如何"将死刑复核结果通报最高人民检察院",该款规定并没有明确,这也直接造成检察机关在死刑复核程序中的定位模糊,实践操作中容易引起分歧。

二、死刑复核法律监督的具体方式

2012 年《刑事诉讼法》对死刑复核法律监督的具体方式语焉不详,相关司法解释在此问题上作了进一步细化。

最高人民法院 2012 年《解释》在第 357 条规定:"死刑复核期间,最高人民检察院提出意见的,最高人民法院应当审查,并将采纳情况及理由反馈最高人民检察院",在第 358 条规定:"最高人民法院应当根据有关规定向最高人民检察院通报死刑案件复核结果"。较之《刑事诉讼法》规定,最高人民法院 2012 年《解释》明确了最高人民法院对最高人民检察院提出的意见进行审查并将采纳情况及理由反馈最高人民检察院的职责。但对于如何理解"最高人民法院应当将死刑复核结果通报最高人民检察院",并未作出进一步解释。

最高人民检察院 2012 年 10 月公布的《人民检察院刑事诉讼规则(试行)》在第十四章"刑事诉讼法律监督"中对"死刑复核法律监督"作了专节规定。主要包括以下内容:其一,最高人民检察院向最高人民法院提出意见的具体情形。该规则第 604 条规定:"最高人民检察院发现在死刑复核期间的案件具有下列情形之一,经审查认为确有必要的,应当向最高人民法院提出意见:(1)认为死刑二审裁判确有错误,依法不应当核准死刑的;(2)发现新情况、新证据,可能影响被告人定罪量刑的;(3)严重违反法律规定的诉讼程序,可能影响公正审判的;(4)司法工作人员在办理案件时,有贪污受贿,徇私舞弊,枉法裁判等行为的;(5)其他需要提出意见的。"其二,规定了最高人民检察院死刑复核监督案件的三种来源,分别是最高人民法院移送的材料、省级人民检察院报送的相关案件材料、当事人及其近亲属或者受委托的律师提交的申诉材料。其中,第 605 条规定了最高人民法院移送材料这一途径,即"最高人民检察院对于最高人民法院通报的死刑复核案件,认为确有必要

①　在 2012 年《刑事诉讼法》修正草案一稿中,该款仅规定为"在复核死刑案件过程中,最高人民检察院可以向最高人民法院提出意见",在正式通过的条文中增加了"最高人民法院应当将复核结果通报最高人民检察院"的规定。

的,应当在最高人民法院裁判文书下发前提出意见"。关于省级人民检察院报请最高人民检察院监督的具体情形,主要由该规则第 606 条、第 607 条规定。第 606 条规定:"省级人民检察院对于进入最高人民法院死刑复核程序的下列案件,应当制作提请监督报告并连同案件有关材料及时报送最高人民检察院:(1)案件事实不清、证据不足,依法应当发回重新审判,高级人民法院二审裁定维持死刑立即执行确有错误的;(2)被告人具有从轻、减轻处罚情节,依法不应当判处死刑,高级人民法院二审裁定维持死刑立即执行确有错误的;(3)严重违反法律规定的诉讼程序,可能影响公正审判的;(4)最高人民法院受理案件后一年以内未能审结的;(5)最高人民法院不核准死刑发回重审不当的;(6)其他需要监督的情形。"第 607 条规定:"省级人民检察院发现死刑复核案件被告人自首、立功、达成赔偿协议、取得被害方谅解等新的证据材料和有关情况,可能影响死刑适用的,应当及时向最高人民检察院报告。"该规则第 608 条规定:"死刑复核期间当事人及其近亲属或者受委托的律师向最高人民检察院提出的不服死刑裁判的申诉,由最高人民检察院死刑复核检察部门审查。"其三,规定最高人民检察院死刑复核监督案件的具体程序,包括审查方式、审查期限、审批机构、提出意见的形式等内容。根据该规则第 609 条规定:"最高人民检察院死刑复核检察部门对死刑复核监督案件的审查可以采取下列方式进行:(1)书面审查最高人民法院移送的材料、省级人民检察院报送的相关案件材料、当事人及其近亲属或者受委托的律师提交的申诉材料;(2)听取原承办案件的省级人民检察院的意见,也可以要求省级人民检察院报送相关案件材料;(3)必要时可以审阅案卷、讯问被告人、复核主要证据。"关于审查期限,该规则第 610 条规定:"最高人民检察院对于受理的死刑复核监督案件,应当在一个月以内作出决定;因案件重大、疑难、复杂,需要延长审查期限的,应当报请检察长批准,适当延长办理期限。"关于审批机构,该规则第 611 条规定:"最高人民检察院死刑复核检察部门拟就死刑复核案件提出检察意见的,应当报请检察长或者检察委员会决定。检察委员会讨论死刑复核案件,可以通知原承办案件的省级人民检察院有关检察人员列席。"关于监督意见的提出形式,该规则第 612 条规定:"最高人民检察院对于死刑复核监督案件,经审查认为确有必要向最高人民法院提出意见的,应当以死刑复核案件意见书的形式提出。死刑复核案件意见书应当提出明确的意见或者建议,并说明理由和法律依据。"此外,该规则第 613 条规定:"对于最高人民检察院提出应当核准死刑意见的案件,最高人民法院经审查仍拟不核准死刑,决定将案件提交审判委员会会议讨论并通知最高人民检察院派员列席的,最高人民检察院检察长或者受检察长委托的副检察长应当列席审判委员会会议。"总体而言,《人民检察院刑事诉讼规则(试行)》有关死刑复核法律监督的规定,弥补了《刑事诉讼法》在死刑复核法律监督范围、材料来源、监督方式及期限等方面规定的缺失,为检察机关介入死刑复核程序构建了基本的制度框架。

2012 年 8 月,最高人民检察院成立死刑复核检察厅,取代了之前设立的死刑复核检察工作办公室。死刑复核检察厅内设 4 个处级机构,承担 5 项职能:对最高人民法院复核的死刑案件,认为确有必要的,向最高人民法院提出意见;对最高人民法院通报的死刑复核结果进行分析研究;负责对省级人民检察院审查死刑二审案件工作进行业务指导;承担检察机关办理死刑案件适用死刑政策和死刑标准的研究工作;承担院领导交办的其他相关工作任务。[①] 2017 年 6 月,经中编办批准,死刑复核检察厅更名为公诉二厅,并进行了职能调整。调整后,公诉二厅增加了对办理死刑案件的业务指导职责,这为死刑第二审案件以及死刑复核监督工作的规范和衔接提供了相应的制度和组织保障。[②]

2018 年 1 月 11 日,最高人民检察院审议通过了《人民检察院办理死刑第二审案件和复核监督工作指引(试行)》。该工作指引第 76 条明确规定了人民检察院办理死刑复核监督案件的主要任务,即"审查人民法院的死刑适用是否适当,根据案件事实、法律及刑事政策提出监督意见;审查下级人民检察院的监督意见和重大情况报告,以及当事人及其近亲属或者受委托的律师申请监督的理由;对人民法院死刑复核活动是否合法进行监督;发现和纠正侦查、审查起诉和第一审、第二审审判活动中的违法行为;维护诉讼参与人的合法权益,依法保障人权"。在死刑复核监督具体制度方面,该工作指引主要规定了死刑复核案件提请监督、报告重大情况和报送备案等工作制度,以及最高人民检察院和省级检察院办理死刑复核监督案件的基本工作流程等内容。根据该工作指引,死刑复核案件主要包括提请监督、报告重大情况和报送备案三种不同的工作机制:其一,提请监督,具体情形包括:案件事实不清、证据不足,依法应当发回重新审判或者改判,而二审判处死刑或者维持死刑判决的;被告人具有从宽处罚情节,依法不应当判处死刑,或者适用法律错误,第二审判处死刑或者维持死刑判决的;违反法律规定的诉讼程序可能影响公正审判的等情况。其中的"适用法律错误",主要指依法不应判死刑而判处死刑,同时包括量刑适当但适用罪名错误的情形。其二,报告重大情况,是指省级人民检察院发现进入死刑复核程序的被告人有立功、怀孕或者达成赔偿协议、被害方谅解等新的重大情况,可能影响死刑适用的,应当及时向最高人民检察院报告。"重大情况报告"既包括第二审程序后新出现的重大情况,如检举揭发他人构成立功、达成赔偿谅解协议,也包括原来存在但第二审程序后才发现的新情况如被告人怀孕等。其三,报送备案,是指对于适用死刑存在较大分歧或者在全国有重大影响的死刑第二审案件,省级人民检察院公诉部门在收到第二审裁判文书后,应当制作死刑复核案件备

---

① 赵阳:《死刑复核法律监督范围方式将尽快确定》,载《法制日报》2013 年 2 月 25 日。

② 鲜铁可、郭全新、刘辰:《最高检解释起草者谈〈人民检察院办理死刑第二审案件和复核监督工作指引(试行)〉的理解与适用》,载《人民检察》2018 年第 8 期。

案函,说明备案理由,加盖印章,连同起诉书、上诉状、抗诉书、第一审和第二审裁判文书、第二审案件审查报告等及时报最高人民检察院公诉部门备案。[①] 该指引还对分、州、市级人民检察院向省级人民检察院提请监督、报告重大情况、备案等提出了同样的要求。此外,该指引第 86 条至第 92 条,分别规定了死刑复核监督案件的审查内容、审查方式、审查报告的要求、提交检察官联席会议讨论的情形,以及提出检察意见的情形与程序等。较之《人民检察院刑事诉讼规则(试行)》的相关规定,上述工作指引有关死刑复核法律监督制度的规定更趋具体,明确了开展死刑复核法律监督的主要任务,并将死刑复核监督与死刑第二审程序监督相衔接,将开展死刑复核法律监督中最高人民检察院的职责与省级人民检察院的职责同时加以规定,有利于形成上下一体、上下联动的检察监督良性格局,也有利于省级检察院发挥承上启下的重要作用,提高办理死刑案件和提请监督案件的质量。

三、死刑复核法律监督的进一步完善

我国 2012 年《刑事诉讼法》第 240 条第 2 款为检察机关介入死刑复核程序开展法律监督提供了基本遵循,《人民检察院刑事诉讼规则(试行)》《人民检察院办理死刑第二审案件和复核监督工作指引(试行)》等规范性文件为检察机关如何开展死刑复核法律监督勾画了具体的工作机制与流程。同时,最高人民检察院公诉二厅对死刑复核法律监督的专属管辖,也为该项工作提供了必要的机构保障。与之前的情况相比,我国死刑复核法律监督取得了突破性进展,确立了最高人民检察院介入死刑复核程序开展法律监督的基本机制,有助于实现我国死刑复核程序的适度诉讼化,在促进死刑复核依法进行、防止发生冤假错案以及实现程序公正等方面均具有积极的意义。

不过,目前有关死刑复核法律监督的法律规定仍未臻完善,检察机关开展死刑复核法律监督的具体机制尚不健全、成熟,仍有进一步改革完善的必要。一方面,有关死刑复核法律监督的法律规范仍有欠缺。我国 2012 年《刑事诉讼法》有关最高人民检察院可以在死刑复核程序中提出意见、最高人民法院向最高人民检察院报告相关情况的规定过于原则、抽象,操作性不强,导致实践中出现的一些问题无法解决。虽然最高人民法院、最高人民检察院相继出台了一些司法解释、内部文件

[①] 备案的形式较为灵活,既可以由省级人民检察院主动向最高人民检察院备案,也可以由最高人民检察院要求省级检察院进行备案。备案的标准也相对宽松,除该指引明确要求报备的情形外,省级检察院认为其他有必要报备的案件也可根据情况报备,如认为二审裁判存在一定问题,但又达不到提请监督的程度的,这类案件可以通过较灵活的备案方式报送,便于最高人民检察院掌握情况。鲜铁可、郭全新、刘辰:《最高检解释起草者谈〈人民检察院办理死刑第二审案件和复核监督工作指引(试行)〉的理解与适用》,载《人民检察》2018 年第 8 期。

等规范性文件作了进一步细化,但这些规范性文件不仅立法层级较低,而且存在相互冲突、无法衔接等问题,直接影响了死刑复核法律监督的有效展开。另一方面,死刑复核法律监督的具体工作机制还有待进一步明确。我国死刑复核程序具有明显的封闭性、秘密性特点,虽然 2012 年《刑事诉讼法》规定最高人民法院应当将死刑复核结果通报最高人民检察院,但对通报的具体范围、时间、方式等内容并没有作出具体的规定。《人民检察院刑事诉讼规则(试行)》等司法解释虽然列举了最高人民检察院死刑复核监督案件的材料来源,但这些来源途径仍较单一、被动,最高人民检察院并不能充分获悉死刑复核案件具体进程的信息。此外,《刑事诉讼法》及相关司法解释均没有明确最高人民检察院在死刑复核阶段能否阅卷、能否参与讯问被告人等,也没有就当事人及其近亲属或者受委托的律师如何向检察机关提交申诉材料作出具体规定。这些问题的存在,都对死刑复核检察监督发挥应有功效产生了制约作用。从进一步完善的角度来看,有必要在《刑事诉讼法》中对死刑复核法律监督作更加规范化、具体化的规定,明确检察机关介入死刑复核程序开展法律监督的具体时间、权限、范围、方式以及最高人民法院承担的具体告知、协助义务等内容。在尚未具备修改《刑事诉讼法》相关条文的条件之前,可以通过最高人民法院、最高人民检察院联合发布司法解释或会签文件等形式,实现两者有关死刑复核法律监督制度化的基本共识。

第十章

特别程序

第一节　改革开放 40 年来特别程序的变迁

一、2012 年修改《刑事诉讼法》前的状况

1979 年制定的《刑事诉讼法》和 1996 年修订的《刑事诉讼法》只有普通程序，没有特别程序。虽然有个别相关法条零散地规定在法律中，司法实践中出台了一些相关的司法解释，以及进行了相应的探索，但并没有出现"特别程序"的表述与概念。

与此相关法条与司法解释并不多，主要是针对未成年人犯罪案件在诉讼程序上的一些特殊性；实践探索主要集中在未成年人司法和刑事和解。相比之下，犯罪嫌疑人、被告人逃匿、死亡案件违法所得的没收程序和依法不负刑事责任的精神病人的强制医疗程序之前不仅没有法条规定，而且毫无司法解释与实践基础，理论探讨也比较欠缺。[①] 据有关学者查阅统计，根据最高人民法院研究室编辑的资料《刑

---

① 宋英辉等：《刑事诉讼法修改的历史梳理与阐释》，北京大学出版社 2014 年版，第 388 页。

事案件使用手册》(2015 年人民法院出版社出版)的收集,关于账款、赃款的文件、通知不多,不到 10 项,其中与刑事诉讼法程序中的犯罪嫌疑人、被告人逃匿、死亡案件违法所得的没收程序有关的根本就没有,而与依法不负刑事责任的精神病人的强制医疗程序有关的司法解释也没有。[①]

由此,在司法实践中就一直存在或者出现了以下几个问题:

第一,与国际刑事司法准则的相关标准存在差距。比如,联合国《儿童权利公约》《联合国少年司法最低限度标准规则》等都在诉讼程序上对未成年人的保护作出了一系列的特殊规定;再比如,《联合国反腐败公约》明确规定了可以"不经过刑事定罪而没收因腐败犯罪所获得的财产";等等。相比之下,我国《刑事诉讼法》的规定很不完善,存在制度空白。

第二,对一些特殊情况的处理无法可依,陷入被动局面。比如,一旦犯罪嫌疑人、被告人逃匿或死亡,刑事追诉程序陷入停滞状态,导致贪污腐败犯罪、恐怖主义犯罪等重大犯罪案件的嫌疑人、被告人逃匿、死亡时,诉讼程序中断,使得以定罪为前提的没收难以实现,也导致我国在资产追回司法合作中处于被动。再比如,精神病人实施的危害行为,经法定程序鉴定确认的,不负刑事责任,但出现了两种极端现象:有的不经任何治疗或干预,返回社会后时有出现再次伤害他人、危害社会的行为;有的不经任何正当程序就被强制性地收容到精神病院接受强制医疗,人身权益受到了极大损害。

第三,不能完全适应司法实践发展的需求。比如,当时《刑事诉讼法》关于未成年人的规定仅有"法定代理人可以到场"、"不公开审理"和"制定辩护"三条。虽然最高人民法院、最高人民检察院和公安部出台的司法解释或规定对未成年人刑事案件诉讼程序作了一些补充与完善,但由于这些解释或规定效力层级较低,而且存在系统性差、操作性不强等问题,相互之间还有不一致乃至与《刑事诉讼法》规定相矛盾的地方。这些都导致难以满足在司法中给予未成年人符合其身心发展特点的特殊关照与保护。

二、2012 年《刑事诉讼法》增加"特别程序"专编

2012 年我国启动修改《刑事诉讼法》,增加了"特别程序"专编,用四章初步搭建了我国刑事特别程序的整体框架,包括未成年人刑事案件诉讼程序,刑事和解案件的诉讼程序,犯罪嫌疑人、被告人逃匿、死亡案件违法所得的没收程序和依法不负刑事责任的精神病人的强制医疗程序。这是我国《刑事诉讼法》首次对刑事特别程序作出规定,架构出具有中国特色的刑事特别程序体系。这些程序之所以称为

---

① 蒋志如:《刑事特别程序研究》,法律出版社 2016 年版,第 3 页。

"特别程序",就是因为较之一般的刑事审判程序,其本身存在着这样或那样的特殊之处,是一种特殊的程序安排。

(一)设立刑事特别程序的立法背景

2007 年 10 月,党的十七大召开,基本精神是更加强调依法治国,更加强调在全社会实现公平正义,更加强调人权保障,更加强调民主,更加强调权力的监督和制约。这是我国进行立法的整体指导思想。从我国目前的发展阶段和社会背景来看,影响《刑事诉讼法》关于特别程序增设的现实因素主要可以从内外两个方面进行分析:

一是我国所处的国际司法环境。首先,国际的大环境主要指的是我国在国际上的经济大国地位与自身的法制体系完善程度不相符,这直接影响到我国的国际司法形象,从而导致我国与他国在打击犯罪,司法协助等方面进行合作困难重重。而现今的跨国经济犯罪案件却是纷繁复杂。因此,在大的方面完善本国的法律制度有利于和国际接轨。其次,国际社会十分关注我国对当事人权利的保护,尤其是犯罪嫌疑人和被告人的权利保护。因为刑事诉讼法素来就有小宪法的美誉,这也从侧面说明了诉讼法在人权保障中的地位和作用。如在特别程序中设立的未成年人犯罪案件审理程序和强制医疗程序就是对特殊群体人权保障的体现。最后,各国立法有趋同性。在国际刑事司法领域,某些原则或具体制度正被各国逐渐移植和借鉴。世界各国,不管是大陆法系还是英美法系,都有在刑事诉讼法典或者以单独的形式设立特别程序的做法,如《德国刑事诉讼法典》"特别程序"一编中规定了针对精神病人保安处分的审理程序、没收扣押财产程序等特别程序;《俄罗斯联邦刑事诉讼法典》中"刑事诉讼的特别程序"则规定了精神病人强制医疗,对议员、法官、检察官、律师等特殊职业人员的追究程序等;《日本刑事诉讼法规》专编规定了少年案件特别程序;《法国刑事诉讼法典》第十一编对军事犯罪、危害国家利益的犯罪等规定了特别程序。

二是我国司法实践活动的有益经验与迫切需求。此次刑事诉讼法增设特别程序的主要原因还有出于对我国现实基本国情和司法实践需要的考量和权衡。首先,在新刑事诉讼法的特别程序中大篇幅地写入未成年人犯罪案件的审理程序也是出于对近年来未成年人犯罪案件激增的考虑,未成年人犯罪案件有其特殊性,例如,未成年人犯罪的模仿性和易受暗示性,情境性和盲目性,戏谑性和冒险性,反复性和情绪性等。因此,对待未成年人的犯罪案件理应适用不同于普通刑事案件的诉讼程序,把相关的未成年人犯罪的条文独立出来更便于司法实践中的操作。其次,刑事和解制度的设立也是出于对我国司法资源与我国现阶段刑事案件数量不协调的考量。刑事和解制度可以把一部分犯罪轻微,案件事实清楚,社会危害性不大的案件从其他重大疑难案件中分流,有利于司法机关节省司法资源,提高办案效率。再次,面对"裸官"现象的贪污贿赂犯罪案件频繁发生和恐怖活动类型犯罪的社会危害性巨大等特点,规定了没收违法所得的特别程序,此项程序也为我国与他国进行司法协助等事务提供了国内法层面的依据。最后,设立精神病人的强制医疗程序也是司法实践活动中司法机关对精神病人实施犯罪案件的数据统计的结果。我国某项官方统计数据显示,我国精神障碍患者已达 1 亿,其中重症患者 1600 万,且其中大多数人有严重的暴力倾向。精神病人每年实施的案件据公安部统计也有数万起,如何对这些实施或潜在实施犯罪行为的精神病人进行管理与救治,已经成为影响社会生活稳定的重要因素。可见,上述特别程序的各项制度都有其设立的现实需求。

(二)设立刑事特别程序的理论基础

1.刑事诉讼的公正价值

司法公正是社会公正的最后一道防线,是社会公正最重要和最有实效性的实现手段,而刑事司法是直接决定当事人的自由、财产和生命的司法活动,无论是对社会个体——刑事诉讼的当事人,还是对整个社会的公正感情都具有重大影响,居于司法活动中的核心地位,其公正性是司法公正中最重要的一环。可以说,公正是刑事诉讼追求的首要价值目标。从形式上看,设立和适用特别程序的直接动因之一在于提高诉讼效率,但这与实现司法公正并不矛盾。美国著名法学家波斯纳曾说,公正在法律中的第二个意义,就是效率。从深层次看,实行刑事诉讼特别程序反而能促进司法公正的实现。比如,在犯罪嫌疑人、被告人逃匿、死亡案件违法所得的没收程序中:明确了对特定案件不经审判既可认定为违法所得并予以没收。这一程序的设立,一是与我国已加入的联合国反腐败公约及有关反恐问题的决议的要求相衔接,二是挤压了犯罪分子转移非法财产的空间,有利于打断犯罪资金链条,三是有利于对被害人权利的及时保障。显然设立这一程序是借程序法实现了实体正义,同样是出于对刑法效益的考虑。

2.刑事诉讼的效率价值

效率和自由、秩序、公正构成人类社会重要的价值目标,简而言之,就是指以最小的成本获得最大的收益。刑事司法活动一方面在防止、逮捕犯罪,执行法律上需要占用一定规模的资源;另一方面,从整体上来看,国家运转是综合因素共同作用的结果,其他活动的开展同样需要占用资源,就必然出现人、财、物等资源在刑事诉讼中被限制的局面。效率的追求和被左右限制,可以说是制度等上层建筑类建设无法回避的矛盾。以波斯纳为代表的西方经济分析法学派曾提出"经济效益主义程序"理论,从诉讼程序经济的角度来看,该理论主要强调刑事诉讼的效率,据此设置刑事诉讼程序,一是在投入上,最大程度地节约或是减少司法资源;二是在产出上,尽量提高办案效率,快速高效处理已发生刑事案件。刑事诉讼特别程序的设置的特色之一即采取特殊的诉讼方式、方法和步骤,处理和执行环节大大减少,节省了案件审理过程中司法资源的投入,增大了产出,体现了对资源的合理配置,对司法效率的追求和提高。比如,当事人和解的公诉案件诉讼程序,表面似乎增加了主持和解的工作量,但减少了相应的审判(和解认罪)和刑罚执行(从轻处罚)的工作量,从而通过资源调配实现了刑事诉讼速率的整体提升。

3.刑事诉讼的人权保障功能

扩大和加强对人权的保障,是第二次世界大战以来各国刑事诉讼法发展的基本趋势。可以说,人权保障已成为现代刑事诉讼之灵魂。诉讼目的之确立,诉讼主体职能之配置,诉讼结构之建造,无不受制于人权保障的理念,并为人权保障的理念所左右。我国刑事特别程序的设置关注未成年人、精神病人等特殊群体,配套更切合实际、更尊重科学与规律、更有利保障他们合法权益的诉讼程序,体现了人道主义的情怀。比如,在未成年人刑事案件诉讼程序中有意加强了对未成年人诉讼权利的保障,明确了教育、挽救、感化的工作方针,明确了公检法三家法律援助的义务,设置了社会调查、附条件不起诉、犯罪记录封存等制度,充分体现了对未成年犯罪嫌疑人和被害人的权利保护。

(三)设立刑事特别程序的重大意义

第一,有助于进一步衔接国际刑事司法准则。我国作为一个负责任的联合国常任理事国成员,应当恪守我国已经签署并批准的联合国国际公约以及国际公约中所规定的国际刑事司法准则。将未成年人诉讼程序以及精神病人刑事强制医疗程序等原则、制度和程序载入刑事诉讼法,都使我国的刑事司法制度与联合国的刑事司法准则进一步接轨。增设犯罪嫌疑人、被告人逃匿、死亡案件违法所得的没收程序,实际上也是对我国签署并批准生效的联合国《打击跨国犯罪公约》和《反腐败公约》中有关加强打击特殊犯罪规定的贯彻和落实。可见,刑事特别程序的创立,使我国在国际刑事司法领域的交流与合作中获得更主动的话语权。

第二,最大限度地回应司法实践的现实需要。创设特别程序是包括中国在内的世界主要国家的刑事司法程序,回应社会治理、犯罪控制工作日益复杂、多元的挑战所作出的必要调整,是刑事司法治理过程逐步走向专业化、精密化的表征,使刑事司法系统能够更加积极、有效地回应司法实践的调整与诸多社会问题,进而标志着我国刑事司法系统功能的完备化与科学化,实现刑事诉讼程序更强的回应。

第三,促进我国刑事诉讼制度日益科学与完善。刑事特别程序正式成为我国刑事诉讼程序的重要组成部分,既在章节体例上健全了刑事诉讼法律文本,填补了空白,又体现出我国刑事诉讼立法不断总结司法实践经验和借鉴域外经验,在具体内容上日益科学与完善。

三、特别程序的未来走向

(一)研究明确刑事特别程序的性质与范围

刑事特别程序是 2012 年《刑事诉讼法》中最具特色与前瞻性的制度构建。1979 年《刑事诉讼法》和 1996 年《刑事诉讼法》均未规定特别程序,刑事特别程序也从来不是学界研究的重点。《刑事诉讼法》第五编用四章初步构建了我国刑事特别程序的整体框架。关于刑事诉讼特别程序的概念,高校刑事诉讼法教材中没有专门的定义。但这并非因为刑事诉讼特别程序不重要,关键涉及刑事特别程序的定性问题,即刑事特别程序是与刑事普通程序相对应的"特别的诉讼程序",还是一种和诉讼程序完全不同的"特别程序"? 目前,诉讼法学界对特别程序的定性问题既无定论,也无系统研究。这一问题的研究却具有根本性意义,因为如果特别程序本质上还是一种诉讼程序,那它必须遵守诉讼法的平等对抗、有效救济等诉讼原则。但如果特别程序本质上并不是一种诉讼程序,而只是处理刑事案件特殊问题所采用的其他操作程序,那在对其进行制度设计时自成体系,不必受到刑事诉论基本原理与程序规则的约束。

根据现行《刑事诉讼法》,刑事特别程序有四种具体程序,这四种程序的安排是否合理? 陈卫东教授 2015 年主编的教材《刑事诉讼法》中第六编《特别诉讼程序》中的安排超出了现行四种具体刑事特别程序,并将附带民事诉讼程序、涉外刑事诉讼程序纳入其中予以分析。这是否意味着已有学者质疑现有的制度安排,或者更确切地说,他们期冀更多的特别程序入法,并被纳入刑事特别程序的框架之中。而且,在未来修改《刑事诉讼法》时,会有所增加吗? 还是现行的四种具体刑事特别程序有可能减少? 比如说,未成年人刑事案件诉讼程序,在将来未成年人法律制度进一步发展和完善时,在需要单独制定未成年人法典或者少年法时,其还适合安排在刑事诉讼法中吗? 这涉及一个根本性问题,即刑事特别程序是否具有开放性特征。

(二)理清普通程序与特别程序之间的关系

现有文献和资料主要是对四种具体刑事特别程序进行研究,而且已经非常多。但是,对特别程序之间的相互关系缺乏研究,《刑事诉讼法》法典之四种特别程序之顺序(依次为未成年人刑事案件诉讼程序,当事人和解的公诉案件诉讼程序,犯罪嫌疑人、被告人逃匿、死亡案件违法所得的没收程序,依法不负刑事责任的精神病人的强制医疗程序)的依据是什么? 其是否存在什么内在逻辑? 如果存在,这一逻辑可能是什么? 其合理吗? 这些问题是否对研究作为整体的刑事特别程序有意义? 也就是说我们应当考察刑事特别程序内部具体程序之间的关系,以及形成特别程序作为整体与部分的相互关系。另一方面,刑事特别程序作为刑事普通程序的对照,其特殊性在哪? 具体而言,与刑事普通程序比较,特别程序在主体方面,在诉讼程序方面,在当事人参与方面,在权力运行方面,亦即控辩审三方的深层次关系与普通程序有区别吗? 如果有,是什么程度的区别? 简而言之,当确定中国刑事特别程序范围后,应当考察其内部具体程序的基本内容,并分析其与刑事普通程序的外部关系。[①]

第二节　未成年人刑事案件诉讼程序

一、历史考察

(一)2012 年修订《刑事诉讼法》之前

改革开放后,我国的未成年人司法制度建设开始走上正轨,经过了几十年的探索,在 2012 年修改《刑事诉讼法》之前,我国在未成年人犯罪诉讼程序建设方面就已经取得了较多成果。[②]

第一,在法律制度上未成年人犯罪诉讼程序体系逐渐形成。1979 年《刑事诉讼法》第 10 条规定了对于不满十八岁的未成年人犯罪的案件,在讯问和审判时,可以通知其法定代理人到场;第 27 条规定未成年人没有委托辩护人的,人民法院应当指定承担法律援助义务的律师为其提供法律帮助;第 111 条规定,十四岁以上不满十六岁未成年人犯罪的案件,一律不公开审理,十六岁以上不满十八岁未成年人犯罪的案件,一般也不公开审理,等等。除了《刑事诉讼法》之外,我国于 1991 年 9 月 4 日通过,1992 年 1 月 1 日起施行并于 2006 年 12 月 29 日修订的《未成年人保护法》第五章“司法保护”中对未成年人案件的处理也作了专门规定。此外,我国于 1999 年 6 月 28 日通过、同年 11 月 1 日起施行的《预防未成年人犯罪法》也对未成年人犯罪案件的预防和处理进行了规定。为贯彻法律的规定,1991 年最高人民法院制定并发布了《关于办理少年刑事案件的若干规定(试行)》。1991 年 6 月,最高人民法院、最高人民检察院、公安部、司法部、国家教委等部门以及工、青、妇等组织联合发布了《关于审理少年刑事案件建立相应配套工作体系的通知》《关于审理少年刑事案件聘请特邀陪审员的联合通知》。1995 年 5 月,最高人民法院又发布了《关于办理未成年人犯罪案件适用法律的若干问题的解释》。2001 年 4 月 2 日我国最高人民法院通过了《关于审理未成年人犯罪案件的若干规定》(以下简称最高

[①]　蒋志如:《刑事特别程序研究》,法律出版社 2016 年版,第 13～15 页。

[②]　宋英辉、甄贞主编:《未成年人犯罪诉讼程序研究》,北京师范大学出版社 2011 年版,第 19～21 页。

人民法院《若干规定》),吸收了多年来我国办理未成年人犯罪案件的立法和司法经验,对审理未成年人案件应遵循的特有原则、审判组织、少年法庭的受案范围、开庭前的准备工作、审判和执行中不同于成年人刑事案件的地方都作了比较详细的规定,曾是我国各级人民法院审理少年刑事案件的主要程序性依据。2006 年 1 月 11 日,最高人民法院又颁布了《关于审理未成年人犯罪案件具体应用法律若干问题的解释》,取代了 1995 年的《关于办理未成年人犯罪案件适用法律的若干问题的解释》,对人民法院办理未成年人案件过程中适用的有关实体法问题,特别是定罪量刑问题作了进一步规定。2006 年 12 月 28 日,我国最高人民检察院也通过了《人民检察院办理未成年人犯罪案件的规定》,对于未成年人犯罪案件的审查批捕、审查起诉与出庭支持公诉、法律监督以及申诉检察工作的原则和程序进行了较为详尽的规定。中央社会治安综合治理委员会预防青少年违法犯罪工作领导小组、最高人民法院、最高人民检察院、公安部、司法部、共青团中央于 2010 年 8 月发布了《关于进一步建立和完善办理未成年人刑事案件配套工作体系的若干意见》,以指导性意见的形式对未成年人刑事案件诉讼程序中的许多问题作出了规定。以上法律和司法解释对未成年人犯罪的基本方针和原则以及侦查、起诉、审判、执行程序进行了较为详尽的规定,虽然尚未达到完善的程度,但毕竟在我国形成了一套处理未成年人案件相对独立的诉讼程序。

第二,在组织系统上,形成了办理未成年人犯罪案件的专门机构。1984 年 11 月,上海市长宁区建立了我国第一个少年法庭,专门审判少年刑事案件。1988 年最高人民法院在上海召开了审理未成年人犯罪案件经验交流会,向全国推广少年法庭工作经验。截至 1994 年底,全国已有 3369 个少年法庭,审判少年人员达万余人,实现了所有未成年人犯罪案件全部由少年法庭审理。少年法庭的建立和发展,推动了有关专门机构的建立与创新,根据最高人民法院等中央政法四单位发布的《关于办理少年刑事案件建立互相配套工作体系的通知》的精神,公安、检察、司法、行政都不同程度地采取了相应的措施,各自设立了相应的办理未成年人案件的专门机构。上述专门机构的设立为未成年人犯罪案件处理的专业化奠定了组织和人员基础,有利于未成年人犯罪案件得到公正、高效的办理。

第三,在司法实践中,各地公安司法机关在完善未成年人犯罪诉讼程序方面作了许多积极、有益的探索,比如对未成年犯罪嫌疑人和被告人实行"暂缓起诉"和"暂缓判决",对拟不起诉的未成年犯罪嫌疑人下达"社会服务令",对未成年犯罪嫌疑人、被告人进行"人格调查",对未成年人犯罪案件适用"刑事和解"等。这些实践中的探索极大地丰富了我国未成年人犯罪案件的处理程序,为我国未成年人刑事司法制度的完善提供了许多宝贵的经验材料。

从总体上来说,改革开放后、2012 年修订《刑事诉讼法》之前,我国的未成年人犯罪诉讼程序建设取得了较大的成绩。但是,与西方少年司法制度较为发达的国家相比,我们仍存在较大的差距,这主要表现在以下几个方面。

首先,尚未形成统一的未成年人刑事司法法律制度。就当时的情况来看,少年刑事司法制度的法律渊源较多,体系较为庞杂,除了相关的法律、法规以及中央立法、司法机关出台的一系列司法解释和规定之外,各地从省市到区县基本上也都有本地区或者本部门办理未成年人犯罪案件的具体操作规程,这些操作规程五花八门,内容各异。这不仅有违法制统一原则,而且也导致相同或类似的案件不能得到相同的处理,破坏了法律面前人人平等原则。

其次,未成年人刑事司法正当程序建设仍较为滞后,与联合国少年刑事司法准则的要求仍存在一定距离。诸如未成年犯罪嫌疑人和被告人的沉默权问题、审前羁押问题、与证人对质权问题等仍未在立法层面或者司法实践层面加以解决。作为《北京规则》和《儿童权利公约》的签署加入国,我国亟待本着诚实履行缔约义务的精神,尽快在立法和司法层面缩短与联合国少年司法准则之间的差距。

最后,各地公安司法机关在未成年人刑事司法领域的积极探索固然具有积极意义,但基于不可否认的"功利主义"价值取向,许多实践探索在缺乏足够理论准备的情况下匆匆上马,有的甚至超越了法律规定的范围,从而招致来自四面八方的质疑。也有的地方司法机关在出台新政策、新做法时,未充分考虑本地区、本单位、本部门的实际条件,以至于有的措施出台之后由于缺乏相应的物力、财力和人力保障而不能付诸实施。这些情况的存在严重影响了刑事司法的严肃性和权威性。

(二)2012 年修订《刑事诉讼法》确立未成年人犯罪诉讼程序

2012 年修改《刑事诉讼法》,在第五编"特别程序"中增设"未成年人刑事案件诉讼程序",以 11 个条文对未成年人刑事案件诉讼程序作出较为全面的规定,实现了未成年人刑事案件诉讼程序从分微型立法方式向专章规定方式的转变。这一转变被学者认为在我国未成年人诉讼制度发展史上具有"划时代的意义"。[①] 这种立法方式上的转变以及条文内容的丰富,促使我国未成年人刑事案件诉讼程序实现质的飞跃。

总体而言,2012 年《刑事诉讼法》修改增设"未成年人刑事案件诉讼程序"一章具有以下几方面的特点:

首先,对未成年人刑事案件诉讼程序作了较为全面的规定。"未成年人刑事案件诉讼程序"专章既规定了未成年人刑事案件诉讼程序的方针与原则,也基本覆盖了从讯问、适用强制措施、社会背景调查、法律援助辩护、不起诉、审判直至定罪以后犯罪记录的封存等主要诉讼阶段和诉讼制度。

其次,吸收归纳和总结了其他法律和司法解释对未成年人刑事案件诉讼程序

---

① 宋英辉:《特别程序彰显对未成年人的特殊保护》,载《检察日报》2012 年 4 月 2 日第 3 版。

的规定。虽然 1979 年和 1996 年《刑事诉讼法》对未成年人刑事案件诉讼程序规定
较少,但相关法律和司法解释对其进行了有益的补充。"未成年人刑事案件诉讼程
序"专章对其中的部分内容进行了吸收。

最后,在吸收各地所开展的未成年人刑事司法改革试点经验的基础上,完善已
有制度并增设一些新的制度。未成年人刑事司法制度一直是我国刑事司法改革的
试验田,多年来,很多地方从给予未成年人特殊保护和办理案件的实际需要出发,
尝试了很多创新机制,例如合适成年人讯问时在场、未成年人社会背景调查、对未
成年犯罪嫌疑人审查批捕听取律师意见缓起诉或附条件不起诉和未成年人犯罪记
录封存或前科消灭等。"未成年人刑事案件诉讼程序"专章在吸收试点经验的基础
上,对这些在实践中行之有效的制度予以明确规定。

二、设立的理论基础

未成年人刑事诉讼制度是比普通诉讼制度特殊的一种制度,它的形成经过了
一个漫长的过程。未成年人刑事诉讼制度包含了丰富的理论基础,是人类对未成
年人及未成年人群体犯罪特殊性认识的基础上逐步建立起来的。

(一)未成年人的特殊性

首先,未成年人走上犯罪道路,与未成年人具有的天然的生理和心理的特殊性
有很大的关联。由于未成年人的心智不成熟,所以容易养成不良的习惯,容易受到
外界不利因素的影响走上犯罪的道路,特别是处于 8 至 18 周岁的未成年人,这一
时期,是未成年人一生中最困惑、最特殊和叛逆的时期,面临生理和心理的矛盾与
不解,极易走上歧途。

其次,犯罪学研究认为,造成未成年人走上犯罪道路是多方面因素共同作用的
结果,如社会的、身心的因素等。从社会责任的实现的角度来看,未成年人犯罪是
一种社会病态现象的显现,造成这一病态现象学校、家庭、社会等各个方面的责任
的共同结果,从某种意义上说,未成年人就是受害者,所以我们的社会应以矜恕之
心,让其有回归之路,而非一味强调惩罚。

再次,正处于身心成长阶段的未成年人,其心智尚未发育成熟,故对更加优越
和宽松的生活环境的需求比成年人更加强烈。然而,一旦未成年人走上犯罪的道
路,进入到刑事诉讼阶段,严厉的刑事制度和国家机器的压力将使未成年人无法承
受。如果被羁押,未成年人就会处于一个陌生的环境,同其过去熟悉的生活环境相
隔离,再也无法随心所欲获得其成长所需要的物质、温暖和关爱,这极其不利于未
成年人以后的教育和健康成长。另外,未成年人思想不成熟,社会阅历浅,很容易
受到外部不良环境的影响,如果与成年犯罪嫌疑人犯罪案件一起处理、同监一处,
就很容易受到成年犯罪嫌疑人的影响和感染,不利于对未成年人的改造。

最后,未成年人具有很强的可塑性,犯罪后也更容易悔过自新。未成年人犯罪

动机通常很单纯,具有很大的随意性和盲目性,所以对未成年人犯罪,我们要建立具有针对性的未成年刑事司法制度,而不能用成人的标准来要求未成年人,应更加注重说服教育,对症下药,找到诱发未成年人犯罪的主要原因,从而有利于改造未成年人,使其重新回归社会。

(二)现代刑事法理论

随着人类社会的发展,刑罚理念从被害方"以牙还牙、以暴制暴"的简单复仇思想和国家代被害方对犯罪者施以刑罚的"报应"理念,逐渐发展到"威慑"功能理论。尤其是 19 世纪末期的自然科学、人文科学的全面繁荣,刑事理论发展有了长足的进步,在人性化、理性化的刑事政策指导下,刑罚惩罚是刑事司法唯一功能的地位开始动摇,人们开始注意到刑罚同样也具有警示性预防功能,在刑罚中慢慢也开始采纳这一功能。刑法的谦抑性原则推动了刑罚理念发展,为刑事司法发展指明了方向,形成了一些现代刑事司法理念。

刑法中的非犯罪化、非刑罚化、刑罚个别化和轻刑化理论,使得社会公众对犯罪与刑罚有了很大的认同度,大大地促进了社会对未成年人犯罪的理解和对少年刑事司法制度的反思。社会开始认识到,对待未成年人犯罪必须抛弃与成年人犯罪相同的有罪—惩罚的刑事司法制度,按照刑罚个别化的原则,以教育为主,惩罚为辅,减轻针对未成年人的刑罚,通过教育使未成年人认识到自己的错误,从而弥补自己对他人对社会所犯的过错,早日回归社会。针对未成年人犯罪案件的特殊性,刑事诉讼需要更加注重对其进行权利的保障,赋予未成年人不同于成年人的诉讼权利,建立特殊的制度和程序。通过特殊诉讼程序的迅速简便性使未成年人尽快摆脱讼累,从而减少诉讼对其产生的"负面效应"。这样既满足服务于打击犯罪的需要,同时也实现了对未成年犯罪嫌疑人、被告人权利的保护。

(三)"国家亲权"理论与"恤幼"思想

在人类历史的很长时间里,子女都被认为是家长的私产,家长对子女享有绝对的支配权,这种"家长亲权"受法律保护,属于绝对权利。随着社会的文明与进步,这种"家长亲权"理论逐渐被"国家亲权"理论所取代。该理论把国家作为儿童的监护人,而且是最高监护人,这样就使得国家如父母亲一样,可以对其进行管理、教育,当未成年人权利和利益受到侵害时,国家保护其权利和利益不受非法侵害;同时,当未成年人有犯罪行为时,国家就以家长的身份给予未成年人教育、矫正,促使其悔过自新。国家亲权理论是现代未成年人刑事诉讼理论的基础,决定着未成年人刑事诉讼制度今后的发展方向。

中国具有悠久的"矜老恤幼"刑法思想,主张法律上给予犯罪的老、幼、妇、残疾者以一定的优待的刑事政策。这也为我国未成年人刑事制度的建立提供了特别的思想支持。这一传统的儒家文化思想,主张国家、社会和长者对少年健康成长负有不可推卸的责任,主张给予少年一种有别于成人的特别宽容,给予未成年人更多的关爱,当一定年龄以下的人实施危害社会的行为时,对其减轻或免除处罚。

三、主要内容与实践状况

2012 年修订的《刑事诉讼法》关于未成年人刑事诉讼程序的规定有 11 个条文,明确规定了对未成年人刑事案件实行的基本方针,详细规定了办理未成年人刑事案件应当遵守的原则、程序和制度。主要包括以下方面:

一是明确规定了对犯罪的未成年人实行"教育、感化、挽救"的方针,坚持"教育为主、惩罚为辅"的原则。尽管之前相关法律已经对该原则作出规定,但首次在《刑事诉讼法》中明确规定该原则,仍具有十分重大的意义。这意味着,办理未成年人案件应当将未成年人利益放在第一位,以"未成年人权益最大化"为出发点,将重心放在教育、感化、挽救上,使其回归社会。这体现了我国对未成年人的关爱,为办理未成年人刑事案件提供了明确的指导思想。

二是明确规定了"办案人员专业化"。这就要求,办理未成年人刑事案件,应当由熟悉未成年人身心特点的审判人员、检察人员、侦查人员进行,为此,应当设立专门机构或者设立相对稳定的专门人员办理未成年人案件。这一要求与联合国司法准则是一致的。《联合国少年司法最低限度标准规则》第 22 条规定:"应利用专业教育、在职培训、进修课程以及其他各种适宜的授课方式,使所有处理少年案件的人员具备并保持必要的专业能力。"

三是明确规定对未成年犯罪嫌疑人、被告人实行强制辩护。根据现行《刑事诉讼法》第 267 条的规定,人民法院、人民检察院和公安机关办理未成年人犯罪案件,未成年犯罪嫌疑人、被告人没有委托辩护人的,人民法院、人民检察院、公安机关应当通知法律援助机构指派律师为其提供辩护。与之前的《刑事诉讼法》相比,2012年修订的《刑事诉讼法》将法律援助从审判阶段向前延伸至侦查阶段,将义务机关扩大到公检法机关。

四是明确规定对犯罪嫌疑人、被告人严格适用逮捕措施。其中,"严格限制适用逮捕措施"是指对未成年犯罪嫌疑人、被告人应当尽量不适用逮捕措施,可捕可不捕的不捕。"应当讯问未成年犯罪嫌疑人、被告人,听取辩护律师的意见"是指人民检察院审查批准逮捕和人民法院决定逮捕时,不仅必须讯问犯罪嫌疑人、被告人,还需要听取犯罪嫌疑人、被告人辩护律师的意见。这与联合国有关文件的规定在精神上保持了一致。《联合国少年司法最低限度标准规则》第 13 条规定:"审前拘留应仅作为万不得已的手段使用,而且时间应尽可能短";"如有可能,应采取其他替代办法,诸如密切监视、加强看管或安置在一个家庭或一个教育机构或环境内"。《联合国儿童权利公约》第 37 条(b)项规定:"不得非法或任意剥夺任何儿童的自由。对儿童的逮捕、拘留或监禁应符合法律规定并仅应作为最后手段,期限应为最短的适当时间。"

五是规定对未成年犯罪嫌疑人、被告人实行社会调查制度。公安机关、检察院、法院办理未成年人犯罪案件,要综合考虑未成年人实施犯罪的动机和目的,犯罪性质、情节和社会危害程度,以及是否属于初犯、归案后是否悔罪、成长经历、一贯表现和监护教育条件等因素。社会调查是许多国家审理未成年人案件的必经程序,是未成年人刑事诉讼程序贯彻刑罚个别化和全面调查原则的具体表现。不仅可以有的放矢地进行教育挽救,还可以促使违法犯罪的未成年人认罪悔改。社会调查报告还是侦查机关对涉罪未成年人采取取保候审,检察机关决定逮捕、起诉,法院定罪量刑以及刑罚执行和社区矫正的考量依据。

六是确立了一系列具体诉讼制度,包括:(1)讯问和审判未成年人时的合适成年人在场制度。1996 年《刑事诉讼法》第 14 条第 2 款规定:"对于不满 18 周岁的未成年人犯罪的案件,在讯问和审判时,可以通知犯罪嫌疑人、被告人的法定代理人到场。"2012 年修订的《刑事诉讼法》将原来的"可以通知"改成"应当通知",并扩大了到场人的范围。合适成年人在场不仅可以帮助未成年人与讯问人沟通,还可以对讯问过程是否合法、适合进行监督,保护未成年人的合法权益不受侵害。(2)未成年人的附条件不起诉制度,充分体现未成年人刑事司法非刑罚化的处理原则。(3)未成年人犯罪记录封存制度。未成年人犯罪记录封存制度充分考虑到"一失足成千古恨"的不良影响,消除其今后生活和工作中的不良记录,给犯罪未成年人顺利回归社会提供机会。

总体来说,未成年人犯罪案件诉讼程序较为科学、合理,对预防未成年人犯罪,保护未成年犯罪嫌疑人、被告人以及被害人的合法权益,推进我国诉讼制度与国际社会刑事司法制度的接轨起到了积极的作用。同时,实践中也出现了一些问题,一定程度上妨碍了法律的实施。

第一,专门化的未成年人侦查程序制度缺失。在现有刑事诉讼法律框架内,关于未成年人的侦查程序的规定较之检察程序和审判程序内容显得过少,至于侦查程序中未成年人权利保护的规定,立法上更是寥寥无几。

第二,未成年人法律援助的专业化问题和经费保障问题。从目前的现实情况来看,从事法律援助的律师大部分都是执业不久的律师,他们自身本来案源就少,办案经验也不是很丰富,更是缺乏办理未成年人案件的经验。虽然在律师行业内也出现了专业的办理未成年人案件的人员,但是这些专业律师的数量还远远不能达到未成年人法律援助工作的实际需求。我国中西部地区经济落后,政府无力承担过多的法律援助经费,而这些地区是贫困人口相对集中的地区,反而需要更多的法律援助资金。经费不足的问题在某种程度上制约着对未成年犯罪嫌疑人、被告人法律援助工作的有效展开。

第三,合适成年人参与制度的实效问题。因为关于合适成年人的规定过于原则空洞,缺乏细化和可操作性不利于在实践中实施,所以现实中出现了一些"形式化"的现象。比如,对合适成年人在诉讼各阶段处于什么样的法律地位,在每一诉讼阶段享有哪些权利,同时要承担什么样的义务,都没有明确规定。

第四,社会调查报告的法律性质及细化问题。目前法律并没有对社会调查报告性质作出明确的规定,实践中对社会调查报告的效力也存在争议。主要存在三种观点:一是社会调查报告是刑事诉讼中的证据。二是社会调查报告是品格证据。三是社会调查报告只是法庭在量刑时的参考资料。另外,在具体的案件中,公安机关、人民检察院、人民法院应当以哪个机关为主,怎样才能做到不浪费司法资源,采取什么样的调查方式都是我们在实践中要具体细化的问题。

第五,附条件不起诉制度的条件问题。这项制度适用条件较为严苛,检察机关在实践中不好把握,压缩了制度的适用空间。现行《刑事诉讼法》将可以适用附条件不起诉的案件的量刑确定为"可能"判处一年有期徒刑。此处的"可能"二字语义模糊,执行中极易发生争议。另外,从《刑法》规定来看,法定最高刑期一年有期徒刑的很少。

第六,未成年人犯罪案件的判决是否应该公开的问题。现行《刑事诉讼法》规定:"宣告判决,一律公开进行。"该规定是与不公开审理的立法意旨相悖的。其一,严重地削弱了不公开审理在保护未成年人隐私权方面的意义。其二,公开宣判不符合国际司法惯例。

四、未来走向与对策建议

第一,健全未成年人刑事侦查程序。未成年人的特殊性决定了未成年人刑事侦查程序应该与成年人刑事侦查程序有所区别,不能适用相同的一套侦查程序。立法机构要从制度层面,构建适合于未成年人特殊性的未成年人侦查程序,以体现法律对未成年犯罪嫌疑人的关怀和照顾,使未成年犯罪嫌疑人在公正的程序下接受侦查。首先,应健全专门化的未成年人犯罪案件侦查主体。其次,保障未成年人侦查程序中的权利。比如,可以通过明确合适成年人介入的权利、义务,完善合适成年人介入程序等规定来保障未成年人的权利。最后,用法律来监督程序的正当运行。对未成年人犯罪的刑事侦查,在立法上应扩大检察机关"提前介入"的范围,明确细化检察机关"提前介入"制度。对于重大案件检察院可以派员参加对未成年人犯罪案件的讨论,甚至可以全程参与侦查活动。

第二,完善未成年人法律援助制度。确保同级财政直接拨款,减少中间环节,实现最低法律援助经费保障。另外,积极发动社会力量进行捐助,给法律援助提供资金支持,鼓励和支持资源丰富、资金雄厚的社会组织为生活困难的公民提供法律援助。壮大法律援助律师队伍,一方面要新增承担法律援助义务的社会律师数量,另一方面可以借鉴西方国家的法律诊所教育模式,进行法律专业教育改革,尝试理论与实践相结合的法律诊所教育模式,由于未成年人案件的特殊性,无论是专业的法律援助律师,还是在校的学生,都要对履行未成年人犯罪案件的法律援助人员开展定期培训,提高其综合素质,以达到新《刑事诉讼法》要求的标准,最终组建一支专业的、熟悉未成年人身心特点的未成年人法律援助律师队伍。

第三,完善我国的合适成年人参与制度。首先,合适成年人参与制度是从权利保障的角度来保护未成年人的诉讼权利,因此就应当将这项权利交给未成年人来行使,让未成年人来选择合适成年人到场参与诉讼。其次,要确定合适成年人在场的强制性规定。最后,现行法律和相关解释对合适成年人参与诉讼的权利、程序、资金保障、组织载体等问题都应当作出详细的规定。

第四,细化未成年人刑事案件社会调查制度。首先,调查执行主体应向专业化、中立化方向发展。其次,提升调查报告内容的专业性,制定科学、合理的调查报告范本,进一步统一、细化调查内容。最后,规范社会调查程序。建议立法明确从侦查阶段即启动社会调查,而且确保对所有涉案未成年人进行社会调查。在不同诉讼阶段,社会调查报告应当随案移送。以弹性的方式规定社会调查的期限,在必要情况下,可适当延长社会调查的期限。制作社会调查报告要听取律师的意见,律师可合理质疑此社会调查报告的真实性、客观性。社会调查报告作为证据使用时,应当接受质证。

第五,适当扩大附条件不起诉的适用范围和对象。在适用附条件不起诉制度时,不应当单纯根据轻罪或重罪判断,适用范围也不应当完全受到基准刑的限制,而是应当综合案件情况决定。就适用对象来讲,至少可以拓宽到以下几类未成年人:一是欠缺监护条件但应当适用附条件不起诉制度的未成年人。二是涉罪的吸毒未成年人。三是无国籍和外籍未成年人。

第六,细化、完善犯罪记录封存制度。一是明确有关单位和个人的保密义务。二是严格控制查询。三是拓宽封存范围。除对判处刑罚的记录进行封存,还需将被刑事立案、采取刑事强制措施、不起诉纳入到未成年人犯罪记录封存的范围。四是增加权利救济条款。五是改革未成年人刑事案件宣判制度。人民法院对于拟决定犯罪记录封存的未成年人刑事案件,宣判不应当公开进行,并且要严格控制宣判现场的在场人员。

第三节 当事人和解的公诉案件诉讼程序

一、前期实践探索

当事人和解程序的产生源于司法实践的现实需要。我国传统的办理刑事案件的方式以确定犯罪者的刑事责任和对犯罪者适用刑罚为核心,在有效打击犯罪维护社会秩序方面发挥积极作用的同时,也面临诸多问题:案件处理后,原有矛盾难以化解,当事人之间的关系难以修复,有些甚至激化矛盾,酿成更严重的案件;被害人因犯罪所造成的心理创伤难以抚慰,物质损失难以及时弥补;关押场所交叉感染,导致重新犯罪和严重犯罪;办案机关不堪重负等。而且,我国由于受人口众多、地域广阔、人口流动性大和社会整体处于转型期等特殊因素的影响,某些问题甚至更为突出。例如,被害人由于难以获得赔偿并消解犯罪对其产生的影响,有些诉诸非常规的手段——上访、申诉甚至私力救济;公检法机关办案人员超负荷处理大量刑事案件而疲于应付,难以保证办案质量。这些都严重影响了刑事司法在维护社会秩序方面的整体效果。

自 2005 年前后开始,包括北京、上海、重庆、河北、河南、浙江、江苏、江西、山西、山东、安徽、湖南、云南、海南等诸多省市的公检法机关开始探索运用当事人和解的方式(通常称之为"刑事和解")办理公诉案件,许多地方还制定了相应的规范性文件。在各地试点的基础上,中央的有关政策性文件和有关司法解释已经有关于鼓励轻微案件当事人和解的规定。2008 年中央司法体制改革领导小组在《贯彻实施深化司法体制和工作机制改革若干问题的意见》中明确提出,"对刑事自诉案件和其他轻微刑事犯罪案件,探索建立刑事和解制度,并明确其范围和效力"。2010 年最高人民法院发布的《关于贯彻宽严相济刑事政策的若干意见》第 23 条规定:"被告人案发后对被害人积极进行赔偿,并认罪、悔罪的,依法可以作为酌定量刑情节予以考虑。"随后发布的《关于充分发挥刑事审判职能作用深入推进社会矛盾化解的若干意见》第四项意见就是"积极探索和开展刑事和解工作"。2011 年最高人民检察院发布的《关于办理当事人达成和解的轻微刑事案件的若干意见》则对刑事和解的指导思想和基本原则、适用范围和条件、和解的内容、对当事人和解的审查,以及对当事人达成和解案件的处理等问题进行了专门系统的规定。[①]

就当时的刑事和解试点来看,各地的叫法有所差异,实施的机关有所不同,设计的案件范围不尽一致,总结下来,大致仍可归于前文总结的三类:司法机关居中调解模式、当事人自主和解模式、人民调解模式。

一是司法机关居中调解模式。司法机关主动居中调解,尽管具有权威性高、操作程序严格、效率高等优点,但是,公权力强力介入的痕迹非常明显;由于调解不成功容易给当事人留下偏袒的不良影响,加之法律对于刑事和解尚无明确规定,主动调解多少存在一定风险。因此,采用司法机关主动介入进行调解的地方不多,比较有代表性的有南京市雨花台区、石家庄市裕华区的做法。

① 宋英辉等主编:《刑事诉讼法修改的历史梳理与阐释》,北京大学出版社 2014 年版,第 409 页。

二是当事人自主和解模式。相比较司法机关居中调解,实践中更多采用的是当事人自主和解的模式。例如北京市,安徽省,福建省厦门市的集美区等地的实践。北京市朝阳区是最早实施刑事和解实践的基层司法部门之一,早在 2002 年就制定了《轻伤害案件处理程序实施规则(试行)》,开展刑事和解。2003 年北京市政法委在总结朝阳区刑事和解的实践经验基础上,下发了《关于北京市政法机关办理轻伤害案件工作纪要》,明确规定:"对于确因民间纠纷引起的轻伤害案件,犯罪嫌疑人、被告人的犯罪情节轻微,有悔罪表现,已全部或部分承担被害人医疗、误工等合理赔偿费用,被害人不要求追究其刑事责任的,可由双方自行协商并达成书面赔偿协议。此类案件,在被害人向政法机关出具书面请求后,可按照规定作出撤销案件、不起诉、免于刑事处罚或判处非监禁刑等从宽处理。"

三是人民调解模式。以上海杨浦区为代表的部分地区采用了人民调解模式来实现刑事和解。在杨浦区实践探索的基础上,2006 年上海市高级人民法院、人民检察院、公安局、联合制定了《关于轻伤害案件委托人民调解的若干意见》,在全市范围对轻伤害案件试行刑事和解。

除了以上三种模式外,在具体实践中还存在一些其他不同的做法,如江苏省南通市崇山区检察院年起进行的"检调对接"的司法实践,将社会矛盾纠纷调解中心(社会中立机构)所制作的书面依据直接作为司法裁定的依据,以及江苏省无锡市惠山区人民检察院年所启动的恢复性司法实践探索,通过与社区矫正工作结合,将刑事和解的适用阶段扩展至刑事裁判作出后,直至执行完毕。

总体来看,立法前的实践探索有以下几个特点:其一,和谐社会建设促进了我国刑事和解试点工作的兴起。其二,和解制度所依据的法律文件效力普遍较低。其三,在主导机关上,人民检察院居于主导地位。其四,在适用范围上,规范性文件明确限定了适用范围较窄,以轻微刑事案件为主,司法实践中有所突破。其五,从刑事和解的适用阶段来看,主要集中于侦查、公诉阶段。其六,公权力在刑事和解中发挥了重要的监督乃至决定作用。其七,从和解的实现方式来看,以经济赔偿为主。

长期的实践探索使当事人和解程序在化解社会矛盾、修复关系、保护被害人权利、教育挽救加害人和节约司法资源等多方面的价值得以充分体现,还暴露了当事人和解在实践中可能遇到的问题,为立法做好了准备。

二、理论基础

刑事和解的理论基础可以从犯罪学、刑事政策学、刑事被害人学等学科的相关学说和基督宗教的宽恕观以及我国传统的"和合文化"中进行探寻,它们共同构成了刑事和解制度的理论依据。

（一）犯罪学基础

"对社会和对个人合法权益的保护以及必不可少的刑事司法现代化，只能从犯罪学中获得益处。"①犯罪学的不断发展为刑事和解制度的形成提供了科学实证根据，犯罪学的研究成果表明：导致犯罪发生的原因是复杂的，犯罪的产生和存在是必然的；刑罚的功能不仅是有限的，而且是有害的。承认犯罪发生原因的复杂性和刑罚功能的缺陷，是刑事和解制度得以确立的根本前提。

（二）政策学基础

刑事政策是立法国家的智慧，一国的刑事政策决定了这个国家刑事制度的形成和发展方向。就刑事政策学对刑事和解制度的影响而言，通常认为可以分为两个方面来看：从全球范围而言，新社会防卫论的人道主义刑事政策思想对刑事和解制度的诞生产生了极其重要的影响，它是刑事和解制度的观念基础；对于我国来说，建设和谐社会视野下宽严相济的刑事政策则是促使我国刑事和解制度兴起的直接动因。

（三）刑事被害人学基础

刑事被害人学又被称为犯罪被害人学或被害者学，它是对犯罪学的发展，但刑事被害人学并不等于犯罪学，与犯罪学相比，它包含了许多不同的因素。汉斯于1948年发表的《犯罪人及其被害人》，亨利于1954年发表的《犯罪人与被害人之间的心理关系》，本杰明于1956年发表的《生物、心理和社会科学的一个新分支：被害人学》被认为是刑事被害人学诞生的标志。刑事被害人学的诞生是刑事法学界反思加害人中心主义弊端的重要成果。随着刑事被害人学的兴起，有关刑事被害人的保护问题也日益受到重视，国家在刑事司法权上的绝对垄断地位被打破，刑事被害人在刑事司法中开始发挥重要作用。事实上，刑事和解制度之所以兴起，正是得益于它对被害人处境与地位的充分关注及对其利益的实际支持。刑事被害人学中"防止被害人二次被害"的理论是刑事和解制度的重要理论依据之一。

（四）传统的和合文化

在被引入我国之前，作为一项我国法律体系中没有规定的现代法律制度，刑事和解属于西方法律体系，它是西方社会文明高度发展的成果，反映了西方的文化传统。基督教、天主教等宗教中的宽恕观念是西方刑事和解制度的文化基础。在引入我国之后，一方面，由于社会背景的不同，西方的刑事和解制度必然不能直接适用于我国的特殊国情；另一方面，由于我国的传统文化也蕴含着与西方刑事和解制

---

① ［法］乔治·比卡：《犯罪学的思考和展望》，王立宪、徐德瑛译，中国人民公安大学出版社1992年版，第2页。

度相一致的价值内核——对社会和谐的追求,这就决定了我国也能够建立刑事和解制度。传统的和合文化是我国刑事和解制度得以构建的文化基础。中国古代早已存在体现和解思想的传统文化。孔子云:"礼之用,和为贵。"他一直憧憬"必也使无讼乎"的社会。我国古代刑律有刑事当事人和解的规定,如元朝《大元通制》规定:"诸戏伤人命,自愿休和者听。"因当事人和解的传统也为新民主主义革命时期革命根据地所继承和发扬,抗战时期陕甘宁边区公布的《陕甘宁边区民刑事件调解条例》就有关于刑事当事人和解的相关内容。由此可见,刑事当事人和解是对我国固有法律文化在新的历史条件下的传承与创新。

三、立法及主要内容与运行状况

(一)主要内容及立法意义

在归纳和总结实践经验的基础上,2012 年修改的《刑事诉讼法》增设当事人和解的公诉案件诉讼程序。第 277 条规定了当事人和解的主体、方式和适用的案件范围。第 278 条规定了公安机关、人民检察院、人民法院如何主持、审查当事人和解并制定当事人和解协议书。第 279 条规定了公安机关、人民检察院、人民法院根据其职权可以对达成和解的案件犯罪嫌疑人、被告人作出从宽处理的建议、决定或判决。

2012 年 12 月 3 日修订的《公安机关办理刑事案件程序规定》、2012 年 11 月 22 日修订的《人民检察院刑事诉讼规则(试行)》、2012 年 12 月 20 日通过的《最高人民法院关于执行〈中华人民共和国刑事诉讼法〉的司法解释》,则专门细化规定了公诉案件的刑事和解程序。

总体而言,《刑事诉讼法》及相关司法解释对刑事和解制度已经作了较为全面具体的规定,具有如下重大意义:

第一,有助于贯彻宽严相济的刑事政策。宽严相济的刑事政策是我国的基本刑事政策。它要求,对不同的犯罪和犯罪分子区别对待,做到严中有宽、宽以济严;宽中有严、严以济宽。而当事人和解通过被告人与被害人的自主协商,有利于被告人真诚悔罪,并获得从轻处理,这为贯彻宽严相济的刑事政策提供了重要的路径。

第二,有助于促进社会秩序的和谐安定。当事人和解作为一种新型的解决纠纷的方式,具有传统刑事处罚方式所不具有的优点和功能。只有在当事人双方的意愿都得到最低程度的满足时,和解才可能达成,其中的协商谈判、心理博弈显然取决于双方当事人的自由意志,和解与否、和解形式完全由他们决定。这种充分尊重双方当事人主体性地位的案件处理方式不仅能补偿被害人的物质损害和心理创伤,增加被害人的满意感,还由于犯罪嫌疑人、被告人可能得到从宽处理,而有利于其回归社会,进而恢复因犯罪而受到损害的社会关系,促进社会的和谐安定。

第三,有利于提高诉讼效率和有效解决纠纷。在和解程序中,通过当事人双方的协商达成和解使得办案机关能够快速处理一些较轻的案件,可以节约大量司法资源。而且当事人和解是由双方当事人自愿协商达成协议解决纠纷的,通常可以避免上访和缠讼的发生。

经过几年实践运行,这一程序总体上是成功的,取得了不错的法律效果和社会效果。同时,也暴露出一些在立法上的不足,实践中存在一些问题。

(二)立法的不足

第一,适用范围有限。《刑事诉讼法》规定了公诉案件和解程序的适用条件,但是该条规定的适用范围过窄,只针对人身犯罪、财产犯罪可能判处 3 年有期徒刑以下刑罚的案件和除渎职犯罪以外可能判处 7 年有期徒刑以下刑罚的案件,这远远不能满足司法实践的需求。在有被害人的公诉案件中,往往是那些比较严重的暴力犯罪案件需要和解,尤其是故意杀人案件,被害人是否谅解的承诺决定着被告人是否判处死刑。然而,《刑事诉讼法》规定的附带民事诉讼调解的程序并没有规定适用的案件类型,即只要有物质损失的案件都可以在附带民事诉讼中进行调解。而且在调解的情形之下,加害人的赔偿不拘泥于被害人实际受到的物质损失。因此,司法实践中绝大部分刑事和解走的都是附带民事诉讼调解这个途径,这导致了公诉案件和解程序被架空。如果公诉案件和解程序还有适用的空间的话,也是在侦查和审查起诉阶段得以适用,在审判阶段完全被附带民事诉讼调解给取代了。

第二,加害人履行和解的方式单一。现行《刑事诉讼法》将和解方式仅仅限定为赔偿损失和赔礼道歉两种形式。这两种形式分别从不同层面发挥着作用:从物质层面看,赔偿损失给予被害人一定的经济赔偿,以弥补其所遭受的财产损失;从精神层面看,赔礼道歉则可以抚慰被害人的心理创伤。因此,被害人的利益就在一定程度上得到了双重保障。但加害人履行和解的方式除了单一之外仍然存在缺陷。其中,关于赔偿损失没有明确规定具体的赔偿标准。这对消除司法实践中的"花钱买刑"疑虑和"漫天要价"现象并无多大作用。

第三,适用程序不健全。《刑事诉讼法》的规定赋予司法机关对双方当事人达成刑事和解协议的情形进行审查的权力,这有助于确保当事人和解的自愿性和合法性,从而更好地维护当事人的合法权益。但是《刑事诉讼法》没有明确规定刑事和解具体的启动程序、实施程序和监督程序。在一定程度上刑事和解对传统刑事司法原则有所冲击,如果缺乏对相关司法程序的监督,关于和解的一些疑虑如"花钱买刑"、违背被害人意思达成和解的情况等很可能在司法实践中出现。

(三)实践中出现的问题

第一,刑事和解与"花钱买刑"。适用刑事和解的案件犯罪嫌疑人、被告人可通过赔偿损失、赔礼道歉等方式获得被害人谅解。在司法实践中,最常见的就是金钱赔偿,一般情况下能够承受赔偿数额的加害人会因此得到"谅解"并最终从宽处罚,而经济实力较差的加害人往往无法得到"谅解"。这就给社会公众造成一种误解：有钱人能够花钱减轻刑罚，穷人就没有和解的机会，这就是所谓的"花钱买刑"。这不仅使社会公众对法律及司法机关造成误解，不利于树立法律权威和司法权威，而且也违背了公平平等的法律精神，使得经济条件差的加害人因此"破罐子破摔"进而造成二次犯罪，不利于犯罪预防。

第二，当事人滥用"谅解"权。就金钱赔偿来说，法律规定被害人有权获得物质和精神方面的赔偿，并且被害人有权根据赔偿的情况作出是否谅解、是否同意和解的决定。这虽然保障了被害人的和解自主权，却往往会造成这样一种局面：被害人抓住加害人渴望获得从宽处理的心理，对加害人漫天要价，使得最终获得的赔偿远远大于被害人所遭受的损失，加害人有苦难言，而被害人暗自窃喜。这不仅违背了刑事和解双方自愿互利的原则，还会导致被害人漫天要价，极有可能引起加害人对被害人的打击报复。

第三，公安司法机关滥用权力。根据《刑事诉讼法》规定，达成刑事和解之后，公安机关可以向检察院提出从宽处理的建议，检察院可以向法院作出从宽处罚的建议或者不起诉，法院可以依法对其从宽处罚。实践中，某些地区的公安机关在当事人达成刑事和解后直接作出撤案处理。通常认为，我国法律并没有赋予公安机关自由裁量权，公安机关的职责是立案、侦查和执行。虽然刑事和解之后，加害人的处罚减轻，但其仍然是犯罪行为，只是减刑不减罪而已。因此，公安机关对于刑事和解后的案件，应依法移送检察机关审查起诉并提出从宽处理的建议，而无权直接撤案。此外，司法实践中司法机关甚至为了减轻工作压力和完成工作进度，未加考察谅解和悔罪情况而径直作出从宽处罚的处理。对加害人从宽处罚应当考虑哪些因素？这就给予法官一定的自由裁量权，这极容易造成司法腐败、量刑不公，违背了罪刑法定原则，也侵害了被害人的自主决定权。

第四，刑事和解与罪刑法定原则冲突。刑事和解强调灵活性，不拘泥于既有实体规则的绝对化规定，以被害人与加害人达成的和解协议为依据。和解协议的达成可以作为不追究刑事责任的充要条件。但是，我国《刑法》规定："法律明文规定为犯罪行为的，依照法律定罪处刑；法律没有明文规定为犯罪行为的，不得定罪处刑。"该条规定体现了刑法的罪刑法定原则，它包括积极的罪刑法定和消极的罪刑法定两方面内容。依照这种理解，人们必然会对刑事和解制度是否违反罪刑法定原则存在疑虑。犯罪行为发生后，按照积极的罪刑法定原则，加害人是否应承担刑事责任，应该以法律规定的追责条件为依据。如果犯罪行为人的行为已经被法律规定为犯罪，那么不需要考虑罪行轻重，根据法律该犯罪人就应受到法律责任追究。因此，即使加害人获得了被害人的原谅和宽恕，并与被害人达成和解，也应当按照法律进行定罪处罚，否则就违背了积极的罪刑法定原则。

四、完善建议

针对刑事和解制度在我国存在的上述系列问题，应从几个方面对其进行完善。

第一，扩大刑事和解的运用范围。哪些案件可以适用刑事和解，应当以能否有效实现刑事和解的价值、体现制度立意为标准。只要适用刑事和解可达到缓和社会矛盾，恢复社会关系，维持社会秩序，保障双方当事人合法权利的目的，并且不会造成不良社会影响，就应属于刑事和解的适用范围。一方面，出于公平起见以及刑罚个别化的要求，重罪案件加害人对刑事和解的强烈渴望远远大于轻罪案件的加害人，因此，应通过立法逐步扩大刑事和解的适用范围，使重罪案件也能够有机会进行刑事和解。另一方面，应该对老年人、未成年人、孕妇、初犯、偶犯、过失犯、胁从犯等特殊的犯罪嫌疑人、被告人放宽适用刑事和解的条件。

第二，促进和解方式多元化。和解方式，在本文指的是加害人履行和解协议的方式，也即加害人如何对其犯罪行为造成的损失承担责任。综观我国立法规定与司法实践，经济赔偿和赔礼道歉成为加害人履行责任的主基调。相比较国外的履行种类，我国的和解方式缺乏灵活性，限制了刑事和解在实践中解决纠纷、化解矛盾和恢复社会关系等方面功能的发挥。因此，有必要促进和解方式向多元化发展。刑事和解的方式既可以是精神性的方式，例如，赔礼道歉、消除影响等；也可以是物质性的方式，例如，经济赔偿、劳务补偿、恢复原状等；还可以是公益性的方式，例如，公益捐赠、社会服务等。除此之外，还可以是加害人与被害人之间约定的任何可接受的方式。只要不违反我国法律规定以及社会公序良俗，都可以成为刑事和解的方式。其中，加害人通过为社区提供服务，不仅能够弥补因其犯罪行为对个体和社会造成的损害，而且可以帮助加害人尽快复归社会。通过以上和解方式的综合运用，在制度上建立一套多元化、因人制宜的刑事和解方式体系，从而为被害人合法权益的保护实现多层次、多角度的保障。

第三，完善刑事和解适用程序。规范的刑事和解程序，包括启动、受理审查、实施、达成和解、司法审查和确认。关于启动主体，包括当事人自愿提起和司法机关主动提起两种形式，其中当事人包括被害人、加害人及其各自的诉讼代理人。受理刑事和解的案件程序包括：告知和解权利，即当事人在同意参加修复性司法程序之前，应能够完全获知本人的权利、程序的性质和当事方的决定可能产生的后果。提出和解申请，方式包括共同申请和单独申请，前者须经双方当事人协商，后者须另一方当事人同意接受。进行案件调查和评估，即调查清楚基本情况后，综合评估案件能否采用刑事和解。实施程序可以分为以下两个阶段：准备阶段，是指为保障刑事和解顺利展开而筹备的事项；运作阶段，是指在准备阶段结束后正式进入和解程序，双方当事人进行沟通与协商，直至取得满意的和解结果。双方当事人经过沟通和协商，达成和解的，应当制作和解协议书。和解协议达成后并不能立即生效，应当由司法机关进行审查和确认,防止出现违背法律规定和公共利益的情况。

第四,设立刑事和解被害人国家援助基金和最高赔偿限额。通过设立国家援助基金项目,在加害人无力支付时先由国家出面代替赔偿,这一方面解决了被害人取得赔偿的迫切要求,同时也成全了加害人从宽处罚的愿望,并且有利于消除公众"有钱人花钱买刑"的误解。而设定最高赔偿限额,有利于防止被害人漫天要价,使所受损失与所要赔偿不相称,直接损害了加害人刑事和解的权利。

第五,增加刑事和解的实体法依据。针对"刑事和解"这一特别程序,《刑法》也应与时俱进地作出相应规定,使刑事和解在实体法和程序法上均于法有据,这不仅是刑事和解制度深入发展的迫切需要,也是刑事一体化发展趋势的内在要求。具体来讲,建议在《刑法》第二章第一节的最后增加第 22 条,专门规定刑事和解:公诉案件中,犯罪嫌疑人、被告人与被害人基于自愿、平等的协商达成和解协议,犯罪嫌疑人、被告人的人身危险性显著降低的,可以从轻、减轻或者免除处罚。将刑事和解规定为法定从宽处罚情节,便为刑事和解的从宽处理提供了实体法依据,同时也进一步使我国的刑事法体系更加科学和完善。

第四节　犯罪嫌疑人、被告人逃匿、死亡案件违法所得的没收程序

一、原有的规定及不足

1979 年和 1996 年《刑事诉讼法》对犯罪嫌疑人、被告人逃匿情况下涉案财物的处理语焉不详。有关解释或文件规定,对于犯罪嫌疑人、被告人潜逃的,之前的法律仅要求有关机关采取追捕措施,或者是中止诉讼程序,等待犯罪嫌疑人、被告人归案之后才能继续诉讼。这也意味在犯罪嫌疑人、被告人潜逃情形下,相关的涉案财产问题得不到解决。

1979 年和 1996 年《刑事诉讼法》及其相关解释对犯罪嫌疑人、被告人死亡情形下相关财物处理作了一些规定。在侦查、审查起诉阶段,公安机关、人民检察院可以申请人民法院裁定通知冻结犯罪嫌疑人存款、汇款的金融机构将其存款、汇款上缴国库或者返还被害人。但上述规定仅强调人民检察院和公安机关"可以"申请人民法院作出裁定,而不是"应当"由人民法院进行司法审查,其范围亦仅限于正在进行的诉讼案件。

由上可知,我国之前法律规定的缺陷是明显的,主要体现为以下几个方面:[①]

第一,法律及其解释主要针对犯罪嫌疑人、被告人死亡情形下对涉案财物的处理,而对于犯罪嫌疑人、被告人长期潜逃案件中,如何处理相关财物问题,则没有涉及。这种立法状况使得在一些犯罪嫌疑人、被告人长期潜逃的案件中,国家既无法实现对被告人的定罪科刑,也不能及时挽回经济损失,或者在经济方面有效遏制犯罪活动(如恐怖犯罪)。这对于打击、威慑经济类犯罪(尤其是贪腐类犯罪)、恐怖活动犯罪等是不力的。

第二,在犯罪嫌疑人、被告人死亡情形下,相关解释对涉案财物处理的一些内容也有不合理之处。公安部《办理刑事案件程序规定》、最高人民检察院《刑事诉讼规则》、六机关《刑诉法规定》等规定在犯罪嫌疑人、被告人死亡情形下,公安机关、检察院可以申请法院裁定处理犯罪嫌疑人存款、汇款等,甚至可以直接决定返还被害人,而对于犯罪嫌疑人近亲属以及其他利害关系人是否有权参与以及如何参与均无规定,这就在程序上剥夺了涉案财产利害关系人的参与权,实体上有可能侵犯其合法财产权益。

第三,上述对于相关财物的处理主要是由司法解释或行政解释规定的。由于财产权属公民基本的、重要的权利,应当由基本法作出相应的规定。

二、立法背景及动因

(一)国际背景

为剥夺从事非法贩运者从其犯罪活动中得到的收益,从而消除其从事此类贩运活动的主要刺激因素,1988年联合国《禁止非法贩运麻醉药品和精神药物公约》第5条确立了直接没收和间接没收的形式,并同时规定对财产的合法来源的举证责任可予倒置。

为预防和制止涉嫌为恐怖主义目的提供的资金的流动,切断恐怖犯罪组织资金来源,剥夺恐怖犯罪收益,1999年联合国《制止向恐怖主义提供资助的国际公约》第8条就没收之前对涉嫌恐怖犯罪财产的识别、侦查、冻结或扣押,国与国之间没收所得资金的分享,赔偿犯罪被害人或其家属以及善意第三方权利的保护等方面作出规定。2000年,联合国《打击跨国有组织犯罪公约》将没收财产作为打击跨国有组织犯罪的重要措施,其第12条规定了"没收和扣押",第13条规定了"没收事宜的国际合作",第14条规定了"没收的犯罪所得或财产的处置"。

为"更加有效地预防和打击腐败,预防、查出和制止非法获得的资产的国际转

[①] 陈光中主编:《〈中华人民共和国刑事诉讼法〉修改条文》,人民法院出版社2012年版,第424～427页。

移,并加强资产追回方面的国际合作",2003 年《联合国反腐败公约》在第五章以专章规定了腐败资产的追回。其第 51 条为"一般规定",第 52 条为"预防和监测犯罪所得的转移",第 53 条为"直接追回财产的措施",第 54 条为"通过没收事宜的国际合作追回资产的机制",第 55 条为"没收事宜的国际合作",第 56 条为"特别合作",第 57 条为"资产的返还和处分",第 58 条为"金融情报机构",第 59 条为"双边和多边协定和安排"。尤其值得注意的是第 54 条第 1 款第 3 项的规定,"考虑采取必要的措施,以便在因为犯罪人死亡、潜逃或者缺席而无法对其起诉的情形或者其他有关情形下,能够不经过刑事定罪而没收这类财产"。

我国已签署上述国际公约或加入相关组织,有必要为落实公约中没收相关财产的国际义务进行相关的制度设计。

(二)国内背景

根据现代刑事诉讼制度中当事人有效参与原则和辩护原则,在一般情形下,对被追诉人财产的处分应当赋予其审判过程中的在场权,并有充分的机会和条件为维护自己合法权益进行辩护。但在司法实践中,一些案件的犯罪嫌疑人、被告人长期潜逃或者死亡,如果按照一般情形下的参与原则和辩护原则就无法进行审判,也无法及时挽回国家、集体或者被害人的经济损失。

值得注意的是,贪污腐败犯罪已经成为危及我国国家安全和政权稳定的一项犯罪,但现实中的反腐能力特别是追回腐败资产的能力还不够。首先,贪污贿赂犯罪案件中大量存在犯罪嫌疑人、被告人自杀以逃避刑事责任的情形,亦即实践中常见的贪官自杀现象。由于《刑事诉讼法》缺乏相关制度,在犯罪嫌疑人、被告人不到庭的情况下法院无权对其涉案财产进行强制处分,实现追缴赃款赃物的目的。而且,侦破此类案件极为依赖被告人的供述和证人证言,一旦犯罪嫌疑人自杀,不但会中断案件线索,保护了其他"利益相关人",更重要的是其近亲属得以保有犯罪分子违法取得的巨额财产,正所谓"牺牲自己、幸福全家"。体制漏洞极易滋生腐败,立法缺陷则会加剧其蔓延,缺少判决前的财产没收程序是贪官自杀现象屡见不鲜的根本原因。其次,贪污贿赂犯罪案件中大量存在犯罪嫌疑人、被告人潜逃以逃避刑事责任的情形,亦即实践中常见的贪官失踪潜逃现象。有数据显示,1998 年至 2006 年,我国已成功抓获 70 余名潜逃国外的贪污贿赂犯罪分子,截至 2007 年,逃往境外的犯罪分子共有 200 多人。外逃型贪腐案件正呈现出犯罪隐蔽、高智商化、金额巨大等特点,造成了极为恶劣的社会影响,追逃和追赃已成为打击此类犯罪的首要任务。在其他一些严重的犯罪案件中,类似的问题也存在。如在恐怖犯罪案件中,如果不及时没收与犯罪相关的财物,不仅不能惩治犯罪行为,而且由于不能采取有力措施切断其经济来源,也不能有效防止有关犯罪行为继续发生。

从前述国际公约也可以看出,没收违法所得是打击有组织犯罪、贩毒类犯罪、恐怖主义犯罪的重要手段,设立犯罪嫌疑人、被告人逃匿、死亡案件违法所得的没收程序,追缴赃款赃物,也是顺应国内控制犯罪需求的当务之急。

三、设立的正当性根据

(一)任何人不能从违法犯罪中获益

任何人不能从违法犯罪中获益,古罗马时即有此观念,在刑法中的体现就是"不能让犯罪得到酬劳"。根据该思想,就犯罪行为人而言,实施犯罪行为不应得到奖赏。因而无论是出于有利于实质公正还是出于预防的理由都不应当让犯罪行为人享有源自违法的利益。行为人通过犯罪获得的收益类似民法上的不当得利,损害了原有和谐有序的社会秩序,在没有被害人的犯罪中,国家应通过没收,剥夺行为人因犯罪行为或从犯罪行为中获得的财产或利益。国家代表社会取回这种不当得利,用于补偿社会以及被害人的损失,是可行的,也是必要的。从有关公约中可以看出,没收是遏制洗钱等金融犯罪的重要利器,在防止犯罪人从犯罪中得到利益的同时,也应预防犯罪的发生,如果运律能让行为人实施犯罪后没有任何回报,即辛苦筹划冒险实施后一无所获,权衡之下,人们当然会回避实施犯罪,如此也就达到了预防犯罪的目的。

(二)正当程序的必要限度减损

面对社会治理日趋多元、犯罪控制日益复杂的挑战,刑事司法程序也应当逐步科学化、精密化、专业化,以满足司法实践的调整与打击犯罪、保障人权的双重需要。增设犯罪嫌疑人、被告人逃匿、死亡案件违法所得的没收程序,正是为了应对腐败犯罪和恐怖活动犯罪等特殊类型案件的挑战。在我国的司法实践中,严重犯罪案件的被追诉人外逃使得案件长期处于不确定状态,不仅使国家财产无法被及时追回,利害关系人的权利也得不到有效的保护。可见,没收程序首先关注的是如何有效追缴赃款赃物,减少国家财产的损失,是一种旨在提高诉讼效率、减少诉讼拖延的程序,程序设计侧重追求效率而非公正。有学者指出,该程序从诉讼价值的角度看是其作为特别程序对正当程序的有限减损。作为一种刑事特别程序,其本身并未完全遵守普通程序所要求的正当程序的全部内容;作为一种未定罪的没收程序,在未定罪之前就先行对涉案财产进行了实体处分,一定程度上抛弃了证据裁判与司法最终裁决原则,是对正当程序的减损。然而,这一程序赋予利害关系人以参与权和上诉权,赋予被追诉人以知情权和辩护权,维护了基本的控辩平等的诉讼构造,坚持了公开开庭审理的基本原则。程序设置最大限度地实现了严谨化、严密化,以程序公正来保障和促进实质公正,保障被追诉人的合法权益。

(三)有效预防犯罪

预防刑理论认为刑罚不应仅仅为了报应犯罪而存在,还应该是一种为达到预防犯罪的目的的手段,刑罚本身不是目的,仅仅是一种具有目的性的制裁手段。即使为法律所禁止,但还是有人会铤而走险实施犯罪。对违法所得的没收是预防犯罪的重要手段,是预防刑理论的集中体现。一方面,从一般预防的角度来看,如果只是剥夺犯罪行为人的自由,而不追缴、没收其违法所得,则不仅有悖于社会正义,而且会助长社会上其他有犯罪倾向的人,妄图通过犯罪实现不劳而获。剥夺犯罪分子的违法所得,让社会大众看到犯罪不仅需要成本,还可能亏本,这样没收就能达到一般预防的效果。另一方面,从特殊预防的角度来看,只有通过彻底地追缴、没收违法所得,使犯罪行为人不仅要面临严厉的刑罚处罚,而且在经济上也得不到任何好处,才能让犯罪行为人从心理上彻底打消犯罪的念头,不致再次犯罪。就某些物品而言,存在就有危害社会的危险,如伪钞模板、违禁枪支等,更应予以没收,以防成为下一轮犯罪的工具。尤其是在恐怖主义蔓延的形势下,用于或可能用于恐怖主义犯罪的资产存在的危险性更是显而易见,有关公约中我们也已经看出,没收是遏制恐怖主义犯罪的重要利器。

四、基本内容与运行状况

2012 年修改《刑事诉讼法》,在特别程序当中增设了"犯罪嫌疑人、被告人逃匿、死亡案件违法所得的没收程序"。从立法上确立了我国的违法所得没收程序。根据 2012 年《刑事诉讼法》第五编第三章的内容,所谓的违法所得没收程序是指,对于贪污贿赂犯罪、恐怖活动犯罪等重大犯罪案件,犯罪嫌疑人、被告人逃匿,在通缉一年后不能到案,或者犯罪嫌疑人、被告人死亡,依照刑法规定应当追缴其违法所得及其他涉案财产的,由人民检察院向人民法院提出没收违法所得的申请,并由人民法院作出裁决的刑事诉讼特别程序。违法所得没收程序有以下基本内容:

第一,违法所得没收程序适用的犯罪类型。

违法所得没收程序适用的案件类型为"贪污贿赂犯罪、恐怖活动犯罪等重大案件",我国的《刑法》分则第八章专门规定了"贪污贿赂犯罪",根据《刑法》的规定,具体罪名包括:贪污罪、挪用公款罪、受贿罪、单位受贿罪、利用影响力受贿罪、行贿罪、介绍贿赂罪、单位行贿罪、巨额财产来源不明罪等。而对于恐怖活动犯罪的理解,根据《全国人大常委会关于加强反恐怖工作有关问题的决定》第 2 条的规定,"恐怖活动犯罪"为《刑法》第 120 条规定的组织、领导、参加恐怖组织罪,第 121 条规定的资助恐怖活动组织罪,也包括恐怖组织和恐怖分子个人实施的,带有恐怖性质的具体犯罪。

对于"等"和"重大案件"的理解,对于"等"应该理解为其他类型的犯罪案件与贪污贿赂犯罪和恐怖活动犯罪在性质和危害程度上相似或者相同的话,也可以适用违法所得没收程序。在确定犯罪类型之后,又附加"重大案件",对于立法者的用意应当理解为,不是所有的贪污贿赂犯罪和恐怖活动犯罪都可以适用,而是要达到某一很高的程度时才可以适用。2012 年 12 月公布的《最高人民法院关于适用〈中华人民共和国刑事诉讼法〉的解释》第 508 条对此作出具体的规定,内容为,犯罪嫌疑人、被告人可能被判处无期徒刑以上刑罚的;案件在本省、自治区、直辖市或者全国范围内有较大影响的等属于重大犯罪案件。

第二,违法所得没收程序适用的情况。

违法所得没收程序适用的情况为犯罪嫌疑人、被告人逃匿,在通缉一年后不能到案,或者犯罪嫌疑人、被告人死亡。即分为两种情况,一为犯罪嫌疑人、被告人逃匿,在通缉一年后不能到案的情况;二为犯罪嫌疑人、被告人死亡的情况。而对于"通缉"的理解,应以 2012 年《刑事诉讼法》第 123 条以及公安部的相关规定为准。

第三,违法所得没收程序的没收对象。

违法所得没收程序并没有明确具体地规定所要没收的对象,只是规定了犯罪所得以及其他涉案财产并依据《刑法》规定所要没收的相关财产。而我国《刑法》总则,针对要进行没收的犯罪收益的类型作出相关的规定。根据《刑法》第 64 条的规定,违法所得为犯罪分子所得的一切财物,包括实施犯罪行为所取得的财物和孳息;违法所得没收程序中所要没收的其他涉案财产为违禁品和供犯罪所用的本人财物。

第四,违法所得没收程序的基本程序。

我国违法所得没收程序也有其自身的基本程序。根据法律条文,有些学者将违法所得没收程序划分为启动程序、受理程序、公告程序、审理程序、裁定程序、上诉抗诉程序、回转程序七个基本程序。[①]

这一制度的设立改变了我国刑事司法对特定类型犯罪所得追缴不力、难以展开国际合作的被动局面,在维护国家利益、保护利害关系人的权益、消除犯罪影响、削减再犯能力等方面,都发挥了重大作用,具有很强的时代进步性,具体表现在:建立了一套独立于被追诉人刑事责任判定的对物的处置程序;设立了相对详备的审判程序;重视对利害关系人利益的保护;规定了终止审理和返还财产的情形。

同时,因违法所得没收程序在我国是一个全新的制度设计,已有的立法及相关司法解释规定比较原则,难以满足办案需要。2013 年至 2016 年底,全国检察机关公诉部门共受理违法所得没收程序案件 62 件,向人民法院提出没收违法所得申请案件 38 件。大多数案件还处在公告、延长审理期限状态,难以向前推进。特别是犯罪嫌疑人携款潜逃境外或者犯罪嫌疑人死亡后赃款赃物在境外的案件,如果没有具体的操作程序,检察机关提起限制措施和没收违法所得的申请就面临很大的困难,这就严重影响检察机关启动违法所得没收程序的成效和积极性。截至 2017

[①] 印波:《犯罪嫌疑人、被告人逃匿、死亡案件违法所得没收程序的定性分析》,载《中国检察官》2012 年第 3 期。

年 6 月底,北京、上海、福建、青海、西藏等一半以上省份的法院尚未审理过一例申请没收违法所得的案件。这种现状严重影响了反腐败战略的实施和成效。综上分析,导致上述现状的原因主要集中在以下五个方面:

第一,适用范围过窄。《刑事诉讼法》仅明文规定了贪污贿赂、恐怖活动犯罪,而对诸如国家安全、黑社会性质组织、走私、毒品、金融诈骗、电信诈骗、网络诈骗等大量犯罪均未明确是否在适用范围之内。除了罪名限制,《刑事诉讼法》对违法所得没收程序的适用还进行了"重大犯罪案件"的设置,而"重大"的认定标准在理解上不一,这就使很多案件无法进入程序。

第二,对违法所得没收程序的本质是刑事程序还是民事程序存在不同看法,对此类案件中有关事实证据证明标准存在较大争议。

第三,缺少实践经验指引,各地司法机关对于如何申请和审理,如何制作相关法律文书,以及如何执行认识不足,基本都是摸着石头过河,普遍存在严重的畏难情绪。

第四,因缺少犯罪嫌疑人、被告人供述,难以达到普通刑事诉讼程序的证据证明标准,检察机关批捕时仍习惯于普通刑事程序批捕证据证明标准,导致批捕率很低,在缺少批捕手续条件下,公安机关不能对外逃人员采取通缉措施,从而不能对外逃人员适用违法所得没收程序。

第五,违法所得没收程序涉及诉讼环节较多,特别是有的案件涉及境外诉讼保全措施和没收裁定协助执行,司法机关职责不清,难以有效衔接。

为推动违法所得没收程序在司法实践中的适用,推进反腐败国际追逃追赃工作成效,促进国内规则与国际规则形成良性互动和有效对接,最高人民法院会同最高人民检察院于 2017 年 1 月 5 日出台了《最高人民法院、最高人民检察院关于适用犯罪嫌疑人、被告人逃匿、死亡案件违法所得没收程序若干问题的规定》(以下简称两高《规定》)。两高《规定》共 25 条,从追逃追赃实际出发,针对新情况新问题,突破传统诉讼理念,进行了一系列全新的制度设计。这一规定,从我国司法实际出发,不仅对实践中容易引发争议的概念进行了界定、明确了认定犯罪事实、明确了申请没收的财产与犯罪事实关联性的证明标准,而且对没收申请的审查、一审开庭、二审裁定、利害关系人参加诉讼方式、请求境外协助执行等相关程序,公告等法律文书格式、内容以及送达方式作了具体规定,增强了违法所得没收程序的实践可操作性,既有利于推进违法所得没 收程序的规范、统一适用,也有利于与国外追逃追赃制度形成良性互动和对接,推进反腐败国际追逃追赃工作取得更大成效。

五、不足及未来发展

第一,对违法所得的认定仍需细化区分。

针对实践中存在的问题,这次两高《规定》明确界定了违法所得的认定范围,根据第 3 条,无论是直接或间接获得的财产,还是混合后的收益都属于违法所得。虽然两高《规定》扩大了违法所得的认定范围,看似明确、具体,但仍没有对没收范围进行细化区分,存在"一刀切"的嫌疑,实践中仍有如下问题:在犯罪过程中使用他人的合法财物是否应没收的问题;已经无偿转移给了善意第三人的违法所得是否应没收的问题;对所有违法所得增值部分是否都应当没收的问题;因贬值或损灭的犯罪所得,是否应当没收价值相当财产以作补偿问题;等等。

对此,在严格细化各类财产的同时,应制定相对完善的财产甄别的规则,设立资产形态确认制度,以便公平合理、有效地追回违法所得。具体来说:增加犯罪所用之物并非本人财物的处理规定,建议法律可以明确对善意第三人权利的保护,赋予第三人提出抗辩的权利,对具有合理抗辩理由的第三人的财产予以保护,否则应对第三人财产实施没收,以提醒其对自己财物尽到注意管理的义务;对转化、转变后的财产没收要设置例外情形,建议应当对两高《规定》第 6 条第 2 款作出例外的区分,原则上对违法所得已经转变、转化后的财产进行没收;对违法所得的增值要明确区分没收,而且应当遵守相当性的原则,对不同类型的增值分别考量;补充对与贬值或损毁价值相当的财产另行没收的原则。

第二,逃匿案件的受案范围有待适当拓宽。

被追诉人逃匿案件适用范围相对狭窄,具体来说:首先,相对死亡案件适用范围,逃匿案件适用范围过窄。根据被追诉人的不到案的不同事由,两高《规定》对没收程序分别作出案件适用范围不同的规定,导致实践上对"逃匿"适用过严和对"死亡"适用过松。其次,逃匿案件启动门槛过高。根据两高《规定》,逃匿案件除了符合罪名外,还须达到重大案件的标准,才能适用没收程序,导致启动门槛过高,难以满足司法实践需要。最后,程序的没收范围仍没有包含被追诉人因身体原因而长期不能参与诉讼的没收案件。

从目前国际国内腐败斗争形势和打击犯罪的任务来看,违法所得没收程序的范围应做有限度的扩大解释。首先,应当明确"较大影响"的认定标准以及将县、区、市范围内"较大影响"的案件纳入适用范围。其次,根据司法打击需要,可以有条件地扩大"逃匿"案件的适用范围。对于纳入范围的罪名必须明确,应以需要大量财物支持的犯罪或以牟取暴利作为犯罪动机的类型为主,比如侵犯财产、破坏市场经济犯罪等,而且应当是打击最需要的、具有强烈的政策指向的。最后,增加法律的规定,对于被追诉人因患病导致长期不能参与诉讼的情形,可以参照"逃匿"案件的情形处理。

第三,被追诉人的诉讼权利保障有待继续加强。

这次两高《规定》将程序的适用范围和"违法所得"认定的标准扩大,以及将案件的证明标准降低,这符合实践的发展和需要。但在被追诉人不在案和不参与庭审的情况下,标准的降低容易导致公权力恣意滥用,造成被追诉人的合法权益受损。

对此,建议充分保障被追诉人的诉讼参与权和辩护权,赋予所有违法所得没收案件的犯罪嫌疑人、被告人享有自行委托诉讼代理人参与诉讼的权利,以维护其自身权益,而且不应当设置任何限制,以充分保障其对诉讼活动的有效参与权和辩护权的行使,在特殊的情形下还应当实行指定辩护制度。

第四,解决程序溯及力问题。

对于 2013 年 1 月 1 日实施之前已经发生的犯罪行为和被追诉人出现"逃匿"或"死亡"事实的违法所得没收案件是否具有溯及力,刑事诉讼法并没有规定,2017 年 1 月 5 日实施的两高《规定》也没有对该程序设置前已经发生的犯罪事实是否具有溯及力作出规定,导致司法实践中对于违法所得没收程序是否具有追溯力的问题出现不同的判决。

对此,建议对于违法所得没收程序实施前已经发生的犯罪事实和嫌疑人"逃匿"或"死亡"结果的案件,法律或司法解释可以作出适用违法所得没收程序溯及力的特别规定,并设置一定年限的追诉期限。在追诉期内的诉讼案件"新法即时适用",即新法一旦生效,便立即适用于正在处理的未决案件,也适用于自此之后才开启的新案件;超过追诉期的,则不能适用违法所得没收程序,确需要提出没收申请的,由最高人民检察院决定,从而明确该程序的时间追溯效力问题。

第五节　依法不负刑事责任的精神病人的强制医疗程序

一、设立前的状况

精神病人实施危害社会的行为是各国社会治安中不可忽视的问题。在 2012 年之前,我国相关法律也对强制医疗作出初步的规定。《刑法》第 18 条第 1 款规定:"精神病人在不能辨认或者不能控制自己行为的时候造成危害结果,经法定程序鉴定确认的,不负刑事责任,但是应当责令他的家属或者监护人严加看管和医疗;在必要的时候由政府强制医疗。"《人民警察法》第 14 条规定:"公安机关的人民警察对严重危害公共安全或者他人人身安全的精神病人,可以采取保护性约束措施。需要送往指定的单位、场所加以监护的应当报请县级以上人民政府公安机关批准,并及时通知其监护人。"但是,1979 年《刑事诉讼法》和 1996 年《刑事诉讼法》均未对强制医疗程序作出规定。此外,卫生部、教育部、公安部、民政部、司法部、财政部、中国残联 2004 年 8 月颁布的《关于进一步加强精神卫生工作的指导意见》中规定,公安机关要了解掌握本地区内可能肇事的精神病患者的有关情况,督促家属落实日常监管和治疗措施,对严重肇事肇祸精神疾病患者实施强制治疗,安康医院负责做好治疗工作。

总体来看,当时关于强制医疗制度的法律规定,主要有以下几个方面:

第一,从立法形式上看,有关强制医疗程序的规定比较粗疏。主要规定的是实体问题,即精神病人的刑事责任问题,而对于强制医疗的程序方面,基本没有涉及。由于这些规定过于原则化、适用条件不明确、缺乏规范性导致操作性并不强,实践中多依赖政策来运作。这种立法状况不仅不能有效维护社会秩序,也给公民人身自由带来很大的威胁,司法实践中存在一些随意决定强制医疗,严重侵犯公民基本权利的情况。

第二,强制医疗行政性太强,司法化不足。按照《人民警察法》的规定,无论是采取保护性约束措施,还是将精神病人送往精神病院或者专门的看管场所,均由公安机关决定和执行。在决定过程中,没有一个中立的第三方对强制医疗的申请合法性和合理性进行审查,相关当事人以及其他有利害关系人(被强制医疗的人及其法定代理人或者监护人、被害人及其近亲属等)也没有有效的渠道参与到该程序以维护自己的合法利益。这就导致了司法实践中出现少数公安机关将上访者、轻微违法者但并不符合强制医疗条件的公民进行强制医疗的情况。这种"被精神病"现象凸显了公权力的滥用以及立法的缺陷。

第三,强制医疗缺乏相应的制约机制。与我国强制医疗缺乏司法化相对应,我国强制医疗的决定权缺乏有关的权力和权利因素制约。这不仅体现为当事人及其相关利害关系人无法有效参与该程序,而且也体现为强制医疗的决定不受其他国家机关的监督和制约。例如,在我国,人民检察院虽然是法定的监督机关,但是,相关的法律对检察机关在此方面的监督权限或职责并无具体规定。因此,强制医疗的决定只能由公安机关实行内部自我监督。显然,对于公民合法权利保障而言,这种内部监督的力度是极其有限的。

有关的数据表明,我国有1000多万精神病人,他们中有些具有很强的攻击性和人身危险性,如果不采取有效的措施加以监护和看管,很可能继续危害社会。与此同时,如果没有一个合理、有效的司法程序,强制医疗措施又有可能被有关机关滥用,当事人及其利害关系人的合法权利会遭到侵害。加之程序法对实体法的依附性,在《刑法》规定强制医疗实体问题的前提下,《刑事诉讼法》规定强制医疗程序是必要的。

二、设立背景

由于精神病患者失去辨别能力和控制能力,因此在不具备刑事责任能力的情形下对其实施的危害行为并不负刑事责任。但是,为了维护社会秩序,防止其行为继续危害他人人身、财产安全,并从充分保障精神病患者的健康角度考虑,国家对其人身自由进行一定限制并对其采取强制医疗措施是必要的。因此,强制医疗的目的不是对行为人进行惩罚和教育,而是一种特殊的社会防卫措施。作为一种保安处分措施,各国的强制医疗的实体问题一般由《刑法》加以规定。强制医疗实体上对《刑法》的依附性决定了其程序上对《刑事诉讼法》的依附性。许多国家《刑事诉讼法》中规定了强制医疗的程序。如《德国刑事诉讼法典》在"特别种类程序"中专章规定了"保安处分程序";《俄罗斯联邦刑事诉讼法典》专章规定了"适用医疗性强制方法的诉讼程序"。而且,强制医疗程序在这些国家实际上均为司法程序,而不是一种单方的行政决策程序。

根据中国疾病预防控制中心精神卫生中心在 2009 年公布的数据,我国各类精神疾病患者人数在 1 亿人以上。而重性精神病患者全国有 1600 万名,10％的人有潜在肇事肇祸倾向,可只有 2％的人能吃药治疗,住院治疗人数不超过 10％。也就是说,近 157 万名有潜在肇事肇祸倾向的重性精神病患者处于无医无药无治疗的状态,他们中有些具有很强的攻击性和人身危险性。据公安部不完全统计,精神病人每年实施的案件达万起以上,这些肇事肇祸的精神病人如何进行管理与救治,已经成为维护社会稳定的一个关键环节。如果不采取有效的措施加以监护和看管,他们很可能继续危害社会。与此同时,如果没有一个合理、有效的司法程序,强制医疗措施又有可能被有关机关滥用,当事人及其利害关系人的合法权利会遭到侵害。加之程序法对实体法的依附性,在《刑法》规定强制医疗实体问题的前提下,《刑事诉讼法》规定强制医疗程序是必要的。

三、理论基础

(一)法治理论是刑事强制医疗的理论指导

法律是一种社会行为准则,是公道与正义的标志。亚里士多德曾提出明确和系统的法治主张,认为法治包括三个方面:立法、执法和守法。法治赋予每个公民平等、自由、独立的人格主体地位,不因其地位高低、财富的多寡而存在差异。对于精神病人,同样要尊重他们的人格尊严和主体地位。法治以法律的至上性指导人们的行为方式。法律具有至高无上的权威,一方面为公民的活动提供行为模式,另一方面限制政府权力的滥用,保障公民的自由和权利,坚持以人为本,发展民主法治,保护偏势群体的合法权利,对精神病人给予无歧视差别的特殊保护。强制医疗是行使公权力的行为,公权力必须在保障权利、自由、平等和人性尊严的基础上依法行使,实现强制医疗的公平与公正。

(二)人权保障是刑事强制医疗的内在根据

人权作为人之为人所享有的权利,其受保护的程度在很大程度上反映了一个国家文明的程度和法治的水平。人权保障是刑事诉讼的基本目的之一。当前世界上主要的法治国家,都在宪法中明确规定了刑事诉讼中的基本人权,也体现了刑事诉讼基本人权的重要性。精神病人享有和其他公民同样的人格尊严和人身自由,不应漠视精神病人的权利,忽视他们存在的价值。

精神病人属于弱势群体,又属于社会危险性不确定的主体,其对于社会安全存在潜在的威胁。强制医疗程序出台的目的本身就是为了更好地保障精神病人的人权,同样的,保障精神病人的人权也可以更好地完善强制医疗程序。强制医疗虽不是刑罚,但作为一项限制和剥夺公民人身自由权的措施,它涉及公民的人身自由不能侵犯。只有构建严密的诉讼程序并实现强制医疗的法治化和程序化,才能使权力得到节制。

(三)医疗救助是国家对精神病人的保护措施

使精神病人回归社会既是国家管理权的体现,也是精神病人医疗救助权的体现。《宪法》第 45 条规定:"中华人民共和国公民在年老、疾病或者丧失劳动能力的情况下,有从国家和社会获得物质帮助的权利。国家发展为公民享受这些权利所需要的社会保险社会救济和医疗卫生事业。国家和社会保障残废军人的生活,抚恤烈士家属,优待军人家属。国家和社会帮助安排盲、聋、哑和其他有残疾的公民的劳动、生活和教育。"可见,医疗救助权是《宪法》规定的公民的基本权利,国家需要承担相应的医疗救治义务。精神病患者的数量逐年增加,然而其生存环境相当恶劣。精神病人所遭受的艰难是由于防止不当的对待和虐待缺乏法律保护而产生的歧视造成的。无论是从我国宪法的规定还是我国已经加入的国际公约的内容看,实施了危害行为的严重精神病人作为社会一个特殊的弱势群体,理应在患病时得到国家的物质帮助和医疗照顾。

(四)社会防卫是国家对公众安全的保护措施

在刑事案件中,实施犯罪的精神病患者是极为特殊的群体。精神病人所造成的恶性案件很多,不同于一般的刑事犯罪案件精神病人犯罪具有对象不特定、地点不确定、时间不固定、手段残忍等特点。一些精神病人由于长期得不到治疗,导致刑事犯罪事件时有发生,已成为社会一大公害。因此,为了维护社会治安与稳定,将强制医疗程序纳入法律途径是一种必需的措施。为了预防和减少精神病人给社会带来的危害,最大限度地发挥社会防卫目的,必须通过诉讼程序的条件设置,使强制医疗措施的功能得到充分发挥。

四、主要内容与实践状况

2012 年《刑事诉讼法》在第五编以专章的形式增设了精神病人强制医疗程序,对精神病人强制医疗程序作了较为全面的规定,初步构建了我国强制医疗程序的框架,包括适用对象和适用条件、启动程序、审理程序和决定主体、执行程序以及整

个诉讼过程中的权利救济程序,并明确规定检察机关有权对强制医疗的决定和执行进行监督。具体而言,包括以下几个方面:

第一,明确了我国强制医疗程序的适用条件:一是适用对象必须实施了暴力行为;二是行为必须危害公共安全或严重危害公民人身安全;三是必须经法定鉴定程序鉴定;四是有继续危害社会的可能性。这四个条件缺一不可,必须同时满足才能对精神病人决定适用强制医疗。同时,规定将强制医疗程序的适用对象限定为"经法定程序鉴定依法不负刑事责任的精神病人"。

第二,规定了强制医疗程序的启动程序。从规定来看,我国强制医疗程序的启动模式可概括为两种:一种是"依申请启动",即由人民检察院向人民法院提出启动强制医疗程序的申请;另一种是"依职权启动",即由人民法院凭职权自行启动。同时,明确了公安机关在强制医疗程序中只有程序启动建议权,即公安机关在侦查中发现犯罪嫌疑人符合强制医疗条件的,必须先移送到检察机关,再由检察机关向法院提出申请,然后由法院决定是否适用之。

第三,规定了强制医疗程序的审理和决定程序。明确了强制医疗程序中的审判组织形式只能采用合议庭,不能采用独任制。而且,对强制医疗的审理期限作出明确的要求,且不得延长,这就为强制医疗程序中被申请人的合法权利提供了必要的保障。

第四,规定了强制医疗程序的救济途径。法律赋予了被决定强制医疗的人、被害人及其法定代理人、近亲属不服强制医疗决定时的申请复议权利。另外,还规定了强制医疗执行过程中的评估解除机制,其分为两种模式:一种是依职权主动解除模式;另一种是依申请解除模式。

第五,赋予了人民检察院对强制医疗的决定和执行程序中的法律监督职责,其目的是防止强制医疗权力的滥用。

这些规定填补了我国长期以来在强制医疗方面的程序空白,初步建构了我国强制医疗的程序平台,对保障公民的基本权利具有重大的意义。运行以来,适用强制医疗程序呈现以下特点:

第一,案件总体数量较少,且各地案件数量不平衡。自 2012 年《刑事诉讼法》施行以来,全国每个省份每年适用强制医疗程序的案件数量一般仅有数十件。从常理推断,各地区潜在的精神病人数量差别应当不会太大,但各省份之间适用强制医疗程序的案件数量存在很大差别。以 2014 年为例,审理强制医疗程序案件数量最多的省份的案件总数是数量最少省份的 20 倍。即使在同一省份之内,各地、市法院审理强制医疗程序的案件数量也极不平衡。

第二,暴力行为类型集中。适用强制医疗程序的精神病人实施的暴力行为类型主要以故意杀人、故意伤害等直接侵害公民人身安全的行为为主,放火、爆炸、决水、投放危险物质等危害公共安全的行为类型较少。

第三,启动方式以检察机关提出申请为主。根据《刑事诉讼法》的规定,强制医疗程序分为检察机关提出申请和法院主动适用两种。实践中,基本上所有的强制医疗程序案件均以检察机关提出申请的方式启动,法院在审理刑事案件过程中主动适用强制医疗程序的情况极为少见。这也决定了在级别管辖方面,强制医疗程序案件的管辖法院基本上局限于基层法院。

第四,案件审理结果相对单一。实践中,法院经依法审理后,对绝大部分适用强制医疗程序的精神病人作出强制医疗决定,作出驳回强制医疗申请决定或者认定被告人不符合强制医疗条件的案件比较少见。

第五,申请解除强制医疗措施的主体单一。根据《刑事诉讼法》和最高人民法院的司法解释,被强制医疗人、被强制医疗人的近亲属,以及承担强制医疗执行任务的强制医疗机构均有权申请解除强制医疗措施。但实践中,申请解除强制医疗措施的案件数量较少,且基本上均由被强制医疗人的近亲属提出解除强制医疗措施的申请,尚未发现由强制医疗机构主动提出解除意见的案件。

五、不足与对策建议

(一)启动程序方面

第一,申请启动的主体有待多元化。我国申请启动强制医疗程序的主体过于单一,范围太过狭窄。在检察院或法院没有或者不愿提出强制医疗申请的情况下,并没有赋予其他主体强制医疗程序的启动申请权。

设立强制医疗制度的目的并非追究精神病人的刑事责任,而是为了决定是否适用强制医疗措施。因此,强制医疗制度不存在一般意义上的起诉程序,其应以申请为之。对此,建议在具体的制度设计上赋予精神病人的监护人、法定代理人以及受害人一定范围的启动申请权。赋予精神病人的监护人、法定代理人以及受害人一定范围的启动申请权,体现程序的参与性和公正性。

第二,适用对象有待于进一步拓展。依照《刑法》第18条和《刑事诉讼法》第284条的规定,我国刑事强制医疗程序仅适用于"依法不负刑事责任的精神病人",即触犯刑法行为时无刑事责任能力的精神病人,且在"无刑事责任能力人"之前还加了"实施暴力行为,危害公共安全或者严重危害公民人身安全",另有"造成危害结果"的规定的限制条件。现行法律对刑事强制医疗程序适用对象的限制规定较多,适用范围较窄。

借鉴国外的立法例,建议适用对象多元化。或包括限制刑事责任能力的精神病患者,或包括不具有受审能力的精神病患者,或包括不具有服刑能力的精神病患者,或者以上三类精神病患者中的一部分或者全部都包括在强制医疗程序的适用对象范围内。

第三,启动条件有待进一步精细化。"有继续危害社会的可能"是精神病人强制医疗程序的启动条件中最为核心的要件。适用条件的模糊主要体现在是否具有继续危害社会可能的判断标准。对此,建议应当进一步明确精神病人强制医疗程序的启动条件中"有继续危害社会可能"的判断标准、评判主体和具体表现情形。

（二）审理程序方面

第一,合议庭组成有待科学化。法律和司法解释没有对合议庭的组成给出明确规定。考虑到强制医疗程序审理对象的特殊性,建议在合议庭的组成上采用"审判员＋人民陪审员"的形式,在人民陪审员的选任上,必须由相关的精神病专家、医务人员和专业学者担任,且最好由具备一定精神病学知识的审判员担任审判长。

第二,是否公开审理有待明确。强制医疗案件的审理是以确定公民是否患有精神病及其精神病状况为目的,涉及公民的个人隐私问题,特别是"精神病"标签很可能会给当事人带来污名效应和负面效应,其审判程序不应公开。

第三,证明标准有待明确。法律和司法解释并没有明确证明标准问题。对于被告人实施的犯罪行为以及是否为不负刑事责任的精神病人,应当实行最高的证明标准,即排除合理怀疑。对于被告人的社会危害性,应设置较低的证明标准,不应实行排除合理怀疑的证明标准。

（三）执行和救济程序方面

第一,细化强制医疗执行机构。《刑法》将开展强制医疗的主体笼统地规定为"政府"。《刑事诉讼法》及相关的司法解释也没有明确规定强制医疗的具体机构。对此,可借鉴域外做法,强制医疗的方法被分成四个不同的层次:第一,强制性门诊监管并接受精神病医生的治疗;第二,在普通精神病院进行强制医疗;第三,在专门精神病院进行强制医疗和在加强监管的专门精神病院进行强制医疗;第四,针对被强制医疗的人患病的不同程度、不同种类,将其送往不同的强制医疗机构进行看护和治疗。

第二,规定违反强制医疗救济程序的法律责任。可以参照《精神卫生法》的相关规定,如在定期对被强制医疗人进行的评估诊断中,精神障碍司法鉴定机构或司法鉴定人出具虚假的精神障碍鉴定报告故意违反强制医疗纠错机制的,由省（自治区、直辖市）人民政府司法行政部门撤销登记;构成犯罪的依法追究其刑事责任;因故意犯罪或者职务过失犯罪受到刑事处罚以及被司法行政部门撤销登记的司法鉴定人,将不得再从事司法鉴定工作。

第十一章

再审制度与冤案平反

我国刑事诉讼法一直将纠正生效刑事错误裁判的审判程序称为"审判监督程序"。[①] 在司法解释中,有的将该程序称为"审判监督程序",有的称为"再审程序"。[②] 在理论研究中,很多相关著作也将"审判监督程序"等同于"再审程序"。我国刑事诉讼中的"审判监督程序"在新中国成立后的法律制定过程中借鉴了苏联刑事诉讼法学中的概念。而我国"审判监督程序"之所以等同于"再审程序",是因为

[①] 1979 年 7 月 1 日第五届全国人民代表大会第二次会议通过的《中华人民共和国刑事诉讼法》第三编专章规定了"审判监督程序"。1996 年 3 月 17 日第八届全国人民代表大会第四次会议通过的修正后的《中华人民共和国刑事诉讼法》第三编第五章与 2012 年 3 月 14 日第十一届全国人民代表大会第五次会议通过的修正后的《中华人民共和国刑事诉讼法》第三编第五章均沿用了"审判监督程序"的称谓。

[②] 1998 年 6 月 29 日最高人民法院审判委员会第 989 次会议通过、9 月 2 日发布的最高人民法院《关于执行〈中华人民共和国刑事诉讼法〉若干问题的解释》,2012 年 11 月 5 日最高人民法院审判委员会第 1559 次会议通过、12 月 20 日发布的《关于适用〈中华人民共和国刑事诉讼法〉的解释》,2011 年 4 月 18 日由最高人民法院审判委员会第 1518 次会议通过、10 月 14 日发布的《关于审理人民检察院按照审判监督程序提出的刑事抗诉案件若干问题的规定》中称为"审判监督程序"。2001 年 10 月 18 日由最高人民法院审判委员会第 1196 次会议通过、12 月 26 日发布的《关于刑事再审案件开庭审理程序的具体规定(试行)》,由最高人民法院审判委员会第 1230 次会议通过、2002 年 9 月 10 日发布的《关于规范人民法院再审立案的若干意见(试行)》中称为"再审程序"。

我国的"再审程序"只能由最高人民法院、上级人民法院、各级人民法院院长及审判委员会、最高人民检察院以及上级人民检察院提起,它为上级人民法院对下级人民法院的工作监督以及上级人民检察院对下级人民法院的法律监督提供了最后一个程序保证。[①] 本章所论及的"再审"即"审判监督"。

第一节　改革开放 40 年来再审制度的变迁

一、再审制度的确立:1979 年《刑事诉讼法》制定

早在第二次国内革命战争时期,苏区工农民主政权颁布的法令中就有关于再审的规定。中华苏维埃中央执行委员会于 1934 年 4 月 8 日颁布的《中华苏维埃共和国司法程序》第 6 条规定:"任何案件,经过两级审判之后,不能再上诉,但是检察员认为该案件经过两审后,尚有不同意见时,还可以向司法机关抗议,再行审判一次。"这一规定就表明当时已经设置了再审程序,即案件必须经两审后,由检察员提起抗诉,才有启动再审的可能;再审以一次为限。

抗日战争时期,各革命根据地颁布了许多单行法规,其中就有关于再审程序的规定。例如 1942 年陕甘宁边区政府拟定的《边区刑事诉讼条例草案》第四章就对再审程序作了专门规定,涉及提起再审的主体、理由、时限等内容。

解放战争时期,刑事再审制度得到了进一步发展,华北人民政府颁布了一系列法律法令,规定了一些平反改错的原则。[②]

1949 年,新中国成立后,再审制度被确立为一项法律制度。1951 年中央人民政府委员会第十二次会议通过了《中华人民共和国人民法院暂行组织条例》。该条例第 28 条规定:"最高人民法院可以抽调审查各级人民法院(包括最高人民法院分院、分庭)判决确定的案件,如发现各级人民法院的确定判决有重大错误时,得依再审程序处理。"该条例第 38 条规定:"人民检察署对于人民法院的确定判决,认为确有重大错误者,得提起抗诉,请予依法再审。最高人民检察署对于最高人民法院的确定判决,亦得提起抗诉,请予依法再审。"这就将再审权限赋予最高人民法院和人民检察院,而且明确规定最高人民检察院对最高人民法院的生效裁判也可以抗诉,启动再审程序。

1954 年第一届全国人民代表大会第一次会议通过的《中华人民共和国人民法

[①]　陈瑞华:《刑事诉讼的前沿问题》,中国人民大学出版社 2001 年版,第 485 页。
[②]　焦悦勤:《刑事审判监督程序研究》,法律出版社 2013 年版,第 25 页。

院组织法》和《中华人民共和国人民检察院组织法》都对刑事审判监督程序作出较为详尽的规定。《中华人民共和国人民法院组织法》第 12 条规定："各级人民法院对本院已经发生法律效力的判决和裁定,如果发现在认定事实上或者在适用法律上确有错误,必须提交审判委员会处理。最高人民法院对各级人民法院已经发生法律效力的判决和裁定,上级人民法院对下级人民法院已经发生法律效力的判决和裁定,如果发现确有错误,有权提审或者指令下级人民法院再审。"《中华人民共和国人民检察院组织法》第 16 条规定:"最高人民检察院对各级人民法院已经发生法律效力的判决和裁定,上级人民检察院对下级人民法院已经发生法律效力的判决和裁定,如果发现确有错误,有权按照审判监督程序提出抗议。"这两个条款表明,各级人民法院通过本院审判委员会就本院生效裁判、最高人民法院对各级人民法院生效裁判、上级人民法院对下级人民法院生效裁判,如果发现"确有错误",均可以启动再审程序。同时需要注意的是,这也是我国法律中最早开始使用"审判监督程序"这一称谓的地方。

1979 年 7 月 1 日,第五届全国人民代表大会第二次会议通过了新中国第一部刑事诉讼法典——《中华人民共和国刑事诉讼法》。该法第三编第五章专章规定审判监督程序,共 3 个条文。这 3 个条文内容涉及再审申诉的主体、提起再审的主体、再审的理由以及再审的审理程序等。

同日通过的《中华人民共和国人民法院组织法》第 14 条和《中华人民共和国人民检察院组织法》第 18 条也对审判监督程序作出规定。

二、再审制度的发展：1996 年刑事诉讼法修改

1996 年 3 月 17 日第八届全国人民代表大会第四次会议通过的修正后的《中华人民共和国刑事诉讼法》第三编第五章专章规定审判监督程序,共 5 个条文。1996 年《刑事诉讼法》对审判监督程序作出修改和完善:对 1979 年《刑事诉讼法》第 143 条作出修正;在 1979 年《刑事诉讼法》第 149 条中增加一款;增加两个新条文,即 1996 年《刑事诉讼法》第 204 条和第 207 条。1996 年《刑事诉讼法》对审判监督程序的修改完善内容涉及再审申诉的主体、应当再审的情形、人民检察院的抗诉和审判监督程序的审理期限等。

三、再审制度的完善：2012 年《刑事诉讼法》修改

2012 年 3 月 14 日第十一届全国人民代表大会第五次会议通过的修正后的《中华人民共和国刑事诉讼法》第三编第五章规定审判监督程序,共 7 个条文。2012 年《刑事诉讼法》对审判监督程序作出修改:对 1979 年《刑事诉讼法》第 204 条和第 206 条两个条文作出修正;并在 1979 年《刑事诉讼法》第 206 条中增加一款;增加两个新条文,即 2012 年《刑事诉讼法》第 244 条和第 246 条。2012 年《刑事

诉讼法》对审判监督程序的修改,进一步完善了我国的审判监督程序,明确了应当再审的情形、完善了上级人民法院指令下级人民法院再审的程序、明确了再审应当另行组成合议庭的情形、增加了人民检察院派员出庭再审开庭审理的案件以及再审案件中强制措施的适用和原裁判中止执行等内容。

四、再审制度变迁述评

(一)再审制度体系基本形成阶段(1979—1990 年)

20 世纪 50 年代后期开展的反右派运动和 60 年代中期开始的"文化大革命"运动,使中国的法制建设遭到严重破坏,包括刑事诉讼法学在内的各个法学学科都处于长期停滞不前的状态。1976 年 10 月,"四人帮"被粉碎,"文化大革命"结束。1978 年 12 月,中共中央召开了具有历史意义的十一届三中全会。这次会议指出,为了保障人民民主,必须加强社会主义法制,使民主制度化、法律化,应当把立法工作摆到全国人民代表大会及其常务委员会的重要议事日程上来,并提出了"有法可依,有法必依,执法必严,违法必究"的法制方针。自此至 1996 年的十余年间,刑事诉讼法学和其他各个法学学科一样,进入了一个"复苏"时期,其中再审理论体系基本形成。

刑事诉讼法制的健全,为再审制度的重建提供了重要契机和坚实的基础。这一时期,我国制定通过了 1979 年《刑事诉讼法》,修正公布了《中华人民共和国人民法院组织法》《中华人民共和国人民检察院组织法》,成立了中国法学会诉讼法学研究会。这些历史大背景,为设立我国刑事再审制度和程序奠定了坚实基础,同时也开启了我国刑事诉讼法学理论界和实务界对再审理论研究的发展的新阶段。这一时期,在对"文化大革命"反思的过程中,在拨乱反正、纠正冤假错案的过程中,在"实事求是、有错必纠"思想的指导下,对再审制度的基本问题进行了广泛深入的探讨,并注意进行比较研究,从而在思想整合过程中基本形成了新中国刑事再审制度理论体系,将刑事再审程序设置为以纠错为主要功能的程序,其中所反映的学术风格、研究方法、学术观点为 20 世纪 90 年代中后期刑事再审制度的改革与完善奠定了基础。[①]

(二)再审制度体系完善阶段(1991—1999 年)

随着改革开放的逐步深入,社会主义民主与法制建设进程的推进,刑事诉讼法及刑事诉讼法学研究面临许多新情况、新问题,刑事诉讼制度的科学化和民主化问

[①] 徐鹤喃:《从始点到起点——刑事诉讼法学 50 年回顾与前瞻(上)》,载《国家检察官学院学报》2000 年第 1 期。

题成为刑事诉讼法学者普遍关心的研究课题。[①] 经过十余年理论与实践的锤炼之后,对这部启动并引导着中国刑事诉讼法学进行系统研究的中国第一部刑事诉讼法典的修改被提上议事日程,1991 年 1 月,全国人大法工委刑法室在中国政法大学召开了一次小型专家座谈会,围绕刑事诉讼法要不要修改以及怎样修改等问题进行了热烈讨论,初步酝酿了刑事诉讼法的修改。[②] 之后,中国法学会诉讼法学研究会组织了大量有关刑事诉讼法修改与完善的学术会议。[③] 以此背景为依托,再审制度的发展完善进入了关键时期,再审理论研究也进入了新阶段。

这一阶段,理论界提出了对修改刑事诉讼法的总体设想和思路:立足国情与借鉴外国经验,经过对刑事诉讼中惩罚犯罪与保护人民之间的关系、刑事诉讼的规律性要求与司法实践中存在的主要问题等方面进行了深刻的分析、论证之后,大致达成了修改刑事诉讼法应当坚持的总体设想:第一,既要立足于中国国情,具有中国特色,也要充分考虑国际通例和诉讼法发展的大趋势,要有一定的超前性,争取在进入 21 世纪也能稳定一个时期。[④]

1996 年 3 月 5 日,《关于修改〈中华人民共和国刑事诉讼法〉的决定》在第八届全国人民代表大会第四次会议上顺利通过。该决定对 1979 年《刑事诉讼法》作出了重大修改,加强了对公民权利的保障和对国家权力的制约,以防止国家机关任意或过度地侵犯公民权利与自由。三是在这样的修改总体思路的指导下,1996 年《刑事诉讼法》对再审程序也进行了修正,内容涉及再审申诉的主体、应当再审的情形、人民检察院的抗诉和审判监督程序的审理期限等,实现了对再审程序的完善。

(三)再审制度体系提升阶段(2000 年至今)

1996 年《刑事诉讼法》在民主性与科学性方面取得了巨大进步,但也存在一些不周密之处,同时在实施过程中也遇到了各种各样的问题,特别是随着社会日益迅速地发展,《刑事诉讼法》与社会发展不协调的部分日益突出,因此,对《刑事诉讼法》进行再修改又被提上日程。

最高人民法院于 1997 年 9 月 16 日至 19 日召开全国法院立案和刑事审判监

[①] 陈瑞华:《二十世纪中国之刑事诉讼法学》,载《中外法学》1997 年第 6 期。

[②] 徐鹤喃:《从始点到终点——刑事诉讼法学 50 年回顾与前瞻(下)》,载《国家检察官学院学报》2000 年第 2 期。

[③] 1993 年 10 月,陈光中接受全国人大常委会法制工作委员会的委托,组织中国政法大学的刑事诉讼法学者研究并起草《刑事诉讼法》的修改草案。在总结和研究刑事诉讼法学界提出的有关刑事诉讼制度改革的意见和建议的基础上,结合中国的实际情况和各国刑事诉讼制度改革的共同趋势,草拟出一部《刑事诉讼法修改建议稿》,这部建议稿提交立法部门和司法部门后,对当时的刑事诉讼法修改产生了较大影响。1996 年《刑事诉讼法》就参考、借鉴、吸收了这部建议稿中的很多内容。

[④] 徐鹤喃:《从始点到终点——刑事诉讼法学 50 年回顾与前瞻(下)》,载《国家检察官学院学报》2000 年第 2 期。

督工作座谈会,时任最高人民法院副院长祝铭山指出"设置专门机构来办理立案和审判监督工作,是人民法院的一项改革"。尽管改革迹象出现,但"实事求是,有错必纠"的指导思想并未动摇,祝铭山在此次会议上提出三项改革原则:一是强化上级法院依法监督的有效性和权威性;二是高度重视当事人申诉和申请再审;三是坚持实事求是,有错必纠的原则。2000 年,随着最高人民法院审判监督庭的设立,刑事再审程序改革正式启动。①

2003 年 10 月,第十届全国人大常委会将《刑事诉讼法》的再修改列入了本届人大常委会五年立法规划,由此又一次掀起学界探讨改革、完善《刑事诉讼法》的高潮,其中也包括对再审制度的研究探讨。② 学者们指出,刑事诉讼法的再修改,必须以促进社会和谐为目标,以有利于实现社会公平和正义为基本方向,既要实事求是,面向现实,充分考虑中国的基本国情,又要勇于更新理念,以世界的眼光,开放的胸怀,认真借鉴当代法治国家体现诉讼民主与公正的有益经验;并强调,《刑事诉讼法》的再修改应当坚持以民主、科学、创新和务实的诉讼理念为支撑,坚持以《宪法》为依据,坚持与联合国刑事司法准则相衔接,并吸收海外刑事诉讼立法的有益经验,坚持从实际出发,着重解决司法实践中明显存在、人民群众反映比较强烈的问题。③

在这一修法基本思路的影响下,学界也对刑事再审制度进行了反思与探讨,特别是将刑事再审制度的探讨与一事不再理和禁止双重危险原则的研究结合起来。一事不再理原则是大陆法系国家刑事诉讼的一项基本原则,这一原则是指,法院对任何已经生效裁判予以处理的案件不得再行审判;禁止双重危险原则是英美法系国家刑事诉讼的一项基本原则,其是指任何人不得因同一罪行而受到两次以上的起诉和审判。联合国《公民权利和政治权利国际公约》将禁止双重危险确立为公民的一项基本权利。我国刑事诉讼法学界对一事不再理原则和禁止双重危险原则的研究起步虽晚,但也取得了可喜的成绩,特别是在两者的含义与价值的比较方面。④ 例如有学者指出,一事不再理原则的着眼点在于程序的安定性,而禁止双重

① 沈德咏:《深化审判监督改革加强审判监督工作》,2002 年 8 月 7 日在全国审判监督改革经验交流会上的讲话;2000 年 12 月 4 日,《最高人民法院机关内设机构及新设事业单位职能》。
② 其中陈光中主编的《〈中华人民共和国刑事诉讼法〉再修改专家建议稿与论证》、徐静村主编的《中国刑事诉讼法(第二修正案)学者拟制稿及立法理由》、陈卫东主编的《刑事诉讼法模范法典》、田文昌和陈瑞华编著的《〈中华人民共和国刑事诉讼法〉再修改律师建议稿与论证》等立法建议稿,对《刑事诉讼法》再修改问题进行了具体设计,受到了立法和司法机关的重视。
③ 陈光中:《刑事诉讼法再修改之基本思路》,载陈光中主编:《〈中华人民共和国刑事诉讼法〉再修改专家建议稿与论证》,中国法制出版社 2006 年版,第 1~15 页。
④ 卞建林:《中国刑事诉讼法学三十年》,载《中国法学三十年(1978—2008)》,中国人民大学出版社 2008 年版。

危险原则则侧重于公民的权利保障；一事不再理原则适用的前提是法院作出生效裁判，而禁止双重危险的适用不以此为限，只要司法程序已经对被告人产生了危险，被告人就不应受第二次危险。[①] 对这一原则的研究引起对我国现行刑事再审程序的深入研究与质疑。例如陈卫东在其博士论文基础上出版《刑事审判监督程序研究》专著，对刑事再审程序进行了前所未有的全面具体深入的研究与思考。在这一轮研究中，学界普遍认为现行的刑事再审程序违背了一事不再理（禁止双重危险）原则，存在重复追诉、无限再审的危险，不能充分地保障人权，需要加以改造。[②] 大多数学者认为，构建科学的再审程序，应当首先纠正片面强调"实事求是、有错必纠"的传统观念，并且应当把程序公正与实体公正的安定性与纠正错判结合起来，区别有利于被判决人的再审与不利于被判决人的再审；在满足公正要求的底线上，提高诉讼效率；[③] 还有学者认为，我国刑事再审理由宽泛，启动再审证明标准苛刻，司法机关很难启动再审，应当在严格控制再审理由的同时，适当放宽启动再审的证明标准。[④]

正是在这些理论研究的推动下，2012 年《刑事诉讼法》对再审制度又作出修正，包括进一步明确了应当再审的情形、完善了上级人民法院指令下级人民法院再审的程序、明确了再审应当另行组成合议庭的情形、增加了人民检察院派员出庭再审开庭审理的案件以及再审案件中强制措施的适用和原裁判中止执行等内容。这就进一步提升了我国刑事再审程序的科学化、法治化程度。

40 年新中国法治发展的历程同时也是刑事再审程序的发展历程。这段发展历程体现着对理性与正义的不懈追求，特别是 21 世纪以来，中国正面临多元化的世界及国际性标准的挑战、面临转型社会的挑战，从理论研究和实践应用层面来讲，刑事再审制度是逐步向着科学化、规范化方面完善提升的，特别是在应当再审的情形、上级人民法院决定再审以及再审案件的审理等方面的理论研究与立法适用等方面，而且再审制度的完善提升为冤案平反创造了必要的法定程序。

但是同时也要正视当前的刑事再审制度也存在明显不足，未来还应当对刑事再审程序进行改革完善。例如当前大部分冤案都是被偶然发现的，那么隐藏的冤案数量是否会很多？因此健全冤案的发现机制亟待解决。再如中央政法委发布的《关于切实防止冤假错案的规定》第 13 条明确要求"明确冤假错案的标准、纠错启动主体和程序，建立健全冤假错案的责任追究机制"。第六次全国刑事审判工作会

---

① 宋英辉主编：《刑事诉讼原理》，法律出版社 2003 年版，第 158 页。

② 卞建林：《中国刑事诉讼法学三十年》，载《中国法学三十年（1978—2008）》，中国人民大学出版社 2008 年版。

③ 焦悦勤：《公正与效率视野下的刑事再审程序重构》，载《理论导刊》2006 年第 8 期。

④ 王新清、李江海：《刑事案件启动再审条件的分解与重构》，载《人民检察》2006 年第 13 期。

议要求"全国各级人民法院要高度重视刑事审判监督工作,重点抓好健全刑事审判监督工作机制"。这都表明未来对刑事再审制度的改革势在必行。这种改革应当包括三个层面:第一,宏观层面的改革,指在厘清刑事再审程序基本定位的基础上,放宽改革的视界,将其放置在整个审级制度改革的宏观视野中,首先应当明确再审程序的特殊救济程序性质,进而必须明晰裁判的终局性、权威性主要来源于裁判的正当性,当裁判的正当性不足时,当事人很可能会挑战裁判的终局性,由此,应当着眼于通过精密的第一审程序从源头上提高裁判的正当性,通过二审程序、死刑复核程序等化解当事人的不满,应当着眼于改变当下改革过分推崇再审进而导致法院工作重心向再审程序转移的倾向;第二,中观层面的改革,指抛弃意识形态化的指导理念,引入现代刑事再审理念,即未来刑事再审程序改革应当逐渐摈弃"实事求是、有错必纠"等,引入一事不再理(或禁止双重危险原则)重构刑事再审程序;第三,微观层面的改革,指将再审情形的完善作为切入点,重构中国的刑事再审程序。再审情形的明确化、具体化,对所有司法参与者在普通程序中的行为具有不可低估的导向作用,从而现实或潜在地督导普通程序裁判质量的改进,更重要的意义还在于引导当事人在再审程序中依法有序表达诉求,同时防范、规制法院再审程序中裁量权的滥用。[①]

第二节 应当再审的情形

一、应当再审情形的内涵

应当再审的情形,又称刑事再审的启动理由或者刑事再审的原因,是指能够启动刑事再审程序的根据或条件。法院作出生效裁判后,即会产生既判力,因此,对生效裁判非经法定正当程序,是不能予以随意变更或者撤销的。然而,由于种种主客观原因,生效裁判也可能存在错误,损害相关人的合法权益,刑事再审程序在这种背景下应运而生。但是,刑事再审程序的启动会影响生效裁判的既判力,因此,法律必须严格限制启动再审的理由,以避免刑事再审程序的任意启动。可见,法律对应当再审情形的规定,直接关系到刑事再审程序能否启动,关系到司法的公正与权威。

二、应当再审情形的确立背景

1979 年《刑事诉讼法》只是笼统规定应当再审的情形为"确有错误",即"各级人民

---

① 李训虎:《刑事再审程序改革检讨》,载《政法论坛》2014 年第 3 期。

法院院长对本院已经发生法律效力的判决和裁定,如果发现在认定事实上或者在适用法律上确有错误,必须提交审判委员会处理。最高人民法院对各级人民法院已经发生法律效力的判决和裁定,上级人民法院对下级人民法院已经发生法律效力的判决和裁定,如果发现确有错误,有权提审或者指令下级人民法院再审。最高人民检察院对各级人民法院已经发生法律效力的判决和裁定,上级人民检察院对下级人民法院已经发生法律效力的判决和裁定,如果发现确有错误,有权按照审判监督程序向同级人民法院提出抗诉",对何谓"确有错误"并没有作出细化规定,只是指出这种"错误"既包括事实认定上的错误,也包括适用法律上的错误。同时,1979 年《刑事诉讼法》对于当事人等对已经发生法律效力的判决、裁定的申诉,未作出任何情形、理由方面的限制规定。因此,1979 年《刑事诉讼法》对应当再审情形的法律规定是非常笼统化、原则化的,造成实践中刑事再审程序启动的随意性。

为解决 1979 年《刑事诉讼法》对应当再审情形的模糊规定造成的刑事再审程序任意启动的司法实践问题,1996 年《刑事诉讼法》对应当再审的情形作出了明确细化规范,主要是通过以列举的方式规范当事人等申诉启动再审的情形来明确规定应当再审的情形。即 1996 年《刑事诉讼法》第 204 条规定:"当事人及其法定代理人、近亲属的申诉符合下列情形之一的,人民法院应当重新审判:(一)有新的证据证明原判决、裁定认定的事实确有错误的;(二)据以定罪量刑的证据不确实、不充分或者证明案件事实的主要证据之间存在矛盾的;(三)原判决、裁定适用法律确有错误的;(四)审判人员在审理该案件的时候,有贪污受贿,徇私舞弊,枉法裁判行为的。"同时,1996 年《刑事诉讼法》对各级人民法院、最高人民法院与上级人民法院、最高人民检察院与上级人民检察院启动再审的理由没有作出修改,依然沿用了 1979 年《刑事诉讼法》"确有错误"的规定。

1998 高法解释对当事人等申诉的受理理由以及人民法院、人民检察院启动再审的理由作出和 1996 年《刑事诉讼法》类似的规定。例如 1998 年高法解释第 296 条规定:"各级人民法院对当事人及其法定代理人、近亲属对已经发生法律效力的判决、裁定提出的申诉,应当进行登记并认真审查处理。"第 297 条规定:"人民法院经审查,对不符合刑事诉讼法第二百零三条规定的申诉,按来信、来访处理。"第 304 条规定:"各级人民法院院长对本院已经发生法律效力的判决和裁定,如果发现在认定事实或者适用法律上确有错误,经提交审判委员会讨论决定再审的案件,应当另行组成合议庭进行再审。"第 305 条规定:"最高人民法院对各级人民法院已经发生法律效力的判决、裁定,上级人民法院对下级人民法院已经发生法律效力的判决和裁定,如果发现确有错误,可以指令下级人民法院再审;对于原判决、裁定认定事实正确,但是在适用法律上有错误,或者案情疑难、复杂、重大的,或者有其他不宜由原审人民法院审理的情况的案件,也可以提审。"第 306 条规定:"最高人民检察院对各级人民法院已经发生法律效力的判决和裁定,上级人民检察院对下级人民法院已经发生法律效力的判决和裁定,如果发现确有错误,按照审判监督程序向同级人民法院提出抗诉的案件,接受抗诉的人民法院应当组成合议庭重新审理;对于原判决事实不清或者证据不足的,可以指令下级人民法院再审,并将指令再审的决定书抄送抗诉的人民检察院。"

1999 年最高人民检察院发布实施的《人民检察院刑事诉讼规则》第 406 条明确规定了检察机关提起再审抗诉的情形,即"人民检察院认为人民法院已经发生法律效力的判决、裁定确有错误,具有下列情形之一的,应当按照审判监督程序向人民法院提出抗诉:(一)有新的证据证明原判决、裁定认定的事实确有错误的;(二)据以定罪量刑的证据不确实、不充分或者证明案件事实的主要证据之间存在矛盾的;(三)原判决、裁定适用法律确有错误的;(四)审判人员在审理该案件的时候,有贪污受贿、徇私舞弊、枉法裁判行为的"。可以看出,这一规定和 1996 年《刑事诉讼法》规定的申诉引发再审的情形完全相同。

2002 年最高人民法院《关于规范人民法院再审立案的若干意见(试行)》进一步对申诉引发再审的情形进行了细化规定,即该意见第 7 条规定:"对终审刑事裁判的申诉,具备下列情形之一的,人民法院应当决定再审:(一)有审判时未收集到的或者未被采信的证据,可能推翻原定罪量刑的;(二)主要证据不充分或者不具有证明力的;(三)原裁判的主要事实依据被依法变更或撤销的;(四)据以定罪量刑的主要证据自相矛盾的;(五)引用法律条文错误或者违反刑法第十二条的规定适用失效法律的;(六)违反法律关于溯及力规定的;(七)量刑明显不当的;(八)审判程序不合法,影响案件公正裁判的;(九)审判人员在审理案件时索贿受贿、徇私舞弊并导致枉法裁判的。"上述 9 种申诉引发再审的情形中,第(一)至(四)项情形属于生效裁判在认定事实方面存在错误,第(五)至(七)项情形属于生效裁判在适用法律方面存在错误,第(八)(九)项情形属于生效裁判存在程序违法问题。

三、应当再审情形的丰富完善

2012 年《刑事诉讼法》对应当再审的情形进行了丰富完善,即 2012 年《刑事诉讼法》第 242 条规定:"当事人及其法定代理人、近亲属的申诉符合下列情形之一的,人民法院应当重新审判:(一)有新的证据证明原判决、裁定认定的事实确有错误,可能影响定罪量刑的;(二)据以定罪量刑的证据不确实、不充分、依法应当予以排除,或者证明案件事实的主要证据之间存在矛盾的;(三)原判决、裁定适用法律确有错误的;(四)违反法律规定的诉讼程序,可能影响公正审判的;(五)审判人员在审理该案件的时候,有贪污受贿,徇私舞弊,枉法裁判行为的。"另外,2012 年《刑事诉讼法》规定的人民法院、人民检察院提起再审的理由与 1996 年《刑事诉讼法》规定的人民法院、人民检察院提起再审的理由完全相同。

2012 年高法解释对申诉引发再审的情形作出进一步完善,即 2012 年高法解释第 375 条第 2 款、第 3 款规定"经审查,具有下列情形之一的,应当根据刑事诉讼法第二百四十二条的规定,决定重新审判:(一)有新的证据证明原判决、裁定认定的事实确有错误,可能影响定罪量刑的;(二)据以定罪量刑的证据不确实、不充分、依法应当排除的;(三)证明案件事实的主要证据之间存在矛盾的;(四)主要事实依据被依法变更或者撤销的;(五)认定罪名错误的;(六)量刑明显不当的;(七)违反法律关于溯及力规定的;(八)违反法律规定的诉讼程序,可能影响公正裁判的;(九)审判人员在审理该案件时有贪污受贿、徇私舞弊、枉法裁判行为的。申诉不具有上述情形的,应当说服申诉人撤回申诉;对仍然坚持申诉的,应当书面通知驳回"。同时,2012 年高法解释还对申诉引发再审情形中的"新的证据"作出细化解释,即第 376 条规定:"具有下列情形之一,可能改变原判决、裁定据以定罪量刑的事实的证据,应当认定为刑事诉讼法第二百四十二条第一项规定的'新的证据':(一)原判决、裁定生效后新发现的证据;(二)原判决、裁定生效前已经发现,但未予收集的证据;(三)原判决、裁定生效前已经收集,但未经质证的证据;(四)原判决、裁定所依据的鉴定意见,勘验、检查等笔录或者其他证据被改变或者否定的。"

2012 年最高人民检察院发布的《人民检察院刑事诉讼规则(试行)》对检察机关提起再审抗诉的情形进行了细化完善,即第 291 条第 1 款规定:"人民检察院认为人民法院已经发生法律效力的判决、裁定确有错误,具有下列情形之一的,应当按照审判监督程序向人民法院提出抗诉:(一)有新的证据证明原判决、裁定认定的事实确有错误,可能影响定罪量刑的;(二)据以定罪量刑的证据不确实、不充分的;(三)据以定罪量刑的证据依法应当予以排除的;(四)据以定罪量刑的主要证据之间存在矛盾的;(五)原判决、裁定的主要事实依据被依法变更或者撤销的;(六)认定罪名错误且明显影响量刑的;(七)违反法律关于追诉时效期限的规定的;(八)量刑明显不当的;(九)违反法律规定的诉讼程序,可能影响公正审判的;(十)审判人员在审理案件的时候有贪污受贿,徇私舞弊,枉法裁判行为的。"2012 年《人民检察院刑事诉讼规则(试行)》对检察机关提起抗诉的细化情形和 2012 年高法解释对申诉引发再审的细化情形基本相同,只是个别措辞略有不同。

四、存在问题与展望

(一)存在问题

1. 申诉引发再审的情形规定笼统,缺乏可操作性

无论是 1996 年《刑事诉讼法》规定的应当再审情形,还是 2012 年《刑事诉讼法》规定的应当再审情形都包罗万象,内容涉及事实、证据、法律、程序等各个方面,而且规定非常笼统概括,不具可操作性。

2012 年《刑事诉讼法》第 242 条第 1 项规定"有新的证据证明原判决、裁定认定的事实确有错误,可能影响定罪量刑的",何谓"新的证据"? 尽管 2012 年高法解

释进一步细化解释了"新的证据",即"原判决、裁定生效后新发现的证据;原判决、裁定生效前已经发现,但未予收集的证据;原判决、裁定生效前已经收集,但未经质证的证据;原判决、裁定所依据的鉴定意见,勘验、检查等笔录或者其他证据被改变或者否定的",均为"新的证据"。但仍有一些适用中的问题未明确,例如谁可以发现新证据即发现新证据的主体是谁,在原审中被隐匿的证据是否为"新的证据"[①]等等。

2012 年《刑事诉讼法》第 242 条第 3 项规定"原判决、裁定适用法律确有错误的",何谓"适用法律错误"?尽管 2002 年最高人民法院《关于规范人民法院再审立案的若干意见(试行)》将其规定为"引用法律条文错误或者违反刑法第十二条的规定适用失效法律的;违反法律关于溯及力规定的;量刑明显不当的",依然显得不够具体完善。

2012 年《刑事诉讼法》第 242 条第 5 项规定"审判人员在审理该案件的时候,有贪污受贿,徇私舞弊,枉法裁判行为的",何谓"贪污受贿,徇私舞弊,枉法裁判行为"?2002 年最高人民法院《关于规范人民法院再审立案的若干意见(试行)》虽然将其界定为"审判人员在审理案件时索贿受贿、徇私舞弊并导致枉法裁判的",但在具体认定时,如何确定索贿受贿、徇私舞弊、枉法裁判行为的程度;究竟是只要发现可能存在这些行为就应当启动再审程序,还是要以法院生效裁判确定存在这些行为之后才能启动再审程序……这些刑事诉讼法和相关司法解释都没有作出明确规定。

2. 人民法院和人民检察院提起再审的情形规定模糊,不具可操作性

1996 年《刑事诉讼法》第 205 条和 2012 年《刑事诉讼法》第 243 条规定的人民法院、人民检察院应当再审的情形都是"发现已经生效的裁判在认定事实上或者适用法律上确有错误",这里的"确有错误"是 1996 年《刑事诉讼法》第 204 条规定的情形,还是 2012 年《刑事诉讼法》第 242 条规定的情形?还是由法官自由裁量认定?另外,案件并未经再审程序审理,如何认定"确有错误"呢?如果在再审程序审理前就认定"确有错误",是否存在预断的问题?如果在再审程序审理前认定"确有错误",但经再审程序审理后又发现没有错误,应当如何处理?[②] 这些刑事诉讼法和相关司法解释也没有作出明确规定。

(二)未来展望

1. 完善应当再审情形过程中的指导理念

第一,应当再审情形应当体现多元价值选择。我国目前刑事诉讼法及相关司

---

① 焦悦勤:《刑事审判监督程序研究》,法律出版社 2013 年版,第 128 页。
② 焦悦勤:《刑事审判监督程序研究》,法律出版社 2013 年版,第 128 页。

法解释对应当再审情形的规定,体现了对实体公正的过分重视,忽视了对其他刑事诉讼价值的追求。这种单一价值选择就造成我国现行法律对应当再审情形的规定过于笼统宽泛,因此导致实践中再审程序启动的任意性,损害生效裁判的稳定性,损害司法的权威,造成司法资源的巨大浪费。现代社会是一个多元价值社会,法治发展也要满足社会不同利益群体的要求。具体到刑事再审程序中,在完善应当再审情形过程中,应当体现多元价值选择,真正将追求司法公正与维护法的安定性结合起来,将惩罚犯罪与保障人权结合起来,将实体公正与程序公正结合起来,将公正与效率结合起来。

第二,应当再审情形应当实现再审程序的特殊救济性。刑事再审程序是一种救济性程序,而且是一种特殊的救济性程序,并不是刑事案件的必经程序。在完善应当再审情形时,应当充分考虑刑事再审程序的这一性质,即只有在非常特殊的情形下才能启动刑事再审程序,因此,对应当再审情形不应规定得过于宽泛,而要非常具体明确。

第三,应当再审情形应当符合中国国情。在完善应当再审情形的过程中,应当注意到我国刑事再审程序并不完全等同于域外国家或地区的刑事再审程序。域外国家和地区的纠错程序包括再审程序和监督程序,前者是对生效裁判发现事实有错误而进行重新审理的程序,后者是对发现生效裁判有违反法律的错误而依法予以纠正的程序,而我国的纠错程序就只有再审程序,它涵盖了域外国家和地区的再审程序和监督程序的功能,因此,在完善应当再审情形的过程中,应当尊重我国国情,即我国的应当再审情形应当比域外国家或地区的应当再审情形更为广泛,例如应当涵盖认定事实、适用法律以及程序公正等方面的错误。[①]

2.应当再审情形的具体设置

第一,统一应当再审的情形。即对申诉引发再审的情形和人民法院、人民检察院提起再审的情形应当进行统一明确规定,以避免适用过程中的混乱。

第二,将刑事再审区分为有利于被告人的再审和不利于被告人的再审,然后分别规定应当再审的情形,同时要严格限制不利于被告人再审的启动。作这样区分规定主要基于以下两个原因:一是实现惩罚犯罪和保障人权的动态平衡。国家享有刑罚权,这是现代法治社会的要求,但是国家必须正当行使刑罚权。无论在认定事实,还是适用法律以及程序方面存在着错误的惩罚当然不具有正当性,但是受主客观条件的影响,国家作出错误裁判不能完全避免,因此就要设置相应的救济途径,让受到错误惩罚的公民可以获得有效救济。因此,一般来说,对有利于被告人再审的提起不应当有所限制。二是根据无罪推定原则的要求,控方即代表国家追

[①] 焦悦勤:《刑事审判监督程序研究》.法律出版社 2013 年版,第 132 页。

诉犯罪、行使刑罚权的检察机关承担证明责任,被告人不承担任何的证明责任。如果生效裁判中出现错误,责任应当由控方或者裁判者来承担。在这种情况下,如果任意提起不利于被告人的再审,就意味着错误责任由被告人承担,显然违反了无罪推定原则。因此,通常情况下,对不利于被告人再审的提起应当予以制止或者进行严格限制。

第三,可以提起有利于被告人再审情形的设置。根据我国国情,出现以下情形时,可以提起有利于被告人的再审:一是出现了在原审时不为法官所知的新事实、新证据,根据这些新事实、新证据,或者将它们与之前收集的证据结合起来,可能认定原审被告人无罪或者罪轻的;二是原审对原审被告人不利的证据经生效裁判认定是伪造、变造或者有其他伪证行为的;三是经生效裁判认定案件原审审判人员在审理该案时,有贪污贿赂、徇私舞弊、枉法裁判行为的;四是作为原审裁判主要依据的另案生效裁判被依法变更或者撤销的;五是原审裁判适用法律确有错误的,主要包括:适用已失效或者尚未生效的法律、司法解释的,引用法律或者法律条文不当导致裁判明显错误的,错误确定原审被告人罪名、混淆罪与非罪、此罪与彼罪、一罪与数罪的,量刑畸轻畸重,应当从轻、减轻、免除处罚而未从轻、减轻、免除处罚的;违反法律关于溯及力规定的;六是违反法定诉讼程序的,主要包括:审判组织组成不合法的,违反有关回避规定的,违反公开审理原则的,违反管辖规定的,剥夺原审被告人辩护权的等。

第四,可以提起不利于被告人再审情形的设置。根据我国国情,出现以下情形时,可以提起不利于被告人的再审:一是出现了在原审时不为法官所知的新事实、新证据,根据这些新事实、新证据,可能认定原审被告人有罪或者罪重的;二是原审对原审被告人有利的证据经生效裁判认定是伪造、变造或者有其他伪证行为的;三是经生效裁判认定案件原审审判人员在审理该案时,有贪污贿赂、徇私舞弊、枉法裁判行为的。

第三节　上级法院指令下级法院再审规定

一、上级法院指令下级法院再审的内涵

刑事再审程序的提起方式,指有权提起刑事再审程序的主体对生效裁判提出重新审判时采用的具体形式。由于刑事再审程序审理的案件是已经发生法律效力甚至是已经交付执行的裁判,因此为了保证生效裁判的稳定性、司法的权威性,同时也使错误生效裁判得到纠正,《刑事诉讼法》就明确规定提起刑事再审程序必须符合一定的方式,非经法定方式提起,不能启动刑事再审程序。上级法院指令下级

法院再审是我国《刑事诉讼法》规定的提起刑事再审程序的方式之一。

二、上级法院指令下级法院再审的确立背景

1979 年《刑事诉讼法》第 149 条第 2 款规定:"最高人民法院对各级人民法院已经发生法律效力的判决和裁定,上级人民法院对下级人民法院已经发生法律效力的判决和裁定,如果发现确有错误,有权提审或者指令下级人民法院再审。"这是上级人民法院指令下级人民法院再审的法律依据。根据这一规定,最高人民法院对地方各级人民法院和专门人民法院已经发生法律效力的判决和裁定,上级人民法院对下级人民法院已经发生法律效力的判决和裁定,如果发现确有错误,有权指令再审。

指令再审,指最高人民法院以及其他上级人民法院对下级人民法院的生效裁判,发现确有错误,指示命令下级人民法院按照再审程序进行重新审判。指令再审中的"下级人民法院",既包括作出原生效裁判的人民法院,也包括与作出原生效裁判的人民法院同级的其他人民法院;既包括作出原生效裁判的第二审人民法院,也包括作出原生效裁判的第二审人民法院的下级人民法院。

三、上级法院指令下级法院再审的历史演进

1996 年《刑事诉讼法》对上级人民法院指令下级人民法院再审的规定沿用了1979 年《刑事诉讼法》的规定,未进行任何修正,即 1996 年《刑事诉讼法》第 205 条第 2 款规定:"最高人民法院对各级人民法院已经发生法律效力的判决和裁定,上级人民法院对下级人民法院已经发生法律效力的判决和裁定,如果发现确有错误,有权提审或者指令下级人民法院再审。"

1998 年高法解释第 305 条对上级人民法院指令下级人民法院再审的情况进行了细化规定,即"最高人民法院对各级人民法院已经发生法律效力的判决、裁定,上级人民法院对下级人民法院已经发生法律效力的判决和裁定,如果发现确有错误,可以指令下级人民法院再审;对于原判决、裁定认定事实正确,但是在适用法律上有错误,或者案情疑难、复杂、重大的,或者有其他不宜由原审人民法院审理的情况的案件,也可以提审"。

四、上级法院指令下级法院再审的丰富完善

2012 年《刑事诉讼法》对上级人民法院指令下级人民法院再审的规定进行了完善,即在保留上级人民法院有指令再审权力外,增加一条规定:指令再审中的"下级法院"一般应为原审人民法院以外的下级人民法院,即 2012 年《刑事诉讼法》第243 条第 2 款规定:"最高人民法院对各级人民法院已经发生法律效力的判决和裁定,上级人民法院对下级人民法院已经发生法律效力的判决和裁定,如果发现确有

错误,有权提审或者指令下级人民法院再审。"第 244 条规定:"上级人民法院指令下级人民法院再审的,应当指令原审人民法院以外的下级人民法院审理;由原审人民法院审理更为适宜的,也可以指令原审人民法院审理。"

2012 年高法解释第 379 条第 1 款对上级人民法院指令下级人民法院再审的情况进行了细化规定,即"上级人民法院发现下级人民法院已经发生法律效力的判决、裁定确有错误的,可以指令下级人民法院再审;原判决、裁定认定事实正确但适用法律错误,或者案件疑难、复杂、重大,或者有不宜由原审人民法院审理情形的,也可以提审"。可以看出,这一规定继续沿用了 1998 年高法解释,未作任何修改。同时,2012 年高法解释第 379 条第 2 款对 2012 年《刑事诉讼法》第 244 条上级人民法院指令下级人民法院再审中关于"指令原审人民法院以外的下级人民法院审理"的例外规定进行了具体解释,即"上级人民法院指令下级人民法院再审的,一般应当指令原审人民法院以外的下级人民法院审理;由原审人民法院审理更有利于查明案件事实、纠正裁判错误的,可以指令原审人民法院审理"。

五、存在问题与展望

(一)存在问题

根据我国现行《刑事诉讼法》及相关司法解释的规定,我国提起刑事再审程序的方式主要包括人民法院决定再审、人民法院提审、人民法院指令再审以及人民检察院抗诉四种。我国目前提起刑事再审程序方式中的问题突出表现在最高人民法院、上级人民法院指令下级人民法院再审这种方式上,即最高人民法院、上级人民法院如何选择适用提审或者指令下级人民法院再审的方式启动刑事再审程序。虽然我国现行《刑事诉讼法》以及司法解释规定了三种最高人民法院、上级人民法院可以提审的情形,即最高人民法院、上级人民法院对于"原判决、裁定认定事实正确但适用法律错误","案件疑难、复杂、重大",以及"有不宜由原审人民法院审理情形的",但是这一规定仍显语焉不详。

1. 1998 年高法解释以及 2012 年高法解释对于什么情形适用最高人民法院、上级人民法院提审,什么情形适用最高人民法院、上级人民法院指令下级人民法院再审,用语为"可以",而不是"应当"。这就表明,即使出现"原判决、裁定认定事实正确但适用法律错误","案件疑难、复杂、重大",以及"有不宜由原审人民法院审理情形的"这三种情形之一的,最高人民法院、上级人民法院既可以提审,也可以指令下级人民法院再审。

2. 1998 年高法解释以及 2012 年高法解释对于哪些是"不宜由原审人民法院审理情形的",未作明确规定。这就造成在实践中,对这一情形的解释完全由最高人民法院或者上级人民法院作出,而且这种判断没有任何统一标准。

3. 2012 年《刑事诉讼法》虽然规定上级人民法院在指令下级人民法院再审时,

应当指令原审人民法院以外的下级人民法院审理,但是由于这一规定只是原则规定,还包含例外规定,即由原审人民法院审理更为适宜的,也可以指令原审人民法院审理。这就意味着上级人民法院在指令下级人民法院再审时还是可以指令原审人民法院再审的,而且未对什么是"由原审人民法院审理更为适宜的"作出明确规定。虽然之后的 2012 年高法解释将"由原审人民法院审理更为适宜的"解释为"由原审人民法院审理更有利于查明案件事实、纠正裁判错误的",但对什么是"更有利于查明案件事实、纠正裁判错误"依然没有作出明确规定,不具可操作性。

(二)未来展望

最高人民法院、上级人民法院究竟是提审再审案件还是指令下级人民法院再审案件,关系到再审案件究竟适用何种审判程序的问题,直接影响原审被告人的实体权利和诉讼权利。因为根据 2012 年《刑事诉讼法》第 245 条规定"人民法院按照审判监督程序重新审判的案件,由原审人民法院审理的,应当另行组成合议庭进行。如果原来是第一审案件,应当依照第一审程序进行审判,所作的判决、裁定,可以上诉、抗诉;如果原来是第二审案件,或者是上级人民法院提审的案件,应当依照第二审程序进行审判,所作的判决、裁定,是终审的判决、裁定"。这就表明,如果是最高人民法院、上级人民法院提审的再审案件,不论原来是第一审案件还是第二审案件,都要按照第二审程序进行审理,再审后所作的判决、裁判,是终审的判决、裁判,不得再上诉,也不得再抗诉;如果是最高人民法院、上级人民法院指令下级人民法院再审的再审案件,原来是第一审案件,再审就按照第一审程序进行审理,再审后所作的判决、裁定,属于一审的判决、裁定,还可以再上诉、再抗诉,原来是第二审案件,再审就按照第二审程序进行审理,审后所作的判决、裁判,是终审的判决、裁判,不得再上诉,也不得再抗诉。

因此未来应当完善最高人民法院、上级人民法院提审和指令下级人民法院再审的具体情形的规定,以实现再审法院查明案情、纠正错误裁判、正确处理案件与保障原审被告人权利的平衡,即实现惩罚犯罪、司法公正与保证人权之间的平衡。例如对于原审案件是第一审案件的,最高人民法院、上级人民法院应当优先选择适用指令下级人民法院再审的方式,因为经过这样的再审程序审理,所作的判决、裁定是一审的判决、裁定,还可以再上诉、再抗诉,有利于保障原审被告人的上诉权,维护司法公正。同时,最高人民法院、上级人民法院指令下级人民法院再审时,应当优先指定原审人民法院以外的同级人民法院审理,即指令原审人民法院审理应当是极为特殊的例外情况。再如对于原审案件是第二审案件的,最高人民法院、上级人民法院就可以自由裁量选择提审或是指令下级人民法院再审的方式,因为这时无论是提审还是指令再审,所用的程序都是第二审程序,所作的判决、裁定都是终审的判决、裁定。

第四节　再审案件的审理

一、再审案件审理的内涵

再审案件的审理,指对由法定主体依法定程序启动的再审案件,进行审理的具体程序。再审案件的审理主要包括再审案件的立案、再审案件的审理方式、再审案件的审理程序、再审后对案件的处理、再审审理的中止和终止、再审与中止原裁判执行的关系、再审程序中强制措施适用等问题。本部分主要针对我国《刑事诉讼法》中这部分内容的历史演变进行阐述。

二、再审案件审理规定的确立背景

1979 年《刑事诉讼法》对再审案件的审理程序规定得非常简单概括,即第 150 条规定:"人民法院按照审判监督程序重新审判的案件,应当另行组成合议庭进行。如果原来是第一审案件,应当依照第一审程序进行审判,所作的判决、裁定,可以上诉、抗诉;如果原来是第二审案件,或者是上级人民法院提审的案件,应当依照第二审程序进行审判,所作的判决、裁定,是终审的判决、裁定。"

这就表明,1979 年《刑事诉讼法》规定的再审案件审理程序包含以下几方面内容:第一,再审案件的审判组织为另行组成的合议庭,即不能由原来审理该案的合议庭进行该案的再审审理。第二,再审案件的审判程序按照原来案件的审判程序确定,即如果原来是第一审案件,应当依照第一审程序进行审判,所作的判决、裁定,可以上诉、抗诉;如果原来是第二审案件,或者是上级人民法院提审的案件,应当依照第二审程序进行审判,所作的判决、裁定,是终审的判决、裁定。

三、再审案件审理规定的历史演进

1996 年《刑事诉讼法》对 1979 年《刑事诉讼法》规定的再审案件审理程序进行了修正,修正内容包括:第一,增加一款,即 1996 年《刑事诉讼法》第 205 条第 4 款:"人民检察院抗诉的案件,接受抗诉的人民法院应当组成合议庭重新审理,对于原判决事实不清楚或者证据不足的,可以指令下级人民法院再审。"第二,增加一条,即 1996 年《刑事诉讼法》第 207 条:"人民法院按照审判监督程序重新审判的案件,应当在作出提审、再审决定之日起三个月以内审结,需要延长期限的,不得超过六个月。接受抗诉的人民法院按照审判监督程序审判抗诉的案件,审理期限适用前款规定;对需要指令下级人民法院再审的,应当自接受抗诉之日起一个月以内作出决定,下级人民法院审理案件的期限适用前款规定。"

可以看出,1996 年《刑事诉讼法》对 1979 年《刑事诉讼法》规定的再审案件的审判组织为另行组成的合议庭,以及再审案件的审判程序按照原来案件的审判程序确定这两点并没有作出修改,只是增加规定由人民检察院抗诉提起的再审案件的审判组织的组成,以及再审的审限和由人民检察院抗诉提起的再审案件决定指令下级人民法院再审的期限。

1998 年高法解释在再审案件的审理问题上与 1996 年《刑事诉讼法》的规定基本一致,只是增加规定再审期间不停止原裁判的执行。即 1998 年高法解释第 307 条规定:"人民法院决定按照审判监督程序重新审判的案件,除人民检察院提起抗诉的外,应当制作再审决定书。再审期间不停止原判决、裁定的执行。"

2001 年,最高人民法院制定通过了《关于刑事再审案件开庭审理程序的具体规定(试行)》,明确规定了应当开庭审理的再审案件和可以不开庭审理的再审案件;共同犯罪案件原审被告人可以不出庭的情形;再审程序中强制措施的适用问题;人民检察院抗诉提起的再审开庭审理,人民检察院未派员出庭的处理;再审不加刑原则;再审开庭审理的具体程序;再审的审限等问题。

四、再审案件审理规定的丰富完善

2012 年《刑事诉讼法》对再审案件的审理进行了进一步丰富完善,主要内容包括:

第一,修改 1996 年《刑事诉讼法》对再审案件的审判组织为另行组成的合议庭的规定,即将 2012 年《刑事诉讼法》第 245 条第 1 款第 1 句修改为"人民法院按照审判监督程序重新审判的案件,由原审人民法院审理的,应当另行组成合议庭进行"。这样这一规定就表述得更加规范、科学、合理。因为按照再审程序的提起方式,如果是各级人民法院自己决定的再审以及最高人民法院、上级人民法院提审的案件,是不存在原来审判程序的审判组织与再审程序的审判组织相同的情况的。

第二,增加一款规定,要求开庭审理的再审案件,人民检察院应当派员出庭,即 2012 年《刑事诉讼法》第 245 条第 2 款:"人民法院开庭审理的再审案件,同级人民检察院应当派员出席法庭。"这主要是为了贯彻落实 2001 年最高人民法院《关于刑事再审案件开庭审理程序的具体规定(试行)》。该司法解释明确规定了哪些情形下的再审案件应当开庭审理,以及可以不开庭审理的再审案件范围。

第三,增加一条规定,明确再审案件中强制措施的适用以及再审案件可以中止原裁判执行的问题,即 2012 年《刑事诉讼法》第 246 条:"人民法院决定再审的案件,需要对被告人采取强制措施的,由人民法院依法决定;人民检察院提出抗诉的再审案件,需要对被告人采取强制措施的,由人民检察院依法决定。人民法院按照审判监督程序审判的案件,可以决定中止原判决、裁定的执行。"这一规定表明:第一,再审程序中强制措施的适用问题,即由哪一机关启动的再审程序且需要对被告人采取强制措施的,就由哪一机关来决定。增加这一规定是为了解决过去司法实践中出现的问题,即无论是人民法院提起的再审还是人民检察院提起的再审,如需对原审被告人采用强制措施,决定机关不明确的问题。这也是对 2001 年最高人民法院《关于刑事再审案件开庭审理程序的具体规定(试行)》中有关再审案件强制措施适用规定的肯定。第二,再审案件可以终止原生效裁判的执行。这主要是为了解决实践中冤案纠正过程中可能出现的被害人并未死亡等问题,即虽未作出再审裁判但肯定是错案的问题,这时需要立即将原审被告人从监狱释放,如果在再审程序进行完后再释放原审被告人,显然对原审被告人非常不利,因此增加了再审案件可以终止原生效裁判执行的规定。

2012 年高法解释吸收完善了 2001 年最高人民法院《关于刑事再审案件开庭审理程序的具体规定(试行)》中的一些规定,例如 2012 年高法解释第 384 条第 3 款规定的"对原审被告人、原审自诉人已经死亡或者丧失行为能力的再审案件,可以不开庭审理",第 385 条规定的"开庭审理的再审案件,再审决定书或者抗诉书只针对部分原审被告人,其他同案原审被告人不出庭不影响审理的,可以不出庭参加诉讼",第 386 条规定的"除人民检察院抗诉的以外,再审一般不得加重原审被告人的刑罚。再审决定书或者抗诉书只针对部分原审被告人的,不得加重其他同案原审被告人的刑罚",第 387 条规定的"人民法院审理人民检察院抗诉的再审案件,人民检察院在开庭审理前撤回抗诉的,应当裁定准许;人民检察院接到出庭通知后不派员出庭,且未说明原因的,可以裁定按撤回抗诉处理,并通知诉讼参与人。人民法院审理申诉人申诉的再审案件,申诉人在再审期间撤回申诉的,应当裁定准许;申诉人经依法通知无正当理由拒不到庭,或者未经法庭许可中途退庭的,应当裁定按撤回申诉处理,但申诉人不是原审当事人的除外"。

另外,2012 年高法解释第 382 条对再审案件可以停止原生效裁判的执行问题作出进一步规定:"再审期间不停止原判决、裁定的执行,但被告人可能经再审改判无罪,或者可能经再审减轻原判刑罚而致刑期届满的,可以决定中止原判决、裁定的执行,必要时,可以对被告人采取取保候审、监视居住措施。"这就表明,2012 年高法解释明确了哪些情形下人民法院可以决定中止原生效裁判的执行。

五、存在问题与展望

(一)存在问题

1. 再审案件的审判程序按照原来案件的审判程序确定问题

从 1979 年《刑事诉讼法》开始规定再审案件的审判程序按照原来案件的审判程序确定这一原则起,至今现行《刑事诉讼法》依然沿用这一规定,但这一规定是否科学合理值得探讨。

第一,再审案件的审判程序按照原来案件的审判程序确定,即原生效裁判是按照第一审程序作出的，那么再审案件就按照第一审程序审理，原生效裁判是按照第二审程序作出的，那么再审案件就按照第二审程序审理。但是需要注意的是，案件进入到再审程序距案件发生已经时过境迁很长时间，这时如果要求必须按照第一审程序或者第二审程序审理该案，就存在客观不能或者并无必要的情况。例如真正犯罪人已被定罪、被告人并未死亡、原审被告人明显无辜，这时就应当径行宣告原审被告人无罪，如果仍然按照第一审程序或者第二审程序审理，显然不当。第二，再审程序是一种特殊的救济程序。即再审程序是一种救济程序，而且有其特殊性，是在非常特殊的情况下才能提起的。因此，如果按照第一审程序审理的再审案件，还允许再次上诉、抗诉，那么上诉、抗诉后呢？还可再发回重审，这样就使这一程序陷入拖沓，有违再审程序的性质，也不利于保障被追诉者的权利、司法公正和效率的实现。

2.再审案件中止原裁判执行的问题

刑事裁判是人民法院代表国家行使审判权的结果，因此一经生效立即产生既判力，即生效裁判具有稳定性，非经法定程序不得任意变更。再审程序是以纠正生效裁判中的错误为目的设置的程序，但纠正生效裁判中的错误归根结底是为了维护司法的权威与公信力，而维护生效裁判的既判力、维护法的安定性是维护司法权威与司法公信力的应有之义。因此，再审程序并不当然具有中止生效裁判执行的效力。但是，也正是因为再审程序是一种纠正生效裁判错误的程序，因此在这一程序的运行过程中，不中止生效裁判的执行可能会给被追诉者甚至国家带来无法挽回、不可弥补的损失，因此，应当允许再审程序在出现一些法定特殊情形时可以中止生效裁判的执行。我国现行《刑事诉讼法》及相关司法解释虽然规定了人民法院在再审期间可以根据案件情况作出是否中止生效裁判执行的决定，但是仍然存在着一定缺陷。

(二)未来展望

未来在对再审案件的审理程序进行完善时，应当充分考虑再审案件的性质，即再审程序是一种特殊的救济程序，要同时兼顾实现法的安定性、司法公正、人权保障以及诉讼效率等多元价值。

1.再审案件的审判程序应当为区别于第一审程序和第二审程序的特殊审判程序，可以实行一审终审制。[①] 首先，基于再审程序的特殊性质以及再审程序需要实现的多元价值追求，因为未来可以考虑针对再审案件设置不同于第一审程序和第二审程序的特殊审判程序，例如对于真正犯罪人已被定罪、被告人并未死亡的再审案件，法官就应当适用类似速裁程序或者简易程序的再审审判程序，加快再审案件

---

① 陈卫东：《刑事审判监督程序研究》，法律出版社 2001 年版，第 232 页。

的审理期限。其次,在审理方式上,目前再审案件审理采用开庭审理和不开庭审理两种。对这两种审理方式的设置没有考虑到再审程序的特殊性质,完全参照了第一审程序和第二审程序的开庭审理方式和不开庭审理方式,未来可以考虑设置有别于开庭审理方式和不开庭审理方式的其他审理方式,例如听证审理方式。[①] 最后,再审案件的审理可以考虑适用一审终审制,以降低对生效裁判既判力、被追诉者权利、诉讼资源投入、诉讼效率等方面的影响。

2. 应当赋予当事人申请中止生效裁判执行的权利。我国现行《刑事诉讼法》及相关司法解释虽然赋予人民法院在再审期间可以根据案件情况作出是否中止生效裁判执行决定的权力,也规定了人民法院可以作出中止生效裁判执行的具体情形,但是并未赋予被追诉者申请中止生效裁判执行的权利。由于原审被告人才是生效裁判的直接承担者,因此应当赋予被追诉者及其法定代理人、辩护人、近亲属申请中止生效裁判执行的权利。

第五节　刑事冤案纠错和预防

一、冤案的内涵

冤案有狭义和广义之分:狭义的冤案是指无罪的人最终被错判为有罪的案件;广义的冤案则还包括量刑畸重、错误逮捕、错误起诉等情形。[②] 在目前我国法治发展阶段,对冤案的纠正和预防还集中体现在对狭义冤案的纠正和预防方面。未来随着我国依法治国方略的进一步推进,社会民主法治化程度的进一步提升,对冤案的纠正和预防也会逐渐反映在对广义冤案纠正和预防方面。

同时,需要厘清与冤案有关的几个概念:

第一,冤案与冤狱。"冤狱"是我国古代法律典籍中对刑事冤案的称谓。东汉哲学家王充在《论衡》中说道:"无过而受罪,世谓之冤。"颜师古在《说文》笺注中对"狱"的解释是:"狱之言确也,取坚牢之意。又狱字从二犬,取守备之意,从言,言者讼也。谓系防守因讼被拘者之地。"狱字的本意虽是囚禁罪犯的场所,但几经引申,成了诉讼的代名词,甚至在唐代以前的法律典籍中,"狱讼"连用的时候,"狱"就是指刑事诉讼。[③] 因此可见,古代的冤狱就是现在的冤案。

第二,冤案与联合国文件中的"误审"(miscarriage of justice)。联合国《公民权

---

① 虞政平主编:《再审程序》,法律出版社 2007 年版,第 333～334 页。
② 赵琳琳:《刑事冤案问题研究》,中国法制出版社 2012 年版,第 8 页。
③ 林准、马原主编:《国家赔偿问题研究》,人民法院出版社 1992 年版,第 316～317 页。

利和政治权利国际公约》第 14 条第 6 款规定:"在一人按照最后决定已被判定犯刑事罪而其后根据新的或新发现的事实确实表明发生误审,他的定罪被推翻或被赦免的情况下,因这种定罪而受刑罚的人应依法得到赔偿,除非经证明当时不知道的事实未被及时揭露完全是或部分是由于他自己的缘故。"这里"误审"的英文原文为 miscarriage of justice,《元照英美法词典》对 miscarriage of justice 的解释是审判不公、判决失当、误判,指案件判决存在重大不公正,忽视或否定了一方当事人的实质性权利,只有当法院对整个案情(包括证据)进行审查后,合理地认为如果不发生错误可能会得出对上诉方更为有利的结果时,方可宣布初审法院的判决失当,从而可撤销原判决。[①] 可以看出,误审和冤案还是存在差异的,联合国文件中的"误审"主要是从赔偿的角度来表述的,而英美法中的 miscarriage of justice 主要发生在上诉审对初审判决的审查和认定中。

第三,冤案与冤假错案。"冤假错案"这一表述在实践中比较常见。我国自"文革"以后就有冤假错案的习惯表述,直到今天很多相关法律文件还沿用这一表述。冤假错案,指脱离事实根据,偏离法律准绳,对公民进行错误的刑事追究,致使公民的合法权益受到司法侵害的案件。具体来说,所谓冤案,是指有犯罪事实存在,但并非该被告人所为,而对该被告人进行错误追究的案件;所谓假案,是指人为地捏造虚构的客观上根本不存在的案件事实,并对被告人进行刑事追究的案件;所谓错案,是指作为案件处理的事件本身存在,但在认定事实、情节或适用法律定性处理上错误的案件。[②] 可以说,冤案、假案、错案虽各有特点,但没有绝对的界限,因为一切假案、错案,因为都给被告人造成了冤抑,因此可以说假案、错案也是冤案;而冤案、假案都是刑事司法错误,因此冤案、假案也可以说都是错案。[③]

总之,这些概念本身存在着交叉,并不是非此即彼的排除关系,本章所论的"冤案"与我国目前司法实践中的习惯称谓"冤假错案"并不矛盾,也可以涵盖"冤假错案"的内容。

二、冤案纠错和预防机制的确立

自 1979 年《刑事诉讼法》设置刑事再审程序起,直到 1996 年《刑事诉讼法》对刑事再审程序作出修正的这一段历史时期,由于我国处于对"文革"反思的时期,拨乱反正,我国法制建设处于复苏时期,刑事诉讼法的立法与理论研究也处在恢复重建时期。因此,这一时期我国理论界和实务界对刑事诉讼基本原则、具体制度、具体程序以及相关配套机制的研究还处于探索整合阶段,虽然 1996 年刑事诉讼法对

[①] 薛波主编,潘汉典总修订:《元照英美法词典》,法律出版社 2003 年版,第 919 页。

[②] 赵琳琳:《刑事冤案问题研究》,中国法制出版社 2012 年版,第 11 页。

[③] 李建明:《冤假错案》,法律出版社 1991 年版,第 1 页。

刑事诉讼的基本原则、管辖制度、回避制度、证据制度、辩护制度、强制措施制度以及立案程序、侦查程序、提起公诉程序、第一审程序、第二审程序、审判监督程序等都作出大规模修改,完善了刑事诉讼的理念与目的,但是,由于这一阶段还处在拨乱反正时期,很少出现能够引起广泛社会关注的冤案,因此,这一阶段,我国发现和纠正冤案的主要机制就是刑事再审程序。

然而,由于刑事再审程序是在"实事求是、有错必纠"理念指导下设立的,因此该程序的启动是由于生效裁判出现了错误,而不论这种再审是否有利于被追诉者,即刑事再审程序不仅为了纠正无罪被判有罪、轻罪被判重罪的情况,而且也为了纠正有罪而被错放、重罪被轻判的情况。因此,刑事再审程序并不是纠正冤案和预防冤案发生的专门机制,但是其具有发现、纠正以及预防冤案发生的作用。

在冤案纠错和预防配套机制上,最高人民法院在 1986 年 3 月 24 日下发《关于报送请示案件应注意的问题的通知》。1990 年 8 月 16 日,最高人民法院又下发《关于报送请示案件的补充通知》,通知规定:第一,报送请示的案件,必须是少数重大疑难、涉及政策、法律不清、定罪及适用法律不易把握的案件。对于各方面有争议的案件,应提交审判委员会讨论,并根据少数服从多数的原则作出决定,个别需要请示的,由省高级人民法院审判委员会提出倾向性意见。第二,报送请示的案件,除特殊案件外,在报送一审均应开庭审理,查清事实,核对证据,省院应确定承办人组成合议庭进行审查,并报经审判委员会讨论。第三,报送请示的案件,必须事实清楚、证据确凿,事实与证据由请示法院完全负责,凡属认定事实及鉴别证据问题,应自行查清或进一步鉴定,不要上报请示。[①] 可以看出,最高人民法院对个案请示的范围是有严格限制的,要切实发挥审级制度对裁判公正的保障作用。

三、冤案纠错和预防机制的发展

正是由于我国一直以来缺乏冤案纠正和预防的有效全面机制,因此 20 世纪 90 年代后期至 20 世纪初期,出现了大批冤案,例如杜培武案、孙万刚案、佘祥林案、赵作海案、张辉张高平案等。这些冤案的发现大多是由于"亡者归来"或"真凶再现",受到社会广泛关注,也引发对冤案纠正和预防机制的反思与探讨。

(一)《刑事诉讼法》中冤案纠错和预防机制的发展

2012 年《刑事诉讼法》修改对于冤案纠正和预防机制的健全完善主要体现在以下方面:

1. 确立了无罪推定原则。无罪推定原则要求:将被追诉者作为刑事诉讼中的主体对待,即被追诉者享有一系列的诉讼权利,其人格和尊严受法律保护;控方承

---

① 陈兴良主编:《刑事疑案研究》,中国检察出版社 1992 年版,第 102 页。

担证明责任,而且证明的标准要达到排除合理怀疑或者内心确信的最高程度,如果控方承担证明责任达不到这样的程度,那么对于疑罪要作有利于被追诉者的处理;被追诉者一方不承担任何的证明责任,即被追诉者受不强迫自证其罪原则的保护,同时确立了不强迫自证其罪原则。

2. 完善证据制度。主要包括:对证据概念和证据种类作出科学修正;明确举证责任由控方承担;确立非法证据排除规则;完善证人、鉴定人保护制度,确立证人补偿制度,完善强制证人、鉴定人出庭作证制度;细化证明标准等。

3. 健全辩护制度。主要包括:将辩护律师介入刑事诉讼的时间提前至侦查阶段;保障辩护人的会见权,一般案件辩护律师持三证即可会见;辩护律师在审查起诉阶段就可阅全部案卷材料;完善法律援助制度;保障各个诉讼阶段辩护律师表达意见的权利;增加辩护律师向控方展示无罪证据的义务以及保密义务等。

4. 完善强制措施制度。主要包括:修改取保候审的适用条件;规定监视居住的独立适用条件;修改逮捕的适用条件;确立羁押必要性审查制度等。

5. 完善司法鉴定制度。2005 年 2 月 28 日,第十届全国人民代表大会常务委员会通过《关于司法鉴定管理问题的决定》。2015 年 4 月 24 日,第十二届全国人民代表大会常务委员会第十四次会议又对该决定作出修正。该决定对鉴定人的资格、鉴定人的权利义务、鉴定的具体程序等问题作出明确规定,完善了我国的司法鉴定制度。

6. 改革侦查程序。主要包括:实行讯问全程同步录音录像;对被羁押犯罪嫌疑人的讯问在看守所进行;明确规定讯问的时间、不得连续讯问以及讯问要遵守人道主义原则。

7. 完善审判程序。主要包括:在一审程序中增加有专门知识的人出庭制度,审理程序中对定罪和量刑问题的区分;二审程序中明确规定应当开庭审理的案件范围,严格限制二审发回重审的次数;死刑复核程序中增强了控辩双方的参与;再审程序中进一步明确了应当再审的情形,完善了上级人民法院指令下级人民法院再审的具体适用以及再审案件的审理程序。

(二)冤案纠错和预防配套机制的发展

刑事司法程序改革能否取得预期效果,与国家整个司法体制改革的成效密切相关。而深化司法体制改革涉及层面极广,不仅需要司法系统内部各部门的配合,同时还需要财政、人事、组织等党政各部门的配合。

1. 理顺司法机关与人大、党委、行政机关的关系。2007 年 1 月 1 日起实施的《各级人民代表大会常务委员会监督法》第二章专门规定了"听取和审议人民政府、人民法院和人民检察院的专项工作报告"。2004 年《中共中央关于加强党的执政能力建设的决定》指出:"……加强和改进党对政法工作的领导,支持审判机关和检察机关依法独立公正地行使审判权和检察权,提高司法队伍素质,加强对司法活动的监督和保障。……党委既要支持人大、政府、政协和审判机关、检察机关依照法律和章程独立负责、协调一致地开展工作,及时研究并统筹解决他们工作中的重大问题,又要通过这些组织中的党组织和党员干部贯彻党的路线方针政策,贯彻党委的重大决策和工作部署。"党的十七大报告指出:"全面落实依法治国基本方略,加快建设社会主义法治国家。……深化司法体制改革,优化司法职权配置,规范司法行为,建设公正高效权威的社会主义司法制度,保证审判机关、检察机关依法独立公正地行使审判权、检察权。"可见,党对政法工作的领导主要是政治领导和思想领导,而不是具体案件处理上的领导。另一方面,法律是在党的领导下制定的,司法机关依法独立行使职权,实际上就是坚持了党的领导。

同时,还要理顺上下级法院之间的关系。2007 年 11 月全国法院司法改革工作会议提出,"法院司法改革的总目标就是建设公正、高效、权威的社会主义司法制度。司法改革的基本任务可分解为四个方面:优化司法职权配置;加强保障依法独立公正行使审判权的制度建设;完善制约监督机制;建设高素质的法官队伍,规范法官行为。司法改革要优化司法职权配置,解决好法院系统内部权力结构问题,进一步优化人民法院内部审判机构、管理机构之间的分工,理顺不同审级法院的相互关系,科学划分上下级法院的工作职能,推动建立分工合理、职责明确的新型司法体系"①。会议还强调下级法院禁止就个案的定罪、量刑事实和证据向上级法院请示,保证下级法院的审级独立和二审的审级监督功能。可以说,这次会议为理顺上下级法院关系奠定了良好基础。

另外,2007 年下半年,最高人民法院下发文件,明确要对审委会进行改革。主要措施包括最高人民法院审委会设立刑事和民事行政专业委员会;高级、中级人民法院根据需要设立专业委员会;审委会讨论案件必要时必须旁听庭审、讯问犯罪嫌疑人、询问民事行政案件当事人;审委会必须积极推行直接审理案件等;各级法院应当积极推行审委会委员直接审理案件的做法。②

2. 处理好审判独立于舆论监督的关系。如何保持审判独立与舆论监督之间的张力是司法实践中的难题。2006 年 9 月 12 日,全国法院新闻宣传工作会议强调,媒体对案件的报道,不得超越司法程序预测审判结果,发表评论或结论性意见;对案件的报道,所依据的事实、证据和引用的法律必须准确,对可能产生消极影响和负面效应的内容不得报道。③

3. 提高执法人员素质。执法人员是国家法律的执行者,其必须具备相应的素质才能实现公正办理案件。执法人员的素质主要包括政治素质、道德素质和业务

---

① 《最高人民法院提出司法改革要抓四项基本任务》,载《人民日报》2007 年 11 月 28 日。
② 赵蕾:《中国最高法力推审委会改革欲结束"垂帘断案"》,载《南方周末》2007 年 11 月 15 日。
③ 赵凌:《最高法院媒体限令引发争论》,载《南方周末》2006 年 9 月 21 日。

素质。这一时期,我国越来越重视执法人员职业形象建设和专业素质提升,例如2001年修订的《法官法》《检察官法》为进入法官、检察官队伍设立了相对明确的门槛,即必须通过统一的国家司法考试,并对法官的学历提高了要求。

四、冤案纠错和预防机制的完善

2012年《刑事诉讼法》修改后,特别是党的十八大以来,中央高度重视冤案的纠错和预防机制建设,发布了一系列政策性文件,中央政法委和公安司法机关等部门也相继出台了相应的改革措施。

(一)新一轮司法改革大背景

随着在全国产生重大影响的"呼格吉勒图案""聂树斌案"等冤案的曝光,如何有效预防冤案的发生,成为新一轮司法体制改革的重要任务之一。

2012年10月9日,在《中国的司法改革》白皮书新闻发布会上,中央司法体制改革领导小组办公室负责人姜伟答记者问时指出:中国的司法改革抓住容易发生执法问题的薄弱环节,突出人权保障,加强权力运行的监督制约,为防止冤假错案提供了制度保障,主要包括六个方面:严禁刑讯逼供和非法取证;强化证人出庭作证;保障并强化犯罪嫌疑人、被告人的辩护权;加强对诉讼活动的法律监督;推进执法规范化建设;加强司法活动的社会监督。

2013年2月23日,中共中央总书记习近平在十八届中央政治局第四次集体学习时的讲话中指出:"要努力让人民群众在每一个司法案件中都感受到公平正义,所有司法机关都要紧紧围绕这个目标来改进工作,重点解决影响司法公正和制约司法能力的深层次问题。"[①]2014年1月7日,习近平总书记在中央政法工作会议上进一步指出:"人民群众每一次经历求告无门、每一次经历冤假错案,损害的都不仅仅是他们的合法权益,更是法律的尊严和权威,是他们对社会公平正义的信心。"[②]

在这样的大背景下,伴随着修订后的《刑事诉讼法》的颁布实施中央政法委、公安司法机关等部门着力推进冤案的预防工作。2014年10月23日通过的党的十八届四中全会《关于依法治国若干重大问题决定》强调"保证公正司法,提高司法公信力",提出"推进以审判为中心的诉讼制度改革,确保侦查、审查起诉的案件事实证据经得起法律的检验",并要求"建立领导干部干预司法活动、插手具体案件处理的记录、通报和责任追究制度","建立司法机关内部人员过问案件的记录制度和责

---

① http://politics.people.com.cn/n/2013/0224/c70731-20581921.html,下载日期:2018年5月9日。

② 习近平:《在中央政法工作会议上的讲话》,转引自孙谦:《关于冤假错案的两点思考》,载《中国法律评论》2016年第4期。

任追究制度","完善主任检察官、主办侦查员办案责任制","实行办案质量终身负责制和错案责任倒查问责制"。这些重大决策对于纠正和预防冤案具有重要意义。

（二）健全权责一致的办案责任制

2013 年中央政法委《关于切实防止冤假错案的规定》要求建立健全权责一致的办案责任制。2015 年 9 月 21 日,最高人民法院发布《关于完善人民法院司法责任制的若干意见》,该意见对审判组织、裁判文书、专业法官会议、审判委员会制度等内容进行了全面规定,明确法官对其履行审判职责的行为承担责任,在职责范围内对办案质量终身负责。同年 9 月 28 日,最高人民检察院发布的《关于完善人民检察院司法责任制的若干意见》规定检察官必须在司法一线办案,同时对司法办案组织及运行机制、检察委员会运行机制、检察人员职责权限、检察管理与监督机制、司法责任认定和追究等内容作出明确规定。2016 年 2 月,公安部修订了《公安机关人民警察执法过错责任追究规定》,将执法职责细化到每个执法单位、岗位,明确办案审核、审批责任,强化责任追究,形成执法办案全过程的责任机制。至此,公检法各机关就办案责任制都颁布了相应规定,保障权责一致的办案责任制在各机关能够全面贯彻落实,实现从刑事诉讼各环节、全过程预防冤案的发生。

（三）建立错案责任终身追究制

建立错案责任终身追究制是权责一致的办案责任制的关键组成部分,即要求明确办案人员的责任并不因为某具体案件的诉讼终结而终止,也不因为责任人员的变化而解除。中央政法委《关于切实防止冤假错案的规定》明确要求建立健全法官、检察官、警察对办案质量终身负责制。随后,最高人民法院的《关于完善人民法院司法责任制的若干意见》、最高人民检察院的《关于完善人民检察院司法责任制的若干意见》、公安部的《公安机关人民警察执法过错责任追究规定》都对办案责任终身负责制予以明确规定。

（四）完善证据制度

证据收集、运用问题是冤案发生的重要原因。因此,预防冤案的发生,就要完善我国的证据制度。中央政法委《关于切实防止冤假错案的规定》要求侦查机关提交案件的全部证据,排除非法证据,坚持证据裁判、疑罪从无原则,严格执行法定的证明标准,不能因为舆论炒作、当事人及亲属上访闹访、"限时破案"、地方"维稳"等压力,作出违反法律规定的裁判和决定。2013 年 6 月 5 日,公安部发布的《关于进一步加强和改进刑事执法办案工作切实防止发生冤假错案的通知》要求进一步增强法治思维,进一步强化证据意识,既注重收集有罪、罪重的证据,也注重收集无罪、罪轻的证据,防止因证据收集不全面、不充分导致冤假错案发生,要从根本上转变破案定罪过于依赖"口供"的做法,坚决遏制刑讯逼供、暴力取证等非法取证行为,尽快实现侦查办案由"抓人破案"到"证据定案"的转变;要进一步完善证据审查判断标准,细化非法证据排除规则,明确非法证据的类型、表现形式、排除方法和有关要求,对证据之间存在矛盾的,要严格全面地进行审查分析;切实加强对刑事案件的日常审核把关,重点把好事实关、证据关、程序关和法律关,确保侦查终结的案件达到案件事实清楚、证据确实充分、排除合理怀疑、犯罪性质和罪名认定准确、法律手续完备、符合依法应当追究刑事责任的标准,确保每起案件都经得起诉讼和时间的检验。2013 年 9 月 9 日,最高人民检察院发布《关于切实履行检察职能防止和纠正冤假错案的若干意见》,该意见也明确规定要注重审查证据的客观性、真实性,尤其是证据的合法性。2013 年 10 月 9 日,最高人民法院发布的《关于建立健全防范刑事冤假错案工作机制的意见》也明确要求坚持证据裁判原则,严格执行法定证明标准,强化证据审查机制。随后,2017 年 4 月 18 日,中央全面深化改革领导小组第三十四次会议审议通过了《关于办理刑事案件严格排除非法证据若干问题的规定》,最高人民法院、最高人民检察院、公安部、国家安全部、司法部共同会签并正式下发。该规定对非法证据的范围、审判阶段排除非法证据的程序等内容作出具体规定。该规定对切实防范刑事冤假错案、落实非法证据排除规则、推进司法理念和制度创新具有重要意义。

（五）建立防止领导干部干预司法、插手具体案件处理制度

领导干部干预具体案件办理也是冤案发生的原因之一。为防止少数领导干部干预案件办理、预防冤案的发生,2015 年 3 月 18 日,中共中央办公厅、国务院办公厅印发了《领导干部干预司法活动、插手具体案件处理的记录、通报和责任追究规定》,该规定对领导干部干预司法机关依法独立公正行使职权的情形、记录、责任追究等问题作出了明确规定。为落实该规定,2015 年 8 月 19 日,最高人民法院发布了《人民法院落实〈领导干部干预司法活动、插手具体案件处理的记录、通报和责任追究规定〉的实施办法》,对领导干部干预司法活动的相关问题进行了细化规定。

（六）取消不合理考核指标

冤案的发生和公检法机关不合理考核指标有着一定的关系。因为司法实践中,公检法机关为了达到某些不合理考核指标的要求,会不顾被追诉者的合法权益,损害司法的公正和权威。因此,中央政法委《关于切实防止冤假错案的规定》明确要求建立健全科学合理、符合司法规律的办案绩效考评制度,不能片面追求破案率、批捕率、起诉率、定罪率等指标。公安部发布的《关于进一步加强和改进刑事执法办案工作切实防止发生冤假错案的通知》强调,要严格执行中央政法委、公安部关于建立健全执法办案考评机制的有关文件精神,进一步健全完善执法办案考评标准,不提不切实际的"口号"和工作要求,不得以不科学、不合理的破案率、批捕率、起诉率、退查率等指标搞排名通报,严禁下达"刑事拘留数""发案数""破案率""退查率"等不科学、不合理考评指标,积极引导广大民警既要多办案,更要办好案,

坚决防止广大民警因办案指标和"限时破案"压力而刑讯逼供、办错案、办假案；对在考评年度内发生冤假错案的，年度执法质量考评结果直接确定为不达标。2014年 12 月 23 日，最高人民法院党组会议决定，取消对全国各高级人民法院的考核排名，除依照法律规定保留审限内结案率等若干必要的约束性指标外，其他设定的评估指标一律作为统计分析的参考性指标，作为分析审判运行态势的数据参考，各高级人民法院要取消本地区不合理的考核指标。①

（七）实行讯问犯罪嫌疑人同步录音录像制度

长期以来，刑讯逼供被认为是造成冤案的重要原因。对讯问犯罪嫌疑人过程进行同步、全程的录音录像可以预防刑讯逼供的发生。中央政法委《关于切实防止冤假错案的规定》要求，犯罪嫌疑人被送交看守所羁押后，讯问应当在看守所讯问室进行并全程同步录音或者录像。2014 年 5 月 26 日，最高人民检察院发布的《人民检察院讯问职务犯罪嫌疑人实行全部同步录音录像的规定》明确要求，人民检察院直接受理的案件的讯问过程必须全程同步录音录像。2014 年 9 月 5 日，公安部发布了《公安机关讯问犯罪嫌疑人录音录像工作规定》，该规定对讯问过程录音录像的案件范围、录制程序、资料管理和使用、监督与责任等内容进行了细化规范。之后，2015 年 2 月，公安部发布的《关于全面深化公安改革若干重大问题的框架意见》进一步强调严禁刑讯逼供、体罚虐待违法犯罪嫌疑人的工作机制，建立健全讯问犯罪嫌疑人同步录音录像制度。

（八）改革案件协调机制

司法实践中，在办理一些案情重大、复杂或者有重大社会影响的案件时，会发生由政法委协调公检法等机关办案的情况，影响了各机关在办理案件过程中的互相制约，影响案件的公正处理，容易产生冤案。中央政法委《关于切实防止冤假错案的规定》明确要求，各级党委政法委应当支持人民法院、人民检察院依法独立公正行使审判权、检察权，支持政法各单位依照宪法和法律独立负责、协调一致地开展工作，对事实不清、证据不足的案件，不予协调；协调案件时，一般不对案件定性和实体处理提出具体意见。

（九）保障律师执业权利

律师在刑事诉讼活动中对保障被追诉人合法权益、预防冤案的发生具有重要作用。中央政法委《关于切实防止冤假错案的规定》强调要切实保障律师会见、阅卷调查取证和庭审中发问、质证、辩论等辩护权利。2014 年 12 月 23 日，最高人民检察院发布《关于依法保障律师执业权利的规定》，该规定对保障律师的会见权，阅

---

① 田幸主编：《当代中国的司法体制改革》，法律出版社 2017 年版，第 278 页。

卷权、申请收集、调取证据权、提出意见权、知情权等方面提出了相应具体要求，在重申法律法规要求的同时，着重解决律师反映的司法实践中的突出难题；同时，为了使律师的各项执业权利落到实处，该规定就建立健全检察机关对侵犯律师执业权利的救济机制，严肃检察人员阻碍律师依法执业行为的追责机制规定了更为硬性的措施。公安部的《关于全面深化公安改革若干重大问题的框架意见》也强调完善侦查阶段听取辩护律师意见的工作制度。2015年9月16日，最高人民法院、最高人民检察院、公安部、国家安全部、司法部印发《关于依法保障律师执业权利的规定》，该规定明确提出，应当尊重律师，健全律师执业权利保障制度，依照刑事诉讼法、民事诉讼法、行政诉讼法及律师法的规定，在各自职责范围内依法保障律师知情权、申请权、申诉权，以及会见、阅卷、收集证据和发问、质证、辩论等方面的执业权利，不得阻碍律师依法履行辩护、代理职责，不得侵害律师合法权利。

（十）完善公安机关冤案预防机制

侦查活动是刑事诉讼程序的起点，因此，完善公安机关的相关冤案预防机制是冤案预防机制的重要组成部分。公安部发布的《关于进一步加强和改进刑事执法办案工作切实防止发生冤假错案的通知》在为预防冤案增强法治思维，健全完善执法制度和办案标准，强化案件审核把关，规范考评奖惩，加强刑事执法办案队伍建设，全面提升依法办案能力和水平方面作出明确具体的规定。至2015年2月，公安部发布了《关于全面深化公安改革若干重大问题的框架意见》，该意见明确了全面深化公安改革的七个方面的主要任务、100多项改革措施，其中涉及建立健全冤案预防价值的内容主要集中在完善执法权力运行机制方面，即围绕推进以审判为中心的诉讼制度改革，完善适应证据裁判规则要求的证据收集工作机制，完善严格实行非法证据排除规则和严禁刑讯逼供、体罚虐待违法犯罪嫌疑人的工作机制，建立健全讯问犯罪嫌疑人录音录像制度和对违法犯罪嫌疑人辩解、申诉、控告认真审查、及时处理机制，完善侦查阶段听取辩护律师意见的工作制度，完善执法责任制，健全执法过错纠正和责任追究制度，建立冤假错案责任终身追究制，探索建立主办侦查员制度，落实办案质量终身负责制，等等。

（十一）强化冤案预防机制中的检察监督

人民检察院是宪法规定的国家法律监督机关。因此，对于冤案的发生，检察机关承担着重要的监督和预防职责。最高人民检察院发布的《关于切实履行检察职能防止和纠正冤假错案的若干意见》从以下五个方面提出防止和纠正冤案的意见，覆盖刑事诉讼全过程：充分认识检察机关在防止和纠正冤假错案中的重要责任；严格规范职务犯罪案件办案程序，包括依法收集直接立案侦查案件的证据、严格遵守法律程序办案、依法保障犯罪嫌疑人在侦查阶段的辩护权、严格执行全程同步录音录像制度、规范指定居所监视居住的适用；严格把好审查逮捕和审查起诉关，包括正确把握审查逮捕和审查起诉标准、在审查逮捕和审查起诉中需要重点审查案件范围、注重证据的综合审查和运用、依法讯问犯罪嫌疑人、认真听取辩护律师的意见、依法排除非法证据、及时调查核实非法取证材料或者线索、做好对讯问原始录音录像的审查、正确对待社会舆论对办案的影响和当事人的诉求等；坚决依法纠正刑事执法司法活动中的突出问题，包括健全对立案后侦查工作的跟踪监督机制、加强对所外讯问的监督、强化对审判活动的监督、加强对死刑复核案件的法律监督、强化刑罚执行和监管活动监督、对确有冤错可能的申诉应当及时复查；完善防止和纠正冤假错案工作机制，包括建立健全办案质量终身负责制、强化对案件的流程监控和质量管理、建立和完善符合司法规律的考评体系、落实案件协调报告制度。

(十二)完善审判机关冤案预防机制

审判程序是刑事诉讼的中心环节，审判程序也是预防冤案发生的最后一道关卡。因此，审判机关在冤案预防中具有非常重要的作用。最高人民法院发布的《关于建立健全防范刑事冤假错案工作机制的意见》对人民法院建立健全预防冤案的工作机制提出明确具体的要求，主要包括：第一，坚持刑事诉讼基本原则，树立科学司法理念，即坚持尊重和保障人权原则、坚持依法独立行使审判权原则、坚持程序公正原则、坚持审判公开原则、坚持证据裁判原则。第二，严格执行法定证明标准，强化证据审查机制，例如坚持疑罪从无原则、切实改变"口供至上"的观念和做法、依法排除非法证据等。第三，切实遵守法定诉讼程序，强化案件审理机制，例如发挥庭前会议作用、审判应当以庭审为中心、证据必须经法庭调查程序查证属实、证人应当依法出庭作证、保障被告人及其辩护人在庭审中的诉讼权利等。第四，认真履行案件把关职责，完善审核监督机制，例如合议庭成员共同对案件事实负责、审判委员会讨论案件规则、二审发回重审规定、案件管辖原则、死刑复核程序、审限延长规定、建立科学的办案绩效考核指标体系等。第五，充分发挥各方职能作用，建立健全制约机制，例如不得参与公安机关、人民检察院联合办案，切实保障辩护人会见、阅卷、调查取证等辩护权利，邀请人大代表、政协委员、基层群众代表等旁听观审，依法复查确有冤错可能的控告和申诉，依法及时纠正错误裁判，建立健全审判人员权责一致的办案责任制。

五、存在问题与展望

党的十八大以来，我国不断强化对冤案的纠正和预防工作，党和国家相关部门机关出台了一系列纠正和预防冤案的司法改革举措。这些措施对于冤案的纠正和预防都起着非常重要的作用，任何一项措施不能贯彻落实都可能对案件的公正处理产生消极影响，甚至造成冤案的产生。因此，只有这些措施的执行机关相互协调一致，才能形成合力，有效纠正冤案和预防冤案的发生。

（一）进一步完善刑事再审程序

1.明确规定有利于被告人应当再审情形和不利于被告人应当再审情形。正如上文所述，我国刑事再审程序是全面纠错程序，不区分有利于被告人的再审和不利于被告人的再审。这种全面纠错的刑事再审程序定位，就可能会导致实践中大量申诉涌向法院，而且这其中可能更多的是不利于被告人的再审，这就影响了冤案的发现与纠正。因此未来还是应当区分有利于被告人的再审和不利于被告人的再审，严格限制启动不利于被告人的再审，这也是为我国确立一事不再理（禁止双重危险）原则奠定基础，为早日批准联合国《公民权利和政治权利国际公约》创造条件。

2.进一步限缩上级人民法院再审启动权。冤案不能及时发现纠正，在刑事再审程序方面有一个重要原因是启动刑事再审程序纠正冤案比较困难。因为目前刑事再审程序的启动权在人民法院和人民检察院，这就意味着让他们自己纠正自己的错误，这是非常困难的。因此未来应当考虑进一步规范刑事再审程序的启动权，限缩上级人民法院再审启动权，特别是对上级人民法院指令下级人民法院再审的情况应该作出明确规定。

3.科学构建刑事再审程序。如上文所述，我国刑事再审程序虽然应当是一种特殊的救济程序，但是这种特殊性仅表现在启动方面，一旦进入到再审审理程序，其和第一审程序、第二审程序基本一致，特别是还存在可以再上诉、再抗诉、发回重审的问题。[①] 因此应当构建科学的符合诉讼规律的刑事再审审理程序，体现这一程序的特殊性，例如实行听证审理、一审终审等。

4.确立刑事再审程序中的法律援助制度。2012年高法解释虽然规定申诉可以委托律师进行，但从目前我国发现和纠正的冤案来看，大多数无辜者经济状况都不是很好，无力聘请律师，很多无辜者并无法律专业知识，而且因为被羁押在监狱中，所以也无法有效收集证据，因此刑事再审程序需要专业律师的帮助。2017年10月，最高人民法院、司法部联合出台的《关于开展刑事案件律师辩护全覆盖试点工作的办法》明确规定刑事再审程序中，如果原审被告人没有委托辩护人的，也应当通知法律援助机构为其指派律师提供辩护。未来应当继续探索健全刑事再审程序中的法律援助制度。

（二）进一步健全权责一致的司法责任制

权责一致的办案责任制，要求侦查机关、检察机关、审判机关以及相关侦查人员、检察人员、审判人员对案件质量终身负责，这是我国预防冤案的一项重大举措。

---

① 顾永忠：《特殊程序应当特殊安排——关于完善审判监督程序的几个问题》，载《中国刑事法杂志》2011年第2期。

2017 年 10 月 18 日至 24 日，中国共产党第十九次全国代表大会在北京召开，习近平代表第十八届中央委员会向大会作了名为《决胜全面建成小康社会 夺取新时代中国特色社会主义伟大胜利》的报告。十九大报告在第六部分"健全人民当家做主制度体系，发展社会主义民主政治"中的"深化依法治国实践"明确指出要"深化司法体制综合配套改革，全面落实司法责任制，努力让人民群众在每一个司法案件中感受到公平正义"。十九大报告对司法责任制的再一次强调更加体现出其在纠正和预防冤案中的重大意义。因此，相关机关应当进一步细化本部门对司法责任制的具体运行办法并严格贯彻落实，明确办案机关、办案人员在其负责的诉讼阶段应当承担的权利和责任，提高办案人员办理案件的主动性、积极性和准确度，从而真正从源头上预防冤案的发生。

（三）进一步完善证据收集、审查判断制度，推行以审判为中心的刑事诉讼制度改革

冤案的发生与证据收集、审查判断过程出现问题有着密不可分的关系。因此，公安机关、检察机关、法院应当进一步强化证据收集、审查判断制度，严格执行法定的证明标准，定罪必须达到犯罪事实清楚、证据确实充分的程度。当然这需要注意讯问犯罪嫌疑人同步录音录像制度、充分发挥辩护律师的权利、加强检察机关的法律监督。

（四）建立完善其他配套机制

为保障国家相关机关和部门采取的一系列预防冤案发生的制度措施真正发挥应有重要作用，除了保障这些制度措施能贯彻落实之外，还需要其他一些配套机制的建立和完善。例如在司法运行机制改革方面，除要完善司法责任制改革、人民陪审员制度改革、人民监督员制度改革等外，还应当进一步扩大司法公开范围和方式、优化司法职权配置等；在人权司法保障机制方面，除要加强对辩护律师执业权利的保障外，还要进一步完善法律援助机制、加强羁押必要性审查、完善司法救助价值等。

后 记

本书各章作者简介及具体分工如下：

卞建林（中国政法大学诉讼法学研究院教授、博士生导师）、谢澍（中国政法大学刑事司法学院博士研究生）：第一章；

汪海燕（中国政法大学刑事司法学院教授、博士生导师）：第二章；

王贞会（中国政法大学诉讼法学研究院副教授、法学博士）：第三章；

元轶（中国政法大学比较法学研究院教授、博士生导师）：第四章；

郭志媛（中国政法大学刑事司法学院教授、博士生导师）：第五章；

肖沛权（中国政法大学刑事司法学院副教授、法学博士）：第六章；

张璐（中国政法大学诉讼法学研究院教师、法学博士）：第七章；

李本森（中国政法大学诉讼法学研究院教授、博士生导师）：第八章；

罗海敏（中国政法大学诉讼法学研究院副教授、法学博士）：第九章；

苑宁宁（中国政法大学法学院讲师、法学博士）：第十章；

赵珊珊（中国政法大学刑事司法学院副教授、法学博士）：第十一章；

全书由卞建林、谢澍统稿。